社会学·政治学·文化学·教育学·民族学·历史学

叶显恩 主编
王春煜 刘集林 副主编

陈序经全集

第十一卷 东南亚古史研究合集（上）

中山大学出版社
·广州·

版权所有　翻印必究

图书在版编目（CIP）数据

陈序经全集／陈序经著；叶显恩主编；王春煜，刘集林副主编．
广州：中山大学出版社，2025.3. --ISBN 978-7-306-08274-9
Ⅰ．Z427
中国国家版本馆 CIP 数据核字第 2024GE9169 号

CHEN XUJING QUANJI: DI-SHIYI JUAN

| 出　版　人：王天琪
| 总　策　划：王天琪
| 项目统筹：嵇春霞　王延红
| 责任编辑：梁锐萍　林梅清
| 封面设计：雅昌文化（集团）有限公司　曾　斌　周美玲
| 责任校对：马萌萌　陈　霞
| 责任技编：靳晓虹
| 出版发行：中山大学出版社
| 电　　话：编辑部 020-84111901，84110283，84111997，84110779
　　　　　发行部 020-84111998，84111981，84111160
| 地　　址：广州市新港西路 135 号
| 邮　　编：510275　　传　　真：020-84036565
| 网　　址：http://www.zsup.com.cn　E-mail：zdcbs@mail.sysu.edu.cn
| 印　　厂：恒美印务（广州）有限公司
| 规　　格：787mm×1092mm　1/16
| 总 印 张：433
| 总 字 数：8718 千字
| 版次印次：2025 年 3 月第 1 版　2025 年 3 月第 1 次印刷
| 定　　价：1980.00 元（全十四卷）

如发现本书因印装质量影响阅读，请与出版社发行部联系调换

凡　例

一、编排方式。《全集》总体上兼顾著述发表时间先后与研究领域的区别。第一卷以时间为序收录了陈序经的论文、时论、书评等，其中论文已收入其他卷者，原则上只存目；同题异文者，则均予以收录。第二卷至第十三卷收录了陈序经在不同研究领域的论文或专著。第十四卷收录了陈序经的遗稿《珠崖篇》，整理了其年谱、往来书信、照片等相关资料。底稿为直排繁体者，一律改横排简体，内容列举、引用位置指向用词，如"如左"径改为"如下"等。

二、底本来源。《全集》所收文献中有大量未曾整理的手稿、抄稿，其版本源流、底本选择等情况，皆写入"本卷说明"中。

三、引文说明。《全集》所引古籍或他人著述，有漏字、错字等现象者，一般参照现今中华书局、上海古籍出版社等相应版本径改，不另说明；引用古籍或他人著述时只取其大意，与原文不尽一致，凡此，照录，不予修改；手稿或抄稿中引用本人已发表文章，但内容与已发表的原文不尽一致，凡此，亦依手稿或抄稿。

四、校订符号。原稿中有漏字者，在〈　〉内补之。原稿中的错讹字，在其后〔　〕内补正。原稿中的衍字，用［　］标示。原稿中漫漶不清、难以识别或残缺的字，用□表示；字数难以确定者，用☒表示。原稿中的小字夹注，置于（　）内，字体、字号同正文。外文书名、刊名用斜体。

五、历史用语。《全集》保留作者文字风格及语言习惯，不按现行用法改动原文。历史时期若干字词表达与今有异，但不影响理解，为存当时之真，不改。如智识（知识）分子、澎涨（膨胀）、计画（计划）、瞭解（了解）、那（哪）、澈底（彻底）、那末（那么）、原故（缘故）等。凡行文中对少数民族的蔑称，根据国家相关民族政策一律改为规范称呼，如"猺"改为"瑶"、"獠"改为"僚"、"猓猡"改为"倮倮"等。

六、外文名词。译名不统一或与现今不一致,如拿破伦/拿破仑、哥仑布/哥伦布、菲洲/非洲等,均不改。外文人名、地名书写有误者,一般径改。外文专有名词在原稿中大小写掺杂,按现今规范格式统一。

七、内文标点。原稿正文无标点或仅有简单断句者,一律按照中华人民共和国国家标准《标点符号用法》(GB/T 15834—2011)予以修改。专名号从略。

八、文字规范。《全集》中的简体字以 2013 年 6 月国务院公布之《通用规范汉字表》为准。通假字,不改。繁体字、异体字,改为规范字;但专有名词中的繁体字、异体字等,依从其使用惯例,不改。作者笔误、排印舛误等明显错误,径改。

其余未规定事项,一般遵从作者原稿。

本卷说明

1954—1962年，陈序经的主要精力在整理、研究东南亚古史，计划编写八种《东南亚古史研究》论著。1963年，由香港大公报社社长费彝民和同乡挚友黄坚资助，在香港印行七种著作的单行本，赠海内同好，未作公开出版。这七种著作是《扶南史初探——东南亚古史研究之一》《猛族诸国初考——东南亚古史研究之二》《马来南海古史初述——东南亚古史研究之四》《掸泰古史初稿——东南亚古史研究之五》《藏缅古国初释——东南亚古史研究之六》《林邑史初编——东南亚古史研究之七》《东南亚古史初论——东南亚古史研究之八》，《越南史料初辑——东南亚古史研究之三》则因尚未整理好而未一同印刷。《林邑史初编》，原为第四册，付印时误印为"东南亚古史研究之七"，所以印《马来南海古史初述》时，改为"东南亚古史研究之四"。

1992年，包括《越南史料初辑》在内的八种《东南亚古史研究》合编为《陈序经东南亚古史研究合集》（上下卷），由香港商务印书馆、台湾商务印书馆和深圳海天出版社共同出版。

此次整理出版，是由陈平殿教授多方搜集上述20世纪60年代香港印刷的七种著作和《越南史料初辑》手稿，校订者以此为底本，并参校1992年《陈序经东南亚古史研究合集》（两卷本），在充分尊重作者表述习惯与历史时代用法的前提下，校勘整理成《东南亚古史研究合集》（上下卷），为《全集》第十一卷和第十二卷。陈序经在《东南亚古史初论》"附记"中认为整套书成书后应该排列的次序为"（一）《东南亚古史研究初论》，（二）《越南史料初辑》，（三）《林邑史初论》，（四）《扶南史初探》，（五）《猛族诸国初考》，（六）

《掸泰古史初稿》，（七）《藏缅古国初释》，（八）《马来南海古史初述》"。在《全集》中，上述著作排列次序和书名则从底稿。

本卷收录了陈序经先生有关东南亚古史研究的四种论著：《扶南史初探》《猛族诸国初考》《越南史料初辑》《马来南海古史初述》。由林敏、张红樱校订。

本卷目录

扶南史初探 ………………………………………………………… 1

猛族诸国初考 ……………………………………………………… 173

越南史料初辑 ……………………………………………………… 269

马来南海古史初述 ………………………………………………… 389

东南亚古史研究之一

扶南史初探
古代柬埔寨与其有关的东南亚诸国史

東南亞古史研究之一

扶南史初探

——古代柬埔寨與其有關的東南亞諸國史——

陳序經 著

《扶南史初探》20世纪60年代内部印刷版封面

目　　录

绪　言 ·· 5

第一编 ··· 7

　第一章　扶南的国名 ··· 7

　第二章　扶南的史料 ··· 11

　第三章　扶南的地理 ··· 17

　第四章　扶南的贸易 ··· 23

　第五章　扶南的交通 ··· 30

　第六章　扶南的物产 ··· 33

　第七章　扶南的种族 ··· 38

　第八章　扶南的土俗 ··· 44

　第九章　扶南的工商 ··· 52

　第十章　扶南的城市 ··· 58

第二编 ··· 64

　第十一章　柳叶的时代 ·· 64

　第十二章　柳叶与混填 ·· 69

　第十三章　盘况的时代 ·· 75

　第十四章　范蔓的时代 ·· 79

　第十五章　扶南与顿逊 ·· 84

　第十六章　扶南的与国 ·· 89

　第十七章　范旃的时代 ·· 95

　第十八章　扶南与林阳 ·· 100

　第十九章　范寻的时代 ·· 104

　第二十章　憍陈如时代 ·· 109

第三编 ··· 116

第廿一章 恃梨陁跋摩 ······································· 116
第廿二章 扶南的末季 ······································· 121
第廿三章 早期的林邑 ······································· 129
第廿四章 扶南与林邑 ······································· 134
第廿五章 扶南与真腊 ······································· 140
第廿六章 早期的真腊 ······································· 145
第廿七章 唐宋时真腊 ······································· 149
第廿八章 元明时真腊 ······································· 154
第廿九章 佛逝的兴起 ······································· 160
第三十章 佛逝与爪哇 ······································· 166

绪　　言

在现代的东南亚各国中，柬埔寨是一个历史最长而其史料又较为丰富的国家。

我们知道，现在的柬埔寨，就是我国历史上所称的真腊，也就是更古的扶南。虽然在历史上，国名几经更改，但其种族大致上还是一个，没有很大的变化，这就是吉蔑族。至于其本土方位，大致上也是在湄公河下游一带，差不多相等于现在的柬埔寨全部，以及现在的越南境内的南圻一带。

柬埔寨位在湄公河的下游，气候不冷，土地肥美，资源丰富，风景宜人。在扶南时代，其人民就被称为性善智巧，好雕文刻缕，这说明了其人民爱好和平，精于艺术。不只在扶南时代，曾经建立了很为富强的国家，就是在真腊时代，也过着很繁荣的生活。所谓"富贵真腊"，说明了这一点，同时，又创造了很高度的文化艺术。世界闻名的吴哥故宫与古寺，又说明了这一点。这也是柬埔寨人民创造才能的一种表征。

自东南亚各国，包括柬埔寨在内，受了殖民主义者统治后，他们往往诬蔑东南亚各国以及柬埔寨的人民，以为他们没有什么文化，没有创造文化的能力，没有什么历史，没有长久而值得研究的历史。我们应该用这些历史的事实，用这些长久的历史事实，用这些世界艺术的杰作，去驳斥他们，使他们明白，在他们的祖宗还是处在黑暗的中世纪时代，东南亚的国家像柬埔寨，在文化艺术方面，已达到很高的地位，像今日还存在着的吴哥古宫与吴哥寺庙，以及像爪哇的佛楼等，不过是柬埔寨以及好多东南亚人民的创造才能的表征的一些例子而已。

吴哥古宫与吴哥寺庙，已有一千年左右的历史。这是我国史书上所说的真腊的遗物。真腊本来是扶南的同一种族，也曾是扶南的属国，在公元六世纪的时候，这个属国征服了扶南一部分的土地，到了七世纪的中叶，消灭了扶南。因此，我们可以说，扶南是真腊的前身，而真腊是扶南的承继者。但是真腊又是柬埔寨的前身，而后者是前者的承继者，因为不只扶南与真腊是同一种族，真腊与柬埔寨也是同一种族，三者都是属于吉蔑种，所以我们可以说扶南人是真腊人的祖宗，也是今日的柬埔寨人的祖宗。在历史上，这个种族，继续不断的居在柬埔寨这个地方，虽然国名几经改变，可是主要的民族却还是一个。因而扶南、真腊与柬埔寨的历史也是一个民族的历史。

扶南建国于何时，不易确定，但大致上，是在公元前一二世纪。从扶南的建立以至扶南的灭亡，其历史约有六七百年之久，因此扶南的历史，也可以说是柬埔寨的古代史或上古史。柬埔寨总理西哈努克于一九五六年访问我国时，在其所发表的谈话中，也曾说到这一点。因此，我们研究柬埔寨的历史，我们不只要研究真腊，我们也要研究扶南。

　　扶南在古代东南亚的历史上，占了极重要的地位。南北朝元魏时代，有人已经指出扶南在东南亚各国中，是最为强大而民户殷富、珍品很多的国家。然而这个描写，还没有充分说明扶南在当时的重要性，因为扶南不只在东南亚占了很重要的地位，而且是从中国到印度以至大秦的交通要冲，是世界商业最繁盛的一个国家，是东南亚的陆上的最大国家与海上有了霸权的国家。好多陆地的旁国，固被其征服，好多海外的国家，也为其属国。至于东南亚一些没有被扶南征服的国家，为数既极少，也差不多都与扶南成为与国，维持友好的关系，所以一部扶南史与其有关的东南亚各国史差不多可以说也是一部古代东南亚史。

　　关于扶南的史料，我们当在下面叙述，我们在这里只要指出，唯一的古代史书之记载扶南的，只有中国的史书。假使没有中国古代史书关于扶南的记载，人们对于扶南将会完全忘记，连了扶南这个名字，恐怕也不会为人们所认识。关于扶南的研究，近来注意的人，虽然逐渐增加，但是较有系统的著作，还是很少，而最可惜的，在研究扶南的人中，几乎没有我国人。

　　研究扶南历史的人，既是很少，而我国人之注意到这个问题的又几乎没有。这实在是一个很大的遗憾。我是在东南亚长大的，我到过东南亚的地方很多，到过柬埔寨至少六次以上，有时居留的时间也相当长，吴哥古迹也访问了三次，柬埔寨全国我没有到过的地方可以说是很少。我是深深钦佩柬埔寨人民的创造才能的一位，多年以来，对于扶南的研究，作了一些工作，现在把我的研究所得加以并理，写成《扶南史初探》一书。

　　应该指出，在分量上，这本书虽比之过去人所写的多得多，然我自己并没有什么创见，我主要只是把我国古代关于扶南的记载以及我所能参考近人关于扶南的著作，加以整理，再加上个人一些体会与推论而已。

　　我对于历史的研究，既缺乏深而广的基础，对于扶南的研究，也不过只作了一些初步的工作。这本书令人不满意的地方，一定很多，我希望读者多多给我指教，使我能尽量加以改正。

第一编

第一章　扶南的国名

在公元六世纪的中叶，这就是南北朝元魏的时代，杨衒之在其所撰的《洛阳伽蓝记》卷四"城西永明寺"条中告诉我们道：

> 扶南国，方五千里，南夷之国最为强大，民户殷多，出明珠、金、玉及水晶珍异，饶槟榔。

在短短的几句话中，我们可以看出扶南在当时的南海或东南亚诸国中，国势最为强大，户口很为殷多，而物产极为丰富。

杨衒之的《洛阳伽蓝记》，是一部叙述北魏京都洛阳的佛寺兴废的事迹的著作，但也谈到西域以至南海的一些国家的事情。他这本书的写作，大约是在武定五年（五四七）之后不久，他在序言中说：

> 武定五年（五四七），岁在丁卯，余因行役，重览洛阳城郭崩毁，宫室倾覆，寺观灰烬，庙塔丘墟。……恐后世无传，故撰斯记。

这必定是他这一次到洛阳不久之后而撰述的。我们知道，扶南在六世纪的上半叶，国势已趋于衰微。其属国真腊在六世纪的中叶勃兴起来，杨衒之撰述《洛阳伽蓝记》的时候，扶南的黄金时代，已经过去，可是照杨衒之的说法，扶南还是国势最强大，户口很殷多，而物产很丰富的国家，说明这个国家在六世纪中叶的东南亚各国中，还是占了极重要的地位。

而且，我们知道，自公元前的一世纪至公元六世纪的中叶的六百多年，尤其是自二世纪末至六世纪中叶的四百年中，扶南始终是东南亚势力最强大，户口很殷多，而物产极丰富的国家。我们可以说，在这个时期中，东南亚的历史，主要的可以说是扶南的历史。因为自二世纪末以后，东南亚的好多国家都为扶南所征服。扶南的领土或是势力范围，不只在陆地方面，是从现在的越南南圻的极东达到现在暹罗的西边或是缅甸的东部，同时是从暹罗的中部，以至马来半岛的中部。而且，在海权方面，据《梁书·扶南传》说：范蔓曾制造很大的船舶，穷涨海，这就是中国的南海，同时也征服了很多国家。

因此之故，扶南在东南亚，不只在武力上，在政治上，占了优越的地位，就是在交通上，也占了要冲的地方。除了它本土的港口，成为印度以至欧洲到中国的必经的地方，它又征服了扼印度洋与中国南海的咽喉的克拉地带，这就是当时的顿逊。可能马剌呷海峡以及苏门答腊与爪哇之间的巽他海峡，也是为它所控制。在陆道方面，它北通林邑、交趾，西通暹罗、缅甸。据近人发现，在暹罗的华富里的东北高原，曾有一个废墟，叫做室利提婆（Sri Deva），是当时扶南人所建筑的城市，作为向其西边发展的转运站。

因为扶南握了海陆交通的要冲，所以商业很为发达。在古代世界中，自罗马或印度以至中国的好多珍奇物产，都经过扶南或其属土。扶南的港口，这就是现在的迪石（Rach Gia）的北部的一个地方，发掘一些罗马的东西。扶南的属国，这就是顿逊的城市，日有万人到来交易，这是古代世界所少有的大市场。

《梁书》及好多史书指出扶南人智巧，会制造各种精美的工艺品，这说明其工业很为发达。扶南位在湄公河的下游，河流交错，有"千江口"之称，这就是说出海的江口很多。其西北又有一很大的湖，叫大湖，或金边湖。它可以调制湄公河的洪水，盛产各种淡水鱼，因此扶南的农业与渔业很为发达。耕种一岁，可以够吃三岁。此外，木材量多而质好，水果遍地可生长，海中可以捕鱼采珠，地下又有金银铜锡以及贵重的宝石。

在宗教方面，扶南除了固有的信仰之外，又深受了印度的婆罗门教与佛教的影响。这种印度化的宗教，不只传递于后来的真腊，而且也影响其邻国如暹罗、老挝各处。扶南还有数位僧人到中国译经，故扶南在东南亚的宗教上的地位，是很像于阗在西域的宗教上的地位。

我国人之知道扶南这个国家的国名，究竟是在什么时候呢？这还是一个未能得到正确回答的问题。

清朝曾钊在其所辑汉杨孚的《异物志》一书，曾有二条是说到扶南的，一条是：

金邻，一名金陈，去扶南可二千余里。

又另一条是：

扶南国，昔但作大扇，遣人持之，不知人各自用也。

首一条是录自《太平御览》卷七百九十"金邻国"条，后一条是录自《事类赋》十四。曾钊以为杨孚"著《异物志》一卷，其沿袭其名往往有之，……顾群书引用必著撰人之名，惟引议郎（杨孚）书，……直称《异物志》而已。然则群书所引《异物志》，疑皆为议郎书，盖《异物志》创自议郎，惟议郎得以专其名，斯亦引述者之义例欤"。

曾钊的话虽然也有道理，但似乎也不一定完全是对。他自己以为群书所引《异物志》疑皆为议郎书，说明了他自己是有怀疑，没有十分肯定。不过杨孚是广东南海人,在曾钊所辑的《异物志》中,除了扶南这个国名之外,还有西屠、狼肶、雕题、乌浒、牂牁、儋耳、交趾、日南、朱崖、斯调,以至涨海等等国名或地方名。

中国使者之到扶南或扶南使者之到中国的,据我们现在所能考出的,虽是在三国与晋的时代,可是据《晋书》《南齐书》《梁书》等的《扶南传》,扶南的历史至少可以追溯到公元前一世纪。杨孚是东汉人,扶南在这个时候,已经建国,扶南虽然不一定与中国交换使节,但在广东的人们之到东南亚各处的,为数必多,而且其历史已久。因此很可能的是我国与扶南的商人之往来于扶南、中国的,也许不少,因而我国人对于有关扶南的事情,可能知道不少。

杨孚的《异物志》,又名《交州异物志》,其记载的地方民族事物,多为交广或交州以南各处的国家种族与事物,那么他听闻过有关扶南的事情,也是不足为奇的。而况,他自己又是广东人,对于扶南有所听闻更是自然而然的。

杨孚是东汉章帝时人,这就是在公元一世纪的下半叶的时代,假使曾钊所说凡是只称《异物志》的,就是杨孚的著作,那么上面所录关于扶南的二条条文,应该是杨孚的条文,而扶南这个国名之为我国人所认识,可以追溯至公元一世纪的时候了。

应该指出,上面所举的两条条文,是从《太平御览》与《事类赋》抄录而来的。我们知道,吴时的朱应、康泰,是我国到扶南最早的使者,朱应曾撰《扶南异物志》一书,此书见于《隋书·经籍志》,惟现在已佚,《太平御览》与《事类赋》也可能是录自朱应的《扶南异物志》,而却简称为《异物志》。

扶南这个名词之最先见于我正史的,是公元三世纪末年陈寿所撰的《三国志·吴志》卷十五《吕岱传》。吕岱在公元三世纪上半叶为广州交州刺史。《三国志·吴志·吕岱传》与《步骘传》,均载吕岱于延康(曹丕未称帝前年号)元年(公元二二〇年),代步骘为交州刺史,《吴志》孙权黄龙三年(公元二三一年)"以南土清定,召岱还屯长沙沤口"。吕岱在交州与广州的时候,"曾遣从事南宣国化,暨徼外扶南、林邑、堂明诸王,各遣使奉贡"。

吕岱在交州与广州的时间,既是从公元二二〇年至二三一年,那么吕岱所遣到扶南、林邑等国的使者,应当是在这个时期内,尤其是在他"定交州复进讨九真"之后。按吕岱定交州复进九真是在公元二二五至二三一年之间,所以我们断定,吕岱之遣使到扶南、林邑,应该是在这个时期。

吕岱遣使到扶南、林邑,虽是在公元二二五年至二三一年,但是吕岱之知道在交州徼外有扶南、林邑、堂明等国,必定是在他定交州或讨九真之前。而且,我们相信,在吕岱之前的步骘或是在步骘之前的我国人,虽然可能没有遣使到扶南,可是应当早已知道这些国家的名字,因为林邑就在日南之南,而与日南为邻,往往有了边疆的纠纷。至于扶南又在林邑之南或西南,而又与林邑接壤,堂明这个国名不易考证，但可能就是我们史书中所说的道明国。

这个国名之所以叫做扶南，有些人以为这是中国所给与的，其意义为"扶掖南方"。但是《旧唐书》卷四十一《地理志》"笼州"条中有云：

> 贞观十二年（公元六三七），清平公李弘节，遣龚州大同县人龚固兴招慰生蛮，置笼州。天宝元年（公元七四二），改为扶南郡。乾元元年（公元七五八），复为笼州，领县七，户三千六百六十七，无四至州县、两京道里，扶南国在日南郡之南海四大岛中，去日南郡约七千里，在林邑国西三千里，其王贞观中遣使朝贡，故笼州招置之。遥取其名，非正扶南国也。

这就是说，笼州改为扶南，是遥取林邑西南的扶南国名，这也可以说中国的扶南名是借用了原来的扶南国名，可见得扶南这个国名不一定是中国所给的国名。而且扶南也有称为夫南，或跋南的。公元三世纪的时候，左思在其所著的《三都赋》中，用了夫南这个名词。他说：

> 乌浒、狼朡、夫南、西屠、儋耳、黑齿之酋，金邻象郡之渠。

义净在其所撰《南海寄归内法传》卷一中用了跋南这个名词，他说：

> 占波……西南一月，至跋南，旧云扶南。

"夫南""跋南"与扶南均为一个国家，可能是同名异译的名词，所以说"跋南旧云扶南"，假使是中国所给与扶南的国名，左思与义净，似乎不会用夫南或跋南这些名词。

从近人考订的结果来看，扶南这个名词是翻译过来的可能性是很大的。扶南人大致上可以说是现在的柬埔寨人或吉蔑人的远祖，换句来说，扶南人也是吉蔑人。古吉蔑语 Banam 或现代 Phnom 的意义是山，现在柬埔寨还有 Ba phnom 山，山上或山脚是古吉蔑拜神的地方。《南齐书》卷五十八《扶南传》载，永明二年（四八四）扶南王阇耶跋摩遣天竺道人释那伽仙到中国上表曾云"其国俗事摩醯首罗（Maheśvara）天神，神常降于摩耽山"。现在的柬埔寨的首都叫做 Phnom-Pen，我国侨民叫做金边或金塔的 Phnom 是山的意义①，金塔是拜神的地方。说不定扶南不只是古吉蔑所拜神的地方，可能也是他们的首都的名称。

Banam 或 Phnom 在意义上是山，在声音可以译为扶南，或夫南，或跋南，而扶南王，也称为山王，或山岭之王，这个称呼，也是后来爪哇与三佛齐的山帝（Sailendra）王朝的称呼。

---

① 编注：原书如此，句中第一个"的"疑为衍字，此句疑为"我国侨民叫做金边或金塔，Phnom 是山的意义"。

第二章 扶南的史料

我们都知道近代人们能够认识扶南这个国家，可以说完全是来自中国的历史记录。所以我们要想研究扶南这个国家，主要是要靠中国的历史资料。虽然近年以来，在古代扶南的领土上，考古学者也已找出少数关于扶南的碑文，或是一些关于扶南时代的遗物或遗迹，然而人们之所以能够认识这些东西是属于扶南的，还是借助于中国的文字记载。没有中国的文字记载，人们不只不可能认识这些东西是属于扶南或是与扶南有关的，而且根本就不可能知道古代有过一个国家叫做扶南。因为从遗物与遗迹中，固没有办法去推料到扶南这个国家，而从这些极少数的碑文中，也没有办法使我们明白这是属于扶南的。因为关于扶南这个国名，只在中国的文字记载中才能找出，所以要想研究扶南的历史，主要也只能从中国的史料中去探求。

这说明一点，这就是中国的关于扶南史料的可贵。假使没有中国的史料，那么近代人根本就无从知道在古代历史上曾有过扶南这个国家。这样，这个在当时的东南亚称为最强大而户口极殷多与物产很丰饶的国家，既是湮没无闻，而今日的柬埔寨，也将缺乏了六百多年的上古史。

三国吴时，曾有两位使者，到过扶南。关于他们出使与在扶南的经过，我们在下面还要加以叙述，我们在这里所要说明的是他们从扶南回国之后，都有关于扶南与东南亚以至一些西亚的各国的记载的著作。这两位使者，一为朱应，一为康泰。据《梁书·海南诸国传叙》中说：

> 吴孙权时，遣宣化从事朱应，中郎康泰通（指海南诸国）焉。其所经及传闻，则有百数十国，因立记传。（《南史》也有这一段话）

朱应所著的书名为《扶南异物志》，《隋书·经籍志》有著录。可是这一本书现在已没有存留。朱应这本书，宋代的《太平御览》、唐代徐坚所撰的《初学记》，以及唐代欧阳询等所撰的《艺文类聚》，均没有辑录，虽然象《太平御览》中，也有引《异物志》的，但并没有引《扶南异物志》，所以这里所引的，不一定是从朱应的书而来。唐虞世南撰的《北堂书钞》曾有下面一条：

> 应志云：斯调国作白珠交给帐，遣遗天竺之佛神。

这里所说的应志，似乎就是朱应的《扶南异物志》。唐张守节的《史记正义》卷一二三《大宛传》"安息"条，曾引宋膺《异物志》，杜佑《通典》卷一九二《边防门》亦引有宋膺《异物志》，章宗源《隋书经籍志考证》卷六，以为宋膺应为朱应之误。此外,《太平寰宇记》卷一八二也引了宋膺《异物志》,虽则里面所说的是西域,而不是扶南。又《南史》卷四十九《刘杳传》说:

沈约又云:"何承天《纂文》奇博,其书载张仲师及长颈王事,此何所出?"杳曰:"仲师长尺二寸,唯出《论衡》,长颈是毗骞王,朱建安《扶南以南记》云:古来至今不死。"约即取二书寻检,一如杳言。

《梁书·扶南传》说扶南属国顿逊之外,大海洲中有毗骞国,其王"南方号曰长颈王","其子孙生死如常人,唯王不死"。这与《刘杳传》中所说的毗骞王的事迹一样。这种异人异事,可能这是从朱应的《扶南异物志》抄录而来,那么朱建安可能就是朱应,而《扶南以南记》,可能也就是《扶南异物志》。

康泰似乎写过这两本书:一为《扶南记》,一为《吴时外国传》。这两本书现也已佚,但这两本书中的一些条文,还散见于《水经注》《艺文类聚》《太平御览》等书。虽然后代的好多书籍都引用这两本书,可是这两本书都没有见于《隋书·经籍志》。自然,这也不能说是康泰的书有问题,因为郦道元的《水经注》,尤其是《太平御览》引用他的书的地方很多,而且《水经注》的作者,是五世纪末至六世纪初的人,而《隋书》的作者魏徵等是唐初七世纪的人物,这就是说,《水经注》是早于《隋书》。

《扶南记》这本书名,见于《水经注》卷三十六,但在《水经注》卷一又名为《扶南传》,这应该是一本书,引用的人,有时称为记,有时叫做传。此外《通典》卷一八八"火山国"条,又名《扶南土俗传》,《太平御览》卷七八七谓为《扶南土俗》,却没有传字,但无论如何,这与《扶南记》《扶南传》仍为一书。

《吴时外国传》,亦有名为《康泰外国传》,或《康氏外国传》。张守节《史记正义》卷一二三"大月氏"条就名为《康泰外国传》。然而也有人以为《扶南记》或《扶南土俗传》,与《吴氏外国传》或《康泰外国传》,实为一书,而非两书。杨守敬在其《水经注疏要删》卷一以为"《吴时外国传》,其总书名,《扶南传》,又其书之一种"。近人也有这种主张的,以为不只《扶南传》是《吴时外国传》的一部分,其实《扶南记》与《吴时外国传》也就是一书。有人还且指出,《扶南记》中所说的国家,除了扶南之外,还有别的国家,而《吴时外国传》中所说的诸国中也有扶南,又所谓两书所记也有略同的地方,如《太平御览》卷七七一"帆"条说:

《吴时外国传》曰,从加那调州乘大舶船,张七帆时风一月余日,乃入大秦国也。

这段话在《水经注》卷一说:

康泰《扶南传》曰,从迦那调州西南入大湾,可七八百里,乃到枝扈黎大江口，度江径西行，极大秦焉。

因此之故，有些人极力主张《吴时外国》与《扶南记》实为一书。我们以为虽然这样，也不能就断定其为一书。两书有了相同之处，是因为扶南也是外国之一，扶南在东南亚是土地最广、人口最多的国家，说到扶南，既免不了要说到其他一些国家，说到其他国家，也免不了要说到扶南。就以其所记载的从加那调州至大秦一段文字来说，虽有其同处，然也有其不同的地方。在两书中也可以说到扶南或东南亚的一些国家之于大秦的关系。《梁书》说朱应、康泰通南海诸国，经历传闻百数十国，然而他们所到的国家中最重要的是扶南，所以朱应只撰《扶南异物志》，康泰除了撰《扶南记》之外，可能另撰一书，叙述其经历或传闻的一些国家，也是不足为奇的。我们似乎不能因为二者有了一些重复的地方，而断定其为一书。因为这种情况，在古代以至今人著作中，也是屡见不少的。

应该说，朱应、康泰以后的著作之谈及扶南的，其材料不少是从他们的著作而来。加以引用而说明是来自这些著作的固不待说，就是有的没有加以说明是来自这些书的，也有不少是从他们的著作而来的，《梁书》的《扶南传》，就是一个例子。《南齐书》《南史》中关于扶南的记载，也是很多根据朱应与康泰的著作。

当然，这并不是说，朱应与康泰是知道扶南这个国家的最先的人们，可能他们的著作，也不一定是关于扶南最先的著作。上面已经指出，曾钊所辑东汉时杨孚《交州异物志》，曾有二条说到扶南的事情，虽然这两条条文是否为杨孚所撰，也有问题的。

然而我们也得指出，朱应与康泰的著作是研究关于扶南的最可靠的材料。因为他们曾亲到扶南，其所见所闻，应是当时的史实。可是我们研究扶南，也不能专靠朱应与康泰的著作，因为他们是三国时代的人物，他们的记载，虽然包括了三世纪中叶以至这个时代以前的扶南的一些史实，可是在这个时代以后的扶南的历史，就不能不在别的著作寻找。而且，就是在他们之前或是与他们同时的一些著者，虽然没有到了扶南，但是在他们的著作中，有关扶南的记载，也是值得我们注意的。比方上面所指出杨孚的《异物志》中的关于扶南的条文，假如真是杨孚的记录，那么这些条文是极有价值的材料。因为这样使我们知道我国人之认识扶南，是始于东汉章帝的时候，这就是公元一世纪的时候，而不是始于三国孙权的时候，或是三世纪的时候了。

在三国孙权的时代，除了朱应与康泰的著作外，万震的《南州异物志》，也有关于扶南的记载。万震这一本书，见于《隋书·经籍志》。《吴书》没有关于万震的事迹，《隋书·经籍志》注其为吴丹阳太守。他做太守的时候，大概是在黄武至嘉禾的时代（公元二二二年至二三七年间），这正是孙权极力向海外发展的时代。万震在丹阳，接近吴的都城，见闻较易，记载也应较为可靠。万震的

《南州异物志》，现在也已没有留存，他这一本书，不只有关于扶南的条文，而且也记载了海南其他好多国家，如林阳、无伦、歌营、加陈、师汉、扈利、姑奴、察牢、类人等国，这些条文，散见于《太平御览》各卷。

在三世纪的末年，至四世纪的初年，嵇含在其所著的《南方草木状》中也有数条是关于扶南的记载。嵇含在晋永兴中为襄城太守，后来为郭劢所害，他在当时被称为好学而能文，他的这本《南方草木状》，叙述很为文雅。

此外，在晋代葛洪的《抱朴子》（三世纪下半叶至四世纪上半叶）中，也有关于扶南的条文。

在五世纪的时候，有名为竺枝或竺芝者，也撰了一本《扶南记》。这本著作①《水经注》卷一、卷三十六叫做竺枝，《太平御览》却名为竺芝。竺枝或竺芝的竺是印度，可能这位著者是印度人，因为在历史上，姓竺的多来自印度，《水经注》卷一引竺枝《扶南记》中的条文有"竺枝目见之"的词句，这说明了竺枝是亲身到了扶南，所以他这一本书应该是与朱应、康泰的著作有同样的价值。这一本书现在也已佚，惟据《水经注》与《太平御览》所引诸条文，他所记的不只是扶南的事情，而且说到天竺的事情。又其书中，曾叙述檀和之征伐林邑的事情，说明这本书是作于四四六年以后。可是《水经注》的作者郦道元是五世纪末至六世纪初人，《水经注》既引用竺枝《扶南记》，那么这本书的完成应该是在五世纪的中叶或下半叶。

《水经注》是五世纪末至六世纪初郦道元所撰。郦道元引用康泰与竺枝的地方很多，这对于后人之研究扶南的，帮助很大。至于六世纪中叶的杨衒之，在其《洛阳伽蓝记》，虽然对于扶南的记载不多，可是也有一段很为重要的文字。又在唐代高宗至武后时，这就是七世纪的下半叶，义净在其《南海寄归内法传》以及《大唐西域求法高僧传》，均有关于扶南的记载。至八世纪的末年，杜佑在其《通典》卷一八八中有"扶南"条，虽然绝大部分是与《梁书·扶南传》相同，但也有一小段是他书所没有的。至于其他的著作，如《艺文类聚》《太平御览》，而尤其是后者，引用康泰、竺芝的地方更多。至于马端临的《文献通考》中的《扶南传》，可以说是从杜佑的《通典》抄录而来。

此外，又如《梁四公子记》一书，也有关于扶南的记载，《太平御览》卷八〇八"颇黎"条曾引用此书。此书是七世纪的著作。又如《图书集成·食货典》卷三三四与《太平御览》卷八〇八"琉璃"条均引用《吴历》这本书。此书应是撰于三世纪。《吴历》这本书的作者是胡冲，撰述《梁四公子记》的，有人说是张说。

上面所举出的关于扶南的著作，主要是属于一般的私人撰述，至于所谓正史

---

① 编注：原书如此，根据后文，此处疑有脱误，应是"这本著作的著者"。

之最早记载扶南的，要算《三国志·吴志》，《晋书》开始有《扶南传》（卷九十七），《陶璜传》与《帝纪》中也有关于扶南的记录，沈约所撰的《宋书》，有好几处记载扶南遣使贡献，卷九十七有"扶南"条，同卷"林邑"条也有关于扶南的记载，但其文都极简短。

所谓正史之记载扶南最详的是《齐书》与《梁书》的《扶南传》，两书所叙述，虽也有其相同之处，但也有很多不同的地方，这对于我们研究扶南有很大的好处。又李延寿所撰的《南史》，也有《扶南传》，大致与《梁书》所述相同。《陈书》也有数条关于扶南的记载，《隋书》没有《扶南传》，只在《赤土传》与《真腊传》中提及扶南。《旧唐书》也没有《扶南传》，《新唐书》却有《扶南传》。扶南在隋唐之际一部分或大部分的领土为真腊所占领，其国完全为真腊所灭，大约是在七世纪的下半叶，因而《唐书》以后所谓正史，遂没有《扶南传》。

关于扶南的中国史料，当然不只是象上面已经指出，我们知道如《太平寰宇记》《唐会要》等书也有关于扶南的记录，除此以外，可能还有一些史料是我们所未找出来的，但我们也可以说，我们在上面所叙述的著作，是研究扶南的主要资料。

假使没有了这些资料，我们固然没有办法去研究扶南，而且也没有办法去知道在古代曾有过扶南这个国家，所以尽管这些材料有了不少是星散片段，不能使我们对于扶南历史作出一个很有系统的全面叙述，然而有了这些资料，至少可以使我们知道扶南历史的概略，所以这是十分宝贵的资料。

扶南在唐代的上半叶，这就是七世纪的下半叶，被了真腊灭亡之后，人们对于扶南，几乎完全忘记，宋末元初的马端临在其《文献通考》中《四裔考》，虽然列有《扶南传》，可是他的海南诸国，差不多都是抄自杜佑《通典·扶南传》，几乎一字不改的抄过来。元朝周达观曾被遣到真腊，回国后，写了一本《真腊风土记》，这是研究真腊最重要的史料。我们上面已经指出，《隋书》没有《扶南传》，只有《真腊传》，但是《隋书·真腊传》中指出真腊乃扶南的别称，《新唐书》与《旧唐书》的《真腊传》中也都说真腊为扶南的属国，可是很奇怪的，在周达观的《真腊风土记》中并没有提到扶南这个国家，这说明了扶南是早已为人所忘记了。

十九世纪的初叶以后，西洋有了一些的东方学者，见得中国的史料有了扶南这个名，因而对于这个国家及其方位，开始加以注意。克拉普罗特（J. H. Klaproth）是最先注意这个问题的一位，然而这些人对于中国关于扶南的史料所知的既并不多，同时对于这个问题也没有专篇论文去讨论。他们大致上，只是偶然的或简略的加以提及，说不上对于这个国家作了研究。

直到廿世纪的初年，始有人对于这个国家作为专题去研究。其最先一位是艾莫涅（Étinne Aymonier），其次为伯希和（P. Pelliot）。两位都是法国人，两位所用的题目都叫做《扶南考》(Le Fou-Nan)。两位所发表的文章，都在一九〇三年，不过艾莫涅的文章发表在这一年的一、二月的《亚洲学报》(Journal Asiatigue)。而伯希和的文章是发表于河内《法国远东学院刊》(Buletin de L'ecole Francaise Extre Orient)，比之艾莫涅的论文稍迟了数月。而且，在伯希和的论文中有了好多处是提到艾莫涅论文，同时还指出艾莫涅的论文是最先考订扶南的论文。

艾莫涅与伯希和两人都以为扶南所领有的本土就是后来真腊所占有的地方。这改正了在他们之前的一些西方学者以为扶南的本土是在暹罗、缅甸或马来半岛等等的错误。艾莫涅在其论文中利用中国的材料并不很多，而且他用了很多篇幅去叙述扶南的邻国或其他的国家。

伯希和的论文，主要是把中国的关于扶南的史文尽量搜集，加以排比，而略加解释。在利用中国史料方面虽然伯希和已用得很多，但是在解释方面的工作，作得不够，所以他的这篇论文，主要可以说是资料的介绍。

近来，布利格斯（L. P. Briggs）在其《古代吉蔑帝国》（*The Ancient Khmer Empire*，1951）一书中，有一部分是叙述扶南的。他对于扶南的叙述虽然比之艾莫涅与伯希和的论文较有系统，但是对于中国材料却没有充分利用，他所依赖的资料主要是伯希和的法文译文，因为他自己既不能读中文，而且在这本书里扶南所占的篇幅，不够三万字，只约占全书六分之一。因此之故，一部比较有系统而较为详细的扶南历史，是很为需要的。

此外，最近来历史学者对于东南亚的历史，逐渐注意，其著作之说及扶南的，也逐渐增加，比方苏联学者列别捷夫在一九五六年《苏联民族学》杂志第四期所发表的《扶南和柬埔寨历史的开端》一文（译文见《民族问题译丛》一九五七第七期），英国的荷尔（Hall）在其《东南亚历史》(*A History of South East Asia*)一书第二章中曾有一节关于扶南的叙述，哈利松（Harrison）在其《东南亚——一个简史》(*South-East Asia：A Short History*)的第三章中，也有一段关于扶南的记载，又如摩尔希德（Moorhead）在其《马来亚及其邻国史》(*A History of Malaya and Her Neighbours*) 中的第五章也有扶南的史略，这也说明了凡是研究东南亚历史的人们，对于扶南是不能不注意的。

此外，考古学者在古代扶南领土上所发掘了一些古物或遗址，在现在看起来，为数虽然很少，但在研究扶南的历史上，也是极为重要的史料。将来在这方面如能有更多发掘，尤其是如能有关于扶南碑文的发现，那么对于扶南的研究，当有更大的价值与更大的帮助。

第三章　扶南的地理

关于扶南的位置，在一百三十多年前，克拉普罗特（J. H. Klaproth）在其《亚洲历史图表》（*Tablea ux Historiques de L'asie*，1826）中，把扶南位于白古（Pegu）与孟加拉（Bengal）之间。差不多六十年后，格罗因尼威特（W. P. Groeneveldt）在其《马来群岛与马六甲论文集》（Notes on the Malay Archipelago and Malacca, compiled from Chinese sources, *Miscellaneous Papers Relating to Indo-China and the Indian Archipelago*, Ser 2. Edited by Reinhold Rost, 126—262，一八八七）又以为扶南是在湄南流域，因而把扶南位于现在的暹罗。又如罗尼雷翁（Léon de Rosny）在其《古代中国人所知道的东方人民》（*Le Peoples Orientaux Connus des Anciens Chinois*，1886），以为扶南的中心地区域是在现在的暹罗北部的清迈，而其版图从暹罗扩张至越南的东京一带。又如在一八九六年烈维（Sylvain Lévi）在其所著的《两种未知的人民》（*Deux Peuples Me'connus：I Les Mur-undas*）却把扶南位于白古与暹罗这些地方。此外，又有人如巴尔特（Auguste Barth）根据早期碑文的记载最初以为扶南是在占婆，后来又同意于沙畹（Chavanne）及高楠顺次郎而位这个国家于现在缅甸的南部，这就是顿逊（Tenasserim）这个地方。又如威尔福特（Wilford）推料扶南是在马来半岛。累牟萨（Abel Rémusat）却以为扶南是在越南的东京而为中国属土。直到一九一一年还有人像夏特（Hirth）与罗志意（Rock-hill）在其翻译赵汝适的《诸蕃志》（*Chau Ju-Qua's Chu-Fan-Chi*），以为扶南的本土是等于现代的暹罗。

艾莫涅（Étienne Aymonier）是把扶南位于柬埔寨最先的学者，但是一九〇〇年他还以为扶南的版图是在越南的东京至暹罗。到了一九〇三年一、二月的《亚洲学报》（*Journal Asiatique*），艾莫涅在其所发表《扶南考》（Le Founan）一文（陆翔译，见《国闻译证》第一册，页三七至六八），他始把扶南位在古代的真腊或现在的柬埔寨这个地方，使人们明白扶南是真腊或柬埔寨的前身。

同年伯希和（Paul Pelliot）在河内《法国远东学院的学报》（*Bulletin De L'ecole Francaise D'extre Orient*）也发表一篇《扶南考》（冯承钧译，见一九二三年商务印书馆印行的《史地丛考续编》）。伯希和的论文较之艾莫涅的约晚了三个月，而且伯希和是读了艾莫涅的论文然后发表的。所以伯希和对于艾莫涅的看法有了不少纠正的地方，但大致上伯希和也是主张扶南的疆土是在后来的真腊或现在的柬埔寨的所在地方。从此以后，除了极少数的人如夏特、罗志意外，人们都承认这种看法。

上面不过是随便把一些外国学者，对于扶南的方位的意见，略为解释。应该指出，这些学者，主要还是依靠中国的史文而作出推论的。我们现在要来看看在中国的史书中所记载关于扶南的位置的史文。

扶南这个名词之见于我国正史最早的虽如上面所说是《三国志》，但为扶南立传最先的是《晋书》。《晋书》是唐房乔、褚遂良及其他等所撰。唐贞观中，以何法盛等十八家晋史未善，乃敕乔、褚重撰。

《扶南传》见于该书卷九十七。《扶南传》说：

> 扶南西去林邑三千余里，在海大湾中。

又唐姚思廉所撰的《梁书》卷五十四《扶南传》说：

> 扶南国在日南郡之南，海西大湾中，去日南可七千里，在林邑西南三千余里。

《晋书》卷五十七《陶璜传》说：

> 林邑连接扶南。

在梁萧子显所撰的《南齐书·扶南传》，载扶南王憍陈如阇耶跋摩上表给齐武帝说：

> 林邑、扶南邻界相接。

从上面几条史文来看，我们明白日南之南为林邑，而林邑之西南为扶南。日南是在交趾之南，是古代中国在越南半岛的最南的属土。林邑在东汉时独立，占有日南与日南之南的一部分土地。扶南去日南七千里而林邑去扶南三千余里，说明了林邑是界在日南与扶南之间。这里所说的里数应该是从一个都会到另一个都会来计算。虽然里数也不见得十分准确，但大致还是对的。至于方位上，扶南是在林邑的西南，也可以说是在日南的西南，这应该是在后来的水陆真腊所在地，而大致的等于现在的柬埔寨以及越南南圻一带。

《晋书》说扶南在海大湾中，这个大湾，应该是指着现在的暹罗湾。《梁书》说在海西大湾较为准确，因为这里所说的海，应该是现在的中国南海，这也就是《梁书·扶南传》中所说的涨海。暹罗湾是起自扶南的西南海岸，在暹罗之南与马来半岛的东北。暹罗湾这个名词是近代的名词，以前可能是叫做小涨海。《梁书·扶南传》中说：

> 扶南东界即大涨海。

大涨海似为小涨海的对称，《梁书·扶南传》说：

> 范蔓……自号扶南大王。乃治大船，穷涨海。

上面已经指涨海是中国南海，暹罗湾是中国南海的一部分。扶南的东界，这就是现在的越南的南圻一带的东边，这也是中国南海的范围。这个海既称为大涨海，那么可能还有一个小涨海，这个小涨海，在扶南强盛的时候，其南西北三方面的沿岸的土地，都为扶南的领土，那么这个小涨海应该就是现在的暹罗湾。

以现在的地图来看，扶南最初的疆域约当于今日越南的南圻与现在的柬埔寨。《梁书·扶南传》说其国轮广三千余里，这应该是初期的扶南的版图。到了三世纪的初期，范蔓当国政的时候，其领土大大的扩充起来。《梁书·扶南传》说，范蔓时曾"攻屈都昆、九稚、典逊等十余国，开地五六千里，次当伐金邻国"。

在这个时候，照我们的推论，其北占有现在老挝的南部一些地方，其东北还是林邑，其西北可能伸张到暹罗的东北，其西面可能扩充至暹罗的西部或是缅甸的东南部，其西南是顿逊或典孙，而最南的领土可能达到马来半岛的南部的马刺呷一带。至于东南是大海或大涨海。范蔓的势力是否到了苏门答腊、爪哇或婆罗洲各地，难于断定，但《梁书》说范蔓治大船穷涨海，他的船舶驶到这些地方，也是不足为奇的。

范蔓以后以至五世纪的憍陈如的时代，其版图似乎不会有很大的变更。到了六世纪的中叶，其属国真腊勃兴，扶南不只不能保持范蔓时所征服其他各国的领土，就是自己原有的领土，也逐渐为真腊所占有。到了六世纪的下半叶，扶南只能保有其南部一些地方。到了七世纪的中叶，扶南虽然还有使者到中国，可是这个时候，土地既有限，可能已成为真腊的属国。

所以从中国的史文来看扶南的方位是在现在的越南南圻与柬埔寨一带。艾莫涅与伯希和之所以能确定其方位，完全是根据了中国的史文。

扶南原来的领土，是位在湄公河的下游，可以说是一个盆地，所以《梁书·扶南传》说：

> 土地洿下而平博。

《旧唐书》卷一九七《扶南传》也说其"地卑洼"。凡是到过今日越南的南圻与柬埔寨的人们，都很清楚，从西贡经朱笃到金塔，再到马德望几乎看不到什么山岭，四面一望，平原无边。《梁书》所记的地貌，大致上，二千年来，没有多大的变化。

然而这也不是说扶南完全没有山岭。扶南的河流固是源于云南，其山岭也是属于西藏系统，为安南山脉的余支，其东部有亚扬高原及拉尔东高原，在当时大致成为扶南与林邑天然分界。西部有界尺（Bontat）山脉及象山，现在成为柬埔寨与暹罗的界线。我们相信这也是范蔓以前的扶南的最西的边境。在暹罗湾的沿岸有百哥（Boror）与白马（Kep）各山，高达一千公尺以上。其北部有著名的东勒（Dorgleg）山脉。范蔓以前的扶南，大致上是在这些山脉的周围中，而成为一大洼下而平博的盆地的国家。

可是，因为东西北三面的山岭较多，所以这三方面的地势也较高，所以在湄公河的上游或是未流入今日的柬埔寨之前西岸，多为绝壁险滩，航运较难。可是一入柬埔寨境内而经过空滩（Knong）之后，河身转阔，河底少石，交通既便，灌溉又易。由西北而至东南成为一个尖角，这就是今日的柬埔寨角，形像半岛，成为暹罗湾的东北岸。从中国的南部雷州半岛或交趾的船舶之到马来半岛、苏门答腊，或爪哇的必经这些地方。所以扶南不只成为暹罗湾的门户，而且是从中国至印度洋的交通要冲。

沿着扶南海岸的岛屿，虽不很多，但这些岛屿都很重要。在扶南的东南海岸，外有昆仑岛（Pulo Condore），在这一带的海洋，我国人名为昆仑洋。周达观《真腊风土记》说："自占城顺风可半月到真蒲，乃其境也。又自真蒲行坤申针，过昆仑洋入港。"这个昆仑岛在真腊时代，因为航海者所必经的地方，在扶南时代也无疑是航海所必经的岛屿。在暹罗湾海岸附近，岛屿较多，最大的是富国岛（Phuouoc）。富国岛是白马、喷呐、百哥、云壤（Ream）各港口的屏障。富国的西北又有国公（Kohron）岛靠近暹罗边境，为往来柬埔寨与暹罗的轮舶与渔船的停泊地方。此外，还有好多岛屿，古代船舶较小，驶行于扶南沿岸而往来于暹罗湾的船舶，必然利用这些岛屿为停泊的地方。同时，这些岛屿，又成为扶南在暹罗湾方面的屏障。因此之故，不只在航运上成为重要的地方，就是在军事上也有了重大的意义。

《梁书》卷五十四指出扶南都城去海五百里，有大江流入海。这个都城应该是在湄公河傍。从都城沿江出海。都城本身应该是一个交通出口岸，而近海边的入口地方，也可能是一个港口。现在的西贡美萩可能在扶南时代还是沼泽地方，假使在湄公河口有一通商港口，可能是在美萩的西边，这应当是从中国与印度来往船舶的一个停泊处。因为来往于中国、林邑及南海各国的船舶，不一定都要进入湄公河而到扶南都城，所以凡是经过扶南东岸的船舶，需要有一港口，作为停泊之所。

至于在暹罗湾的港口，从现在来说，有云壤，有百哥，有喷呐，有白马，有河仙，这些港口在二十世纪时代较大的轮船虽然不能进入，可是在古代，任何船舶，都可以进入。直到我们这个世纪，我国的帆船以及较小的轮船，也经常往来于这些港口，而在这数个港口中，喷呐、河仙（Hatian）在很早的时候，就为贸易港口。

最近来，考古学者曾在迪石的北部叫做哥俄厄（Go Oc Eo）这个地方，找出好多古物，而且有了罗马时代的东西，人们因而相信这个地方当是扶南的主要港口。关于这一点，我们下面还要再加叙述，我们只要指出，扶南是古代的一个海国，居东西交通的要冲，自己又有过强大的海军，除了这个港口之外，上面所举出的一些港口，说不定在当时也是重要的港口。

上面是叙述扶南的方位、地形、山脉与港口，我们现在且来谈谈扶南的河流与湖泊。

《南齐书》卷五十八《扶南传》说：

> 扶南，……有大江水西流入海。

《梁书》卷五十四《扶南传》说：

> 扶南……城去海五百里，有大江，广十里，西北流，东入于海。

这条江就是现在的湄公河。湄公河的上游，是在我国云南、贵州、西康等高原。在云南的称为澜沧江，来自云南的西北，经云南的西双板那而流入东南亚一些国家，到了老挝、缅甸的交界地方，以后才叫做湄公河。这是东南亚的最长的一条河流。入老挝与缅甸交界的地方，以后又曲折蜿蜒，经老挝的西北部和老挝与暹罗交界的地方，然后从西北而流入柬埔寨或古代的扶南，向东南经现在的越南的东南部而流入中国南海。在扶南的时代，现在的越南东南部或南圻一带是属于扶南，湄公河的下游从西北向东南贯穿了扶南而南入于中国南海，或是当时所说的涨海。《南齐书》说西流入于海是错误的，应该从《梁书》所说从"西北流，东入于海"。

上面已经指出扶南的本土就是后来真腊所领的地方，元朝周达观在其《真腊风土记》中说：

> 过昆洋入港，港凡数十，惟第四港可入。其余悉以沙浅，故不能通巨舟。然而弥望皆修藤古木，黄沙白苇，仓卒未易辨认，故舟人以寻港为难事。自港口北行，顺水可半月抵其地曰查南。

唐义净在《大唐西域求法高僧传》注说"跋南国有千江口"，这也说明了湄公河的出海的港口之多。据近人考订，第四港是现在的美萩。但我们也得指出，周达观之到真腊，是在十三世纪的末年（一二九六——一二九七），在这个时候，能够通航的港口在距这个时候一千多年的扶南时代，第四港或美萩港是否为大船出入的港口，是很值得研究的。原来湄公下游而近海的地方，地势很低，直到现在还是很多沼泽而低湿，千多二千年前，这一片地方，可能多为海水所浸淹。有人以为在扶南的时候其东南的海岸从公佛（Kampot）到西贡，是成为一条直线，这就是说现在的越南的东南的海岸或柬埔寨角一带，还是海水浸淹的地方。可能有些小岛散布其间，后来因为湄公河从上游的很多流沙，冲积于这些地方而成为今日的陆地。所以考古学者在其南部如迪石（Rach Gia），就找不出早于公元八〇二年以前的碑文，说明了在扶南的时期，这些地方，似乎还没有人居住，而且根据人们推想在六世纪与七世纪的时候，扶南的人口所集中的地方，还是在朱笃（Chaudoc）以至金塔与金塔的北边一带（参看 L. F. Briggs, *The Ancient Khmer*

Empire, P. 13)。

除了湄公河之外，其河流之流入暹罗湾的并不很长，在航运与水利上都没有什么大用处。周达观的《真腊风土记》中曾记及淡洋，这应该是今日的洞里湖（Tonle sap），或叫做金边湖，又名大湖。古代扶南的版图，虽然扩张到这个地方，可是在我们的古代史书中，并没有说到这个湖。这个湖不只是产鱼很多，而且是湄公河的良好的天然储水库。这个湖面积长约一百四十公里，阔约三十公里，成一椭圆形，这是平时的面积。到了洪水流入湖里的时候，湖水的面积比之平时可以增加至三倍之多，因为湖大而能容大量的水，所以湄公下游在泛滥时候，河水可以倒流入湖，使湄公河的下游不致成为巨灾。扶南的时代，人口集中的地方，虽然是在湖的东南较远一带，可是这个湖对于扶南的经济的繁盛，是有密切的关系的。

《梁书》卷五十四《扶南传》又说：

> 扶南气候，……大较与林邑同。

《晋书·林邑传》说："四时暄暖，无霜无雪。"林邑、扶南固然是"无霜无雪"，而且所谓"四时暄暖"，还不如说这个地方很为炎热，除了每年五月至十月是雨季，在下雨时，稍有凉气外，十一月至四月，这个时期，称为旱季，在这个时期中，热气逼人，有的地方有时木椅也觉得热不可坐，每年平均温度，约在二十七度之间。

第四章　扶南的贸易

扶南的本土，是在越南半岛的东南角，三面临海。东南是中国南海或是《梁书·扶南传》上所说的"涨海"，西南面临暹罗湾，因此扶南不只在中国南海上，占了很重要的地位，就是在暹罗湾中，也占了很重要的地位。

从地图上来看，古代扶南的本土大致等于现在的柬埔寨与越南南圻。暹罗湾的西北现在是暹罗与属于暹罗的马来半岛的北部。马来半岛的北部或是包括暹罗本土的南部一些地方是顿逊。顿逊是扶南的属国。在扶南时代，除了马来半岛北边的顿逊外，马来半岛还有郎迦戌、盘盘等国家。马来半岛的极南，隔了一个海峡就是苏门答腊。这个海峡现在叫做马六甲海峡，苏门答腊的东边隔了一个海峡就是爪哇。现在这个海峡叫做巽他海峡。在爪哇之北，隔了一个海峡是婆罗洲，婆罗洲之北，隔一海峡就是菲律宾。

据我们知道的，在扶南时代，马来半岛的南部以至苏门答腊、爪哇、婆罗洲等处，虽然已有一些国家的建立，可是并没有强大的国家或帝国。有好多地方，现在是极重要的地方，如新嘉坡以至过去的马剌甲，在扶南时代，恐怕只有很少人或还没有什么人居住。

我们知道，在古代，船舶的容量既小，而制造又简单。同时，航海的技术还未发达的时候，船舶之出海者，多沿海岸而行驶。我国之到南海各处的，也是这样。据《汉书·地理志》的记载，我国之到南海的船舶，多发自雷州半岛的徐闻或是交趾以南的日南。其行驶的路线，是从雷州半岛沿海岸而到日南。到了林邑建国之后，又经林邑，这也就是今日的越南中圻或一些人所说的"安南"，然后经扶南而到暹罗湾。扶南东南有港口，这是沿湄公河而上而到扶南都城的港口。在扶南西南的海岸，也有港口，从此而入暹罗湾，然后到马来半岛。这条海路，在隋代常骏使赤土时，曾经走过，而且沿途经了一些地方，均有纪录。从马来半岛的北部绕其东岸而到马来半岛最南的地方，然后再到苏门答腊、爪哇等处。当然，这些船舶，也可以绕马来半岛南部经马六甲海峡而到孟加拉湾，以至印度洋，或者也可以绕苏门答腊的东端，经巽他海峡，沿苏门答腊西北岸，而到孟加拉湾或印度洋。

但应该指出，在扶南时代，绕过麻剌甲海峡而尤其是巽他海峡，旅程太长，古代船舶既小，不便于这种长途跋涉，而且在麻剌甲海峡中，自古以来，海盗猖獗，除非船舶很大，武装设备较好，是不易通过的。关于海盗在旅途中的打劫，《汉书·地理志》已经说及，可见得海盗的历史，是很久的。

因此之故，在古代船舶之自东方到西方的，似乎多到暹罗湾而抵达马来半岛的北部，在古代的顿逊，或盘盘，或郎迦戍这些地方靠岸，人与货物经过一段的陆道，横越马来半岛的北部，可能其所经过的地方，是途程最短或是陆道交通最为方便的地方。我们知道从东岸到西岸最狭的地方约四五十公里，这就是现在所说的克拉（Kra）地带。又从西岸的一些港口乘船到孟加拉湾或印度洋沿岸各处。《汉书·地理志》"粤地"条所谓"所至国皆禀食为耦，蛮夷贾船，转送致之"，也可以说从东方到西方是经过一些陆道而换乘其他的国家的船舶。从东方到西方，固要经过这个地带，从西边的孟加拉湾或印度以至亚拉伯各处的船舶之到东方的，当然也是到了马来半岛北部的西岸港口，然后经这一段陆路而到东岸，换乘扶南、林邑或中国的船舶。

在扶南范蔓的时代，这就是公元二世纪的末年以至三世纪的初年，扶南已控制了暹罗湾，同时又征服了马来半岛北部的顿逊。顿逊这个国家，在当时是一个大国，其领土跨了马来半岛的东西两岸，因此遂成为孟加拉湾、印度洋与马来半岛东西的各国的交通要冲。《梁书·扶南传》说这个国家的城市，日有万人交易，在古代来说是一个商业繁盛的区域。扶南既征服了顿逊，扶南不只控制了暹罗湾，而且控制了孟加拉湾。

《梁书·扶南传》说范蔓，治作大船"穷涨海"。我们在别处已经指出，涨海应该是今日的中国南海，而且包括了暹罗湾。范蔓在位是在二世纪末至三世纪初叶，他是否曾遣使到中国，我国史书没有记载，但是《三国志·吴志·吕岱传》说"徼外扶南、林邑、堂明诸王，各遣使奉贡"。这说明在三世纪的时期，扶南已遣使到中国，此后不久，中国的使者朱应与康泰，也到了扶南。

范蔓死后，继其位者，是范旃，他因为嘾阳国人家翔利的游说，曾遣其亲人苏物到印度，这应该是扶南正式遣派使者到印度的开始。

扶南正式遣派使者到中国与印度，虽然是在三世纪的上半叶，然而这并不是说扶南与中国或印度的交通与贸易，是始于这个时候。因为交通或贸易，可能远在遣派使者之前。

以扶南与中国的交通来说，应该是与扶南建国的时间差不多。扶南建国，大致既是在公元前一二世纪，至公元一世纪的时期，那么我们推想，扶南建国之后，不久必与中国有贸易的关系，因为中国在秦汉之际，领土已扩大到越南半岛。扶南的建国，应该在林邑之前，在林邑未建国之前，中国最南的属土日南，应该是与扶南接壤或是很为接近，二者可能没有正式的邦交，但人民之间与商品的互相往来，是没有问题的。

而况中国的对外贸易为时很早，《淮南子·人间训》说秦始皇"利越之犀角、象齿、翡翠、珠玑，乃使尉屠睢发卒五十万，为五军"，以征伐现在的广东与广西一带。《汉书》卷二十八下《地理志》说：

(粤)处近海，多犀、象、毒瑁、珠玑、银、铜、果、布之凑。中国往来商贾者，皆取富焉。番禺其一都会也。

应该指出，秦始皇所要求的好多东西与凑集于粤地的好多东西，有了不少是来自东南亚的，扶南在东南各国中，建国既较早，物产又很丰富，又为南海交通的要冲，所以扶南的特产之运到中国的，不只必定很多，而且为时也必较早。扶南与东南亚的物品既能运到中国，中国的物品，也必定运到扶南与东南亚各处。《汉书》卷二十八下《地理志》记载，"自武帝以来，都、元、邑卢没、谌离、夫甘都卢、黄支等国都献见"。在运到中国的物品中，有明珠、璧琉璃、奇石、异物，而中国所运到东南亚以至印度洋各处的有黄金、杂缯，说明在公元前一二世纪，不只中国与东南亚各国有了物品的交流，而且有了使者的往来，扶南当然不会是个例外。

因此，我们可以断定，在范旃之前，在范蔓的时代，或是范蔓之前，扶南应与中国已有了交易。到了范蔓的时代可能已有扶南船舶到中国，至于范旃的时代，两国使者既有往来，两国的物品的交易，应该更加发达。

至于东南亚的其他各国，而尤其是与扶南比较接近的国家之于扶南的互相往来，是更不用说的。范蔓制造大船穷涨海，征服了十余个国家，说明了扶南是从一个大陆国，而变为强大的海权国。我们可以说，在范蔓没有征服这些国家之前，扶南与这些国家，也必早已互相往来，而商业繁盛的顿逊之于扶南，在这方面的关系，应当更为密切。我们也可以说，正是因为这个原因，扶南才用海军去征服这个国家，而垄断其商业。

至于没有被扶南征服的国家如在顿逊之外的大海洲中的毗骞国，虽然离了扶南有了八千里那么远，也与扶南有了密切关系。所以毗骞的长颈王，才送给扶南王纯金制造的五十人的食器，礼物的赠送，有来必有往，而且两国之间的君主既互有礼物的赠送，两国的商人以至王室自然也会有物品的交易。

扶南的海军能够征服了那么多的国家，扶南的船舶其活动的范围，又那么的广远，我们相信，在范蔓的时代，以至范蔓以后的好几百年中，扶南在东南亚，不只是最强大的国家，而且是商业最发达的国家，同时，除了中国以外恐怕没有别的南海国家，能与扶南争海上霸权。直到八九世纪，扶南已经灭亡之后，在苏门答腊的室利佛逝，或是后来的三佛齐，与后来爪哇的满者百夷，始相继而握东南的海上霸权，然而有人指出，这些后起而握海上霸权的国家，有的却是扶南的后裔所建立的。

上面是说扶南与中国以至东南亚各国的海上交通，我们现在且来谈谈扶南与孟加拉湾、印度洋或是印度洋以西的国家的海上交通。《梁书》卷五十四《天竺传》说：

汉和帝时（公元八九至一〇五），天竺数遣使贡献，后西域反叛，遂绝。至桓帝延熹二年（一五九）、四年（一六一）频从日南徼外来献，魏晋世绝不复通。唯吴时（二二二至二八〇）扶南王范旃遣亲人苏物使其国，从扶南发投拘利（Takrola）口，循海大湾中，正西北入历湾边数国，可一年余到天竺江口，逆水行七千里乃至焉。天竺王惊曰："海滨极远，犹有此人。"即呼令观视国内，仍差陈宋等二人，以月支马四匹报旃，遣物等还，积四年方至。其时吴遣中郎康泰使扶南，及见陈宋等，具问天竺土俗云云。

《水经注》卷一引康泰《扶南传》说：

> 昔范旃时，有嘽扬人家翔梨。尝从其本国到天竺，展转流贾至扶南，为旃说天竺土俗道法流通，金宝委积，山川饶沃，恣所欲，左右大国，世尊重之。旃问云：今去何时可到，几年可回？梨言：天竺去此可三万余里，往还可三年逾，及行四年方返，以为天地之中也。

关于范旃的事迹，我们下面还要叙述，我们在这里先要指出，苏物之出使天竺，是范旃所遣派，但是当他回到扶南的时候范旃已死，而在位者为范寻。康泰到扶南的时候，也正是范寻在位的时候。

从上面两段话中，我们可以看出范旃之所以遣派使者到天竺是受了嘽阳国人家翔利的影响。嘽阳国就是林阳国，林阳国大致是在扶南之西，约在现在的暹罗西部与缅甸的东南部。从这里，我们明白扶南与天竺正式交换使者，是在三世纪中叶的范旃与范寻时代。这是扶南历史上一件很重要的事情，而且也是中国与印度的海道交通史上一件重要的事情。因为苏物出使天竺，天竺使者陈宋等与苏物同到扶南，凑巧的，也是中国使者朱应与康泰也到达了扶南，因而朱应、康泰乃得机会与陈宋会谈，从而知道天竺的土俗。

据《梁书》的记载，苏物之出使天竺，其所出发的海港，是投拘利，近人考订投拘利就是 Takrol 这个地方，是在现在的马来半岛北部的西岸，可能是在克拉地峡之南。这个地方是属于顿逊。范蔓以后，属于扶南。在顿逊与扶南的时代，这个地方应该是马来半岛北部的一个很为重要的港口，凡是自印度或印度以西的船舶之载运客货到东方的，大致是以这个地方为转运站，从这里经一段的陆道，跨过马来半岛而到其东岸海岸，然后再由东岸载运旅客货物到马来半岛以东的各国，以至于扶南或中国。

《梁书·天竺传》所说的"循海大湾"没有问题的是孟加拉湾。而所说"正西北入历湾边数国"，这就是说是沿着现在的缅甸在孟加拉湾的从西南而至西北的海岸。所谓历湾边数国，也就是位在这个海岸上的国家，至于所谓天竺江口，没有问题是恒河的河口，逆水行者，是因为从西北向东南流而入于孟加拉湾也。

我们知道印度的东面的海岸，这就是孟加拉湾的西岸，从恒河河口至马拿尔（Manal）湾与锡兰，以至印度的西岸或是亚剌伯海的东岸一带，在那个时候，已有好多国家。这些国家没有问题的也常从海道而到马来半岛或是中国南海各处。苏物所到的天竺，只是一部分的天竺，而且是在恒河上游的天竺，不是沿海其他各处的天竺。

其实，不只印度沿海的国家，就是印度以西的亚剌伯海沿岸的国家，以至现在波斯湾、红海，以至于地中海的国家，而尤其是当时的罗马帝国之于扶南与东方各国，也有海上的交通，以及货物的交易。

而且，应该指出，这些国家之于扶南与东方各国的交通并不始于范旃时代，而乃远在范旃之前。《汉书·地理志》说：中国使者在前汉时代，这就是说在公元前一二世纪，已到了黄支。据近人考订，黄支是在现在的印度的东岸的南部，中国使者能到这些地方，这些地方的使者或商人也可以到马来半岛的东西两岸，以至于越南半岛与中国。《梁书》说天竺在后汉桓帝延熹二年与四年频从日南徼外来献，说明这是从海道经东南亚各处包括扶南在内而来。中国桓帝延熹二年是公元一五九，延熹四年是公元一六一年，这比之苏物之使天竺早了约一百年之久。

又在近人在越南南部迪石之北的哥俄厄（Go Oc Eo）所找出的古物中，就有了罗马时代的一些东西，这也说明了当时的扶南，是与罗马有了关系，有了货物的交换，这些货物的运送，没有问题的是由海道。我们知道，在后汉时代，罗马使者曾经由海道而到中国。《后汉书》卷一百十八《西域传》"大秦"条说：

> 大秦国，一名犁鞬，以在海西，亦云海西国。地方数千里，有四百余城，小国役属者数十。……其人民皆长大平正，有类中国，故谓之大秦。土多金、银、奇宝，有夜光璧、明月珠、骇鸡犀、珊瑚、琥珀、琉璃、琅玕、朱丹、青碧。刺金缕绣，织成金缕罽，杂色绫。作黄金涂、火浣布，又有细布，或言水羊毳，野蚕茧所作也。合会诸香，煎其汁以为苏合，凡外国诸珍异皆出焉。以金银为钱，银钱十当金钱一。与安息、天竺交市于海中，利有十倍。其人质直，市无二价。谷食常贱……其王常欲通使于汉，而安息欲以汉缯彩与之交易，故遮阂不得自达。至桓帝延熹九年，大秦王安敦遣使自日南徼外献象牙，犀角，瑇瑁，始乃一通焉。

桓帝延熹九年，是公元一六六年，上面已经指出天竺于一五九与一六一年，均有使者到中国，可见在这个时代，从东南亚印度以至大秦都有使者从海道到中国，又根据上面一段话，大秦与安息、天竺也有海上交通。安息是在现在的伊朗、阿富汗一带。原来自我国的新疆一带或西域，有陆道通安息以至大秦，因为安息要垄断中国的货物，所以大秦不得不从海道到中国。天竺之与中国的海道的沟通，当在西汉或西汉之前。所以张骞在公元前二世纪时，到大夏时已见中国的蜀布、邛竹杖。据大夏人告诉他，这些东西，是经过身毒或天竺来的。张骞之前，中国的西北到印度陆道未通，因而这些东西之运到天竺，可能是从海道而来。《汉书·地理志》说中国使者到黄支，也说明了这一点。

中国与天竺，在两汉既已有海上交通，大秦与印度的海上交通，为时也当很早。公元前四世纪希腊的亚力山大，由陆道征服印度，曾由印度海道回去，说明这条海道，久已通行。罗马土地广大，且占据现在的中东好多地方，从这里由海道到印度是没有问题的。到了后汉，罗马或大秦的海上交通，当更为繁盛，因为安息垄断了陆道，这就会使大秦与东方各国的海上交通，更加发达。

扶南在这个时期，除了本土之外，其属地顿逊均为东西海上交通的要冲，无论印度诸国也好，中亚的安息也好，欧洲的大秦也好，凡是要到中国的，必定经过扶南，而况在扶南的海港，又有罗马的遗物，这更说明了扶南不只与印度有了海上交通，就是扶南与大秦，也有海上交易。

应该指出，大秦在地中海的船舶是不会到印度的。因为在那个时候，苏彝士运河还没有沟通，大秦的船舶，只能驶到地中海的东岸，经过一段的陆地交通，到了红海的西北部，然后再用船载运。也有可能的，是经较长的陆道而到波斯湾，然后由这里而到印度洋，可是这条道路，可能也为安息所控制，所以海道之最方便的，是经红海，因为地中海的东南岸这就是现在的埃及的东北部的亚力山大港，久已成为一个商业繁盛的海港，从这里而到苏伊士湾，路程较近。因为在这个湾的西北角在菲洲方面，有一个港口叫做米科姆斯（Myos Hormos）或是摩斯尔（Mussel）港，从这里货物运到印度西岸，再由西岸而运到东岸。《新唐书》卷二二一上《天竺传》说：

> 东天竺际海与扶南、林邑接，又云有金刚，檀游郁金与大秦、扶南、交趾相贸易。

东天竺是在印度的东岸，从此再东行，就会到扶南的属国顿逊。

上面是叙述扶南的海上交通。我们现来要很简单的谈谈扶南的内河交通。

扶南的本土位在越南半岛的东南，地势较低，河流交错，而以湄公河为主流，大湖或金边湖或如周达观所谓淡水洋，不只是扶南的最大湖，就是在整个东南亚来说，也是最大的湖，尤其是在雨水季河水泛滥的时候，湄公河的水倒流入这个湖时，湖的面积大了很多，湖里鱼类既多，湖边土地肥美，这应该是人口众多的地方，也是交通便利的区域。

湄公河东南流入中国南海，其西北又通这个大湖，这使扶南的内地水道的交通上极为重要，尤其是在古代陆道交通，没有公路更说不到铁道的时代，水道交通尤为重要。湄公河的上游，是来自我国西南，经老挝而到现在的柬埔寨，在现在的老挝境内，以及我国西南境内，两岸多为绝壁高山，又多险滩，所以在交通上是很不方便的，然而一入柬埔寨境内，这也就是说一入扶南境内，一过现在的著名空滩（Khong），河身转阔，河底石滩又少，因而在交通上，最为便利。现在吃水五公尺以下的轮船，无论何时，从海口可以通到现在的柬埔寨的都城金边,这条航线现在长二百二十公里,若在雨季水量增长的时候,可以通航的水路长约九百公里,在扶南时代,船舶既不若今日的那么大,一年四季,船舶往来,应当是没有问题。至于湄公河的好多支流,在扶南时代,在内河交通上所占的重要地位,更是无可疑的。

第五章　扶南的交通

扶南与其邻国或是其他各国的交通以至内地的主要交通虽是依靠水道，但这并不是说没有陆道。这个国际陆道交通主要的可以说是三条。一是东北线，这就是从扶南至林邑，而至中国及其属土交趾与日南。一是西南线，从扶南经现在的暹罗南部而至马来半岛的南部。一是西北线，就是从扶南而至现在的暹罗与缅甸一带。

我们先说东北线。扶南是在林邑的西南，林邑是在日南之南，日南又在交趾之南。交趾与日南在古代，是中国的属土，从我国的广西或云南均有陆道可以通交趾而至日南。又由日南至林邑，也有陆道可通。《水经注》卷三十六《林邑记》说：

城去林邑，步道四百余里。

这里所说的城，应该是西卷县城，《水经注》引应劭《地理风俗记》说"日南故秦象郡，汉武帝元鼎六年（公元前一一一），开日南治西卷县"。《水经注》同处又引《交州外城记》说：

从日南郡南去到林邑国，四百余里。

这里的"四百余里"，就是《林邑记》中所说的步道四百余里。《水经注》也指出"城故西卷县也"，这是说明从交趾到日南，从日南至林邑，都有陆路可行。扶南在林邑之南，而且与林邑接壤。《水经注》卷三十六说：

林邑，……秦汉象郡之象林县也，……南接扶南。

又《洛阳伽蓝记》卷四《城西》中说：

从扶南国北行一月，至林邑国，出林邑，入萧衍国（按：指南朝梁国）。

《晋书》卷五十七《陶璜传》，也指出林邑连接扶南，从交趾经日南而至林邑，既有陆道，那么从林邑到扶南，没有问题的，也有陆道，《水经注》卷三十六指出，从林邑到扶南，也可以经裸人国。又同卷引竺枝《扶南记》说：

扶南去林邑四千里，水步道通。

这里所说的水步道通，可以说是指着水道与陆道而言。水者指水道，这用不着说，至于所谓步者，可以说是陆路。徒行曰步，亦曰步行。《新唐书》卷四十三《地理志》附贾耽安南经交趾的陆道中说：

自驩州西南三日行，度雾宿岭，又二日行，至棠州日落县，又经罗伦江及古朗洞之石蜜山，三日行至棠州文阳县，又经犛犛洞，四日行至文单国之算台县，又三日行至文单外城，又一日至内城，一日陆真腊，其南水真腊，……其南罗越国，又南至大海。

唐代的骥州，就是隋时的骥州，唐时也曾改为日南郡。虽然这个时候的日南与汉初的日南不同，但仍在环王或占城或林邑之北，交趾之南。雾宿岭也见于《新唐书》卷二二二下《环王传》。该传说环王（即林邑）"西距真腊雾宿山"。又《太平寰宇记》卷一七一说：骥州西南三百里至棠州，唐时陆真腊约当于今日老挝南部的巴邑（Basac）。陆真腊又名文单，在扶南时是扶南的属国。唐初扶南的北部虽为真腊所占领，但其国还存在于南方。文单或真腊，在唐代既有陆道通骥州，那么扶南时期，也有陆道通这个地方，是无可疑的。

我们若从贾耽的陆行路线来说，陆真腊南通水真腊，这也就是原来扶南本土的南部。又在水真腊之南，又通罗越国。罗越国据近人考订，是在马来半岛与马刺呷、柔佛一带。从扶南南部或水真腊到罗越，最方便是水路，但是若照贾耽的陆行路线来说，应该也有陆道可通，这样不只从中国经交趾、日南、林邑有陆道可通扶南，就是从扶南也有陆道经现在的暹罗，沿马来半岛的北部，而至马来半岛之南部了。

这一条路线，可以说就是从扶南首都，这就是在朱笃附近，沿湄公河而至现在的柬埔寨的金边，再由金边沿着金边湖的南岸而至马德望，再由马德望向西北到现在柬埔寨的西南的诗素芬（Sisophon），经过亚兰（Aranya Prathet）入现在的暹罗境，大致是与现在亚兰、曼谷铁路线而至湄南江下游的华富里大城与曼谷一带，再由这里向南行而至马来半岛的北部与南部。

应该指出，从扶南而至马来半岛最方便是从扶南西南海岸的港口，渡暹罗湾或沿暹罗湾海岸而至马来半岛。扶南在强盛的时候，既侵略了现在的暹罗，以及马来半岛的顿逊，或克拉地峡，那么除了海道交通之外，陆道也是可以通行的。

一九○五年暹罗的史学者昙隆亲王（Prince Damrong）曾发现了室利提婆（Sri Deva，Srideb，Sri T'ep）这个城市之后。再经过英国的威尔斯（H. G. Q. Wales）于一九三五年至三六年间的实地勘察。｛参看其所著的《向吴哥去》（*Toward Angkor*）｝威尔斯及一些历史学家，又以从扶南到现在的暹罗境内，还有一条西北陆行的路线。

这一条路是从湄公河的下游，逐河而上，到了湄公河支流猛（Mun）河，乃向西走到猛河的上游，这是暹罗的东北高原。室利提婆就是位在猛河的上游，再向西走就是湄南河的支流的上游，这个城是在碧差汶（Phetchabun）的东北，而靠近碧差汶山。这条湄南支流，是叫做巴塞（Pasak）河。虽然室利提婆是位在猛河与巴塞河的两河的上游之间，但这两条河既没有连接，而这两条河的上游，又难于航行。猛河与湄公河的会合处是在老挝的巴色（Basac）之北，因此这条路线主要是一条陆道。威尔斯以为这个城市之建立,是在公元五世纪的上半叶。当扶南强盛的时候,这条路是从扶南至湄南流域的华富里(Lopburi)的一条商业交通路线,也是扶南扩张其势力于其西北的一个军需运输站。不只在古代,就是现代,这条路线还是一条较为荒芜而难行的路线。扶南之所以建立这个城,在军事上的考虑可能较多于商业上的繁荣,但是商业上也随着军事上的设备而发达起来。所以威尔斯曾说:

> 乃回溯一千五百年前(即耶稣降生第四三六年)商旅奔驰此道者,络绎不绝,庞大之商人旅队,每小时显映眼帘,数以十计,载运湄南流域富庶各区之物于室利提婆,交换印度货物。此城位于扶南高原交通之要冲,足以控制其西部低地各藩属,故为一大商业中心。(姚枬译,见于《古代南洋史地丛考》,页九九,题为《自罗斛至室利提婆》。)

在商业上,室利提婆是否像威尔斯所说明的那么发达,在交通上,是否像他所描写的那么频繁,当然是一个问题。但是这个城市,既是扶南本土通到现在的暹罗以至缅甸的一个要冲,那么扶南与这些地方以至印度的货物之来往而经过这个城市,是没有问题的。

据考古学者的估计,到了扶南衰弱的时期,这个城市也因而荒废,直到十一世纪,真腊强盛的时候,这个城市又重建起来。这也说明这条路线并非一条交通便利的路线,它是靠着强大的帝国的力量去维持,而这个城市也就成为一个长途跋涉的休息处,或是运输站。因此,与其说是发展商业而建立这个城市,不如说主要是为了军事而建立这个城市。

《水经注》卷一引竺枝《扶南记》说:

> 林阳国去金陈国步道二千里,车马行,无水道。

金陈就是金邻,又《太平御览》卷七九〇引《外国传》说:

> 从扶南西去金陈二千余里。

又同处引《异物志》说:

> 金邻一名金陈,去扶南可二千余里,地出银,人民多好猎,大象生得乘骑,死则取其牙齿。

我在下面还要说明林阳是猛族所建立的国家。这个国家位在现在的暹罗以至缅甸的南部,金陈应该是在林阳的东北,从林阳到金陈固是没有水道,从扶南到金陈,主要也是陆路。金陈是否与上面所叙述的室利提婆有关系或就是室利提婆,是值得我们考究的,因为在位置上,金陈既在林阳的东北应该是在扶南的西北,它的人民多好猎,似乎说明这是一个山国,或陆上的国家,所以从林阳到这里或是从扶南到这里,也有陆道可通。这也就是我们上面所说的西北线。

第六章　扶南的物产

扶南是物产丰富的国家，兹分类叙述于下。首先让我们谈谈关于扶南的矿产，《梁书·扶南传》说：

> 出金、银、铜、锡。

《晋书·扶南传》说：

> 贡赋以金、银、珠、香。

《唐书·扶南传》也说：

> 以金、珠、香为税。

杜佑《通典》卷一八八"扶南"条也说："贡赋以金、银、珠、香。"同处又指出：

> 出金刚，可以刻玉，状似紫石英，其所生乃在百丈水底盘石上，如钟乳，人没水取之，竟日乃出，以铁锤之而不伤，铁乃自损，以羖羊角扣之，漼然冰泮。

杜佑这一段话，大概是抄自晋葛洪的《抱朴子》一书中。《唐书·扶南传》也有关于金刚的记载，不过较为简略，大概是从上面二书抄录而来。杨衒之《洛阳伽蓝记》说扶南"出明珠、金、玉及水精珍异"，说明其特产之多。应该指出，扶南的矿产的种类当不止像上面所说的那几种。古代史家所记载的，大概是较为特出的东西。从今日来说，柬埔寨除了金、银、铜、锡之外，还有铁、锌、铅、钨、锑、锰等金属，而其宝石尤为世界所闻名。近代柬埔寨宝石的产地，多在山中，尤以马德望省的派麟（Pailin）山为最著名。派麟的意义就是柬埔语所谓宝石。据我们所知的矿产，除宝石外，金矿亦多，产于马德望及上丁两省。此外，在马德望又有磷酸盐矿。现代所发现的好多矿产，虽然未必为古人所知道，然而我们也得指出，古书所没有记载的一些矿，也不一定是古人所没有采用的。

《太平御览》卷六九《地部》引《扶南传》曰：

> 涨海中倒珊瑚洲，洲底有盘石，珊瑚生其上也。

这似乎是说涨海中珊瑚洲的珊瑚，也为扶南人所采，而为扶南产品之一。

因为扶南是处在热带地区，雨量很丰富。湄公河及其支流又贯穿其地，故各种植物，易于生长。《南齐书》说"土气恒暖，草木不落"。在林木方面，不只是种类很多，而且质料很好。《太平御览》卷七百六十九《舟部二》引《吴时外国传》说：

> 扶南伐木为船。

虽然这里没有说明用以造船的木，究竟是什么木，但我们知道在真腊时代，元周达观在其《真腊风土记》中曾说："山有异木。"又说"树木亦甚各别"。所谓异木，也可以说是特殊而质良的木。而且，我们知道，现在的柬埔寨出产很好的柚木，质地坚硬，含有脂液，既能防金属的生锈，又能抵抗猛烈的水力，所以最宜于造船。今日世界各国之造船舶者多用这种木。扶南时代，海舶在古代船舶中很为著名，也可能是用这种木来制造的。此外又有铁木，其质料也不下于柚木，宜于造船，也宜于建造房屋，与柚木同样的不怕白蚂蚁的蛀蚀。

竹也为扶南的盛产物品，晋时嵇含《南方草木状》卷下"云邱竹"条说：

> 云邱竹一节为船，出扶南。

这说明了竹也可以用为造船了。

扶南的檀木，也是很著名的。晋崔豹在其《古今注》卷下中的"紫栴木"条说：

> 紫栴木，出扶南，色紫，亦曰紫檀。

檀木有紫黑两种，紫檀叶似荔枝，皮青而滑，极有伸屈性，也极宜于造船或制器。黑檀吉蔑语叫做甘特（Camthe），质较紫檀硬而黑，耐湿而不怕虫害。《古今注》同处又说：

> 苏方木，出扶南、林邑外国，取细碎煮之以染。

《梁书·扶南传》说：

> 天监十八年复遣使……献火齐珠、郁金（uruma）、苏合（storax）等香。

宋周去非在其《岭外代答》中说：

> 沉香来自诸番国者，真腊为上，占城次之，真腊种类固多，以登流眉所产香气味馨郁，胜于诸番，若三佛齐等国所产，则为下岸矣。

又《本草纲目》引叶廷珪说：

> 出渤泥、占城、真腊者谓之番香，亦曰舶沉，曰药沉，医家多用之，以真腊为上。

《本草纲目》"笃耨香"条说：

> 笃耨香，出真腊国，树之脂也。树为松形，其香老则溢出，色白而透明

者，曰白笃耨，盛夏不融，香气逼人。

扶南贡献于中国的方物中，有好多为香木，真腊的名贵香木，在扶南时可能已有，故《梁书·扶南传》也说：

扶南……出沉木香。

扶南的果树种类也很多，《南齐书·扶南传》说：

有安石榴及橘，多槟榔。

槟榔是越南半岛人民所喜吃的东西，他们吃槟榔与近代人吃香烟一样，可以说是成了一种习惯。据他们说，槟榔可以去邪气，防疾病。杨衒之的《洛阳伽蓝记》说扶南"饶槟榔"，说明了槟榔是扶南出产最多地方。《南齐书·扶南传》记载扶南贡献中国的方物中，也有瑇瑁、槟榔柈柈，柈柈是一种盘，槟榔柈是装槟榔的柈子，既然送槟榔柈给中国皇帝应该也送槟榔。

此外椰子树也是扶南的丰富物产。《晋书》《南齐书》《梁书》的《扶南传》说，其最初是女子为王，名柳叶，有了怀疑柳叶可能是椰叶之误。这种看法是否对，我们当在下面加以讨论，我们现在只要指出这个地方，既盛产椰子，而其用途又极大，因而其女王叫做椰叶也是很可能的。

此外，又如榴莲、芒果、柚子、龙眼、洋桃、番石榴、红毛丹，以至菠萝、香蕉等等，到处可见。古书虽然没有记载，但在扶南时代已有这些东西也是可能的。至如菠萝蜜，已见于《隋书·真腊传》，云"有婆那娑树，无花，叶似柿，实似东瓜"。婆那娑就是菠萝蜜。

至于古书之记载扶南甘蔗的很多，《南齐书·扶南传》说扶南有甘蔗，晋时嵇含所撰的《南方草木状》说：

泰康六年（公元二八五年），扶南国贡诸蔗，一丈三节。

《汉魏六朝百三家集》中所转录梁时吴均的撰文中，也说到扶南的甘蔗。

扶南人的主要食品是稻米，因为扶南居湄公河下游，是盛产稻米的区域。《晋书·扶南传》说：

以耕种为务，一岁种，三岁获。

周达观《真腊风土记》中说：

大抵一岁中，可三四番收种，盖四时常如五六月天，且不识霜雪故也。其地半年有雨，半年绝无，自四月至九月，每日下雨，午后方下，淡水洋中水痕高，可七八丈，巨树尽没，仅留一杪耳。人家滨水而居，皆移入山后，十月至三月，点雨绝无，洋中仅可通小舟，深处不过三五尺，人家又复移下，耕种者指至何时稻熟，是时水可淊至何处，随其地而播种之。耕不用牛、耒、耜、镰、锄之器，虽稍相类，而制自不同。又有一种野田，不种常生，水高至一丈，而稻亦与之俱高，稻头常在水面。

这里所说的洋，是淡洋，是大湖，或金边湖。这段话最后所说那种稻，是叫做浮稻，生长很快，洪水泛滥，禾头就会随水的高涨而增长，露出水面，因而不怕洪水的浸害。此外这种稻，不只易于播种，而且收获丰富。

至于扶南的动物种类，也是很多的。鱼应该是扶南人的主要食品之一。大湖一年四季盛产各种鱼类固不待说，湄公河与沿海各处，鱼产也很丰富。在洪水泛滥的时候，不只江河细流，鱼类很多，就是在房舍的沟渠中，往往也可以捕鱼，这种天然鱼产的丰富，在今日，固然如此，在扶南时代，也应如此。周达观《真腊风土记》中说：

> 鱼鳖惟黑鲤鱼最多，其他如鲤、鲫、草鱼最多。有吐哺鱼，大者重二斤以上。更有不识名之鱼甚多，此皆淡水洋中所来者。至若海中之鱼，色色有之。鳝鱼、湖鳗、田鸡，土人不食，入夜则纵横道途间，鼋鼍大如合苓，虽六藏之龟，亦充食用。查南之虾，重一斤以上，真蒲龟脚，可长八九寸许，鳄鱼大者如船，有四脚，绝类龙，特无角耳。肚甚脆美，蛤、蚬、蛳螺之属，淡水洋中可捧而得。独不见蟹，想亦有之，而人不食耳。

《梁书·扶南传》亦有关于鳄鱼与鱼的记载，《扶南传》说：

> 又于城沟中养鳄鱼，门外圈猛兽，有罪者辄以喂猛兽及鳄鱼，鱼兽不食为无罪，三日乃放之。鳄大者长二丈余，状如鼍，有四足，喙长六七尺，两边有齿，利如刀剑，常食鱼，遇得獐鹿及人亦啖，自苍梧以南，及外国皆有之。

至于鸟类《梁书·扶南传》说：

> 出孔翠、五色鹦鹉。

《南齐书·扶南传》却说：

> 鸟兽如中国。

可是周达观《真腊风土记》已指出：

> 禽有孔雀、翡翠、鹦鹉，乃中国所无。其余如鹰、鸦、鹭鸶、雀儿、鸬鹚、鹳、鹤、野鸭、黄雀等物，皆有之。所无者，喜鹊、鸿雁、黄莺、杜宇、燕、鸽之属。

关于走兽，《真腊风土记》说：

> 兽有犀、象、野牛、山马，乃中国所无者。其余如虎、豹、熊、黑、野猪、麋鹿、獐、麂、猿、狐之类甚多，所少者狮子、猩猩、骆驼耳。鸡、

鸭、牛、马、猪、羊所不在论也。……在先无鹅，近有舟人自中国携去，故得其种，鼠有大如猫者，又有一等鼠，头脑绝类新生小狗儿。

象是扶南常见的动物，《梁书·扶南传》说：

> 穆帝升平元年（公元三五七），王竺旃檀奉表献驯象，诏曰：此物劳费不少，驻令勿送（按：晋书也有这次贡象的记载）。

象的用途很多，可以当为交通工具。《南齐书·扶南传》说：

> 国王行乘象，妇人亦能乘象。

《梁书·扶南传》也说：

> 其王出入乘象，嫔侍亦然。

象也可运笨重的东西，如木料等。此外，象也用以打仗，在东南亚古代的好多国家，往往以象的多少去估计其武力的强弱。象而尤其是白象，又当为神圣的东西看待。得了白象，是当为好的预兆。至于象牙的用途之多，更不待言。《梁书·扶南传》说扶南出象牙，《南齐书》记载扶南所贡的方物中，也有象牙制的塔。

《梁书·扶南传》说：

> 大同五年（公元五三九），复遣使献生犀。

《真腊风土记》说：

> 犀角白而带花者为上，黑为下。

我国人很喜欢犀角及其蹄，故犀角也为东南亚各国的重要贡品中之一。

扶南自三世纪与中国交通以后，数百年中，时时与中国往来，每次遣使到中国必贡献方物。所谓方物，主要的是当地的物产，尤其是当地的特产。我们相信所谓方物，其种类必定很多，史书以方物二字概括，也就是说明其种类多而不欲一一列举耳。然而在方物之中，其特别稀有或贵重的，也可以列举出来，上面所举出一些，就是这些例子。我们相信凡是《真腊风土记》所记载的各种物产，在扶南时代也是应有的。至于近代移入扶南的一些东西，如树胶、咖啡等等，不只扶南时代不会有，真腊时代也不会有。

第七章　扶南的种族

《晋书》卷九十七《扶南传》说：

　　（扶南）人皆丑黑，拳发裸身，跣行，性质直，不为寇盗。

《梁书》卷五十四《扶南传》说：

　　今其国人皆丑黑，拳发。

《新唐书》卷二二二下《扶南传》也说：

　　其人黑身，鬈发，裸行。

除《新唐书》外，《梁书》《晋书》不只说其人色黑，而且形容其为丑黑。我们知道扶南人色黑固是事实，丑黑却是我国人的主观主义，对于外族人民一种鄙视的看法。这完全是用我们自己的标准去衡量他人。其实，有的民族并不以色白为好看，而却以色黑为好看。所以，就是有的生而色白的，往往也抹以一种油而使黑。《水经注》卷三十六引《林邑记》说"汉置九郡，儋耳与焉。……暑褻薄日，自使人黑，积习成常，以黑为美"。这些民族，见了我们喜色白，岂不也说我为丑白吗？所谓色黑是不是属于现在所谓黑种人呢？关于这一点，我们当在下面讨论。我们现在先要指出，扶南人也称为昆仑人。《太平御览》卷七八六《南州异物志》说：

　　扶南国在林邑西三千余里，自立为王，诸属皆有官长及王之左右大臣，皆号为昆仑。

《新唐书》卷二二二下《扶南传》说：

　　扶南在日南之南七千里，地卑洼，与环王同俗，有城郭宫室，王姓古龙。

杜佑《通典》卷一八八"扶南"条说：

　　其国王姓古龙，诸国多姓古龙，讯耆老云，古龙无姓氏，乃"昆仑"之讹。

古龙既为昆仑之讹，那么所谓古龙，就是昆仑。其实，两者声音是相近的，可能是同名而异译。然而上面所举出各条史文，不过是指出扶南的王以至其左右是叫做昆仑，至于扶南的人民是不是也叫做昆仑呢？我们知道，在古代东南亚的好多国家中，其人民是当地的人民，但其国王及王室或左右可能是来自其他的国家，扶南也可能不是例外，扶南王混填是模跌人，后来的国王憍陈如是天竺人。然而若照上面所举的史文来看，《南州异物志》的时代是三世纪，《唐书》与杜佑《通典》的时代是从七世纪至九世纪。从三世纪以至八九世纪的时代，扶南国王及其左右也称为古龙或昆仑，这个昆仑名称，不只是指着姓氏，而也是指着种族。《旧唐书》卷一九七《林邑传》说：

> 自林邑已（以）南，皆卷发，黑身，通号为昆仑。

扶南是在林邑之南或西南。其领土是与林邑接壤。这里所说的林邑以南，第一个国家包括于这个范围应该是扶南。据《晋书》《梁书》《新唐书》等，扶南人也是卷发黑身，扶南人也称为昆仑人，是没有问题的。应该指出，色黑与昆仑在我国的史文中是有了密切的关系。《晋书》卷三二《孝武文李太后传》说：

> 后为宫人，在织纺中，形长而色黑，宫人皆谓之昆仑。

昆仑是我国人给与东南亚人的一个种族名称，可能是由于昆仑人是黑身，因而色黑的人也被人称为昆仑。李太后就是一个例子，虽然也有可能的，李太后也是一个昆仑人。

应该指出，《旧唐书》所说自林邑以南的卷发黑身的人，都叫做昆仑，所谓林邑以南的范围，是包括了南海诸国，这也是与我们今日所说的东南亚大致相同，这就是说在这些地方皆有昆仑人。义净《大唐西域求法高僧传》说：

> 良为堀伦，初至交广，遂使总唤昆仑国焉。惟此昆仑，头卷体黑人。

这也说明头卷体黑是叫做昆仑人。而且，昆仑人的分布的地方相当的广。其实不只在南海的好多国家是叫做昆仑，在唐代在云南大理的东南也有昆仑国。樊绰在其所撰的《蛮书》卷十中说：

> 昆仑国正北去蛮界西洱河八十一日程。

西洱河蛮地是南诏大理的地方，这个昆仑国是在大理的东南了。又同书卷十也说：

> 南诏攻昆仑，昆仑人听其深入，决水淹之，几尽淹没，不死者去其右腕放回。

又如《册府元龟》卷九六七说：

> 吐蕃国有藏河，去逻些（按：即现在的拉萨）三百里，东南流，众水凑焉，南入昆仑国。

又赵汝适《诸蕃志》卷上也说：

阇婆国，……东至海。水势渐低，女人国在焉，愈东则尾闾之所泄，非复人世。泛海半月至昆仑国。南行三日至海。

冯承钧在《中国南洋交通史》中（页五一）曾说：

昔日昆仑国，泛指南海诸国，北至占城，南至爪哇，西至马来半岛，东至婆罗洲一带，甚至远至非洲东岸，皆属昆仑之地也。

这样看起来，扶南也是昆仑人的国家，是无疑的。又八一○年慧琳撰《一切经音义》，引慧超《往五天竺国传》中说：

昆仑诸国，阇茂为大。

又慧琳《一切音义》卷八十一说：

昆仑语，上音昆，下音论，时俗语便亦作骨论，南海州岛夷人也，甚黑，裸形，能驯伏猛兽、犀象等，种类数般，即僧祇、突弥、骨堂、阇蔑等，皆鄙贱人也。国无礼义，抢劫为活，爱啖食人，如罗刹恶鬼之类也。言语不正，异于诸蕃。善入水，竟日不死。

阇蔑就是现在我们所说的吉蔑，这也就是西文所称呼的 Khmer。现在的柬埔寨以至以往的真腊人，皆称为吉蔑。八一○年的阇蔑，就是真腊的时代。但是真腊人与扶南人也是同一种族，昆仑诸国，阇蔑为大，不只是真腊时代是事实，就是在扶南时代，更为显著。因为扶南在古代东南亚的各国中，是最强而又最大的国家。

昆仑既是一个普通的种族的名词，可以应用于东南亚以至非洲东岸的人民，对扶南来说，就很难显出扶南种族的特点，因此，我们就不能不进一步去看看扶南人是否还有其他的名称，去说明这个种族。

上面已经指出，扶南人亦称为吉蔑人。《旧唐书》卷一九七《真腊传》说：

真腊国……本扶南之属国，昆仑之类……南方人谓真腊国为吉蔑国。

《新唐书》卷二二二下《真腊传》说：

真腊一曰吉蔑，本扶南属国，去京师二万七百里。

元周达观《真腊风土记》说：

其国自称为甘孛智。今圣朝按西番经，名其国曰澉浦只，盖亦甘孛智之正音也。

《明史》卷三二四《真腊传》说：

（真腊）隋唐及宋皆朝贡，宋庆元（一一九五至一二○○）中灭占城而并其地，因改国名曰占腊。元时仍称真腊……其国自称甘孛智，后讹为甘破蔗，万历（一五七三至一六一九）后改为柬埔寨。

这样，从扶南至现代的柬埔寨经过约二千年的历史，其名虽然几经改变，但是种族并不见得有很大的改变。

人类学者称扶南人为吉蔑（Khmer）族。这个名称直到现在还相沿用。吉蔑虽也称柬埔寨，但在当地的华侨还叫柬埔寨人为高棉人或高蛮人。高棉或高蛮是吉蔑的对音，也就是Khmer的对音。

吉蔑人之在扶南或后来的真腊的，究竟是来自何处呢？或是原来就居住这个地方呢？

首先，我们应该指出在越南半岛的民族，在历史上几经迁移。严格的说，所谓当地原来的土人，是不容易找出来的，就是有了，其数目也必是很少。至于扶南人或吉蔑人究竟是从什么地方来的，近代人类学者还没有一致的看法。有些人以为吉蔑人是纪元前七八世纪至五六世纪的时候，是来自印度，而印度人之移到越南半岛的，是南印度人。这些人是与迁到缅甸以及暹罗南部的猛族（Mon）或是在老挝的卡黑人（Khamuks）都是同一血统，他们还举出《梁书》《南齐书》所说的混填，从外国来到扶南为王以为例证。

应该指出，混填之王扶南，是在纪元前一世纪至纪元一世纪的时候，假使扶南人是在公元前七八世纪至五六世纪从印度迁到越南半岛，而建立扶南国，那么这些人不一定是与混填有关系。而况，混填不一定是印度人，他的本国是摸趺，大致是在马来亚半岛。又在扶南史上，凡是来自印度的如憍陈如，是见于史文。而况就使我们当混填是来自印度，但是混填之来，人数必定极少，因为他是附贾舶而到扶南，当时的贾舶既并不很大，他所能带的随从也不会很多。

肯尼（A. H. Keane）在其《人类——过去与现在》（Man: Past and Present），一书中，以为吉蔑人是在公元前四四三年间被驱逐而离开印度迁移到扶南，这种看法也是没有什么根据的。

至说吉蔑人是与猛人有了关系，这是不可否认的事实。直到现在，猛人与吉蔑还常常合而称为猛吉蔑（Mon-Khmer）。可是照我们的看法，不只吉蔑人不见得是来自印度，就是猛人也并非来自印度。其实，照我们的意见，整个越南半岛或中南半岛包括了缅甸、暹罗、老挝、越南、柬埔寨以至马来亚半岛的种族主要是来自这些地方的北部，这也就是说来自中国的西南。缅甸人是来自西藏，暹罗与老挝以至缅甸东北部的泰族是来自中国的云南或广西各处。这都是没有问题的。越南人是来自中国的广西以至广东各处，也是无可疑的。马来人本来住在中南半岛的北部，因为上面所说的缅人、泰人、越人以及猛吉蔑人的南迁，他们受到压力也逐渐的南迁，跑到马来半岛或是现在的印度尼西亚各处。

猛吉蔑人，是同过血统，也是无可疑的。他们不只在种族上，有了密切的关系，就是在语言上，也有了密切的关系。他们与现在在老挝的卡黑人或是卡

（Kas）人也曾有了关系。我们推想，约在公元前五六世纪，自中华民族逐渐从北方而移到南方的时候，在中国南方一带的民族，也开始向南迁移，这样，又影响于原来住在越南半岛北部的民族，他们也逐渐南移。

猛吉蔑族最初所居住的地方应该是在中国的西南，而靠近中越与老挝的交界的地方。后来慢慢的迁移而抵达湄公河的上游，孟（Mun）河一带。可能猛吉蔑人还在这个地方，住了一个相当的时间。孟与猛音相近，猛的得名是否出自孟，或孟是因猛而得名，不得而知，可是两者有了关系，也是很有可能的。

大致上，猛吉蔑到了孟河之后，一支向西南迁移，建立猛族诸国，这就是后来的林阳、投和、罗斛、女王、得楞，以及在马来亚半岛的顿逊、凌牙修、盘盘、赤土、罗越等国家。一支向东南迁移，而抵达于现在的柬埔寨，以及越南南部的交趾一带，建立了扶南这个国家。后来由真腊继承而传至现代的柬埔寨。至于还留在孟河附近的孟吉蔑人，可能也就是现在在老挝的卡里或卡人。

扶南是不是纯粹的吉蔑人所建立的国家？这个回答是否定的。因为在扶南的领土上，不只有了原来的土人，而且扶南建国以后，还有其他的民族迁移到这个地方。所以，不只是现在的柬埔寨人，有了很多他族的血统，就是在扶南的时代，吉蔑人到了这个地方，也与本地或外来人混杂起来。

《太平御览》卷七九〇"类人"条引《南州异物志》说：

扶南海隅有人如兽，身黑若漆，齿白如素。（注云扶南以外民皆漆齿，使黑而此人身体虽黑独不漆齿，故正白也。）随时流移，居无常处。（注云此民不知安居屋宅，乃随寒暑素逐欲休，夏则入水捕鱼，冬则登山射麋鹿也。）食唯鱼肉，不识禾稼，寒无衣服，以沙自覆，时或屯聚，猪犬鸡糅。（注云此人或时权有可得停，犹知立一小屋，以自藉家中，男女大小并止，猪犬共息，其中无复分别也。）虽悉人形，无逾六畜。

其实，在原始社会中，好多民族都是这样。就是在今日越南半岛以至马来亚半岛的偏僻山区，犹有不少的民族居无常处，随时迁移。至于寒暑无衣服，在扶南柳叶的时代，男女均没有衣服。到了范寻时代，男人还没有衣服。黑身若漆，也与扶南人有了相同之处。因为扶南人也近色黑，所以这里所描写的类人，可能是扶南原来的土人，也可能是最初迁到这个地方的扶南人。

近来考古学者，在最古的吉蔑碑文中，找出杂有马来及占婆的语言。虽然语言似混杂不一定说明种族的混杂，但是扶南既与占婆马来半岛接壤，扶南人与这些人互相通婚也是很可能的。又马来人也是从中南半岛向南迁移的。马来语言虽是近代的语言，但其中杂有古语言，也是很可能。说不定在这个地方，也有一些原始马来人留下来，至于后来一些马来人，移到扶南居住，也是很可能。又在扶南时代，马来半岛也曾为扶南所征服，则其民族的混杂，也是很可能。

此外，正如上面已经指出，林邑是与扶南接壤，扶南人与林邑人血统有了关系，是没有问题的。在林邑历史上，扶南人之为林邑王者，固数见不鲜，而两者王室之间互相通婚也是自然而然的。

我国使者之到扶南者，虽在三国时代的朱应与康泰，但我们相信两国通商贸易，为时必定更早，而我国人之居留于扶南者，也必不少。周达观《真腊风土记》中"流寓"条说：

> 唐人之为水手者，利其国中不着衣裳，且米粮易求，妇女易得，屋室易办，器用易足，买卖易为，往往皆逃逸于彼。

这是真腊时代的记录。真腊时代，既是如此，扶南时代似乎不会没有这种事情，所以扶南人与我国人在人种上也会混杂起来。

又如，印度人之到扶南者，在扶南历史上，也是屡见不鲜的。虽然印度与扶南距离颇远，然而不只印度商人到扶南者不少，印度人之为扶南王者也不少。在文化上，扶南是一个印度化程度较深的国家，在种族上，扶南人杂有印度人血统，也是一件不足否认的事实。

总而言之，扶南的民族是相当复杂的，直到现在在柬埔寨的领土内，还有不少的其他种族的人民，如占人，如蛮族（Mois），如佤人（Was），或拉佤人（Lawas），以至泰人。我们相信在扶南时代，扶南的种族应当为数繁多而相当复杂。

但是同时，我们也得指出，原来住在扶南领土的土人，既为吉蔑人所压迫而移居他处，其仍留在当地者，也逐渐与吉蔑混杂起来。至于外来的种族，如我国人，如印度人等等，虽然在扶南的历史中也不断的渗入，然而这些外来的种族，究竟是属于少数（近代华侨之在柬埔寨不在此例），与其说这些民族改变了扶南的吉蔑族，不如说是这些人多为吉蔑族所同化。所以直至今天，柬埔寨人仍然保持其吉蔑种族的特性，而与其他种族有了不同之处。

关于扶南人的性格，史书所载，也有不同的地方。《南齐书》卷五十八《扶南传》一方面说"扶南人黠惠知巧，攻略傍邑不宾之民，为奴婢，货易金银采帛"，一方面又说"扶南人性善，不便战，常为林邑所侵袭"。《梁书》卷五十四《扶南传》说其人："性贪吝，无礼义。"《晋书》卷九十七《扶南传》却说其人："性质直，不为寇盗。"《太平御览》卷七八六引《外国传》说："扶南人好布施。"应该指出扶南历史约有六七百之久，当其强盛时，侵略旁国，当其衰弱时，又为他人所压迫。又在一个民族中有的人性质直，也有的人性贪吝，很难一概而论。

第八章　扶南的土俗

关于扶南的土俗，我们想从衣、食、住、行、婚、葬、娱乐、时节、信仰、诉讼刑法各方面，简单的加以叙述。

我们先从扶南人的穿衣方面说起。据《南齐书》卷五十八《扶南传》说：

> 柳叶怖，遂降，混填娶以为妻，恶其裸露形体，乃叠布贯其首。……扶南人，……大家男子截锦为横幅，女为贯头，贫者以布自蔽。

《梁书》卷五十四《扶南传》说：

> 扶南国俗，本裸体，文身被发，不制衣裳。……柳叶举众以降混填，混填乃教柳叶穿布贯头，形不复露。……范寻始令国内男子著横幅。横幅，今干缦也。大家乃截锦为之，贫者乃用布。

伯希和在其《扶南考》一文中注干缦说："按即马来语之 Sarong，柬埔寨语之 Sampot。"冯承钧在其《中国南洋交通史》引《梁书·扶南传》注十二中也采用了伯希和的注解。Sarong 与 Sampot 两者在现代的柬埔寨虽也通用，然而两者也有不同的地方，Sarong 就是纱笼，这个译音很适当，因为这种服装正如一个没有底的笼，其制法是以数尺横布，缝其两端就可穿用，有点像我国女人所用的裙子，也可以从头贯穿下去。至于 Sampot 应该就是《梁书》所说的干缦，其制法是以八九尺的布不必加以缝合，缦络于腰腹下垂至胫，而以其尖端穿过跨下在背后，插入打成一结，从后面看来，好像是一个尾巴。在暹罗这种衣裳叫作帕哝。混填教柳叶所用的贯首服装，可能是纱笼。这种纱笼是马来人最通用的。在暹罗北边的佬人以至我国海南岛的黎苗也采用。至于所谓横幅干缦，应该是现在柬埔寨人用的 Sampot 或暹罗人所穿的帕哝。

纱笼与干缦主要是遮蔽下身的衣服。《梁书》说穿布贯首，形不复露，不见得是完全对。因为上身从首到胸部，还是露出来。直至二三十年前，在柬埔寨、暹罗的城市中，年纪较老的妇女，还露其上身，至于乡间，至今此风还可以见。

干缦究竟是译音还是译义，不得而知。《梁书》说"男子著横幅。横幅，今干缦也"。所谓干缦也，应当是指著撰《梁书》者的时代而言。《梁书》的撰述者，是姚思廉，姚是唐初人，杜佑《通典》卷一八八"扶南"条说男子著横幅，今干漫也。杜佑是唐时人，所说今干漫应也是指着唐代而言。干缦既作干漫，也有作干曼的。有时也叫做都漫，杜佑《通典》卷一八八"林邑"条说："男女皆以横幅、古贝绕腰以下，谓之干漫，亦曰都漫。"似乎是按照唐代的扶南或真腊的衣服的声音转译过来。元周达观《真腊风土记》中说：

> 自国主以下，男女皆椎髻，袒裼，止以布围腰，出入则加以大布一条，缠于小布之上。

这里所说的以布围腰的下衣，也就是干缦或Sampot。

《太平御览》卷六九六引《吴时外国传》说：

> 扶南人悉著钩络带。

《晋书》卷九十七《扶南传》说扶南"以耕种为务，一岁种，三岁获"。我们上面已经指出扶南本土是在湄公河的下游，土地肥美，宜于种稻，故《晋书》说一年的收获，可以够三年的吃用，这也说明扶南人像后来的真腊人，以至今日的柬埔寨人，是以米为主要吃品。周达观《真腊风土记》说真腊人也以米或饭酿酒，不知扶南人是否也以米或饭酿酒。

《梁书·扶南传》说：

> （扶南人）所居不穿井，数十家共一池，引汲之。

应该指出，扶南既居湄公河的下游，河流交错，扶南人既不穿井，河水应该是扶南人的饮料。

《晋书·扶南传》说扶南人"食器多以银为之"。《南齐书·扶南传》说"锻金镮鐻银食器"。《梁书·扶南传》载毗骞国王曾赠送扶南王"纯金五十人食器"。这些金银所制造的食器，只是国王或王室人物能用，一般平民是无法用的。周达观《真腊风土记》说真腊人以"椰子壳为杓，盛饭用中国瓦盘或铜盘，羹则用树叶造一小碗，虽盛汁亦不漏。又以茭叶制一小杓，用兜汁入口，用毕则弃之。虽祭祀神佛亦然。又以一锡器或瓦器盛水于傍，用以蘸手，盖饭只用手拿，其粘于手，非此水不能去也。盛酒则用镴注子，贫人则用瓦钵子，若府第富室，则一一用银，至有用金者。国之庆贺，多用金为器皿"。可能扶南的民众所用的食器与真腊民众所用的一样。

关于扶南住屋，《南齐书·扶南传》说：

> 伐木起屋，国王居重阁，以木栅为城，海边生大箬叶，长八九尺，编其叶以覆屋，人民亦为阁居。

杜佑《通典》卷一八八"扶南"条说：

> 有城邑、宫室，国王居重阁，以木栅为城，海边生大若叶，长八九尺，编其叶以覆屋，国人亦为阁居。

杜佑《通典》可能是从《南齐书》抄录而来，所以这两段话几乎没有什么分别。直至今日，在柬埔寨与东南亚好多地方，还是伐木起屋。因为木料在这些地方，很为丰富。我们可以想像，在千多年前的扶南，森林所占的面积，比之今日，不知多了多少倍，所以房屋之用木料盖的，更为普遍。而且，正是因为房屋多用木材建筑，所以在今日的柬埔寨，很难找出扶南时代的建筑遗迹，原因是不只房屋是用木来盖，而且以木栅为城，木材经过相当时期就难于保存。

编种树叶以覆屋，在今日的柬埔寨与东南亚各地，还是常见。马来语叫这种屋为亚搭（Atap）屋。至说国王居重阁，人民亦为阁居，似乎就是今日的阑干，这种房屋又叫做浮脚屋。普通距离地面五六尺，地板之下的四面及中间用木柱支持，上下用扶梯。这种房屋一方面可以避免毒蛇猛兽的侵害，一方面也可以避免潮湿与水患。这种房屋，不只见于今日的东南亚各地，就是在我国的南方的兄弟民族地区，以至在广东沿着珠江的水上居民，还可以看见。

关于行的方面，我们在上面谈到扶南的交通一章中已经说及，惟有一点还要在这里加以补充的，是扶南人用象以为交通工具。《南齐书·扶南传》说：

> 国王行乘象，妇女亦能乘象。

《梁书·扶南传》说：

> 其王出入乘象，嫔侍亦然。

应该指出，直至近代越南半岛的好多国王外出时，还有乘象。在象背了一个似轿形的架子，中有坐位，外面装饰得很好看，或涂以金色，国王外出时，乃坐或立于其中。我们可以想像，在扶南时代，国王乘象大概也是如此。《南齐书》说妇人也乘象，应该说驯象，是古代这一带地方的人民的一种重要的交通工具。公路铁道建筑之后，象为交通工具的用途虽然减少，可是在没有公路与铁道的地方，尤其是在山区，象还是很重要的交通工具。象不只可以载人，还可以载货物。在木材繁盛的区域，人们把树木斫倒之后，锯成木料，然后用象去拉到河边或车站。此外，象还可以作战。《通典》"林邑"条说："其王梵志率其徒乘象而战。"这是隋文帝（公元五八九—六〇四）时代的事情，林邑人乘象而战，扶南似乎不会是例外。

《梁书·扶南传》说：

> 扶南人……无礼义，男女恣其奔随。

这好像是说扶南人没有什么婚姻制度，男女结合极其随便。这种看法，无疑的是用我国的婚姻制度去衡量扶南的婚姻制度。应该指出，在东南亚各处，尤其是在东南亚的古代婚姻是比较自由的，而且手续较为简单。周达观《真腊风土记》说，中国人流寓于真腊其原因之一是"妇女易得"。同时又说：

> 至若嫁娶，则虽有纳币之礼，不过苟简从事，多有先奸而后娶者，其风俗既不以为耻，亦不以为怪也。

从我国人看起来，真腊的嫁娶是"苟简从事"，是无可疑的。又所谓"先奸后娶"也是有的，然而若说不以为怪，不知为耻，也不见得完全是对的。而且结婚之后，若犯奸者，也非没有惩罚。《真腊风土记》中也说：

> 奸妇之夫，或知之，则以两柴绞奸夫之足，痛不可忍，竭其资而与之，方可获免。

真腊是扶南的属国，又是扶南的承继者。真腊的婚姻制度似乎不会与扶南相差太多。其实在扶南的历史上，我们可以看婚姻制度与家庭制度早已建立。据《梁书·扶南传》说，扶南女王柳叶被混填征服之后，混填娶以为妻，生了七个儿子，分王七邑，这说明了父权的家庭已经建立，这种家庭的建立，对于儿女的婚姻不会完全不加以限制。

其实我们相信，扶南的婚姻，并不像《梁书》所说那么随便。我们可以从林邑的婚姻而找出旁证。《晋书》卷九十七《扶南传》中曾说：

> 扶南……婚姻略同林邑。

《梁书》卷五十四《林邑传》说：

> 其大姓号婆罗门，嫁娶必用八月，女先求男，由贱男而贵女也。同姓还相婚姻，婆罗门引婿见妇，握手相付，咒曰"吉利，吉利"，以为成礼。

杜佑《通典》卷一八八《林邑传》也有差不多同样的纪载。我们知道婆罗门教之传入扶南，为时甚早，林邑的婆罗门嫁娶既如此，扶南既与其略同，那么，扶南的男女，不见得是完全没有礼义，而恣其奔随。

又据《真腊风土记》说：

> 国王凡有五妻，正室一人，四方四人。其下嫔婢之属，闻有三五千，亦自分等级，未尝轻出户。余每一入内，见番王必与正妻同出，乃座正室金窗中，诸宫人皆次第立于两廊窗下。

真腊王室可能继承了扶南王室的不少传统，为国王者既有正妻侧室以至嫔婢的分别，那么在嫁娶方面，也必有一定的制度或规矩。王室既是如此，民间也不见得是任其随便。

关于扶南的丧葬，《晋书·扶南传》只说：

> 丧葬……略同林邑。

《梁书》卷五十四《扶南传》说：

> 国俗，居丧则剃除须发，死者有四葬，水葬则投之江流，火葬则焚为灰烬，土葬则瘗埋之，鸟葬则弃之中野。

扶南的属国顿逊，也有数种葬法，据《梁书》说，人将死时其亲属歌舞于郊外，把将死者置于郊外，有鸟如鹅，很多飞来吃其肉，吃尽又把其骨烧成灰，然后沉于海中，这是最好的葬法。假使将死而没有鸟来吃，其人就以为自己有了秽行，于是乃用火葬，这是不很好的葬法。最不好的，是既没有鸟吃，又生不能火葬。不能这样的死葬，而用土埋或沉入于海，是不光荣的葬法。

杜佑《通典》卷一八八"林邑"条说：

（林邑）王死七日而葬，有官三日，庶人一日。皆以函盛尸，鼓舞导从，举至水次，积薪焚之，收余骨。王则入金罂中，沉之于海。有官者以铜，沉之海口。庶人以瓦，送之于江。男女截发，随丧至水次，尽哀而止。其寡妇孤居，散发至老。

扶南的葬俗，既与林邑略同，这里所记关于林邑的死葬方法，应该也流行于扶南。这里所说的是火葬与水葬，但是林邑是否也有土葬与鸟葬，不得而知，但是人死居丧则截发，两者也是相同。

现在的柬埔寨与真腊时代的葬法，还与扶南有很多相似之处，而尤其是火葬成为柬埔寨的最普遍的葬法。《隋书》卷八二《真腊传》说：

其丧葬，儿女皆七日不食，剔发而哭，僧尼道士亲故皆来聚会，音乐送之。以五香木烧尸，收灰，以金银瓶盛，送于大水之内。贫者或用瓦而以彩色画之，亦有不焚，送尸山中，任野兽食者。

周达观《真腊风土记》也说：

人死无棺，止以簟席之类盖之以布，其出丧也，前亦用旗帜鼓乐之属。又以两样炒米绕路抛撒，抬至城外僻远无人之地，弃掷而去，候有鹰犬畜类来食，顷刻而尽，则谓父母有福，故获此报，若不食或食而不尽，反谓父母有罪而至此，今亦渐有焚者，往往皆唐人遗种也。

又在一八五九年柬埔寨王安阳（Ang Duong）死前遗命把其肉体割成碎片，放在金盘中给与鹰鹯吃，这也可以说是鸟葬的遗风。应该指出，这几种法不只扶南、真腊与柬埔寨采用，其他的东南亚各国也有采用的。除上面所说的林邑与顿逊外，赤土也有火葬与水葬的风俗。《隋书》卷八二《赤土传》说："积薪以尸置上，……纵火焚薪，遂落于水。贵贱皆同。惟国王烧讫收灰，贮以金瓶，藏于庙屋。"

《南齐书》卷五十八《扶南传》说：

扶南人斗鸡及豨为乐。

《新唐书》卷二二二下《扶南传》说：

>扶南人喜斗鸡及猪。

又《艺文类聚》卷九十一引《吴时外国传》说：

>扶南王范寻以铁为斗鸡，假距与诸将赌戏。

又《梁书·扶南传》说：

>范寻起观阁，游戏之。

斗鸡是扶南人一种最普遍而最高兴的娱乐。直到现在在东南亚各处这种娱乐还是很为流行，很受欣赏，虽则应该指出，在一些地方也成为一种赌博。周达观在《真腊风土记》中告诉我们在真腊：

>且斗猪斗象，国主亦请奉使观焉。

在扶南时代，既有斗鸡与斗猪，真腊时代一定会存在着。在扶南时代，虽然没有斗象的记载，可是也不能说一定没有。《太平御览》卷七八六"扶南国"条引《外国传》说：

>（扶南）多禽兽，王好猎，皆乘象，一去月余日。

可见得打猎，也是扶南的一种娱乐。

《真腊风土记》说：

>每用中国十月为正月名为佳得，当国宫之前，缚一大栅上可容千余人，尽挂灯毬花朵之属。其对岸远离二十丈地，则以木接续缚成高栅，如造塔扑竿之状，可高二十余丈，每夜设三四座或五六座，装烟火爆杖于其上，此皆诸属群及诸府第认直。遇夜则请国王出观，点于烟火爆杖，烟火虽百里之外，皆见之，爆仗其大如炮，声震一城，其官属贵戚每人分以巨烛槟榔，所费甚夥，国主亦请奉使观焉。如是者半月而后止。每一月必有一事，如四月则抛毬，九月则压腊，压腊者聚一国之众皆来城中，教阅于国宫之前。五月则迎佛水，聚一国远近之佛，皆送水与国王洗身，陆地行舟，国主登楼以观。

范寻所起的观阁，就是观阁，因为阁与阁通也，可以说是一种楼阁。《真腊风土记》中所载的各种节期与娱乐，国主登楼以观，可能就是范寻所起的观阁以观看游戏，所传下来的遗风。

《宋书》卷二十《乐志》曾记载张华（二三二至三〇〇时人）造晋四箱乐歌，其中有云：

>扶南假重译，肃慎袭衣裳。

又《三国志·吴志》指出赤乌六年（二四三）扶南王范旃曾遣使献乐于孙

权。又《隋书》卷十五开皇（五八一至六○○年）初置七部乐，又杂有七部外诸国之乐，在诸国乐中也有扶南乐。《旧唐书》卷二十九、《新唐书》卷二十二均志扶南乐，《唐会要》卷三十二"讌乐"条云：

> 武德初未暇改作，每讌享，因隋旧制，奏九部乐，一讌乐，二清商，三西凉，四扶南，五高丽，六龟兹，七安国，八疏勒，九康国。至贞观十六年（六四二）十二月，宴百僚奏十部乐，先是伐高昌收其乐付太常，乃增九部为十部伎，今《通典》所载十部之乐，无扶南乐，只有天竺乐，不见南蛮乐。

南蛮者，可以说就是东南亚，又在"南蛮诸国乐"条中，有"扶南天竺乐"条云：

> 扶南、天竺二国乐，隋代全用天竺列于乐部，不用扶南，因炀帝平林邑国获扶南工人，及其匏琴，朴陋不可用，但以天竺乐转写其音。

这段话说明在林邑必有不少扶南人在俘虏之中，还有扶南工人，可见得扶南人也参加了林邑与中国的战争。应该指出，流寓林邑的工人所带的匏琴，不见得就能代表扶南的音乐，这可能是扶南乐器的一种。而且，是一般民间所用的朴陋的乐器。扶南王范旃在三国时代，已贡献乐人于中国，说明扶南音乐必有其特长的地方。而且，可能也是东南亚各国的音乐的精华。又扶南既很早受印度文化的影响，其音乐印度化，也是很可能的。《通典》十部乐可能是以为扶南乐与天竺乐有相似之处，故只列天竺乐，而没有扶南乐，但是自三国以来，扶南乐既不断传入中国，而且隋唐时代且列为九部乐之一，可见得中国对于扶南乐的重视，换句来说，也是对于扶南这个国家以及其娱乐的重视。

关于扶南的宗教，我们下面还要叙述，我们在这里只要指出，扶南的主要宗教是婆罗门教。这种宗教之传入扶南，时间应该很早，可能在混填的时候，已经传入。但自天竺憍陈如王扶南后，这种宗教更为积极发展，因憍陈如是婆罗门，自己以为他之所以做扶南国王，是神的意旨。

佛教在扶南虽然占于次要的地位，可是从佛教东传到越南半岛，以及与中国的关系来说，扶南的位置极重要。冯承钧以为在佛教东传史上，扶南在南海的地位等于于阗、龟兹在西域的地位。我们知道，憍陈如在其上齐武帝的表中，述及好多关于佛教的词句与道理，而且，他遣了一位佛教徒去充当扶南使者，在他在位的时候，扶南有了二位僧人到中国译经。我们相信佛教之传入扶南，当在憍陈如未王扶南之前。同时，我们以为暹罗以至缅甸的佛教有的时候也可能是经扶南输入的。因为在扶南与天竺的交通为时甚早。又古代陆道交通不便，扶南是古代印度与南海诸国交通的要道，在扶南强盛的时代，其版图伸张到暹罗境内，或者到了缅甸的东部，因而佛教也随着扶南的国力与商业而发展到这些地方。其实，这不只佛教是如此，就是文字也好，暹罗最初的文字，是柬埔寨文，可能是与扶南文字有关系。到了十三世纪的时候，暹罗始把这种文字加以改革，而成为现代的暹罗文。然而暹罗文字的改革，仍是在柬埔寨文的基础上加以改革。

最后让我们谈谈扶南的诉讼刑法。《南齐书·扶南传》说：

> 扶南无牢狱，有讼者则以金指环若鸡子投沸汤中，令探之，又烧锁令赤，著手上捧行七步，有罪者手皆焦烂，无罪者不伤。又令没水，直者入即不沉，不直者即沉也。

《梁书·扶南传》说：

> 国法无牢狱，有罪者先斋戒三日，乃烧斧极赤，令讼者捧行七步。又以金镊鸡卵投沸汤中令探取之，若无实者手即焦烂，有理者即不。又于城沟中养鳄鱼，门外圈猛兽，有罪者，辄以喂猛兽及鳄鱼，鱼兽不食为无罪，三日乃放之。

又《太平御览》卷七百六十四引《吴时外国传》说：

> 扶南有讼者，烧铁令赤，以钳举著手中行七步，无罪者手不烧，有罪者手即焦。

又《太平御览》卷六四三（吴注）引《扶南传》说：

> 扶南俗理讼无牢狱、鞭杖，惟以探汤、捧锁、没水为信。先使沐浴斋戒，乃令以手内汤或捧热锁，或没水中，无罪者不烂不焦不沉，犯罪者即验也。

这数种刑法，到了真腊时代，还有留存的。如周达观《真腊风土记》"争讼"条曾指为"疑此人为盗不肯招认，遂以锅煎油极热，令此人伸手于中，若果偷物则手腐烂，否则皮肉如故"。这里与上面所说的，只是用油而不是用水。

此外，《太平御览》卷七八六"扶南国"条引《外国传》说：

> 扶南人若户中亡器物者，即以米一升，诣神庙，乞神见盗者，以米著神足下，明日取米，呼户中奴婢分令啮之，盗者口中出血，米完不碎，不盗者入口即败，从日南至徼外悉尔。

可见得这种做法，是东南亚的比较普遍的现象。

第九章　扶南的工商

《南齐书》卷五十八《扶南传》说：

> 扶南人黠惠知巧。

左思《三都赋·吴赋》中有扶南的名词，注引《异物志》说：

> 扶南特有才巧，不与众夷同。

所谓知巧与才巧，不一定是说扶南人是生而就是这样的，应该是说从扶南人所制造出的东西而看到其才巧，这种才巧是学习而来的。而且，从这一点来看，也可以说明扶南的文化是比之东南亚的其他好多国家水平较高。

扶南人既有才巧，扶南人在工艺上应该有了很多的成就。史书所载，虽然不多，但据我们所搜集的材料来说，也有好几种。首先我们要指出扶南即位于东西交通的要冲，其在交通事业上很为发达。这一点在上面一章已经叙述。但是交通事业的发展，是有赖于交通工具的发达，尤其是在古代陆路交通较为困难，水道交通更为重要。水道交通是要依赖于船舶，因为造船工业的发达与否，是与交通的发达与否，有了密切的关系。

《梁书》卷五十四《扶南传》说，当混填附舶到扶南时，扶南女王柳叶曾带领海军出来迎战，因为混填用弓矢射穿了扶南船舶，柳叶才投降于混填。这说明了扶南之有船舶的历史是很长久。我们推想，柳叶带领船舶出而迎战，其船舶既不只是在内河，而乃驶出港口以外，同时这种船舶既可以出而与混填所乘的海舶相对抗，那么这种船舶也是不会很小的，这也就是说，在柳叶的时代，扶南的船舶可能也已往来于东南亚各地，或是到了中国。

《梁书》又指出到了扶南范蔓的时候，他征服了旁国之后，他乃计划向海外发展，于是乃治作大船，穷涨海。

这很清楚的指出在这个时代，扶南自己制造大船。涨海既就是现在的中国南海，这个海不只广大无边而很深，同时巨风大浪，随时随处可以发生，因而我们也可以推想，这种穷涨海的大船，必定是制造得相当坚固，相当的好，才能减少危险。因此，我们可以说，扶南人在二世纪末三世纪初的时代，对于造船的工业应该已很发达了。

《南齐书》卷五十八《扶南传》说：

> （扶南人）为船八九丈，广裁六七尺，头尾似鱼。

长度八九丈的船，广只六七尺，似乎不很相称，但是长八九丈的船，也不算小。直到三四十年前，在广东各处像海南岛的清澜与铺前港有好多驶到东南亚各港口的帆船，长度也不过八九丈。至说船头尾似鱼，这也说明了扶南人造船是仿效了鱼的形状。鱼在水中游行自如，扶南人造船似鱼，无非是要船也能在水上驶行自如。而且，事实上头尾小而中间大，驶行起来，较为方便。扶南人的船舶固是如此，现在的好多船舶也差不多是这样。

《太平御览》卷七六九引康泰《吴时外国传》，也有一段关于扶南船的记载，录之于下：

> 扶南国伐木于船长者十二寻，广六尺，头尾似鱼，皆以铁镊露装。大者载百人，人有长短桡及篙各一，从首至尾，约有五十人或四十余人，随船大小，行则用长桡，坐则用短桡，水浅乃用篙，皆撑上，应声如一。

伯希和注这段话说：

> 八尺为一寻，长十二寻，应有九十六尺。吴时的尺大概同汉尺一样长，二十三公分还未超过二十五公分，如此说来，扶南用桡的船长度从二十二公尺到二十四公尺。（参看冯承钧译《关于越南半岛的几条中国史文》，见《西域南海史地考证译丛》，一七九至一八二，注二。）

这个长十二寻的扶南船与《齐书》所说长八九丈，可以说是两者的长度是差不多一样。不过这种船是说明用桡与篙，而不是用帆耳。

又《太平御览》卷八〇八引张说（六六七至七三〇时人）的《梁四公子记》说：

> 扶南大舶从西天竺国来，卖碧颇黎镜，面广一尺五寸，重四十斤。

这是一条很重要的史文。伯希和以为记载的年代不能在六世纪以前，我们不愿意去讨论记载的年代，但既名为扶南大舶，这是扶南时代的船舶，是无可疑的。而且这种船舶可以从西天竺国来，似乎是说明了扶南的大船是抵达了印度洋的西边，而到了现在所说的阿剌伯海。从扶南到这些地方，除了沿着马来半岛的东岸，越马剌甲海峡而抵马来半岛的西岸，无论是沿着孟加拉的海岸，而到印度的东南部，或是经安达曼群岛而直趋到锡兰，然后再到印度的西岸，不只长途跋涉，很为困难，而且风波时来，尤为危险。这种大船的构造，若不固坚，是不易行驶这样长的途程的。

关于扶南的船舶，就我们所知的史文，虽不过只是上面所举出诸条，但是《太平御览》曾引万震《南州异物志》所记载关于南海的船舶。《太平御览》卷七九六说：

> 外域人名船曰舶（应为舶），大者长二十余丈，高去水二三丈，望之如

阁道，载六七百人，物出万斛。

又同卷七七一说：

> 外徼人随舟大小或作四帆，前后沓载之，有卢头木叶如牖形，长丈余，织以为帆。其四帆不正向前，皆使，邪移相聚。以取风，吹风后者激而相射，亦并得风力，若急则随宜增减之，邪张相取风气，而无高危之虑，故行不避迅风激波，所以能疾。

又八一七年慧琳的《一切经音义》中一段关于舶的解释的条文，兹录之如下：

> 破舶下音白。司马彪注庄子云，海中大船曰舶，广雅舶海船也。入水六十尺，驱使运载千余人，除货物，亦曰昆仑舶，运动此船多为骨论水匠，用椰子皮为索，连缚葛览糖灌塞，令水不入，不用钉鍱，恐铁热火生累木枋而作之，板薄恐破，长数里，前后三节，张帆使风，非人力能动也。

所谓长数里的里字必是错误，因为直到现在最大的船也没有这么长。又骨论也就是昆仑的同音异译。吉蔑人或阁蔑人也是昆仑，扶南为吉蔑种，也可以说是昆仑人。上面数段话所说明海舶或大舶，虽没有指为扶南舶，然而扶南在古代东南亚各国中是最大的海权国，自范蔓以后，又治作大船穷涨海，那么这些大舶应该至少也包括扶南舶在内。

在大海洋所用的船舶，主要是靠帆船行驶。用四帆行驶的舶，应该是较大的船舶，就是今日的大帆船，也是如此。四帆邪移，相聚以取风吹。这种帆船，其用帆的技术已是很高，至说除货物外，还载六七百人至千余人，可能言之过甚一些。因为在南海行驶的一些帆船，载二三百人的已是很大的帆船。考《法显行传》中曾说他从印度回到东南亚时曾"载商人大舶，上可有二百余人"。

后来他从耶婆提（即现在的苏门答腊）"复随他商人大船，上亦二百许人"。

这些大船都是印度洋或南海中的很大船舶，其载人的数目均为二百余。除了货物之外，还须载数十日的粮食。这正与近代行于我国与东南亚各处的帆船的容量大致相同。若超过四百人以上，就有困难，除非途程很短，全部载人，很难载六七百以至千余人。

扶南既是一个大海权国，治作大船穷涨海，其船舶所到的地方必定很多。《南齐书》载宋末扶南王憍陈如阇耶跋摩曾遣船载商货到广州。又有天竺道人那伽仙附扶南船欲归国。说明了从中国的广州或交趾以至南海的苏门答腊或爪哇各处，都会有扶南商船的踪迹。这与扶南的造船工业的发达，是分不开的。

扶南人既占了海上的霸权，商业就易于发达，这与后来的葡萄牙、西班牙、荷兰、英国，在不同的时代中的海上霸权与其商业的发达，有了相同之处。正是因为他们有了较好的水道交通工具，对于船的构造很为巧妙。《太平御览》卷七六九引五世纪中叶的刘敬叔在其所撰的《异苑》中有了下面的记载：

> 扶南国，治生皆用黄金僦船，东西远近雇一斤，时有不至所属，欲减金数，舡主便作幻诳，使船底砥折状，欲沦滞海中，进退不动，众人遑怖，还请赛船合如初。

这正是符合于《南齐书·扶南传》的扶南人黠惠知巧的说法了。周达观的《真腊风土记》有关于舟楫一段话的记载：

> 巨舟以硬树破版为之，匠者无锯，但以斧凿之，开成版，既费木且费工也。凡要木成段，亦只以凿凿断，起屋亦然。船亦用铁钉，上以茭叶覆之，却以槟榔木破片压之，此船名为新拏，用棹。所粘之油，鱼油也。所和之灰，石灰也。小舟却以一巨木凿成槽，以火熏软，用木撑开，腹大，两头尖，无篷，可载数人，止以棹划之，名为皮兰。

我们知道，真腊为扶南属国而崛起于扶南西北，靠近山地，征服扶南之后，虽然也成为东南亚的一个大国，但海上霸权，逐渐为他国所占。真腊的发展主要是在大陆方面。上面那段话中所描写的船舶，似乎说明真腊造船的工业没有扶南时代那么繁盛。

在建筑工程方面，扶南建造房屋以至建筑城围，都是采用木料。木料像柚木之类，虽然质量很好，也能耐久，但是经过数百年或千年之后，在风雨侵蚀或沉土遮掩之下，也就易于损坏，因此在今日的扶南故土上，很不容易找出扶南时代的建筑物。

但是从一些史文的记载，我们也可以想像到扶南的建筑物，如房屋等。《南齐书·扶南传》说扶南国主居重阁，人民亦为阁居。《梁书·扶南传》说范寻起观阁。这说明其房屋不止一层楼，可能有数层楼。高楼的建筑不若平房那么简单，说明其建筑工程要有相当高的技术。巴门底挨（Henri Parmentier）是一位研究吉蔑建筑物较有心得的学者，在他一九三一年所著的《吉蔑建筑史》（History of Khmer Architecture）（参看《东方艺术》期刊，Eastern Art，3，141—179）曾有一段叙述关于扶南的建筑。他指出扶南的木料建筑物，根据其图样之传于我们今日的，是有楼的房子，其屋顶及其边角，往往加以装饰，有走廊，有拱门。拱门也加以装饰。房屋是建在一个各方相称的台基之上。从房顶到下面，有空气流通，与日光射入的小洞。其屋檐且饰以奇怪的兽首或像人形的东西。房屋是用圆柱去支持。房屋有门口而没有门楣。照他的描写，扶南人的房屋是一种楼阁式，而且是很有美术性的。

此外，庙寺的建筑，也多是用木的。但其地基往往用砖。这是早期的宗教建筑物。到了后来也有用砖或用石建造的。然而应该指出，在柬埔寨的建筑的伟大或黄金时代，只有庙寺是用砖或石去建造。根据巴门底挨的研究，古代扶南的建筑，是一个简单的四方或长方形的计划，加以平墙，没有假门，也没有飞宫（Flying Palaces）。建筑物的顶是庙寺的主要部分，分为好多小楼，其外面是简单，而且直垂，加以各种的装饰。

《梁书·扶南传》说：

> 俗事天神，天神以铜为像，二面者四手，四面者八手。手各有所持，或小儿，或鸟兽或日月。

这种天神，可能是大自在天王（Siva），这是婆罗教的一种。但是应该指出，从扶南的碑文中，我们知道扶南的神像，多是幻惑天王（Visnu）。这种神像，在越南半岛的其他地方，也可以找出来。

一九二三年柬埔寨的艺术人员在格罗西利挨（Gecrge Grosilier）的指导下，在吴哥波莱（Angkor Borei）附近发现了一些佛像。有的是起立的，也有一个是坐的。格罗西利挨以为这是属于摩揭陀（Magadha）派的印度希腊神像，与健陀罗式（Gandharian）的神像完全不同。他以为这个神像，是当地人民所制造，也可能是受了印度师傅的影响而制造的。他又以为在时间上，这些神像，是五世纪至六世纪的产品。

应该指出，在柬埔寨近来所掘出或发现的好多古物，差不多都是在现在的金塔附近，或金塔西北，在金塔东南这就是在湄公河下游，而尤其是在河流出口的地方，很少找出古代留存下来的东西。原因可能由于所用的材料，易于毁灭，也可能有的埋在三角洲的泥土中，也可能有的为了南侵的越南人所毁坏。

《晋书》卷九十七《扶南传》说：

> （扶南人）又好雕文刻镂。

《太平御览》卷七八六"扶南国"条引《外国传》说：

> 扶南国人最大居舍，雕文刻镂。

这不只说明了扶南人对于他们的建筑物，或是对于一切的用具与玩具都好雕文刻缕。在扶南贡献与中国的贡品中，如金缕龙王坐像，如白檀像，如象牙塔，如珊瑚像，如琉璃、苏铉、如瑇瑁、槟榔柈等等，可能也有的是外来的东西，然主要的还是扶南自己的工艺。这也就是史书上所说的方物。

在扶南的工艺产品中，有的也很简陋。如嵇含《南方草木状》卷中"抱香履"条说：

> 抱香履，出扶南。大秦诸国太康六年（公元二八五年）扶南贡百双，帝深叹异，然哂其制作之陋，但置诸外府，以备方物而已。

这也可以说是用中国人的眼光，去看扶南的出品。

扶南在地理上既位在交通的要冲，自己又有船舶载运货物驶行于南海各处，以至中国与印度。同时扶南人既有才巧，能制造各种工艺品，而农产品又很丰富，这些农产品与工艺品又成为扶南换取其他货物的商品。扶南既领有东西交通上的好多重要口岸或商场，自己又有船舶去运载本国或他国的货物，那么扶南在商业上所占的地位，一定是很重要的。《南齐书·扶南传》说扶南王憍陈如阇耶跋摩曾遣商货到广州，国王既作了生意，民间之运货到广州或其他地方，当也很多。又同书记载天竺道人曾附扶南船欲归国，说明扶南船既载货，也载客。我们相信东南亚及其他地方的商人之乘扶南船的，也必不少。

　　其实，从古代史料来看，在东亚的各国中，除了中国船舶驶行南海各处外，在东南亚的国家中，扶南船的数目，恐怕占了最多。扶南有了强大的海军，可以穷涨海。这些军舰也可以说是商船。而况扶南在东南亚的属国很多，因此我们可以推想东南亚的商业，除了中国以外，几乎为扶南所垄断。我们相信扶南的财富，不少是从经商而来。

第十章　扶南的城市

扶南的商业发达不只依靠于商船之多，而且依靠于扶南据有了好多港口、商场或城市。这些城市之较为显著的，至少有了四个。一是扶南的首都，二是在现在越南东南部迪锡之北的哥俄伊俄（Go Oc Eo），三为室利提婆（Sri Deva），四为顿逊的商场。顿逊的商场位于马来半岛的北部。大约在现在的克拉地峡或是这个地峡附近。这个商场握了西边的孟加拉湾与印度洋，以及东边的暹罗湾与中国南海的交通要冲。日有万余人在这个商场交易。在现在看起来，万余人作买卖的城市，不算什么，可是在古代，却是一个很大的市场。关于顿逊的商场，我们在下面还要再加叙述，我们在这里要把其他三个城市略加说明。

扶南的首都是政治的中心，但应该也是经济的一个中心。既然是扶南的国都，应该也是财富集中的地方。因为扶南的国都，不只是扶南本土的最重要的城市，而且也是扶南的属国的都会。宋周去非在其《岭外代答》卷二"真腊"条说：

> 真腊国……其旁有窊里国、西棚国、三泊国、麻兰国、登流眉国，第辣挞国，真腊为之都会。

在真腊强盛的时候，其旁国既当真腊为都会，那么在扶南强盛的时候，扶南的属国以及其旁国没有问题也当扶南为都会。所谓都会者，不只是在政治上，成为各国的中心，而尤其是重要的，是在经济上成为各国的中心。不只是各国的商货所凑集的地方，而且也是其属国所贡献其方物的地方。所以我们说，在扶南强盛的时代，扶南可以说是其旁国的都会，但具体的说，这个都市也就是扶南的国都。

扶南的国都，据《梁书·扶南传》说，是在现在的湄公河旁，去海五百里。据近人考订，这个都城应该是在现在的朱笃（Chaudoc）与金塔之间。这个地方应该是在吴哥波莱（Angkor Borei）。从现在看起来，这个地方离海似乎过远，较大的船舶，不易进入。但在扶南时代，船舶之最大者也可畅通无阻。这个都城可能是扶南从柳叶至六世纪上半叶的都城。《新唐书》卷二二二下《扶南传》说：

> 扶南……治特牧城，俄为真腊所并，益南徙那弗那城。

这个特牧城，是不是扶南原来的都城，不得而知。我们知道，真腊的兴起，是在六世纪的上半叶。但真腊之征服扶南并非短期的事情，而是经过约百年左右，逐渐吞并。《新唐书》说贞观时代（六二七至六四九）还入朝贡献。《新唐书》说：治特牧城，俄为真腊所并，然后南徙到那弗那城。从其语气来看，扶南离开特牧城应在六世纪的上半叶，国王留陁跋摩死后。这位国王在位的时间，约为五一四至五四〇，那么扶南败于真腊而迁都当接近于六世纪的中叶。

从柳叶至留陁跋摩的五六百年间，扶南的王朝虽然变换很多，但史文记载并没有说到国都的迁移。假使国都从来就没有改变，那么特牧城应该是扶南原来的国都，这也就是在现在的朱笃与金塔之间。

扶南都城的规划可能是与在越南半岛的其他印度化的国家的都城差不多，在国都的中心是神庙，神庙往往在一小山上，如没有小山的地方，也把土堆成小山，然后盖庙其上。直到现在，在柬埔寨的国都金塔，在其公园旁边，这可能也是原来的市区中心，有一小山，山上也有庙。《南齐书·扶南传》说：

> 其国俗事摩醯首罗（Mahesvara）天神，天神常降于摩耽山。……天感化缘明，仙山名摩耽。

这说明了天神降在这个摩耽山，那么，没有问题，神庙应该是在这个山上。同时，我们相信，这个摩耽山是在扶南的国都的中心。

因此，我们可以推论扶南的国都不只是经济或商业与政治的中心，而且是宗教的中心。戈岱（Georges Coedès）以为在碑文中所说的维阿哈补罗（Vyādhapura），就是扶南的国都，他又以为摩耽山就是波南（Ba Phnom）山。直到现在，这个山还叫做神圣的山，或圣山。而扶南这个名词，可能是从波南（Ba Phnom）而来，因为波南与扶南在声音上很为接近。

应该指出，维阿哈补罗，不见得是特牧城或波南的对音。假使特牧是译音，而译音又很准确的话，那么维阿哈补罗可能是扶南的另一城市，而不是国都。所以戈岱的看法，也不一定是对的。但很可以肯定的，这个国都是在朱笃与金塔的中间。

哥俄厄这个城市的发现，是十余年前的事情。它位于现在的迪石（Rach Gia）之北，它是由法国马勒列（L. Malleret）所带领考古队所发掘的。这个城市，位在越南半岛的东南角。在扶南时代，是扶南的领土。在那个时候，这是一个港口。迪石是近代才成为一个城市。当时的港口就在迪石之北。我们若从地图来看，这个港口是古代南海的交通要道。古代船舶较小，往来多靠岸边而驶行，哥俄伊俄可以说是暹罗湾的门户。在风平浪静的时候，从这里也可以一帆直趋现在暹罗属的万仑，或其附近各处。这是马来半岛西边或南海诸国到中国或从中国到南海诸国，这就是马来半岛、苏门答腊、爪哇以至婆罗洲等处所必经的港口。因此，有人以为这个港口可能是扶南的主要港口。

在这个地方，最近来发掘了好几件古代的遗物。一是二世纪时代的梵文印章。此外。还找出公元一五二年罗马皇帝安敦尼庇亚士（Antoninus Pius）的奖章，以及其他的罗马东西。这说明这个地方不只是东南亚以及印度的商人使者所经过或居留的地方，而且也是罗马与东方的一个交通要冲。这也是很可以理解的，因为除了上面所说的中国与南海诸国的往来船舶必经这个地方，就是从孟加拉湾、印度洋、亚剌伯海以至罗马到中国来的商人与使者，也必经过这地方。尤其是在扶南强盛的时候，除了顿逊以外，这个港口可能是东南亚船舶来往最多而最大的港口。因为无论从西方来的船舶，东天竺也好，西天竺也好，罗马也好，凡是跨过马来北部的克拉地峡附近而经暹罗湾到扶南或中国的船舶，固然必经这个地方，就是从这些地方而越过马剌甲海峡，或是越巽他海峡而经苏门答腊，再沿马来半岛东岸而到扶南或中国的，也必经这个港口。在二世纪的中叶或下半叶，扶南还未很强盛，我们已能在这个地方找出印度与罗马的东西，说明了这个港口成为东西交通的要冲，历史是很久的。在扶南强盛时代，尤其是自范蔓以后，扶南既征服了好多旁国，又用军舰到海外去征服好多国家，同时又与海外好多国家如毗骞促进外交贸易的关系，那么这个港口更发达，是无可疑。在很多方面来说，哥俄厄这个港口，比之湄公河口的港口，还有很多优点。第一，它握了暹罗湾的咽喉，而在扶南时代，暹罗湾可以说是南海船舶最为活动的区域。其次，这个港口是在柬埔寨角的西北，到商业很繁盛的顿逊比较的近。此外，它偏入暹罗湾内，船舶到了这里已离开了汪洋大海，在东北风的时候，还可以沿着暹罗湾的海岸而驶行。在风平浪静的时候，从这个港口可以直驶顿逊或是马来半岛的东岸各处。自然的，在今日交通工具很为发达，轮船吨数越来越大的时代，上面所说的优点是无关重要的。然而在古代来说，这些优点是有了相当的决定性的。

　　有人以为当真腊征伐扶南，使扶南不得不迁国都于南方的时代，这港口成为扶南的首都。这当然是很可能的。既然这个港口是扶南的最大港口，又是交通方便、商业发达的区域，扶南在原来的国都既站不住，移到这个地方，也是自然而然的。可是，也有人以为扶南向南迁迁都到那弗那城是在现在的唝呧（Campot）或其附近。除了唝呧在那个时代已成了一个有规模的城市或港口，扶南撤退京都，以常情来说，是不会到一个还未开辟地方，而最大的可能是到一个人口众多、经济基础较为巩固而且有了很多船舶可以向外发展的地方。所以我们以为扶南迁都到哥俄厄的可能性较大。假使这种看法没有错误，那么，这个港口在扶南时代就是叫做那弗那城。

　　但是为什么这么重要的港口以及都城，史书上既没记载，而直到最近才为人发掘了一些遗物呢？首先，应该指出，假使没有中国的史书，关于扶南的记载，不只今日发掘了这些遗物无法断定其为扶南时代的东西，同时也无法推论这个港口是扶南主要的港口。连扶南这个在东南亚最为富强的国家也完全将为人们所忘记而湮没无闻。

　　其次，这个港口在扶南时代虽然是扶南主要的港口，但这个港口是位湄公河三角洲地带，可能在扶南的末年或是在真腊的早期，湄公河洪水泛滥，把这个港口毁坏了。假使扶南还没有完全灭亡的话，扶南不得不另找地方，做为国都。在这种情况之下，喷呔可能是一个适宜的都城，也是一个理想的港口，因为我们知道，喷呔也是一个历史很长的港口，直到现在，还是柬埔寨的一个最好的港口。

假使湄公河泛滥而毁坏了这个城市的时候，扶南已经灭亡，那么真腊国都既不在这个地方，而真腊又不像扶南那样是一个海权国，对于恢复这个地方既不容易，对于发展其他港口，不会像扶南那么迫切。

所以无论在何种情况之下，哥俄厄被毁之后，城市为洪水所冲洗，房舍庙宇及一切东西都为沙泥所掩盖。沙泥日积日多，木材以及好多不能耐久的东西，除了冲到大海的以外，在沙坭下也不能持久，而会腐朽消灭，不用说千余年后很难找出很多东西，就是三五百年后，也很难找出一些遗物。然而今日我们既然能得到在这个地方找出一些遗物，我们就不难理解，在千多年前在这个地方，是一个商业发达的港口，是一个东至中国、西到罗马的商品聚会的地方，是交通的枢纽。在扶南衰弱的时代，也许是国都所在的地方，是那弗那城。这个港口的历史，是扶南历史的反映，它标志着扶南的强盛时代，它也标志着扶南的衰亡时代。

在谈扶南的交通一章里，我们已经指出室利提婆是从扶南到现在的暹罗的陆道的交通的要冲，同时也是一个军事的重要据点。我们现在要把一位考古家所叙述这个城市的概略摘录数段于下：

> 广泛发掘，不过数日，而吾人已可明了此城之轮廓……余等发现初见之城垣，……均不属于正城，而属于边城。正城幅员约一方哩，有广大之砖土围垣，甚似铁路两侧之绿色高堤。其外绕以护城河，阔至百码。昔日城垣之上，必曾筑栅，间以木塔无疑。余等踯躅于残垣平顶，尝见粗陶器碎片甚多，具证古时必有兵营在此，彼等凭栅列阵使用百杀（Hundred Killers）与其他古代武器，经常戒备，以御敌人之袭击。此城虽具方形，然筑造者仍按印度诸城之形状，去其四角，东南西北四正门，匠目必曾仔细勘定方位，乃以监督不严，工匠似乎大意疏忽，室利提婆之四正门，今可得见者，仅为城垣中之缺口而已。此外，亦有狭罅数道，似为用以贯通城内沟渠与护城河，俾外流入巴塞河（Pasak River）者。正门外护城河上，各有一堤，门内当亦有道路至中心无疑。前文述及之边城，系附建于正城之东侧，面积逾一方哩，亦有大墙围绕，护城河亦须宽阔，中有城门数道。此种设计，与中南半岛其他城池之图样不同，洵为标准印度式边城之设置，当为容纳被逐出城之贱民，或者来自遐迩之商贾用作贸易之所。经吾人勘视，除在城之中心附近有一长方形大湖，此外别无其他建筑物之遗迹，仅在贯通东西两门之大道旁，散见少数破寺石基，殊无重视之价值也。

又说：

　　正城则不然，乃统治者及其廷臣生活之中心，亦为人民各种活动集中之处。余等深知时变境迁，今所能发现之遗迹，必在城之中心附近。盖印度诸城中，宫殿宝刹，必居中央。其旁为各级人民所居。不论军士商贾，视同一例。其屋系用木建，当无残迹遗留。王宫或亦如此。其建筑或数层楼房，用木为材，涂以丹彩。两旁附建厢房，以容宫臣卿相。就室利提婆而言，正城中央有一方池与边城相若，宫殿位置度系在池之西侧。池南发现一印度古寺，尚称完整。其设计庄严拘谨，仅有一高约四丈之砖塔，位于高约二丈之金字塔型斜墩上。虽然此寺允推为中南半岛最古之印度寺刹，吾人面对此寺，不觉喜出望外，实缘印度文化，于后世发展至中南半岛各地，其发扬光大之细胞，即藏于此寺，是故仅此一寺之发现，已足使旅途劳顿获得代价矣。

又说：

　　塔身系用砖砌，未敷灰泥，基部正方西面有一走廊，拱门凸出，自此可通大殿。其余三面，外有假廊，内置佛龛，其形甚似窗洞，令人追忆古代木屋之构造，有四面通风之概。大殿之上，尚有较低而缩小之两坛，亦有假廊等装饰，无异正殿。但一切均按比例缩小耳。此项虚设之神坛，级数奇少，足示此寺建筑时期与木屋时代相距必不甚远。其假廊与假坛，尤足使人回忆木楼形状，初与此寺无异也。

又说：

　　该塔建于五世纪时，或六世纪时，而室利提婆之古寺，经参考各种佐证以推论，其建筑时期当不出六世纪初之二十五年中。……余等为搜集实证计，足迹几遍全城。翻掘半埋地下之石块，以求发现雕塑物之残片。……余之眼帘突有一奇形石柱出现。……当此柱出现时，余不觉踌躇满志，得意忘形。若此柱者，堪称为中南半岛鲜见之古印度碑铭之一，深信其发现，不特将为斯城之历史放一异彩，亦且于扶南帝国之历史，有莫大之贡献。盖扶南史中，仅有在其本部发现之二碑，可称为重要史料也。

又说：

　　室利提婆者，殆为古代重要市场之一，亦为扶南属国之首都，位于西起东逞高原，以至湄南流域沃土之帝国商业大道中。自其遗留之物证推断，其地在五世纪中叶扶南帝国全盛时代以前，容或尚未建立，至低限度应未受印度文化。更就吾人所知之扶南历史而论，其地于五五〇年前后衰落，似亦无可否认。盖因帝国既告崩溃，室利提婆亦难以独立存在。偌一大城，端赖商品以维持其繁荣,乃其地位仍囿于一狭小之流域内,而河道又不能畅达入海,此种形势足为此地成为独立国家之可能性作一强烈反证,而现存各种古迹所示之年月,又与此种假定不谋而合。……吾人根据现在科学之勘察,自有充分理由,可以推断,室利提婆之被毁弃,系随扶南之沦亡以俱来,亦不无理由。可以假定其地在扶南亡后,已无生存之可能……且就余勘察之另一城池(按:指暹罗乌通古都)而言,瘟疫实亦为毁灭古代城镇之显著原因。

又说:

室利提婆被废弃后,荒凉几达五百年之久。城垣成丛莽之区,庙堂为野兽所据,致使人迹凋零。虽然,此城之毁灭荒凉,固由于扶南帝国政治与经济之崩溃,而使商业路线断绝,乃时过境迁,新戏又在此印度化古国之中心附近演出。当十一世纪之初,所谓大吉蔑帝国在纷扰与无政府状态中,应运崛兴,扩展势力,西至中暹,于是扶南商业古道,似又重辟,而室利提婆似亦同时复兴,成为市廛。迨十三世纪时,吉蔑帝国亦告式微,历史乃又重演。室利提婆仍为林莽收回。{参看威尔士(H. G. Q. Wales)《向吴哥去》(*Toward Angkor*),见姚楠、许钰译《古代南洋史地丛考》第十二篇,题为《室利提婆古城勘察记》,页一四五至一五三。}

第二编

第十一章　柳叶的时代

　　扶南的历史究竟是从什么时候开始呢？这是一个不易解答的问题。晋崔豹在其《古今注》卷上《舆服第一》中说：

> 周公治致太平，越裳氏重译来献白雉一、黑雉一、象牙一。使者迷其归路，周公赐以文锦二匹，軿车五乘，皆为司南之制。越裳氏载之以南，缘扶南、林邑海际，期年而至其国。

　　这里所说的扶南、林邑之于越裳的关系，虽然只是方位上的关系，这就是说，越裳国似乎是在扶南、林邑之南，或是较之扶南、林邑为远，所以要缘扶南、林邑的海际而始能到其国，然而这样的把扶南、林邑与越裳相提并论，也似乎是把扶南、林邑与越裳是同一时代的国家。假使扶南、林邑是与越裳同时，那么扶南的历史可以逆溯至周朝的初年，或是周代之前了。

　　可是我们应该指出，林邑的建国是在后汉顺帝永和二年（公元一三七）以后，这就是公元后第二世纪的上半叶，去周公时有了一千二百多年，所以若说林邑是与来朝周公的越裳同时，那是无稽之谈了。这样看起来，崔豹虽然把扶南、林邑与周初的越裳相提并举，并不能说三者是同一时代。

　　虽然我们知道林邑的建国，是在后汉顺帝永和二年以后，但是我们对于扶南建国自何时，中国史书并没有确定的记载。崔豹在这里把三个国家相提并举，虽然不能说是三者都是存在于周初，然而我们也不能因为林邑的建国是在后汉时代，或是公元第二世纪的上半叶，而遂以为扶南的建国也是在这个时候。

　　清朝曾钊在其所辑的杨孚《异物志》中曾有关于扶南的条文数条，因为杨孚的原书已佚，这里所辑的是从《太平御览》及《事类赋》抄录而来。《异物志》这个书名，虽始于杨孚，然而用《异物志》为书名的很多，究竟曾钊所辑的《异物志》，而尤其是关于扶南数条条文，是否出自杨孚的《异物志》，也是一个问题。

　　杨孚是后汉章帝时（公元七六至八八）人，假使这几条关于扶南的条文，确为杨孚所记载的，那么扶南的存在应该是在公元一世纪的时候，或是在公元前一二世纪的时候了。因为正如我们上面已经指出，公元一世纪的杨孚既知有扶南，这个国家的建国应该是在杨孚记载之前。

我们不相信扶南建国于周初或周代之前，我们也不相信扶南的建国是在林邑之后，这个国家的建国时期，最迟不会晚于公元一世纪后，可能是在公元前一世纪至二世纪，关于这一点下面还要加以讨论。

我们现在拟从我国所谓正史的记载，来看看扶南的早期历史。

扶南国王的名字之最先见于我国史书的是柳叶。唐代姚思廉（七世纪上半叶人）在其所撰的《梁书》卷五十四《扶南传》说：

> 扶南国俗本裸体，文身被发，不制衣裳，以女人为王，号曰柳叶，年少壮健，有似男子。

应该指出《梁书》叫做柳叶，《晋书》卷九十七《扶南传》却叫做叶柳，究竟是叫做叶柳抑或是叫做柳叶，也是一个问题。但是除了《晋书》以外，其他著作如《南齐书》卷五十八的《扶南传》，杜佑《通典》卷一八八"扶南"条，均作柳叶，在历史的时间的次序上，晋朝是在齐梁两代之前，可是在史书撰作的时间上，《南齐书》是南北朝时萧子显所撰，比之《晋书》与《梁书》的撰作时间都较早，因此我们还是根据《齐书》、《梁书》与《通典》而叫做柳叶。

严格的说，今日的柬埔寨并没有纯粹的柳树，现在没有的东西，古代扶南是不是也没有呢？这也是值得讨论一个问题，但我们也可以推想在今日的柬埔寨所没有的植物，在古代扶南可能也是没有的。而且，这个柳字可能是椰字之误，假使这种看法是对的话，那么柳叶应该是叫做椰叶。我们知道椰子是南洋随处可见的植物，而其用途又十分大。椰子的肉可以吃，可以制油，其汁可以解渴，其壳可以当碗子，作各种器皿，其外面的包皮可以做绳子，可以做扫把，也可以当燃料。椰树可以当为木料，至于椰叶用途也是很大，可以用来织成席。杜佑《通典》与马端临《文献通考·林邑传》说：林邑人，施椰叶为席。椰叶也可作其他种用具，可以编为房顶，而遮太阳，避风雨。椰叶的生长极有规律，又很美观，在阳光而尤其在月亮之下的椰叶，最能动人，最有诗意。

我们知道在占婆还有这样的故事，从前占婆国王王宫附近有一椰树果子极大。国王命令把这个果子打开，其中有了一个小儿，其貌很好看。国王又命人用乳哺之，可是小儿拒而不吃。当时国王有一五色牝牛，因而又命人取牛乳哺之。这个小儿吃了牛奶，他长大了，国王妻之以女，国王死后，他又继位而为国王。

这是占婆或占城的椰子部落的来源。占城还有槟榔部落，其故事也与椰子部落一样，不过把椰子二字改为槟榔而已。槟榔在占城与柬埔寨与东南亚好多地方，到处可见，男女吃槟榔之风也极盛。占婆在古代为林邑，与扶南接壤。在林邑未建国之前，可能在其南部的一些地方，还是属于扶南。占婆人这个故事，虽然是一个小儿而不是女孩，然而用一种繁殖最多、用途极大的植物，去当作一个部落的名字，或是当为一个领袖的名字，是一种极有意义而很为合理的事情。

因此之故，柳叶这个名字，是椰叶的错误，是很可能的。但是因为这个名词沿用已久，我们在这里还是采用柳叶这个名词。

《梁书》说："扶南……以女人为王。"《南齐书》说："其先有女人为王。"至于《晋书》却说："其王本是女子。"根据《南齐书》的语气来看，所谓其先有女人为王，说明后来为王的不是女的，然而所谓其先是否指着最先的国王，还是在混填称王之前，也是一个问题。《晋书》以为"其王本是女子"，是很肯定的说最初为王是女子，后来才改为男子。至于《梁书》所说"扶南……以女子为王"，这是较为笼统的说法，不但没有《晋书》那么肯定，也没有《南齐书》那么明确。然而我们应该指出，尽管三书所说的语气各有不同，但无论如何，三者都说明了一点，这就是在扶南的早期历史上有了女子作国王，这是一个要点。因为这里给我们一个很好的线索，这就是，在扶南的早期的历史上，是一个母系或母权制的部落，柳叶之当为国王，可以说是这种制度的一种留痕。

而且，我们知道，扶南与后来的真腊，在种族上，都是属于吉蔑种，在语言上基本上也是相同，在他们的语言中，也有了原始的母系氏族的表征，元朝周达观在其所撰的《真腊风土记》中曾告诉我们道：

呼父为巴驼，叔伯亦呼为巴驼，呼母为米，姑姨婶母以至邻人之尊年者亦呼为米，呼兄为邦，姊亦呼为邦，呼弟为补温。

这种称呼，显然是原始社会中的群婚制度所留下来的痕迹。这就是说，在群婚制度下一群女的嫁给一群男的，从某一个女的来说，她的丈夫就是丈夫的兄弟或其同辈的男子，从某一个男的来说，他的妻子也就是她的妻子的姊妹或其同辈。因此之故，所以他们的儿子或女孩称呼父亲，包括了父亲的兄弟及其同辈，称呼母亲也包括了母亲的姊妹及其同辈。到了后来，这种的婚姻的制度变化了，无论是变为一夫多妻，或一妻多夫，或是一妻一夫，可是称呼的方法还没有改变，因而呼父为巴驼，也叫伯父叔父为巴驼。呼母为米，也叫姑姨婶母以至邻人之尊长者为米。

我们相信，在真腊时代，这种群婚制度本身已不存在，所以这些名称只是这种制度所留下来的一些表征。然而柳叶时代是比较接近于原始社会，可能这种制度在扶南有的地方也可能还存在着，至少这种表征，比之真腊时代还要显著得多。

但是，我们也得指出，在柳叶时代，这种制度已很快的趋于衰微，所以柳叶被混填击败之后，她就嫁混填为妻。原来的群婚制度，虽然已经没有存在，但是母权制度还可以存在下去。等到混填做了国王之后，这种母权制度又逐渐起了变化。这就是说，从母权制度而趋于父权制度。然而这也并不是说国王不是女人做了，整个扶南的母权制度也就随之而消灭。在其部落中或家庭中，这种制度还可以存在下去一个相当时期。我们都知道，在柬埔寨以及暹罗一带，直到现在社会上，在家庭中，妇女的权力还是很大。周达观在其《真腊风土记》中指出：

> 王室足下手掌皆以药染赤色，……百姓家惟妇女可染手足掌，男子不敢也。

这说明在真腊时代，其妇女所享受的权利有比男子为多的。明初马欢在其《瀛涯胜览》"暹罗国"条中说：

> 俗凡事皆是妇人主掌，其国王及下民若有谋议，刑罚轻重，买卖一应巨细之事，皆取决于妻。其妇人志量果胜于男子。

暹罗以前也曾属扶南，这是流行于这些地方的一种风俗。直到现在，到了柬埔寨、暹罗的人们，还可以在市场中，看到做买卖的多为妇女。

我们知道，混填是一位外国人，而不是扶南人。从他到了扶南而娶柳叶为妻之后，承继王位的都是男子，没有女子，这说明了扶南母权制有了衰微的趋向。这种趋向，一方面固是由于制度的内部变化，一方面是受了外来制度的影响。混填所来的国家可能是一个父权发达的国家。现在柬埔寨语中巴驼是首领的意义，这也是从母权而趋于父权的一种表征。至于马欢以为其妇人志量果胜于男子，这与《梁书》所说柳叶年少壮健，有似男子，是有了相同之处。

我们说扶南在柳叶的时代，是近于原始社会的时代，还有其他的旁证。《梁书》说"俗本裸体身被发"，杜佑《通典》卷一八八"扶南"条说"俗本裸，文身，被发"。可能这《梁书》所说的脱了一字而应该是照《通典》所说为是，或是应该读如"俗本裸体，文身，被发"。

这种风俗，无疑的也是原始社会中的一种表征。但是我们也得指出，东南亚地处热带，人们所穿的东西是很为简单。周达观在其《真腊风土记》也说：

> 唐人之为水手者，利其国中不着衣裳……往往皆逃逸于彼。

周达观的时代，真腊人并非像字面上所说不着衣裳，他们穿的可能是现在柬埔寨人所穿的干缦（Sampot）或沙笼（Sarong），而非中国人所穿的衣裳。这种干缦很为简单，所以直到现在，在柬埔寨、暹罗一带人们还说"一条布可以过活一生"。又据《梁书》卷五十四《扶南传》指出混填击败柳叶而有其国之后：

> 混填乃教柳叶穿布贯头，形不复露，遂治其国，纳柳叶为妻。（《南齐书》说混填恶其裸露形体，乃叠布贯其首。）

《梁书》同处又说：

> 吴时（二二二至二八〇）遣中郎康泰宣化从事朱应使于寻国。国人犹裸，唯妇人着贯头。泰应谓曰，国中实佳，但人裸露可怪耳。寻始令国内男子著横幅。横幅，今干缦也。大家乃截锦为之，贫者乃用布。

混填是公元一世或二世初人。范寻是三世纪中叶人。时间相继约有百余或二百余年之久。混填来后，柳叶才用布遮其身体，可能一般的人民还要经过相当时间，始着贯首。直到三世纪的中叶，康泰、朱应到了扶南之后，男人开始着横幅，这虽然是原始社会的遗风，然而也可以说这是由于天时酷热，不很需要衣裳，所以直到三十年前，在柬埔寨、暹罗以及东南亚的好多地方，男男女女只穿一条纱笼，这就是《梁书》所说的横幅或干缦，遮掩下体，上身完全露出来。

　　我们不能因在范寻的时代，扶南的男人还是裸体，而以为扶南人还未脱离原始社会的生活。相反的，扶南在这个时候，早已成为一个富强的国家。它的物产很为富饶，它的市场凑集了东至中国，西至印度以至罗马的珍物异品。其人民精于工艺，有自己的文字，有婆罗门教与佛教，所以我们可以说，这个国家从二世纪中叶至三世纪的时候，早已脱离了原始社会的状态。虽然在其生活中，也有了一些原始的留痕。

第十二章 柳叶与混填

柳叶之前的扶南的历史究竟多久,不易考订。但是柳叶不见得是扶南的第一国王。关于这一点,我们不必多作讨论。我们要指出在柳叶在位的时候,扶南发生一个重要的变化,这就是来了一位外国人统治扶南。在柳叶之前,扶南虽可能已与外国交通,但往来不算频繁,扶南与中国似乎还没有正式的使者往来。但这也不能说人民或商人是没有往来。从秦到西汉,在中国史书中找不出关于扶南的记载。《史记》《汉书》固是没有扶南这个名词,《后汉书》也没有说到扶南的事情。至于现在所传的杨孚的《异物志》中所说的扶南,像我们上面已经指出,是否可靠,也是一个问题。但我们不能说中国史书没有扶南的记载,我们就说扶南在那个时候,也没有存在。中国史书之最早记载扶南的已如上面所说是《三国志·吴志·吕岱传》,可是中国史书之有《扶南传》的,如《晋书》,如《南齐书》,如《梁书》,都不只记述其当时的扶南,而都追述扶南的过去史实或传说。这些事实或传说,很可能的是康泰与朱应到扶南后而从扶南人传闻过来的。虽然故事之中,杂有神话,然也可以反映出扶南的早期情况,我们现在且把《晋书》《南齐书》与《梁书》所述的故事,录之于后。《晋书》卷九十七《扶南传》说:

> 其王本是女子,字叶柳。时有外国人混溃者,先事神,梦神赐之弓,又教载舶入海。混溃旦诣神祠,得弓,遂随贾人泛海至扶南外邑。叶柳率众御之。混溃举弓,叶柳惧,遂降之。于是混溃纳以为妻,而据其国。

《南齐书》卷五十八《扶南传》说:

> 其先有女人为王,名柳叶,又有激国人混填,梦神赐弓二张,教乘舶入海。混填晨起于神庙树下得弓,即乘舶向扶南。柳叶见舶,率众欲御之,混填举弓遥射,贯船一面通中人,柳叶怖,遂降。混填娶以为妻,……遂治其国。

《梁书》卷五十四《扶南传》说:

> (扶南)其南曰徼国,有事鬼神者,字混填,梦神赐之弓。乘贾人舶入海,遂入扶南外邑。柳叶人众见舶至,欲取之。混填即张弓射其舶,穿度一面,矢及侍者,柳叶大惧,举众降混填。混填……遂治其国。

此外又如杜佑在其《通典》卷一八八"扶南"条说:

> （扶南）其南有激国人名混溃来伐，柳叶降之，遂以为妻，理其国。

至于马端临在其《文献通考》卷三百三十一《四裔考》中所叙述关于这一段故事，完全是抄自杜佑的《通典》。此外又如《太平御览》卷三四七引《吴时外国传》说：

> 有摸趺国人字混填，好事神，一心不懈，神感至意。夜梦人赐神弓一张，教载贾人舶入海。混填晨入庙于神树下得弓，便载大舶入海。神回风令至扶南。柳叶欲劫取之。混填举神弓而射焉，贯船通渡，柳叶惧伏，混填因王扶南。

从上所抄录几段话来看，其所叙述关于混填的故事，大致虽然相同，然也有好多地方，值得我们加以考究。首先关于柳叶的名字，《晋书》作叶柳，其他各书都作柳叶，我们以为应该从柳叶，而柳叶可能是椰叶的错误，这一点上面已经说过，不再重述。

其次，关于混填的名字与其来源，及其所包函的意义，以至与柳叶的关系。《晋书》作混溃，杜佑《通典》也作混溃。马端临也作混溃。但是《南齐书》、《梁书》与《太平御览》所引的《吴时外国传》均作混填。我们以为应从《南齐书》、《梁书》与《吴时外国传》，称为混填。伯希和还以为这个混填可以还原为Kaundinya。他在其《扶南考》一文中说：

> 混填一名，或者出于印度，欲求此名之印度对称，余敢断然谓即憍陈如对音之 Kaundinya。

他既用了"或者"的字样，又用了断然的口气，然而他又告诉我们道：

> 然此一世纪之憍陈如与四世纪之憍陈如何关系欤？最晚之憍陈如，假用最初开化扶南之人之名欤？第在此种考订尚成问题之时，只可将问题提出而不能遽将问题解决也。（参看冯承钧译《扶南考》，见《史地丛考续编》）

我们知道憍陈如（Kaundinya）在印度的神话中是一位婆罗门，一位伟大的婆罗门。他曾从德伦那（Drona）的儿子阿斯华达门（Asyatthaman）得到矛枪。据说阿斯华达门曾娶了一条蛇（Naga），并且生了一个儿子，这个儿子就是巴拉华（Pallava）皇朝的建立者。芬诺（L. Finot）在其所著的《关于一些印度支那的传说》（Surquelques Traditions Indochinoises, see *Bulletin de La Commission Archeo Logique indo chinoise* 11. 20—37）一文里，以为混填与柳叶的故事，是印度故事的扶南化。这就是混填当自己为伟大的婆罗门，同时又给柳叶一个神话化的名字，叫做索马（Soma）。索马是蛇王的女儿，在后来的真腊与柬埔寨蛇王的女儿的故事，是很流行的。周达观在《真腊风土记》中说：

> 其（指宫室）内中金塔，国主夜则卧其上。土人皆谓塔之中有九头蛇

精，乃一国之土地主也，系女身。每夜则见，国主则先与之同寝交媾，虽其妻不亦敢入，二鼓乃出，方可与妻妾同睡。若此精一夜不见，则番王死期近矣。若番王一夜不往，则必获灾祸。

索马是蛇精，也是土地的拥有者，或叫做土地神。这个蛇精故事，不只在吉蔑人中很为流行，就是在东南亚的其他民族中，也有采用的，可能这个印度化的故事，是从扶南而传到其他地方的。

应该指出，混填虽然可能受了印度文化的影响，但他并不一定是印度人。说到这里，我们就要考虑到第三个问题，这就是关于混填的国籍问题。上面所引的《晋书》只说他是一位外国人，并没有说他是那一国人。《南齐书》说他是激国人，《通典》也说他是激国人，《梁书》却说他是徼国人，《太平御览》引《吴时外国传》说他是摸趺国人。又《太平御览》卷七八七引《扶南土俗传》说：

乌文国，昔混填初载贾人大船入海，所成此国。

究竟混填是那一国人呢？我们以为《齐书》所说的激国可能就是《梁书》所说的徼国，因为激与徼很相近，而激为徼之误。徼的意义是徼外。晋崔豹《古今注》卷上说：

徼者，绕也，所以绕逆蛮夷，使不得侵入中国也。

《辞源》说：

徼，边徼也，以木栅为蛮夷界也。

假使我们这种看法不错，那么南齐的激国固是《梁书》的徼国。而所谓徼就是外徼，这也就是《晋书》所说的外国，并没有明确的指着那一个国家。

《吴时外国传》与《扶南土俗记》，均为康泰所撰。康泰所记关于混填的国籍，应该较为可靠，可是在《吴时外国传》中说他是摸趺人，而在《扶南土俗记》似乎又以为他是乌文国人。这两本书既然都是康泰所撰，他不会把一个人来说成为两个国籍的人。但是假使我们细心去读乌文国这条条文，可能康泰并不是说混填是乌文国人，而只是说乌文是混填初载贾人大船入海的国家。伯希和在《关于越南半岛的几条中国史文》一文（冯承钧译，见《西域南海史地考证译丛》，页一七五）注八中说：

混填奉神命入海的地方，就是这个乌文国。文里有"初载"二字，好像是把海行分作两段。混填过了克拉（Kra）地峡，又转载他舶。这一说可是不能主张拿前录文（按指《太平御览》卷三四七所引《吴时外国传》）所说的"神回风，令至扶南"一句话对证，可见是一气的海行，不是分段的海行。

我们同意乌文是混填乘贾人大船入海的地方，但若把初载二字说到太呆板，也不见得是对的。"初载"的初可能是别的字的错误，它可能是"乃"字或是"所"字，也可能是衍文。就是初字，没有错误，在中途转载他舶，而抵达扶南，也不见得有问题。因为混填之到扶南，既然是神的意志，那么所谓神回风令至扶南，是一种形容。他完全是依靠神的意志而到扶南。至于如何始达扶南，一直的海行，分段海行，从一个大舶立即转到别大船，还是最初载贾人舶，又经过一段陆道，再转载别的船舶而抵达目的地，这都是次要的问题。

假如我们这种解释没有错误，那么乌文并不是混填所出生的国家，而是最初乘贾人大舶到扶南的国家了。

至于乌文究竟在什么地方呢？有些人会根据《古今注》附录佚文"乌文木"条以为乌文就是出乌文木的波斯国｛参看劳费（Laufer）*Sino-Iranica* 485，又伯希和在同文注八｝。《古今注》那条条文是：

  乌文木出波斯国，每舶上将来，就中乌文烂然，中国亦有出温括婺等州。

虽然劳费以为这里所说的波斯国，不是西亚的波斯，而是中国南海的波斯，可能是在马来半岛一带，然而我们应该指出这是明明是指着乌文木而不是乌文国。若以为乌文木是出自波斯，而遂以为乌文是波斯国，或是波斯国也就是乌文国，那么这条条文的下句所说乌文木在中国亦有，难道乌文也就是中国，或是中国也就是乌文吗？这是很大的错误的。此外，还有些人以为乌文就是 Oman 的对音，而以为乌文就是 Oman。我们知道，这个国家是在亚拉伯半岛的东北角，波斯湾口的南边。亚拉伯海的西北在印度的西边，我们不能想像一个印度化的人物，会跑到亚拉伯的"乌文"，去乘船来扶南，这是不可能的。虽然我们不能同意劳费所说乌文是波斯，所以乌文应该是在马来半岛一带，是较为合理的。

激国既是徼国的错误，而徼国也就是外国的意义，至于乌文只是混填乘舶入海的地方，那么混填的国籍应该是以《太平御览》所引康泰《吴时外国传》所说他是摸跌国人为可靠。不过摸跌这个国家究竟是在什么地方呢？《太平御览》卷七八七引康泰《扶南土俗记》说：

  横跌国在优钹之东南，城郭饶乐，不及优钹也。

在《太平御览》同处，又引康泰《扶南土俗记》说：

  优钹国者，在天竺之东南，可五千里，国土炽盛。城郭珍玩谣俗与天竺国同。

伯希和在《关于越南半岛的几条中国史文》一文中说：

  横跌国与摸跌国字形相类，明是一国，然则那一个名称是对的呢？此处必是译名，毫无可疑。拿古来译写比较合式的字来说，好像原名是摸趺。《康泰行纪》里面有一部分名称好像是本于印度化的字体，看这两条所说谣俗与天竺同的话，可以往这方面寻究。若把这摸趺优跋两名作一部分还原，好像原名中有 Mahādel（或 Mahādet）同 Upal（或 Upat）的可能，然而无法补充，也无法知为何国，更感困难的就是不知从何方去寻这一国。苏门答剌同爪哇好像不成问题，因为这两岛应该是《太平御览》里面的诸薄国，而横趺（摸趺）、优钹两国又在别一类的国里面。设若此处所说的天竺，是指印度全部，则其东南五千里的优钹国，应该在恒河以东。混填出发的横趺（摸趺）国既在优钹东南，似乎要在马来半岛东岸寻去。由是三世纪中叶的乌文国，也在那里，但是未将《康泰行纪》的一切残文，同其他可以帮助考订文字详细审查以前，我不能说可将印度东岸完全撇开。

我们同意伯希和所说摸趺与横趺字形相类，是一个国家。我们以为优钹既在天竺的东南，应该是在现在的缅甸的马打万湾塔瓦一带，至于摸趺或横趺又在优钹的东南，应该是在马来半岛的北部的西岸。混填由乌文乘船到扶南，乌文可能是在马来半岛的东岸，混填从西岸的摸趺或横趺走了一段陆道，到了乌文，始从这里载舶而到扶南。史文中所说初载也可以解释为始乘，这就是说混填跑了一段陆道而始从乌文乘舟到扶南。

我们这种解释不一定完全是对。但较为合理。因此，我们以为优钹、摸趺都不应该在印度东岸去寻找，因为康泰所了解的天竺，是在扶南时同苏物到扶南的陈宋等所说的天竺。这个天竺，是从恒河入口，这应该是现在的印度的东北部。故在天竺的东南的优钹，应该在现在缅甸的东南方面去寻找，而摸趺仍是在马来半岛的西岸。这样不只在方位上没有问题，而且史文中所说从乌文初载大舶到扶南也较为合理。

最后，我们还要指出史文中说混填是乘贾人舶入海而到扶南，有的史文还说这些贾舶是大舶。但无论史文记载这些舶怎样大，在那个时代的船舶，不会载得很多人。混填乘贾人的船舶，则其随从人员是不会很多的。史文给我们的印象是，与其说他以人众而征服扶南，不如说他是依靠神的力量而王扶南。而且，更重要的是在混填时代或混填之前，已有贾舶往来于扶南。又扶南自己也必已有船舶驶到其他的国家，因为混填到扶南外邑时，扶南也有船舶出来迎战，这些船舶是军舰，也是商船。关于扶南的船舶，我们上面已经说过，我们在这里所要注意的，扶南是一个海权国，海权国是要依赖其船舶，在海上交通，在海上作战。而且，这个海权国，是有其传统，其历史可以追溯到柳叶时代或柳叶之前。范蔓之制造大舶穷涨海，征服好多国家，不过是把这个海权国的传统再加以发展而已。

总而言之，扶南在柳叶之前其历史可能追溯到公元前一世纪至二世纪，但是自混填统治扶南之后在物质生活上有所改变，在政治与社会制度上这种改变尤为显著。此外，在宗教信仰上也必有很大的改变。《梁书》说"有事鬼神者，字混填"，《太平御览》引《外国传》说他"事神一心不懈"。因为这样的忠诚于鬼神，所以神感其至意，因而帮助他去征服扶南并王扶南。史文所给与我们的印象是，古代民族往往迷信其开国君主，是受了神的指使，混填之所以能王扶南完全是得了神的力量。他之载舶入海固是神的意志，他的船舶之所以顺风而到扶南，也是神的意志，他的弓矢固是神所赐，与他之所以能举弓而射破柳叶的船舶也是神的力量。这是一种迷信，也是历史上一些统治者用以欺骗民众，以夺取或维持其统治地位的手法。

第十三章　盘况的时代

《晋书》卷九十七《扶南传》说：

> 混溃纳（叶柳）以为妻，而据其国，后胤衰微，子孙不绍，其将范寻复世王扶南矣。

《南齐书》卷五十八《扶南传》说：

> 混填娶（柳叶）以为妻……遂治其国，子孙相传。至王槃况死，国人立其大将范师蔓。

《梁书》卷五十四《扶南传》说：

> 柳叶大惧，举众降混填，混填……遂治其国，纳柳叶为妻，生子分王七邑。其后王混盘况，以诈力间诸邑，令相疑阻，因举兵攻并之。乃遣子孙中分治诸邑，号曰小王。盘况年九十余乃死。立中子盘盘，以国事委其大将范蔓，盘盘立三年死，国人共举蔓为王。

柳叶当了国王多久，始为混填所击败，混填当扶南王之后，活了多少年，史书均没有记载。但是柳叶嫁了混填之后，还生了七个孩子，那么混填娶柳叶时，柳叶不会很老，是可以断言的。这也就是说，就算柳叶当国王时年纪还小，其在位的时间也不会很长，大致不会超过十年。而且，我们知道，在东南亚各处，男女发育较早，其结婚年龄，也比较的早。柳叶为王败于混填之后，就嫁给混填为妻，柳叶似乎还没有结婚。身当女王，择人虽不能随便，但也不会等待太久。而且《梁书》说当混填到扶南时柳叶是"年少壮健"，所以我们推论，混填娶柳叶时，柳叶不会超过二十五岁。同时，混填也应是一个中年人，假使我们估计他们活到六十岁左右，那么混填在位的时间约为三十年。

《晋书》、《南齐书》与《梁书》所记关于混填死后到范蔓时代的事情，有了不同的口气。《晋书》说"后胤衰微，子孙不绍，其将范寻乃王扶南"。若照字面来看，那就是说混填死后子孙不绍，就是说子孙没有承继下去，所以范寻始王扶南。其实，范寻之前，还有范旃、范长、范蔓。至于《南齐书》却肯定的说，混填的子孙相传至了他的子孙槃况，槃况死后，范蔓始王扶南。又若照《南齐书》的语气来看，所谓"子孙相传，至王槃况"，好像是说经过多少代或国王之后，始由槃况继位，这就是说槃况并不是直接继承混填的王位的人物。在槃况之前还有他人做了国王。至于从混填至槃况，究竟是多少代，就不得而知。

《梁书》的盘况，就是《南齐书》的槃况。《梁书》还说他是混盘况。这说明了他是姓混，是混填的后裔。若照这种说法，混是姓而填是名了。混音近于Khun，Khun在现在暹罗、老挝、柬埔寨一带意义是官的称呼，不知在扶南时代，是否也有这个意义。假使这种看法是对，那么伯希和以为混填是Kaundinya的对音，也是姓，似乎也有问题。然而我们上面已经指出，憍陈如（Kaundinya）在印度神话中，是一个伟大的婆罗门，而Khun音是与Kaun音接近，可能现在的Khun，是Kaundinya的简写，从伟大的婆罗门的意义，而转为一般的官。可是Khun音也与官音相近，因而有人以为现在暹罗各处所说的Khun是从中国的官字而来，那一种说法是对的，还是一个问题。

又《梁书》说混盘况是混填的后王，所谓后王，可以释为直接的承继者，也可以释为数代以后的承继者。我们以为照《南齐书》与《梁书》的语气来看，盘况不一定是混填直接承继者，似乎是经过二三代之后，始由盘况继位。

《艺文类聚》九十五引《外国传》说：

> 扶南王盘况少而雄桀，闻山林有大象，辄生捕取之，教习乘骑。诸国闻而伏之。

这说明了盘况是一位勇敢的君主而为其他各国所畏惊。

据《梁书》记载混填有七个孩子"分王七邑"。这可能是一种采邑或是采邑的萌芽。这也可以说，是封建制度的表征。我们上面已经指出，扶南是经过一个原始的母权制度，而演变到父权的制度，没有问题，扶南的原始社会的好多表征，在柳叶时代，还存留着。扶南是不是经过一个奴隶社会的阶段而始进入封建社会，这是值得研究的问题。在关于扶南史文中，我们很难找出关于奴隶社会的叙述，但我们不能因为没有史文的记录，而遂以为扶南没有经过这个阶段。而且，我们知道在东南亚的好多国家中，奴隶的存在与买卖是一件较为普遍的事情。昆仑奴是一个比较常用的名词。吉蔑人亦称为昆仑人，吉蔑种族也有奴隶，是没有问题的。又周达观《真腊风土记》中，曾有一段关于奴婢的记载。兹录之于下：

> 人家奴婢皆买野人以充其役，多者百余，少者亦有一二十枚。除至贫之家，则无之。盖野人者，山野中之人也。自有种类，俗呼为撞贼，到城中亦不敢出入人之家。城间人相骂者，一呼之为撞，则恨入骨髓。其见轻于人如此。少壮者一枚可值百布，老弱者只三四十布可得。只许于楼下坐卧。若执役方许登楼，亦必跪膝合掌顶礼而后敢进。呼主人为巴驼，主母为米。巴驼者父也，米者母也。若有过，挞之，则俯首受杖，略不敢动。其牝牡者自相配偶，主人终无与之交接之理。或唐人到彼久旷者不择，一与之接，主人闻之，次日不肯与同坐，以其曾与野人接故也。或与外人交，至于有妊养子，

主人亦不诘问其所从来，盖以其所不齿，且利得其子，仍可为异日奴婢也。或有逃者，擒而复得必与面刺以青或于顶上带铁以锢之，亦有带于臂腿者。

柬埔寨的奴婢制度一直留存到近代。真腊人家奴婢，既有多到百余，少者一二十，那么奴婢在真腊的数目，必定很大。真腊是扶南的属国，真腊既有这么多的奴婢，若说扶南时代没有，是不可能的。很可能的这种制度是从扶南传下来的。

应该指出，在真腊以至在扶南，奴婢不只是由野人来充当，上面所说的昆仑奴，应当有了不少是吉蔑人。因为为奴婢者，很多虽为野人，但人们因为有的是负债而为人奴婢，也有很多是战时俘虏而当奴仆，也有的是叛徒而判为奴婢的。

总而言之，我们以为扶南在其社会发展史上，奴隶不只存在，而且相当的多，主要以农业生产可能是靠着奴隶，至于其他的工作，可能也是多用奴隶。

关于扶南的政治组织，在柳叶时代，主要恐怕还是接近于原始社会的部落生活。混填当国王之后，政治制度有了变化，这就是从原始的部落社会而变为封建的采邑制度。从此我们可以推想，混填之所以介绍这种制度可能是采用了他原来的国家的制度，这种改变与从母权制度变为父权制度，都可以说是扶南历史上的巨大的改变。从此以后，不只母权制度在扶南更趋衰微，部落生活也受了很大的影响。混填的后王盘况，继位之后，虽然用诈力去兼并了原来的七王七邑，但他自己又把扶南分为诸邑，遣派其子孙去分治，说明这种封建制度更加巩固起来了。

盘况在位多少年，不得而知。但他既活了九十多年，他在位的时间，可能在五十年左右。假使盘况不是直接承继混填的王位，而乃经一位或二位国王然后传到盘况的话，那么若照我们上面的估计，混填在位三十年，加上盘况五十年，再加以混填与盘况之间约三十年，那么从混填到盘况死时就一百十年。盘况之后，盘盘在位不过三年，时间很短，我们推论范蔓在位的时间约为二世纪的末年至三世纪的初年。假定范蔓是公元后一九〇年就位的话，那么混填之王扶南是在公元后的八十年代，这样计算，柳叶就位为国王当约在公元后七十年代。我们以为柳叶不见得是扶南第一个国王，史书所记载关于混填之王扶南，是神的意志，这是神话，这是假托，不能置信。《太平御览》引《扶南土俗记》说：横跌或摸跌不若优钹，那么饶乐，说明混填的祖国，是一个较穷的国家。扶南地居湄公河下游，土地肥美，地位重要，横跌或摸跌国人早已闻知。这也就是说扶南在柳叶之前，已有过一段相当长的历史。所以我们说扶南的建国，可能是在公元前二世纪或一世纪的时候。混填本国的人是从商业的交易中得到关于扶南的富饶的消息，可能横跌人之欲征服扶南为时已久。但是到混填，始克成功。

上面已经指出自混填以后，扶南无论在物质生活上，在政治与社会制度上，以至在宗教信仰上，都有很大的改变。经过混填在位时的统治，或者再经过一二位国王的统治而至盘况的长期在位的统治，而尤其是在盘况的时代，混氏在扶南的政权一定会逐渐的巩固起来，扶南的内政既得稳定，它与外间的关系也必定逐渐的繁多。在柳叶时代，扶南已有海舶可以当为维护国家的海军，也可以当为海上交通的工具。混填之来扶南，既是载贾人舶，那么混填以后的外国贾舶之到扶南的，必定更多起来，因而扶南的国外贸易，也必定繁盛起来。

史文说盘况死后，其中子盘盘统治三年而死。盘况在位的时间那么长，盘盘统治的时间那么短，是有了几种可能性。第一，盘况活到九十余岁始死，盘盘就位时，可能已是一个老人，所以就位不久，也就死了。第二，盘盘死了，其位不传于其自己子孙或其王室的子孙，而传于范蔓；也可能的，是范蔓以诈力去杀盘盘夺取了王位。史书说"国人共举范蔓为王"不一定是可靠的。因为盘况既可以用诈力而剪除其他的小王的势力，换以自己的子孙，那么范蔓用诈力去夺取王位，也是很可能的。第三，还有一种可能，这就是盘盘死后，其子孙互争王位，无法决定，或是互相残杀，能继位者不易找出，所以范蔓遂为国人所举，或是乘机而取王位。

关于盘盘这个名字，在这里也值得我们一提。我们知道除了这个名字是国王的称呼之外，还有一个国家叫做盘盘。关于这个国家，我们在下面还要加以叙述，我们这里所要讨论的，这个国名之于国王盘盘，有没有关系？卢斯（G. H. Luce）在其所著的《缅甸的邻国》｛Countries Neighbouring Burma，一九二四年登在《缅甸研究会的会刊》（*Journal of the Burma Research Society*）｝一文中，以为盘盘之所以得名是因为范蔓征服了盘盘的本土之后，为了纪念其前王，遂以国王盘盘的字而名其国。

盘盘在宋元嘉年间遣使到中国贡献。扶南后来有一位著名的国王名憍陈如，本来是印度人，是从盘盘而到扶南。这说明了盘盘与扶南的关系，是很为密切。盘盘的方位，大致也是在马来半岛的北部，可能是顿逊的五个王国之一，可能范蔓征服顿逊之后，把其中一个王国改名为盘盘，以纪念其前王。也有可能的就是这个国家，在顿逊统治时早已叫做盘盘，与国王盘盘这个名字并无关系。以常情来说，范蔓为大将，权力增长，应该是在盘况时代，因为盘盘在位，不过三年，他不见得在短时期中就能掌握大权。假使我们这种看法是不错的话，那么范蔓要用一个国名去纪念其前王，不见得纪念盘盘，而应该是盘况。所以，我们对于卢斯的解释，是表示怀疑的。此外，还有一种可能，就是盘盘被范蔓废立而送他到盘盘本土，因此后人遂叫这个国家为盘盘。

第十四章　范蔓的时代

从混填到盘盘，都是姓混的王扶南。盘盘死后，范蔓继位，政权从混姓传于范姓。可是我们也得指出，这里所谓范姓，可能是梵文跋摩（Verman）的对音。跋摩（Verman）的意义在梵文上原来是甲胄，也有了保护或首领的意义。到了后来，这个字又指着一般的统治者而言。范蔓与 Verman 的音也很为接近，虽则范蔓《梁书》也称为范师蔓。范蔓可能也就是 Verman 的译音，而范是 Verman 的简译。假使范或范蔓是 Verman 的译音，我们也可以看出来，扶南受了印度的文化的影响，其历史是很早。

然而同时我们也得指出，姓范也有可能是扶南本土的名称。而且，说不定是受了中国的文化的影响而始有此姓。我们知道在三世纪的下半叶，在扶南北边的林邑，也有一个国王姓范名熊。他的子孙及其承继人也是姓范。范熊是否与范蔓的后裔有了关系，是值得研究的问题，我们在下面还要加以说明。在这里，我们只要指出，这两个国家既然是比邻，在国交上固是互相往来，在文化上也会互相影响，在种族也免不了互有混什。其姓氏有了相同，也是可能的。而且，自公元前一二世纪至公元后二世纪末约四百年的时间，林邑的国土或是其北部的大部分，是属于中国的日南郡，因而这些地方以至扶南的一些地方，受了中国文化的影响也是可能的。而且，这些地方，既是长期受了中国的统治或是长期因与中国土地接壤，中国移民之到这些地方居住者，也可能不少。其中也可能有了姓范的，其子孙后来做了国王，也是无足奇的。扶南的范蔓，或范师蔓、范金生、范长、范旃、范寻，以至林邑的范熊、范逸、范文（按：范文本来是中国人）、范佛等等都与中国的名字一样，几乎没有译音的痕迹。

我们知道在东南亚各地，中国人之侨居者很多，好多华侨在当地为国王或居政治上的重要地位的为数也很多。暹罗是一个最好的例子。曼谷王朝的建立者郑昭，就是一位华侨。直到现在，在暹罗政府居重要地位，很多是华侨或华侨的后裔。这些人，除了有当地的名字之外，往往还有一个中国名。郑昭就是一个例子。他的暹名是 Taksin，他的华名是郑昭。连了篡他位而称王的郑昭的女婿查克利（Chackri）在其上书中国时，也用中国的名字，叫做郑华。他的儿子叫做郑福。林邑的范文，本是中国扬州人。他是林邑国王范逸的奴，他篡了位仍跟主人的姓而称范文。可能他还有一个林邑名字。从这些例子来看，我们推想，扶南的范氏，除了中国化名字之外，可能还有扶南名字，与中国往来时，他是用中国名，在本国却用了本国名。因此，我们以为他们的名字与中国名字一样，可能是因为他们是华侨后裔，也可能是因为他们除了本地名字之外又用了一个中国化的名字。

《晋书·扶南传》没有提到范蔓的史实，《南齐书》卷五十八有了下面一段话：

> 桨况死，国人立其大将范师蔓，蔓病，姊子旃篡立，杀蔓子金生。

《梁书》卷五十四《扶南传》关于范蔓的记载，较《齐书》为详细。兹录之于后：

> 盘盘以国事委其大将范蔓，盘盘立三年死，国人共举蔓为王。蔓勇健有权略，复以兵威攻伐旁国，咸服属之。自号扶南大王。乃治作大船，穷涨海。攻屈都昆、九稚、典孙等十余国。开地五六千里。次当伐金邻国，蔓遇疾，遣太子金生代行。蔓姊子旃时为二千人将，因篡蔓自立，遣人诈金生而杀之。

根据《梁书》的记载，盘况死后继其位者是他的中子盘盘。范蔓是在盘盘死后而继其位的，但是《南齐书》却没有提到盘盘。杜佑《通典》卷一八八《扶南传》也没有提到盘盘，以为盘况死后继其位者是范蔓，而不是盘盘。我们以为在这一点上，我们应该从《梁书》。《梁书》①与《通典》对于这一点的记载是一个遗漏，正如《晋书》连了盘况、盘盘、范蔓、范旃都略而不提，而只提混填与范寻。很奇怪的，是《通典》抄了《齐书》而没有提到盘盘，但同时又抄了《梁书》关于范蔓勇健，及其征伐旁国。

上面已经指出范蔓之承继盘盘而为扶南王，可能是篡立。《梁书》说盘盘在位时，就把国事交给范蔓去管理。说明范蔓之掌握大权，是早在未就位之前，因而范蔓篡立，易如反掌。而况，范蔓既勇健有权略，征服旁国之后，又自号扶南大王，说明了他是一位野心勃勃的人物。他在盘盘在位时，既握了大权，其想作国王是无足怪的。

在范蔓时代，扶南的中央政权必定更为巩固。因为经过盘况的长期统治，再经过范蔓的运用权略，在未就位之前，国王的实权已在他手，他一定会挟天子以令诸侯，使盘况所分给其子孙的诸邑或是小王国，服从他的命令，可能还削减了这些小王国的权力，或是消灭了一些小王国。《梁书》所谓他有权略，也就是说他不只运用权略去争取王位，而且是运用权略去削灭或消灭诸邑的小王。

范蔓在扶南国内的政权，既已巩固之后，他又运用权略加强兵力，向外发展。《梁书》说他"以兵威攻伐傍国"。这里所说的傍国，无疑的是一些与扶南领土接壤的国家。这可能是说他主要是用陆军由陆路去征服其邻国。《梁书》指出他所征

---

① 校按：原书如此，应为《南齐书》。

伐这些国家,都服属扶南,他既征服了这些傍国之后,乃自号扶南大王。

我们现在要问问范蔓所征服的傍国,是什么国家?上面已经指出这些傍国应该是与扶南领土接壤的国家。《梁书》① 卷五十七《陶璜传》已告诉我们,林邑是"连接扶南"。林邑是在扶南之北,在日南之南,这个国家是日南郡南部象林的一位功曹的儿子区怜反抗汉朝的统治而建立。其建立时间,是在公元二世纪的末年,这是后汉末年的时期。范蔓之当权与王扶南应该是在二世纪末至三世纪初年,这也就是林邑刚刚建国的时候。这位区怜是中国人,还是象林的本地人,不得而知。然而无论如何,区怜反抗中国,除了团结当地的人民之外,可能还利用外来力量。假如这种看法,没有错误,那么在这个时候,所谓外来力量,恐怕就是扶南。因为在那个时候,在越南半岛,中国的势力伸张到现在的顺化以南。林邑占据了这个地方,其南界就是扶南,东是海洋,西是山岭,可能有些小国家在西边,但国小力弱,对于林邑,帮忙不大。

说不定林邑之所以能够建立,主要是得了范蔓的帮助。范蔓在国内的政权巩固之后,他要向外发展,在陆地上他想发展,只有东北与西北两方面。因为扶南的东南与西南都是临海,东北是与中国的属土日南郡接近。介在扶南与日南之间可能有些小国。《旧唐书》卷一九七所记的宾童龙(Panduranga,也作奔陀浪、宾陀罗、宾头狼等等)就在林邑之南,扶南之北。虽然这个国家在范蔓时代,可能还未建立,但在其领土上,早有一个或一些小国也是很可能的。范蔓所征服的傍国,包括了这些国家。他既征服了这些土地,他的边境应该与日南郡的最南边界接壤,他可能知道中国是一个强大的国家,他是一个有权略的人,不会与中国发生直接冲突。然而假使土地接壤相处日久,既不能侵略中国,又不见得愿意称臣于中国,最好的办法是煽动或帮助日南南部,对于汉朝的统治者的一些不满意的人们,起而反抗,建立国家。这样,既可以成为他的附庸或与国,又可以当为一个缓冲地带,使他不致受到中国的压力,而可以向其他的地方发展。

中国史书之记载扶南,是《三国志·吴志·吕岱传》。时间是在三世纪。吕岱为广州刺史,于孙权黄龙三年(二三一)召还。《吴志》既说吕岱"遣从事南宣国化,暨徼外扶南、林邑、堂明诸王,各遣使奉贡"。很可能的,范蔓在这个时候还未死。假使这种看法没有错误,那么扶南所遣的使者应为范蔓所遣派。就使范蔓已死,其死时也不会太久,史书所载使者往来是在公元二三一之前,那么中国人之知道有扶南这个国家,以至扶南人之知道有中国这个国家,应该是在这个时候之前。这也就是说,在范蔓时代中国的"声威"必已及于扶南。范蔓利用后汉末年的衰弱,帮助林邑建国,做为一个缓冲地带,这是很可能的。而且,在这种情况之下,林邑似乎就不能不服属于扶南。

---

① 校按:原书如此,应为《晋书》。

《三国志·吴志·吕岱传》中把堂明这个国家与林邑、扶南相提并论。照我所知道，堂明没有见于别的史书，难于考订。《新唐书》卷二二二下《真腊传》中有一个国家，叫做道明。传说：

> 道明者，亦属国，无衣服见衣服者共笑之，无盐铁，以竹弩射鸟兽自给。

道明属于真腊。真腊本来属于扶南。道明的道字属于T音，堂明的堂字也属于T音。道与堂的声音较为接近，不知道明是否就是扶南时的堂明。扶南人无论男女，早期都没有衣服，与道明一样。混填到扶南后，女人始有干缦。康泰、朱应到扶南后，男子始着干缦。这一带的人民，没有衣服，习以为常，故见有衣服者反而觉得奇怪。无论如何，堂明与林邑、扶南相提并论，林邑既与扶南接壤，堂明可能也与扶南接近。林邑在扶南之东北，堂明可能在其西北，而与《新唐书·真腊传》中的参半接近。范蔓征伐其傍国，堂明可能是被他征服之一。在扶南时，堂明可能是扶南的属国之一，到了真腊征服了扶南，不只占领扶南本土，而且承继其属国。我们推想真腊时代的道明，就是扶南时代的堂明，不只是因为声音上这两个国家有其接近之处，而且从扶南所征服的旁国而至真腊的属国中，这个国家还存在着。假使这种看法是没有错误，那么范蔓时代的扶南在东北方面势力伸张到林邑，而在西北方面伸张到现在的老挝中部，以至现在的暹罗的东北部。

此外，还有一个国家与扶南接近的，是西屠国。《水经注》卷三十六引《林邑记》说：

> 建武十九年（公元四三），马援树两铜柱于象林南界，与西屠分汉之南疆也。土人以之流寓，号曰马流，世称汉子孙也。

《太平御览》卷七九〇"西屠国"条引《异物志》说：

> 西屠国在海水（按：可能是海上之误），以草漆齿，用白作黑，一染则历年不复变，号黑齿。

同处又引《交州南外国传》曰：

> 有铜柱表为汉之南极界，左右十余小国，悉属西屠，有夷民所在二千余家。

又同处"波辽国"条引《外国传》说：

> 从西屠南去百余里，到波辽十余国，皆在海边。

从上面数段史文看起来，西屠是在日南郡的象林县的南界。林邑建国以后，应该属于林邑，但《林邑记》既然还说到西屠，又好像是在林邑建国之后，西屠还存在。而且，若照《交州南外国传》的记载，汉之南极界左右有十余国属于西屠，那么西屠并不算为小国。《异物志》说其国在海水（上?），应该是靠海，但照《交州南外国传》所说，在汉之南极界左右，可能其地是在林邑之西。若在林邑之西，那么就会在扶南的北或东北，可能也与扶南接壤。若与扶南接壤，可能也为扶南所征服。

第十五章　扶南与顿逊

《梁书》指出范蔓既攻服傍国，自称扶南大王之后，又治作大船，穷涨海。攻屈都昆、九稚、典孙等十余国。我们上面已经指出，范蔓所征服的傍国，是与扶南接壤或接近，而由陆道征服的国家。他治作大船穷涨海而攻服十余个国家，是由海道去征服的。所以扶南在范蔓的时代，不只成为一个大陆帝国，而且成为一个海权帝国。他所穷的涨海，是现在中国的南海，包括暹罗湾，这一点上面已经解释。这里所说的典孙，应该就是顿逊的同名异译。顿逊是一个重要的国家，但在未叙述顿逊之前，我们要在这里先把屈都昆，与九稚、顿逊、金邻这数个国家略加考释。

屈都昆这个国名没有见于他处。他书所记载的有屈都乾，或都昆，或都军。可能这都是屈都昆的同名异译。杜佑《通典》卷一八八"边斗国"条说：

> 边斗国（一云班斗）、都昆国（一云都军）、拘利国（一云九离）、比嵩国，并隋时闻焉。扶南度金邻大湾，南行三千里有此四国。其农作与金邻同，其人多白色，都昆出好栈香、藿香及流黄。其藿香树生千岁，根本甚大，伐之四五年，木皆朽败，唯中节坚固，芬香独存，取以为香。

《太平御览》卷七九〇"屈都乾"条引《外国传》说：

> 从波辽国南去乘船，可三千里，到屈都乾国。地有人民可二千余家，皆曰朱吾县民，叛居其中。

同处"波延洲"条引《外国传》说：

> 从屈都乾国，东去船行二千里，到波延洲，有人民二百余家，采金卖与屈都乾国。

又《水经注》卷三十六引《晋书·地道记》说：

> 朱吾县属日南郡，去郡二百里，此县民汉时不堪二千石长吏，调求引屈都乾为国。

同处又引《林邑记》说：

> 屈都夷也。

从《通典》那段话来看，金邻大湾似为现在的暹罗湾。而屈都昆或都昆应在马来半岛的北部，其人民是日南郡朱吾县人，因不满当地的统治者的压迫，故迁到屈都昆或屈都乾。所谓"屈都夷也",说明其种族为日南郡朱吾县的土人。人民的数量为二千家,比之波延洲虽多约十倍,然比较扶南还是一个小国。这个国家的人民,既来自日南,朱吾这个地方与扶南很为接近,迁到屈都乾之后,无疑的还时时与越南半岛各地互相交易。扶南不会是例外。又屈都乾既常从波延洲买金,可能这是一个比较富饶的国家,范蔓遣海军去征服这个国家,可能不只是因为要掠夺其财富,而且是因为这个国家,是海道交通的一个要冲。

九稚似为九离之误。上面所述的《通典》"边斗"条,说九离就是拘利。九稚、九离、拘利似皆为同音异译。与史书中所记的勾稚声音也相近。所以九稚应该也是勾稚。此外,《太平御览》还记有一个扈利国。《梁书》卷五十四《天竺传》中有一个地名叫做投拘利,可能也是同为一个地方。《太平御览》卷七九〇"勾稚"条,引《南州异物志》说:

> 勾稚去与游八百里,有江口,西南向东北行,极大崎头,出涨海中,浅而多磁石。

《洛阳伽蓝记》卷四《城西》中说:

> 北行一月日至勾稚国,北行十一日至典孙国,从典孙国北行三十日至扶南国。

又同处"扈利"条引《南州异物志》说:

> 扈利国在奴调洲,西南边海。

勾稚、扈利是一个濒海的国家是无可疑的。不过这个国家是在马来半岛的西边的孟加拉湾,或印度的东岸,还是在马来半岛的东边,面临涨海呢?《南州异物志》说:这个国家有江口,西南向东北行,极大崎头,出涨海,似乎说明这个国家不是在涨海这一边,这也就是说不是在马来半岛的东岸,其意似乎是出了江口西南向东北行,抵达了一个海崎,然后始出涨海,这就是从一个江口行还要经过一段陆道而始能抵达涨海。我们推想这个国家,可能是在马来半岛北部的西岸,可能是在现在的克拉地峡。从这里的江口走了一段水路,再走一段陆道,跨了马来半岛的北部,始出暹罗湾。这个国家可能是顿逊的一个属国,也是一个港口,交通要冲。三世纪的中叶,扶南王范旃遣其亲人苏物去天竺,其出发的港口,是投拘利,循着孟加拉湾而进入恒河。假使勾稚是投拘利的简称,那么这个九稚国,可能就是这个投拘利的所在地。

在范蔓所征服的诸国中,典孙或顿逊是最重要的。关于顿逊,《梁书》卷五十四《扶南传》中有记载。此外,《太平御览》曾引万震《南州异物志》,与竺芝《扶南记》的条文。我现在引杜佑《通典》卷一百八十八"顿逊"条于下:

> 顿逊国,梁时闻焉(原注:一曰典孙)。在海崎山上,王并羁属扶南,

北去扶南可三千余里。其国之东界通交州，其西界接天竺、安息徼外诸国。贾人多至其国市焉。所以然顿逊回入海中千余里，涨海无涯岸，舶未曾得径通也。其市东西交会，日有万余人，珍物宝货，无种不有。又有酒树，似安石榴，采其花汁，停酒瓮中，数日成酒。出藿香，插枝便生，叶如都梁裹衣。国有区拨等花十余种，冬夏不衰，日载数十车货之。其花燥更芬馥，亦末为粉，以傅身焉。其俗又多鸟葬。将死亲宾歌舞于郊外，有鸟如鹅，口似鹦鹉而红色，飞来万许，家人避之，鸟食肉尽乃去，烧其骨沉海，以为上行人也，必生天。鸟若回翔不食，其人乃自悲，复以为已有秽行，更就火葬，以为次行也。若不能生入火，又不被鸟食，以为下行也。

关于顿逊的方位，张燮《东西洋考》卷四"麻六甲"条以为顿逊是在马六甲，黄省曾在《西洋朝贡典录》卷中"暹罗"条以为顿逊是在现在的暹罗，万震《南州异物志》与竺芝《扶南记》，虽然没有说明顿逊的方位，但《梁书》与《通典》均以为是在扶南的南界三千余里。这个位置，应该是在马来半岛的北部的克拉（Kra）地带。这一点，现在好多学者都没有异议。

顿逊是一个东西交会的市场，正如《梁书》所说，珍物宝货，无所不有。这些珍物宝货，在顿逊之西的，有的来自印度，有的来自安息，还有的来自罗马。其在顿逊之东的，有的来自扶南，或林邑，有的来自中国。可以说这个国家是凑集了古代世界商品的大成。正是因此之故，范蔓才把它征服而垄断其贸易。

至于顿逊本身，也有其土产货物。比方象牙、犀角，是这一带所出产的东西。《梁书》说顿逊有一种酒树，似安石榴，采其花汁可以酿酒，可能这种酒也畅销于各国。《通典》《唐书》说顿逊出藿香，插枝便生，又有区拨等花十余种。竺芝《扶南记》指出在顿逊的婆罗门，以"香花白洗"。《通典》指出"其花燥，更芬馥，亦末其粉以傅身焉"。应该指出，直到现在，在暹罗南部与这一带的人们，还喜欢用香粉傅身与傅面，初到这些地方的人们，见了一些妇女面部与上身有了一点一点的白粉，未免觉得奇怪，但是这种作法，可能是千多二千年传下来的习惯。

《梁书》说："顿逊有五王，并羁属扶南。"这似乎说明在顿逊未被扶南征服之前，已有五王或是五个王国。我们知道，顿逊是猛族（Mons）所建立的国家，在猛族所建立的国家中，虽然各自为政，但常常也联合起来，而成为一种联邦制，或邦联制。可能顿逊这五个王国也是采用这种制度。扶南征服顿逊之后，各王国仍然维持其地位，而称臣于扶南。这是一种联邦制，或邦联制，或者也可以说封建制度中的采邑制，否则，顿逊被扶南征服之后，五王不会并羁属于扶南。

从此，我们可以推论顿逊被扶南征服之后，其中央政府遂被取消，五个王国直接受扶南的管辖，所以说："五王并羁属扶南。"

我们还可以推想，当五王羁属于扶南的时代，顿逊这个名词，还是通用，但到了后来，扶南灭亡之后，顿逊这个名称，似乎也不再见于史书。杜佑《通典》说"顿逊国梁时闻焉"，这句话可以说是顿逊这个国名的应用的末期。梁的时代是五〇二年至五五六年。在梁的末年，真腊勃兴，从此以后，扶南南迁，真腊占据了其大部份的土地。扶南既自顾不暇，对于顿逊的统治权，恐也无法维持。这样，顿逊的五个王国各自独立，所以顿逊这个国名，在隋唐以后，也没有见中国史书。这五个王国，可能就是投和、盘盘、丹丹、赤土、狼牙修这些国家。因为这些国家，既为猛族所建立的国家，而其占有的领土，也是在原顿逊的领土上。

金邻也是范蔓所要征服的国家。金邻就是金陈。《太平御览》卷七九〇"金隣"条引《异物志》说：

> 金隣一名金陈，去扶南可二千里，地出银，人民多猎，大象生得乘骑，死则取其牙齿。

又同处引《外国传》说：

> 扶南西去金陈二千余里，到金陈。

又杜佑《通典》卷一八八"边斗"条有金邻国，义净《南海寄归内法传》也有金邻。金隣、金陈与金邻是同一国家，或是同名异译。又《水经注》卷三六引竺芝《扶南记》说：

> 晋功臣表所谓金潾清径，象渚澄源。

又《康熙字典》谓金潾为交趾地名，似乎金潾也就是金邻。至说金潾为交趾地名，若当交趾为狭义来看，而限于今日的越南东京或北圻一带，那就不是范蔓所要征服的金邻，若当为广义来说，为越南半岛而包括了暹罗一些地方，那么问题并不很大。金隣既在扶南西二千里，应该是在现在暹罗的南部或是缅甸的南部。这样，似乎是一个傍海的国家。

范蔓正要征伐金邻而得病，他遣太子金生去代行，金生似乎没有征服了金邻。因为范旃遣人去诈金生而杀之。所以金邻不见得是扶南的属国。我们可以推想，在范蔓时代，扶南的武力既很为强盛，其所征伐的国家，几乎没有一个不屈服。假使范蔓没有死，那么金邻也可能是要被征服，而为扶南的属国。

范蔓治作大船穷涨海，攻服十余国家。上面所指的不过数个。至于十余国中的其他诸国，因为没有列举国名，无从考订。据《梁书》记载，范蔓征服各国，开辟地方有五六千里之多，扶南本土轮广三千余里，在范蔓时期，又增加了五六千里，总共起来约有万里之多。我们估计在范蔓的末年，扶南的本土与属国总的面积应该包括现在越南半岛的南圻，北至老挝的中部，西至暹罗的西部，可能其势力伸到缅甸的西境。同时，又包括了马来半岛的大部分，可能还伸张到马来半岛的南部，在古代东南亚来说，这是一个大帝国。

而且,《梁书》说范蔓的大舶穷涨海,这就是说他的势力伸张到现在的中国南海各处。苏门答腊、爪哇、婆罗洲,以至菲律宾群岛,虽然不见得为扶南所征服,但扶南的船舶,可能都到了这些地方。

同时,我们推想,在范蔓时代,可能已与中国交换使节。至少我们可以说扶南的商船是到过中国属土的日南、交趾以至徐闻、合浦一带。

第十六章　扶南的与国

上面所叙述的屈都昆、九稚、典孙等国家，都是范蔓时代扶南的属国。在这一章里，我们要把当时的扶南的一些与国，加以解释。

《梁书》卷五十四《扶南传》说：

顿逊之外，大海洲中，又有毗骞国。去扶南八千里。传其王身长丈二，头长三尺，自古来不死，莫知其年。王神圣，国中人善恶及将来事，王皆知之，是知无敢欺者。南方号曰长颈王国。俗有室屋、衣服，啖粳米。其人言语，小异扶南。有山出金，金露生石上，无所限也。国法刑罪人，并于王前啖其肉。国内不受估客，有往者亦杀而啖之，是以商旅不敢至。王常楼居，不血食，不事鬼神。其子孙生死如常人，唯王不死。扶南王数遣使与书相报答，常遗扶南王纯金五十人食器，形如圆盘，又如尾坯，名为多罗，受五升，又如椀者，受一升。王亦能作天竺书，书可三千言，说其宿命所由，与佛经相似，并论善事。（《太平御览》卷七八八引竺芝《扶南记》关于毗骞的记载，与《梁书》所载虽有小异，但大致相同。）

首先，我们要指出，这个国家与扶南距离虽然相当的远，但毗骞与扶南在国交上是往来较频的国王，《梁书》说，扶南王好多次遣使到这个国家"与书相报答"说明了两者互相遣使，互相报答，而且两者语言既只是"小异"，那么大致还是相同。又毗骞王既赠送扶南王纯金五十人食器，那么礼相往来，扶南王也必赠送礼物与毗骞王。毗骞王所给与扶南王的礼物是相当丰厚，这也说明了这两个国家是很为友好的。

上面已经指出范蔓是一位野心极大的君主，他征服他的傍国之后，他又作大船，穷涨海，征服好多国家。可能他还想征服毗骞，可是范蔓又是一位有权略的人，在他未遣兵去征服毗骞之前，他先与毗骞王建立邦交，探查毗骞的内部情况，说不定这作为将来征伐的准备工作。

也有可能的，是范蔓贪求毗骞的珍品奇物，所以与其往来。更有可能的是范蔓听说长颈王长生不死，而且能知国中人善恶将来事。范蔓征服了好多国家，虽然扶南的土地大了，人民多了，财物饶了，但范蔓还未满足，他还要征伐金邻。而且我们相信，假使他没有病死的话，征服金邻之后，他还是想征服其他的国家如毗骞或诸薄等等，在这种的情形之下，范蔓更希望长生不死。而且希望能与长颈王一样的知国中人善恶及其将来了，使人民无敢欺者，因而他可以扩大其帝国，而又能永久与好好的去统治其人民。

毗骞也是一个受了印度文化的影响的国家，《梁书》说其王能作天竺书，书可三千言，说明这位国王所受印度文化的程度，必定相当的深。至说毗骞国的人民"言语小异于扶南"，这也是说明与印度的言语有了关系。因为我们知道，扶南语言，是属于吉蔑语，是一种澳亚言语，这种言语也是越南半岛的一种比较普遍的言语，究竟扶南时代是否已用梵文，不得而知，但我们可以断言，扶南的文字，是与印度文书有了关系。《晋书》说：扶南"亦有书记府库，文字有类于胡"。这里所说的胡，应该是指印度而言。

《梁书》虽然指出毗骞王不事鬼神，可是这并不能说他没有宗教信仰。所谓"王神圣"，这说明长颈王自己就是崇拜的对象。又长颈王能知国中人善恶，及将来事，人民无敢欺者，这还不是神乎其神吗？我们知道，印度的婆罗门，通常也是被人当为预知未来事情的人们，长颈王既也是这样，可能他也是自称为婆罗门。婆罗门教在公元一世纪前后流行于东南亚好多国家，扶南也是受婆罗门教影响较深的一个国家，范蔓是否也是一位婆罗门，不得而知，但混填是诚心事鬼神的人，他的名字是印度化，而且又与婆罗门有关系。范蔓受了这种宗教影响，也无足奇，因此扶南王之于毗骞王，可能也是因为了这种宗教上的关系，而成为他们建立邦交的一个原因。

所以尽管《梁书》说长颈王不事鬼神，可是毗骞是一个信仰宗教的国家。而况《梁书》还指出长颈王所给与扶南王的三千言中，其内容是"说其宿命所由，与佛经相似，并论善事"。这样看起来毗骞王不只受了婆罗门教的影响，而且受了佛教的影响。婆罗门教与佛教在印度，虽然各异，有点似乎与欧洲的天主教与新教之分，而互相争论，但是在东南亚，两者往往并立，扶南也是这样。至少，到了四五世纪的时候，婆罗门教与佛教两者在扶南都相当繁盛。近到现代，在暹罗与柬埔寨，佛教虽然是很为流行，而且当为国教，可是王室中不只存在了好多婆罗门教的遗痕，而且有些仪式还是用婆罗门的仪式。

其实，长颈王"自古来不死，莫知其年"。说明了他是一个神，人是不会不死的，只有神才不死。然而神怎能变为人而做国王呢？很可能的，这是毗骞国王用来以为欺骗民众，使其不敢反抗国王的说法而已。毗骞建国那位国王，是叫做长颈王，他在位的时候可能很久，他死了，他的子孙怕别人争取王位，所以长颈王虽已死，继位的子孙，仍称为长颈王。同时，对外宣布长颈王不死，而且能知国中人善恶及将来，这么一来，不只国人无敢欺者，而且不会有人起而反抗。这样，这位长颈王的子孙，就可世世代代，一传再传，其王位不会为他人所夺取。

《梁书》说："其王身长丈二，头长三尺，……南方号曰长颈王。"这大概是一种形容其王的高大的词句。我国史书中也有这种例子。但是在这里我们也可以推想，这位国王似乎是一位外来的人物，而不是毗骞本地人，也可能是来自印度，正与扶南的混填与后来的憍陈如一样的，来自外国。这些人在文化上，比之其所统治的土人较高得多，但他们之到某一地方为王，不会带很多的侍从，更不会把其原来的国家的整个人民或大部分或是甚至一小部分迁移而来。比方，混填之到扶南，是乘贾船，既是贾舶，必定有很多商人或宗教宣传者等等，他不过是搭客之一，可能有了一些随从人员跟他，但是数目绝对不会过多，因为贾舶能载数百人的，已算很大，他们之所以能够在一个新地方而成为统治者，是靠其较高的文化，包括其较强的组织能力与优越的武器。正如混填所用的神弓，一射而穿柳叶的船舶，所谓神弓，不见得是神所赐，而只是说他的武器比之柳叶为优越而已。

长颈王之统治毗骞，可能也是这种情况。他可能是一个外来的婆罗门，自称为知未来事，又受了佛教的影响，能说宿命所由，并论善事。他可能也制造较本地人为优越的武器，可是他的族人或王室人员，并不很多，为了巩固他的政权，他要使人民相信他是神圣，他是长生不死，这样他以为他的王位就可以传之万世了。

毗骞这个国家究竟是在什么地方呢？《梁书》只说在顿逊之外的大海洲中，去扶南八千里。大海洲可能是一个大岛，但古人所说的海洲，也不一定是海岛，可能是半岛，甚至可能是濒海的地方。但是《太平御览》卷七八八引竺芝《扶南记》说：

毗骞国去扶南八千里，在海中。

假使竺芝所说没有错误，那么《梁书》所说海洲应该是一个海岛。又毗骞去扶南既有八千里，其距离是相当的远。冯承钧在其《中国南洋交通史》中（下编第一章，页一一九，注七），同意伯希和在《扶南考》一文中的看法，以为毗骞当在现在的缅甸伊洛瓦底江及印度沿岸一带。伯希和在《扶南考》一文中，抄录《梁书·扶南传》，说到毗骞时加了一句按语道，"此国似在伊洛瓦底江及印度沿岸"，他并没有说明出他的理由。我们以为《梁书》既然指出毗骞王能作天竺书，说明这个国家不是在天竺，而是在别的地方，假使是在天竺，自然会作天竺书，所以伯希和说是在印度沿岸一带是不见得对的。至于说似在伊洛瓦底江流域似乎更没有理由。因为这个国是在海中，是一个大海洲，一个大岛，因此，我们以为毗骞不应该在马来半岛的西岸的孟加拉湾去寻找，应该是在涨海或现在的中国南海，或东南亚一带去寻找。

我们知道顿逊的领土是占有马来半岛的北部，可能抵达马来半岛的中部，所谓在顿逊之外，大海洲约有四个，一为苏门答腊，一为爪哇，一为婆罗洲，一为菲律宾。《梁书》中所说的诸薄国，应该是指苏门答腊与爪哇而言。因此，毗骞似乎是指着婆罗洲，或是菲律宾而言。我们知道，婆罗洲在公元后数世纪中，已有印度化的国家的建立，到婆罗洲的船舶可以沿苏门答腊、爪哇的海岸而抵达这个地方，但也可以从马来半岛的东岸而直趋婆罗洲。所以毗骞是在婆罗洲是可能的。

赵汝适的《诸蕃志》有一条记载毗舍耶。这个国家是在菲律宾,是菲律宾中部的 Visaya 或是 Bisaya,毗骞的声音是很近于毗舍耶。我们以为毗骞可能在菲律宾,而为后来的毗舍耶。史书说从扶南至毗骞,为八千里,从现在的地图来看,从越南半岛的东南向东直驶至菲律宾,途程虽然没有八千里之多,但在古代,从扶南至毗骞是要经过暹罗湾靠岸而至马来半岛,再由马来半岛渡到婆罗洲,然后沿着婆罗洲的西岸东北行而抵菲律宾,这样航行,与史书所说的八千里是相接近的。婆罗洲在公元后数世纪中,既已有印度化的国家,那么菲律宾也有这种国家,也是可能的。应该指出,我们这种看法,也不一定是对的,但是在没有别的史料足以订明毗骞的正确位置之前,我们只好这样推论。然而无论如何,我们以为在马来半岛的西岸或印度沿岸去找毗骞,是错误的。苏门答腊与爪哇既是《梁书》所说的诸薄,那么毗骞应该是在婆罗洲,或菲律宾去寻找。

《梁书》卷五十四《扶南传》中说:

> 又传扶南南界即大涨海,海中有大洲,洲上有诸薄国。国东有马五洲。复东行涨海千余里,至自然大洲。其上有树生火中,洲左近人剥取其皮,纺绩作布,极得数尺以为手巾,与焦麻无异而色微青黑;若小垢污,则投火中,复更精洁。或作灯炷,用之不知尽。

我们不准备在这里对于诸薄多所讨论。我们只要指出,诸薄应该是现在的苏门答腊与爪哇一带,这也是近代一般学者所承认的。扶南与诸薄,不一定有外交使命的往来,就是有了,也不见得常常往来。但我们相信两者的贾人或其他的国家的贾人,没有问题的往来于这两国家。《梁书》的记载,可能是根据康泰的著作。所谓传扶南南界的口气,说明康泰的记载是在扶南时所传闻的情况。康泰不只听闻关于诸薄的事情,而且听闻了与诸薄接近的许多国家。这一点,《太平御览》卷七八七中引康泰《扶南土俗记》中有了下列数个国家:

在"北㨨国"条中说:

> 诸薄之东南有北㨨州,出锡转卖与外徼。

在"马五洲"条中说:

> 诸薄之东有马五洲,出鸡舌香,树木,多华少实。

在"薄叹洲"条说:

> 诸薄之西北有薄叹洲,土地出金,常以采金为业,转卖诸贾人,易粮米杂物。

在"巨延洲"中说:

> 诸薄转之东北有巨延洲，人民无田种等，浮船海中，载大蚶螺杯往扶南。

北擄国、马五洲、薄叹洲与巨延洲这几个地方，都很难考订出来。但是诸薄若为苏门答腊与爪哇一带，在方位上，北擄洲与马五洲是在小巽他群岛以及帝汶或是西利伯诸岛一带。薄叹洲既在西北，应该是在马来半岛去寻找，至于巨延洲是在诸薄的东北，这应该是在婆罗洲这个地方。这个地方的最西部与马来半岛的最南部，距离并不很远。从东到西，或从西到东，这也就是说从现在的新嘉坡而至沙捞越的古晋约为五百五十公里，假使是一航顺风的话，那么帆船驶行约三五天也可以抵达，巨延与扶南在贸易上既有往来，其他各洲以及诸薄各处，没有问题，也会与扶南有贸易的关系。

杜佑《通典》卷一八八中记载一个杜薄国，杜薄的"杜"不知是否为"社"之误，假使是"社"之误，那么"社"与"诸"的音很接，社薄与诸薄应是同名异译。《通典》"杜薄"条说：

> 杜薄国，隋时闻焉，在扶南东涨海中，直海渡数十日而至。其国人貌白晳，皆有衣服。国有稻田。女子作白叠华布。出金、银、铁，以金为钱。出鸡舌香，可含，以香不入衣服。鸡舌其为木也，气辛而性厉，禽兽不能至，故未有识其树者。华熟自零，随水而出，方能得之。杜薄洲有十余国，城皆称王。

这里所说隋时闻焉，只是说杜佑以为是在隋时中国人始知这个国家。《太平御览》卷七八八"杜薄"条引《唐书》所说与杜佑所说的相同。大概是从杜佑《通典》抄录而来。杜佑《通典》究竟从那里抄录而来，不得而知，因为杜佑所记载，关于杜薄的内容，与《梁书·扶南传》中所载的是不相同的。现在的《隋书》没有杜薄传，但无论如何，杜佑必有其根据。而且这段关于杜薄的记载，似乎是唐代以前的记载，也可能是康泰的记载。

在方位上，杜佑《通典》说杜薄是在"扶南东涨海中"，严格的说，若照这个方位去找，杜薄应该是在菲律宾或婆罗洲的北部，但是杜薄若就是诸薄，那么我们应照《梁书》所说是在扶南之南。但是无论如何，这个国家既是在涨海中，那么范蔓造大船，穷涨海，这个国家与扶南若没有外交上的关系，至少也有了贸易上的关系。自然的，这种贸易的关系，也不一定是直接的关系，可能是间接的关系。因为扶南人穷了涨海，也不一定是到涨海中所有的国家。《梁书·扶南传》说："传扶南南界……有诸薄。"所谓"传"，可能是康泰的传闻，也可能是扶南人的传闻。

范蔓虽然征服了那么多的国家，开辟了那么多的土地，可是他还没有满足，他又准备征打金邻国，恰巧这个时候他病了，他遣他的儿子金生代替他征伐金邻。他的姊姊的儿子范旃当时是扶南的二千人将，乘机篡他的王位，并且遣人诈金生而杀之。

范蔓究竟是病死，还是在病的时候，被范旃毒死或杀死呢？史书没有清楚的说明。杜佑《通典》卷一八八《扶南传》说：

　　蔓死，国乱，大将范寻自立为王，是吴晋时也。

这显然与《齐书》《梁书》所说范蔓为范旃所篡，是不相符合。我们应该以《齐书》《梁书》所说为是。但是《通典》说范蔓死后国乱，可能是简略了范旃至范寻一段的历史。

若从《齐书》《梁书》的语气来看，范蔓病时可能是被范旃所毒死或杀死。情况大概是这样：范蔓决心去征服金邻，忽然得病，可是他是一位野心极大的人，又不愿意停止征伐金邻，于是乃遣其太子金生去征伐金邻。范旃既是他的姐姐的儿子，当然与他较为接近，太子既已远行，范蔓又卧病不能行动，于是他乃乘机杀死范蔓，假用范蔓的命令，设法去杀死金生，这样他就自称为王。

第十七章　范旃的时代

上面所谈的，主要是范蔓时代的扶南，以及为扶南所征服或与扶南有关系的国家。在这一章里，我们准备谈谈在范旃与范寻时代的扶南。

范旃是范蔓的姐姐的儿子，这也就是说，范旃是范蔓的外甥。他虽然是二千人将，但像在上面所说可能因为有了这种关系，范旃遂得时时与范蔓接近。而且，可能得了范蔓的信任，因而在范蔓得病而使其太子金生去代他征服金邻的时候，范旃始能乘机而篡取王位，并且用计去谋杀了太子金生。

关于范旃，《晋书》完全没有说及。《齐书》卷五十八《扶南传》说：

蔓病，姊子旃篡立，杀蔓子金生，十余年，蔓少子长袭杀旃，以刃镵旃腹曰：汝昔杀吾兄，今为父兄报汝。旃大将范寻又杀长，国人立以为王，是吴晋时也。

《梁书》卷五十四《扶南传》说：

旃……因篡蔓自立，遣人诈金生而杀之，蔓死时，有乳下儿名长，在民间，至年二十，乃结国中壮士袭杀旃。旃大将范寻又杀长而自立。更缮治国内，起观阁，游戏之。朝旦中晡三四见客，民人以焦蔗龟鸟为礼。国法无牢狱，有罪者先斋戒三日，乃烧斧极赤，令讼者捧行七步，又以金镮、鸡卵投沸汤中，令探取之。若无实者，手即焦烂，有理者则不。……吴时（公元二二二—二八〇）遣中郎康泰、宣化从事朱应使于寻国，国人犹裸，唯妇人著贯头。泰、应曰：国中实佳，但人亵露可怪耳。寻始令国内男子著横幅。横幅今干缦也。大家乃截锦为之，贫者乃用布。晋武帝太康中（二八〇至二八九），寻遣使贡献。

又《三国志·吴志》卷二吴孙权赤乌六年（公元二四三）中说：

十二月扶南王范旃遣使献乐人，及方物。

此外，关于范旃遣使苏物到天竺，下面还要再加叙述，这里不要再述。

关于范寻时代的扶南，我们当在下面说明，我们现在谈谈范旃时代的扶南。范旃是什么时候篡立，他在位多少年，他死于什么时候，这都是一些重要的问题。

我们上面已经指出，范蔓在位的时候，是在二世纪末年至三世纪的初叶。我们现在再进一步去考订他的死年以及范旃篡位的年数。关于这些问题，伯希和在《扶南考》一文（冯承钧《史地丛考续编》）最初主张范旃在位的时候约为公元二一〇至二三〇年之间，但是后来他从沙畹（Chavannes）所译《宋云行纪》附注有公元二四三年扶南入贡中国一事，他又改变他原来的主张。在他的扶南一文附录一中，他说：

> 此文（指赤乌六年十二月扶南王范旃遣使献乐人及方物的条文），特别重要，盖诸正史记载扶南之贡使者，未见有在二六五以前者也。但余对于三世纪扶南诸王年代之建议，因此文遂又发生问题。范旃最后在位之年经余前此断在二二五至二三〇年之间者，至少应延至二四三年，然不能延至二五二年，盖吴孙权时（二二二至二五二）康泰、朱应之出使乃于范旃后王范寻在位之时始达扶南也。设若史文不误，则余前此主张康泰、朱应为吕岱镇交州时（二二五至二三〇年）所派之说，已不能主张，应将此著名之奉使位置于二四五至二五〇年之间。同时，应将苏物之使印度时代推至二四〇至二四五年之间。范旃前王范蔓之死，既在范旃死前十五年至二十年，则应将其位于二二五至二三〇年之间，而二六九之贡使，甚至二八〇至二八九年间之贡使，亦易视为范寻所遣者矣。

向达在《汉唐间西域及海南诸国古地理书叙录》一文（见《北平图书馆馆刊》第四卷第六号，一九三〇年十一月，最近又收入于《唐代长安与西域文明》一书，三联书店出版，页五六五至五七八）里说：

> 今按孙权既定江左，屡耀兵海外，黄龙二年（二三〇）遣将军卫温、诸葛直将军士万人浮海求夷洲及亶洲。赤乌五年（二四二）遣将军聂友、校尉陆凯以兵三万讨珠崖儋耳。先是黄武五年（二二六）交趾太守士燮卒，因分交趾为交广二州，燮子徽自立为交趾太守，拒不受命。吕岱被召讨徽，平定交州。《三国志·吴书·吕岱传》称岱"既定交州，复进讨九真，斩获以万数。又遣从事南宣国化，暨徼外扶南、林邑、堂明诸王各遣使奉贡。"朱应、康泰之通海南，当受岱命，岱平交州、九真，遣使外国在黄武六年（二二七）左右。康泰书之成似在斯时，即公元二二七年左右也。《吴书·吴主传》又称赤乌六年（二四三）十二月，扶南王范旃，遣使献乐人及方物，今按《梁书·扶南传》谓，范旃为前王范蔓之子长所杀，旃部将范寻又杀长而自立。康泰、朱应使扶南，正寻在位之时。《吴书》却云在黄武六年，后十六年范旃尚遣使贡献，不知此时范旃死已二十年矣，此必《吴书》之误。

向达的主张还是伯希和最初的主张，这就是说康泰、朱应之使扶南，是吕岱在交州做刺史时（二二五至二三〇）所遣派的。他以为《吴书》记载赤乌六年，范旃遣使到中国贡献是错误，就是因为他断定了康泰、朱应之使扶南，是在吕岱在交州的时代。同时这两位使者之到扶南，是范寻时代，因而以为范寻是吕岱在交州做刺史的时代，已经杀了范长而就王位。

我们以为《吴志》记载赤乌六年范旃遣使贡献不见得是错误，因为吕岱所遣派的使者不见得就是康泰与朱应。这二位使者应该是孙权直接遣派的使者。吕岱平定交州，遣派使者是属于地方性的，是吕岱个人所派的。这些使者所到的地方大致只限于扶南、林邑、堂明这几个国家，而这几个国家所遣回报答的使者大概也只是到了交州去会见吕岱，可能没有到了吴的京都，所以这件事，只见于《吕岱传》，而没有见于《吴主传》。但是应该指出，自吕岱与扶南、林邑、堂明交派使者之后，中国与扶南的关系逐渐密切起来，范旃就位之后又极力遣派使者到东西各国。我们只看他听了林阳人家翔利的话，他不怕途程的辽远与困难，虽然往来要三四年的时间，他却派了亲人苏物到天竺。扶南与中国在地理比较接近得多，而且在吕岱时代，两国已有过使者来往，范旃遣使到中国是无足奇的。孙权既也是一位欢喜扬威耀武于国外的人物，孙权直接遣派使者到扶南，也是自然而然的。《梁书》卷五十四"海南诸国叙"中说：

> 吴孙权时，遣宣化从事朱应、中郎康泰通焉。其所经及传闻，则有百数十国，因立记传。

《吕岱传》既没有说他所遣派的使者为朱应、康泰，而《梁书》却说朱应、康泰为孙权所遣派。而且，最值得我们注意的，朱应、康泰之出使海外，其所经及传闻既有百数十国，回后，又立了记载，说明这次的出使的规模，是很大的。只有中央政府，才有这样大的规模。吕岱所遣派的局部或私人的使者，主要是解决地方性的问题，不见得"其所经及传闻则有百数十国"。应该指出，孙权之遣派朱应、康泰到海外，也不是偶然的。他本来已求夷洲、亶洲，又讨伐朱崖儋耳，又因为吕岱在交州已与扶南、林邑、堂明诸国有了使者的往来，而且，范旃又遣使贡献，所以他乃遣派使者到海南诸国，作较大规模的访问。

又朱应与康泰之出使扶南，应该是在范旃死后不久与范寻就位不久的时候。《梁书·天竺传》说，苏物之使天竺是范旃所遣派的。朱应、康泰到扶南时，是范寻在位的时候。但是朱应、康泰到扶南时，正是范旃的亲人苏物偕同天竺国王所遣派的使者陈宋到达扶南的时候。因此，朱应、康泰乃有机会去访问陈宋关于天竺的情况。从范旃遣派苏物到天竺至苏物与陈宋回扶南，据《梁书》所说时间为四年。就在这四年中，扶南在政治有了很大的变化，这就是范旃为了范蔓的幼子范长所杀死，而范寻又杀了范长而自立。

我们推想，孙权之遣使到扶南及海南诸国，是在范旃入贡之后。一方面是报答扶南的遣使者，一方面是"南宣国化"于海南各国。在孙权遣派使者的初意，可能是报答范旃，也很可能是朱应、康泰起程的时候，范旃还未死，或未知其已死。但是到了扶南之后，才知道范旃已被杀，而在位者是范寻。从范寻方面来说，他是范旃的部将，他是忠于范旃的，所以范长杀范旃之后，他乃杀了范长，他既是范旃的忠臣，他对于范旃之遣派使者到天竺与到中国，不见得反对，可能还很赞成。虽然中国所派的使者是报答范旃，但范旃死了之后，范寻对于中国的使者，仍循着他的前王的政策，很好的接待。而且，后来自己还一再遣使到中国入贡。

总而言之，《吴志》所说赤乌六年（二四三）范旃遣使入贡不见得是错误，吕岱所遣的使者不是朱应、康泰，朱应、康泰之使扶南海南诸国，是孙权在吕岱遣使之后所派遣的。范旃篡位的时候，范蔓的儿子范长既是乳儿，大约年纪不出三岁。既然他年至二十而始结国中壮士袭杀范旃，那么范旃在位的时期应该为十七年至十九年之久。孙权死于二五二年，朱应、康泰既为孙权所遣派，这事不会在二五二年之后，应该是在范旃遣使入贡之后不久。这就是约在二四五年左右。假使朱应、康泰之在扶南是二四五至二五〇年间，那么范旃在位应该是约从二三〇至二四八年之间。伯希和虽然没有把范旃在位的时期说得清楚，但他最后的主张大致是可取的。

范旃除了遣使到中国之外，他还遣使到天竺。天竺就是身毒，也就是现在的印度，这都是同名异译的名词。中国人之知道身毒，是在西汉时代，公元前二世纪的末年。张骞出使大月氏在大夏时，不只知道身毒，而且因为在大夏见了邛竹杖与蜀布，知道身毒是在月氏的东南，接近于中国的西南。张骞劝武帝征代滇，就是想打通这条路。可是没有成功。中国之于身毒的交通，史书所载虽然多由陆道，但海道的交通，也必定很早。可是在海道方面，中国人与天竺直接会面而了解天竺的情况，据史书所载应该以朱应、康泰之在扶南会见天竺使者陈宋等为较早，关于朱应、康泰之会见陈宋等，上面已经略为提及，我们现在且把《梁书》关于天竺的记载录之于下：

> 中天竺国，在大月支东南数千里，地方三万里，一名身毒。汉世张骞使大夏，见邛竹杖、蜀布，国人云，市之身毒。身毒即天竺，盖传译音字不同，其实一也。从月支、高附以西，南至西海，东至槃越，列国数十，每国置王，其名虽异，皆身毒也。汉时羁属月支，其俗土著与月支同，而卑湿暑热，民弱畏战，弱于月支。国临大江，名新陶，源出昆仑，分为五江，总名曰恒水。其水甘美，下有真盐，色正白如水精。土俗出犀、象、貂、鼲、瑇瑁、火齐、金、银、铁、金缕织成、金皮罽、细摩白叠、好裘、氍毹。火齐状如云母，色如紫金，有光耀，别之则薄如蝉翼，积之则如纱縠之重沓也。其西与大秦、安息交市海中，多大秦珍物，珊瑚、琥珀、金碧、珠玑、琅玕、郁金、苏合。苏合是合诸香汁煎之，非自然一物也。又云：大秦人采苏合，先笮其汁以为香膏，乃卖其滓与诸国贾人，是以展转来达中国，不大香也。

又说：

> 汉桓帝延熹九年（公元一六六），大秦王安敦遣使自日南徼外来献，汉

世唯一通焉。其国人行贾，往往至扶南、日南、交趾，其南徼诸国人少有到大秦者，孙权黄武五年（公元二二六）有大秦贾人字秦论来到交趾。交趾太守吴邈，遣送诣权，权问方土谣俗，论具以事对。时诸葛恪讨丹阳，获黝歙短人，论见之曰，大秦希见此人。权以男女各十人差吏会稽。刘咸送论，咸于道物故，论乃径还本国。汉和帝时，天竺数遣使贡献，后西域反叛遂绝。至桓帝延熹二年（公元一五九）四年，频从日南徼外来献，魏晋世绝不复通。唯吴时扶南王范旃遣亲人苏物使其国。

关于苏物使天竺那段话，我们已在上面抄录，这里不再重述，我们从上面两段话中，知道天竺的贾人往往至扶南，我们相信扶南也应该有贾人到天竺。而且天竺使者既很早就从海道而到中国，而其所经的地方，既是日南、交趾徼外，那么必然经过扶南。所以扶南不只是天竺贾人所常到的地方，而且是天竺商人之到中国者所必经的地方。这种海上的交通，可能追溯至西汉时代。但是，扶南与天竺的正式交换使节，据史书所载当以范旃所遣的苏物之到天竺，与天竺王之遣陈宋到扶南为最早。所以当苏物到天竺时，天竺王惊说"海滨极远犹有此人"。

扶南与天竺的交换使节，在扶南历史上是一件极重要的事情。上面已经指出，范旃所遣的使者四年后始回国。回国时范旃已被杀死，而就王位的是范寻。苏物在天竺时，得到天竺王的厚礼优待，除了令人陪他观视国内之外，当他回国时，又遣派陈宋等两位使者跟他同到扶南，并以月支马四匹赠与范旃。虽然范旃已死，可是其后王范寻一样的招待他们，而且事有巧凑，吴孙权所遣派的使者朱应、康泰也到扶南。因而朱应、康泰乃有机会去会见陈宋"具问天竺土俗"，这不只是天竺与扶南的交通史上的一件大事情，也是中国与天竺交通史上一件大事情，也可以说是中国与扶南的交通史上一件大事情，而且扶南与天竺的互换使节，使扶南与月支也有了关系。

第十八章　扶南与林阳

范旃遣使到天竺，是扶南史上一件重大事情。康泰、朱应能在扶南得见天竺国王遣派的使者陈宋等，从而知道天竺的土俗，也是中印交通上一件很重要的事情。但我们知道，康泰、朱应之所以能在扶南见到天竺使者陈宋等，是因为范旃遣派使者到天竺，天竺王因而遣使到扶南。至于范旃之所以遣派其亲人苏物出使天竺，又是由于嘽杨国人家翔梨所鼓舞。因此，我们知道扶南与嘽杨这个国家，是有了关系。在这一章里，我们想把关于嘽杨这个国家的史文，加以整理，并略加解释。

首先我们要说嘽杨这个国名，在我国史书上也称林阳。在西文上应该是 Rammannadeca 或是 Rammanyadesa。《水经注》卷一引康泰《扶南传》中有关于嘽杨国及家翔梨的史文，但在同书与同卷中引竺枝《扶南记》中又作林阳国。《太平御览》卷七百八十七引康泰《扶南记》说："扶南之西南有林阳国。"《太平御览》卷七百八十七又引万震《南州异物志》说："林阳在扶南西七千余里。"从我国的史文来看，我们可以说是《水经注》、《太平御览》与《南州异物志》所引的林阳，应该就是《水经注》所引的嘽杨。而《水经注》所引的康泰《扶南传》，也就是《太平御览》所引的康泰《扶南土俗记》。林阳与嘽杨是同音（可读为 Lam 或 Lim），是同名异译。林阳或嘽杨似是 Rammanya 的对音。康泰是三国吴孙权时人，他曾与朱应出使扶南，回后著有《扶南传》或《扶南土俗记》。他的书虽已佚，但有不少部分仍散见于其他各书。《水经注》与《太平御览》就是一些例子。他有没有到过林阳国，不得而知。但是他在扶南时，听过关于林阳的好多事情，是无可疑的。假使我所说林阳或嘽杨的对音是 Rammanya 没有错误的话，那么中国人之知道这个国家是在三国吴时，或是公元三世纪的上半叶，这也就是说，中国人之知道这个国家，比之大食人之知道这个国家，要早了六百多年。

假使林阳国就是 Rammanyadesa，是猛人所建立的国家，那么这个国家，应该是我们所知道的猛人最早所建立的国家。我们知道扶南的建国，约在公元一世纪，康泰出使扶南，是在三世纪的上半叶或中叶，他所撰的《扶南土俗记》既说扶南是在林阳的东边，那么至少在三世纪的时候，或在三世纪之前，林阳已经建国。《太平御览》卷七百八十七《四夷部八·南蛮三》"林阳国"条，引康泰所撰的《扶南土俗》说：

> 扶南之西南，有林阳国，去扶南七千里，土地奉佛，有数千沙门，持戒

六齐日，鱼肉不得入国。一日再市。朝市诸杂米甘果石密，暮市但货香花。

同书又引万震《南方异物志》说：

林阳在扶南西七千里，地皆平博，民十余万家，男女行仁善，皆侍佛。

《水经注》卷一引竺枝《扶南记》说：

林阳国去金陈国，步道二千里，车马行，无水道（按：这似乎是一个山国）。举国事佛。有一道人，命过烧葬，烧之数千束樵，故坐火中，乃更著石室中，从来六十余年，尸如故不朽。竺枝目见之。夫金刚常住，是明永存，舍利剌见毕天不朽，所谓智空周穷，大觉难测者矣。其水乱流，注于恒。

又《水经注》引康泰《扶南传》说，到在范旃时，有嘽杨国人家翔梨，尝从其本国到天竺，后来又"展转流贾至扶南，为旃说天竺土俗，道法流通，金宝委积，山川饶沃"，因而范旃乃遣使到天竺。《梁书》卷五十四《天竺传》所说关于吴时（公元二二二至二八〇年）扶南王范旃，遣亲人苏物出使天竺由投利口，循海大湾中，正西北而抵达该国的史文。上面已经抄录，这里不再重述。

又《太平御览》卷七九〇"奴后国"条引《外国传》说：

从林阳西去二千里奴后国，可二万余户，与永昌接界。

上面已经指出，《水经注》的嘽杨应该是《水经注》的林阳，而与《太平御览》所引各条文的林阳是一个国名。关于这个国的我国史料，我所知道的虽不过上面数条，但从这几条史文中，我们也可以知道这个国家的概况。

首先我们要注意的，是林阳的位置。《太平御览》引康泰《扶南土俗》说林阳在扶南之西南，《太平御览》引万震《南方异物志》说林阳在扶南之西。从方向上来说，西南与西虽有分别，但大致上并没有什么问题。所谓西南，也可以说是在西边而偏于南，所谓西，也不一定是绝对的正西，所以两者还可以说是在同一方向。扶南在范旃之前的范蔓时候，这就是在二世末至三世纪初的时候，征伐邻国领土，扩充得很大，在其西边，这就是现在的暹罗或暹罗的东北部的柯叻（Korat）一带，可能为范蔓所征服。林阳既在扶南的西边或西南应该是指着现在的暹罗或暹罗一部分，以至于缅甸与马来半岛的北部一带。这些地方，我们相信在公元前数世纪中，已有了猛人居住。到了公元后一二世纪，猛族的势力逐渐扩大，其所占领的土地，可能伸到现在缅甸的西边而达到孟加拉湾的海岸。

应该指出，所谓林阳国或猛人国，可能指着猛人所建立的国家，不一定只是指着一个统一的国家。这就是说：这个所谓猛人之国，可能包括好多国家在内而成为一种联邦式。康泰与朱应到扶南时，可能没有到林阳国，他们在扶南的时候，听了人说到这个猛人国，对于这个猛人国的地方多大，究竟距离扶南多远，他们不一定知道得的准确。

当然，是在扶南建国之前，这个猛人国也可能是一个统一的国家，到了后来，总分为好多个国家，成为一种邦联制。在某一个时期中，某个国家是霸主，但是在另一个时期中，可能另一个猛国又成为霸主。据近人考订，在唐宋之间，这个猛人之国，就是这样的邦联制。关于这一点，我们当在下面再说明。

又从《太平御览》所引的条文中，我们知道从扶南到林阳是七千里的路程。所谓七千里，也不一定是十足的数目字，也是可多可少的。但大致上，古人说里数时往往是偏多一些。而且，所谓七千里不一定以其国的西边的境界起点。大致上，是从其国的都城算起。扶南当时的都城是在现在柬埔寨的东南，而属于越南的朱笃或这个地方的附近。这就是位在湄公河的下游而滨海的地方。

但是从扶南到林阳的七千里的旅程的说法，并非完全没有问题的。据《水经注》卷一引竺枝《扶南记》说，从林阳到金陈国是二千里。这个金陈国，据《太平御览》卷七九〇"金邻"条引《异物志》说，从金邻至扶南是二千里，同处又引《外国传》说"扶南西去金陈二千余里"。

金陈就是金邻。我们不准备在这里讨论金邻。我们只要指出，既然说从扶南到金陈是二千里，同时又说从林阳到金陈也是二千里，加起来不过四千里或四千余里。这是说若从扶南一条直线经金陈而到林阳，不过是四千里或四千余里，那么所谓从扶南到林阳是七千里，就未免太多了。而且，从这样来看，金陈应该是位在扶南与林阳的直线之间，否则所谓扶南的西边是接着林阳又有问题了。若说金陈是在扶南与林阳之北部，或是南部而成为三角形的位置，那么从扶南到林阳的路途，若是一条直线的距离，就不会有四千里那么多。又竺枝《扶南记》说：林阳去金陈没有水道，只行车马。这个金陈似乎是一个大陆的国家，而不是傍水的国家。《异物志》说人民多好猎，也似乎是一个山国，可是杜佑《通典》卷一八八"边斗"条说："扶南度金邻大湾，南行三千里，有此四国（按：即边斗、都昆、构利与比嵩）。其农作与金邻同。"金邻大湾似乎也是金邻的海岸，那么金邻应该是一个濒海的国家了。

但是无论如何，林阳既在扶南之西或西南，则其领土应该是在现在暹罗湄南的下游或是缅甸的伊洛瓦底江的下游。《南方异物志》说其地皆平博，也可以证明了这一点。

关于这个国家的人口，据《南方异物志》说："民十余万家。"若以一家五口来计算，总共应有六十万人以上。从现在看起来，一个六七十万人的国家，并不算得为人口很多的国家，可是在千六百年前，而尤其是在当时的东南亚的国家来说，却是一个人口很多的国家。

关于这个国家的物产，史文说得很少。《太平御览》引康泰《扶南土俗》中已指出有什米、甘果、石密等。此外还有香花。直到现在，在暹罗南部的人们，喜欢把白色的香粉，一点一点的抹在面上或肩膀上身，这也可能是喜欢香花的一种遗风。

在交通商业上，这个国家应当占了很重要的地位。因为在地理上它位在扶南与印度之间。印度文化早已传入东南亚，中国船舶，又经常往来于扶南、印度等处。《水经注》引康泰《扶南传》说：林阳人家翔梨曾到了印度，又到扶南。家翔利是一位贾人，我们相信林阳的商人之往来于扶南与印度的，必不止家翔利一个人。在他的同时，以至在他之前，或在他之后，当有不少到了印度，或到了扶南，或到了二者。因此，林阳也可以说是一个商品转运站。林阳的贾人，是这两个国家的商品交流的中间人。因此对于宗教与文化其他方面的传播上，也必起了不少作用。从家翔梨对于范旃所说关于印度的物产的丰富与道法的流通，说明了这一点。最值得我们注意的是，范旃竟听了家翔梨的话之后乃遣其亲人苏物到天竺，使这两个国家发生了邦交的关系。而且，因为这样，使康泰到扶南时，能够与天竺国王所遣派到扶南的使者陈宋等，有了会见的机会。

在上面所抄下来的数段史文中，很多提到林阳的佛教。这是最值得我们注意的要点。康泰说其土地奉佛，并说"有数千沙门，持戒六齐日，鱼肉不得入国"。《异物志》说：其"男女行仁善，皆信佛"。说明佛教在这个国家中的影响之大，与其地位的重要。信仰佛教这样的深的国家，其佛教必定有其久长的历史，而非一朝一夕所造成。据这些地方的人们传说：阿育王曾派人到这里传教。阿育王是公元前三世纪的人物，传说不一定可靠，但是佛教之传入林阳，是在公元前三、二世纪，是不足为奇的。否则，佛教在这个地方，不见得那么根深蒂固。而且，我们应该指出，这个佛教传统在这些地方直到现在，还是十分浓厚。暹罗、缅甸，都是信仰佛教的国家。佛教信仰深，和尚特别多，佛寺到处林立，黄衣僧人，随处可见。所以人们谓暹罗为"黄衣国"。这个特殊现象，是有其久长的历史。这个历史，是与林阳的历史分不开的，虽则二千多年来，在这块土地上，国家已经变换了不少，种族也已经变化了很多。

又扶南王范旃遣使到天竺，既是由于林阳国贾人家翔利的鼓舞，那么不只扶南之于林阳，很早就有贸易的关系，而且扶南的佛教，与很多印度的东西，说不定也是由林阳传过去。

第十九章 范寻的时代

《梁书》说天竺王"以月支马四匹报施"。同处,又指出天竺在月支东南数千里。《后汉书》卷一八《西域传》"大月氏"条说:

> 大月氏国,……迁于大夏,分其国为休密、双靡、贵霜、肸顿、都密凡五部翕侯。后百余出岁,贵霜翕侯丘就却攻灭四翕侯,自立为王国,号贵霜王。侵安息,取高附地,又灭濮达、罽宾,悉有其国。丘就却年八十余死,子阎膏珍代为王,复灭天竺,置将一人,监领之。月氏自此之后,最为富强,诸国称之。皆曰贵霜王。汉本其故号,言大月氏云。

月氏就是月支,也称大月氏,以别于在祁连山附近的小月氏。月支灭天竺是在后汉的季叶。《三国志·魏志》引鱼豢《魏略》也说:

> 罽宾国、大夏国、高附国、天竺国,皆并属于大月氏。

这说明了月支与天竺的密切的关系。《史记》卷一二三《大宛传》"大月氏"条张守节正义引万震《南州志》说:

> 大月氏在天竺北,可七千里,地高燥而远,国王称天子,国中骑乘常数十万匹。

又引康泰《外国传》说:

> 外国称天下有三众,中国为人众,大秦为宝众,月氏为马众。

这说明了月支的马多,因而月支的马,不只是运到天竺,而且转运到东南亚各处。天竺国王以月支马给与扶南王,也说明了东南亚的国家,对于月支马,一定很为珍视。关于这一点,我们可以从《太平御览》卷三五九引康泰《吴时外国传》中得到一个旁证。据该条文说:

> 加营国王好马,月支贾人常以舶载马到加营国。国王悉为售之。若于路失羁绊,但将头皮示王,王亦售其半价。

杨衒之《洛阳伽蓝记》卷四《城西》中说:

> 南中有歌营国,去京师甚远。风土隔世绝,不与中国交通。虽二汉及魏,亦未曾至也。今始有沙门(菩子?)善(菩)提拔陀(至焉)。自云北行一月至勾稚国,北行十一日至典孙,从典孙北行三十日至扶南。

《太平御览》卷七九〇"歌营国"条引《南州异物志》说：

> 歌营国在勾稚南可一月行，到其南文湾中，有洲名蒲头。有居人，皆黑如漆，齿耳白，眼赤，男女皆裸形。（又注引康泰土俗文载，西去常望海退，则遮船将鸡、猪、山果易铁器。）

我们在上面已经指出勾稚是在马来半岛的北部的西岸。这里所说的歌营，就是上面所说的加营。加营既在勾稚之南，应该是在马来半岛的南部，或是苏门答腊。歌营王这样的醉心于月支马，连了马的头皮也值得半价，说明马在这个国家的重视。又在中国史书中，也有记载东南亚国家之请求中国皇帝赐马的，占城或占婆就是一个例子。扶南大概对于马而尤其是月支马的重视，大概不会是个例外。天竺王之所以赠送月支马给扶南王，说不定还是由于苏物的建议。史家虽然没有说到扶南与月支没有直接交换使命，但月支马为扶南人所重视，其历史可能已久。而况，月支贾人既常以舶载马到加营，月支贾人也可能运马到扶南。因为加营在勾稚之南，勾稚曾为扶南王范蔓所征服，月支贾人之运马，大致是从恒河而经过孟加拉湾沿岸，勾稚既在马来北部的西岸，这个地方也是月支贾人的船舶所必经的地方。所以月支之于扶南，虽然可能没有交换使者，然而贾人之往来于扶南、月支者，应该不少。而况，康泰之知道月支马多，以及加营国王之好月支马，大概还是闻自扶南。这样更订明了扶南人对月支这个国家必早已有认识。

上面已经指出范旃是被了范蔓的儿子范长所杀死。范长在范旃篡范蔓的王位而诈杀其兄金生的时候，年纪极小，他在父亲与哥哥死时被人抱到民间藏匿，可能范蔓就只有了两个儿子。假使还有儿子的话，不为范旃所杀，也必逃跑他处。所以范长虽然很小，也不得不藏匿于民间。到了他长大的时候，他就结国中壮士袭杀范旃。所谓袭杀，是乘范旃的不备，并非用强大的兵力去讨伐范旃。他以刃镜范旃的腹而为父兄报仇，说明了他计划杀范旃已非一日。从《齐书》《梁书》的语气来看，他虽杀了范旃，他并没有继承范旃为扶南国王，相反的他却为范旃部将范寻所杀。范旃有没有儿子，不得而知，但是范旃被杀之后，范寻自己就了王位，这说明范寻必定是范旃的亲信，而且是当时扶南的强有力者。

范寻继承范蔓与范旃两代的强盛的局面。扶南既征服了好多国家，其没有征服的大概都是扶南的友好国家，或是距离扶南很远的国家。中国与印度与扶南除了贾人的来往之外，还有外交上的关系。月支、安息、大秦与扶南，也有贸易的关系。扶南是东南亚最强最富最大的帝国，范寻既就了王位，向外的发展既已臻于极盛，他乃在内政上，加以励精图治，所以《梁书》说他"更缮治国内"。

应该指出，扶南在国外的地位，虽然很高，可是国内方面范蔓死后，范旃杀金生，经过一个时间，范长又杀范旃，于是范寻又杀范长，这样的互相争杀，国内呈了不安的状态，是无可疑的。而且，范长虽然为了范寻所杀，范长的党徒未必都为范寻所消灭。同时，范寻既继范旃而为国王，范旃若有子孙的话，是否满意于范寻，也是一个问题。王位的争取，容易引起国内的分裂，所以范寻就位之后，对于内政，就不得不加以特别的注意。

国内的政权既已巩固，他乃从事于娱乐。所谓"起观阁游戏之"就是这个意思。《艺文类聚》九十一引《吴时外国传》说："扶南王范寻以铁为斗鸡假距，与诸将赌戏。"在范寻的时代，扶南在国外方面的声威，既已远播，在内政方面经过他的整顿之后，又臻太平，所以这个时代，应该是扶南的黄金时代。范寻之所以从事于娱乐，是有其原因的。

上面已经指出在范寻时代最值得我们注意一件事是朱应与康泰之出使扶南。关于朱应与康泰的著作以及他们之出使扶南的目的与年代，以至他们在扶南会见天竺使者陈宋等，我们也已在上面叙述，我们现在要再进一步去考究朱应与康泰的生平事迹。《梁书·海南诸国叙》中说朱应是宣化从事，而康泰是中郎。向达在《汉唐间西域及海南诸国古地理书叙录》以为康泰之于朱应，疑亦如巩珍之于郑和。从史书中，我们实在不易找到关于朱应的生平事迹，我们知道在历史上好多出使异域的人物，好多在国内原来是不很知名或位置不甚高的人们。而且，有的是因为在国内不得志，始作绝域之行，张骞、班超以至后来的常骏，都可以说是属于这一类的人物。朱应、康泰似乎不是例外。张骞与班超史书都有他们的专传，可是朱应、康泰与后来的常骏的生平事迹，却没有见于史书，这是一件很为可惜的事情。关于朱应，我们所知的只是上面所说的，至于康泰，其姓为康，可能是一位外国人，或是外国人的后裔。伯希和对于这一点，在其《扶南考》一文中已经提及。他说：

> 按：中国常谓康居人姓康，其康姓初见于正史者即为四六四至五二〇年间之康绚顽其人，即为徙居中国数世纪之康居人，则康泰或其家族亦得来自中亚。

康泰为康居人或康居人的后裔的可能性是很大的。班固《汉书·西域传》说康居国"与大月氏同俗"，康居位在大月氏的西北，《北史》卷九十七《西域传》"康国"条说：

> 康国者，康居之后也。迁徙无常，不恒故地，自汉以来，相承不绝。其王本姓温，月氏人也。旧居祁连山北昭武城，因被匈奴所破，西逾葱岭，遂有国。枝庶各分王，故康国左右诸国，并以昭武为姓，示不忘本也。……人皆深目高鼻，多髯，善商贾，诸夷交易多凑其国。……奉佛，为胡书。

《北史》"康国"条所记载的事情多是在南北朝时，这就是在康泰之后好多年。然从我在上面所节录的史文中，也可以看出这个国家的历史与概略。照《北史》的记载，康国不只是与月氏同俗，而且两者是同种，同祖宗，同从祁连山迁到葱岭以西。康人既善于商贾，诸夷交易多凑其国，那么康人之到外国交易者，也必不少。康泰是否为康居人，而与大月氏的商人由海道而到中国不得而知。假他是康居人，或康居的后裔，住在中国，既懂中国语言文字，又懂得胡书，那么他被选而与朱应到扶南，是很为适当的。因为出使外国，不得不有翻译人员，康泰若懂得胡书，扶南的文字据《晋书·扶南传》所说有类于胡。应该指出胡书也各有不同，然而康泰所懂得的胡书，可能就是天竺化的扶南书类似。

假使康泰是从海道而来自西域，那么被派出使海南诸国，更为适当。这样，他对于这条途程，更为熟识。朱应回国后所撰的为《扶南异物志》一书，而康泰所撰的，除了《扶南土俗记》之外，还有《吴时外国传》一书。这也似乎说明了他对于东南亚各国的情况，较为清楚。《梁书》说朱应与康泰"所经及传闻则有百数十国，因立记传"，我们今日能够知道扶南这个国家以及当时的海南的好多国家，应该归功于康泰。

朱应、康泰到扶南时，范寻就位不久，范寻活到什么时候，不得而知，可能在位到了三世纪的末年。史书没有记载朱应、康泰回国时，范寻遣派使者随行入贡。其实，史书之记载扶南入贡自赤乌六年（二四三）以后，直至晋武帝泰始年间始有贡使，这就是公元二六五至二七四年间。然而史书没有记载，也不一定是说明没有使者到中国。朱应、康泰在扶南时，得到范寻的优待，而且是听取了他们的意见始令其国的男人著干缦，说明了他很重视了中国的使者。从外交的礼节来说，中国既有使者到扶南，扶南也应该遣派使者到中国。而且，最方便的是遣人同朱应、康泰一齐到中国，正像赤土王遣派其子与常骏一同到中国，或是像天竺王之遣派陈宋同苏物一齐到扶南，所以我们推论，在朱应、康泰回国时或回国之后，二六五年之前，扶南应有使者到中国。

《晋书·扶南传》说：

> 武帝泰始（公元二六五至二七四）初，遣使贡献。太康（二八〇至二八九）中又频来。

假使范寻是活到二九〇或二九〇以后的话，那么这几次的贡献的使者均是范寻所遣派的。据《晋书》卷三《武帝纪》，从二六五年至二八九的三十余年中，扶南之遣使贡献共有下列数次。

泰始四年（二六八）十二月扶南林邑各遣使来献。
太康六年（二八五）夏四月扶南等十国来献。
太康七年（二八六）是岁扶南等二十一国，马韩等十一国遣使来献。
太康八年（二八七）十二月南夷扶南，西域康居国，各遣使来献。

又《晋书》卷五十七《陶璜传》说：

> 吴既平晋，减州郡兵，璜上言曰，交土荒裔，斗绝一方，或重译而言，连带山海。又南郡去州海行千有余里，外距林邑才七百里。夷帅范熊，世为

连寇，自称为王，数攻百姓。且连接扶南，种类猥多，朋党相倚，负险不宾。往隶吴时，数作寇逆，次破州郡，杀害长吏，臣以尫驾，昔为故国所采偏戍在南，十有余年。虽前后征讨，剪其魁桀，深山僻穴，尚有遗寍。又臣所统之卒，本七千余人，南土温湿，多有毒气，加以累年征讨，死亡减耗，其见存者二千四百二十人。今四海混同，无思不服，当卷甲消刃，礼乐是务。而此州之人，识义者寡，厌其安乐，好为祸乱。

应该指出陶璜为交州刺史，是在吴孙皓时代（二六四至二八〇）。二八〇年，孙皓降于晋而吴亡。交州本属于吴，故吴与扶南久已通好。晋武帝就位（二六四）后晋与吴争取交州，很为剧烈。陶璜领交州时，交州是属于吴。陶璜在交州有十余年之久，《晋书·陶璜传》说他为交州刺史时"有谋策，周穷好施，能得人心"。《晋书》二六八年扶南遣使到来献见晋武帝这个时候，交趾为晋所有，所以扶南、林邑遣使入贡。后来交州又为吴所夺回。陶璜为交州刺史，扶南既入贡于晋，交州为吴所占领，可能扶南、林邑既与晋好，不愿再入贡于吴。《陶璜传》说林邑与扶南朋党相倚，负险不宾，就是这个原故。

在陶璜在交州时，正是林邑国王是范熊在位的时候（二七〇至二八〇），范熊是林邑王的外孙。《晋书》卷九十七《林邑传》说林邑王死没有人承继，乃以他为王。范熊可能与扶南的范氏有关系，也可能是扶南人。关于这一点，我们在下面还要加以说明。在这里，我们要指出林邑与扶南既朋党相倚，负险不宾，说明了扶南与林邑在这个时期中是友好的。

但是陶璜在交州既有十余年之久，而且声誉又很好，吴既再夺交州，东南亚与晋的交通，又告断绝。林邑、扶南虽曾入贡于晋，但在陶璜在交州时，林邑与扶南不会与吴没有关系。至少，林邑与扶南之于交州或是陶璜，不会没有关系的。范寻曾热烈接待过吴的使者朱应与康泰，吕岱在交州时，又与扶南有使者往来，吴与扶南的友好是有其长久的历史的，似不致于因晋的暂时占领交州，入贡于晋，再在吴再占交州时遂与吴绝断关系。而况，陶璜对于这一带的反叛者，既能"前后征讨，剪其魁桀"，同时，又"有策谋，能得人心"，绝不会使扶南与林邑在十余年中，都与吴相对抗。

因此我们以为从范蔓至范寻的一百年左右的时间中，扶南之于中国虽然可能也有暂时或局部的争端，然而从整个时间来说，两者的关系是密切的，而且，是友好的。所谓晋吴之争交趾，在当时来说，是内政的问题，交趾为吴所占领时扶南入贡于吴，固是对于中国的友好，交趾为晋所占领，扶南入贡于晋，也是对于中国的友好。《陶璜传》说皓既降晋，陶璜也降晋，诏复其本职。据《晋书》记载在吴亡后的六年（二八六），范寻又遣使入贡于晋。而且，此后频来不绝。所以我们说中国的内战，虽然对于外交是有影响的，但是扶南与中国的关系，整个来说，是友好的。

第二十章　憍陈如时代

《晋书》卷九十七《扶南传》说：

> 穆帝升平（公元三五七至三六一年）初，复有竺旃檀称王。遣使贡驯象，帝以殊方异兽，恐为人患，诏还之。

《晋书》卷八《穆帝记》升平元年（公元三五七），也有与上段话差不多的记载：

> 扶南天竺旃檀，献驯象。诏曰：昔先帝以殊方异兽，或为人患，禁之。今及未至，可令还本土。

《南齐书·扶南传》没有关于竺旃檀的记载。《梁书》卷五十四《扶南传》中说：

> 穆帝升平元年（三五七），王竺旃檀，奉表献驯象，诏曰：此物劳费不少，驻令勿送。

杜佑《通典》卷一八八"扶南"条，有关于竺旃檀的记载。但说"东晋时，有竺旃檀称王亦遣使"。关于竺旃檀或天竺旃檀的记载，我们所知的只有上面数段。首先我们要注意的，是竺旃檀或天竺旃檀这个名字，《晋书·扶南传》，《梁书·扶南传》，《通典》"扶南"条，均作竺旃檀。只是《晋书》帝纪第八穆帝升平元年中写作天竺旃檀。若读为天竺旃檀，那么这位国王是来自天竺，是绝没有问题的。但是就是竺旃檀这个名字，往往也是天竺人或天竺人的后裔。这是我国以竺为姓的一个较为普遍的现象，正如康泰可能是康居人一样。自然的，竺旃檀也可能是一个扶南人，而采取印度化的名字。

我们在上面已经说过范寻大概是死于二九〇年左右。假使这种看法没有错误的话，那么从二九〇至竺旃檀于三五七年遣使来贡，就有六十七年之久。竺旃檀之遣使入贡不见得是在其在位最后一年或数年中，就算在其最后一年，假使他是承继范寻的王位，那么他在位就有了六十七年之久，这似乎是不可能的事情。这样看来，范寻死了之后而至竺旃檀就位应该还有一位或二位以至数位国王。

从范蔓至范寻，虽然王位的继承不是范蔓的子孙，但是均称为范。范旃是范蔓的外甥而称范，范寻是范旃的部将也称范。可是，到了四世纪的下半叶，却来了一个国王姓名竺旃檀或天竺旃檀。这个竺旃檀无论是来自天竺或为在扶南的天竺人的后裔，或甚至他是采取一个印度化的名字也好，他与在他之前的数位国王，不只不同姓，恐怕也不是有亲戚的关系。总而言之，这一位国王的就位，是表示扶南的内部起了变化，从一个王朝转移而至其他的王朝。

又从二七八年至三五七年，约有了八十年的时间，在这么长的时间中，中国方面没有关于扶南的记载，也没有关于扶南遣使贡献的记载。一方面可能固是由于扶南内部的紊乱，一方面也是由于中国内部的紊乱。二八〇年吴亡于晋，前一年匈奴刘渊已为左部帅。所谓"五胡乱华"，正在开始。四世纪的初年，永嘉之乱，紊乱的局面，愈来愈甚。晋室对内已疲于奔命，很难有余力去向外发展。假使扶南自范寻死后，因争王位而互相残杀，经过一个相当时期，内乱还不停止，自然也不会向外发展。因此两国的使者的往来，暂告断绝。就使两国贾人还不断的有贸易的往来，史书也未必记录。

此外自范寻以后，扶南可能有一种新运动的开展，这就是印度化的运动。扶南的印度化，是有其久长的历史的。混填可能是一个印度化的人物，扶南的文字是印度化的文字，可能别的方面，也印度化。可是这种印度化，是间接的。混填的本国是摸跌，上面已经说过，这个地方大致是在马来半岛，他不见得是印度人。所以他的印度化，也是间接的。嘽扬人家翔梨到了印度，又到扶南，可能像家翔梨这种贾人，并不算少。然而就使他们传播过来的一些印度文化，恐怕也是外表的东西。

可是，自范旃遣苏物到天竺之后，情形就不同了。苏物回国时，正是范寻在位。而且，他回国时，还带了天竺王的使者陈宋等，这样扶南之于天竺不只有了正式使节的往来，我们相信在经济、在文化的其他方面上，都必有了影响。

扶南本来是受了印度文化的影响的，苏物在天竺时的观感如何，史书没有记，但《梁书》说天竺王对他很好，令人领他参观国内各处，不能不使他有所感动。又根据《水经注》卷一引康泰《扶南传》说，家翔梨曾告诉范旃天竺的"土俗道法，流通金宝，委积山川，饶沃恣所欲，其左右大国，世尊重之"。又据《梁书》卷五十四《天竺传》指出：

> 天竺佛道所兴国也，人民敦庞，土地饶沃。其王号茂论。所都城郭、水泉分流，绕于渠堑，下注大江。其宫殿皆雕文镂刻，街曲市里，屋舍楼观，钟鼓音乐，服饰香华，水陆流通，百贾交会，奇玩珍玮，恣心所欲，左右嘉维、舍卫、叶波等十六大国，去天竺或二三千里，共尊奉之，以为在天地之中也。

这比家翔梨所说的较为详细，然大致相同。苏物之被遣到天竺，也记载于《梁书》这段话之前面。苏物到了天竺，对于天竺的佛教生活与物质文化，假使正如家翔梨与《梁书》所描写的一样的话，那就不会不深受其影响。这样，这位扶南的外交使者从天竺回后，可能变为一位天竺文化的宣传者。范旃之所以不避数年往来的跋涉，而遣其亲信的人到天竺，也无非是受了家翔梨的游说。苏物回国后对于天竺文化的宣传，比之家翔梨可能更为热心。

另一方面，扶南在东南亚诸国中最为强大，户口很为殷多，而物产极为丰富的国家，陈宋到了扶南之后，也会看到这一点。我们知道，天竺人自公元前一二世纪已与东南亚交通。贸易商人之到这个地方的，有的也就永住下去，安居乐业，传教士无论是婆罗门也好，佛教徒也好，也到这些地方宣传宗教。据说阿育王已派佛教徒到东南亚传教。此外，还有一些王室贵族，因政治问题而逃到这些地方的。到了扶南与天竺交换使节之后，再加以陈宋同国，加以宣传，天竺人之到扶南的，可能愈来愈多。这样，使扶南印度化的运动加强起来。

尽管范寻死后，可能因争取王位而使国内紊乱，但是天竺与扶南的贸易，还可照样发展。宗教的影响，也越来越深。天竺人之来扶南的也多起来，在印度化的运动中，这些天竺人，也慢慢加入扶南的政治活动。天竺的文化在这个时候，比之扶南水平较高，所以这些人也很容易在扶南的政治舞台上占了重要的地位。正像后来的回教徒，在马来亚、苏门答腊、爪哇各处从经商与传教，慢慢的进而取得当地的政治地位，使当地变为回教化，使当地的国家成为回教国，说不定竺旃檀或天竺旃檀，也是这样取得扶南的王位。

更为显明的例子，是竺旃檀的后王憍陈如。据《梁书》卷五十四《扶南传》说：

> 其后王憍陈如，本天竺婆罗门也。有神语曰"应王扶南"，憍陈如心悦，南至盘盘，扶南人闻之，举国欣戴迎而立焉。复改制度，用天竺法。

首先，应该指出，憍陈如这个名字，在梵文是读为Kaundinya。假使上面所说的混填也是Kaundinya，那么二者是同姓了。在五世纪末年至六世纪的初年，扶南还有一位国王叫做憍陈如阇耶跋摩，关于这一位国王，我们在下面还要加以叙述。我们在这里，还要指出，在婆利国的国王，也有叫做憍陈如的。据《梁书》卷五十四《婆利传》说：

> 婆利国，在广州东南海中洲上。广州二月日行。东西国界东西五十日行，南北二十日行。有一百三十六聚。土气暑热，如中国之盛夏。谷一岁再熟，草木常荣。海出文螺、紫贝。有石名蚶贝罗，初采之柔软，及刻削为物，干之遂大坚强。其国人披吉贝如帊，及为都缦。王乃用班丝布，以璎珞绕身，头著金冠，高尺余，形如弁缀，以七宝之饰。带金装剑，偏坐金高坐，以银蹬支足。侍女皆为金花杂宝之饰，或持白毦拂及孔雀扇。王出，以象乘驾舆，舆以杂香为之，上施羽盖珠帘，其导从吹螺击鼓。王姓憍陈如，自古未通中国。问其先及年数，不能记焉，而言白净王夫人即其国女也，天监十六年（五一七）遣使奉表。

据《梁书》说王姓憍陈如，自古未通中国，问其先，及年数不能记焉，说明这个憍陈如之王婆利其历史，可能很久。又据《太平御览》卷七八七"婆利国"条引《隋书》说：

> 婆利国自交趾浮海过赤土丹丹，乃至其国，王姓刹利耶伽名护滥郁婆，……兵器与中国同，俗类真腊，物产同于林邑。

可能到了隋的时候，憍陈如王朝灭亡，而代替者是刹利耶。冯承钧与伯希和都以婆利音近峇里（Bali），位于今日爪哇东边的峇里岛。我以为在声音上，婆利应为勃泥或婆罗洲。照方位来说婆利在中国东南海洲中，也相符合。《隋书》说从"交趾浮海过赤土丹丹，乃至其国"，这就是说沿着越南半岛的海岸而到马来半岛的南部，再由这里直渡海而到达婆罗洲。古代以至近代船舶之从马来半岛到婆罗洲的，多这样行驶。

婆利国王既也是憍陈如，其统治婆利，又有相当长的历史。这位憍陈如是否与扶南的憍陈如，有了关系，不得而知，但有一点，可以说明，这个名字是印度名字，扶南的憍陈如既来自天竺，婆利的憍陈如，也可能来自天竺，或是来自扶南，这又说明在东南亚的各国印度化的范围是很广的。

憍陈如之到扶南，是经过盘盘这个国家。照《梁书·扶南传》所说的语气，似乎憍陈如是先到盘盘，因而欢迎他到扶南，这也说明了盘盘与扶南的关系，应当是密切的。关于盘盘，《梁书》卷五十四《盘盘传》说：

> 盘盘国，宋文帝元嘉（四二四至四五三），孝武孝建（四五四至四五六）、大明（四五七至四六四）中，并遣使贡献，其王使使奉表曰："扬州阎浮提震旦天子：万善庄严，一切恭敬，犹如天净无云，明耀满目，天子身心清净，亦复如此。道俗济济并蒙圣王光化，济度一切，永作舟航，臣闻之庆善，我等至诚敬礼常胜天子足下，稽首问讯。今奉薄献，愿垂哀受。"中大通元年（五二九）五月，累遣使贡牙象及塔，并献沉檀等香数十种。六年（五三四）八月，复遣使送菩提国真舍利及画塔，并献菩提树叶、詹糖等香。

除《梁书》外，新旧《唐书》均有《盘盘传》，其他各处记载这个国家的也很多。盘盘这个国家在方位上，应该是在马来半岛北部，可能是顿逊的五个王国之一，其地也居了东西海道交通要冲，因而憍陈如想到扶南做国王，乃先到盘盘，探听扶南国人，对于他是否欣迎。

《梁书》指出憍陈如本来是天竺婆罗门。因为有神告诉他，他应做扶南国王。因此，他很高兴，乃南至盘盘。扶南人听说他到盘盘，全国人都欣戴他，因而遂欣迎他到扶南立为国王。

我们以为《梁书》这段话，只能说明一个点，这就是天竺婆罗门憍陈如经盘盘而到扶南做扶南国王。至说什么神的意旨要他去王扶南，只好说是假托之词。这与混填所说是神要他去王扶南，是同一样的托词。在智识水平还未很高，人民迷信风俗很为浓厚的社会，有的野心的政治家，假托神灵去欺骗人民，以争取政治地位，是司空见惯的事情。我们中国历史上，就也不知有了多少例子。

扶南人在王室中在军人中或在其他方面，找不出一个人来做国王，而必用一位从天竺那么远来的婆罗门，来做国王，可能又是因为竺旃檀死了之后，因王位的争取，互相残杀，经过一个相当时期，这个问题还无法解决，盘盘当时可能是扶南的属土之一，憍陈如是一个婆罗门，到了盘盘之后，很有声誉地位，在扶南本土，也有一部份的人知他是一位有声誉有地位的人物，他得了盘盘的武力与物质的帮助，又得了扶南一部分人的内应，这样遂取了扶南的王位。因为他是一位外国人，可能怕扶南人反对，所以假托他之来当扶南王，是神的意旨，这样就可以安定扶南的人心。

憍陈如之王扶南，有了很多地方，很像混填之王扶南。两者都是外国人，两者都是依着神的意旨而得王位，虽然混填是摸跌人而憍陈如是天竺人。

憍陈如既是一位婆罗门，我们相信他到扶南，对于婆罗门教，一定会极力提倡。我们差不多可以说，婆罗门教是印度传入扶南较早的宗教。混填也可能提倡这种宗教。到了憍陈如来后，更加积极提倡而已。然而这也并不是说扶南没有佛教，相反的，佛教之传入扶南也相当的早，不过在扶南的早期历史，婆罗门教较为普遍而已。佛教在后来也慢慢的发达，因而婆罗门教与佛教遂双双并行。这一点我们在上面已经说过。我们还要指出，可能这位憍陈如，也相信佛教。《梁书》说他"本天竺婆罗门也"，这就是说他本来是一个婆罗门，可是到了扶南之后，看到扶南也有佛教，而且相当流行，他可能也因而相信佛教。关于这一点我们有一旁证，《梁书·婆利传》中说婆利王为憍陈如，这位憍陈如也应该是婆罗门教徒，可是在他的奉表中，他也这样的说：

伏惟皇帝是我真佛。

这虽然也是恭维的话，然也说明他也崇佛。因此，我们相信在婆利国内，憍陈如不只不会反对佛教，可能婆罗门教与佛教两者他都崇拜。

《梁书》说扶南王憍陈如就位之后，他"复改制度，用天竺法"，宗教制度的改革，当然是他的制度改革之一。然而，除了宗教制度之外，还有什么东西是他所改革的呢？又所谓用天竺法，没有问题的是使扶南的印度化的程度更深，化得很广。但是，具体的说，这些印度化是什么东西呢？应该指出，他所改革的东西应该是扶南原来或是固有的东西，而他所用以代替的制度方法是天竺制度与天竺办法。至于扶南有的东西，已印度化的，他可能就把这些东西加强了印度化的程度。

我们知道，在印度的印度教这就是婆罗门教是三位一体（Trimurti）的宗教。所谓三位一体就是大梵天王（Brahma）、幻惑天王（Visnu）与大自在天王

（Siva）三者合而为一也。大自在天王在吠陀的神中是空气之神，后来在三位一体中成为破坏神。大自在王的信仰可能从印度南部而传到苏门答腊、爪哇以及越南半岛，是被人崇拜为变化的神。而且，因此而又成为再生之神。在寺庙中，大自在天王是男性生殖的形式，故其像是叫作林加（Linga），故亦叫做大自在天王林加（Siva-Linga）。在越南半岛一带，其寺庙往往是在其都城的中心的山上，而所谓山，可能是人为的小山。因此大自在天王又变为国家的幸福的表征。

扶南可能很早就有这一种宗教，但对于大自在天王的崇拜并不妨碍其他的神的崇拜。比方幻惑天王以及大乘佛教在憍陈如之后，也盛行于扶南，而扶南原来的多神崇拜也并不因印度宗教的输入而废止。在这一点上，在东南亚的好多地方，关于宗教的信仰，是比较自由的。直至现在，好多宗教信仰还是兼容并举。应该指出，自憍陈如以后，在柬埔寨在小乘佛教未从罗斛传入之前，热心于幻惑天王教或大乘佛教的国王，很小心的去崇拜大自在天王。直到现在，柬埔寨虽然是小乘佛教的国家，柬埔寨国的神圣的剑，固是由婆罗门保管，而在争执王位的时候，婆罗门是有权去建议那一位可以当国王。至于国家的一些礼节仪式，也是掌握在婆罗门的手里。这种传统的宗教，其历史像上面所说可能是很长。但我们相信，憍陈如到了扶南之后，加强其力量，巩固其制度，因而一直流传以至于今日的柬埔寨。

除了改革扶南的宗教的制度之外，扶南的字母与年历可能也在憍陈如的时代，加以改革。我们知道，扶南最初所用的字母大概是从北印度介绍到扶南的，可能这是北天竺贵霜王朝时代的字母。大约是在公元后二世纪的时候，输入扶南，这与越南半岛的佛康（Vocand）碑文的字母是一样的。南印度的文字也是来自北印度的婆罗米（Brahmi）文字，虽然也有其不同之处。在憍陈如时代所介绍到扶南的字母，似乎是一种古拔罗婆（Pre-pallava）的字母，这种字母的来源地方，是在南印度起士那（Kistna）与哥陀范利（Godaveri）河流域。这种字母在林邑，在婆罗洲，与在爪哇的碑文中，都可看到。这些碑文的时间是公元后四世纪中叶。至五世纪的中叶，在马来亚半岛的吉打（Kedah），约在公元四〇〇年左右，也有这种字母的碑文。在扶南，在巴色、婆林、罗皇（Prasat, Pram, Loveng），也有这种文字的碑文。其时间是在五世纪的下叶，这无疑的是憍陈如的文字改革以后的碑文。

印度西北部的塞迦（Saka）年历，可能也是在这个时候传入扶南。自然扶南不一定是东南亚各国中最先采用这种年历的国家，我们只是指出大概是憍陈如到了扶南之后，始采用的这种年历。这种年历在印度的东南部，很为流行，虽则在拔罗婆似乎没有采用过。

除了宗教文字与年历之外，我们相信憍陈如还会介绍好多其他的印度的制度风俗等。印度的法制，印度的节日，以及印度的物质文化，所以《梁书》才说他"用天竺法"。

同时，我们也可以推想，憍陈如似乎是印度东南人，因为他所介绍的字母与年历来自印度东南部，这些东西是他自己所熟识或习用的东西。假使他不是这个地方人，他可能就不会介绍过来。

憍陈如死在什么时候，不得而知，《梁书·扶南传》说：

> 其后王恃梨陀跋摩，宋文帝世，奉表献方物。

宋文帝在位的时间，是公元四二四年至四五三年。关于恃梨陀跋摩，我们宜在下面再加叙述。我们在这里要指出，沈约所撰的《宋书》卷九十七"扶南"条说：扶南王持黎跋摩在宋文帝在位的时候，曾三次贡献。第一次是四三四年，这就是说憍陈如之死应在四三四年之前。恃梨陀跋摩之入贡中国，可能是就位后数年的事，虽则他一就位，就遣使入贡，也是可能的。但是恃梨陀跋摩既是憍陈如的后王，那么这位后王，既然在四三四年入贡中国，则其在位应在这一年或这一年之前。所以憍陈如之死，至迟不会迟于四三四年。假使憍陈如在位四十年的话，那么憍陈如的就位应是在四世纪的末年或九十年代。

我们知道，恃梨陀跋摩之后，曾有一位国王叫做憍陈如阇耶跋摩。恃梨陀跋摩并没有叫做憍陈如恃梨陀跋摩，这里就有了一个问题，这就是恃梨陀跋摩是不是憍陈如的儿子，还是又换了一个朝代。而且这位恃梨陀跋摩是印度人，还是扶南人，这都是一些疑问。但是，照这个名字来看，似乎不是憍陈如的儿子。恃梨陀跋摩是用什么方法去承继憍陈如的王位，也是一个问题。

第三编

第廿一章 恃梨陁跋摩

上面已指出《梁书·扶南传》所载扶南王恃梨陁跋摩遣使到中国入贡的记载。关于这位国王，沈约所撰的《宋书》有好几条记载。沈约是公元四四一至五一三年人。南北朝的宋兴于四二〇年而亡于四七八年，共五十七年。沈约是当时人，当时人而记载当时事，应该较为可靠，较为详细。然而很可惜的，《宋书》卷九十七《夷蛮列传》中，关于扶南的记载只有下面一段话：

> 扶南国，太祖元嘉十一（四三四）、十二（四三五）、十五（四三八）年，国王持黎跋摩遣使奉献。

很奇怪的有了好多其他的东南亚国家的记载，如诃罗陁呵罗单、阇婆婆达、师子，与及林邑等，却占了很多篇幅，而在"扶南"条只有上列数语。此外，在同卷"林邑"条，也有下面一条关于扶南的记载：

> 林邑欲伐交州，借兵于扶南王，扶南王不从。

这件事大致是在公元四三一或四三三年间，假使上面所说恃梨陁跋摩就位是在四三四年，那么这件事是在恃梨陁跋摩前王憍陈如的末年。然而更有可能的是林邑借兵于扶南，是在恃梨陁跋摩在位的时候，这也就是说恃梨陁跋摩的就位，是在四三三或四三一之前，而憍陈如之死也是在这个年间之前。中国史书虽然有关于憍陈如的记载，但没有提到这位国王遣使到中国贡献，而《宋书》对于恃梨陁跋摩的遣使入贡，却有好几次，这里说明了一点，这就是，恃梨陁跋摩对于中国是友好的。可能因此，他遂不愿意帮助林邑，去征伐中国的属土交州。

《宋书》"扶南"条关于扶南王遣使入中国事，也见于《宋书》的帝纪中，卷五元嘉十一年（四三四）中说：

> 是岁，林邑国、扶南国、阿罗单国，遣使献方物。

同卷元嘉十二年（四三五）中说：

> 秋七月乙酉，阇婆婆沙达国、扶南国，并遣使献方物。

又同卷元嘉十五年（四三八）中说：

　　　　是岁武都王、河南国、高丽国、倭国、扶南国、林邑国、并遣使献方物。

　　除了记载献方物之外，没有别的话，可见得关于扶南的记载的简单。然而从上面所抄录几条史文来看，正像我们上面所说，扶南在㤭梨陁跋摩时代，不断的遣使到中国入贡，说明了他与中国的友谊是很好的。

　　㤭梨陁跋摩死于何时，史书也没有记载，《齐书·扶南传》说其后王㤭陈如阇耶跋摩于宋末曾遣使到中国，宋亡于四七八年，那么他应该在四七八年或这年之前就位。到了齐永明中二年（四八四）他又遣使来中国。㤭陈如阇耶跋摩死于五一四年。假使这位㤭陈如就位时间为四八〇至四八四年，那么㤭梨陁跋摩的死年应该是在这个时间，这样，他在位的时间，就有了五十年之久。

　　这里引起一个问题，这就是㤭梨陁跋摩在位，会不会有这么长的时间呢？可能性是有的。但按一般的国王的在位时间来说，能在位这么长的时间也是很少的。而且，照我们上面的估计㤭梨陁跋摩若是直接承继㤭陈如的王位的话，那么㤭陈如在位也有约四十年之久。㤭陈如来自天竺，可能还在盘盘住了一个相当时期，假使他在盘盘已很有声誉与地位，而为扶南人所赏识，那么他的年纪，在未到扶南之前，应在四十以上或四十左右。他是不是活到八十岁以上，这是可能的，但也是很少的。因此，我们怀疑㤭陈如在位会有四十年之久。

　　假使㤭陈如在位的年数没有四十年，而为二十五至三十年左右，那么㤭梨陁跋摩若是他的直接承继者，其就位时间，应在五世纪的初年，约为四一〇年，而不是四三〇年左右。这样推论，㤭梨陁跋摩在位当为七十年，这是似乎不可能了。

　　我们之所以提出这个问题，是因为我觉得从扶南王竺旃檀就位至㤭陈如阇耶跋摩的就位，其时间至少有了一百三十年，而扶南只有三位国王，平均每位在位时间为四十余年，这可以说是相当的长。

　　我们若再把范寻在位的时间，也加进去，那么四位国王在位的时间更长了。朱应、康泰之到扶南，是在范寻就位的初年，其时间为二四五至二五〇年，竺旃檀入贡中国，史书所载是三五七年，这里相距离有了一百余年，又从二四五至四八四，㤭陈如阇耶跋摩初就位时，共有了二百四十年之久。而王名只有范寻、竺旃檀、㤭陈如、㤭梨陁跋摩四位，每位国王平均每人统治时间为六十年，这也是太长了。

　　因此，我们推论在范寻之后，经过一个时间的王位争取而始由竺旃檀就位。他可能是天竺人，这点我们上面已就说过，就是竺旃檀与㤭陈如以至㤭梨陁跋摩每一个人死后似乎都有一段紊乱时期，主要的也可能为争夺王位。从上面说明一个国王到另一个国王，可能还有一位或二三位就位不久，而又被人杀死或被迫退位。自然的，就位之后，不久就死去，也是可能的，因为这几位国王既都不是父传于子，而从范寻以后，竺旃檀既是印度人或印度化的人物，憍陈如又是从天竺经盘盘而来的天竺人，不但不是扶南王室的人物，而且有的来自很远的外国。他们在位的时间，既不致于太长，那么每一位死了，都引起王位的争夺而经过一个时期，这种紊乱的情况，不只会发生于范寻以后，就是范寻之前，也是有的。范旃之杀太子金生而篡位，他自己又为金生弟弟范长所杀，就是一个很有力的旁证。

恃梨陁跋摩之最后一次入贡中国，据《宋史》所载是四三八年。《梁书·扶南传》说：憍陈如阇耶跋摩是死于五一四年。假使憍陈如阇耶跋摩于宋末已遣使到中国，从四七八至五一四年，憍陈如阇耶跋摩在位已有三十六年。三十六年在位年数已相当长，可是自四三八至四七八有了四十年之久，史书既没有记载扶南遣使到中国，恃梨陁跋摩与憍陈如阇耶跋摩两人中任何一位，其在位时间，既不会再加上四十年，就是分开而加上两人的在位时间还是觉得太长，所以我们相信其中必还有人继续其位。可能因国内因王位的争夺，而没有遣使到中国，所以中国的史书，对于扶南与扶南王也就没有记载。

值得注意的是，恃梨陁跋摩这个名字的最后两个字。上面已经指出，范蔓的范可能是 Varman 的对音。范蔓这两个字也可能是 Varman 的对音，这也是很可能的，但跋摩的对音绝没问题的是 Varman 这个称呼。假使不是范或范蔓的对音，那么最先用这个称呼的当算恃梨陁跋摩。而其后王憍陈如阇耶跋摩，也用这个称呼。当然范字或范蔓与跋摩也可能都是同一称呼而异译。

憍陈如阇耶跋摩，是不是从天竺来而经过盘盘那位憍陈如的后代，不得而知，假使是的话，并不为奇。这个问题，我们不必加以讨论。关于憍陈如阇耶跋摩，《齐书·扶南传》与《梁书·扶南传》都有记载，而《齐书》说得更为详细。这位扶南国王据《齐书》说，在宋末就曾遣使到中国，宋亡于四七八年，齐永明二年（四八四），又遣使到中国贡献。以后不断的入贡。直到他死那一年，这就是五一四年，他还遣使贡献。南北朝的齐始于四七九年，而亡于五〇一年。梁始于五〇二年，而亡于五五六年。这位扶南王不只遣使于宋末，而且屡遣使于齐。直到梁时他也常常遣使入贡。假使宋末，他已遣使到中国，他在位约有三十七年至四十年之久，跨了中国三个朝代，而在三个朝代中，都与中国极为友好。

《宋书》关于扶南遣使贡献最后的记载，是四三八年，是在恃梨陁跋摩的时代。我检阅《宋书·本纪》，宋末没有关于扶南遣使入贡的记载。外国历史学者，如布利格斯（Lawrence Palmer Briggs）在其《古代吉蔑帝国》（*The Ancient Khmer Empire*）一书中，遂以为永明二年（四八四）入贡中国那一年，就是他就位的第一年。他没有看到《齐书·扶南传》中指出憍陈如阇耶跋摩，已遣运商货到广州，说明这位国王，就位应在宋末。《宋书·本纪》之所以没有扶南遣使的记载,大约是由于扶南王憍陈如阇耶跋摩所遣派的是贾人商货,不是正式使者。而且,其所到的地方,是广州,不是京都。

《南齐书》卷五十八《扶南传》说:

> 宋末,扶南王姓憍陈如,名阇耶跋摩(Jayavarman),遣商货至广州,天竺道人那伽仙附载欲归国,遭风,至林邑掠其财物皆尽。那伽仙间道得达扶南,具说中国有圣主受命。

上面已经指出,扶南与中国可以没有正式使者的往来,但两国在贸易上,可以经常的进行,这说明史书可以没有关于使者来贡的记载,但这并不说明扶南王之于中国的关系,就因此而绝断。上面这段话说明了这一点。其实,东南亚的好多国家,就是以国王的名义来入贡也好,往往其主要目的,也是寻求贸易。除了入贡一些方物之外,还带来很多货物,到中国出卖,或是换取其所缺乏的货品。而且所谓贡献方物,其动机往往还是企望中国王帝赐给较多的礼物。这种以少易多的入贡方式,在某种意义上,也可以说是一种变相的贸易方法。在历史上这种例子实在太多了,我随便举《宋史》卷四八九《三佛齐传》一段话来说明:

> 元丰(按:为宋神宗年号)中(公元一〇七八至一〇八五),使至者再,率以白银、真珠、娑律薰陆香备方物。广州受表入言,俟报,乃护至阙下,天子念其道里遥远,每优赐遣归。二年(一〇七九)赐钱六万四千缗、银一万五百两,官其使群陀毕罗为宁远将军,官陀旁亚里为保顺郎将。毕罗乞买金带、白银器物,及僧紫衣、师牒,皆如所请给之。三年(一〇八〇),广州南蕃纲首以其主管国事国王之女唐字书寄龙脑及布与提举市舶孙迴,迴不敢受,言于朝,诏令估直输之官,悉市帛以报。

又如《明史》卷三百二十四《暹罗传》指出其王时时遣使入贡之外,其姊也一再遣使入贡。《明史·暹罗传》说洪武五年:

> 其王之姊参烈思宁别遣使进金叶表,贡方物于中宫,却之。而其姊复遣使来贡,帝仍却之,而宴赉其使。

这说明不只国王遣使入贡,国王的女儿姊妹或亲戚都可以遣使送礼物。历代好多君主,因贡使来得过于频繁,疲于招待,而过于糜费,因而有不得不规定其入贡的年限的。《明史》卷三百二十四《暹罗传》中载洪武曾谕中书及礼部臣说:

> 古诸侯于天子,比年一小聘,三年一大聘。九州之外每世一朝,所贡方物,表诚敬而已。惟高丽颇知礼乐,故令三年一贡。他远国如占城、安南、西洋琐里、爪哇、浡泥、三佛齐、暹罗斛、真腊诸国,入贡既频,劳费太甚,今不必复尔,其移牒诸国俾知之。

中国政府,虽然有了限定入贡年限的命令,可是《明史·暹罗传》接着上面那段话说:"然而来者不止。"这是利之所在而必趋之。扶南是古代东南亚最富强的国家,又是一个海权国,向外发展其商业,是国家的重要政策。所以国王也遣商货到广州做买卖,以图取利。后来东南亚好多国家的国王,都常常这样的做,也可能是效法扶南的作法。至于扶南正式派遣使者的贡献方物,这是办外交,而兼有贸易的意义。

而且,中国曾有过扶南馆。扶南馆应该是翻译人员所住的地方,也是国王遣使到广州后所暂住的地方。这似乎与近代的领事馆有了多少相同的地方,但同时也可以说是货物交易或存贮的地方。

又从《南齐书·扶南传》那段话来看,东南亚各处船舶之到中国的是在广州停泊,广州自秦汉以至近代可以说是向外贸易的最重要的口岸。所以外国商船之到这个地方的很多。同时从中国而欲附船到外洋的,主要也是从这个地方出发。天竺道人那伽仙想回国,也是从这个地方附舶,而其所乘的是扶南国王憍陈如阇耶跋摩的商船,这也可以使我们推想直到南北朝的时代,扶南商船之到中国的一定很多,而且可能居了首要的地位。自然的,在南海的各处的扶南商船,也是很多的。

《梁书·扶南传》说:

> 齐永明中(四八三至四九三),王(指扶南王阇耶跋摩)遣使贡献。

关于这一点《齐书·扶南传》说得更为清楚。原来憍陈如阇耶跋摩所遣的商船,从广州回扶南时,因为途中遭风,船漂到林邑,林邑把扶南的货物与那伽仙的私财,完全掠夺。这位附扶南船而回国的天竺道人,从间道跑到扶南。他把林邑掠夺扶南货物及他的私财的情况,报告给憍陈如阇耶跋摩。同时又告诉国王关于中国的情况。扶南国王遂于永明二年(四八四)遣天竺道人释那伽仙为使者到中国上表,控诉林邑的掠夺行为。又因当时为林邑王的是扶南人鸠酬罗,据憍陈如说他是反叛扶南而逃到林邑占据王位的,所以他又请求中国遣兵去讨伐鸠酬罗,为他报仇。南齐皇帝虽然给他诏书去安慰他,可是并没有答应他遣兵去讨伐林邑。关于林邑与扶南在历史上的关系,我们另有专章讨论,这里只好从略,我们这里所要谈的是憍陈如阇耶跋摩时的扶南,这就是当他在位的时候,像上面所说因为鸠酬罗反叛了他而逃到林邑为国王,同时又劫掠了他的商货,也是扶南史上极重要的事情。关于这些事情,我们当在下面叙述。

第廿二章 扶南的末季

《南齐书》卷五十八《扶南传》说：

> 永明二年（公元四八四），阇耶跋摩遣天竺道人释那伽仙上表称扶南国王臣憍陈如阇耶跋摩叩头启曰："天化抚育，感动灵祇，四气调适。伏愿圣主尊体起居康御，皇太子万福，六宫清休，诸王妃主内外朝臣普同和睦，邻境士庶万国归心，五谷丰熟，灾害不生，土清民泰，一均安稳。臣及人民，国土丰乐，四气调和，道俗济济，并蒙陛下光化所被，咸荷安泰。"又曰："臣前遣使赍杂物行广州贸易，天竺道人释那伽仙于广州因附臣舶欲来扶南，海中风漂到林邑，国王夺臣货易，并那伽仙私财。具陈其从中国来此，仰序陛下圣德仁治，详议风化，佛法兴显，众僧殷集，法事日盛，王威严井，朝望国轨，慈愍苍生，八方六合，莫不归仗。如听所说，则化邻诸天，非可为喻。臣闻之，下情踊悦，若暂奉见尊足，仰慕慈恩，泽流小国，天垂所感，率土之民，并得皆蒙恩佑。是以臣今遣此道人释那伽仙为使上表，问讯奉贡，微献呈臣等赤心，并别陈下情。但所献轻陋，愧惧惟深，伏愿天慈曲照，鉴其丹款，赐不垂责。"……今轻此使送臣丹诚，表所陈启，不尽下情。谨附那伽仙并其伴口具启闻，伏愿愍所启。并献金缕龙王坐像一躯，白檀像一躯，牙塔二躯，古贝（Rarpasa）二双，琉璃苏钲二口，瑇瑁槟榔柈一枚。

又说：

> 那伽仙诣京师，言其国俗事摩醯首罗（Mahes'Vara）天神，神常降于摩耽山。土气恒暖，草木不落。其上书曰："吉祥利世间，感摄于群生。所以然者，天感化缘明。仙山名摩耽，吉树敷嘉荣。摩醯首罗天，依此降尊灵。国土悉蒙佑，人民皆安宁。由斯恩被故，是以臣归情。菩萨行忍慈，本迹起凡基。一发菩提心，二乘非所期。历生积功业，六度行大悲。勇猛超劫数，财命舍无遗。生死不为厌，六道化有缘。具修于十地，遗果度人天。功业既已定，行满登正觉。万善智圆备，惠日照尘俗。众生感缘应，随机授法药。佛法遍十方，无不蒙济擢。皇帝圣弘道，兴隆于三宝。垂心览万机，咸恩振八表。国土及城邑，仁风化清皎。亦为释提洹，众天中最超。陛下临万民，四海共归心。圣慈流无疆，被臣小国深。"……上报以绛紫、地黄、碧绿纹绫各五匹。

从上面所述数段话中，我们可以推论下面数题：第一，在憍陈如阇耶跋摩的时候，扶南在海上的贸易，又必繁盛起来。印度僧人那伽仙，要从广州附船返天竺，也乘扶南舶，说明扶南船只之往来于扶南与中国，或其他各处的，必定很多。第二，在这个时候的扶南与林邑的关系，必定恶化，所以扶南船因遭风而漂到林邑，遂为林邑所劫掠。这一点下面还要再说。

第三，扶南的主要宗教是大自在天（Siva）教。《梁书·扶南传》说：

> 俗事天神，天神以铜为像，二面者四手，四面者八手，手皆有所持，或小儿，或鸟兽，或日月。

这大概就是《南齐书·扶南传》中所说的摩醯及其侍者。扶南自天竺憍陈如未王扶南之前，婆罗门教应早已传入。憍陈如王扶南后，必定极力提倡，因为他以为他之所以王扶南，是神的意旨，他立为王之后，必极力提倡他的宗教，是无可疑的。

第四，在憍陈如与那伽仙上表中，多言佛教的道理，说明佛教必已盛行在扶南，而且憍陈如不遣扶南国人到中国上表，而遣一位佛教僧人去朝贡，说明他对于佛教是重视的。我们推想佛教之传播于扶南的历史，不始于憍陈如的时代，可以追溯到较早的时间，或是混填的时代。

更值得注意的是，在憍陈如阇耶跋摩时代，扶南还有佛教僧人到中国译经。《续高僧传》卷一本传说：

> 僧伽婆罗，梁言僧养，亦云僧铠，扶南人也。幼而悟颖。早附法律，学年出家，偏业阿毗昙论，声荣之盛，有誉海南。具足以后，广习律藏，勇意观方、乐崇开化，闻齐宏法，随舶至都，住正观寺，为天竺沙门求那跋陀弟子。……天监五年（五〇六）被召于扬都寿光殿、华林园、正观寺、占云馆、扶南馆等五处，传译经论，普通五年（五二四），因疾卒于正观。

又《续高僧传》卷一《僧伽婆罗传》中又说：

> 曼陀罗梁言宏弱，亦扶南国人。大赍梵文，远来贡献，敕与僧伽婆罗共译经三部，虽事传译，未善梁言，故所出经文，多隐质。

憍陈如阇耶跋摩死于梁武帝天监十三年（五一四）。僧伽婆罗于天监五年（五〇六）被召。他闻齐宏法而到中国，所以其到中国至少是早于这一年，这正是憍陈如阇耶跋摩在位的时候。曼陀罗在梁的时间，虽没有记载，可能到中国贡献的梵本，也是憍陈如阇耶跋摩所遣的。

僧伽婆罗的声荣之盛，有誉南海，说明扶南到了这个时候佛教已经很为发达。然后能培养出这样的人才。我们可以推想，正如冯承钧所说："五世纪与六世纪的时候，扶南为佛教东被的一大站，其重要与西域之和阗龟兹等也。"（《中国南洋交通史》页三四）

从此，我们可以说憍陈如阇耶跋摩，也是一位提倡佛教的君王。

第五，除那伽仙外，中国与天竺僧人之经南海而往来的很多，如西凉州人智严是泛海而到天竺，幽州黄龙人昙无竭是从南天竺随舶放海达广州，天竺僧人求那跋摩，从师子国到阇婆国，后来又到中国。这些僧人之往来于南海，都是在第五世纪的上半叶，他们也可能是像那伽仙一样的附载扶南的船舶而往来的。

《法苑珠林》卷十四齐建元（四七九至四八二年）中，番禺毗耶离（Vaisali）寺有扶南国石像，每有神光，州部兵寇，辄泪汗满体，后广州刺史刘俊表送出都，今应在蒋州寺中。

上面已经提起在憍陈如阇耶跋摩的时代扶南与林邑的关系，可能是恶化，所以扶南船遭风到林邑，就被林邑劫夺。《南齐书·扶南传》记载两国交恶的原因，以及憍陈如先请求中国出兵帮助扶南征伐林邑。表文今录于后：

（憍陈如）曰：“臣有奴名鸠酬罗，委臣逸走，别在余处，构结凶逆，遂破林邑，仍自立为王，永不恭从，违恩负义，叛主之愆，天不容戴。伏寻林邑，昔为檀和之所破，久已归化。天威所被，四海弥伏。而今鸠酬罗守执奴凶，自专狠强。且林邑、扶南邻界相接，亲又是臣奴，犹尚逆去，朝廷遥远，岂复尊举。此国属陛下，故谨具上启。伏闻林邑，顷年表献简绝，便欲永隔朝廷，岂有师子坐而安大鼠。伏愿遣军将伐凶逆，臣亦自效微诚，助朝廷剪扑，使边海诸国一时归伏，陛下若欲别立余人为彼王者，伏听敕旨。脱未欲灼然兴兵伐林邑者，伏愿特赐敕在所，随宜以少军助臣，乘天之威，殄灭小贼，伐恶从善。平荡之日，上表献金五婆罗。”

在下面我们还要指出还有一位扶南人也当了林邑王，有人把二者当为一人。其实，当根纯与鸠酬罗是两个时代不同的人物。我们现在看到这里所抄录憍陈如阇耶跋摩的上表说鸠酬罗破了林邑之后"自立为王，永不恭从"，说明鸠酬罗之为林邑王的时间并不很短。相反的当根纯杀林邑王文敌之后，大致不久就为文敌大臣范诸农所平，这是两者不是一个人的旁证。

齐武帝虽不愿意遣兵去征伐林邑，但仍诏交部随宜应接，《南齐书·扶南传》载其诏书云：

具摩醯降灵，流施彼土，虽殊俗易化，遥深欣赞。知鸠酬罗于彼背叛，窃据林邑，聚凶肆掠，殊宜剪讨。彼虽介遐陬，旧修蕃贡，自宋季多难，海译致壅，皇化维新，习迷未革。朕方以文德来远人，未欲便兴干戈。王既款列忠到，远请军威，今诏交部随宜应接。伐叛柔服，实惟国典，勉立殊效，以副所期。那伽仙屡衔边译，颇悉中土，阔狭令其具宣。

《梁书·扶南传》说：

齐永明（公元四八三至四九三年）中，王阇耶跋摩遣使贡献。（梁）天监二年（公元五〇三年），跋摩复遣使送珊瑚像，并献方物。诏曰：扶南王憍陈如阇耶跋摩，介居海表，世篡南服，厥诚远著，重译献睬，宜蒙酬纳，班以荣号。可安南将军、扶南王。

又说：

十年（五一一）、十三年（五一四），跋摩累遣使贡献，其年死。

扶南在憍陈如阇耶跋摩的时代，又兴盛起来，在南海诸国中，又成为一个强大的国家。梁武帝就位之次年（天监二年）给他以安南将军扶南王的荣号，也是为了这个原因。

但是应该指出，憍陈如阇耶跋摩的时代，扶南的武力已远不及范蔓的时候。《南齐书·扶南传》说：

（扶南）人性善不便战，常为林邑所侵袭，不得与交州通，故其使罕至。

这很清楚的指出扶南在南齐的时代，或是在竺旃檀到憍陈如的时代，武力已逐渐衰弱。憍陈如阇耶跋摩要向中国请兵去征伐林邑，就是这个原故。

相反的林邑在这个时期，似相当强盛，自范逸于晋威帝咸康二年（三三六）死后，其奴文篡位。穆帝永和三年（三四七年），文率其众攻陷日南，遂据其地。到了其子文佛又寇日南。《晋书·林邑传》说"至义熙中（四〇五至四一八）每岁又来寇日南、九真、九德等诸郡"。直到后来的范诸农及其子孙，仍然时时侵暴日南、九德诸郡。

范诸农的子孙的时代，差不多是憍陈如阇耶跋摩在位的时候。林邑既时时敢与中国对抗，而攻击日南、九德，那么林邑的力量必定相当的大，林邑既能与中国对抗，林邑对于扶南当然不会顾忌，所以时常也侵略扶南。

但《齐书》谓因为林邑间隔了日南与扶南，使扶南不得与交州通，故其使罕至，似乎不合史实，因为在齐时，尤其是在憍陈如阇耶跋摩时代，扶南时常遣使朝贡中国，而且扶南之到中国，不一定要取陆道，而乃经海道，不一定经林邑，只有在遭风时为风所吹而靠近林邑，始为林邑所劫掠。

憍陈如阇耶跋摩既死于五一四年，他就位的时间，史书虽然没有记载，但是《梁书·扶南传》永明中（四八三至四九三年）说他遣使贡献，《南齐书·扶南传》指出永明二年（四八四）遣天竺道人释那伽仙上表，又说宋末扶南王憍陈如名阇耶跋摩遣商货到广州，这说明他至迟是在四七九年以前就位，这一年是齐高帝称帝建元元年，所谓宋末，不一定是宋亡的一年。因此我们可以推想他就位的时间大约是在四十七年左右，这样算起来，他在位约四十多年之久，在阇耶跋摩的时代，扶南与中国的关系极为密切，所以在他在位的时候，扶南使者之到中国的继续不断，同时中国与扶南间的贸易，也是必定很为繁盛。

憍陈如阇耶跋摩死后，扶南又有争立的问题，而发生内乱。《梁书·扶南传》说：

> 庶子留陁跋摩（Rudraverman）杀其嫡弟自立，（天监）十六年（五一七）遣使竺当抱老奉表贡献。十八年（五一九）复遣使送天竺旃檀瑞像、婆罗树叶，并献火齐珠、郁金、苏合等香。普通元年（五二〇年）、大同元年（五三五年）遣使献方物。五年（五三九年）遣使献生犀，又言其国有佛发长一丈二尺，诏遣沙门释云宝随使往迎之。

在扶南的历史上上面已一再指出因争立而互相残杀，并非少见的现象。像上面所说范旃之杀太子金生而自立，金生之弟范长又杀范旃，范旃的大将范寻又杀范长，这是因争立而引起的大残杀，从范寻以后以至留陁跋摩，史书虽然没有关于这种残杀的记载，但是比方扶南王子当根纯之逃到林邑，而杀其王文敌，可能也是因为在国内争立失败，然后跑到林邑。留陁跋摩之杀其嫡弟恐怕只是很多的例子之一罢。

扶南在范蔓的时代，是南海诸国中最富强的国家。虽然在范旃、范寻的时候，扶南还能维持其国际地位，但是这种内部的争立而互相残杀，与扶南的逐渐趋于衰微，不见得完全没有关系。范寻以后的扶南，既逐渐衰微，留陁跋摩以后的扶南，更为衰弱，最后乃被其属国真腊所灭亡。

我们上面指出在憍陈如阇耶跋摩的时代，扶南与中国的关系极为密切。我们也得指出在留陁跋摩在位的时候，扶南与中国的关系也是很为密切的。只看上段文中所说扶南朝贡中国的频繁，就可以明白。同时，我们推想在这两位国王在位的时候，扶南与印度的关系，也是很好的。憍陈如遣印度僧人为扶南使者到中国，僧人尤其贾人之往来印度而经过扶南者，也不会少。上面说留陁跋摩遣竺当抱老朝贡中国，这个使者，姓竺，可能也是天竺人。又留陁跋摩遣使送天竺旃檀瑞像、婆罗树叶，而尤其是扶南有佛发长一丈二尺，说明印度的物品之流入扶南的，必定很多。《续高僧传》卷一说：

> 拘那罗陀陈言亲依，或云波罗末陀，亦云真谛，本西天竺优禅尼国人。群藏广部，罔不措拨，艺术异能，偏索谙练，虽遵融佛理，而以通道知名，远跋艰关，无惮夷险，历游诸国，随机利见。……大同中，敕直使张汜等送扶南献使返国，仍请名德三藏，大乘诸论杂华经等。……彼国乃屈真谛，并赍经论，……以大同十二年（五四六）八月十五日，达于南海，沿路所经，乃停两载，以太清二年（五四八）闰八月始届京邑。……陈武永定二年（五五八）七月还返豫章，又上临川、晋安诸郡，真谛虽传经论，道缺情离，本意不申，更观机壤，遂欲泛舶到棱伽修国，道俗留之，遂停越南。……天嘉六年（五六五年），……又泛小舶至梁安郡，更装大舶，欲返西国，又循人事，权止海隅，已而发自梁安泛舶西引业风赋命，飘还广州，

以太建元年（五六九）遘疾卒。

从这段话中，我们明白天竺僧人之于扶南与中国的关系。而且，《梁书》所说遣云宝到扶南迎佛发，可能是与大同中的张汜同行，拘那罗陀或真谛传中，还记有一位扶南僧人到中国译经。

须菩提陈言善吉，扶南国人也。于扬州至敬寺，为陈主译经。

上面已经指出二位扶南人——僧伽婆罗与曼陀罗到中国译经，现在又有须菩提，可见得扶南在当时在佛教上的地位的重要。据《梁书·扶南传》留陁跋摩最后朝贡中国，是在五三九年，留陁跋摩于这一年后，还活多少年抑或不久就死，不得而知。而且自留陁跋摩以后，我国史书没有关于扶南国王名字的记载，虽则扶南遣使贡献直到唐代贞观时代还见于史书。梁亡于五五六年，真谛死于五六九年，这就是陈武帝称帝后十二年。真谛既是梁末陈初在中国传道，须菩提大概也是这个时候在中国译经。

在陈代的扶南的情形，我们知道很少。七世纪上半叶姚思廉所撰的《陈书》有了下面的记载，卷二中说：

永定三年（五五九）五月丙寅扶南国贡方物。

卷五中说：

太建四年（五七三）三月乙丑扶南、林邑等国，遣使贡方物。

卷六中说：

祯明二年（五八八）六月戊戌，扶南遣使贡方物。

陈的建立，是在五五七年，而亡于五八八年，共三十一年，永定三年的朝贡是陈霸先称帝后三年，而扶南五八八年的朝贡，是陈亡的那一年，中间一次的朝贡，可以说是在陈的中叶，因此，我们可以说自陈建国以至灭亡，扶南不断的朝贡于中国。

在隋的时代杜佑《通典》"扶南"条说：

隋时其国王姓古龙。诸国多姓古龙，讯耆老，言"昆仑无姓古龙氏，乃昆仑之讹"，隋代遣使贡献。

这条文字很重要，除了说明在隋时扶南还朝贡于中国外，还指出扶南国王姓古龙。又《新唐书·扶南传》也说扶南王姓古龙，可能自隋至唐，扶南都为姓古龙的所统治。又我们在上面已经指出槃槃国的官号，也有谓古龙者，《通典》卷一八八"槃槃"条说："其言昆仑、古龙声相近，故或有谓古龙者。"我们以为当天竺憍陈如在四世纪末到五世纪初，经盘盘而到扶南为国王时，可能与了一些古龙大臣到扶南，他们在扶南政府居要地位，相传日久，到了南北朝梁陈的时候，势力愈大，所以在隋时或在隋以前，遂取扶南的王位而代之。

上面指出扶南王留陁跋摩之朝贡于中国最后一次，见于史书的，是五三九年，自此以后，没有说到留陁跋摩的朝贡，也没有说到扶南的国王名字。可能自五三九以后，扶南内部又发生变化，或者由于留陁跋摩死了，又引起争立。扶南朝贡中国的记载，虽史不绝书，但是国王可能因时立时废，内部不安定，故没有记载。

从留陁跋摩最后朝贡那一年（五三九）至隋文帝灭陈共四十九年。扶南憍陈如族因留陁跋摩死后而内乱，最后乃由姓古龙的代立为王，所以《隋书》《唐书》说王姓古龙。

应该指出，在这个时期内，扶南不只内部发生问题而更换朝代，其属国也开始反叛。在扶南之北的真腊是扶南属国，到了第六世纪的中叶，开始反抗扶南。并且不久占领了扶南一部分土地。

《隋书》没有《扶南传》，但《隋书》卷八二《真腊传》中有一段关于扶南极重要的记载，录之于下：

> 真腊国在林邑西南，本扶南之属国也。去日南郡舟行六十日，而南接车渠国，西有朱江国。其王姓刹利（Kastriya）氏，名质多斯那（Citrasena）。自其祖渐已强盛，至质多斯那，遂兼扶南而有之。死，子伊奢那先（Içanapura）代立，居伊奢那（Içana）城。

我们叙述真腊史时，对于这段文字，还要加以详细的解释，这里只要指出质多斯那兼扶南而有之，大概不过是占领了扶南一部分的土地，而非全部，因为在隋代至唐代，扶南还有使者到中国贡献，同时，唐时《扶南传》说明扶南为真腊所占领乃迁都到南边。至于质多斯那究竟是什么时候兼有扶南的地方，我们也不能在这里详细讨论。大致上是在六世纪的中叶，至下半叶。又《隋书》卷八二《赤土传》中也有说及扶南的记载云：

> 赤土国，扶南之别种也。

以前史家多把赤土位于现在的暹罗，但近来多位在马来半岛的北部。所谓赤土若为扶南别种，可能是因为赤土是猛种。猛与吉蔑种族相类，在扶南强盛时，扶南疆土伸张到马来半岛，而一些扶南人，包括猛人在这里居住，到了扶南衰弱后，这里的扶南人或猛人脱离了母国而独立，乃改称为赤土。假使这种看法是对的，那么扶南在强盛的时候，除了征服好多国家之外，其人民之分布于其他各处的也是很多。

《新唐书》卷二二二下《扶南传》云：

> 扶南在日南之南七千里，地卑洼，与环王（林邑）同俗，有城郭宫室。……治特牧城，俄为真腊所并，益南徙那弗那城。武德（六一六至六二

六)、贞观（六二七至六四九）时，再入朝，又献白头人二。白头者，直扶南西人，皆素首，肤理如脂，居山穴，四面峭绝，人莫能至，与参半国接。

扶南虽为真腊所攻败，而占有其地一部分，但是扶南还保留了一部分的土地。真腊的侵入是从扶南的北部，所以扶南遂南徙到那弗那城。那弗那城，据伯希和说"傥若特牧城确在朱笃南旺（金边）一带，此那弗那城应在喷呕方面寻之"。那弗那城不一定是在喷呕，这一点上面已说过。《唐书》指出扶南在唐贞观时代，不遣使贡献。那么扶南虽然已很衰弱，但在七世纪的中叶，这个国家还没有灭亡，至于它究竟何时灭亡，就不得而知了。

从整个扶南历史来看，我们可以说在柳叶以后的时代，是扶南最强盛的时代。范寻以后，扶南呈了衰微的现象，从天竺憍陈如到扶南至留陁跋摩，扶南又复兴起来。然而仍没有范氏统治时代的强盛。自古龙氏统治，扶南更为衰微。到了七世纪的中叶以后，扶南也就灭亡。因此，从其国力来看我们可以把扶南的历史分为下面几个时代：（一）蒙昧时代——公元一世纪以前；（二）建国时代——公元一世纪至二世纪末年；（三）强盛时代——公元二世纪末至三世纪末；（四）衰微时代——公元三世纪末至四世纪末；（五）复兴时代——公元四世纪末至六世纪上半叶；（六）衰亡时代——公元六世纪下半叶至七世纪下半叶。

第廿三章　早期的林邑

要想说明扶南与林邑的关系，我们先要看看林邑是在什么时候建国。因为这个问题，也是与扶南有了关系。正史之有《林邑传》，始于《晋书》，《晋书》卷九十七《林邑传》说：

> 林邑国本汉时象林县，则马援铸柱之处也。去南海三千里。后汉末，县功曹姓区，有子曰连，杀令自立为王，子孙相承。

《水经注》卷三十六中说：

> 浦西即林邑都也，治典冲，去海岸四十里，处荒流之徼表，国越裳之疆南，秦汉象郡之象林县也，东滨沧海，西际徐狼，南接扶南，北连九德，后去象林，林邑之号，建国起自汉末，初平之乱，人心怀异，象林功曹姓区，有子名逵，攻其县，杀令自号为王。值世乱离，林邑遂立。后乃袭代传位子孙。三国鼎争，未有所附，吴有交趾，与之接邻，进侵寿泠，以为疆界。

所谓汉末初平之乱，应该是指东汉献帝时董卓之乱。初平是献帝的年号，起公元一九○，止一九三，共四年。东汉亡于二二○年，初平年间已是东汉的末年。《水经注》所说与《晋书》所说的汉末似乎都是指着东汉的末年，也就是《水经注》所说的初平年间。

但是《后汉书》卷八六《南蛮西南夷传》中又说：

> 永和（按：为东汉顺帝年号）二年（公元一三七），日南、象林徼外蛮夷区怜等数千人，攻象林县，烧城寺，杀长吏。交趾刺史樊演发交趾、九真二郡兵万余人救之。兵士惮远役，遂反，攻其府二郡虽击破反者，而贼势转盛。会御史贾昌使在日南，即与州郡并力讨之，不利，遂为所攻。围岁余而兵谷不继，帝以为忧。明年召公卿百官及四府掾属，问其方略，皆议遣大将发荆、扬、兖、豫四万人赴之。大将军从事中郎李固驳曰："若荆、扬无事发之可也。今二州盗贼，盘结不散，武陵、南郡蛮夷未辑，长沙、桂阳数被征发，如复扰动，必更生患。其不可一也。又兖、豫之人卒被征发，远赴万里，无有还期，诏书迫促，必致叛亡。其不可二也。南州水土温暑，加有瘴气，致死亡者十必四五。其不可三也。远涉万里，士卒疲劳，比至岭南，不复堪斗。其不可四也。军行三十里为程，而去日南九千余里，三百日乃到，计人禀五升，用米六十万斛，不计将吏驴马之食，但负甲自致，费便如此。其不可五也。设军到所在，死亡必众，既不足御敌，当复更发，此为刻割心

腹以补四支。其不可六也。九真、日南，相去千里，发其吏民，犹尚不堪，何况乃苦四州之卒，以赴万里之艰哉？其不可七也。前中郎将尹就讨益州叛羌，益州谚曰：虏来尚可，尹来杀我，后就征还，以兵付刺史张乔，乔因其将吏，旬日之间，破殄寇虏，此发将无益之效，州郡可任之验也。宜更选有勇略仁惠任将帅者，以为刺史太守，悉使共住交趾。今日南兵单无谷，守既不足，战又不能，可一切徙其吏民，北依交趾，事静之后，乃命归本，还募蛮夷，使自相攻，转输金帛，以为其资，有能反间致头首者，许以封侯列土之赏。故并州刺史长沙祝良，性多勇决，又南阳张乔，前在益州，有破虏之功，皆可任用。昔太宗就加魏尚为云中守，哀帝即拜龚舍为太山太守，宜即拜良等便道之官。"四府悉从固议。即拜祝良为九真太守，张乔为交趾刺史。乔至，开示慰诱，并皆降散。良到九真，单车入贼中，设方略，招以威信，降者数万人，皆为良筑起府寺，由是岭外复平。

同处又说：

建康元年（公元一四四），日南蛮夷千余人复攻烧县邑，遂煽动九真，与相连结。交趾刺史九江夏方开恩招诱，贼皆降服。时梁太后临朝，美方之功，迁为桂阳太守。桓帝永寿三年（一五七），居风令贪暴无度，县人朱达等蛮夷相聚，攻杀县令，众至四五千人，进攻九真，九真太守兒式战死，诏赐钱六十万，拜子二人为郎。遣九真都尉魏朗讨破之，斩首二千级，渠帅犹屯据日南，众转强盛。延熹三年（一六〇），诏复拜夏方为交趾刺史。方威惠素著，日南宿贼闻之，二万余人相率诣方降。灵帝建宁三年（一七〇）郁林太守谷永以恩信招降乌浒人十余万内属，皆受冠带，开置七县。熹平二年（一七三）冬十二月，日南徼外国，重译贡献。光和元年（一七九）交趾、合浦、乌浒蛮反叛，招诱九真、日南，合数万人，攻没郡县。四年刺史朱儁击破之。六年（一八三），日南徼外国，复来贡献。

根据《水经注》的说法，以及《晋书·林邑传》的语气，林邑的建国，是在汉的末年。这就是公元一九〇至一九三年间。若照《后汉书》的记载，似乎林邑的独立，是在顺帝永和二年（公元一三七）。两者相差约有了五十五年左右。究竟《后汉书》所说的可靠还是《水经注》或《晋书》所说的为是呢？

过去学者，皆以为《后汉书·南蛮西南夷传》中所记的区怜，就是《晋书·林邑传》所说的区连，《水经注》是作区逵，清乾隆时代纪昀等所纂修的《水经注》的按语中说"按：逵刻讹作连"。怜与连是同音，而逵字与连字的写法又相似。

假使区怜、区连与区逵是当作一个人，那么这个人之建立林邑国，不是在一三七年，就是在一九〇至一九三年间。换句话来说，假如《后汉书》所说的建国时间是对的话，那么《水经注》与《晋书》所说的是错了。相反的假如《水经注》与《晋书》所说的建国时间是对的话，那么《后汉书》所说的就错了。因为从时间方面来看，相差了这么长，《汉书》所说的区怜不会也就是《水经注》所说的区逵，或《晋书》所说的区连。

我们应该指出，《后汉书》虽然说到区怜的反叛，可是并没有说到区怜会另建国家，更没有说到林邑这个国名。这是一个很重要之点。至少，我们可以这样的推论，区怜虽然聚众数千，反抗汉朝的当地统治者，而引起汉廷的震惊忧虑，但是区怜并不见得因此建立一个新国家，也不见得这个时候，就有了林邑这个国名。而且，据《后汉书》所说区怜的反抗，不久就为汉朝所击败。这好像说明了区怜的势力，已完全瓦解。虽然在七年之后（建康元年，公元一四四）"日南蛮夷千余人"又"攻烧县邑，遂煽动九真，与相连结"，可是这次的反抗，《后汉书》并没有说是区怜所领导的运动。从区怜反抗之后，除了建康元年的当地人民反抗之外，一直至公元一八三年的四十年间"这些地方的土人，时而反抗，时而屈服"。据《后汉书》所载，在反抗的运动过去之后，"日南徼外国，重译贡献"。而且，这些外国的贡献，还不止一次。

这又是一个极重要之点，因为所谓"日南徼外国，重译贡献"这个"外国"应该不是区怜，或后来继他起而反抗的当地人民。因为这些人民，是居住在九真、日南各处，既然他们的反抗失败，而汉廷恢复其属土，那么那些反抗的人民，其留在当地者，既不会称为外国人，而逃到日南徼外的国家（假使是有的话）的反抗分子，也不会到中国贡献。所谓外国，应该是指着日南徼外的国家。

我们知道，在林邑建国之后，其土地是日南最南的象林。其四面的疆界，正如《水经注》所说"东滨沧海，西际徐狼，南接扶南，北连九德"。东是中国南海，北是中国属土的九德，南是扶南，而西是徐狼。《水经注》同处又说：

其水又东南流，径船官口，船官川源徐狼，外夷皆裸身，男以竹筒掩体，女以树叶蔽形。外名狼膑，所谓裸国者也。虽习俗裸袒，犹耻无蔽。惟依瞑夜与人交市，暗中臭金，便知好恶，明朝晓看，皆如其言。自此外行，得到扶南。

这说明徐狼不只在林邑之西而与林邑接壤，而且与扶南接壤。

林邑的领土既为汉的原来属土，那么在林邑未建国之前，中国最南的日南象林，应该是与扶南接壤。至少这个极南的象林，是与扶南很接近的。

徐狼的文化既这么低，是否会遣使而入贡中国，很成问题，因此我们推想，这个所谓日南徼外国，应该是扶南。假使这里所说的徼外国不止一国，那么扶南应该是包括在内了。

而且，所谓重译贡献，是语言不同，而必经过一次或再次的翻译而始通达。假使是原来属于日南郡的象林的当地人，入朝贡献，似乎不必说是重译。重译者，是指着徼外一些国家的人们，而所谓徼外，应该是在日南象林之外的国家。我们相信在这些重译来献的国家，可能不只是扶南，但是扶南应该包括在内。因为象林之外，就是扶南，徼外的国家，可能来自暹罗湾，或马来半岛，以至苏门答腊、爪哇等处，但是假使这些比较很远的国家，还到中国贡献，而近在咫尺的扶南，没有与中国有关系，那也是很难想像的。自然，这些国家的贡献，不一定都遣使到了中国的京都，可能是派到交趾与地方当局办交涉，由地方转达中央。所以在这个时候，扶南这个国名没有见于史书，是由于撰作史书的人，对于徼外诸国，认识不够，所以只用什么"日南徼外国，重译贡献"这些词句，来概括一些国家。

从另一方面来看，我们也得指出，像我们在上面已经提及这就是自顺帝永和以后，在日南象林一带，当地人民的反抗汉朝的不断的运动中，我们以为扶南是不会完全没有参加的。扶南的北面边境既与中国的属土为邻，在中国边境内的当地人反抗中国，若没有得到扶南的支持或援助，成功既不容易，失败了，就没有逃身之所。换句来说，假使扶南是帮助中国的话，介在扶南与中国中间的当地人，要想在中国的属土上建立一个新国家，也是不容易。

所以，我们推想扶南对于当地人民的反抗汉朝，可能时而支援，时而中立。扶南可能希望他们成功，与扶南友好，或甚至成为扶南的属国，而当为中国与扶南之间一个缓冲地带。《晋书·陶璜传》说："林邑……夷师范熊，世为逋寇，自称为王，数攻百姓，且连接扶南，种类猥多，朋党相倚，负险不宾。"这虽然是三世纪的事情，然在二世纪末，林邑建国的时候，情况似乎也是如此。当然，在其长期帮助林邑建国以至建国之后而帮助其巩固其地位，有时因为中国力量太大，反抗中国的运动若是失败了，扶南又不得不与中国友好，而遣使贡献。

总而言之，我们以为林邑自区怜反抗中国以后，在日南象林的当地人民，同时也得扶南的帮助，时而反抗，时而失败。经过五十多年的时间，这就是在后汉献帝初年的时候，始建立为林邑国。其建立这个国家的人物，据《水经注》所说是区逵，据《晋书》说是区连，可能区连是区逵之误，区逵虽然是与区怜同姓，但可能是两个人，而不是一个人。当然区逵也可能是区怜的后裔，但无论如何，林邑的建国而名为林邑，是二世纪的末年。其原因是可以理解的。区怜反抗中国之后，虽然区怜为中国所击败，然而后起者并不乏人，这一点，《后汉书》说得很清楚，这些人可能是区怜的子孙到了献帝初平年间，中国既有了内乱，对于越南半岛的事情，无法兼顾，曹操当权之后，东汉已趋于灭亡。曹操忙于巩固自己的地位，林邑在扶南的支持下，建国之后，因汉室的衰亡，三国的争持，遂慢慢的成为越南半岛的重要的国家。到了三世纪的上半叶，在《吴志·吕岱传》中其国名已与扶南相提并论。

《晋书》卷九十七《林邑传》说：

> 其后，王无嗣，外孙范熊代之。熊死子逸立。

《水经注》卷三十六中说：

> 后（按：指区逵之后）乃袭代传位子孙。……自区逵以后，国无文史，失其纂代，世数难详，宗胤灭绝，无复种裔，外孙范熊代立，人情乐推，后熊死子逸立。

我们知道，范熊在位的时候，是公元二七〇至二八〇年间。这应该是范寻在位的时候。在扶南，从二世纪末年范蔓称王之后，王位的争夺虽很剧烈，但从范蔓一直到范寻皆称姓范。上面已经指出，林邑的建国，不能不借力于扶南。而且，在范蔓时代的林邑，可能是扶南的属国。《梁书·扶南传》说范蔓以兵威攻伐旁国，咸服属之，那么这个在扶南之北而与接壤的林邑，其建国也既不能不借力于扶南，而且其建国的时期，正是范寻在位的时期，可能服属于扶南，两者的关系既如此密切，两国互通婚姻，也是一件很为平常的事情。林邑王的女儿嫁给扶南王为妻，这也是很自然的事情。因而这位范熊，也可能是扶南的王子，以时间来说，范熊应该是范寻或是范旃的儿子，而成为林邑王的外甥。

假使这种看法是不错的话，这位外甥的舅父，死了之后，可能是因为没有儿子去承继王位，也可能是因为他的表兄弟夺王位而互相残杀，都归于死亡。扶南是一个富强的国家，又可能是林邑的上国，在这种情形之下，也有两种可能：一为林邑找不出适当的人去做国王，而请求扶南派一位国王；一是扶南想用机会去统治林邑，而用压力去使林邑接受范熊为国王。因而林邑的王位遂由扶南人去承继。同时，林邑的区姓王朝遂转为范姓王朝，而且这位范熊死后，其王位传了好几代，还是姓范的。

范熊若是扶南的王子，他去就王位之后，扶南与林邑的关系，更加密切起来。中国方面虽然有了像陶璜这种刺史，在交趾"偏戍在南十有余年"，"前后征讨剪其魁桀"，可是因为夷帅范熊的国家"连接扶南"，"朋党相倚"，也没有办法去使林邑屈服。范熊既有了扶南的援助，南方没有后顾之忧，北边可以阻止中国的南进，因而国内安定，"人情乐推"。

第廿四章　扶南与林邑

假使我们说范熊是扶南王子，没有错误的话，我们还可以指出在范熊之后，扶南还有王子当了林邑的国王，一为当纯根，一为鸠酬罗。

这两位王子，有人以为就是一个人。伯希和其在《扶南考》（冯承钧译《史地丛考续编》，三三至三四）中就有这样的看法。所以他说：

> 憍陈如阇耶跋摩……请齐帝遣军助其讨伐林邑，缘数年以前，有一人攻破林邑，自立为王，其人在扶南王表中则谓其奴名鸠酬罗，而在《林邑传》中则名扶南王子当纯根，齐帝乃诏交部随宜接应。

后来马思伯乐（Georges Maspero）在其《占婆史》（*Le Boyaume De Champa*，冯承钧译）中大概是跟着伯希和的看法，也以为鸠酬罗就是当纯根。他说：

> 由敌文至阳迈史文颇欠明了，《梁书》以当纯根、范诸农事次于此后疑误。（页三）

又说：

> 林邑内乱数年，国属阳迈，《梁书》误以杨迈为范诸农子，《水经注》卷三十六，则谓为胡达之子，今姑以其为第三王朝之始祖。（页三一）

又说：

> 范神成死，夷人范当纯根攻夺其国，篡位为王，此当纯根亦即扶南王阇耶跋摩之子鸠酬罗也。鸠酬罗在扶南得罪逃至林邑，故扶南王阇耶跋摩于四八四年上表齐武帝曰："臣有奴名鸠酬罗，委臣免走，别在余处，勾结凶逆遂破林邑，仍自立为王，永不恭从，违恩负义。"

伯希和虽然主张当纯根就是鸠酬罗，但在《扶南考》这篇文里，他并没有说出他的这种看法的理由。马思伯乐在那几段话里说出了他之所以主张当纯根就是鸠酬罗的理由。他的理由有二，一是根据《南齐书》卷五十八《林邑传》中下面一段话：

> 宋永初元年（公元四二〇），林邑王范杨迈初产，母梦人以金席藉之，光色奇丽，中国谓紫磨金，夷人谓之杨迈，故以为名。杨迈死，子咄立。……元嘉二十二年（四四五），交州刺史檀和之伐林邑，杨迈欲输金万斤，银十万斤，铜三十万斤，还日南地。大臣蓦僧达谏，不听。和之进兵破

其北界犬戎区粟城，获金宝无笇……杨迈子孙相传为王，未有位号，夷人范当纯根，攻夺其国，篡立为王。永明九年（四九一）遣使贡献金篼等物。诏曰：林邑虫介在遐外，世服王化，当纯根乃诚恳款到，率其僚职远绩克宣，良有可嘉。宜沾爵号，以宏休泽，可持节、都督缘海诸军事、安南将军、林邑王。范杨迈子孙范诸农率种人攻当纯根，复得本国。十年（四九二）以诸农为持节、都督缘海诸军事、安南将军、林邑王。

此外，马思伯乐又根据《水经注》说杨迈为胡达的儿子，因而推算当纯根为鸠酬罗。《水经注》卷三十六关于胡达与杨迈传记载，有下面数段。《水经注》引《林邑记》说：

义熙九年（按：义熙为晋安帝年号，义熙九年乃公元四一三年），交趾太守杜慧度造九真水口，与林邑王范胡达战，擒斩胡达二子，虏获百余人，胡遁。

又说：

元嘉中，檀和之征林邑，其王阳迈举国夜奔。……即以元嘉二十三年（四四六）死。夷俗上金为阳迈金，父胡达死，袭王位，能得人情。

《晋书》卷九十七《林邑传》说：

其年（公元三四九）父死，子佛嗣，升平末广州刺史滕含率众伐之。佛惧请降。含与盟而还。至孝武宁康中，遣使贡献。至义熙中（公元四〇五至四一八），每岁又来寇日南、九真、九德诸郡，杀伤甚众，交州遂致虚弱，而林邑亦用疲毙。佛死（按：其死年当为三八〇年），子胡达立，上疏贡金盘椀，及金钲等物。

《晋书》没有说到当纯根的事情，《水经注》也没有记载这个名字。马思伯乐之所以引用《水经注》，目的是说明杨迈是胡达的儿子。胡达在位时期约为三八〇至四一三年，因为根据《晋书·安帝纪》义熙九年（公元四一三）说：

林邑范胡达寇九真，交州刺史杜慧度斩之。

范湖达，应该为范胡达之误。照马思伯乐的意见，阳迈既为范胡达的儿子，因而以为杀当纯根的范诸农，应该是在阳迈之后，而不在杨迈之前，所以推论当纯根的事情的发生，是在阳迈之后。这种看法，事实上是补充了《南齐书·林邑传》的记载。所以我们最好以《南齐书》的记载来讨论。

应该指出，《南齐书·林邑传》中所说的当纯根，是与《南齐书·扶南传》中所说的鸠酬罗，是同一时代的人物。永明二年（四八四）扶南王憍陈如阇耶跋摩上表中说反叛他而到林邑为王的鸠酬罗，应该在七年后（四九一）还活着。

所以就时间来说，鸠酬罗可能如伯希和与马司伯乐所推论，这两个人是一个人。

然而我们也不能不注意《南齐书》的著者萧子显撰作《东南夷传》时，不致于把一个人名写为二个人名而立传。而况，《扶南传》就排在《林邑传》之后，若为一人，为什么用了两个不同的名字？当然有可能的，是在扶南时这位王子，可以叫做鸠酬罗，而到林邑为王时可以改为当纯根。但是憍陈如阇耶跋摩上书于南齐武帝不见得只用他在扶南时的名字，因为这是国与国之间的外交表文，他一定会把鸠酬罗在林邑所称的名字在表上说明，绝不会只用在扶南时所用的私名，而没有用在林邑的王名。而况，他所请求齐武帝所征讨的是正在林邑的国王，而不是曾在过扶南时的王子。

又憍陈如阇耶跋摩上表请求南齐讨伐鸠酬罗，是在永明二年（四八四），《南齐书·林邑传》记载永明九年南齐皇帝诏他为都督缘海诸军事、安南将军、林邑王。齐武帝没有答应憍陈如阇耶跋摩去讨伐林邑，似乎也不致于把一个荣誉的爵号在数年之后（四九一），给赐林邑王。很奇怪的，是十二年后（五〇三），梁武帝也以安南将军、扶南王给予憍陈如阇耶跋摩。这说明扶南王也是喜欢这个名号的。齐武帝没有给予憍陈如而反给林邑王，等到齐亡之后，才由梁武帝来给与憍陈如，这也是令人费解的。

其实，《齐书》在同一时间中，在《林邑传》中用当纯根这个名字，而在《扶南传》中叫做鸠酬罗，而没声明二者就为一人，虽然也是令人很费解，但同时也说明了这两个名字，不一定是一个人。

我们检阅关于当纯根的记载，除了《南齐书·林邑传》记他为五世纪末的人物外，其他的史料如《梁书》，如《南史》，如《通典》，都记载他是五世纪上半叶的人物，是生在阳迈之前，而以阳迈为范诸农的儿子，反于《南齐书》所说范诸农为阳迈的儿子。《梁书·林邑传》说：

> 安帝隆安三年（三九九），佛孙须达复寇日南。……须达死，子敌真立，其弟敌铠，携母出奔。敌真追恨不能容其母弟，舍国而之天竺，禅位于其甥，国相藏驎固谏不从。其甥既立而杀藏驎，藏驎子又攻杀之，而立敌铠同母异父之弟曰文敌。文敌后为扶南王子当纯根所杀，大臣范诸农平其乱，而自立为王。诸农死，子阳迈立。宋永初二年（四二一）遣使贡献，以阳迈为林邑王。

须达应该是胡达。《南史》的记载与《梁书》差不多一样。《太平御览》卷七八六"林邑"条也节录了《南史》一段话，也有差不多同样的记载。萧子显是梁时人，撰作《南齐书》虽早于姚思廉的《梁书》与李延寿的《南史》以及杜佑的《通典》，但这也不能说明较早的著作，一定是比于后来的较为准确。萧子显的《南齐书》，史家一向以为是"附会纬书，推阐禅理，牵于时尚，有乖史体"。我们也不一定完全同意于这种看法，但这也说明了萧子显对于史实的忽视。

而况，姚思廉、李延寿与杜佑的同样记载既不一定是人云亦云，而他们之所以不苟同于萧子显的记录，应该有其根据。姚思廉的《梁书》，始于其父姚察。姚察，隋人，其去南北朝为时尚短。假使我们说萧子显的记载未可全非的话，那么我们也不能说姚思廉、李延寿与杜佑的记载就是错误。何况，照我们上面所说，《南齐书》的记录，是有很多可疑之点。

总而言之，当纯根这个名字在声音既与鸠酬罗完全不相近，而从我们上面所说的各种理由来看，两者应为两个人，而非一个人。而且林邑建国初期，固如《水经注》所说"国无文史，失其纂代，世数难详"，就是范熊以后，也有很多世代不很清楚。马司伯乐虽然主张当纯根就是鸠酬罗，但他自己也觉得由"敌文至阳迈史文颇欠明了。《梁书》以当纯根、范诸农事次于此后疑误"（冯译《占婆史》，页三）。可见得他也并非很肯定的指出《梁书》是错误。

我们以为自胡达死后，林邑因为王位的让与和争夺，使国内呈了不安的状态。扶南王子乘机而夺取了林邑的王位，是很可能的，这是五世纪初年的事情。假使这种看法，没有错误，那么当纯根是五世纪初叶的人物，而非五世纪末的人物。这样《梁书》所载不见得是错误。南齐武帝在五世纪的下半叶没有答应扶南憍陈如请求，讨伐林邑鸠酬罗，表面上可能是不愿远征，事实上恐怕是与鸠酬罗已建立很好的邦交。因为鸠酬罗占了林邑王位之后，一定极力讨好于中国，以巩固其势力。至于林邑劫夺扶南船货，从南齐看来，虽然不对，然而南齐也不愿为此事而动干戈。同时，也不愿得罪扶南，所以婉言推辞。

当纯根在位的时间不会很长，因为胡达死于四一三年。《梁书·林邑传》说："诸农死，子阳迈立。宋永初二年（四二一年）阳迈遣使贡献，以阳迈为林邑王。"照《梁书》的记载，阳迈应该是四二〇年或四二一年立为国王。从胡达死到阳迈立，不过七八年间的时间，林邑的国王之在位者，有敌真，敌真又让位于其甥某，其相藏骒之子又杀敌真的外甥而立文敌（按：亦有作敌文的），文敌为当纯根所杀。当纯根不久又为范诸农所杀而自立为王。诸农死，然后由阳迈承继，假使当纯根杀文敌后而自立为王，那么在这七八年中，共有五个国王——敌真、敌真之甥、文敌、当纯根、范诸农，平均来说每人也约有一年半，所以当纯根在位的时间是不会长的。

这个时候的林邑与扶南的关系如何，不得而知，但是到了阳迈在位的时候，据《梁书·林邑传》说：他在没有受过檀和之的痛击（四四六年）之前，时时侵略交州。我们以为假使扶南没有帮助林邑的话，至少扶南与林邑不会有战争，否则林邑将有后顾之忧，而不敢轻易去侵略交趾。《宋书》卷九十七《林邑传》说"林邑欲伐交州，借兵于扶南，扶南不从"。这件事，据《宋书》所记约在四三一或四三三年间。从这段话来看，可能在此之前，林邑也曾经借兵于扶南，《宋书》卷九十七"扶南"条说元嘉十一年至十五年（四三四至四三八）的五年间扶南曾三次遣使到中国贡献，这是扶南王恃梨陁跋摩在位的时代。四三四年抵达中国贡献，其准备入贡事宜，以及其使者在旅途中所需要的时间，不会很短，应该是在四三四之前。扶南既正在准备或首途到中国入贡，林邑借兵于扶南去攻伐中国的属土，扶南当然不会答应。

至于檀和之在四四六击败林邑这件事，对于扶南也有很大的影响。关于檀和之伐林邑，《宋书》七十六《宗悫传》说：

> 元嘉二十二年（四四五），伐林邑，悫自奋请行，义恭举悫有胆勇，乃除震武将军，为安西参军萧景宪军副，随交州刺史檀和之，围区粟城。林邑遣将范毗沙达来救区粟，和之遣偏军拒之，为贼所败。又遣悫，悫乃分军为数道，偃旗潜进讨破之，拔区粟，入象浦，林邑王范阳迈倾国来拒，以具装被象前后无际，士卒不能当。悫曰：吾闻狮子威服百兽。乃制其形与象相御，象果惊奔，众因溃散，遂克林邑。收其异宝杂物不可胜计。悫一无所取，衣栉萧然，文帝甚嘉之。

《水经注》卷三十六也有数段关于此役的记载，兹录一小段于下：

> 元嘉中檀和之征林邑，其王阳迈举国夜奔，窜山薮，据其城邑，收宝巨亿。军还之后，阳迈返国，家国荒殄，时人靡存，踌躇崩僻，愤绝复苏，即以元嘉二十三（四四六）年死。

《梁书》卷五十四《林邑传》也有关于此役的记载。但是应该指出，宋元嘉初年的阳迈死后，其子咄就位后，也称阳迈，所为檀和之所征伐而死于四四六年的阳迈，应该是阳迈之子咄。

我们说林邑这一次的惨败，对于扶南有很大的影响，而且这种影响之深入扶南人心，时间很长，因而直到三十八年后（四八四），据《南齐书·扶南传》，扶南王憍陈如阇耶跋摩在其上齐武帝的表中还追忆其事说：

> 林邑昔为檀和之所破，久已归化，天威所被，四海弥伏。

《晋书》卷九十七《林邑传》告诉我们道：

> 林邑少田，贪日南之地。

究竟是不是为了少田而贪日南之地，所以林邑时时侵略交州，我们不准备在这里讨论。但是林邑是一个好战的国家，自建国以后，时时向交州攻打，却是事实。其实，林邑不只时时向北边的交趾攻伐，就是对于其南边的扶南，也时有了侵略的行为。《南齐书·扶南传》中说：

> 扶南人性善，不便战，常为林邑所侵袭，不得与交州通，故其使罕至。

扶南人在历史上也是勇敢善战，这里所说不便战不见得是对的，虽则常为林邑所侵袭，使扶南不能与中国常通，可能也是事实。

到了五世纪的末年，憍陈如阇耶跋摩因鸠酬罗的反叛而逃到林邑为王，以及其掠夺扶南的货物，而引起两国的争端，上面已经说过，这里不再重述。到了憍陈如死后，不久扶南逐渐趋于衰弱，真腊代之而兴，到了七世纪的中叶以后，却为真腊所灭。我们相信在真腊征服扶南的过程中，林邑是不会袖手旁观的。林邑为着自己的利益，有时可能帮助扶南去抵抗真腊，有时也可能帮助真腊去攻伐扶南，因为史文缺乏，我们只好从略。

总而言之，扶南与林邑，虽然是两个国家，但是在天然环境、人种与文化的各方面，是有了关系的。《梁书·扶南传》说"气候风俗，大较与林邑同"。《新唐书》卷二二二下《扶南传》也说"与环王（按就为林邑）同俗"。又《晋书》卷九十七《扶南传》也说扶南"丧葬婚姻略同林邑"。至于种族方面，两国既相接壤，人民之往来杂居，是免不了的事情。因而互相通婚，也为必然的结果。这样，在种族上，也互相混杂。其实，在林邑的历史中，好几位国王既是扶南人，那么不只其民众有混杂，就是在王室中也混杂起来。此外，也有些人相信，两国的人种，根本上就有了相同之处，假使这种看法是对的，那么二者的关系更为密切了。

第廿五章　扶南与真腊

真腊国名，最初见于《隋书》。《隋书》卷八十二有《真腊传》。真腊又名吉篾。《旧唐书》卷一百九十七《真腊传》说："南方人谓真腊为'吉篾'（Khmer）。"《新唐书》卷二二二下《真腊传》说："真腊一名吉篾。"《宋史》四百八十九《真腊传》说："真腊亦名占腊。"元代周达观《真腊风土记》说：

> 真腊或称占腊，其国自称曰甘孛智。今圣朝按西番经名其国曰澉浦只，亦甘孛智之近音也。

《明史》卷三二四《真腊传》说：

> 真腊，……宋庆元（一一九五—一二〇〇）中灭占城而并其地。因改国名曰占腊。元时仍称真腊。……其国自称甘孛智，后讹为甘破蔗。万历（一五七三至一六一九年）后改为柬埔寨。

此外还有称为甘武者、甘菩者。这些名词均为 Kamboja 的同名异译。又越南人叫作高蛮，或高棉，我国华侨也称为高绵或高棉。高绵、高棉，也是出自 Khmer。

南洋土人称缅栀子为 Kamboja，其花色白而清香，花瓣滑润如脂，多植寺内，用以供神，可能 Kamboja 是因此而得名。

真腊的历史与扶南的历史是分不开的。第一，真腊的疆土大致也就是扶南的疆土，包括其所附属的真腊的本土。《隋书·真腊传》说：

> 真腊国在林邑国西南，本扶南之属国也，去日南郡舟行六十日，而南接车渠国，西有朱江国。

《旧唐书·真腊传》说：

> 真腊国在林邑西北，……在京师南二万七百里，北至爱州六十日行。（西北恐为西南之误）

《新唐书·真腊传》说：

> 真腊……去京师二万七百里，东距车渠，西属骠，南濒海，北与道明接，东北抵骧州。

宋赵汝适《诸蕃志》卷上"真腊国"条说：

> 真腊接占城之南，东至海，西至蒲甘（Pagan），南至加罗希（Grahi），

自泉州行，顺风月余日可到，其地约方七千里。

元周达观《真腊风土记》说：

> 其国北抵占城半月程，西南距暹罗半月程，南距番禺十日程，其东则大海也。旧为通商往来之国。

番禺一向是指着广州，所谓"南距番禺十日程"句恐有错误。

真腊本来是扶南的属国，但是后来却兼并了扶南的疆土，因为时代的不同，扶南本身的疆土既非一向不变，真腊的领土也不见得始终如一。扶南在最强盛的时候，尤其是在范蔓的时候，征服了十余个国家。在扶南衰弱的时候，可能这些国家都独立起来，所以真腊所兼并扶南的疆土大致只是扶南的本土。但在真腊强盛的时代，其领土西至蒲甘，这就是现在的缅甸，扶南的领土虽然扩张到暹罗或至缅甸的边境或境内，然而是否也像后来的真腊西至蒲甘，却是一个问题。扶南除了在越南半岛占了一大块地方之外，又是一个强大的海国，真腊后来虽也有陆真腊、水真腊之分，然而水真腊只是因为靠海边，并不像扶南的范蔓，穷涨海，征服十余国。至于在东西的海上的交通上与贸易上，真腊远比不上扶南，是更为显明的。

尽管在地域上，真腊与扶南有其差异之处，但是真腊的故土，既曾为扶南所役属，后来扶南的故土，也就是真腊的领地，因此，我们可以说，两者从其本来的疆域的历史来看，基本是一样的。

第二，从种族方面来看，真腊与扶南两者，主要都是属于吉篾人种。这一点我们在上面已经说及。我们再要指出这两个国家在很早的时候，都为吉篾人所建立，就使在吉篾人尚未建立国家之前，或在建立国家的时候，而杂有其他人种，使这两个国家在人种成份上是有了差异之处，但是真腊受了扶南的统治，既有了数百年之久，因而人种差异也是会逐渐混合起来。

真腊与扶南不只二者同为吉篾人种，而且我们相信，真腊既属于扶南，真腊的王室或是统治者，可能也就是扶南王室的支派。混填分扶南为七邑，使其儿孙去分治，盘况做了国王，又另遣其子孙去治理，而叫做小王。真腊在扶南长期统治之下，成为扶南的一个行政区域或采邑，由扶南遣派小王子或亲属去治理，是自然而然的。关于这一点，我们下面还要再述，我们这里只要指出，因为真腊长期在扶南统治之下，真腊国这个名词，虽然还继续存在，而且，后来这个地方的统治者，兼并了整个扶南，所以我们说，不只在种族上，两者是相同，就是真腊的统治者，可能也就是扶南统治者的后裔，或是支派。

第三，在文化上，这两个国家都是受了印度文化的影响，其实，真腊的文化，就是扶南文化的遗产，真腊是扶南文化的承继者。应该指出，比方在建筑艺术上，真腊的成就，比之扶南高得多。又如在宗教上，扶南主要是婆罗门教，佛教居于次要的地位，可能有时两相并立，但是在真腊的历史发展中，佛教逐渐发达起来，最后成为真腊或柬埔寨的主要宗教。然而像这种的差异，也可以说是真腊的文化是在扶南的文化的基础上发展而来。而且，无论是扶南的文化也好，是真腊的文化也好，两者都深染了印度的文化。

从地域、种族、文化各方面来看，真腊的历史与扶南的历史固是分不开，从真腊历史的本身发展上来看，真腊与扶南的历史，是更难切断。《隋书》卷八十二《真腊传》说：

> 真腊国，……王姓刹利（Kastriya）氏，名质多斯那（Citrasena），自其祖渐已强盛，至质多斯那遂兼扶南而有之。死，子伊奢那先（Isanasena）代立，居伊奢那城（Isanasena），……大业十二年（六一六）遣使贡献，帝礼之甚厚，其后亦绝。

遣使朝贡于隋的真腊国王，应该是伊奢那先。假使这位国王，是在六世纪的末年就位的话，他的父亲质多斯那，兼并扶南，应该是在六世纪的下半叶。但是《新唐书》卷二二二下《真腊传》，却告诉我们道：

> 真腊，……其王刹利伊舍那，贞观（六二七至六四九年）初并扶南有其地。

这样看起来，真腊之兼并扶南是在七世纪的上半叶，而不是六世纪的上半叶，相差的年数，是好几十年了。究竟《隋书》所说的对还是《唐书》所说的对呢？

根据碑文及一些西洋学者的考订，真腊之并扶南不只是在《新唐书》所说的国王刹利伊舍那之前，而且是在《隋书》所说的质多斯那之前，这就是在质多斯那的哥哥拔婆跋摩的时候。

根据碑文，质多斯那是在未就王位之前的名字，就了王位之后，其名为摩醯因陀罗跋摩（Mahendravarman）。因为碑文中排列各王的次序，是留陀跋摩（Rudravarman），拔婆拔摩（Bhavavarman），摩醯因陀罗跋摩（Mahendravarman），伊奢那跋摩（Isanavarman），阇耶跋摩（Jayavaran）。有一碑文记载阇耶跋摩在位的时间，是六六五至六六八年，又有一碑文说明伊奢那跋摩于六二七年曾在位。《隋书》说伊奢那先于六一六年朝贡中国，这位伊奢那先，应该就是碑文中的伊奢那跋摩。《隋书》说伊奢那先为质多斯那的儿子，若照碑文追溯上去，摩醯因陀罗跋摩应为伊奢那先的父亲。澜沧江岸有一碑文，载质多斯那在这里建一神像（Linga）。此碑文经芬诺（Finot）的解释，以及巴尔特（Barth）在克伦杂著 *Mélanges Kern* 之中译释，另一碑文订明摩醯因陀罗即位之前，名质多斯那。

《隋书》说质多斯那兼并扶南可能是在他未就王位之前。在其兄拔婆跋摩在位的时候，因为他是王弟，似又是指挥征伐扶南的人物。《隋书》追记其未就王位前的事情，而用其当时的名字。所以没用记载其为王时的称号。事实上，征服扶南是这位王弟。但是在时间上，是在其兄拔婆跋摩的时候，而非质多斯那在位的时候。因此，在时间上，真腊之征服扶南，应该提前了一些年数。

这样看起来，《新唐书》所说真腊在贞观年间"并扶南有其地"是不是完全错误呢？

这也不一定是完全错误。因为真腊在拔婆跋摩在位的时候，质多斯那战胜扶南，而兼并其地，不过是占领其地的一部份。《新唐书》卷二二二下《扶南传》记载"扶南……治特牧城，俄为真腊所并，益南徙那弗那城"。这就是说，真腊虽并了扶南，但扶南并没有灭亡。扶南因抵抗不住真腊的侵略，因而从特牧城迁到那弗那城。这已经很明白的指出真腊之并扶南，并非一次兼并。《旧唐书》所说"俄为真腊所并"，应该是指着拔婆跋摩的兼并，所兼并者是特牧城，以及一部分土地，扶南虽不得不迁都，但还未灭亡。

这种看法是正确的。因为《旧唐书》除了记载扶南因真腊的攻击而迁都外，还说："武德（六一八至六二六年）贞观（六二七至六四九年）时，再入朝。"并且贡献了二位白头人。假使扶南在拔婆跋摩的时代，完全为了真腊所兼并，那么扶南不只不会迁都，更不会在武德与贞观时代，还入朝于中国。但是，《新唐书·真腊传》既说，其王刹利伊舍那于贞观年间初并扶南有其地，可能是在扶南在贞观年间遣使到中国入朝之后不久，又为真腊所攻击。这一次的攻击，使真腊兼并了在拔婆跋摩时代质多斯那所没有兼并的地方，使扶南全部都归于真腊。

总而言之，我们的推论，是在六世纪的下半叶，扶南为真腊所占据其都城，兼并了一部分的土地。到了贞观年间，可能是贞观的末年，全部都为真腊所并，扶南从此遂灭亡。

拔婆跋摩是不是真腊的第一位国王呢？

碑文中有载，名 Crutavarman 为第一国王。伯希和以为这可能是神话之王。但是碑文中像上面已经指出，在拔婆跋摩之前一位王名是留陁跋摩（Rudravarman）。《梁书·扶南传》载五一四年扶南王憍陈如阇耶跋摩死，庶子留陁拔摩杀其嫡弟自立。这位国王于五三九还遣使贡献于中国。碑文中所说的留陁跋摩，是不是就是这位留陁跋摩，抑或是两者同名而异人呢？同为一名，而实为二人，是可能的，但是伯希和却以为这是同名而同人。他在《扶南考》一文（冯承钧译载《史地丛考续编》）中说：

> 拔婆跋摩与其前王留陁跋摩有何关系，吾人不知，然吾人确知其非前王之子。考 Veal Kantel 之碑文曾言其有一姊，并著录其父毗罗跋摩（Viravarman）之名，而毗罗跋摩未为国王。按据巴尔特君之碑文考订，拔婆跋摩不特为一侵略之人，或且用暴烈方法握有政权，留陁跋摩一名，我人仅间接知其有之。然据 Ang Chumnir 碑文所志，其人似为拔婆跋摩的前王，

盖留陁跋摩之二医师名婆罗专达多（Brahmadatta）及婆罗摩僧诃（Brahmasimha），而拔婆跋摩及摩醯因陀罗跋摩二王之医师，即为兹二医师之姪达摩提婆（DharMadeva）及僧诃提婆（Simhadevq）也。Ang Chumnir 碑文中之留陁跋摩，或者即为 Baksey Chang Krang 碑文中谓一朝建国之王之留陁跋摩。

又说：

我人知有拔婆跋摩之父为毗罗拔摩，其用跋摩（Varman）为名，可见其人为一大阀。又考碑文毗罗跋摩未为国王而记拔婆跋摩战功的碑文，则谓其出于月种。

又说：

吾人前此已言拔婆跋摩自称出于月种，而中国载籍亦谓其弟质多斯那为一刹利（Kastriya），则拟可考订两碑之留陁跋摩为一人，并可考订其亦为中国载籍之留陁跋摩矣。拔婆跋摩与扶南在位王朝，得同属一系，或因此即谓留陁跋摩，其为前王意者，留陁跋摩死后，留有旁系亲属二人，其一人即在扶南本国，而拔婆跋摩封地则在北方，以兵相争，而在扶南者不胜南徙也。由此假定，可解碑文之纷歧。其一碑谓留陁跋摩为一系之先王者，乃因拔婆跋摩欲倚托旧朝而自立，其一碑则根据史迹，径谓拔婆为开国之王也。

他又指出留陁跋摩在位或可晚至五五〇或五六〇年。至若拔婆跋摩一系诸王，其伊奢那跋摩一王，似在六〇〇年或六一〇年即位，则拔婆跋摩及摩醯因陀罗两兄弟在位之年，似可位于六世纪下半叶之中，由是在中国载籍之年代方面，以拔婆跋摩为留陁跋摩直接承继人，亦无难题之可言。

伯希和这种看法，不一定是全对的，但是从上面所叙述来看，真腊的历史与扶南的历史不能分开来看，是很明显的。真腊长期受了扶南的统治，无论是真腊为了扶南所同化，或是扶南也受了真腊之人种或文化的影响，二者的关系至为密切。假使兼并扶南的真腊统治者，并非扶南属国之前的真腊的后裔，那么他们也必已同化。假使这些统治是扶南的亲属，那么除了国名改变之外，那么真腊的统治者就是扶南王室的后裔。这样，扶南与真腊的历史，是很不容易切断的。

因此之故，在这里我们对于真腊，当加以特别的重视，而作较为详细的叙述。

第廿六章　早期的真腊

在隋时的真腊的情况，《隋书·真腊传》说得较为详细。今分段录之于后。首先关于地理物产方面，《隋书·真腊传》说：

> 其国北多山阜，南有水泽，地气尤热，无霜雪，饶瘴疠毒蠚。土宜粱稻，少黍粟，果菜与日南、九真相类。异者有婆那娑树，无花，叶似柿，实似冬瓜。庵罗树，花叶似枣，实似李。毗野树，花似木瓜，叶似杏，实似楮。婆田罗树，花叶实并似枣而小异。歌毕他树，花似林檎，叶似榆而厚大，实似李，其大如升。自余多同九真。海中有鱼名建同，四足无鳞，其鼻如象，吸水上喷，高五六十尺。有浮胡鱼，其形似鲤，觜如鹦鹉，有八足多，大鱼半身出水，望之如山。

真腊的国都，据《隋书·真腊传》说伊奢那先居伊奢那城。伊奢那城（Icanasena）就是碑文中所载伊奢那跋摩在位所建都城名 Vyadhapure，这也就是七世纪玄奘所记的伊赏那补罗（Icanapure）（《西域记》卷十"三摩呾吒" Sanatafa）。《隋书·真腊传》叙述其都城及其王的装饰与臣下道：

> 伊奢那先，……居伊奢那城。郭下二万余家。城中有一大堂，是王听政之所。总大城三十城，有数千家，各有部帅，官名与林邑同。其王三日一听朝，坐五香七宝床上，上施宝帐，其帐以文木为竿，象牙金钿为壁，状如小屋，悬金光焰，有同于赤土。前有金香炉，二人侍侧。王著朝霞古贝，满络腰腹，下垂至胫。头戴金宝花冠，被珍珠璎珞。足履革屣，耳悬金珰。常服白叠，以象牙为屐，若露发则不加璎珞，臣人服制，大抵相类。有五大臣，一曰孤落支，二曰高相凭，三曰婆何多陵，四曰舍摩陵，五曰髯多娄，及诸小臣。朝于王者，辄以阶下，三稽首。王唤上阶，则跪以两手抱膊，绕王环坐。议政事讫，跪伏而去。阶庭门阁，侍卫有千余人，披甲持仗。……其人行止皆持甲仗，若有征伐，因而用之。

又说：

> 其俗非王正妻子，不得为嗣王。初立之日，所有兄弟并刑残之，或去一指，或劓其鼻，别处供给，不得仕进。

周达观的《真腊风土记》，没有这段记载，是否到了这个时候，这种习俗，已经改变？真腊在隋时之所以有了这种习俗，是否因为拔婆跋摩见得留陁跋摩以庶子的地位，而杀了嫡子以自立，或者他自己就是留陁跋摩的庶子，或是亲属，篡了王位之后，为避免庶子，或其他亲属将来占了王位，所以有了这种的规定。

又说：

> 人形小而色黑。妇人亦有白者，悉拳发垂耳，性气捷劲。居处器物，颇类赤土。以右手为净，左手为秽。每旦澡洗，以杨枝净齿。读诵经咒，又澡洒乃食，食罢，还用杨枝净齿。又读经咒。饮食多苏酪、沙糖、粳粟、米饼，欲食之时，先取杂肉羹与饼相合，手攞而食。

关于婚姻、丧葬，《隋书·真腊传》说：

> 娶妻者，唯送衣一具，择日遣媒人迎妇。男女二家各八日不出，昼夜燃灯不息。男婚礼毕，即与父母分财别居。父母死，小儿未婚者，以余财与之。若婚毕，财物入官。其丧葬，儿女皆七日不食，剔发而哭，僧尼、道士、亲故皆来聚会，音乐送之。以五香木烧尸，收灰以金银瓶盛，送于大水之内，贫者或用瓦，而以彩色画之。亦有不焚，送山中任野兽食者。

关于宗教迷信，同处说：

> 每五六月中毒气流行，即以白猪、白牛、白羊于城西门外祠之。不然者，五谷不登，六畜多死，人众疾疫。近都有陵伽钵婆（Lingaparvata）山，上有神祠，每以兵二千二守卫之。城东有神名婆多利，祭用人肉。其王年别杀人，以夜祀祷，亦有守卫者千人。其敬鬼如此。多奉佛法，尤信道士，佛及道士并立像于馆。

这说明在七世纪的时候，真腊虽然崇拜其他的鬼神，但佛教已比之扶南时代较为兴盛。所谓"多奉佛法"，说明信佛的人们之多。到了后来，佛教更为发达。柬埔寨与暹罗被称为黄衣国，是有传统的。

在隋时，真腊曾遣使到中国朝贡。隋炀帝对于真腊的使者"礼之甚厚"，真腊又与"参半、朱江二国和亲"，而"数与林邑、陀桓二国战争"。

在隋末唐初，真腊国王之在位者为伊奢那跋摩。据六六四年—六六七年碑文，国王阇耶跋摩一世（Jayavarman）曾入贡于唐，那么我们可以说，自七世纪初年至七世纪的七十年代是伊奢那跋摩与阇耶跋摩在位的时候，在阇耶跋摩第一的末年，或者更可能的是在阇耶跋摩第一死后，这就是在六七〇年前后，真腊内部发生了大变化，因为真腊分为二个国家，这就是陆真腊与水真腊。《旧唐书》卷一百九十七《真腊传》说：

> 自神龙（七〇五至七〇六年）已后，真腊分为二，半以南近海，多陂泽处，谓之水真腊。半以北多山阜，谓之陆真腊，亦谓之文单国。……水真腊国，其境东西南北，约员八百里，东至奔陀浪州，西至堕罗钵底国，南至

小海，北接陆真腊。其王所居城号婆罗提拔，国之东界有小城，皆谓之国，其国多众。

《新唐书》卷二二二下《真腊传》说：

神龙后分为二半，北多山阜，号陆真腊半，南际海，饶陂泽，号水真腊半。水真腊地八百里，王居婆罗提拔城，陆真腊或曰文单，曰婆镂，地七百里，王号笪屈。

自阇耶跋摩一世以后，真腊国王多号阇耶跋摩，而以一世二世三世……去区别。真腊之分为水真腊、陆真腊，似在阇耶跋摩一世死后。在分为二半的时候，陆真腊的国王是叫做笪屈，说明并非阇耶跋摩这一系。至于水真腊的王位，是否为阇耶跋摩这一系所保持，也是一个问题。因为在八〇二年，二国再合而为一的时候，其王名为阇耶跋摩第二。假使阇耶跋摩第二，是阇耶跋摩的承继者，不应在百余年后，所以水真腊的王位，也似非阇耶跋摩一世的后人。

《唐书》水真腊的都城婆罗提拔，应为 Vyādhapure，应即真腊的原来都城。水真腊所占领的地方，应为扶南故地，也就是现在的南圻一带。陆真腊的都城，是在老挝的他曲（Tha-Kher）地方附近，其所占领的地方，为真腊故土，就今日的柬埔寨与老挝的一部分地方。

《隋书·真腊传》说，参半国与真腊国和亲，没有说明前者为后者属国。《新唐书·真腊传》说："文单西北属国曰参半。"又说："道明者亦属国，无衣服，见衣服者共笑之，无盐铁，以竹弩射鸟兽自给。"陆真腊既领有老挝地，又有属国参半与道明，陆真腊应该是强大的国家。而且真腊之征服扶南，是自北而南，那么水真腊之与陆真腊分治，是否因为扶南人不愿在真腊统治之下，起而反抗，成为一个独立国家，这是值得注意的。

《旧唐书》卷一九七云：

其俗东向开户，以东为上，有战象五千头，尤好者饲以饭肉。与邻国战则象队在前，于背上以木作楼，上有四人，皆持弓箭，国尚佛道及天神，天神为大，佛道次之。

《新唐书》二二二下说：

户皆东向，坐上东。客至屑槟榔、龙脑、香蛤以进。不饮酒，比之淫。与妻饮房中，避尊属。有战象五千，良者饲以肉。

值得注意的是，在《旧唐书》虽说"国尚佛道及天神"但"天神为大，佛道次之"，就说明婆罗门教的势力，还是较大。

在真腊未分为二半前，真腊时时遣使朝贡。《旧唐书》说："武德六年（六二三）遣使贡方物。贞观二年（六二八）又与林邑国俱来朝献。太宗嘉其海陆疲劳，赐赉甚厚。"《新唐书》说："自武德（六一八至六二六）至圣历（六九八至六九九），凡四来朝。"真腊分为二半之后，文单或陆真腊也时时朝贡。《旧唐书》指出高宗（六五〇至六八三）、则天（六九〇至七〇四）、玄宗（七一三至七五五），均遣使贡献。《新唐书》说：

  开元（七一三至七四一）、天宝（七四二至七五五）时，王子率其属二十六来朝，拜果毅都尉。大历（七六六至七七九）中，副王婆弥及妻来朝，献驯象十一，擢婆弥试殿中监，赐名宾汉。是时德宗（七八〇至八〇四）初即位，珍禽奇兽悉纵之，蛮夷所献驯象畜苑中。元会充廷者凡三十二，悉放荆山之阳。

  据史书所载，水真腊之朝贡中国，不若陆真腊朝贡之频。《旧唐书》说，元和八年（八一三）水真腊"遣李摩那等来朝"。《新唐书》说元和（八〇六至八二〇）中水真腊亦"遣使入贡"。大约也就是《旧唐书》所说的李摩那的来朝，但是我们知道，八〇二年水真腊与陆真腊复合为一。《唐书》所说水真腊于八一三年遣使贡献，恐有错误。

  《隋书·真腊传》说真腊与参半、朱江和亲，又说朱江在真腊之西。《新唐书·真腊传》说真腊与参半、骠通好。同处说骠在真腊之西，骠是在现在的缅甸的中部与北部，朱江与骠皆在真腊之西，不知朱江国是否也在缅甸境内，抑在现在的暹罗境内。至于在真腊北边的道明，应该在现在的老挝境内。

  水真腊所占领的土地，既为扶南旧地，应该承继了扶南在海上的势力。在东西海道交通与贸易上，占了重要的地位，可是史书既没有这种记载。而最值得注意的是陆真腊与中国的往来频繁，水真腊之朝贡于中国，少有记载。是否征服扶南的真腊人，久居山地，对于航海，从不注意。扶南灭亡之后，统治者为真腊人，一方面忙于内政，一方面因不惯于海上生活，所以对海外发展，没有注意。

第廿七章　唐宋时真腊

上面已指出八〇二年真腊的二半又合而为一。这时的真腊国王名叫阇耶拔摩二世（Jayavarman Ⅱ Paramecvara）。这位国王似为室利佛逝国所拥立。这位国王在位很久，自八〇二至八六九年共六十七年。在他的长期统治之下，他利用了很多的劳动人民，在现在的金边湖的东北，这就是在暹粒的北边，建了一座大城。名为吴哥（Angkor Thom）。这是真腊的首都。城周围三十八公里，墙厚三公尺八公寸，高七公尺。据说可容居民百万人以上。这是世界上一个很著名的建筑物。除了这个都城外，其傍还有十二世纪所建筑的禄兀寺，也是世界著名的建筑物。在十五世纪时，因为柬埔寨为暹罗所侵略，城与寺都受了破坏。柬埔寨国王死了，新王以其地近暹罗，乃迁都到现在的金边或金塔。原城遂废。自十五世纪至十九世纪下半叶，林木丛生，这个城与寺为深林所遮掩。后来得到考古学者的发现，乃加以保存。现在成为柬埔寨以至世界一个有名的古迹。

阇耶跋摩二世为什么选择这个地方为都城，不得而知。但是照现在的遗迹来看，在城与寺的中间这就是在寺之北，约四公里，有巴金山（Phnom Bakhêng）。山顶有大石塔，塔基有二大狮，每狮乃以一石刻成。此塔上所刻的佛像，不若禄兀寺之精巧，可能是柬埔寨最古之艺术，也可能是古代吉篾的都城，但是重要的可能是地近大湖，鱼米丰富，经济意义很大，所以阇耶跋摩第二遂在这里建都。关于城的概况，元周达观《真腊风土记》里说：

> 州城周围，可二十里，有五门，门各两重，惟东向开二门，余向皆一门。城之外巨濠，濠之外皆通衢大桥。桥之两旁，各有石神五十四枚，如石将军之状，甚巨而狞。五门皆相似，桥之阑皆石为之，凿为蛇形，蛇皆九头。五十四神皆以手拔蛇，有不容其走逸之势。城门之上，有大石佛头五，面向西方，中置其一，饰之以金。门之两旁，凿石为象形，城皆叠石为之，可二丈。石甚周密坚固，且不生繁草，却无女墙。城之上间，或种桄榔木，比比皆空屋。其内向如坡子，厚可十余丈。坡上皆有大门，夜闭早开。亦有监门者，惟犬不许入门。其城甚方整，四方各有石塔一座，曾受斩趾刑人，亦不许入门。
>
> 当国之中有金塔一座，旁有石塔二十余座，石屋百余间，东向金桥一所。金狮子二枚，列于桥之左右，金佛八身，列于石屋之下，金塔至北可一里许，有铜塔一座，比金塔更高，望之郁然。其下亦有石屋十数间，又其北一里许，则国王之庐也。其寝室又有金塔一座焉。所以舶商自来有富贵真腊

> 之裹者，想为此也。
>
> 石塔出南门外半里许，俗传鲁般一夜造成。鲁般墓在南门外一里许，周围可十里，石屋数百间。
>
> 东池在城东十里，周围可百里，中有石塔石屋，塔之中有卧佛一身，脐中常有水流出。
>
> 北池在城北五里中，有金方塔一座，石屋数十间，金狮子、金佛、铜像、铜牛、铜马之属，皆有之。

又说：

> 国宫及官舍府第皆面东，国宫在金塔金桥之北，近门周围可五六里。其正室之瓦以铅为之，余皆土瓦黄色，桥柱甚巨，皆雕刻佛形，屋头壮观，修廊复道突兀参差，稍有规模。其莅事处有金窗棂，左右方柱，上有镜约有四五十面，列于窗之旁。其下为象形，闻内中多有奇处，防禁甚严，不可得而见也。其内中金塔，国王夜则卧其上。

这个都城，一直继续到十五世纪。一四三一年，暹罗侵入柬埔寨，围攻其首都七个月，然后攻破，其王死于城内。新王以禄兀靠近暹罗，乃迁都于金边或金塔，虽则中间一个时间都城迁移无常。但最后以至于今金边仍为柬埔寨的都城。现在的金边在西贡之西稍北二百四十公里，位湄公河旁边，是一个很美丽的城市。

阇耶跋摩二世，在位的时间，虽有六十多年，但是禄兀城的完成，是经过较长的时间，用了不知多少万的劳动人民的劳动力。这是统治者对于人民的一种剥削，统治者极尽奢华，而人民却仍住着茅屋。宋赵汝适《诸蕃志》卷上"真腊国"条说：

> 官民悉编竹覆茅为屋，惟王镌石为室，有青石莲和池沼之胜，跨以金桥，约三十余丈，殿宇雄壮，侈丽特甚。

八八九至九一〇年的国王为 Yaçovarman，国人称为癞王（Sdac Komlen）。周达观《真腊风土记》说："国人多病癞者，比比道途间，土人虽与之同卧同食，亦不校，或谓彼中风土有此疾，曾有国王，患此疾，故人不知嫌。"

阇耶跋摩二世死后二百四十三年，真腊国王苏利耶跋摩二世（Suryavarman II）在位的时候（一一一二至一一五二年），又建了著名的禄兀寺。这个寺离禄兀城约五里，下面是这个寺的简短的描写：

> 该寺宏伟壮观，并世罕见，仿之爪哇佛楼，殆无逊色。阶石回廊，曲折不尽。内殿列巨石柱，一式对称。此大建筑物，系取自四十公里外石山上的岩石筑成，石块之巨者重逾八吨，时无水泥，而石与石之配合，至为精密，

线缝正直，厘毫无差，每石几有缕刻或佛像，或王像，或狮，或龙，或其他神兽怪物，其浮雕者则为一列驾神鸟、骑骏马、坐猛虎、登驯象之战士，以示猴王与女神交绥之意，小舟上则有长须之舟子，其装饰有类中国，又有斗鸡，妇女则絜其雏，战士则握弓矢枪盾，余难尽述。以其时之科学而有此伟大壮丽精细之建筑，诚异事也。（张礼千《中南半岛》，页三一）

禄兀城与禄兀寺的伟大壮丽，都非上面所录数段话所能形容尽致。其最令人叹赏者，是禄兀寺全部建筑不用木料而用石叠成，每个石差不多都有雕刻，这么伟大的建筑物全部用石，而每石又有精细的雕刻，在一般人民居住简单的茅屋的社会中，而能有了这种伟大壮丽的建筑物，这是真腊的劳动人民的伟大的成就，也是真腊统治者压迫劳动人民的特出的表征。

禄兀城与禄兀寺虽然经过暹罗的毁坏，但是因为是用石建筑，坚固耐久，所以经过千年或差不多千年以后，虽然为了雨水所侵淫，丛林所湮埋，还能保存得很好，这是东亚的伟大壮丽古迹之一。近来世界旅客之经越南或暹罗者，多到这个地方游览。

禄兀城的建筑，虽在唐代，可是《唐书》没有记载这个名称。宋赵汝适在《诸蕃志》卷上"真腊国"条说"国都号禄兀"。近人有译为吴哥者。从越南西贡或柬埔寨的金边以及暹罗的西边的亚兰，均有汽车路到这个地方，虽则小船也可以由金边湖抵达，但是需时太多，很不方便。

从九世纪的初年以至十四世纪的数百年中，真腊是东南亚一个富强的国家，故有富贵真腊的俗谚。在真腊强盛的时候，东南亚的好多国家，都为真腊所征服。宋赵汝适《诸蕃志》卷上"真腊"条说：

> 登流眉，波斯兰，罗斛，三泺，真富里，麻罗问，绿洋，吞里富，蒲甘，窊里，西栅，杜怀，浔番，皆其属国也。

虽然这里所说的好多国家，其位置不易考订，但是比方罗斛是在现在暹罗湄南下流，蒲甘就是现在的缅甸，那么在西边真腊的势力是伸张到缅甸，现在的暹罗的南部也是在真腊统治之下。又《宋史》卷四百八十九《真腊传》云：真腊"西南与登流眉为邻"。登流眉大致是在马来半岛的北部。又赵汝适《诸蕃志》"真腊"条说："其国南接三佛齐属国之加罗希。"这个加罗希当在马来半岛的中部，真腊国境，应南到马来半岛的中部。

在东边，在一一二八至一一二九年间，真腊王苏利耶跋摩二世，曾以舟师攻安南之义南清华沿岸，也说明这个国王的势力之大。

真腊的东南是滨海，在北边旧真腊的地方是伸张到现在老挝的他曲（Tha-Ker），或是他曲以北。因为他曲曾为陆真腊的都城，而一国的都城少有在其边境，所以在北边真腊的疆土，当在他曲之北。一一四五年苏利耶二世，曾攻取占城，并掳其王。到了十二世纪的下半叶，真腊又征服了占城。赵汝适《诸蕃志》"真腊"条说：

> 本国旧与占城邻好，岁贡金两，因淳熙（一一七七）五月望日占城主以舟师袭其国都，请和不许，杀之，遂为大雠，誓必复报。庆元己未（一一九九）大举入占城，俘其主，戮杀臣仆，剿灭几无噍类。更立真腊人为主。占城今亦为真腊属国矣。

据美山诸碑，真腊王阇耶跋摩七世（Jayavarman Ⅶ）攻取占城，并掳其神像，是在一一九〇年。《诸蕃志》作为庆元己未（一一九九），这是错误。真腊既占领了占城，乃分为二国，北为佛逝（Vijaya），南为宾童龙（Pinduranga），各立一王。后来宾童王并了佛逝，真腊又讨伐占城，其王逃跑，不知所终。从一二〇三至一二二〇年，真腊并有占城，一二二〇立占城旧王子为王，占城又得自立。

《宋史》卷四百八十九《真腊传》说"庆元六年（一二〇〇）其国主立二十年矣"，那么阇耶跋摩七世，就位时间，应为一一八一年，除非他在位至一二二〇年，否则占城旧王子为王，就不是他立的。

从十二世纪的初年至十二世纪的末年，这就是从苏利耶跋摩二世在位的时候至阇耶跋摩七世在位的时候，真腊时时遣使到中国朝贡。《宋史》卷四百八十九《真腊传》说：

> 政和六年（一一一六）十二月遣进奏使奉化郎将鸠摩僧哥、副使安化郎将摩君明稽噁等十四人来贡，赐以朝服。僧哥言万里远国，仰投圣化，尚拘卉服，未称区区仰慕之诚，愿许服所赐，诏从之。仍以其事付史馆书诸策。明年（一一一七）三月辞去。宣和二年（一一二〇），又遣郎中将摩腊摩秃防来朝，廷官封其王与占城等。建炎二年（一一二八），以郊恩授其王金裒宾深检校司徒，加食邑，遂定为常制。……庆元六年（一二〇〇），其国主立二十年矣，遣使奉表，贡方物及驯象，诏优其报赐，以海道远涉，后勿再入贡。

应该指出，一一二八年所遣使奉贡的真腊国王，应该是苏利耶跋摩，因为从一一一二年至一一五二年，是他在位的时候，宋史说其王金裒宾深，应是苏利耶跋摩二世之误。

赵汝适《诸蕃志》"真腊"条说：

> （王宫）西南隅铜台上列铜塔二十有四，镇以各铜像，各重四千斤，战象几二十万，马多而小。奉佛谨严。日用番女三百余人，舞献佛饭，谓之阿南，即妓弟也。其俗淫奸则不问，犯盗则有斩首、断足、烧火、印胸之刑。其僧道咒法灵甚，僧衣黄者，有室家，衣红者寺居，戒律甚严。道士以木叶

为衣。有神曰婆多利（Bhadra），祠祭甚谨。……厥土沃壤，田无畛域，视力所及而耕种之。米谷廉平。每两乌铅可博米二斗，土产象牙，暂速细香、粗熟香、黄腊、翠毛、笃耨脑、笃耨瓢、番油、姜皮、金颜香、苏木、生丝、绵布等物。番商兴贩用金、银、瓷器、缎锦、凉伞、皮鼓、油、糖、醯、醢之属博易。

新旧《唐书》载真腊有战象五千头，而这里说几二十万，增加了四十倍，可能夸大一些，但这时的真腊，必定为富强。又真腊人对于婆多利神，虽然祠祭甚谨，但是佛教似更为兴盛。所以说"奉佛谨严，日用番女三百余人，舞献佛饭"。在扶南时代，犯盗者是用各种方法去试其是否犯罪，现在却用"斩首、断足、烧火、印胸之刑"。

元书没有真腊传。一五二〇年黄省曾所撰的《西洋朝贡典录》序，谓元时爪哇、柬埔寨从来没有到元朝入贡，但这并不是说元与真腊没有关系。一二八三年唆都征占城，曾命二人招谕真腊国。真腊国王竟把二位使者拘留。一二九五年元帝遣使招谕，与使者偕行有温州人周达观，一二二六年出国，一二二七年返国。达观把从中国到真腊的路程及在其国所见闻的情况，写了一本《真腊风土记》。这是研究真腊最详细而宝贵的材料。达观所见闻者，都是当时的实况，所以我们在下面一章里要尽量把书中所记载的节录之于下。

第廿八章　元明时真腊

周达观的《真腊风土记》,叙述从中国到真腊的途程以及真腊的城市、港口,与其邻国云:

> 自温州开洋,行丁未针,历闽广海外诸洲港口,过七洲洋,经交趾洋,到占城。又自占城顺风可半月到真蒲,乃其境也。又自真蒲行坤申针,过昆仑洋入港,港凡数十,惟第四港可入。……自港口北行,顺水可半月抵其地,曰查南,乃其属郡也。又自查南换小舟,顺水可十余日,过半路村、佛村,渡淡洋,可抵其地,曰干傍,取城五十里。
>
> 按:《诸蕃志》称其地广七千里,其国北抵占城半月路,西南距暹罗半月程,南距番禺十日程,其东则大海也。旧为通商往来之国,圣朝诞膺天命,奄有四海,唆都元帅之置省占城也。

周达观没有说到他所到过的真腊国都城的名字,但是宋赵汝适在其《诸蕃志》卷上"真腊国"条已告诉我们其国都号禄兀。禄兀为 Angkor 的对音,Angkor 的意义是城。周达观可能只取其义而略其音。

周达观在真腊时,见过真腊国王,但他也没有说到真腊国王的名字,但是在他在真腊时所见的国王,是一位篡岳父的王位,而自立的君主。《真腊风土记》说:

> 闻在先国主辄敛迹,未尝离户,盖亦防有不测之变也。新主乃故国主之婿,原以典兵为职。其妇翁爱女,女密窃金剑,以往其夫,以故亲子不得承袭。尝谋起兵,为新主所觉斩其趾而安置于幽室。新主身嵌圣铁,纵使刀箭之属著体,不能为害,因恃此遂敢出户。余宿留岁余见其出者四五,凡出时,诸军马拥其前,旗帜鼓乐蹑其后,宫女三五百,花布花髻手执巨烛自成一队,虽白日亦照烛。又有宫女皆执内中金银器皿及文饰之具,制度迥别,不知其何为用。又有宫女执标枪标牌,为内兵,又成一队。又有羊车马车,皆以金为饰。其诸巨僚国戚皆骑象在前。……又其次则国主之妻,及妾媵,……其后则是国主,立于象上,手持宝剑。……其在前观者,皆当跪地顶礼。……每日国主两次坐衙治事,亦无定文。及诸臣与百姓之欲见国主者,皆列坐地以俟。少顷间,内中隐隐有乐声,在外方吹螺以迎之……须臾见二宫女纤手卷帘,而国主乃杖剑立于金窗之中矣。……言事既毕,国主寻即转身,二女复垂其帘,诸人各起。以此视之,则虽蛮陌之邦,未尝不知有

君也。

当周达观到真腊之前，真腊与暹人曾有战争，《风土记》说：

> 近与暹人交兵，遂皆成旷地。

可见得十三世纪的暹罗，已逐渐强盛，真腊虽富强，也免不了受其蹂躏。关于真腊的人种，《隋书·真腊传》曾经说过。周达观《真腊风土记》说：

> 人但知蛮俗人物粗丑而甚黑，殊不知居于海岛，村僻寻常闾巷间者，则信然矣。至如宫人及南棚妇女，多有其白如玉者，盖以不见天日之光故也。

真腊人为吉蔑人种，与扶南人是同种。伯希和以为"谓其妇女亦有白者，则其宫廷之中，必有他国妇女"。

周达观曾记述真腊的野人说：

> 野人有二种，有一等通往来语言之野人，乃卖与城间为奴之类是也。有一等不属教化，不通语言之野人，此辈皆无家可居，但领其家属巡行于山，头载一瓦盆而走，遇有野兽，以弧矢标枪射之而得，乃击火于石共烹食而去。其性甚狠，其药甚毒，同党中自相杀戮。近地亦有种豆蔻、木棉花，织布为业者，布甚粗厚，花纹甚别。

真腊的语言与暹罗占城不同。但暹罗最初的文字，也是真腊文，到了十三世纪的时候，始改革其文字。但仍然是在真腊文的基础上，加以改革。关于真腊的语言文字，《风土记》说：

> 国中语言自成，音声虽近，而占城暹人皆不通话说。如以一为梅，二为别，三为卑，四为般，五为孛监，六为孛监梅，七为孛监别，八为孛监卑，九为孛监般，十为答。呼父为巴驼，叔伯亦呼为巴驼，呼母为米，姑姨婶姆以至邻人之尊年者亦呼为米。呼兄为邦，呼姊亦为邦，呼弟为补温，呼舅为吃赖，姑夫亦呼吃赖，大抵多以下字在上。如言此人乃张三之弟，则曰补温张三，彼人乃李四之舅，则曰吃赖李四。又如呼中国为备世，呼官人为巴丁，呼秀才为班诘，乃呼中国官人不曰备世巴丁，而曰巴丁备世，呼中国之秀才，不曰备世班诘，而曰班诘备世。大抵皆如此，此其大略耳。至若官府则有官府之议论，秀才有秀才之文谈，僧道自有僧道之语说，城市村落言语，各有不同，亦与中国无异也。

又说：

> 寻常文字，及官府文书，皆以麂鹿皮等物染黑，随其大小阔狭，以意裁之，用一等粉，如中国白垩之类，磋为小条子，其名为梭，拈于手中，就皮画以成字，永不脱落，用毕则插于耳之上。字迹亦可辨，认为何人书写，须

以湿物揩拭方去。大率字样正如回鹘字。凡文书皆自后书向前，却不自上书下也。余闻之也先海牙云，其字母音声正与蒙古音相邻，但所不同者三两字耳，初无印信，人家告状，亦有书铺书写。

俗语既有富贵真腊之称，真腊的天然物产是很为丰富。周达观《真腊风土记》中说：

> 自入真蒲以来，率多平林丛昧，长江巨港，绵亘数百里。古树修藤，森阴蒙翳，禽兽之声，逻杂其间。至半港而始见有旷田，绝无寸木，弥望芄芄禾黍而已。……又有竹坡亦绵亘数百里，……山多异木。

此外又有如：

> 豆蔻，画黄，紫梗，大风子油，石榴，甘蔗，荷花，莲藕，芋桃，……蔬菜有葱，芥，韭，茄，瓜，西瓜，冬瓜，王瓜，苋菜，……络麻。

周达观指出真腊本无蚕桑，后来因"暹人来居，却以蚕桑为业，桑种蚕种皆自暹中来"。至于动物，《真腊风土记》说：

> 无木处乃犀象屯聚养育之地，珍禽奇兽，不计其数。

关于耕种，《真腊风土记》说：

> 大抵一岁之中，可三四番收种。……耕不用牛，……但粪田及种蔬，皆不用秽，嫌其不洁也。

真腊的建筑艺术虽很著名，但是工业似不甚发达。周达观《真腊风土记》说：

> 土人皆不事蚕桑，妇人亦不晓针线缝补之事，惟能织木棉布而已，亦不能纺，但以手理成条，无机杼以织，但以一头缚腰一头搭上，梭亦止，用一竹管。

周达观又指出"土人不能为醋"，惟酒却有四等，"饮酒则用镴注子，贫人则用瓦钵子，若府第富室则——用银"。"饭只用手拿"，"寻常人家房舍之外，别无桌凳盂桶之类。……睡只竹席卧于板，近又用矮床者，往往皆唐人制作也。……稻不用砻，止用杵舂碓耳。"

交通工具有轿车与舟。《真腊风土记》说：

> 轿之制以一木屈其中，两头竖起，雕刻花样，以金银裹之，所谓金银轿杠者，此也。每头一尺之内钉钩，子以大布一条，厚折，用绳系于两头钩，中人挽于布，以两人抬之。……若远行亦有骑象、骑马者。亦有用车者，车之制，却与他地一般，马无鞍，象无凳可坐。巨舟以硬树破版为之，匠者无

锯，但以斧凿之开成版，既费木，且费工也。

关于贸易，《风土记》说：

> 国人交易皆妇人能之，所以唐人到彼，必先纳一妇人者，兼亦利其能买卖故也。每日一墟，自卯至午即罢。无居铺，但以篷席之类铺于地间，各有处，闻亦有纳官司赁地钱，小交关，则用米谷及唐货，次则用布，若乃大交关，则用金钱矣。……其地想不出金银，以唐人金银为第一，五色轻缣帛次之，其次如真州之锡镴、温州之漆盘、泉州之青瓷器及水银、银硃、纸札、硫黄、焰硝、檀香、白芷、麝香、麻布、黄草布、雨伞、铁锅、铜盘、水珠、桐油、篦箕、木梳、针。其粗重则如明州之席，甚欲得者，则菽麦也。然不可将去耳。

在真腊"国中亦有丞相、将帅、司天等官，其下各设司吏之属，但名称不同耳。大抵皆国戚为之，否则亦纳女为嫔。其出入仪从亦有等级。……为儒者呼为班诘，为僧者呼为苎姑，为道者呼为八思惟，班诘不知其所祖，亦无所谓学舍讲习之处，亦难究其所读何书，但见如常人打布之外，于顶上挂白线一条，以此别为儒耳。由班诘入仕者则为高上之人，顶上之线终身不去。苎姑削发穿黄，偏袒右肩，其下则系黄布裙，跣足"。

《风土记》云：

> 人家养女，其父母必祝之曰，愿汝有人要，将来嫁千百个丈夫。富室之女自七岁至九岁，至贫之家，则止于十一岁，必命僧道去其童身，名曰阵毯。

真腊的节日很多，"每用中国十月为正月，……名为佳得"。节日以庆祝，是在王宫前，"缚一大栅，上可容千人，尽挂灯毯花朵之属，……点烟火……爆杖……如是者半月而后止，每月必有一事"。《风土记》说：

> 日月薄蚀，皆能推算，但是大小尽却与中国不同。闰岁则彼亦必置闰，但只闰九月，殊不可晓。一夜只分四更，每七日一轮，亦如中国所谓开闭建除之类。番人既无名姓，亦不记生日，多有以生日头为名者。有两日最吉，三日平平，四日最凶，何日可出东方，何日可出西方，虽妇女皆能算之。十二生肖，亦与中国同，但所呼之名异耳。

真腊、占婆与暹罗都用十二生肖。周达观谓其与中国同，可能是由中国传入。

关于争讼与判决，赵汝适《诸蕃志》有记载，但是周达观说得更为详细：

> 民间争讼，虽小事亦必上闻。国主初无笞杖之责，但闻罚金而已。其人大逆重事亦无绞斩之事，止于城西门外掘地成坑纳罪人于内，实以土石，坚

筑而罢。其次有斩手足指者，有去鼻者。但奸与赌无禁，奸妇之夫或知之，则以两柴绞奸夫之足，痛不可忍，竭其资而与之方可获免。然装局欺骗者，亦有之，或有死于门首者，则自用绳拖至城外野地，初无所谓体究检验之事。人家获盗，亦可施监禁拷掠之刑，却有一项可取，且如人家失物，疑此人为盗，不肯招认，遂以锅煎油极热，令此人伸手于其中，若果偷物，则手腐烂，否则皮肉如故云。番人有法如此。又两家争讼莫辨曲直，国宫之对岸有小石塔十二座，令一人各坐一塔中，其外两家自以亲属，互相提防，或坐一二日或三四日，其无理者必获证候而出，或身上生疮疖或咳嗽热证之类，有理者，略无纤事。以此剖判曲直，谓之天狱，盖其土地之灵有如此也。

周达观又指出真腊人之有病者，寻常是入水浸浴，及频频洗头，以为这样就可以好。人死了没有棺材，只以篾席等盖之，以布出丧也。有旗帜、音乐，死尸置于野外，任鹰兽吃其肉，立刻吃完的是有福，若不吃或吃不完就以为是有罪的结果，人死也有火烧的，"国主乃有塔葬埋，但不知葬身与葬骨耳"。

周达观的《真腊风土记》，虽然是记载他当时所见闻的真腊情况，可是不只山川物产、都城宫寺等等是与隋代唐宋一样，有了好多风俗习惯，也是可以说从扶南时代所传下来的。比方婆罗教、佛教、刑法等等，有了不少是从隋唐宋以至扶南时代传下来的，应该指出也有好多事物，是后来发展或来自外国的。比方周达观所记真腊的好多物产，是以前所没有的，可能有的是后来发现的，有的是来自外间，十二生肖就是外来的一个例子。

到了明代，尤其是在明代的上半叶，真腊却时时遣使入朝。《明史》有《真腊传》，而且比之以往的正史记得较为详细。《明史》卷三二四《真腊传》说：

> 洪武三年（一三七〇年），遣使臣郭征等赍诏抚谕其国。四年（一三七一），其国巴山王忽尔那遣使进表贡方物，贺明年（一三七二）正旦。诏赐大统历，及彩币，使者亦赐给有差。六年（一三七三）进贡，十二年（一三七九）王参答甘武者持达忘遣使来贡，宴赐如前。十三年（一三八〇）复贡。十六年（一三八三），遣使赍勘合文册赐其王。凡国中使至勘合不符者，即属矫伪，许絷缚以闻，复遣使赐织金文绮三十二，磁器万九千。其王遣使来贡。十九年（一三八六），遣行人刘敏、唐敬偕中官赍磁器往赐。明年敬等还，王遣使贡象五十九、香六万斤。寻遣使赐其王镀金银印，王及妃皆有赐。其王参烈宝毗邪甘菩者遣使贡象及方物。明年（一三八七）复贡象二十八、象奴三十四人、番奴四十五人谢赐印之恩。二十二年（一三八九）三贡。明年（一三九〇）复贡。永乐元年（一四〇三），遣行人蒋宾兴、王枢以即位诏谕其国。明年（一四〇四），王参烈婆毗牙遣使来朝，贡方物。初，中官使真腊有部卒三人潜遁，索之不得，王以其国三人代之，至是引见。帝曰："华人自逃于彼何预而责偿，且语言不通，风土不习，吾焉

用之?"命赐衣服及道里费遣还。三年（一四〇五），遣使来贡，告故王之丧。命鸿胪序班王孜致祭，给事中毕进中官王琮赍诏封其嗣子参烈昭平牙为王。进等还，嗣王遣使偕来谢恩。六年（一四〇八）、十二年（一四一四）再入贡，使者以其国数被占城侵扰，久留不去。帝遣中官送之还，并敕占城王罢兵修好。十五年（一四一七）、十七年（一四一九）并入贡。宣德（一四二六至一四三五）景泰（一四五〇至一四五六）中，亦遣使入贡。自后不常至。

从这段话里，我们可以注意到下面数点。第一，可以看出真腊在明代的初年朝贡很频。第二，这时的真腊已趋衰弱，所以屡被占城侵扰，其使者久留不去，可能是真腊被击的情势相当严重，所以非得中国的军事帮忙，或外交解决，其使者难于回去报命。第三，在《真腊风土记》中，周达观已经指出真腊在生活上有好多方便，所以唐人到真腊者多不回去，中国部卒三人，跟使者到真腊潜逃，不愿回国，可能也是像周达观所说的原因。第四，在中国历史上，外国使者之到中国者往往贪中国的赏赐之厚，当为一种谋利的好机会，因为时时有人冒充使者的名义到中国朝贡。洪武十六年（一三八三）"遣使赍勘合文册，赐其王。凡国中使至勘合不符者，即属矫伪，许絷缚以闻"，就是想避免这种矫伪的使者，从此可以看出当时也必有这种伪充使者的事件。第五，东南亚各国在元明时代，对于中国丝绸而尤其是磁器，至为珍重。传说元时暹罗国王敢木丁到中国，还且带到中国制造磁器工人归暹罗，筑窑自造。《明史·真腊传》记一三八三年赐磁器九千。一八三六年又"赍磁往赐"，说明其国对于磁器，特别欣喜。扶南时国人，珍重金银器，毗骞国王送扶南王纯金五十人食器，扶南人也善于制银器。真腊人对于这种工艺，似不注意。周达观说他们欲得泉州青瓷器，大概到了明代，对于中国磁，更加重视，否则中国不见得大量赐给。

最后，明代永乐时，遣郑和七次下西洋或东南亚与印度洋沿岸各国，也到真腊，但是这时的真腊，已经衰弱。跟着郑和出使而撰《瀛涯胜览》的马欢，并没有记载真腊国，至于另一位跟郑和出使叫做费信的，在其《星槎胜览》中，虽有了"真腊国"条，但其所记述的，既很为简单，而且是抄自他书。又有"饮食必以金盘金碗，盛食之。谚云：'富贵真腊也'的词句"，所谓富贵真腊，恐怕也是追述往事，而非当时的景象。

第廿九章　佛逝的兴起

在上面一章里我们叙述真腊是扶南的属国，但也是扶南的同种人——同为吉蔑种族。真腊本来在扶南的西北，在扶南强盛的时代，这个属国不只是属于扶南的领土，而且是属于扶南的本土。这就是说，很早或原来就成为扶南不可分割的本土的一部份。

到了六世纪的上半叶，真腊慢慢的崛起，扶南慢慢的衰微。真腊不只宣布独立，而且逐渐的并吞了扶南。约在六世纪的中叶，真腊已占有了扶南的国都，于是扶南不得不向南迁，而保有扶南本土的一部分。经过约一百年后，这就是到了七世纪的中叶，也就是唐贞观时代的末年，真腊征服了整个扶南。

因此，真腊所占有的土地，就是扶南的本土，真腊所统治的人民，也就是扶南的人民。不难想像，在真腊慢慢的征服扶南的时期中，原来属于扶南的属国，这就是从范蔓以后所征服的旁国，以及在海外所征服的国家，在扶南尚未完全灭亡之前，有的可能还忠于扶南，有的可能却帮助真腊，或是成为真腊的属国，但也有的可能都不愿受扶南或真腊的统治，因而宣布独立了。

但是我们也知道，到了真腊强盛的时候，这就是九世纪至十一二世纪的时代，原来属于扶南的好多属国，又成为真腊的属国。比方在现在的暹罗的东北部以至湄南流域，与马来半岛的北部，都成为真腊的属国，这就是说，真腊不只承继了扶南的本土及其人民，而且是扶南帝国的承继——承继了扶南好多属国。

然而真腊帝国与扶南帝国却也有不同之处，真腊的发展主要是在陆地方面，而扶南除了陆地之外，还极力向海外发展，成为一个海权国。这个海权国，像我们在上面已经指出，它不只用了海军去征服好多国家，而且用商船到海外很远的地方，去作贸易。因此，扶南可以叫做一个大陆帝国，也可以叫做一个海上帝国。

真腊所承继的扶南，主要的是所谓大陆帝国的扶南。当然这并不是说，真腊完全没有海军，完全没有商船，我们只是说它在海上的发展，是远比不上扶南，也比不上与它同时代的其他的一些东南亚国家。

所谓扶南的海上帝国，有没有承继者呢？这是一个很值得我们研究的问题。而且，也是一个很有兴趣的问题。在这一章里，我们要把这个问题加以讨论，并提出与介绍近人对于这个问题的初步的看法。

扶南的灭亡，大致是在七世纪的中叶，但是在一百年前扶南既为真腊所征服，而南迁国都，扶南虽然保持其南方一部分领土，但是扶南的陆地帝国，既正在瓦解，扶南的海上霸权，也必逐渐式微。曾为扶南属国的顿逊，在扶南的末季，似乎分为几个独立的国家。上面已经指出，顿逊有五个王国，是否五个王国都独立起来，不得而知，但在顿逊的原来领土上，至少有了四个国家，似乎在六七世纪已成为独立的国家。一为投和，这是在现在暹罗的南部；一为凌牙修，这是在马来半岛的北部，其领土似乎跨了马来半岛的东西两岸；一为盘盘，这也是在马来半岛的北部东岸，投和之南；一为赤土，这是在凌牙修之南，可能是在现在的万仑或其附近，也是在马来半岛的东岸；还有丹丹，也在马来半岛北部。这些国家，大概都是猛族所建立的国家。盘盘、凌牙修早见于《梁书》，赤土见于《隋书》，投和见于《唐书》。

这些国家，在扶南强盛时期，都是扶南的属国，可是扶南衰弱时，大致都宣布独立。所以，比方凌牙修在南北朝梁时天监十四年（公元五一五）已遣使到中国朝贡。赤土在隋炀帝时（六〇七）与中国交换使节。其他丹丹、盘盘、投和，在扶南的末季，也频来中国，频有贡献。这说明扶南已不再垄断了东西交通的要冲——马来半岛北部。

然而在马来半岛，在扶南衰弱以至灭亡之后，并没有很强大的国家发现，其地多为小国所占据。直到八九世纪的时代，在苏门答腊的南部，始有室利佛逝的兴起。

室利佛逝后来叫做三佛齐，有时也称为佛齐，三佛齐与室利佛逝大概是同名异译。室利佛逝也作尸利佛誓，故《唐书》卷二二二下"室利佛逝"条说："室利佛逝，一曰尸利佛誓。"室利佛逝，与三佛齐都是从 Sri Vijava 翻译而来。室利佛逝，也简称为佛逝，或佛誓。唐义净《大唐西域求法高僧传》中说"望占波而陵帆，指佛逝以长驱"。又《道宏传》："既至佛逝，敦心律藏，随译随写。"

这并不是说我国人之知道苏门答腊这个地方是始于室利佛逝。晋时法显在五世纪的初年（四一四），从印度返国时经过了一个地方，叫做耶婆提，有人以为这就是后来的爪哇。但是照我们的意见，法显所到耶婆提，应该是在苏门答腊岛上。关于这个问题，我们将在别处讨论，我们在这里所要指出的，是室利佛逝的兴起，而成为扶南以后的东南亚的最大海权国。而且，这个海权国，据近人考订的结果，是与扶南有过密切的关系。同时，又与爪哇有了关系。应该指出，爪哇与苏门答腊，虽然是两个岛，不只现在是印度尼西亚的领土的主要部分，就是在历史上这两者也有过密切的关系。关于这种关系，在这里我们所要讨论的，是山帝（Sailendra）王朝。

山帝王朝始建于爪哇，后来又统治室利佛逝或三佛齐。因此，要想明白山帝王朝与扶南的关系，我们应该先从爪哇的山帝王朝说起。

上面已经指出，法显所到的耶婆提，不见得是爪哇，有人又以为爪哇之最早见于中国史书的，是《宋书》卷九十七阇婆婆达。这个国家于宋元嘉十二年

（公元四三五）国王黎婆达随阿罗跋摩曾遣使奉表到中国。但是这个阇婆婆达，是在爪哇还是在苏门答腊，还是一个问题。至于爪哇遣使我国最早而最确实的记载是《旧唐书》卷一九七与《新唐书》卷二二二下的《诃陵传》。据新旧《唐书》说，诃陵贞观十四年遣使到中国朝贡，直到九世纪的下半叶，这个国家还遣使到中国。

诃陵梵文为 Kaling，有人说这是印度移民所建立的国家，有人说是本地人所建立的国家，无论如何，顾名思义，这个国是受了印度文化的影响，是无可疑的。这个国家是在中爪哇。根据爪哇方面的材料，这个国家在八世纪的上半叶在一个国王叫做桑阇耶（Sanjaya）统治的时代，很为强盛。可是，这个国王所崇奉的宗教，是大自在天王（Shaivism）。但约在七三五至七四〇年间，这个国家所崇奉的，不是大自在天王，而是佛教。因为在这个时代，诃陵换了一个新王朝，这个王朝就是山帝（Sailendra）王朝。山帝王朝所信仰的是大乘佛教，而不是大自在天王。

这个王朝的变换，不只是印度尼西亚的历史上，是一件重要的事情，而且在东南亚历史上，也是一件重要的事情。因为山帝王室统治爪哇不够一百年后，又成为室利佛逝或三佛齐的统治者。同时，是在这个王朝的时代，爪哇与佛逝在东南亚的历史上，占了很重要的地位。

山帝王朝，是怎么样来的呢？有人说这个王朝的统治者是来印度的诃陵。人们很难证明这一点。有人说，他们是爪哇本地人，这也不见得是事实。据近代一些东南亚历史学者的研究，山帝王朝是扶南王朝的后代。

这种看法提出得最早的是法国的戈岱（G. Coedès）。他以为扶南被了真腊征服的时候，扶南王室人物有的由海道逃到爪哇，经过一个时期，他们又夺取了中爪哇的信仰大自在天王的王朝的王位，他们得到王位之后，又提倡大乘佛教。

山帝就是 Sailendras，意义是山之王，或山帝（Kings of Mountain）。这个称呼，本来是扶南王的称呼，扶南灭亡，扶南王室逃到爪哇之后，起初是受了爪哇国王的庇护，但是经过相当的时期之后，他们的势力逐渐增长。到了公元七三五至七四〇年间，他们夺了爪哇的王位，于是乃恢复其原来的称呼，这就是山帝。

我们知道，扶南是亡于七世纪的上半叶的末期或中叶，山帝王朝在爪哇是建立于八世纪的上半叶的末期，或中叶，这就是说，从扶南的灭亡至山帝在爪哇的建立，约有百年之久。假使我们从扶南迁都于南方的时候，算至山帝统治爪哇约有百八十年之久，何以经过这么长的时间，始取得爪哇的政权呢？关于这个问题，荷兰一位历史学者叫做卡斯巴利斯（De Casparis）在一九五〇在爪哇万隆所刊行的《山帝王朝的碑文》（*Inscripties uit de Gçailendra-tijd*）中，曾提供了一个回答。从他研究三个佛庙，这就是巴宛陵庙（Chandi Pawon）、门突陵庙（Chandi Mendut），而尤其是在爪哇最著名的佛楼，他指出山帝之所以建筑这些神庙，既不只是有了为艺术而艺术的意义，也不只是像一般人所了解是完全为了崇奉佛教而建筑的。虽则奉拜佛教也是很重要的原因。除此之外，还有一个隐藏而却极为重要的意义，这就是祖宗崇拜。这样，印度化的宗教的信仰与东南亚的祖宗崇拜，二者混而为一。这是一座佛楼，但也是一个坟墓，代表好多位山帝。著名的佛楼，有了九级，除了最后一级是代表了建筑这座楼者的自己之外，每一级是代表了他前一代的祖宗。这也就是说，这个佛楼，是代表了九代山帝。山帝或山之王，在这个纪念物中，是表征了他是王帝的祖宗，同时是达到涅槃（Nirvana）的境界。

卡斯巴利斯既然这样的解释这个佛楼，他推论自从扶南在六世纪中叶为真腊征服而至山帝就中爪哇的王位的时候，以山帝的祖宗每人在位十八年来说，那么在时间上的距离是没有问题的。

除了山帝这个名称之外，一些东南亚历史学者，还找出好多理由来说明爪哇的山帝是来自扶南。他们又指出在开罗拉（Kellurah）与普劳森（Plaosan）的碑文，曾有了扶南最后的国都那弗那（Narav-aranagara）的名字。这说明了爪哇山帝不忘故都的思念。此外，他们又指出自山帝在爪哇得到政权之后，这个王朝，曾不断的遣海军去征伐真腊。在爪哇方面传说，山帝王朝的因陀拉（Indra）王在位时间，约为公元七八二至八一二，在他在位的时候，他曾征伐过真腊。这个传说是否属实，当然是一个问题，但这里说明了一个问题，就是爪哇的山帝王朝，不忘故国，希望恢复故邦。他们又从中国史书上找出一些记载，说在唐代，越南半岛从其南部以至占婆、交趾，都曾为海外的海盗来侵略。这些海盗，据他们说就是来自爪哇的山帝王朝。这也说明，在爪哇的山帝王朝有了扶南的海权国的遗风。总而言之，这都说明了一点，这就是山帝王朝在扶南被真腊人征服之后，虽然远逃到爪哇，但是到了他们握了政权之后，他们并没有忘记故土，所以时时有了为祖宗复仇与恢复故土的念头。

因陀拉（Indra）是爪哇山帝王朝的第三位国王。在他之前，还有二位，一为班努（Bhanu）王，他承继了信仰大自在天王的森维什努（Vishnu），他的死年大约是公元七七五至七八二年间。因陀拉是继森维什努而就王位。他的死年大约是在八一二或八二四年间，继他而就王位的是萨马拉东加（Samaratunga），他的死年大约是在公元八三二年。爪哇的山帝王朝到了萨马拉东加时代，可以说是王朝繁盛，达到高峰的时代。世界闻名的爪哇佛楼，是在他的时候完成，这是世界最大宗教纪念物之一，也是世界的伟大的美术产品之一。这个纪念物，代表了佛教的繁盛，也代表了爪哇人与东南亚人的崇拜祖宗的传统精神，荣耀的祖宗，也可以变为神而居于最高的地位，人与神统一起来了。

然而，爪哇的山帝王朝，到了萨马拉东加死后，也是这个王朝在爪哇结束的时代。原来山帝王朝，虽然代替了森阁耶（Sanjaya）而统治中爪哇，但这并不是说森阇耶的王室，完全被了消灭，相反的，森阇耶王朝，还存在着，继续存在着，这个王朝是附属于山帝王朝，山帝王朝不过是上国而已。在萨马拉东加的时候，森阇耶有一位王名叫做巴搭本（Patapan），他的儿子比加坦（Pikatan）娶了萨马拉东加的女儿为妻，这两个王朝，既然联婚，到了公元八三二年，山帝王朝萨马拉东加死后，根据甘打苏利（Gandasuli）碑文的记载，巴搭本宣布他统治这个帝国的领土，而达于各方，巴搭本用什么方法去夺取山帝王朝的王位呢？我们不大了解，但是这与他的儿子娶了萨马拉东加的女儿为妻，是有关系的。

巴搭本承继了山帝王朝的王位之后，他又提倡大自在天王的宗教。但是他的媳妇，这就是萨拉马东加的女儿，并没有放弃她的父亲所信仰的大乘佛教，碑文中还说，她贡献了好多稻田作为维持佛楼之用。可能是因为她看到信仰大自在天王的王朝，既不能维持佛教纪念物，她自己不得不设法去维持她祖宗为着自己的信仰而建筑的纪念物。

巴搭本大约是死于八三八年，他死之后，他的儿子比加坦承继他的王位。萨马拉东加的女儿，当然是王后。这位王后现在称为室利加胡仑南（Sri Kahulunnan）。比加坦的妻子虽然是佛教徒，信仰佛教，但她既不能影响她的丈夫去改换其宗教，她的丈夫也并不见得能够改变了他的妻子的信仰。大自在天王的崇拜成为国教，但也不见得排斥佛教。其实两个不同信仰的王朝，可以联婚，也说明了宗教信仰上还是有自由的。

萨马拉东加，除了上面所说嫁给比加坦的女儿之外，还有一位儿子，这位儿子名为巴拉扶陁拉（Balaputra）。这个名字的意义是幼子。在他的姊姊嫁给比加坦时，他可能年纪很轻，他有没有哥哥，不得而知。他既然名为幼子，他可能还有哥哥，而且，很可能的他的哥哥是在比加坦的父亲巴搭本夺取了王位的时候，被杀死或逃亡，而不知所终。

至于巴拉扶陁拉自己，可能是在巴搭本夺取他的父亲王位的时候，逃到室利佛逝。到了公元八五〇年，他承继了室利佛逝的王位，而为室利佛逝或三佛齐国王。

关于巴拉扶陁拉的事迹，我们可以从公元八五〇的所谓那兰陀（Nalanda）的特许规章中看出来，是在这一年，孟加（Bengal）的巴拉（Pala）王曾发布一条谕令，记载给五个村庄与那兰打的一个寺庙。这个寺庙是苏门答腊国王巴拉扶陁拉所建立的。卡斯巴利斯氏从这碑文中指出有二位国王，一为因陁拉，一为萨马拉东加，这就是巴拉扶陁拉的父亲与祖父。此外，在这个特许规章中，又指出巴拉扶陁拉的父亲，曾娶了一位妇女，叫做塔拉（Tara）者，人们以为这位妇女可能是三佛齐国王的女儿。人们又以为自公元七七五至八六〇约差不多一百年中，三佛齐与爪哇是相当友好的，两国的王室，互相通婚，也是很可能的。

这样，巴拉扶陁拉是三佛齐王室的外孙或外甥，既然山帝王朝为了森阇耶王朝所代替，而山帝王朝的子孙不能继承王位，其幼子逃到外祖父的国家，当然会受欢迎，是合情合理的。等到巴拉扶陁拉长大的时候，三佛齐国王死了，可能国王没有儿子，找不出适当人物，因而由巴拉扶陁拉承继王位。也可能巴拉扶陁拉用了计谋，去夺取了三佛齐王位，于是爪哇的山帝王朝，又变为三佛齐的山帝王朝。

山帝王朝统治三佛齐，可以从公元七七五年。在马来半岛北部的六坤（Ligor）的石柱碑文中看出来，在这个时候，三佛齐的势力已伸张到这个地方。三佛齐王大概在征服了这个地方之后，乃建筑三个砖造的神庙，去歌颂佛的神明。其碑文的一面，这一面人们叫做碑文A，其后面又有一较短而不很完备的碑文，人们叫做碑文B。在后面的碑文B中说到山帝是一位权力无比而为敌人所畏惧的国王。他是叫做室利满者伯夷，因为他的来源，是山帝的家族。

据一些历史学者的考据，碑文A与碑文B不是同一时间刻的。A是先于B。在公元七七五年，山帝王朝还没有统治三佛齐，但是爪哇的山帝王朝与三佛齐的王朝，都是崇拜佛教，二者又相友好，二者又通婚姻。大概是等到山帝王朝统治三佛齐之后，为着纪念这种友好而密切的关系与共同的信仰，于是乃在原来的碑文之后，又加上了新的碑文。

第三十章　佛逝与爪哇

上面是把扶南的山帝王朝如何统治了爪哇与三佛齐，简单的加以叙述。应该指出，这种看法，是否正确，还是一个问题。可是既然这种看法是对于爪哇与三佛齐的山帝王朝的最新而又为好多东南亚历史学者所接受的看法，我们应该加以介绍。

假使这种看法是没有错误的话，那么扶南虽然被了真腊所征服，但是扶南的山帝王朝还存在着，存在了好几百年。这个王朝，可能也为真腊王朝所承继。就算这个王朝在其本土站不住脚，它却到了爪哇，统治了爪哇约一百年，又到了三佛齐，统治了三佛齐一个较长的时间。

假使爪哇与三佛齐的山帝，是来自扶南，那么扶南之于爪哇与三佛齐的关系的密切，是不言而喻了。因此，爪哇与三佛齐，不只是在王朝方面会有了扶南的后代，而且爪哇与三佛齐，而尤其是后者，可以说扶南的海权的承继者。我们知道，爪哇与苏门答腊，都是岛国，在其强盛的时候，除了统治其本土之外，向外发展，就要靠着海军与商船。关于这一点，爪哇在某个时期中，虽然也占了很重要的地位，然而能像扶南一样，能够称霸于南海或印度洋，而征服了好多国家，同时，在东西交通与贸易上又像古代的扶南一样，占了重要的地位，应该要算三佛齐。因此之故我们对于三佛齐，要加以简略的叙述。

《新唐书》卷二二二下"室利佛逝"条说：

> 室利佛逝，一曰尸利佛誓。过军徒弄山二千里，地东西千里，南北四千里而远。有城十四，以二国分，总西曰郎婆露斯，多金、汞砂、龙脑，夏至立八尺表，影在表南二尺五寸。国多男子，有橐佗，豹文而犀角，以乘且耕，名曰它牛豹。又有兽类野豕，角如山羊，名曰霎，肉味美，以馈善。其王号曷密多。咸亨至开元（公元六七〇至七四一）间数遣使者朝，表为边吏侵掠。有诏广州慰抚。又献侏儒僧祇女各二及歌舞，官使者为折冲，以其王为左威卫大将军，赐紫金袍金钿带。后遣子入献，诏宴于曲江。宰相会册封宾义王，授右吾卫大将军，还之。

义净在其所撰《唐代西域高僧传》卷下，述其行程中也说到室利佛逝。他说：

> 于时咸亨二年（公元六七一年），坐夏扬府。初秋，忽遇龚州史君冯孝诠，随至广府，与波斯舶主期会南行。……未隔两旬，果之佛逝。经停六

月,渐学声明,王赠支持,送往末罗瑜国(原注云:今改为室利佛逝也)。复停二月,转向羯荼。至十二月,举帆还乘王舶,渐向东天矣。从羯荼北行十日余,至裸人国。……从兹更半月许,望西北行,遂达耽摩立底国,即东印度之南界也……十载求经,方始旋踵,言归还耽摩立底,未至之间,遭大劫贼,仅免剸刃之祸,得存朝夕之命。于此升舶过羯荼国,所将梵本三藏五十余万颂,唐译可成千卷,攒居佛逝矣。

又在《大唐西域求法高僧传》卷下《贞固传》说:

净于佛逝江口升舶,附书凭信广州,见求墨纸,抄写梵经,并雇手直。于时商人风便,举帆高张,遂被载来,求住无路,是知业能装饰,非人所图。遂以永昌元年(公元六八九)七月二十日达于广府……所将三藏五十余万颂,并在佛逝,终须复往。……谁能共往收取,随译随受,须得其人,众佥告曰,有僧贞固。……斯为善伴。……广府法俗,悉赠资粮,即以其年十一月一日,附商舶去番禺,望占波而陵帆,指佛逝以长驱。

又在《南海寄归内法传》卷一记南海诸洲云:

从西数之有婆鲁师洲,末罗游洲,即今尸利佛逝国是。

又如《大唐西域求法高僧传》卷下说:

法朗者,梵名达磨提婆(原注唐云法天),襄阳人也,随义净同越沧海,经余一月,届乎佛逝。学经三载,梵汉渐通。往诃陵国,在彼经夏,遇疾而卒。

在唐代中国僧人之到佛逝的,不止此数。至于商人或使者之到这个地方的,也必很多。我们从上面所抄录的《唐书》及义净的著作的数段话中,可以看出下面数点。

首先我们要指出三佛齐的佛教,是很为发达。义净不只于六七一年从中国到印度时,经过佛逝的时候,停了六个月之久,同时又在这里渐学声明,而且,当他六八二或六八三年从印度回国时,他并没有一直回国,却又攒居佛逝。他在印度十载,而在佛逝也有十余年之久。他在佛逝因为缺乏纸墨与抄写梵经人员,他没有把他从印度带回的经文,运回国内,宁愿回去广州一次,专为办理这些事,又再到佛逝,直至六九五年始把全部所得与抄译的佛经,带回洛阳。这里说明了一点,这就是当时的佛逝,佛教既必很发达,佛经的搜藏,也必很多。同时,当地的佛教徒之精于佛经的,可能也很多,对于他的抄写与翻译佛经的工作,较为方便。

义净所著录关于当时的中国僧人之到东南亚的,有三十多人,而到佛逝者又很多。这些人像上面所说的,法朗到了佛逝之后"学经三载,梵汉渐通",说明了到了佛逝不只可以学佛经，而且可以学梵文。这样，可见得梵文在佛逝必很流行。又如与义净同到佛逝的贞固，据说：

  贞固弟子一人，俗姓孟，名怀业，梵号僧迦提婆，随师共至佛逝，解骨仑语，颇学梵书，后恋居佛逝，不返番禺。

又如：

  大津师者，澧州人也。……永淳二年（公元六八三）振锡南海。……达尸利佛逝洲，停斯多载，解昆仑语（按：即骨仑语），颇学梵书，净于此见，遂遣归唐。

这些到佛逝学梵文学佛经的僧人，在当时之到佛逝必定很多。而且，必定还有好多为义净所没有著录的。这样看起来，佛逝在当时可以说是南海佛教的中心。有好多人到了佛逝，并没有向印度去，而逗留其地。像贞固弟子怀业，还恋居其地，不归祖国。像僧人大津，假使没有义净遣之回唐，也可能久居此地。义净自己也为了工作方便居留十余年之久。这都说明了这个地方，是佛教很为兴盛的地方，是抄译三藏研究佛经，以至学习梵文，一个最好的环境。

  其次，我们要指出，而且这是极为重要的，这就是从上面数段话中，我们知道佛逝是东西交通的要冲。往来西方的印度，或以至大食的人们，固要经过这个地方，就是往来于真腊、占波与中国的人们，也要经过这个地方。宋代周去非在十二世纪所著的《岭外代答》卷二"三佛齐国"条，对于这一点有了很好的解释。周去非说：

  三佛齐国在南海之中，诸蕃水道之要冲也。东自阇婆（按：即指爪哇）诸国，西自大食故临诸国，无不由其境而入其国者。国无所产，而人习战攻，服药在身，刃不能伤。陆攻水战，奋击无前。以故邻国咸服焉。蕃舶过境，有不入其国者，必出师尽杀之。以故其国富犀、象、珠玑、香药。其俗缚排浮水而居，其属有佛罗安国，国主自三佛齐选差。

应该指出，所谓其国无所产，并非事实。因为佛逝也产生了东南亚一般的国家所出的特产。至说服药在身，刃不伤身，这是一种迷信，至多我们只能说是三佛齐人很为勇敢，不畏刀刃而已。此外，在十三世纪的赵汝适，在其所著的《诸蕃志》卷上"三佛齐国"条中说：

  三佛齐间于真腊、阇婆之间，管州十有五在泉之正南，冬月顺风月余方至牙凌门，经商三分之一，始入其国。国人多姓蒲，累甓为城，周数十里。国王出入乘船，身缠缦布，盖以绢伞，卫以金标。其人民散居城外，或作牌水居。铺板覆茅，不输租赋。习水陆战，有所征伐，随时调发。立酋长率领，皆自备兵器糇粮。临敌敢死，伯于诸国，无缗钱，止凿白金贸易。四时之气，多热少寒，蓄畜类颇类中国。有花酒、椰子酒、槟榔蜜酒，皆非曲蘖所酝，饮之亦醉。国中文字用番书，以其王指环为印。亦有中国文字，上表章则用焉。国法严，犯奸男女悉寘极刑。国主死，国人削发成服，其侍人各愿殉死，积薪烈焰，跃入其中，名曰同生死。有佛名金银山，佛像以金铸，每国王立，先铸金形以代其躯。用金为皿器，供佛甚严。其金像器皿各镌志，示后人勿毁。国人如有病剧，以银如其身之重，施国之穷乏者，亦可缓死。俗号其王为龙精，不敢谷食，惟以沙糊食之，否则岁旱而谷贵。溶以蔷薇露，用水则有巨浸之患。有百宝金冠，甚重，每大朝会，惟王能冠之，他人莫胜也。传禅则集诸子以冠授之，能胜之者则嗣。旧传其国地面忽裂成穴，出牛数万，成群奔突入山，人竞取食之。后以竹木室其穴，遂绝。土地所产璕瑂、脑子、沉速暂香、粗熟香、降真香、丁香、檀香、豆蔻，外有真珠、乳香、水蔷薇、栀子花、腽肭脐、没药、芦荟、阿魏、木香、苏合油、象牙、珊瑚树、猫儿睛、琥珀、蕃布、番剑等，皆大食诸番所产，萃于本国。番商兴贩用金、银、瓷器、锦、绫、缬、绢、糖、铁、酒、米、干良姜、大黄、樟脑等物博易。

又说：

其国在海中，扼诸蕃舟车往来之咽喉，古用铁索为限，以备他盗。操纵有机，若商舶至，则纵之。比年宁谧，撤而不用，堆积水次，土人敬之如佛，舶至则祠焉。沃以油，则光焰如新，鳄鱼不敢逾为患，若商舶过，不入则出船合战，期以必死，故国之舟车辐辏焉。

又说：

蓬丰，登牙侬，凌牙斯加，吉兰丹，佛罗安，日罗亭，潜迈，拔沓，单马令，加罗希，巴林冯，新拖，监篦，蓝无里，细兰，皆其属国也。

上面数段话，很清楚的指出来三佛齐是商业繁盛的区域，是东西交通的要冲。三佛齐是一个海上称霸的国家，是一个很多属国的上国。这与数百年前的扶南在商业上，在交通上，在海权方面，在属国方面，是差不多同一的情况。扶南灭亡以后，经过一个短期，没有一个东南亚的国家能达到扶南这种地位，只有三佛齐从七世纪的下半叶以后，逐渐强盛起，到了八九世纪以后，以至十二、十三世纪，差不多达到扶南强盛时代的地位。而尤其值得我们注意的，是二者都是握了交通的咽喉，从而发展其商业。同时，又有强大的海军，征服了好多国家。

人们也许会问道，为什么在扶南时代，马来半岛的北部的东西海岸，以及暹罗湾是交通要冲商品凑集之区，为什么七八世纪以后这些地区，却不如马剌甲海峡或其他海峡那么繁盛呢？我们以为很可能的，一来扶南灭亡之后，真腊是一个大陆帝国，对于海上的发展，不很注意，而注重于陆上的发展。又扶南灭亡之后，在马来半岛北部的一些国家如凌牙修，如盘盘，如丹丹，如赤土，都独立起来，各自为政，可能互相排挤，对于一些通过马来半岛北部的商贾，还互相争取，使船舶之到了马来半岛北部东西两岸者，不只不知何所适从，可能还要缴纳数倍的赋税，因而这些贾人，望而生畏，改驶别途。

此外，到了这个时代，人们对于航海的技术，已有进步，对于这一带的海洋情况，认识较为详细。同时，交通工具，也有了改进，船舶构造的技术，也有进步，因而这些船舶，不只可以驶行长途，而且可以越过大洋。这样绕马来半岛的南部绕其他海峡，虽然经过大洋的长途跋涉，但是不需要跨过马来北部的陆地，用船舶径从印度而到中国南海，也省了跨过陆地的好多麻烦。

又三佛齐既强盛起来，一向是海盗猖獗的马剌甲海峡，有了三佛齐去征伐平定，海盗的踪迹，虽然不一定完全没有，然海上交通，比较安全得多。

不但这样，三佛齐在强盛的时候，其属国北至马来半岛的北部。七七五年的六坤碑文既说明了这一点，而《诸蕃志》中所说的蓬丰，就是现在在马来半岛的彭坑，登牙侬、或丁、加奴、凌牙斯加（即凌牙修）、吉兰丹，现在还这样的叫。他如佛罗安、单马令、加罗希都是在马来半岛。又在马来半岛的东岸的吉打（Kedah），在九世纪与十世纪的时候，是一个极重要的港口，亚拉伯人马苏提在九四三告诉我们在吉打的附近有了金矿银矿，这个地方是船舶从亚拉海的西拉（Siraf），与阿曼（Oman）港口与来自中国的船舶所集会的地方。这是从前所没有的现象。亚伯杜拉夫（Abudulaf）曾指出吉打是一个大城市，环绕这个城市又有好多小城市，他还指出这里有一个锡矿。吉打没有问题也是三佛齐的属国。

其实三佛齐的势力不只伸张到马来半岛的西岸，而且一直伸张到印度南边的锡兰岛。《诸蕃志》所说的细兰，就是现在的锡兰。又在其东边新拖就是 Sunda 的译音，也就是现在的巽他，这说明了巽他海峡一带，也为三佛齐所控制。

三佛齐既征服这么多的属国，而且这些属国，除了一些如巴林冯，或蓝无里，是在苏门答腊本岛上以外，其余皆是需要海军去远征，尤其是远如锡兰，非有强大的海军，是无法征伐的。这样说明了三佛齐的海军，是很为强大。三佛齐居了交通的要冲，又有强大的海军去保护交通线，垄断交通线，同时征服好多海外国家，这样使其国家成为世界珍奇物品所萃荟的地方，既强又富。扶南灭亡以后在东南亚的各国中，能继承扶南在海上霸权的，不能不算三佛齐了。而况，这个国家的山帝王朝，可能还是扶南王室的后裔，虽然在山帝没有统治三佛齐之前，三佛齐已逐渐强盛，可是山帝统治三佛齐之后，三佛齐更为强盛。这样，三佛齐不只是海权国的扶南的承继者，而且是扶南山帝王朝的承继者。

我们在这一章里，并不准备去叙述爪哇或三佛齐的历史。我们的目的只是介绍近代东南亚历史学者所提出扶南山帝王朝之与爪哇与三佛齐的山帝王朝的关系。同时，指出三佛齐（在某种意义上爪哇也包括在内）是扶南的海权的承继者。自十一世纪的上半叶，三佛齐曾被南印度的注辇（Chola）所侵略，三佛齐的国都，也被劫掠。一些属地也为注辇所侵略，使三佛齐的海权大受损失。此后，虽然还能维持其交通与海上的地位，可是东爪哇王朝不久勃兴起来。到了十三世纪，蒙古侵略爪哇之后，满者百夷帝国建立之后，爪哇又强盛起来，三佛齐逐渐衰弱。在马来半岛的北部，泰族向南发展，征服了好多三佛齐的属国，爪哇的满者伯夷帝国，也向西面发展。三佛齐结果是瓦解。而且曾为三佛齐所征服的爪哇，成为南海的一个强国，它是一个岛国，也要靠海军去维持其地位与去发展交通贸易，然而爪哇帝国远不及三佛齐那样强大。而且，关于这段历史，我们没有打算去叙述，因为它与扶南很少有了关系，所以我们只能叙述到此为止。

东南亚古史研究之二

猛族诸国初考

東南亞古史研究之二

猛族諸國初考

陳序經著

《猛族诸国初考》20 世纪 60 年代内部印刷版封面

目　录

序 …………………………………………………………… 177
绪　言 ……………………………………………………… 179
第一编 ……………………………………………………… 186
　第一章　林阳 ……………………………………………… 186
　第二章　投和（一）……………………………………… 192
　第三章　投和（二）……………………………………… 199
　第四章　罗斛 ……………………………………………… 205
　第五章　女王 ……………………………………………… 211
　第六章　得楞 ……………………………………………… 217
第二编 ……………………………………………………… 224
　第七章　顿逊（一）……………………………………… 224
　第八章　顿逊（二）……………………………………… 229
　第九章　盘盘（附个罗）………………………………… 235
　第十章　朗迦（附丹丹）………………………………… 242
　第十一章　赤土 …………………………………………… 249
　第十二章　罗越 …………………………………………… 256
结　论 ……………………………………………………… 261

序

在今日的暹罗与缅甸，虽然还有一些猛人（Mons）散居于各处，可是"猛人"这个名词，差不多变为历史上的名词，一般人固很少知道还有猛人的存在，就是好多人类学者，在其著作里，也几乎没有谈到这个民族，就是谈了，也谈得很少。

其实，在东南亚历史上，猛人的历史，不只很为久长，而且很为光荣。在很长的时间中，他们的种族，分布于暹罗、缅甸，以及马来半岛；又在很长的时间里，他们统治了这些地方，在他们所统治的国家里，有着肥美的湄南（Meman）、夜功（Meklong）、萨尔温（Salween），与伊洛瓦底（Irawadi）等河流，所以他们的农业，很为发达。他们对于水利工程，作出了很多的成绩，历史上产米丰富的叫栖（Kyaukse）地区的著名水利工程，最先就是由他们所建筑的。他们的国家，是位在印度洋以至地中海与中国南海以至中国的交通要冲，所以他们的商业，很为发达。此外，凡是东南亚其他各处所出的珍品异物，几乎都可以在他们的国家找出来，而且，有的东西如犀牛，或世人所称的堕和罗犀，是东南亚与世界上最著名的产品。不但这样，印度佛教以至婆罗门教之传到东南亚最早的地方，似乎没有问题是猛族国家。这些宗教，在历史上，有一个时期传播到东南亚好多角落。不只缅甸、暹罗、柬埔寨、老挝、占城与马来亚各地，就是在苏门答腊，在爪哇，以至在婆罗洲等处，也流行了这种宗教。直到现在，在缅甸、暹罗、老挝、柬埔寨等国家，这种宗教，而尤其是佛教，还很流行。这些国家的佛教以及婆罗门教，应该是从猛人国家传播过去。

然而很可惜的是，猛人的国家以及其光荣的历史，几乎为人们所忘记。近年以来，一些考古学者，在过去的猛人国家的领土上，如在堕罗钵底的一些地方，像在现在暹罗的佛统与蓬迪（P'ong Tük）等处，虽然也找出古代猛人的一些遗物，可是这种工作，还是作得不多，而所得的材料，还是很少。而且，用文字来记载的碑铭，找出来的还是很少。威尔士（H. G. Q. Wales）在其所著《往吴哥去》（*Toward Angkor*）一书中曾说：

> 蓬迪迄今日，尚无碑铭发现，即在其他堕罗钵底遗迹所得之碑铭，亦简略不文，故该国一君之名号、一事之始末，吾人亦殊难获悉，仅知当十世纪之末，其国为吉蔑所并而已。（参看该书《从缅甸古都室利差呾罗谈到堕罗钵底》一章，中译者姚枬。）

应该指出，是在中国的史书里，我们找出这个国家以及猛族所建立的好多国家的历史，是在中国的史书里，如关于堕罗钵底的记载，我们可以找出国王的名号。虽然我国的记载也不见得完备，而这些史文又很多是零星散见于各书，可是假如我们小心的钻研下去，我们可以找出关于这个民族的各国的不少史料，同时，若把这些历史材料整理起来，也可以写成一本关于猛族诸国的历史。

这本书就是写作关于这个民族的各国的历史的尝试——应该说只是一个初步的尝试而已。可能这个尝试，缺点很多，可是读者若愿意指出这些缺点，或是因之写成一部更为可靠与完备的猛族诸国历史，那也就是达到了作者的目的。

一九五九，九

绪　言

在东南亚的各国历史上，猛人（Mons）或猛族国，是历史很长，而文化又很高的国家。它比之我们所知道的较古的扶南，其历史，似乎还要古；其文化，可能还较高。

在地理上，猛人国的地位，是介在西边的印度以至欧洲与东边的扶南以至中国的中间。这是历史上东西交通的一个要冲，是商业繁荣的区域，是物产珍品丰富的地方。这个地方可能是印度佛教最初传入东南亚的地方。而且它又是东南亚的好多国家的佛教的转运站。缅甸、暹罗的佛教是从猛人国传播而来。一直到现在，缅甸与暹罗，可以说还保存着这个宗教的传统。此外，猛人国的佛教，又影响到柬埔寨与老挝或其他各处。所以猛人国不只在东南亚古代史上，占了很重要的地位，就是在东南亚的近代史上，也有了很重要的意义。因为，猛人国虽早已灭亡，可是现代还有好多猛人，散居在暹罗、缅甸或其他各处，尤其是在暹罗人与缅甸人中，也不少有了猛人的血统，而久已同化。至于近代的暹罗、缅甸以至柬埔寨的政治制度、宗教信仰，以及文化的其他方面，也有不少猛族的留痕。

很可惜的，是自一五三九年在缅甸的仅存的猛人国，这就是白古，被缅族灭亡之后，猛人国几乎为人所忘记。半世纪来，历史学者对于东南亚的好多其他国家的历史的研究，虽然作了大的努力，得到很大的成绩，如对于十七世纪为越南所灭的占城或占婆，也有人做过有系统的研究，可是对于猛族的历史，而尤其是猛族的古代史能加以注意的，却是很少。这岂不是一件很为遗憾的事情吗？

马司伯乐（Georges Maspero）在其《宋初越南半岛诸国考》（冯承钧译，参看《西域南海史地考证译丛》，页一三七——一七〇）一文中说：

九六〇年国于真腊之西者，名 Rāmaññadeça 国，即 Rmeñ 人，或 Rman 人之国，亦即今人所称猛（Môn）种之国。关于此国之中世纪史料，其实甚稀。此国位于航海大道之外（按：这话不见得是正确的），八〇二年丽水（Iraouaddy）中流之骠（Pyu）国，固会随南诏使臣入贡于唐，然同一江流江口之 Rāmaññadeca 国，当时中国似完全不知有之。惟至三百年后，中国始与此地之新主蒲甘（Pagan）国王开辛特他（Kyanzittha）缔结国交，时猛种所建之国丧失独立，已五十年矣。

他又说：

唐代之人固不识此国，大食人已早识之，九四三年马苏地（Masudi）撰之《金草原》，曾言有 Rahmā 国。……惟应注意者，《金草原》之文，盖为转录八五一年大食商人名苏黎满（Sulayman）行纪之文。则十世纪时关于 Rāmaññadeça 国之大食记述，实为百年前之记述。而余尚应附带声明者，此种消息，似间接传自印度，盖若苏黎满亲到此国，必著录其国之境界，而此处谨言与大食商人直接发生关系之印度民族，足证其足迹未至此国也。

我们要指出，马司伯乐所说"唐代的人们不识此国"，却是一个很大的错误。唐朝建国于公元六一八年，灭亡于九〇六年。马苏地的《金草原》的撰作是在五代的晋时（九三六至九四六），而苏黎满的纪文是在唐代的末季。这都不见得是关于猛人国的最早记载。

其实，中国人不只在唐代已知道这个国家，而且在唐初已经认识这个国家。我们还应指出，不只唐代的中国人已经认识这个国家，而且隋代的中国人也已经知道这个国家。

假使我们细心去钻研中国的史料，我们还可以说，中国人之认识这个国家，是在三国的时代，这就是说是在公元三世纪的时候。比之大食之认识这个国家，要早了六百多年的时间。

马司伯乐在这篇长文中，对于这个猛族国家的叙述，不过千余字。虽说其原因乃研究宋初越南半岛的好多国家，而并非专论猛族之国，然在他手中所能掌握的材料，正如他自己所说，"关于此国之中世纪史料，其实甚稀"。

马司伯乐这篇文章发表之后，已有好几十年，虽然在近人的著作，而尤其是最近数年来所出版的著作中，对于猛族的国家，人们已逐渐注意，但是有系统的专篇论文谈到这个问题的，而尤其是谈到这个种族的历史的，实在不易找出来，可能这还是因为史料缺乏的原故。

我们以为关于这个猛种的国家的史料尤其是古代史料，较为丰富的，还是中国的史料。我愿意在这里把我所能找出中国所记载的有关于这个猛种的国家的史文，加以整理，再把我所知道的外国史料之有关于这个问题的，作为补充，写成这本《猛族诸国初考》，初考云者，是因为这是一个初步的研究，可能有很多的材料，我还没有看到，没有加进去，而且这里所用的材料，也可能还有问题。同时，可能有好多看法或解释，还有很多错误，希望读者加以指正。

人类学者，把猛族与吉蔑族合为一类，而叫做猛吉蔑（Mon-Khmer），这是因为两者无论在种族上，或是在语言上，都有了根本的类似与密切的关系。我们知道，吉蔑族就是现在的柬埔寨的种族，在历史上，这个种族，曾建立了真腊国，再追溯上去就是古代的扶南国。他们——猛与吉蔑最初可能是居住在中国的西南而靠近现在的中越缅与老挝交界的地方，在越南北部有所谓猛安南（Mon-Anam）的名称，后来慢慢的向南迁移，居于湄公河的上游的孟（Mun）河一带。

猛的得名是否出自孟或是孟（Mun）是因猛而得名，不得而知，可是二者有了关系，也是很可能的。

然而亦有人以为猛人是来自印度的。他们以为在缅甸南部的猛人，缅甸人叫他们为得楞（Talaing），得楞这个名词是印度的名词。在印度南部的马德拉斯（Madras）的地方有一个地方叫做 Telingana，他们以为这些猛人是来自印度的得楞，因而遂被称为得楞人。

还有人以为得楞是从诃陵（Kalinga）这个名称而来。Trikalinga 是印度一个国家。在八世纪的下半叶，统治这个国家的王是叫做甘玛那范（Kamarnava），若再追溯上去，据说阿育王曾在公元前二六一年征服了一个国家叫做诃陵。假使得楞这名词是从诃陵这个名词而来，那么这个名词的来源，更要古了。在我们中国的史书上，在唐代曾有一个国家叫做诃陵，这个诃陵是在爪哇，也有人以为这个国家，是由印度诃陵而移到爪哇的人们所建立的国家。

应该指出，得楞是否来自诃陵，还是一个问题。就算这个看法是对的，也不见得用了这个名词，就是等于说其人民是来自印度的诃陵或得楞。可能在爪哇的诃陵或在缅甸的得楞，有一个统治者与其一些侍从是来自印度，因而叫做得楞或诃陵，然而这也不能说其民众都来自这个地方。这些名词之所以应用于缅甸或是爪哇，照我们的意见，主要的原因，是由于这些地方，而尤其缅甸的得楞人，深受了印度文化的影响，采纳印度的文字，所以采用了好多印度名词。

此外，得楞这个名词，在缅甸，还含有下贱而被压迫的人民（The downtrodden people）的意义。这种看法，也是缅甸人的看法。有人还以为这个含有恶意的名词是缅甸十八世纪下半叶的著名皇帝雍籍牙（Alaungphra）时代所创造出来的名词与意义。这种看法的错误是很容易指出来的。因为得楞这个名词在缅甸，其来源已久，并非十八世纪下半叶才产生的。得楞（Talaing）的较古写法是但楞（Tanlaing）。在雍籍牙还没有出生之前六百年，得楞这个名词已经见于一二〇四年的碑文。而况，在见于刻石之前，这个名词已有了很久的历史。据说早在一〇八二年已有"得楞渔业"这个词句。在开辛特他时代有了乌沙拉（Ussāla）的得楞王国。至于一二〇四年以后，这个得楞名词之见于碑文记载更多，如缅甸碑文所记一二一一至一二六二年间说到"得楞的主要乡村"的有三次之多。

应该指出，缅甸人对于猛人看不起是一种事实。因为不只在历史上缅甸人与猛人的斗争是十分剧烈，而且在历史上缅甸人对于猛族的压迫，是很为残忍。猛人自被缅人阿奴律陀（Anawrahta）于一〇五七年征服直通之后，不断的对于缅甸加以反抗。但是每次反抗失败之后，无情的屠杀，不只加于兵士或壮丁，而且往往是加于老弱妇孺。至于一些还没有被屠杀者，也往往忍受不了兵役与苛税的痛苦。在过去，缅甸人似乎是要消灭这个民族。但是也得指出现在的缅甸政府，对于猛人的政策，已改变了。也是为了这个原故，在历史上，猛人之从缅甸逃到暹罗的也有很多次数。

至于在人种上，照我个人的看法，东南亚各处的猛人似乎是从湄公河的上游而来，所以他们被称为猛吉蔑人。大致上，他们分为二支，一支向东南移，建立扶南、真腊，一支向西南移，建立猛族诸国。在历史上，我们知道其建国最早的应该是公元二三世纪的时候中国史料中所说的林阳或噂杨。在扶南强盛的时候，在现在的暹罗的南部或是以至缅甸的南部的林阳，以及在马来半岛的北部的顿逊，都会为扶南所征服。可是到了扶南衰亡，真腊代兴的时候，堕罗钵底或投和又兴起，同时在马来半岛的猛族，也得到独立，古代的盘盘、个罗、狼牙修、赤土、丹丹，以至罗越等国，也是这族人所建立的国家，这是公元六七世纪的事情。

投和灭亡于何时，不易确定，但是我们知道在宋元的时代，在投和所占有的土地上，曾有一个罗斛国。这个国家应该也是猛族所建立的。

在七世纪的下半叶，这也就是唐代上半叶，据说猛族有一位公主曾到现在暹罗的清迈附近建立了一个国家叫做哈利班超，后来为泰族的永国所灭，在中国的史料中，这个国应为女王国。

在缅甸的南部，我们知道在公元以后，就有猛族居住。康泰所记载的林阳，可能在其强盛的时候，包括了缅甸的南部。在唐代，樊绰《蛮书》卷十中所说的弥诺、弥臣，与昆仑都应是猛族国家。九世纪与十世纪的时代，大食人所记载的猛族国家，大概是在缅甸的南部。十一世纪蒲甘王朝的阿奴律陀（一○四四——一○七七）曾征服了缅甸南部的直通（Thaton）或得楞，这也是猛人所建立的国家。但在这个时候，有一部分的猛族还在缅甸南部的其他地方如白古，维持其政治上的独立。蒙古征服缅甸，猛族之在缅甸者，又复兴起来。虽然后来又为缅族一再攻伐，可是时兴时衰，直到近代，猛族的独立运动，并没有停止。在十九世纪的初期，在暹罗，除了原有的一些猛人外，也有从缅甸逃到暹罗的猛人。英帝国主义者还想利用这些人与在缅甸的猛人，重新建立一个猛国，与缅甸对抗，以施行其以亚洲人反对亚洲人的政策。但是猛人并不为英帝国主义者所利用，因此，英帝国主义者的阴谋，始终没有实现。

上面所说的，主要是暹罗与缅甸的猛族所建立的国家。至于马来半岛，我们大致可以说，在唐宋前的一些重要的国家，也是猛族所建立的。马来半岛的猛人，是经过暹罗而来，同时也有从缅甸南部尤其是马都八、毛淡棉而来的。应该指出，古代的马来半岛的民族是相当复杂的。就是从今日来看，马来半岛除了马来人之外，还有不少的古代民族遗留至今。小黑人（Pygmis）、沙盖（Sakai）与查空（Jakun）等人就是一些例子。这些种族，据近代人类学者的调查，不只是居住在马来半岛很古的种族，而且，其生活是极为原始的民族。现在有些学者还指出，沙盖族与猛吉蔑族是有关系的。我们以为在唐宋以前，在马来半岛的民族，虽然种类可能很多，但是统治这个半岛的各地或各国的民族，主要还是猛族。所以直到现在,在马来半岛的一些文化较低的民族的语言中,还有一些猛族语言。在猛族统治之下,除了猛族之外,还有其他的好多种族。小黑人、沙盖与查空可能都曾受过猛族人的统治。因此,统治者与被统治者,也可能互相通婚,所以人们以为比方沙盖是与猛族有了关系或是含了猛族的血统,是无足怪的。

马来半岛上最古的猛族国家应该是顿逊。这个国家在二世纪末至三世纪初期为扶南范蔓所征服。可能这个国家的历史比之扶南的历史,还要长久,至少这个国家的建立,不会较晚于扶南的建立。它的位置是在印度洋以至欧洲与中国南洋的交通的最重要的地方。扶南范蔓之所以要治大舶去征伐这个国家,主要是这个原因。

《梁书·扶南传》说顿逊有五王。这就是说,有五个王国。这些王国之于顿逊的关系,可能是与近代的邦联制度差不多,这就是说,不只各王国在其内政上,有自主之权,就是在外交上,也保留了一些权利。史书没有记载这里所说的五个王国的国名,但我们推想,这五个王国,可能就是盘盘、丹丹、哥罗、狼牙修、赤土等国家。

在公元后的二三世纪的时候,在现在的越南南部、柬埔寨、暹罗、缅甸与马来半岛的北部的情况,大致是这样:在越南的南部与柬埔寨的本部是扶南的本土;在暹罗的南部与缅甸的南部,是林阳所统治;在马来半岛的北部是顿逊以及其五个王国;到了扶南强盛的时候,尤其是在范蔓的时代,林阳的大部分,被扶南所征服;顿逊的全部,也被扶南所征服;可能在缅甸的南部,林阳还保留一些地方,但是这个国家在这个时候可能很衰弱,说不定也在扶南的势力范围之内。

到了扶南衰弱与真腊勃兴的时候,这就是公元后六七世纪的时候,投和的猛族,始脱离扶南而独立。此后正像我们在上面所说,在暹罗与缅甸,继投和而起的猛族国家有罗斛、女王、得楞等。在马来半岛,扶南衰弱的时候,顿逊的五个王国的猛族,相继独立,这就是盘盘、哥罗、狼牙修、赤土、丹丹等国。

猛族从湄公河向西南发展的时候,西至缅甸,南达马来半岛。在缅甸的南部的猛人,还向缅甸的北部发展。缅甸叫栖(Kyaukse)的古代水利工程,是猛人建筑的,说明了这一点。有些历史学者以为在现在的缅甸的阿腊干,也曾为猛人所建国或占据。至于马来半岛北部的猛族,也逐渐向南迁移,到了唐代其势力达到马来半岛的南部,这就是在现在的柔佛一带。很可能的,在马来半岛,愈南则猛人的人数愈少,但是在唐代,马来半岛的南部,也是猛族所统治,似乎没有问题,位在马来半岛的南部的罗越,应该也是猛人所建立的国家。

可是自唐代以至宋代,在苏门答腊这个岛上,有了新兴的国家,这就是末罗瑜或马来由与室利佛逝或三佛齐。在室利佛逝强盛的时候,其势力伸张到马来半岛,而且又征服了末罗瑜。到了宋代,据《宋史》的记载,狼牙修曾为三佛齐的属国,这也就是说,三佛齐的势力已扩张到马来半岛的北部。我们知道直到十八世纪的下半叶，柔佛有好多地方，还在苏门答腊的米南迦保（Menangkabau）的统治之下。从这个地方，而尤其是从末罗瑜到这个地方，移到马来半岛的人逐渐增加，因此马来由人这个名词，也就逐渐的普遍应用。马来由或没来由这个名词是从末罗瑜这个名词而来，马来亚作为地名也是由此而来。因此，统治马来半岛的猛人，遂逐渐为马来人所代替或同化。达尔利姆普尔（Dalrymple）于一七五九年在 Oriental Repository 中曾说过："白古人之容貌和性情与马来人相似，但较为勤奋耳。"（参看姚译哈维的《缅甸史》新版本，页二四八，注十七）这很可能是由于猛族与马来人同化的原因。应该指出，元明以后暹罗的泰族也逐渐伸张其势力到马来半岛，所以狼牙修的领土现在几乎是属于泰国。其实，在暹罗南部的泰人与在缅甸的缅人，都与猛族有了血统上的关系。因为原来在这些地方，在古代，其主要的种族，既是猛人、泰人或缅人，在猛人统治的时候，既已逐渐与猛人同化，到了泰人与缅人统治的时候，同化的程度，又加深起来，所以今日在暹罗南部的泰人，是与清迈、老挝等处的泰族有所不同，从外表看起来，他们是与马来人或是猛人较为相似。至于缅甸的缅人，在其从北向南迁移的过程中，除了已与骠人、掸人混杂之外，其与猛人相混杂，也是无可疑的。缅甸有的国王在征服猛人国家之后，不只采纳猛人的宗教，而且采用猛人的风俗习惯。相反的在暹罗的猛人受了暹人的影响，在缅甸的猛人，受了缅人的影响，也是无可疑的。

  我们说在马来半岛，古代的主要国家是猛人所建立的，这不只是由于马来人与猛人，在容貌与性情有相似之处，其实在现在所谓马来人，未在马来半岛建国之前，除了猛族之外，其他的种族之在这个地方的，少有了较高的文化，而能建立强大的国家。假使现在还有多少存在的小黑人、沙盖与查空人是古代马来半岛的较多的民族，那么这些民族的文化既很低，而近于原始人的生活，他们似乎不会建立了像顿逊、盘盘、丹丹、哥罗、狼牙修、赤土与罗越这些国家。相反的，只有文化较高的猛族始能建立这些国家。猛族之在暹罗与缅甸南部，既早已建立了国家，而所谓暹罗与缅甸的南部，可能在很早的时候，也像在今日一样，是包括了马来半岛的北部。有人以为投和可能也是顿逊五个王国之一，这种看法，也是有其理由的。费琅在《昆仑及南海古代航行考》（冯承钧译）引《册府元龟》卷九七一中说"和罗国昆仑人也"。我同意译者冯承钧指出"卷九七一无此文疑卷数有误"。但假使这段话所说投和人是昆仑人没有错误，那么顿逊人应该是与投和人同种。《太平御览》卷七八八"顿逊"条引《南州异物志》说顿逊为扶南别国，应该说是别种。同处又引竺芝《扶南记》说顿逊王名昆仑，这也可能是因为顿逊人与投和人同属万仑种。又如《隋书·赤土传》与杜佑《通典》"赤土"条均说"赤土是扶南之别种"，这也可以说，一方面他们是同属于猛吉蔑种，但分而言之，扶南是属吉蔑种，而赤土是属于猛种。赤土是在现在的马来半岛的万仑之南一带，赤土的人种若属于猛族，在赤土与投和之间的盘盘、丹丹与狼牙修等也应属于猛族。关于这一点，近代一些研究东南亚的历史与种族的人们，也看到这一点｛参看布利格斯（Briggs）《古代吉蔑帝国》（*Ancient Khmer Empire*）页二三—二四，又姚枏、许钰《古代南洋史地丛考》中所收入许钰（云樵）《丹丹考》一文，页十｝。

因此之故，我们以为在历史上不只在暹罗与缅甸的南部曾为猛族所建立了好多国家，就是在马来半岛，在唐代与唐代以前的好多国家，也是猛族所建立的。唐代以后三佛齐的势力伸张至马来半岛的北部，一些猛族国家，乃臣属于三佛齐。但应该指出，这些猛族国家，如狼牙修，虽然臣属于三佛齐，内部还是独立，对外也有遣派使者之权。而且，可能在三佛齐衰弱的时候，它又完全独立。所以这个国家，直到元末明初，还不断朝贡中国。元以后，一方面泰族势力由北扩张至南方，马来人在马来半岛的，也逐渐建立国家，因而这个国家可能在元末明初，因而灭亡。至于马来半岛的其他猛族国家的灭亡，应该较早。

在这本书里，我们分为上下两编。上编叙述林阳、投和、罗斛、女王与得楞等猛族所建立的国家；这都是位于现在的暹罗与缅甸的本部的。下编叙述顿逊、盘盘、哥罗、狼牙修、赤土、丹丹与罗越等猛族所建立的国家；这都是位在现在的马来半岛的。在结论中，我们把一三四九年暹国与罗斛合并以后以及一五三九年白古灭亡以后的猛族之在暹罗、缅甸的情况与其复国运动的史略，加以简单的叙述。

第一编

第一章　林阳

近代的人们所称的猛（Mon），正如马司伯乐所说，是以前的人们所称的 Rman 或 Rmen。应该指出，也有叫做 Rahman 的。这个名词，可能是从印度的婆罗门（Brahma）这个字而来，因为这两个字的音很相近。但这也并不一定是说，猛的种族是来自印度。可能这个民族因深受了印度文化的影响，乃采用印度的名词而已。关于这一点，我们当在下面再加说明。我们在这里，还要指出，现在的缅甸，我国人本来叫做缅。顾炎武以为这是由于"山川延邈，道理阻修，因名之曰缅"。然而也可能的，这是从梵文 Myamma 而来。Myamma 这个字也是从 Brahma 而来。现在西文叫缅甸为 Burman，掸人名缅甸为 Man，均是从 Brahman 而来的，缅甸不只在文化上受了猛种的文化影响很深，就是在种族上，也与猛族人久已混杂。这个国名，受了猛族的影响，也是很可能的。

所谓 Rammannadeca 就是猛（Mon 或 Rman 或 Rmen）人之国。Deca 可以译为国或城。Rammannadeca 也有写其为 Rammanyadesa（参看 L. P. Briggs, *The Ancient Khmer Empire*, P. 113）的。《水经注》卷一引康泰《扶南传》中有嘽杨国，同卷也引竺枝《扶南记》中的林阳国。《太平御览》卷七百八十七引康泰《扶南土俗》曰："扶南之西南有林阳国。"《太平御览》卷七百八十七又引万震《南州异物志》曰："林阳在扶南西七千余里。"我们在这里所要注意是《水经注》的，《太平御览》与《南州异物志》所引的林阳，应该就是《水经注》所引的嘽杨。而《水经注》所引的康泰《扶南传》，也就是《太平御览》所引的康泰《扶南土俗记》。林阳（林可读为 Lam 或 Lim）与嘽杨是同音，是同名异译。林阳或嘽杨似是 Rammanya 的对音。康泰是三国吴孙权时人，他曾与朱应出使扶南，回国后著有《扶南传》或《扶南土俗记》。他的书虽已佚，但有不少部分仍散见于其他各书。《水经注》与《太平御览》，就是一些例子。他有没有到过林阳国，不得而知。但是他在扶南时，听过关于林阳的好多事情，是无可疑的。假使我所说林阳或嘽杨的对音是 Rammanya 没有错误的话，那么中国人之知道这个国家是在三国吴时，或是公元三世纪的上半叶，这也就是说，中国人之知道这个国家，比之大食人之知道这个国家，要早了六百多年。

假使林阳国就是 Rammanyadesa，是猛人所建立的国家，那么这个国家，应该是我们所知道的猛人最早所建立的国家。我们知道扶南的建国，约在公元一世纪或以前，康泰出使扶南，是在三世纪的上半叶或中叶，他所撰的《扶南土俗记》既说扶南是在林阳的东边，那么至少在三世纪的时候，或在三世纪之前，林阳已经建国。《太平御览》卷七百八十七《四夷部八·南蛮三》"林阳国"条，引康泰所撰的《扶南土俗》说：

> 扶南之西南，有林阳国，去扶南七千里，土地奉佛，有数千沙门，持戒六斋日，鱼肉不得入国。一日再市。朝市诸杂米、甘果、石密，暮市但货香花。

同书又引万震《南方异物志》说：

> 林阳在扶南西七千里，地皆平博，民十余万家，男女行仁善，皆侍佛。

《水经注》卷一引竺芝《扶南记》说：

> 林阳去金陈国二千里，车马行，无水道，举国事佛。有一道人，命过烧葬，烧之数千束樵，故坐火中，乃更著石室中，从来六十余年，尸如故不朽。竺芝目见之。夫金刚常住，是明永存，舍利刹见，毕天不朽，所谓智空周穷，大觉难测者矣。其水乱流，注于恒。

又《水经注》引康泰《扶南传》说：

> 昔范旃时，有嘾杨国人家翔梨，尝从其本国到天竺。展转流贾至扶南。为旃说天竺土俗道法流通，金宝委积，山川饶沃，恣所欲，左右大国，世尊重之。旃问云：今去何时可到，几年可回。梨言：天竺去此可三万余里，往还可三年逾。及行，四年方回，以为天地之中也。

《梁书》卷五十四《天竺传》云：

> 吴时（公元二二二至二八〇年）扶南王范旃，遣亲人苏物使其国（按：指天竺）。从扶南发投拘利口，循大湾中，正西北入，历湾边数国，可一年余到天竺江口。逆水行七千里，乃至焉。天竺惊曰："海滨极远，犹有此人。"即呼令观视国内，仍差陈宋等二人，以月支马四匹报旃，遣物等还。积四年方至。其时，吴孙权遣中郎康泰使扶南，及见陈宋等，具问天竺土俗云云。

上面已经指出，《水经注》的嘾杨应该是《水经注》的林阳，而与《太平御览》所引各条文的林阳是一个国名。关于这个国的我国史料，我所知道的虽不过上面数条，但从这几条史文中，我们也可以知道到这个国家的概况。

首先我们要注意的，是林阳的位置。《太平御览》引康泰《扶南土俗记》说林阳在扶南之西南，《太平御览》引万震《南方异物志》说林阳在扶南之西，从方向上来说，西南与西虽有分别，但大致上并没有什么问题。所谓西南，也可以说是在西边而偏于南。所谓西，也不一定是绝对的正西，所以两者还可以说是在同一方向。扶南在范旃之前的范蔓时候，这就是在二世纪末至三世纪初的时候，征伐邻国领土，扩充得很大，在其西边，这就是现在的暹罗或暹罗的东北部的柯叻（Korat）一带可能为范蔓所征服。林阳既在扶南的西边或西南应该是指着现在的暹罗或暹罗一部分，以至于缅甸与马来半岛的北部一带。这些地方，我们相信在公元前数世纪中，已有了猛人居住。到了公元后一二世纪，猛族的势力逐渐扩大，其所占领的土地，可能伸到现在缅甸的西边达到孟加拉湾的海岸。

应该指出，所谓林阳国或猛人国，可能指着猛人所建立的国家，不一定只是指着一个统一的国家。这就是说：这个所谓猛人之国，可能包括好多国家在内而成一种联邦式。康泰与朱应到扶南时，可能没有到林阳国，他们在扶南的时候，听了人说到这个猛人国，对于这个猛人国的地方多大，究竟距离扶南多远，他们不一定知道得准确。

当然，在扶南建国之前，这个猛人国也可能是一个统一的国家，到了后来，才分为好多个国家，成为一种邦联制。在某一个时期中，某个国家是霸主，但是在另一个时期中，可能另一个猛国又成为霸主。据近人考订，在唐宋之间，这个猛人之国，就是这样的邦联制。关于这一点，我们当在下面再说明。

又从《太平御览》所引的条文中，我们知道从扶南到林阳，是七千里的路程。所谓七千里，也不一定是十足的数目字，也是可多可少的。但大致上，古人说里数时往往是偏多一些。而且，所谓七千里不一定是以其国的西边的境界起点。大致上，是从其国的都城算起。扶南当时的都城是在现在柬埔寨的东南，而属于越南的朱笃或这个地方附近，这就是位在湄公河的下游而滨海的地方。

但是从扶南到林阳的七千里的旅程的说法，并非完全没有问题的。据《水经注》卷一引竺芝《扶南记》说，从林阳到金陈国是二千里。这个金陈国，据《太平御览》卷七九〇 "金邻" 条引《异物志》说：

> 金邻一名金陈，去扶南可二千余里，地出银，人民多好猎，大象生得乘骑，死则取其牙齿。

又同处引《外国传》说：

> 扶南西去金陈二千余里，到金陈。

金陈就是金邻。我们不准备在这里讨论金邻。我们只要指出，既然说从扶南到金陈是二千里，同时又说从林阳到金陈也是二千里，加起来不过四千余里。这是说若从扶南一条直线经金陈而到林阳，不过是四千里或四千余里，那么所谓从扶南到林阳是七千里，就未免太多了。而且，从这样来看，金陈应该是位在扶南与林阳的直线之间，否则所谓扶南的西边是接着林阳又有问题了。若说金陈是在扶南与林阳之北部，或是南部而成为三角形的位置，那么从扶南到林阳的路途，若是一条直线的距离，就不会有四千里那么多。又竺芝《扶南记》说：林阳去金陈没有水道，只行车马。

这个金陈应当是一个大陆的国家，不是傍水的国家。《异物志》说"人民多好猎"，可能是一个山国。可是杜佑《通典》"边斗"条说："扶南度金邻大湾，南行三千里有此四国（边斗、都昆、拘利、比嵩）。"金邻大湾似乎也是金邻海岸，那么金邻应该是一个濒海国了。

又《太平御览》卷七九〇"奴后国"条云：

> 从林阳西去二千里奴后国，可二万余户，与永昌界接。

这里所说的西，应该为西北。奴后应该在现在暹罗的西北，缅甸的东北。奴后是界在永昌与林阳的中间，因此在古代从印度洋经永昌而到中国，可能也经过林阳。

但是无论如何，林阳既在扶南之西或西南，与在永昌的东南，则其领土应该是在现在暹罗湄南的下游或是缅甸的伊洛瓦底江的下游。《南方异物志》说其"地皆平博"，也可以证明了这一点。

关于这个国家的人口，据《南方异物志》说"民十余万家"。若以一家五口来计算，总共应有六十万人以上。从现在看起来，一个六七十万人的国家，并不算得为人口很多的国家，可是在千六百年前，而尤其是在当时的东南亚的国家来说，却是一个人口很多的国家。

关于这个国家的物产，史文说得很少。《太平御览》引康泰《扶南土俗记》中指出杂米、甘果、石密等。此外还有香花。直到现在，在暹罗南部的人们，喜欢把白色的香粉，一点一点的抹在面上或肩膀上身，这也可能是喜欢香花的一种遗风。

在交通商业上，这个国家应当占了很重要的地位。因为在地理上它位在扶南与印度之间。印度文化早已传入东南亚，中国船舶，又经常往来于扶南、印度等处。《水经注》引康泰《扶南传》说，林阳人家翔梨曾到了印度，又到扶南。家翔梨是一位贾人，我们相信林阳的商人之往来于扶南与印度的，必不止家翔梨一个人。在他的同时，以至在他之前，或在他之后，当有不少人到了印度，或到了扶南，或到了二者。因此，林阳也可以说是一个商品转运站。林阳的贾人，是这两个国家的商品交流的中间人。因此对于宗教、文化与其他方面的传播上，也起了不少作用，从家翔梨对于范旃所说关于印度的物产的丰富与道法的流通，说明了这一点。最值得我们注意的是，范旃听了家翔梨的话之后，乃遣其亲人苏物到天竺，使这两个国家发生了邦交的关系。而且，因为这样，使康泰到扶南时，能够与天竺国王所遣派到扶南的使者陈宋等，有了会见的机会。

说到这里，我们应该指出，近代学者曾在暹罗的西南部，在夜功（Meklong）河流一带，尤其是在现在的佛统（Nakon Pathom）与蓬迪（P'ong Tük）各地发掘了好多古代建筑物与其他的古物。这些东西，大部分是属于笈多时代的东西，现在陈列于暹罗曼谷的国家博物院里。又这些东西是陈列于所谓堕罗钵底派的艺术部门里。关于这个时代的古物，我们当在下一章的投和中作较详细的叙述。我们现在所要指出的，是在蓬迪所发掘的古物中，有两样东西是属于一世纪或二世纪时代的东西，这就是一个小铜佛像与一盏希腊罗马铜灯。

佛像是属于阿摩罗伐底（Amaravati）派的作品。而且自其两股的自由移转式与袈裟的折纹的清晰显目来看，还染有了希腊的色彩，这与笈多时代的作品是很不相同。它有了犍陀罗（Gandhārian）时代的特征，其发源地可能是印度东岸的阿摩罗伐底，其时间约在公元后的第二世纪。

希腊罗马式的铜灯，也是在这个地方找出来。本来为当地的村民所得，主持发掘蓬迪工作的戈岱（Coedès）氏从这位村民购买。这盏灯是与意大利故都蓬培宜（Pompeii）遗址所发现的，很为相似。这种铜灯，在使用时，往往置于矮小的三角架上，其接榫处，仍可于灯底看见。这是一种普通的油灯，中有芯管，上有加油嘴。其柄的形状，好像梅花桩两具间夹一棕叶。其装饰是希腊罗马式。其工艺品的示意，是以梅花桩代表海港，因此戈岱以为这应该是航海商贾所携带的东西。在希腊与罗马油灯的使用是与崇拜死人有了关系，有时这种灯是置在死人的墓上。又灯罩上刻了雪利奴斯（Silenus）的头，雪利奴斯是希腊神话中的酒神，有的神话当他为大地的儿子（A son of the earth），因此，也可以说明他是与崇拜死人有了关系，而时时也表现于坟墓所用的铜灯。戈岱在《关于蓬迪发掘古物》一文中（The Excavation at P'ong Tük and Their Importance for the Ancient History of Siam, 1927, 收入 The Siam Society Fiftieth Anniversary, Commemorative Publication Vol. I P.205tf.）指出这种铜灯是与印度的没有丝毫的关系，也非印度所仿造的东西，它必定是地中海的地区的制造品，由商人携带到这个地方。他又指出《汉书》记载公元后一二〇年海西大秦的乐人与幻人曾经缅甸而到中国，可能这些人是从缅甸的南部而经著名的三塔径而达到中国。此外他还指出，罗马王安敦曾于一六六年遣使到中国。这些使者的东来也可能经过这些地方。

我们所以把在蓬迪所发现这两个东西，作较详细的叙述，目的是要说在蓬迪以及其附近的地方，在公元前后的二三世纪中已成为东西交通的要冲。有人指出佛统是投和的国都，佛统在蓬迪的东南，靠近海边，这就是暹罗湾。但是在较古的时候，说不定蓬迪去海，也不太远，而且夜功河在那个时候，也可能是水道畅通以至于海，而成为暹罗西南部与暹罗湾的一个重镇，也可能是林阳的国都或是一个重要商埠。

关于这个地方以及其附近的一些城市，在投和时代的重要性，我们当在下面说明，我们这里只要指出，这个地方，在林阳时代是一个从印度到扶南的一个交通要冲，所以林阳的家翔梨以及其他的商人既可以由这个地方到印度，也可以由这个地方到扶南。而且很可能是从这个地方到顿逊的东边海岸的商港。

因此，不只是中国方面之到印度洋的商人，可能经过这个地方，就是从希腊、罗马或是地中海地区以至红海与波斯湾地区的商人之到暹罗湾或中国南海的，也有不少经过这个地方。因而在蓬迪这个地方，现在不只发现了印度的佛像，而且发现了希腊罗马式的铜灯。很可能的，将来还可能发现一些中国的东西，以及更多的印度与希腊罗马的遗物。

在上面所抄下来的数段史文中，很多提到林阳的佛教。这是最值得我们注意的要点。康泰说其"土地奉佛"，并说"有数千沙门，持戒六斋日，鱼肉不得入国"。《异物志》说：其"男女行仁善，皆待佛"。说明佛教在这个国家中的影响之大与其地位的重要。信仰佛教这样深的国家，其佛教必定有其久长的历史，而非一朝一夕所造成。据这些地方的人们传说：阿育王曾派人到这里传教。阿育王是公元前三世纪的人物，传说不一定可靠，但是佛教之传入林阳，是在公元前三、二世纪是不足为奇的。否则，佛教在这个地方，不见得那么根深蒂固。而且，我们应该指出，这个佛教传统在这些地方直到现在，还是十分浓厚。暹罗与缅甸，都是信仰佛教的国家。佛教信仰深，和尚特别多，佛寺到处林立，黄衣僧人随处可见。所以人们谓暹罗为"黄衣国"。这个特殊现象，是有其久长的历史。这个历史，是与林阳的历史，分不开的，虽则二千多年来，在这块土地上，国家已经变换不少，种族也变化了很多。

第二章 投和（一）[①]

隋唐时代，我国人之知道猛人的国家更是有史可征而无可怀疑的。

据近人考证，在隋唐时代，猛人曾在现在的暹罗的湄南下游，或者以至缅甸的伊洛瓦底江的下游，建立了名为 Dvaravati 的国家。Dvaravati 的对音是玄奘《大唐西域记》卷十"三摩呾吒国"条中所说的堕罗钵底。这也就是义净《南海寄归内法传》卷一东裔诸国注中的杜和钵底。在《旧唐书》卷二百九十七《南蛮传》与《新唐书》卷二百二十二下《南蛮传》中，这个国名有时译为堕罗钵底，如《旧唐书》"真腊国"条说："西至堕罗钵底。"《新唐书》的"单单国"条，也有俗与"堕罗钵底同"的词句。此外，《旧唐书》与《新唐书》有时又叫做堕和罗，《旧唐书》有《堕和罗国传》。《新唐书》"盘盘国"条说盘盘"与堕和罗同俗"，"瞻博"条说哥罗分者，在南海南，"东堕和罗"，又"骠国"条也有"南堕和罗"的词句。又《新唐书》也有"堕和罗"条，并说"堕和罗亦曰独和罗"，这也是同名异译。又刘恂《岭表录异》有堕罗这个名词，也是堕和罗的简译。

总之，堕罗钵底、杜和钵底，固是同名异译，堕罗钵底与堕和罗也是同名异译。

但是，《新唐书》中又有《投和国传》。这是由于撰《新唐书》的人们，不知投和就是堕和罗，故分为二传。

　　投和在真腊南，自广州西南海行，百日乃至，王姓投和罗。

投和应该是杜和，也就是堕和，投和罗就是堕和罗，或独和罗。《太平御览》卷七百八十八有"投和国"条，杜佑《通典》卷一百八十八，也有《投和传》。杜佑《通典·投和传》说：

　　投和随时闻焉。……王姓投和罗。

《太平御览》"投和"条说：

　　《隋书》曰：投和国在南海大洲，真腊之南，王姓投和罗。

现在的《隋书》，没有投和传。但这不一定是说《太平御览》所说的是不可靠。《太平御览》虽是宋太平兴国（公元九七六—九八三）时代的著作，但其所根据的材料，大致似无可怀疑。而且，这里所记载的投和史实，几乎完全与杜佑

[①] 编注：底稿中相同的章题未做区分。为便利读者检索，编辑加（一）（二）以示区分。类同者，不再注。

《通典》所记载的相同。《通典》是撰于唐代德宗、宪宗时代（公元七八〇—八二〇）。可能《太平御览》与杜佑《通典》均是从《隋书》抄录的，至少可以说是从隋代的著作抄录而来。所以杜佑说："投和隋时闻焉。"而且，《通典》、《新唐书》与《太平御览》都说投和在唐代初年，这就是贞观时代（公元六二七—六四九）曾遣使至中国朝贡。这说明了唐代的中国人，不只认识了投和，而且投和与中国还有外交的关系。

投和这个国名，还见于宋末元初马端临的《文献通考》卷三百三十二《四裔考》"投和"条。但其所记载关于这个国家的史料，完全与杜佑《通典》相同。没有问题，前者是根据后者而来。可能这个猛族国家，到了宋代还存在着，所以马端临就照《通典》的记载抄下来。

关于投和或堕和罗，《旧唐书》卷一百九十七《南蛮西南蛮列传》"堕和罗"条说：

> 堕和罗国，南与盘盘，北与迦罗舍佛，东与真腊接，西邻大海。去广州五月日行。贞观十二（六三八）年，其王遣使贡方物。二十三（六四九）年，又遣使献象牙、火珠，请赐好马。诏许之。

《新唐书》也有《堕和罗传》。卷二二二下列传一百四十七《南蛮传》在《诃陵传》的后面的"堕和罗"条云：

> 堕和罗亦曰独和罗。南距盘盘，北迦罗舍弗，西属海，东真腊，自广州行五月乃至。

这与《旧唐书》的首一段所记大致相同。但《新唐书》接着又说：

> 国多美犀，世谓堕和罗犀。

又说：

> 有二属国，曰昙陵、陀洹。昙陵在海洲中。陀洹一曰耨陀洹，在环王西南海中，与堕和罗接。自交州行九十日乃至。王姓察失利，名婆那，字婆末。无蚕桑，有稻麦、麻、豆，畜有白象、牛、羊、猪。俗喜楼居，谓为干栏，以白氎朝霞布为衣。亲丧在室不食，燔尸已，则剔发浴于池然后食。贞观时（六二七至六四九），并遣使者再入朝。又献婆律膏、白鹦鹉，首有红毛齐于翅，因丐马、铜钟，帝与之。

昙陵究竟在何处，不易考证。这里说是在海洲中，不知是否在缅甸南部的墨吉（旧作丹荖，Mergui）群岛。当然古书中所说在海洲中，也不一定是岛屿。可能是大陆而靠海的地方，因为当时人们的地理智识有限，有时把靠海的国家，当为海洲。冯承钧以为昙陵可能是后来的丹眉流（《中国南洋交通史》页二四二注九，这不一定对），又昙陵二字不知是否为 Talaing 的对音。缅甸南部如直通或白古的猛人，也被称为Talaing，如这种看法不错，那么昙陵当在缅甸去找。可是Talaing这个名词，不见得这么早已经采用。

《通典》卷一八八有"陀洹"条，这条说：

> 陀洹国在堕和罗西北，大唐贞观中，遣使献鹦鹉，毛羽皓素，头上有红色数十茎，与翅齐。

《太平御览》卷七八八"陁洹"条说：

> 陁洹国在林邑西南大海中，东南与堕和罗接，去交趾三月余行。宾服于堕和罗。其王姓察失利，字婆郁。土无蚕桑……

又同处"多蔑"条也有陁洹。此外"真腊"条也说：

> 其国与参半、朱江和亲，数与林邑、陀洹二国战争。

从"陀洹"条来看，这个国家既在堕和罗的西北，应该在缅甸的东北部去找。但若根据"真腊"条来看，陀洹既与参半、朱江、林邑等国排在一块，而且又数与真腊战争，其国应距离真腊不远。参半在真腊之北，朱江可能在西或西北，林邑在其北而偏东，西南是海湾，这就是现在的暹罗湾。陀洹不会在马来半岛的北部，似更不会在堕和罗的西北，不知《通典》"陀洹"条所说在堕和罗的西北是否为东北，因为这样才不距离真腊太远。又在真腊的北边林邑的南边有奔陀浪，不知陀浪的"浪"字是否误为"洹"字。

《新唐书》既与《旧唐书》有了《堕和罗传》，又有了《投和传》。二者所记载多不相同，好像是两个不同的国家。但是事实上，堕和罗与投和是同名异译，大概是由于撰述《新唐书》的人们，不加以考究，故分二传，其实在中国的史书上，并不乏这种的例子。

《新唐书》卷二二二下列传一百四十七下《南蛮传》的"投和"条所记述的，大概是从《隋书》或是杜佑《通典》中所节录，所以我们最好是采用杜佑《通典》卷一百八十八《海南诸国》中的《投和传》。现在录下于后：

> 投和国，隋时闻焉，在海南大洲中，真腊之南。自广州西南水行百日，至其国。王姓投和罗，名脯邪乞遥，理数城。覆屋以瓦，并为阁而居。屋壁皆以彩画之。城内皆王宫室，城外人居可万余家。王宿卫之士百余人。每临朝，则衣朝霞，冠金冠，耳挂金环，颈挂金挻衣，足履宝装皮履。官属有朝请将军，总知国政。又有参军、功曹、主簿、城局、金威将军、赞理、赞府等官，分理文武。又有州及郡、县。州有参军，郡有金威将军，县有城局，为其长官，初至，各选官僚助理政事。刑法：盗贼重者死，轻者穿耳及鼻，并钻鬓，私铸银钱者截腕。国无赋税，俱随意供奉，无多少之限。多以农商为业。国人乘象及马。一国之中，马不过千匹，又无鞍辔，唯以绳穿颊为之

节制。音乐则吹蠡、击鼓，死丧则祠祀哭泣。又焚尸以罂盛之，沉于水中。若父母之丧，则截发为孝。其国市六所，贸易皆用银钱，小如榆叶。有佛道，有学校，文字与中夏不同。讯其耆老，云：王无姓，名齐杖摩。其屋以草覆之。王所坐塔，圆似佛塔，以金饰之。门皆东开，坐亦东向。大唐贞观，遣使奉表，以金函盛之。又献金榼、金锁、宝带、犀、象、海物等数十品。

应该指出，《通典》在"哥罗舍分"条也有堕和罗，说这个国地接堕和罗。这也是把投和与堕和罗当为二国。《太平御览》所引《隋书》，除少了"其屋以草覆之"，及在"焚尸以罂盛之"一句上加了"人死"二字，与"贞观"二字之上加了"《唐书》曰"之外，其他没有什么分别。

《旧唐书》与《新唐书》关于堕和罗的记载，虽然较短，但其所记载的，多为杜佑《通典》所没有录入。又新旧《唐书》与《通典》的记录，总共虽不过数百个字，但这三段话，是古代猛族国家最重要的记载。

然而在这几段记载中，而尤其是关于投和的方位及其与邻国的关系上，也有了很多不明确的地方，这可能是由于撰述传记的人们弄错了，也可能是由于抄写的抄错了。

《新唐书》与《旧唐书·堕和罗传》说"自广州行五月乃至"。但《新唐书·投和传》却说"自广州西南海行百日乃至"。在旅程上，五个月是约百五十日，与百日相比，差了三分之一，这显然把两者当为二个不同的国家。又《新唐书》与《旧唐书·堕和罗传》只说"自广州行五月乃至"，并没有说明是水行或陆行，或水陆兼行，可是《新唐书·投和传》却说是"海行百日乃至"。杜佑《通典》说："水行百日至。"严格的说，海行与水行还有不同之处，因为所谓水行，可能是海，也可能还要沿江河而行。《旧唐书》卷一九七《真腊传》说：

> 水真腊国，其境东西南北约员八百里，东至奔沱浪洲，西至堕罗钵底国，南至小海，北即陆真腊。

《新唐书》与《旧唐书》说，堕和罗的南边是盘盘，东边是真腊，西边属海或邻大海，其北为迦罗舍佛。东边的真腊，是没有问题的。玄奘《大唐西域记》卷十"三摩呾吒国"条云：

> 从此东北大海滨山谷中，有室利差呾罗国，次东南大海有迦摩浪迦国，次有堕罗钵底国，次东诃瞻波国，即此云林邑是也。

义净《南海寄归内法传》卷一东裔诸国注也说：

> 从那烂陀东行五百驿，皆名东裔，乃至尽穷，有大黑山，计当土蕃南畔。传云：蜀川西南行可一月余，便达此岭，次此南畔逼近海涯，有室利察

咀罗国，次东南有郎迦戍国，次东有杜和钵底国，以东极至临邑国。

室利差咀罗就是 Srikshatra，在现在的卑谬（Prome）的东南数英里，这是骠国的都城，是以都城之名名其国。迦摩浪迦就是郎迦戍，也就是狼牙修。玄奘的赏那补罗就是伊赏那补罗（Isanapura）。补罗的意义是城。《旧唐书·真腊传》说，王都伊奢那城，《通典》"真腊"条也说居于伊奢那城，伊赏那就是伊奢那，这也以都城之名名其国，义净知有扶南，他没有提到投和东边的真腊，而只指出极东的林邑。

《新唐书》说堕和罗南距盘盘，《旧唐书》说其南与盘盘接，玄奘与义净没有提到盘盘，他们说在室利差咀罗之东南为郎迦戍国，而东为堕和罗。这就是说郎迦戍是在堕和罗之西，这与新旧《唐书》所说堕和罗之西为海或大海是有问题的。我们以为投和之南既为盘盘，西边又为大海，郎迦戍的位置若不在投和之西南，应在投和之东南，否则应在盘盘之南了。不过我们也得指出，古人对于方向的认识，未必十分正确，就以玄奘的记载来说，他位林邑在真腊之东，就不很正确，因为严格的说，林邑是在真腊的东北。

然而问题最大的还是投和北边的迦罗舍佛的位置。新旧《唐书》都说投和之北是迦罗舍佛，《册府元龟》与《太平御览》也有大同小异的记载，迦罗舍佛应该是哥罗舍分的异译。但是《新唐书》说：

哥罗舍分者在南海南，东堕和罗。

《册府元龟》卷九七〇也有同样的词句，可能《新唐书》是根据《册府元龟》的记载。迦罗舍佛就是哥罗舍分。然而这二书都说前者是在投和之北，而后者是在投和之西，这又好像把二者分为二个国家。《通典》"哥罗舍分"条说：

哥罗舍分在南海之南，其国地接堕和罗国。

《太平御览》引《唐书》（旧书）也只说哥罗舍分接堕和罗，而没有确定其方位。我们应该指出，哥罗舍分不应在投和之北，而应在马来半岛去寻找。假使狼牙修是在投和的东南，那么哥罗舍分可能在投和的西南，至于盘盘，可能如新旧《唐书》所说是在投和之南或正南。

至于投和的北面，究竟是什么国家，也是值得考究的。我们知道在缅甸的北部，这就是在现在的卑谬（Prome）及其北是骠国，再北就是南诏。这是一个强大的国家。《新唐书》卷二二二上列传一四七《南诏传》说"南诏居永昌、姚州之间，铁桥之南，……东南属交趾……南女王，西南骠"。在这段话中，我们要注意的，是东南、西南、与南方这三方面。西南为骠，而骠之南为猛族所居，应该是投和的区域，或是其邦联国家。东南为交趾，这也就是说投和之东北是交趾。但是交趾在当时，并没有管辖到现在的老挝的西北一带。在南诏强盛的时候，其疆域接近交趾，而且有时侵入交趾。根据《新唐书·真腊传》记载，在真腊之北有道明国，而其西北又有参半国，这都是在南诏的东南，这也就是说，投和的东北不只有交趾，而且有了道明与参半。

最值得我们注意的，是南诏南边的女王国。这个女王国应该是界于投和与南诏之间。根据猛族传说，在七世纪的下半叶，猛族有一位公主曾到现在的南奔（Lampun）建立了一个国家，后来叫做哈利班超（Haripunjaya），那么我们可以说投和的北部，就是这个女王国或哈利班超。关于这一点，我们当在下面再说明。

假使这个女王国，就是哈利班超，那么投和的北境应该是在现在的清迈之南，或是南邦一带，可是这个女王国既然也是猛族的国家，是否完全独立或是否附属于投和，抑或与投和是联邦，都需要加以研究。

至于所谓东接真腊，西邻大海，南与盘盘、狼牙修、哥罗舍分等国接壤，究竟是在现在的什么地方，也是值得我们注意的。

投和这个地方，至少在其东部，当扶南强盛时，是属于扶南，这是没有问题的。扶南衰弱了，投和勃兴。真腊初年，其西边的疆界，大概是在现在的暹罗的柯叻（Korat）的东部，但是在真腊强盛的时候，向西扩充其土地，最后还可能征服了投和。

至于所谓西边至大海，究竟是现在仰光以南的大海，或是包括了现在缅甸西北方面的大海，这就是孟加拉湾的东北，也是一个值得研究的问题。马司伯乐在其《宋初越南半岛诸国考》一文中说：

> Rakha'n 吾人名之曰 Arakan，在纪年中初名堕罗钵底（Dhañavati 或 Dvaravati），亦名罗刹补罗（Raksapura）。

他在注解中又说：

> 《新唐书》卷二二二下骠（Pyu）国西南之堕和罗，其为 Dvaravati 或 Arakan 无疑。然此名暹罗古都城（Çri Ayodhya）与南方掸（Shan）族诸国，亦有用之者。

阿拉干（Arakan）是在缅甸的西边而偏北，在孟加拉湾的东北，假使这些地方也是堕和罗，那么这个猛族国家是占了现在的暹罗与缅甸的西南的大部份。应该指出，马司伯乐在这里所指的主要是宋初的堕和罗，可是这个国自隋代以后，是否一直到宋代还存在着，是一个问题。而且在这么长的时期里，堕和罗可能不过是猛族的一个国家，除了这个猛国之外，可能还有其他的猛族国家。上面所举出的女王国或是哈利班超，就是一个例子。

上面不过把我们所能找出关于投和的材料，初步整理起来。我们不准备作进一步的解释，我们只要指出，投和这个国家的前身，似乎是林阳。因为扶南在二世纪至三世纪间强盛起来，把林阳征服了，至少把现在的暹罗这部分征服了，成为扶南的属地。但可能还封猛人为当地统治者。到了六世纪的时候，扶南衰弱，猛人起而反抗扶南，恢复独立，叫做投和。当东边的真腊约在十与十一世纪强盛时，投和又被真腊征服。真腊与扶南可能一样的利用猛人去统治猛人。当然猛人国既被扶南或真腊征服，扶南与真腊也必派人去监督或移民到这些地方居住。然而绝大部分的居民，还是猛人。到了真腊的势力式微，罗斛又兴起。一三四九年罗斛征服了暹国，遂成为暹罗斛或暹罗国。

从林阳到罗斛征服暹罗有了约千五百年以上的历史。猛族是这些国家的多数民族。猛人的文化始终是这个地方的文化的主流。自然有时而尤其是被扶南或真腊统治的时候，也受了这些国家的文化的影响，直到现在罗布里（以往亦译为华富里，Lophburi）还存着不少吉蔑文化的遗迹，但是也得指出猛人的文化，不只在过去是这些地方的主流文化，直到现在也还可以看出很多的留痕。

而且，从《通典》的《投和传》来看，在古代，这个国家文化是很高的。所谓"覆屋以瓦，并为阁而居"，所谓"屋壁皆以彩画之"，说明其物质文化很高。政府官制的分层管理，说明其政治制度相当完备。至于佛教的兴盛，这是猛人国的宗教的特点，其佛教不只盛行于本国，而且影响到国外，影响到现代。

第三章 投和（二）

上面是把中国史书中有关投和的记载，抄录下来，说明投和这个名词，在中文上的各种不同的译法，也提到投和在东南西北各方的邻国以及投和的属国，从此而推论投和的方位与幅员。我们现在要把投和的都市、农、工、商业、物产、物质文化、风俗、习惯、宗教，以及其东西交通的地位，简略的加以解释。

杜佑《通典》"投和"条指出"投和国王理数城"，既没有说明其都城的名称，也没有记载其数城的所在地。近来有一些考古学者，以为投和的都城，应该是在现在的暹罗的佛统（Pra-Pathom），位在夜功（Meklong）河的旁边。威尔士（H. G. Q Wales）在其《往吴哥去》（Toward Angkor）一书中叙述乌通（Utong）古都毁灭的推断的一节中，就说佛统是投和的故都。又在从缅甸古都室利差呾罗（Srikshetra）谈到堕罗钵底国一节中，在一个地方，虽然肯定的说佛统是投和的国都，可是在另一个地方却说：

暹罗湾西北的佛统，今固距海数哩，当时可能为一海口，宣扬涅槃之教，佛统府更发现巨大石轮数具，盖即法轮也。按佛教流行之初期塑造佛像，为教规所不许，而以法轮代之，惟佛统府发现者，似有笈多时代之风格。

他又说：

佛统府发现之其他古物中，有古钱若干枚，与老卑谬出土者类似，尚有逗人兴趣之古印两枚，其一刻鱼一尾，其一刻一小帆船。后者或系古印度殖民所用船舶之最古图形，吾人虽不能确定古印度之求金羊毛者，即系乘此种船舶前往金地，然可断言，其相距之年代已不远，较之爪哇婆罗佛堵（Borobodur）壁刻中之船舶式样，远为古老。今人不察，犹每以为在婆罗佛堵所见者，即古印度冒险家所用之交通工具焉。此外，尚有泥塑之佛头多具，中有数具，亦呈笈多色彩，惟其源流甚杂，年代稍后，度系堕罗钵底时期之物，其时制造石像之技术，盖已退化矣。

又说：

暹罗湾周围有其他遗址六处，几均为今日佛教之中心。故考古发掘工作，不易进行。但亦尝发现堕罗钵底风格之佛像，且有刻经砖片与巴梨文或猛文之简短铭刻，或且为该国（按：指投和）首都。时至今日，虽沧桑数变，但古刹仍享盛名，仅逊于仰光之瑞德宫大金塔耳。古寺四周，绕以闹市，寺中有庄严宝塔，矗峙云霄，建于十九世纪，为暹罗最大浮图，傲视数里之遥，南暹铁道距此，仅二百码，故铁路旅客过境，亦莫不以此为目标。虽然，此一巨塔，实非纯为近代之建筑，其广大之容积中，尚有一古塔遗址，建造该塔时期，尚在其前六百年，为一印度得楞混合式之窣堵波，此一古迹，允称为今日暹罗佛教之光荣，其周围有近代化之寺院林立，臆测此等寺院，亦必建筑于更古之寺舍遗址无疑。

他又说：

> 佛统现尚为佛教活动之中心，自不宜于考古发掘，然在修理建筑之时，近年亦常发现甚多古物，其年代可远溯至堕罗钵底时代。该物或保存于寺内附设之博物院，或移藏于曼谷国立博物院。其中有良好之青石佛像数尊，自其面貌与袍服之单纯格调观之，当属于笈多时代之物，纵或风格略有变更，不能视为真正笈多派之作品，但已不愧为中南半岛佛教艺术作品之佼佼者。佛像中年代最久者当系六世纪或七世纪之物，示一坐佛，有欧风，手作"转法轮"（Turning the Wheel of Law）状，意即宣扬涅槃之教……且有刻经砖片与巴梨文及猛文之简短铭刻于上述遗址及佛统府出土，其最令人注意者，厥为湄公河旁叻武里（Ratburi）附近山上一穴，乃隐士所居，壁上有高大刻石，示一大佛在座，刻石者于短铭中昭示吾人，此一圣象为三摩提笈多（Samadhigupta）尊者虔诚敬献者。

佛统究竟是不是投和的国都，在我们现在所发掘的古物来看，我们还没有充分的证据去说明这一点。而且，很可惜的，是到目前为止，我们在这个地方，或是其他的地方，还找不出一些古代碑文去说明这个地方是投和的国都，虽然我们也应该指出，我们现在也没有证据来说明这个地方不是投和的国都。

主张佛统为投和的国都的人们，除了在这个地方找出投和的一些古物之外，还有一个主要的理由，这就是这个地方，是在河流的下游。现在这个地方，虽然已离海好几公里，但在当时，可能是一个海口，因此，也可能成为当时一个通商口岸，同时也是投和的国都。

在投和时代，以至在林阳时代，暹罗湾而尤其是靠这个湾的西北地区与马来半岛的北部，因为从印度或印度方面来的船舶很多，在马来半岛北部的西岸停泊，经陆道越过这个半岛的北部而到暹罗湾的西北，因此，这一带也成为东西交通的要冲。此外，夜功河的水，在当时可能较深，交通比较方便。从缅甸经毛淡棉循三塔径（Three Pagodas Pass）沿夜功河而抵达暹罗湾的西北口岸，也是一条东西交通的要道。因此，投和的国都位在现在的佛统的可能性，是很大的。

但是无论如何，我们可以肯定的说，佛统这个地方，是投和时代的一个都市，或是一个通商口岸。杜佑《通典》"投和"条说："投和国王理数城。"佛统——当然在投和时代不一定是叫做佛统而可能是另有一个名称——是这里所说的数城之一，这似乎是无可疑的。而且，很可能的，在林阳时代，是一个城市，或是林阳的国都，因为我们知道在投和时代，或是林阳时代，在夜功河流域一带，以及其附近，或是湄南河流域，除了佛统是一个城市或国都之外，还有其他的城市。威尔士说暹罗湾周围有其他遗址六处，这与杜佑《通典》所说"投和国王理数城"，是有了暗合之处。至于这些地方为猛人所居住，当无问题。近来考古学者，曾在佛统的西南拉耶巴里（Rajaburi）的附近一个山洞中，发现了有石刻猛文，说明了这一点。又最近在曼谷南约八十英里的叻丕府又发现了一千四百年前的佛教遗物，也说明这一点。

我们知道，在一九二七年七月二十八日，暹罗的英文《曼谷每日邮报》（*Bangkok Daily Mail*）曾有一段引起人们很为注意的新闻，其标题是——叻武里农夫耕田掘出金银佛象，其中还有巨人骸骨——据这个报载，七月十五日，一位农夫当他耕田的时候，掘出古代金银铜佛像，而其旁还有人骸，大于常人一倍，头壳直径约有一尺，同时又说因为附近的人们听了这个消息之后，群趋寻宝，结果这个头壳，也被他人弄为碎片，当为脏物，大家各取碎片而去。

这个消息传到达马銮亲王，他是当时暹罗皇家研究院院长，暹罗的国立博物馆考古调查局与国立图书馆，均隶属于该院，其时法国的戈岱（M. G. Coedès）是该院的秘书长，奉了达马銮之命到该地勘察，数年后威尔士也到该地勘察。关于戈岱所主持的勘察，他于一九二七年十二月二日曾在暹罗国立博物院的历史考古语言与文学组的会议上作了一个报告，题目是《蓬迪的考古发掘与暹罗古史的重要性》（按：这个报告最初发表于《暹罗学会杂志》，后来选载在一九五四年出版的《暹罗学会五十周年纪念刊》第一辑，页二〇五——二三八。英文题目是 The Excavations of P'ong Tük and Their Importance for the Ancient History of Siam）。威尔士的勘察结果，略见于所著的《往吴哥去》一书。

据戈岱的推测，今日的蓬迪是古代一个城市的遗址，这个古代城市的主要街道，也就是现在的马车路。据威尔士的看法，在古代，这个城市的重要性，不能与其附近的佛统相提并论，可是这个城市，因为没有受到后代文化的影响，反而成为研究这个时期的印度佛教传播的重要地方。戈岱指出，在蓬迪，人们找不出一件物品，是属于吉蔑或泰族的艺术或手工遗物，所以人们很有理由去推断在蓬迪所找出的古物都是六世纪前的东西。而且，这个城市在吉蔑人于十一世纪之前不久，统治这个地方的时候，不知因何原故，这个城市已经衰落，而很少有人居住与来往。

但无可怀疑的，这个城市是占了重要的地位，至少在地理上，是一个交通的中心。只要我们把地图一看，就知道这个地方是从缅甸到暹罗一个必经的地方。在暹罗本部里，这个地方是位在拉巴里（Ratburi）与佛统半路，又位拉巴里与甘巴里（Kanburi）的中途。同时，又是在甘巴里与佛统的中间，从蓬迪到拉巴里与甘巴里或是佛统，大约都有一日的路程。因此，蓬迪成为在这一带地方的旅行者的停留或休息的地方，成为一个十字路口。说不定在林阳与投和的时代曾为京都所在地。其南为拉巴里与披查巴里（Pé'chaburi），其西为甘巴里与孟清（Müang Singh），其北为乌通（U'tong），其东为佛统。从缅甸到暹罗湾的方向，是从西北而至东南，孟清、甘巴里、蓬迪、佛统这些地方，正是在这个方向上的一些城市。

在蓬迪所找出的古物中，有阿摩罗伐底（Amaravati）派的小铜佛一个，此外还有希腊罗马式的铜灯一盏，这些东西，都可以上溯至公元二世纪的时候，这应当是属于我们上面所说的林阳时代的遗物，从这一点来看，蓬迪这个城市，其历史至少也可以追溯至二世纪的时候。而且，这个城市，也可能是始于公元前一二世纪而是林阳的主要城市。

戈岱所领导的发掘工作，除了上面所说的较古的阿摩罗伐底派的小铜佛与希腊罗马式的铜灯之外，还有其他的佛像、陶器与建筑遗址。建筑遗址是在蓬迪的奈马（Nai Ma）地方发现，这里有二座较小的建筑的基址，一为方形，四面为六公尺，其中还有一些较大的佛像的基台，离此约二十八公尺，又有一圆形的建筑基址，直径为九公尺，这些基址，是用红色土块所筑成。上层建筑，早已倒塌。据戈岱的估计，圆形建筑，当为窣堵波的底层，而方形建筑，当为一小佛堂基地，入土深约三尺，有砖砌的甬道，通入堂外，道旁还找得金花一朵，可能是当年与其他的宝物同藏于建筑的下面的。

此外，还有一较有兴趣的建筑遗址，这是一长方形的红土平台，一面有梯阶，三面有凸框，还有石柱的碎片，横置其间，这与锡兰的陀奴罗陀补罗同为一类的平台，这是佛教毗诃罗（Vihara）的底层。

至于在蓬迪所找出的一些佛像及其他遗物，都是六世纪以前的遗物。而且，这些佛像及一些遗物，是深受笈多时代的艺术的影响。

在暹罗最古的佛像是在佛统、乌通、素宾（Supan）、华富里（Lopburi）以及东室利马哈坡（Dong Sri Mahapot）或是现在的 Prachin，都称为堕罗钵底派（School of Dvāravati）。这些地方所找出的佛像，现在都存在暹罗的国家博物院里，蓬迪所发掘的佛像，也是属于这一派。从此，我们也可以说，这些地方都是堕罗钵底或投和的城市。杜佑《通典》说投和王理数城，是有其根据的。蓬迪的佛像与建筑，既也是属于这一派，那么蓬迪是投和时代的一个城市，也是无可疑的。又因为蓬迪是缅甸与暹罗以至暹罗内部各城市的交通要冲，那么蓬迪是投和时代一个很重要的城市，也是无可疑的。而况，蓬迪的历史像上面所说，既可以追溯到二世纪以前，同时又可能为林阳的重要城市，那么这个城市，也可能是林阳或投和的初期的国都所在地。

假如上面数个城市都是投和时代的城市，那么投和正如林阳一样，不只是东西交通的要冲，而且国内的商业也很为发达。杜佑《通典》说"其国市六所，贸易皆用银钱"。又说其国人多以农商为业，也说明了投和的商业繁盛。又杜佑《通典》说其"国无赋税，俱随意供奉，无多少之限"。这也说明了其国是一个富裕的国家。

我们推想，在林阳以至投和的时代，夜功（Meklong）河还是一条水路通畅的河流。从印度洋或是欧洲来东方的商人，除了经过马来半岛的北部或是麻剌呷海峡或是巽他海峡之外，经过缅甸的毛淡棉而到暹罗湾的商人及其货物，也有不少是经过甘巴里、蓬迪而至佛统，夜功河成为交通的要道，因而在这条河的上下游，就有了很多的城市，或是商业的重镇。

应该指出，在投和强盛的时候，不只夜功河是在投和统治之下，就是湄南流域，也是在投和统治之下。而且，很可能的，马来半岛的北部，以及缅甸的东南部，也是在投和的势力范围之内。因为这个国家，是东西交通的要冲，商业又很发达，在当时是一个很为富有的国家，杜佑《通典》说"履屋以瓦，并为阁而居，屋壁皆以彩画之"，也说明了这个国家的繁华景象。

这个国家不只是东西各处的货物所凑集的地区，而且其本身也有很多物产珍品。《新唐书·堕和罗传》指出投和有稻、麦、麻、豆、白象、牛、羊、猪、白鹦鹉等。杜佑《通典》指出其王在其进贡中国的礼品中，有金榼、金锁、宝带、犀象、海物等数十品。杜佑所列举者虽不过数件，然而所谓犀象、海物等数十品，说明了其物品的种类是很多的。

在投和的方物中，投和犀是举世闻名的。《新唐书·堕和罗传》说"国多美犀，世谓堕和罗犀"，就是这个意思。

刘恂《岭表录异》说：

> 又有堕罗犀，犀中最大，一株有重七八斤者，云是牯犀，额上有心花，多是撒豆，斑色深者堪为胯具，斑散而浅者即制为杯盘器皿之类。

这里所说的堕罗就是堕和罗。

马在东南亚各国中很为缺乏，《太平御览》卷三五九引康泰《外国传》说：

> 加营国王好马，月支贾人常以舶载马到加营国，国王悉为售之，若于路失羁绊，但将头皮示王，王亦售其半价。

加营国的方位虽难于确定，但是东南亚的一个国家是无可疑的。又扶南王范旃遣其亲人苏物到天竺，天竺王以月支马四匹报旃，也说明扶南王也好马。此外，在中国史书记载如占城王请中国赐马也是一个例子，从这方面来说，投和也非例外。杜佑《通典》说投和"国人乘象及马，一国之中马不过千匹"，说明了马的数目不多。因此据《旧唐书·堕和罗传》说，贞观二十三年（六四九）其王遣使贡方物时,"请赐好马"。《旧唐书》也指出其王乏马,也可以看到投和国的马少,与其王的好马。

关于投和的官制,据《通典》的记载"有朝请将军,总知国政"。此外,州有参军,郡有金威将军,县有城局。此外,还有功曹、主簿、赞理、赞府等官,分理文武两方面的事务。又各官到任时,还可以各选僚助去助理事务。关于投和的刑法,盗贼重者死,轻者穿耳及鼻并钻鬓,凡是私铸银钱者,则处以截腕之刑。

杜佑《通典》指出"死丧则祠祀哭泣,又焚尸以罂盛之,沉于水中"。这种风俗与顿逊以及其他的东南亚一些国家,有了相似之处,虽则在顿逊,除了火丧与水丧之前,还把将死的人们,置于郊外,使鸟吃其肉。

投和既有佛道,又有学校,《通典》且指出其文字与中夏不同。我们知道投和的文字是属于印度文字系统,当然与中夏的文字是不同的。投和的佛教的兴盛,从上面所叙述在佛统、蓬迪以及其他的地方所发掘的佛寺佛像来看,是很清楚的。投和既有了学校,则其文化自然很高,所可惜的,是从发掘的遗物中,很少有文字的记载,因此,我们对于投和的历史,主要还是依赖于中国史书的记载。

第四章　罗斛

　　隋唐时的投和或堕和罗，是在现在暹罗的南部。缅甸的南部以至西部的阿拉干也有称为投和。投和这个猛人国兴于扶南衰亡的时代，大致上可能维持其独立至十一世纪的上半叶或中叶。我们知道，扶南亡后，真腊代之而兴，这是六七世纪的事情。九世纪时，真腊强盛，其势力逐渐伸张到现在暹罗的东部与东北部，投和当然受其威胁，但投和似乎还没有为真腊所征服。

　　到了十一世纪的时候，真腊王苏雅跋摩第一（Suryavarman Ⅰ）（一〇一一至一〇五〇）向其国的西部扩大领土，湄南下游也可能在其势力范围之内。可是到了这个时候，在原来的投和的领土内，在现在的华富里的地方已经有了另外一个国家叫做罗斛。罗斛是 Lvo，Lavo 或是 Louvo 的对音。这个国家，究竟最初建国于何时是一个还没有正确回答的问题。{参看威尔斯（Wales），*Toward Angkar*}

《宋会要辑稿》一九七册蕃夷四"占城"条说：

> 政和五年（公元一一一五）八月八日，礼部言福建路提举市舶司状本路昨自兴复市船，已于泉州置来远驿，及已差人前往罗斛占城国，说谕招纳，许令将宝货前来投进外，今相度欲乞诸蕃国，贡奉使副判官首领所至，州军并用妓乐迎送，许乘轮或马。至知通或监司客位俟相见罢赴客位上马，其余应干约束事件，并乞依蕃蛮入贡条例施行，本部寻下鸿胪寺勘会，据本寺契勘，福建路市舶司依崇宁二年（一一〇三）二月六日朝旨，纳到占城罗斛二国，前来进奉，内占城先累赴阙。进奉系是广州解发。福建路市船申到外有罗斛国，自来不曾入贡，市舶司自合依政和令，询问其国大小强弱，与已入贡何国为比，奏本部勘会，今来本司并未曾勘会施行，诏依本司申，其礼部并不勘当，郎官降一官，人吏降一资。

　　这是中国方面说到罗斛的最早的史料。这也是罗斛到中国朝贡的最早的记录。罗斛既然在十二世纪的初年，就有船舶到中国朝贡通商，那么这个国家的建国时期应该是在这个时期之前，这就是说，最晚也在十一世纪的下半叶。因为既然罗斛来朝贡是在一一〇二年，似不会在建国后三两年就遣使到中国。只有在建国之后一个相当时期，内政有了巩固的基础，然后向外结交与国与向外发展贸易。

　　宋代的周去非在一一七八年撰了一本《岭外代答》，卷二"真腊"条云：

> 其旁有窊里国、西棚国、三泊国、麻兰国、登流眉国、第辣达国，真腊

为之都会。

差不多五十年后,赵汝适在一二二五年所撰的《诸蕃志》卷上"真腊国"条说:

> 登流眉、波斯兰、罗斛、三泺、真里富、麻罗问、绿洋、吞里富、蒲甘、窊里、西棚、杜怀、浔番,皆其属国也。

宋周去非在十二世纪的时候,还没有知道这个罗斛国。赵汝适的《诸蕃志》,有好多处是抄自《岭外代答》。这一段也与《岭外代答》所载有相同之处,但其中有一点,是加上罗斛这个国。周去非指出真腊的好多旁国,而说真腊为之都会,赵汝适说这些国家是真腊的属国。所谓"真腊为之都会"不只是说明真腊是一个大国,也有为诸旁国所慑服的意思。至说为其属国,简直就是臣服的意思。

《宋史》卷四九一"丹眉流国"条与马端临《文献通考》"丹眉流"条均说:

> 丹眉流国,……东北至罗斛二十五程。

就我们所知道,在我国史料上,《宋会要》、《诸蕃志》、《宋史》与《文献通考》是记载罗斛最早的著作(一二○六年宋赵彦卫《云麓漫钞》卷五中,也有关于罗斛的记载)。《宋会要》并没有说罗斛是真腊的属国,但是赵汝适说罗斛是真腊的属国。《宋史》与《文献通考》也只说其在丹流眉的东北。而且,在"丹流眉"条中也并没有说丹眉流是真腊的属国。又在《宋史》"真腊"条说:

> 其属邑真里富在西南隅,东南接波斯兰,西南与登流眉为邻。

这里所说西南与登流眉为邻,可见得登流眉不一定是属国。又在《真腊传》中并没有提到罗斛,很可能的,当真腊强盛的时候,这些国家都慑于真腊的威力,但也不一定是直属于真腊。

到了十三世纪的末年,周达观于一二九六年撰《真腊风土记》中曾说:

> 真腊,……西南距暹罗半月程。

有人以为暹罗是一个国名,然而我们据元汪大渊一三四九年所著的《岛夷志略》中"暹罗斛"条说"至正己丑(一三四九)暹国降于罗斛",说明了周达观所说的暹罗,应该是两个国。一为暹国,一为罗国或罗斛国。而且,在真腊的属国,在《岛夷志略》还说暹国降于罗斛,则罗斛在这个时候是一个独立国家,是无可疑的。

在现在的暹罗的华富里,曾有一碑文,这块碑文已断了一部分,其中有了Lvo这个国名。其年日已不可考。据法国艾莫涅(Étinne Aymonier)的意见,这个碑上的文字，最晚不出十世纪末年。这个 Lvo 就是 Lavo 或 Louvo，也就是现在的华富里城（参看伯希和《交广印度两道考》，冯承钧译，页七八）。

上面已经指出在中国史料中，关于最早的罗斛的记载，是在十二世纪的初年。很奇怪的，十二世纪的周去非曾在岭南却没有提到这个国名。既然罗斛在十二世纪的初年已经遣使到中国，那么艾莫涅说十世纪时，已有这个国家的名字，是很可能的。

现在我们要问问：罗斛与投和有没有关系？如有关系，其关系如何？

首先，我们应该指出罗斛是猛人所建立的国家。因为在现在的暹罗的南部，从公元前数世纪至公元后的十余世纪都是猛人所居住的地方。这当然不是说所有在这里的居民都是猛人，而是说主要的，大部分的，是猛人。而且，其文化的各方面或生活的方式，主要也是猛族的。在七八世纪的时候，占萨末旦维（Chama-Devi）公主到了暹罗北部的清迈附近，建立女王国或哈利班超以后，猛人又散布于这带地方。罗斛所占有的土地，本为投和的土地，或是投和土地的一部分，而且，又在女王国之南，则其为猛人的国家是无可疑的。又近来考古学者曾在华富里（Lopburi），找出八角形的石柱，上面刻有古猛文，此柱现在曼谷博物院，这说明这个地方曾为猛人居住。

有些人以为罗斛就是投和比方，伯利克斯（Briggs）在其近著《古代柬埔寨帝国》(*The Ancient Khmer Empire*，1951，页五一）一书中，就有了这种看法。我们以为这种看法，不见得完全正确，因为不只在中国的史料上，在十三世纪以前，找不出罗斛的记载，就算艾莫涅解释在罗巴里的碑上的 Lvo 这个国家的历史，只能推到宋代的初年，在唐代就找不出其痕迹。相反的在唐人的著作中，与其他方面的记载，这个地方是叫做投和，是无可疑的。投和与罗斛声音上也并不相似，把二者当为一个国家，是难于理解的。

然则二者的关系究竟如何？我们猜想，罗斛可能是投和的一个封邑。约在十世纪到十一世纪的时候，这个封邑渐渐发达起来，成为一个强大的城市，后来遂独立起来。其所以叫做罗斛，可能是统治这个地方的君主，是叫做罗斛，所以这个地方就叫做罗斛。大概有些像真腊之于扶南一样的关系，本来是一个属地，可是后来却成为上国。真腊也叫做伊赏那补罗。伊赏那补罗（Isanapura）是从伊奢那先（Isanasena）而来。伊奢那先是真腊开国君主质多斯那（Citrasena）的儿子。他承继其父的王位之后，把其所都的地方，叫做伊奢那城，伊赏那就是伊奢那的同名异译。补罗是城的意义。人们遂把都城的名称当为国的名称。同样的罗斛代替了投和，还有一个可能，这就是这个地方原来叫做罗斛，独立之后，还叫做罗斛。

在这种转变之下，罗斛也可以说是投和的承继者，正像真腊是扶南的承继者。近代柬埔寨人把其历史追溯到真腊以至扶南，因为这是吉蔑人之国。罗斛也可以把其历史追溯到投和，以至林阳，因为这是猛人之国。当然也有其分别之处，否则我们将等于把加拿大或澳大利当为英国，或是把女王国也当为罗斛国。

在我国史料中，关于罗斛国的记载较早而较为详细的，是元汪大渊的《岛夷志略》。这本书成于一三四九年，其中"罗斛"条说：

> 山形如城郭，白石峭厉，其田平衍而多稼，暹人仰之。气候常暖如春。风俗劲悍。男女椎髻，白布缠头，穿长布衫。每有议刑法钱谷出入之事，并决之于妇人，其志量常过于男子。煮海为盐，酿秫为酒。有酋长。法以贝子代钱，流通行使，每一万准中统钞二十四两，甚便民。此地产罗斛香，味极清远，亚于沉香，次苏木、犀角、象牙、翠羽、黄腊。货用青器、花印布、金、锡、海南槟榔口、贝子。次曰弥勒佛，曰忽南圭，曰善司，曰苏剌司坪，曰吉顿力。地无所产，用附于此。

同书"暹"条云：

> 自新门台入港，外山崎岖，内岭深邃。土瘠不宜耕种谷米，岁仰罗斛，气候不正，尚侵略。每他国乱，辄驾百十艘以沙湖满载舍生而往，务在必取。近年以七十余艘来单马锡，攻打城池，一月不下，本处闭关而守，不敢与争，遇爪哇使臣经过，暹人闻之乃遁，遂掠昔里而归。至正己丑（一三四九）夏五月，降于罗斛。凡人死则灌水银以养身，男女衣着与罗斛同，仍以贝子权钱使用。地产苏木、花锡、大枫子、象牙、翠羽。贸易之货，用硝珠、水银、青布、铜、铁之属。

关于暹国，我们另有专论。这里只要指出，暹国是泰族所建立的国家，其建立时期，是在十三世纪的中叶。在其初期，曾在现在的暹罗的中部称强，可是后来逐渐衰弱。汪大渊所记暹降于罗斛的事件，应该没有问题。是在投降之后，乃名为暹罗斛或暹罗。《新元史》卷二五二《暹罗传》中说：

> 暹与罗斛，古之扶南国也。暹国北与云南徼外八百媳妇接壤，东界安南，西北距缅国。罗斛在暹之南，滨大海。暹土瘠不宜稼穑，罗斛地平衍，种多获，暹人仰给焉。有大河自暹达于罗斛，东南入海，每夏有黄水自海港涨入，内河农民乘时攫身播种，苗随水以渐而长，水尺苗亦尺。水退苗熟，有播植，无耕耘，故谷丰而贱。《晋书》扶南国西去林邑三千余里，在海大湾中，其境广袤三千里，以耕种为务，一岁种，三岁获是也。历晋宋齐梁隋唐屡通贡献，后分为暹斛二国，世祖至元二十六年，罗斛遣使入贡。……惠宗至正间，暹始降于罗斛，因合为暹罗国。

又《明史》卷三二四《暹罗传》说：

> 暹罗在占城西南，顺风十昼夜可至，即隋唐赤土国，后分为罗斛、暹二

国。暹土瘠不宜稼,罗斛地平衍,种多获,暹仰给焉。其后罗斛强,并有暹地,遂称暹罗斛。洪武十年(一三七七)赐之文曰"暹国之印"。

《新元史·暹罗传》中有很多地方是抄自《岛夷志略》及《明史·暹罗传》。至说暹罗与罗斛是古代扶南并非十分正确。猛族虽与吉蔑族关系密切,然也并非完全相同。扶南在强盛的时候,疆域虽然扩大到现在暹罗的东部,但不见得是占领了全部。因为林阳国其初期也不见得为扶南所完全征服。数十年前,有些西方学者,把扶南位在湄南下游,然而这种看法,现在几乎没有人相信。因为扶南的本土,是在现在越南南部与柬埔寨的国境里。而且,罗斛的建国时间较晚,在扶南时代,既没有罗斛,更没有暹国。至多我们只能说罗斛是扶南的别种,这就是从其种族与语言的关系方面来说。若严格的说,猛与吉蔑,还是有其很多的差别的。

至于《明史》说暹罗——包括暹与罗斛是隋唐时的赤土,大致是从《隋书·赤土传》中说"赤土,扶南之别种也"引伸而来。赤土、盘盘、顿逊、狼牙修等国,根据近人研究,都是猛人所建立的国家。这种看法,若没有错误,那么罗斛与这些国家都是猛人之国了。这些国家,都位在马来半岛的北部,与现在的暹罗接壤。而且有一部分属于现在的暹罗。然而也应指出,以前也有好多学者,以为赤土是在湄南流域,这就是在现在暹罗的湄南下游。《明史》的作者也可能有这种看法。这种看法,在现在一般研究东南亚历史的人,已经否定。因为赤土并不在湄南流域乃在马来半岛的北部。这一点我们当在别处再加说明。

在元代罗斛到中国朝贡有好多次,第一次是至元二十六年(一二八九)。《元史》卷十五说"罗斛二女人国遣使贡方物"。第二次是至元二十八年(一二九一)。《元史》卷十六中说:

> 至元二十八年十月癸未,罗斛王遣使上表,以金书字,仍贡金、银、象齿、丹顶鹤、五色鹦鹉、翠毛、犀角、笃耨、龙脑等物。

卷十九说:

> 元贞二年(一二九六)十二月癸亥,赐金齿罗斛来朝人衣。

卷十九说:

> 大德元年(一二九七)四月壬寅,赐暹国、罗斛来朝衣服有差。

卷二十说:

> 大德三年(一二九九)春正月癸未朔,暹番、没剌由、暹斛诸国,各方物来贡。

《元史》记载,十四世纪的上半叶,暹国还不断遣使朝贡,但关于罗斛朝贡的史料，大德三年为最后的一年。汪大渊说一三四九年暹国降于罗斛，应当可靠。因为汪大渊曾游历东南亚好多国家，对于这些国家的情况很为熟识，近代学者一致公认暹罗的统治者是泰族，可是罗斛既是猛族的国家，暹国降于罗斛以后，统治者应该是猛族。当然这并不一定是说王室统治者，从那个时候起，直到现在，都是猛族。在暹罗的历史上，王室统治者的变更，不止一次，在清代乾隆年间一位华侨的儿子叫做郑昭曾经作了暹罗皇帝，可是后来他的王位又为其女婿所据有。罗斛虽然征服了暹国，猛人的统治权，可以经过各种各样的方式，而转到其他种族的手里。

但有一点也值得注意的。谓暹罗为泰族的国家，至多也不过是说统治者主要是泰族。很多的民众，从种族上来看，而尤其是湄南下游的一般民众来看，他们皮色较黑，与从暹罗北方或是从中国西南部而来的泰族，是有了不同之处。

在暹罗，而尤其在暹罗的南部，是猛人的故居，他们既然居住在这个地方约有二千年的历史，又有较高于泰族的文化，就算泰族取了这个地方的政权，但是人民很多还是猛族。至于文化，与其说泰族影响了猛人，不如说是猛人影响了泰人。而且，这种影响既是很深，又很普遍。这是研究暹罗历史的人们所不能忽略的要点。

第五章　女王

《新唐书》卷二二二上《列传》一四七上《南蛮传》"南诏"条说：

> 南诏，居永昌、姚州之间，铁桥之南，东距爨，东南属交趾，西摩伽陀，西北与吐蕃接，南女王，西南骠，北抵益州，东北际黔巫，都羊苴城，别都曰善阐府。

唐代咸通（公元八六〇至八七三）年间，樊绰在其《蛮书》卷十女王国说：

> 女王国去蛮界镇南节度，三十余日程。其国去骧州一十日程，往往与骧州百姓交易。蛮贼曾将二万人，伐其国，被女王药箭射之，十不存一，蛮贼乃回。

《太平御览》卷七百八十九"女王国"条引《南夷志》（按：《南夷志》与《蛮书》本为一书）说：

> 女王国，去骧州十月程，往往与骧州人交易，蛮尝伐之，中其药箭，百不存一。

又《元史》卷十五至元二十六年（公元一二八九年）有了下面一段记载：

> 十月辛丑罗斛、二女人国，遣使来贡方物。

我们先要指出，"罗斛二女人国"照字面来说，应该是罗斛与二女人国。中国史书上也记载了不少女人国，如《太平御览》卷七九一"女子国"条引《山海经》说：

> 女子国在巫咸北，两女子居水外周之。

周去非《岭外代答》卷二"海外诸国"条说：

> 阇婆之东，东大海洋也。水势渐低，女人国在焉。

又如宋赵汝适的《诸蕃志》卷一也有女人国的记载。此外又如明杨一葵的《裔乘南夷》卷二"爪哇"条也说："其东则女人国。"杨一葵的女人国大概是抄自周去非的《岭外代答》与赵汝适的《诸蕃志》。然而，这里所说的女人国，既不是山海经中的女人国，也不见得是周去非或杨一葵所说的女人国。我们以为这里所说的女人国，应该是与罗斛比较接近的女人国。而且，最重要的，这个女人国，是在元时来中国朝贡的女人国，而非另一朝代的女人国。

照我的意见《元史》卷十五所说"罗斛二女人国……"这段史文似应读为：

罗斛、女人二国，遣使来贡方物。

假使这样的改了是不错，那么这个女人国，应该是《蛮书》、《唐书》与《太平御览》中所说的女王国。它与罗斛接壤，又为同种族的国家。同来朝贡，较为合理。而且，女王国，在这个时候，还没有灭亡，因为到了一二九二年，始为揽那国所灭。

《蛮书》或《南夷志》中所说的蛮，就是《新唐书》所说的南诏。在方位上，《新唐书》与《蛮书》所说女王国是在南诏之南，是没有问题的。南诏的西南是骠，女王国既在南诏之南，应该是在骠之东或东北或东南。骠的都城是在现在的卑谬（Prome）。从卑谬往东方看去，就是现在的暹罗的北部或西北一带，这也就是在现在的暹罗的清迈、南邦这些地方。又南诏的都城是在现在的大理，清迈、南邦是在大理的正南。

《太平御览》所引《南夷志》那段话，是《蛮书》那段话的节要，虽则也有一些出入。如《蛮书》说女王国"去骥州一十日程"，而《南夷志》却说是"十月程"。又《蛮书》说"十不存一"，而《南夷志》却说"百无存一"。我们以为《蛮书》的记载，不只较之《南夷志》为详细，而且应该较为确实。因为樊绰是唐咸通中岭南西道节度使蔡袭的从事，蔡袭在南诏攻打交趾的战役中死了。樊绰曾参加其事，他对于南诏的地理、部族、及其侵略的经过，知道得较为详细，所以他的记载，应该较为可靠。

《蛮书》所说骥州，在唐代德宗的时候，这就是公元八世纪的末年，是属于中国最南的一州。在七九一年与峰州同建为都督府。《太平寰宇记》卷一七一说："爱州去演州二百五十里，演州南去骥州一百五十里。"爱州为今之清华，演州为今之永（Vinh）城。演州之南一百五十里，应在现在的德寿与河静之间。因此骥州是在女王国的东边。从女王国到骥州，要经过现在的老挝的中部，这是一条较直的路线。老挝的北部而尤其是最北的地方，是在南诏的势力范围。交趾的西北是与南诏接壤，所以《新唐书》说南诏之东南属交趾。交趾虽为当时越南的重镇，但是与南诏接壤的地方，时为南诏所侵略。所以女王国似乎不得不找在交趾的最南的地方——骥州以通商交易。

女王国既往往与骥州百姓交易，似乎也说明了女王的东或东南的边境，是靠近于骥州。当然这并不一定是说女王国并没有与其西边的骠或南边或西南的猛人诸国没有贸易，或其他的关系。樊绰的记载，只是记载他自己所熟识的越南之于女王国的关系而已。

又据《蛮书》的记载，南诏曾用了很多的兵力去征伐女王国，然而结果是惨败而归。这说明女王国是南诏的劲敌。南诏在当时是一个强国，还且攻陷了中国的属土交趾。中国要用了很大的力量，始将南诏击退，可是女王国却能抗拒劲敌，得到胜利，说明了女王国在当时也是一个强盛的国家。

然而这个女王国，究竟是那一个种族所建立的国家呢？它的历史是不是只如《蛮书》所说的那么简单呢？这个国家是否还有其他的名称呢？中国史料以外有没有其他的史料以供参考呢？

我们在这里，不能不指出在猛人的传说中的占萨末旦维公主（Cham Tewi）所建立的国家。Cham Tewi 或作 Chama Devi 或又作 Samatevi。据说这位公主在七八世纪的时候，曾在暹罗现在的清迈的东南附近，这就是现在的南奔地方，建立了一个国家。这个国家是叫做哈利班超（Haripunjaya），或作（Haripountchoi）。我们上面所指出，这个国家从建立以后，一直到十三世纪末年，才为永国所灭亡。

关于占萨末旦维的故事，现在有二本书可供参考：一为波底拉西（Bodhiramsi）所著的《占萨末旦维历史》（Camadevivamsa），一为拉旦那盘那（Ratanapana）的《佛陀时代的诗选》（Tinarkalamalini）。暹罗曼谷国家图书馆有巴利（Pali）文本，戈岱（G. Coedès）曾翻译为法文。前书是完成于十五世纪的初年，写作的地点是在清迈或南奔。后者是完成于十六世纪的初年（公元一五一六），写作的地点是在清迈。二者都是僧人。后者是一个小乘佛教徒。前者的文体较为散漫，其所说的故事，大部份是神话。后者文体简明，近于枯燥，但是他所说的，似为可靠的史实。然而也得指出，波底拉西的神话故事，对于拉旦那盘那的著作，可以当为很好的补正的材料。应该指出，这两本书都是哈利班超灭亡以后好久才写的。哈利班超亡于一二九二年，这是十三世纪的末年，波底拉西的《占萨末旦维历史》是写在一百多年后，拉旦那盘那的《佛陀时代的诗选》是写在二百年以后。他们可能根据了当时还存在的一些文字的史料，但更可能的是根据口头的传说。因此，当为正确的史料来用，就不得不特别小心去选择。

然而我们也得指出，若说这些著作是完全没有历史价值，也是不对的。因为正如上面所说在他们的时代，可能还有一些文字的史料，足供参考，而口头的传说，也有多少是根据事实而来，甚至神话也可以反映某一时代的一些情况。

而况，现在有了一些中国的史文，像上面所抄录的以为对照而互相对证，更足以说明清迈附近南奔一带，曾经建立了一个国家，这个国家中国方面叫女王国，根据当地的记载，就叫做哈利班超（Haripunjaya）。中国方面之所以叫女王国，大概是因为这位占萨末旦维公主带领一批人去建立这个国家，同时她自己又当为国王，所以叫做女王国，这与当地的传说与记载是相符合的。

据说这个公主，是猛人，也有人说她是吉蔑人，猛与吉蔑在人种与语言上有相同之处，两者容易为人们所混用，不足为怪。我们以为她应该是猛人，而且她所统治的民众，也多是猛人。近人在南奔这个古城中，找出了七种碑文，其中有三个，是十三世纪的遗物，一为公元一二一三年，一为一二一七年，一为一二一九年。这都是十三世纪的东西,在这个时候,女王国还没有灭亡。这七种碑文,都是用猛文写的。其文字是同于缅甸早期的猛文,这也说明了这应该是猛人所建立的国家。

除了这些碑文之外,直到现在,还有一些地方有很多的猛族的传说与留痕。特别是在南奔南邦(Lampang)与在南邦东边约一百公里的普利(Pr'e)各处。比方在这些地方的佛寺里的旗杆顶上装饰了一个哈沙(Hamsa)鸟,这原来是猛国的国徽的表征。相反的,在这些地方以至整个暹罗的北部,找不出吉蔑人遗下的任何象征。

有人说,占萨末旦维是在七世纪的下半叶到南奔建立这个国家,也有些人以为她是在八世纪始到这个地方。樊绰似乎把她当为九世纪的人物。《蛮书》载女王用药箭去击退南诏。假使这是指着女王的话,那么不一定是开国的女王,而是另一位女王。当然,这里所说女王不一定是一个女子,而是指着女王国或女王国的君主及其人民。而且,樊绰所叙述的也不一定是在他当时的事情,可能是追述了过去的事件,以说明女王国是一个强国,是南诏的劲敌,能够继续不断的维持其独立。

但照上面所举的两部著作所载,占萨末旦维是罗斛(Lavo)国国王的女儿,这个国家是在现在暹罗的南部。我以为罗斛国建国不见得这么早,所谓罗斛国,可能是唐代投和国的一个采邑或封邑。她嫁给在缅甸南部的一个猛国国王,可是不知什么原故,她于公元六六三年离开了她的丈夫,同时带了一批佛教徒跑到现在暹罗的北部。据说她到南奔之后,建立了五百个佛寺。在这个城的西边,她建一个寺叫做摩陀延那(Mahayana)寺。现在这个地方,还有一个寺用这个名字。一个猛文的碑文,就在这里找出来。

当占萨末旦维离开她的丈夫的时候,她已怀孕。到了南奔之后,她生了两个儿子,儿子大了,她让一位做南奔王,另一位做了另一个新城的王,这就是南邦。此外她又在南邦的西南约十多公里的地方建立一个城,这就是亚南邦甘那补利{Alamganapuri(Lampangluang)}。她还建筑了一个佛寺在这个地方,等到她的第二个儿子做了南邦王后,她退休到这个佛寺。她死前又回到南奔。而且死在这里。传说由于这位女王的诚心祷告,有一个井涌出了很多水,这个井到今还存在着。究竟这个井是否传自这位女王,当然是一个问题。

事实上,在今日来说,是不容易找出这位女王所留的遗迹。我们能够找出的最早是十二世纪与十三世纪的建筑物与碑文。然而既然当地有好多关于这位女王的传说,中国方面,又有关于这个女王国的记载,这应该当为史实来看。因为时间、位置与人物三者,都相符合。所以我们认为女王国,就是哈利班超。

在十世纪的时候,传说女王国有一位国王叫做特拉伯加(Trabaka),曾率领军队去攻伐罗斛国。这次的攻打,是沿江而下。当时的罗斛国王是叫做乌枝达

（Ucchitta-Cakkayatti）。当乌枝达出而迎战的时候，在罗斛国之南一个国的国王（大概是在马来半岛的北部的一个国家），叫做吉瓦加（Tinaka of Siridhammanagara），乘机攻入罗斛国，于是女王国及罗斛国两个国王都往南奔逃跑。可是罗斛国王到南奔，先于女王国王。结果后者又不得不攻伐前者。《佛陀时代的诗选》一书，还记载后来罗斛国王也曾征伐过女王国，可是却被后者所击退。

《占萨末旦维历史》告诉我们：在十一世纪的中叶，因为南奔发生过一次严重的霍乱流行病，几乎全部的城乡人民，避开这个地方。他们最初逃跑到直通（Thaton），但正在这个时候，直通被蒲甘王阿奴律陀所征服，他们不愿意受蒲甘的缅人统治，因而又逃跑到白古。这个地方，是猛人所统治的。他们到达白古时，得到同族的热烈欢迎，因为二者的语言完全相同，没有一点的分别。

根据《暹罗编年史》（Porgsāwadan Yonaka）的记载，待到哈利班超的霍乱流行病已经停止之后，逃跑到白古的猛人，又回到他们的祖国。而且，当他们回来的时候，好多在缅甸的猛人也跟着他们迁到哈利班超。同时，介绍了猛文。这是一个重要的记载，因为直到现在，在缅甸北部以及其西北的老挝的文字，是很像猛文。在十三世纪的南奔猛文与当时的缅甸猛文差不多完全相同。

在十二世纪的时候，这个女人国有一位国王叫做底陀拉雅（Ditaraja）。他在位的时候是公元一一二〇至一一五〇年。在南奔城西门外约一公里半的地方，这位国王建立了一个佛寺，叫做古骨寺（Watkurut），传说罗斛国北来攻伐南奔，被这位国王击退，遂建筑这个寺，纪念其胜利。

根据暹罗方面的记载，真腊的著名国王苏耶跋摩第二（Suryavarman Ⅱ）（公元一一一三至一一五〇年）曾攻伐过女王国，可是失败了。应该指出，在十一世纪的时候，真腊国王苏耶跋摩第一也曾二次侵略过女王国，可是他也是失败而归。

底陀拉雅王的承继者是阿底陀拉雅（Aditaraja）。他是一位野心勃勃的国王。因为当时的罗斛曾为真腊所征服，他不愿意他的同族人民在真腊统治之下，曾想恢复其独立。可是他的这种理想，是无法实现的。传说有一次他率领军队南征，到了罗斛的时候，罗斛的统治者提议两方各建佛塔一所，谁能建得最快，谁即胜利。结果是罗斛的兵士先完成了这种任务。女王国的国王不得不退兵北回。可是在退兵的时候，又为罗斛军队所追迫，使这位女王国的国王狼狈逃跑。这位国王，曾在南奔建筑了一座大佛塔，他在历史上所以成为一位有名的君主，是与这个塔有了关系。

到了十三世纪，泰族逐渐扩大其势力于暹罗。在女王国的南边，泰族建立了苏口胎王朝，在其东北另一泰族建立了一个揽那国。揽那国的国王猛哈意（Mangrai），于一二六一年即位，他是一位著名的泰族君主，他即位后，就想征服女王国，但是我们知道公元一二七二年女王国国王曾因争磨地勃（Martaban）而与蒲甘打仗，揽那未能乘机去攻伐女王国。直到一二九二年猛哈意始灭女王国。

一二五二年，在女王国之北的南诏，已为蒙古所征服。一二六二年蒙古开始进攻缅甸。一二八一年蒙古征服蒲甘。猛哈意之所以能灭女王国，可能是得了蒙古的帮助，至少必得到蒙古的同意。假使不是这样的话，那么揽那本身也可能成为蒙古侵略的对象。因为南诏灭亡之后，揽那的领土，就与中国边境接壤。猛哈意若不称臣于蒙古必难维持其国的独立。所以我们猜想，猛哈意之征服女王国是与蒙古的南进有关系的。

可是，我们也得指出，女王国似并不是不知道蒙古势力的浩大与南进的计划。《元史》所说至元二十六年，就是公元一二八九年，女王国曾遣使到元室朝贡。这说明这个国家已感觉到蒙古的威胁。因为蒙古征服南诏之后，女王国的北部边境就与中国接壤。罗斛在女王国之南，而且这个时候泰族苏口胎王朝已经建立起来，苏口胎是介在罗斛与女王国之间，罗斛曾遣使到中国朝贡，苏口胎王敢木丁也遣使到中国朝贡。在中国边境之南而与中国接壤的女王国，就不得不遣使到元室朝贡。上面已经指出，南诏之被蒙古征服，是在公元一二五二年。南诏亡后，女王国立刻受到蒙古的威胁。可能在一二八九年之前，女王国对于元室的关系，并不很好，或者女王国的君主，还反抗过蒙古，以为在历史上，他们曾击退了南诏与真腊，对于蒙古的势力之大，估计不足，所以迟迟没有遣使朝贡。到了后来，知道非朝贡不能维持其朝代，不得不遣使到中国的时候，已经太晚。可能因为蒙古早已答应揽那的猛哈意，扩充其领土到南部，所以不够三年的时间，女王国遂为揽那所灭。否则女王国若得元室去支持其继续存在下去，就使女王国被揽那征伐，蒙古也必出兵相救。这样猛哈意是没有办法去消灭女王国的。

假使女王国的建立，是在公元六六三年，那么从其建国至灭亡共有六百二十九年。在东南亚的古代以至近代的国家中，能有这么长的国家，并不多见。在武力上，它可以抵抗东方的强大的真腊，可以抵抗北方的强大的南诏。它曾南征罗斛，西伐磨地勃。在宗教上，它把佛教传给暹罗北部的人民，它亡之后，这种宗教又为揽那所接受。揽那又名八百媳妇，其都城就在现在暹罗的清迈，靠近南奔。八百媳妇也是一个女性的名称，女王国是建立于一位猛族的女公主，这个猛人国亡了，其国土被泰族所占领，其国名还是属于女性的，这不能不算是一件凑巧的事情。

第六章　得楞

　　林阳国或猛人国这个名词，在中国后来的记载中，以及在暹罗的大部分地方里，虽然没有继续采用，但在缅甸，直到现在，还是应用。上面已经指出，缅是从梵文 Myamma 而来，而 Myamma 又是从 Brahma 而来。我们也已指出，在暹罗的猛人国，最初虽叫做林阳，但后来又称为投和或堕和罗，再后又名为罗斛，其在北部的南奔（Lampun），虽也常称为 Rammanna，但在中国却称为女王国，而当地人叫做哈利班超。至于在缅甸，虽然也有各种各样的名称去指明这个猛人国，如直通，如白古，如磨地勃等等，可是 Rahman 不只不断的沿用，而且为后来统治缅甸的缅族，用为国名。值得注意的，缅人与其他一些民族，却用得楞（Talaing）这个名词去统称在缅甸南部的猛人，或猛人国，如直通、白古、磨地勃等等。为什么叫做得楞，上面已经说过，这里不再说明。我们只要指出，这个名词，据我们所知道，最先采用的是一一〇七年的缅甸碑文。

　　我国人之知道 Talaing 这个国名，是在元朝至元二十四年（一二八七）。元朝征服蒲甘国都蒲甘之后，曾遣使到登笼国，登笼就是 Talaing 的译音。元人（失名）所著的《皇元征缅录》（按：此书又名为《至元征缅录》或名为《元朝征缅录》）（《守山阁丛书·史部》）叙述至元廿四年"云南王与诸王进征至蒲甘，丧师七千余，始平定，岁贡方物"。又说：

　　　　大德二年（一二九八年），云南省先遣管竹思加使登笼国，其王遣其舅兀剌合、兀都鲁龙合二人，从管竹思加至阙，二月至蒲甘，缅王帖灭的令阿瓦力引军登舟，缚去兀剌合、兀都鲁龙合，劫掠贡物以去。

　　这说明了元朝征服蒲甘之后，中国与登笼或得楞有了使者来往，同时也说明了中国人之知道得楞这个国家，当在遣使到该国之前。

　　又 Talaing 这个名词中国也有译为得棱的，这与现代所译的得楞，更为相近。明嘉靖年间（一五六一）吴宗尧在其上书中曾用得棱子这个名词。他说：

　　　　洞吾（Toungoo）南有马革（按：即摆古或白古）一大部落，号得棱子，地广兵强，善于使伏狼机（Franca）火器。（这篇上书录入《腾越州志》卷一二）

　　此外明朱孟震在其所著的《西南风土记》的序言中说：

　　　　摆古旧得棱地……瑞体……穷无所归逃于整古（Toungoo），动心忍性，修行学佛，得棱子无主，闻其贤，迎立为哒喇，哒喇者，华言公道主人也。

又在记中说：

> 得棱男驼头，不著上衣，下体以尺布蔽之；女蓄发，亦不著上衣，止以花悦围腰下。

顾祖禹在其《读史方舆纪要》卷一一九也用了得棱这个名词，《清史稿·属国三·缅甸传》有得楞这个国名，但是除了把得楞国与白古国分为二国之外，又有摆古这个名称，《缅甸传》说：

> 南缅地区部为四，曰摆古部（Bago 或 Pegu），曰阿拉干部（Arakan），曰厄勒瓦谛（按：即伊洛瓦底 Irrawaddy）部，曰地那悉林部（Tenasserim）。

摆古就是白古，白古地区也就是得楞人所集居的地方，摆古或白古为地名，而得楞原来是族名，但这个名称若是借用了印度的 Telingana 这个名称，那么这个印度化的名词不只是指着种族而言，同时也是含有地区的意义，所以我国人称其族人曰得棱子，而称其国曰得棱或得楞国。

得楞也称得冷。《东华续录》乾隆十九年冬十月纪事说：

> 缅甸国王莽达剌被所辖之得冷子，攻破阿瓦大城，该国王逃避无踪，兹访得该国大和尚撒纳惰同大头目捧夺蔑等办事不公，得冷子怨恨，率众将阿瓦大城攻破，该国王见避海滨，其国王二子在所属之孟乃地方，均未回国。

这样看起来，我国人对于得楞这个国家的认识，与其交通来往的历史，是相当久长与清楚。

在九世纪与十世纪的时候，大食商人与船舶常到在缅甸的猛人国。他们也称其国为 Rahma，比方波斯旅行家 Ibnkhordadzbeh，在八四四至八四八年，述自巴斯拉（Basra）的记载中，指出这个国王有象五万，并说其地产棉花、毡布与一种名叫做印地（Hindi）的沉香木。

又自波斯湾来的旅行家苏黎满（Sulayman），在八五一年的笔记中说：

> 罗摩（Rahma）国王未享盛名……其兵马较婆罗罗（Ballahra）、瞿折罗（Gudjra）、帝紧（Tekin）诸国为众。据称作战时，常有战象五万随行，战事仅能于冬季进行，因象不耐干渴，故于冬季始能进行也。又称营中洗衣人一万至一万五千众。其国有他处不能觅得之细布，用以裁制衣服，质细而轻，可以穿琅环而过，此布乃棉织者，余等曾见其货样。居民市易常用海贝以为货币，惟金、银、沉香亦皆有之。更有一种细索，名为卡麦拉（Camara）者，可制绳拍。此国亦产犀牛，头生一角，上有人形，……余等曾食其肉，此畜居于林中，为数甚众，天竺各地虽均产之，特此地之犀角更为美丽。常有人形、孔雀、鱼类及其他种花纹。华人用作腰带，价极珍贵，每至三四千底那儿（Dinar），甚或不止此数，胥视花纹之美丽与否而定。此

种犀角，可以子安贝购之。

又在九〇二年波斯旅行家发吉（Ibn Al Fakih）的笔记告诉我们道：

> 天竺海滨有国曰罗摩（Rahma），其酋为一女子，天降灾祸，凡自印度入其境内之任何男子，必死其地，然来者仍不绝，因有厚利可图也。

以上数段记载均见于费琅的《八世纪至十八世纪关于亚剌伯波斯突厥人关于远东的旅行与地理》（Ferrand：*Relations de Voyages et de Textes Géographiques Arabes, Persans Turcs Relatifs á L'Extrême Orient du VIIIe au XVIIIe Siècles*）。上面两段，是录自姚枬所翻译哈威的《缅甸史》一卷第六页。

又九四三年，马苏提（Masudi）所撰的《金草原》，也曾提到罗摩（Rahma）国。他也指出这个猛人国是与婆罗拉罗（Ballahra）为邻，又说这个猛人国与这个国打仗。其国疆界，在陆地方面又与 Laksmipura 接壤（参看费琅同书）。马司伯乐在《宋初越南半岛诸国考》一文中说：婆罗罗是大食语所称的 Rastrakūta，这个国于七五〇年曾推翻 Calukya 朝而统治 Daksina 地区，以至九七三年。Laksmipura 就是 Kamarupa，也就是现在的阿参姆（Assam）。

马司伯乐又指出这个猛人国其东境接甘阁，这就是真腊。这样就包括了唐代著作里所说的投和。其东南国境达于马来半岛的加罗希。其西至海，这就是孟加拉湾。至于北部，他以为是达于丽江流域之中，而远在室利差呾罗（Crikestra）之北，这就是今日的卑谬（Prome）与蒲甘（Pagan）之间，或即是上下缅分界之处，以至怒江江流最狭流入加兰尼山区（Karénie）境内的地方。又据说缅北叫栖（Kyaukse）的灌溉工程，是九世纪前猛族所建筑的。

照马司伯乐的意见，猛人国并不是一个统一的国家，而是好多个国家。但是这些国家，也非完全没有关系，而是一种联邦，往往以较强的国家为联邦之主。在九六〇年，称霸的是金地国。其都城为 Sudhammavati，这个国家曾以宫廷奢华、建筑壮丽、技术精巧、学者渊博而闻名于世。同时又为小乘佛教的一个中心地区。

此外他又指出十世纪的猛人国是包括下列诸国。

（一）郎迦戍（Nankasi）在现在缅甸最南部，马来亚北部的 Tenasserim。

（二）Thavai 就是在缅甸南部的塔瓦（Tavoy）。

（三）墨吉（Mergui）群岛，据说这个岛是因其对岸的城而得名，现在猛语叫做 Bik。

（四）金地（Suvarnabhumi 或 Sudhammavati）猛语作 Sathum，缅语叫做直通（Thaton），就是今日怒江流域的磨地勃（Mattmah 或 Martaban）。

（五）Sitaung 流域中的 Hamsanati，又名 Bago，现在叫做白古（Pegu）。

（六）丽江流域中的 Dala，此地在当地纪年中叫做 Ramhvati。

（七）Basin 现在叫做巴生（Bassein）。

此外，阿腊干或堕罗钵底，也包括在这个联邦中，虽则他在这里所指的是缅甸的西北部。但像在上面所指出，马司伯乐也承认在暹罗的大城（Cri Ayodhya），以至南方的掸族诸国，也有叫做堕罗钵底的。

上面是九世纪到十世纪的时候的猛人国的概况。到了十一世纪的中叶，缅族的蒲甘国国王阿奴律陀在位时候（一〇四四——一〇七七），他的势力从缅甸的北部慢慢的伸张到南部。据说在一〇五六年有猛人国直通的信阿罗汉（Shin Arahan），到了蒲甘传播小乘佛教，阿奴律陀（Anawrahta）受了他的影响，乃遣使到直通求三藏，使者到了直通，其王不只没有许可其请求，而且受了凌辱。阿奴律陀在愤怒之余，乃派兵去征服直通。

据《得楞史》（*Paklat Talaing Chronicle*）说：

> 阿利摩陀那补罗（Arimaddanapura，按：即蒲甘）之王率军马……至都陀摩伐提（Thudammawadi）境之直通城。围城环攻凡三个月，城中人饮食俱绝，饥饿难禁，至于互相吞食，自觉死，四将（即开辛他、让乌披、牙底由与牙隆梨毕）乃飞骑入城内，斩获甚众，人民流离失所，至四十二年三月 Nayon 在鞞索迦（Nisakha）宫，盈第十一天，月曜日，摩奴诃（Manuha）王降。阿利摩陀那补罗王既执摩奴诃，复令所有得道高僧及能诵三藏四谛之一切众僧，……均至阿利摩陀那补罗地，并以金链系摩奴诃王，俾成囚犯，自是以往，直通亡。（姚枏译，哈威著：《缅甸史》上卷，页三四）。

哈威在其《缅甸史》卷一百六中说：

> 直通之俘虏中有什多为工匠，繁衍以后，对于缅甸文化，殊有贡献，并产生三项直接效果。第一，信阿罗汉自直通僧侣中获得甚多襄助之人，并已享有前所渴望之经典，乃建三藏经楼，以珍藏之，此一建筑物，迄今仍可于蒲甘见之。第二，巴梨文渐代梵文而为经书之正式文字，小乘佛教渐代北派佛教而为人民所崇奉。第三，缅甸人采用得楞字母，而始有文字。

直通亡于公元一〇五七年，当无问题，至于直通建国的时代，据《琉璃宫史》卷一说：

> 初吾佛在世时，梯诃罗阇（Thiharaja）为直通王，自梯诃罗阇以至摩奴诃，共有四十八代王，均为成名显赫，笃信吾佛之人，其民以施舍行善为乐事。国中安宁繁盛，有如天堂。顾摩奴诃以一崇高愉快卓越之大国君王，为三十二白象之主人，仅因凌辱阿奴律陀之来使，而致举国毁灭矣。（同上书，页三五）

《琉璃宫史》的记载有很多地方是不可靠的，近于神话而流于荒谬。但说直通的开国君主是在佛在世的时候，这就是公元前约五世纪，不一定是完全无稽。因为猛人之在这个地方的历史很久，公元前后数世纪，这里已有猛人国，应当是无可疑的。

直通虽亡于蒲甘，可是猛人之在白古以及其他地方的，仍然维持其独立。根据猛人的史料，白古在九世纪的初期，是他们的一个都城，正在这个时候，暹罗北部的猛人国，哈利班超的人民因为霍乱而跑到缅甸，可是他们不愿意受缅人的统治，乃逃难到白古。白古又作备姑，见于谢清高的《海录》卷上的"乌土国"条。

到了蒙古势力伸张到缅甸的时候，蒲甘王朝抵抗不住蒙古的侵略，亡于一二八七年。直通的猛族，又乘机宣布独立。据说约在一二八一年有一位叫做伐丽流（Wareru）者，有人说他是掸种的一个负贩，生于猛地直通的棠温（Donwun）。他曾在苏口胎王室为禁卫队长，后来与苏口胎王敢木丁的女儿要好，两人私逃到磨地勃。当时猛人多罗跛（Tarabya）正起而反抗在直通的缅人，伐丽流参加这种独立运动，于一二八七年推翻了缅族的政权，占领在卑谬（Prome）及东古（Toungoo）以南的地方，恢复猛人的故国。

不久，这两位首领互相争权，结果伐丽流杀死了多罗跛。他的都城是磨地勃（Mariabon）。这个地方从这个时候起直到一三六三年是缅甸猛人国的都城。有人说，这个地方就是《新唐书》卷二二二下《骠国传》中的摩地勃。这是骠国二百九十八个部落中的著名部落之一。骠国国境是否伸张到这个地方，不易考证。《新元史·缅国传》说"大德二年（一二九八），云南先使管竹思加使登笼国，其国王遣其舅兀剌合、兀都鲁龙合二人从管竹思加赴阙"。姚枬在注释哈威《缅甸史》中（卷中，页六〇，注解二），以为登笼就是白古，因登笼似为 Talaing 的对音，这个看法应该是正确的，这一点我们上面已经说过。又这个地方见于《岛夷志略》的"八都马"条。八都马可能是马都八的倒写。郑和海图也有这个国家。据《岛夷志略》说：

> 闹市广场，山茂田少，民力齐，常足食，气候暖，俗尚朴。男女椎髻，缠青布漫，系甘理布。酋长守土安民，乐其生。亲没必沐浴，斋戒号泣，半月而葬之。日奉桑香佛唯谨，有犯奸盗者，枭之以示戒，有尊蛮法者，赏以示劝。俗稍稍近理。地产象牙，重者百余斤，轻者七八十斤。胡椒亚于阇婆，贸易之货，用南北丝、花银、赤金、铜、铁、鼎、丝、布、草、金缎、丹、山锦、山红绢、白矾之属。

伐丽流就位之后他曾向南扩张其领土，以至于马来半岛的墨吉（Merguie）群岛。据暹罗方面的记载，伐丽流曾称臣于暹罗国王，这可能是暹人方面夸大其词，但是阿瑜陀（Ayutia）王朝建立之后，暹罗也伸张其势力于马来半岛的北部，使马都八有一个时候丧失了不少领土。

伐丽流死于一二九六年，他所遗留下来而最值得我们注意的是《伐丽流法典》（Wareru Dhammathat）。这是深受了摩奴（Manu）的影响的。直到现在，这个法律，还有其很大的作用。

伐丽流死后，这个猛人国，经过一个长期的内部争端，到了十四世纪中叶，这个国家不只遭了东南方面的阿瑜陀（Ayutia）的侵略，而且遭东北的清迈的进攻以及北部掸族的压迫。一三五六年清迈率兵焚烧棠温（Denwun）、室东（Sittaung）与太哥拉（Taikkola）等处。最后虽被击退，但受了很大的损失。一三六三年，阿瑜陀王朝进攻马都八、毛淡棉（Moulmein）以及顿逊（Tenasserin），国王频耶宇（Binnya U）（一三五三至八五）被迫而放弃都城马都八，暂时迁都于棠温。到了一三六九年，又迁都于白古。从此，白古成为这个猛人国的都城，一直到一五三九年为止。

白古在中国史料中有人说就是大古喇（参看姚枬译《缅甸史》卷二，页六一，注解十一），明包见捷《缅略》中说：

> 永乐元年（一四〇三）十月，缅甸宣慰那罗塔遣使来贡方物，诏定平缅、木邦、孟养、缅甸、八百、车里、老挝、大古喇底、马撒孟、定十宣慰司。

假使大古喇是白古，那么白古曾为中国的属国，哈威在其《缅甸史》中也说，白古曾为中国藩镇，这就是在著名的白古王罗沙陀利（Razadarit）在位的时候（一三八五至一四二三）。这位国王，不只击退了阿瑜陀、清迈与阿瓦（Ava）三面的敌人的屡次侵略，而且是一位很好的政治家，与很好的行政管理者。他分其国为三邦，这就是白古、莽缅（Muyaungmya）及勃生（Bassein）。同时又分为三十二省，虽则这些省，大致等于现在的村落而已。

罗沙陀利死后，这个猛人国经过一个长期的和平与繁荣。其都城白古，是商业的重要中心，又为外国商人当为游息的地方。其三个通商口岸，这就是从阿瑜陀所收复的马都八、现在离仰光南边不远的西利姆（Syriam），以及勃生，是商业繁盛的区域，经常有船舶来往于印度、马刺呷，及马来半岛及其他各处。一四二六年第一个欧洲人叫做威尼斯的康提尼古拉（Nicolo, di Conti of Veuice）到了白古。约在一四七〇年左右，还有俄国的 Tver 商人尼底金（Nitikin）到白古。

十五世纪的白古统治者，特别热心于宗教，建筑了很多佛寺，遣送好多僧侣到锡兰，使佛教在缅甸，更加繁盛起来。

自十三世纪末年，女王国被八百媳妇灭亡之后，到了十四世纪的中叶，暹与罗斛又合并。泰族在暹罗的势力逐渐澎涨，在现在的暹罗的猛人国不再存在，只有在缅甸的南部，猛人还维持其国家的独立，可是到了十六世纪的上半叶，东牛（Toungoo）王朝的莽瑞体（Tabinshwehti）在位的时候（一五三一至一五五七），他决定去消灭这个国家。他于一五三五年开始南侵，不够数年，莽瑞体占领了好多猛人国地方。到了一五三九年,这个国家遂乃灭亡。此后,猛族独立运动,虽不断发生,可是这不只是属于近代史的时期,而且这种运动,始终没有成功,而归于失败。关于这一点,我们在本书的结论中,当加以说明。

第二编

第七章 顿逊（一）

《太平御览》卷七百八十八"顿逊"条引三世纪时的万震《南州异物志》说：

> 顿逊在扶南三千余里，本为别国，扶南先王蔓有勇略，讨服之，今属扶南。

同处又引竺芝《扶南记》说：

> 顿逊国属扶南国，王名昆仑，国有天竺胡五百家，两佛图，天竺婆罗门千余人，顿逊敬奉其道，嫁女与之，故多不去。唯读天神经，以香花自洗精进，不舍昼夜，疾困便发愿鸟葬，歌舞送之邑外，有鸟啄食，余骨作灰，罂盛沉海，鸟若不食，乃蓝盛，火葬者投火，余灰函盛埋之。祭祀无年限。有酒树有似安石榴，取花与汁，停瓮中数日，乃成酒，美而醉人。

《梁书》卷五十四《扶南传》说：

> 其（按：指扶南）南界三千余里，有顿逊国，在海崎上，地方千里，城去海十里，有五王，并羁属扶南。顿逊之东界通交州，其西界接天竺、安息，徼外诸国，往还交易。所以然者，顿逊回入海中千余里，涨海无涯岸，船舶未得经过也。其市东西交会，日有万余人，珍物宝货，无所不有。又有酒树，似安石榴，采其花汁，停瓮中数日，成酒。

杜佑《通典》卷一百八十八"顿逊"条说：

> 顿逊国，梁时闻焉（原注一曰典逊）。在海崎山上，王并羁属扶南，北去扶南可三千余里。其国之东界通交州，其西界接天竺、安息徼外诸国。贾人多至其国市焉。所以然者，顿逊回入海中千余里，涨海无涯岸，船舶未曾得径通也。其市东西交会，日有万余人，珍物宝货，无种不有。又有酒树，似安石榴，采其花汁，停酒瓮中，数日成酒。出藿香，插役（枝）便生叶，如都梁以裹衣。国有区拨等花十余种，冬夏不衰，日载数十车货之。其花燥更芬馥，亦末为粉，以傅身焉。

其俗又多鸟葬，将死亲宾歌舞于郭外，有鸟如鹅，口似鹦鹉而红色，飞来万许，家人避之，鸟食肉尽乃去。烧其骨沉海，以为上行人也，必生天。鸟若回翔不食，其人乃自悲，复以为己有秽行，更就火葬，以为次行也。若不能生入火，又不被鸟食，以为下行也。

此外，《南史》卷七十八《扶南传》中，也有关于顿逊的记载，但与《梁书·扶南传》中所说的相同。《太平御览》卷七八八"顿逊"条，也引《唐书》关于顿逊的记载，但很为简略，而与《通典》最后一段中的一部分相同。又马端临《文献通考》卷三百三十一也有《顿逊传》，可是完全抄自杜佑的《通典》。又《太平广记》卷四百八十二也有"顿逊"条。

在我国史文中，关于顿逊的记载，大致如上面所举出的数段。首先，我们要注意的，是顿逊的名称。《梁书·扶南传》指出在范蔓所征服的十数个国家中，又有典孙一名，典孙无疑的是顿逊的同名异译，杜佑《通典》在顿逊这个名词下注云：顿逊"一曰典逊"。这说明典孙就是顿逊。可是《梁书》在同一传中，用了两个不同的名词，可能是因为撰《梁书》的姚思廉，没有看出这是同名异译，而当为两个国家看待。虽则，在同一传里，用了两个不同的名词去指明同一的国家也不是不可能的。

这个名词是一个外国名词，故顿逊、典逊或典孙是翻译过来。可是，直到现在，我们还未能把这个名词还原。史莱克尔（Gastav Schlegel）以为顿逊就是现在缅甸南部的 Tenasserim，可是这个名词，不见得是古代的名词，我们只可以说，古代的顿逊，是在现在的 Tenasserim 这个地方。因此，近代好多学者说到顿逊的时候，往往把顿逊译为 Tun-hsün，这就是说把中国的翻译名词直译为外国名词。

我们说顿逊是一个外国名词，因为这个名词，在中文上除了是一个国家的名字外，它并不代表着什么意义，它并不像扶南还可以解为"扶掖南方"，或如越南，是"在越之南"。这个外国名词，究竟是从梵文而来，还是这个地区的原来名称，也无法决定。所以不论是我们也好，外国人也好，都不得不采用这个名词。而且，这也说明了一点，这就是除了中国的史料以外，我们没有法子去找关于这个国家的外国史料。从此，我们觉得上面所抄录的史文，虽然不算得很长，却十分宝贵，而其所以宝贵，不只是因为这些史文是研究关于顿逊的仅有材料，而且因为顿逊在古代历史上，占了极重要的地位，尤其是在研究东西交通史上，它的地位特别重要。关于这一点，我们在下面，还要加以较为详细的解释。

关于顿逊的位置，以前学者的意见，很为分歧。比如张燮《东西洋考》卷四·"麻六甲"条说：

麻六甲即满剌加也。古称哥罗富沙，汉时已通中国，后顿逊起，自扶南三千余里皆属之。

这好像是位顿逊于麻六甲，麻六甲是在马来半岛的南部，吉隆坡之南，柔佛的西北。此外，又有人以为顿逊是在暹国的。黄省曾《西洋朝贡典录》卷中"暹罗"条说：

> 论曰，暹国世称，赤眉遗称，而莫究其详，继览《梁史》云顿逊之国，其俗多鸟葬，亲宾歌舞于郭外，有鸟食尽，乃去其骨沉海中云云，与马欢所见者符合，且顿逊史云，东可通交州，而暹罗欢亦云北可通云南，其迹又足征，然则暹国在梁殆为顿逊也。

暹罗与麻六甲一北一南，相差很远，张燮位在马来半岛的南部，而黄省曾把它放在暹罗，以至可通云南的暹罗北部，这两种看法，都是有其错误的。

万震《南州异物志》与竺芝《扶南记》，虽然没有说明顿逊的方位，但是《梁书》却说其在扶南的南界三千余里，《通典》也说其北去扶南可三千余里，这个位置应该是在马来半岛，而尤其是在马来半岛的北部去寻找。应该指出，扶南在强盛的时候，其领土扩张到现在暹罗的东部或至湄南一带，从这些地方来看，马来半岛的北部，正在其南，但扶南国的都城是在现在越南南部的朱笃一带，所以从其国都城来看，顿逊应在扶南的西南。

《梁书》与《通典》均说"顿逊在海崎上"，并且指出这个国家"回入海中千余里"。《梁书》又说其"地方千里"，从古代的东南亚的国家来说，这是一个大国家，从现在来看，其所占的地方大致是从马来半岛的北部的丹荖（Mergui）群岛，或是湄南河口之南而至万仑（Bandon）或万仑以南一带。这一带的地方，正如史文所说是海崎区域，而且两方临海，东为暹罗湾，以至南中国海，西为孟加拉湾与其南边的印度洋，所谓回入海中千余里，就是因为两岸曲折回转，南北长而东西狭。

在这一带地方，现在的东北与南边，全部是属于暹罗，其西北是属于缅甸，所以若说顿逊是在现在的暹罗与缅甸的南部，是没有问题的，若说顿逊就是现在的暹罗，这就不免有错误，因为大部分的暹罗并非古代顿逊的领土。

我们可以说，近代研究东南亚古代史的人们，大致都承认顿逊的位置是在马来半岛的北部，这就是从北边的丹荖群岛而到万仑或万仑以南一带。

《梁书》与《通典》均说到"涨海"，这个涨海，是船舶到顿逊所必经的海道。从《梁书》的记载来看，这个涨海应该是在顿逊的东边，这就是说应该是在暹罗湾，或是以至南中国海一带，而不是在西边印度洋。所以《梁书》说范蔓"治作大船，穷涨海，攻……典孙"。究竟涨海的范围多大，杜佑《通典》卷一八八《南蛮下·岭南序略》说"五岭之南，涨海之北"。这个涨海的北部应该起自广东沿海一带。费琅在其《苏门答剌古国考》（冯承钧译，页九五）说："此涨海即东起琼海岛，西迄满剌加海峡之中国西海也。"这个范围是包括了暹罗湾与南中国海而至满剌加海峡。冯承钧在其《中国南洋交通史》第十章（页九一）中说："今日南海以西之地，今名曰印度洋或南洋者，昔称曰南海或西南海，惟于暹罗湾以南之海，特名曰涨海而已。"这个涨海，范围比之费琅所说较狭得多。冯氏在其注解中还指出："此涨海译名并见大食波斯人撰述中，大食人谓自波斯达中国逾海七，最东之海曰Čanrhay，即涨海也。"扶南在暹逻湾的东北，面临南中国海，扶南王造船舶穷涨海，这个涨海，应该也指着南中国海，所以涨海的范围，不只是限于暹罗湾以南。王起宗在《东西洋考》序中说"诸国罗峙涨海外"，其所指的涨海，也可以说是上面所说的广义的涨海。

顿逊的东界是涨海，其西界《梁书》与《通典》说是接天竺与安息，这当然不是陆地相接，而乃沿孟加拉湾或经印度洋而到这些地方。

据近代好多学者的意见，缅甸与暹罗的南部以及马来半岛的北部，在古代——公元前二三世纪至公元后七八世纪，主要是猛（Mon）族所居住。猛族与吉蔑族在种族上，在语言上，都有其根本相似的地方。因此，他们被称为猛吉蔑（Mon-khmer）族。严格的说，两者当然有其不同之处，可是在一般人的眼光中，他们也往往是被视为同一种族。

在中国的史料中，这两种民族也当为一种民族看待，其所用的名称是昆仑。《旧唐书》卷一百九十七《南蛮传》"林邑"条说：

自林邑以南，皆卷发黑身，通号为昆仑。

昆仑这个名称，见于晋代或晋代以前，《太平御览》引竺芝《扶南记》说"顿逊国属扶南，有国王名昆仑"，林邑之南为扶南，扶南之南或西南为顿逊，所以两者都是昆仑。万震《南州异物志》说：顿逊"本为扶南别国"，其意也是指着人种而言。所谓王名昆仑，可能是由于种族为昆仑，遂叫其王为昆仑，但也可能是由于当地的人民叫其统治者为Krun，这就是等于中国的官的意义，因而遂谓其为昆仑。

应该指出，我国人之用昆仑二字的意义是很广的，不只是指着人或种族，而且指着山、岭、海、洋及其他方面。此外，所谓昆仑人也不一定是指猛吉蔑人，而乃普遍的指着色黑种族而言，《唐书》说卷发黑身，《梁书·扶南传》说"其国人皆丑黑、拳发"，这种说法，事实上可以应用于东南亚的好多种族，顿逊的猛人当然不是例外。

在唐代或唐以前在东南亚各处，昆仑语是一种比较通行的语言。义净《大唐求法高僧传》中，有好多位如运期、大津、贞固等都懂得昆仑语。有人指出，昆仑语严格的说就是猛语（参看 Journal of Malayan Branch of Royal Asiastic Society Vol. XXIV Pt I. Feb. 1951, P. 13）。假使这种看法是对的，那么猛语是东南亚很流行的语言了。猛族应该是从中国的西南边境而迁移到这里的种族，这一点我们在上面已经讨论。除了猛族之外，顿逊还有他种民族，有的可能是原来的土著，有的可能是在猛人未到这个地方之前的很久时间，已经迁移到这里。现在在马来半岛的好多地方，还存留一些很原始的民族，如沙盖（Sakai），如西孟（Semang），我们无法去说明这些人究竟是马来半岛及其北部的最原始民族，抑或是从其他的地方迁移而来，但可以断言，他们之在这里，较之猛人在顿逊时间要早得多。由于猛族的南迁，他们有的再向南走，有的往内地或山区跑。直到今日，他们还维持其很原始的生活。不只是在今日，他们的文化程度极低，就是在公元前后，他们比之猛人其文化程度也是很低的。

此外，在顿逊还有其他地方迁来的民族，印度人就是一个例子。竺芝《扶南记》说天竺婆罗门千余人到顿逊，且还娶了顿逊女子为妻，长住下去。天竺与顿逊交通方便，这些婆罗门来了之后，必定还有继续而来的。这样使顿逊的猛人中必有印度人以及其他种族的血统。

顿逊是一个东西交会的市场，正如《梁书》所说，"珍物宝货，无所不有"。这些珍物宝货，在顿逊之西的，有的来自印度，有的来自安息，也有的来自罗马。在顿逊之东的，有的来自扶南、林邑，有的来自中国，可以说集了古代世界商品的大成。《汉书·地理志》说"市明珠、璧流离、奇石异物"，这是从海外运输到中国的。"赍黄金杂缯而往"，这是从中国运往东南亚以至顿逊以西的各国的。现代在顿逊发掘的罗马灯、印度铜器，均可以说是当时的商品中的一些例子。

至于顿逊本身，也必有其土产货物。比方象牙、犀角，是这一带所出产的东西。史书记载投和犀角最好，假使投和也曾是顿逊五个王国中之一个，那么这种犀角，也可说是出自顿逊，同时又从顿逊而输到其他地方。

《梁书》、《新唐书》与《通典》说顿逊有一种酒树，似安石榴，采其花汁，放在瓮中数日之后，便可成酒。这种酒可能也畅销到其他国家。《通典》《唐书》又说顿逊出藿香，插枝便生，又有区拨等花十余种，冬夏不衰。应该指出，在这个地方是没有什么冬天的，几乎四季皆夏，所以花木整年生长，史书特别指出这里所出产的香花与香花粉，可能这是顿逊出口的大宗。竺芝《扶南记》指出，在顿逊的婆罗门"以香花自洗"。《通典》指出："其花燥更芬馥，亦末为粉，以傅身焉。"直到现在，在暹罗南部与这一带的人们，还喜欢用香粉傅身与傅面。初到这些地方的人们，见了一些妇女面部与上身有一点一点的白粉，未免奇怪，这可能是一种历史久长的习惯。

第八章　顿逊（二）

顿逊这个位置，在古代东西交通来说，是极为重要的。原来交州在五代以前，还是属于中国，是中国最南的港口。船舶之来自东南亚或印度洋各处者，均多先到交州，然后再到合浦、徐闻与番禺或广州各处。中国之于东南亚与印度洋以至红海、波斯湾等处的海道交通，至少在公元前二三世纪，已经开始。《梁书》与《通典》说，顿逊的东界通交州，其西界接天竺、安息，就是说明这是中国与东南亚各国以及印度与安息各国的交通要冲。为什么古代的顿逊，占了这么重要的位置呢？

首先我们应该指出，在古代航海智识还未发达的时候，对于季风的规律，海洋的深浅，既懂得很少，对于制造船舶的技术，又相当差，因而船舶之航海，不得不靠岸而行。而且，在这种情况之下，船舶载重既有限量，距离太远的航行，也不容易，因而海行与陆行是兼并而用。同时，各国的船舶，是互相转送，时代愈古，这种做法愈为需要。《汉书·地理志》卷二八下"粤地"条后说"蛮夷贾船转送致之"，就是这个意思。

而且，在海上航行，危险很多，一为海盗，一为风浪。所以《汉书》同处又说："亦利交易，剽杀人，又苦风波溺死，不者数年往还。"因此之故，船舶之航海者，第一要靠近海岸，免遭风浪之苦。第二又要在没有或很少海盗出没的地方，而这些地方，往往又必须是一些强盛而有强大海军以保护航行的国家的领海。第三又要在航行的时间上，能够尽量缩短，以免来往的时间太长。

顿逊是位在两个海洋之间，这就是涨海与印度洋。其领土成为长形，其最狭处不过数十公里，而尤其是在现在所谓克拉（Kra）地峡，这是世界闻名的地峡，这个地峡从东到西约六十四公里，或约四十英里。克拉地峡原以普吉山脉与打奴司山脉连接的地方，中间有一条走廊，而且，这里还有一部分是北振河流域，可能在古代，航行还可以畅通，因为这样，近数十年来，开凿运河之声，甚嚣尘上。据专家估计，有了这条北振河，开凿工程，不需要四十英里那么长，而且，土质是沙土，易于开掘。又暹罗湾与印度两边的海水，水面平衡，开凿之后，不需要设立水闸。若从北振河的上游挖到斯威湾，较为容易，假使能这样做，从印度洋到南中国海的航行，可以避免环绕马来半岛的南部而经过新嘉坡，那么这个航程在今日来说，可以节省轮船行驶二天半的时间。这个时间，若用古代的船舶来行驶那就省了不知多少倍了。因为这个地峡，易于开凿运河，好多国家早就想把它开掘，在第二次世界大战之前，日本就想强迫暹罗，给以开凿的权利。

我们猜想，在古代的东西交通上，这个地狭或其附近必定占了十分重要的地位。在南中国海这方面的船舶，输送货物到这一带，再走一段较短的陆道，然后再用孟加拉或印度洋以至红海、波斯湾等处的船舶，转送到这方面的港口，这样可以避免长途的海道航行，也可以避免马六甲海峡中的时时出没的海盗。《汉书·地理志》卷二十八下"粤地"条后那段记载说："从旧南、障塞、徐闻、合浦船行到都元国约五月，从都元国到邑卢没国约四月，再船行二日余有谌离国，从此步行十余日乃到夫甘都卢国，从夫甘都卢船行二月余乃到黄支国。"我们不准备在这里去考订这些地方，但有一点最值得我们注意的，就是中国到黄支，除了长期的船行的水道之外，还有步行的陆道短程。据近人考订，黄支是在印度的南部，从中国到南印度本有海道可以直通，可是古代的人们除了水行之外，还有一段短程是要步行，其所步行的地方，照我们的意见，应该就是顿逊所在地，可能就是克拉地峡这一带。大致情况是这样：中国的船舶把货物沿着越南半岛的海岸，又从暹罗靠岸一带而运到顿逊的东岸，经过一段短程的陆运，货物或人们到了顿逊的西岸，乃用顿逊或其西岸以西的各国船舶转运，所以说"蛮夷贾船转送致之"。

是在这样的情形之下，所以《梁书》与《通典》都说"涨海无涯岸，船舶未得经（《梁书》谓径）过也"。所谓未得经过或径行，可以解为未能直通，而必须经过陆道。因为这样，顿逊的"市东西交会"，所谓其市东西交会者，就是从中国或林邑、扶南等国，固是要到顿逊，就是天竺、安息等国，也必到这个地方，因而顿逊遂成为东西交会的市场。这个市场，每日有万余人集合，在今日来说，当然不算得人数很多，可是从古代来说，是一个很大的市场，是东西商业重镇，是东西交通枢纽，怪不得扶南的范蔓要征服这个国家，其目的无非是要垄断东西贸易的要冲，以增加其经济的力量，因为这个地方是世界"珍物宝货，无所不有"的地方。

我们说扶南的范蔓所以要征服这个地方，主要是想垄断这个东西贸易的要冲。我们知道，扶南是在现在的越南南圻与柬埔寨一带，它是一个海国，它在南中国海与暹罗湾的海上交通，占了重要的地位，它在当时成为中国与印度交通上所必经的海道。假使顿逊仍然独立或强盛，那么不只中印的贸易为顿逊所垄断，就是扶南与印度洋以西的贸易，也受顿逊的限制。因此之故，范蔓就不得不"治作大船"，去争取这个地方与海上霸权，而垄断无所不有的珍物宝货。

据最近考古学者的发掘，在古代顿逊的领土上，找到了不少的东西，这些东西，不只来自印度，而且来自罗马。有些铜器是属于印度的笈多（Gupta）时代（三二〇至六〇〇），有一件可能是属于较早的阿玛陀范提（Amaravati）学派。最值得注意的是一个罗马式的灯。据考古学者的研究结果，是属于一世纪或二世纪的遗物，这说明了在那个时候，罗马的货物已经传到或通过了这个地方。据

《后汉书》记载,公元后一一六年大秦王安敦,曾遣使到中国,可能这个使者也是经过顿逊而到中国。此外,在佛教的艺术方面,在这里所找出的一些遗物,是与在占城与柬埔寨所找出的很相像,这也说明了占城与柬埔寨的这些东西,可能是来自顿逊或是由顿逊转运而到这些国家。所以,无论在贸易商品或宗教艺术,以至文化的其他方面,顿逊是东西两方的转输站。

从《梁书》《通典》所记载顿逊所占的地位,与《汉书·地理志》所记载的旅程来看,二者正相暗合。《汉书》所记载的是公元前一二世纪的事情,《梁书》《通典》所叙述关于范蔓征服顿逊的事件是在公元后二世纪末至三世纪初,因此我们可以推想,顿逊这个国家,其历史必定相当久长,至少在顿逊所占领的土地上,久已成为东西交通的要冲。就使公元前一二世纪在这个地方上的国家,不是叫做顿逊,但其为东西交通的枢纽是一样的。就使在范蔓的时期,不是叫做顿逊,范蔓同样的要征服这个地方。然而在二三世纪的时候,这个地方固然叫顿逊,我们以为在公元前一二世纪应该也是叫做顿逊,因为顿逊本身也是一个强盛的国家。它是一个富有的国家,因为它是东西贸易的市场;它是一个强大的国家,因为它的领土有千里广大,而且管辖了五个王国。很可能的,在其早期的历史,这个国家也不过是一个小国家,但是因为其所占的地位重要,尤其是因为其经济力量,逐渐发展之后,成为一个强国。于是乃征服其他的邻国,成为一个大帝国,所以还有五王。到了后来,扶南比它更为强盛,遂为扶南所征服。一个国家的强盛是需要很多的条件的,时间也是这些条件之一,顿逊所以成为五王之国与东西贸易的要冲,也非一朝一夕的事情。我们推想,其历史至少可以追溯到公元前二三世纪。

也有可能的,是《汉书·地理志》所说的谌离,是顿逊的前身,或是顿逊所管辖的五个王国之一。若从前者来说,顿逊应该是一个新朝代,或是新兴的国家,征服了谌离改名为顿逊。若照后者来看,可能是因为我国的旅行家,往往只记其所到的地区的名称而没有注意其全国的名称。谌离是顿逊的一个王国,我国的使者只到这个地方,所以只记下这个地方。此外,还有一个可能,是谌离是顿逊的都城,是贸易的中心,我国人把都城之名而名其国的例子,那是更多了。

《梁书》与《南史》,均说顿逊的"城去海十里",这个城就是顿逊的都城,去海十里,就是靠近海滨,这应该也是每日有万余人的东西交会的市场,不过这个都城的位置,究竟在什么地方呢?

首先要解决的问题是这个都城是在顿逊的西岸,还是在顿逊的东岸?布列格斯(Lawrence P. Briggs)在其近著《古代吉蔑帝国》(*The Ancient Khmer Empire* 1951)一书中(页二三),以为这个都城是在顿逊的西岸,这就是现在的丹荖(Mergui)的附近。我们以为这种看法不见得完全是对的。我们以为这个都城,应该是在顿逊的东岸。我们知道,扶南王范蔓是治作大船去攻伐顿逊,这就是说他是用海军从海道去征服顿逊，而不是用陆军由陆道去侵略顿逊。征服一个国家，主要是征服一个国家的都城。范蔓"治作大船，穷涨海，攻……典孙"说明了他不只是由海道去攻伐，而且其攻伐的目标，应该是在现在的暹罗湾的沿岸，他不致于用船舶绕了新嘉坡经过马六甲海峡，再西北走而到丹荖一带。假使他是这样的作，那么这条航路，不只是太远，而且很为危险。因为在古代，马六甲海峡是海盗时时出没的地方，他的目的是征服顿逊，他似乎不会走那么远的路程，而同时又要冒了这种危险，他更不会绕苏门答腊的东南角而到印度洋，因为这条海道更远得多。

其实，在公元前后的一二世纪的时候，马六甲海峡这条海道是否为航海印度洋与南中国海者所常用，也是一个问题。伯希和在其《扶南考》一文（冯承钧译《史地丛考续编》，页二八），甚至怀疑在古代有一个时期，人们还不知道这条海道。他说：

    当昔日之航海，似尚不知由印度洋假道满剌加海峡而至中国之时，哥罗（Kra）地峡与交州或中国间之航行，似常以扶南为停泊之所。

哥罗地峡就是顿逊的领土，从印度到中国，现在要经过这个地方，那么在顿逊的西岸与东岸都应有一个停泊之所，以转运货物，这两方面的停泊之所，也无疑的是二个城市，但是史书所说的去海十里的城，应该是顿逊的都城，所以扶南才用海军去征服，假使不是这样，扶南征服顿逊，还要经过一段陆道，这样其困难必定更多了。

《梁书》说"顿逊有五王，并羁属扶南"，这似乎说明在顿逊未被扶南征服之前，已有五王或五个王国，顿逊是猛族所建立的国家，在猛族所建立的国家中，虽然各自为政，但也联合起来而成为一种联邦制。可能顿逊这五个王国，也是这种制度。扶南征服顿逊之后，各王仍然维持其地位而称臣于扶南，这是一种联邦制，也是封建制度中的封邑制。否则顿逊被扶南征服之后，五王不会并羁属于扶南。我们从此可以推论，顿逊被扶南征服之后，可能其中央政府遂被取消，五个王国直接受了扶南的管辖，所以说"五王并羁属扶南"。我们还可以推论，当五王羁属扶南的时代，顿逊这个名词还是采用，等到扶南灭亡之后，顿逊这个名称，似乎也不再见于史书。杜佑《通典》说"顿逊国，梁时闻焉"，这句话可以说是顿逊这个名词的应用的末期。梁的享祚是五〇二至五五六年，在梁的末年真腊勃兴，从此以后，扶南南迁，真腊据有其地，这个时候扶南既自顾不暇，不会有力量去统治顿逊。

应该指出，杜佑说中国人之知道顿逊是在梁时，是不正确的。三世纪的时候，万震在其《南州异物志》中，已有关于顿逊的记载，竺芝《扶南记》，也有关于顿逊的记载，顿逊为扶南所征服，是在二世纪末年或三世纪的初年，杜佑大概没有注意到万震与竺芝的记载，才说"顿逊国，梁时闻焉"。

上面已经指出，顿逊是猛人建立的国家，在其强盛的时候，其所占领的地方很大，又有五个国王，可能这五个王国包括史书中所记载的狼牙修、盘盘、丹丹，以及隋时的赤土，有人还把投和当为五个王国之一，我们现在既无法去证明这些国家就是五个王国中的国家，但同时也无法去否定其为不是。然而在这一带的地方上，既是猛族所居住，那么狼牙修、盘盘、赤土，是猛族所建立的国家，是无问题的，这些国家虽然不一定都是五个王国中的王国，但也可以说是顿逊的后身，因为这个国家不只是猛人所建立的国家，而且也是在顿逊所统治的领土上。

大致上，关于顿逊的历史，可以分为两个阶段：第一，是独立自主的时代，这个时期，始自公元前约三世纪至公元后二世纪末或三世纪初，其时间约为五百年。第二个阶段，是称臣扶南的时代，这个时代，起自公元后二世纪末或三世纪初至六世纪，其时间三百年。到了六世纪的中叶，扶南衰弱，真腊勃兴，但真腊原来是个大陆国，其初期不会扩张其势力到顿逊，顿逊的猛人，可能起而反抗扶南的统治，得到独立。可是到了这个时候，顿逊这个名称，可能已不再用，而为其他名称所代替。而且，在这个国家的领土上，可能也分为数个国家，或是原来的五王国中有了一个独立起来，而原来统治五王国的顿逊，因而消灭。

我们知道，在古代的猛族诸国中，如在林阳、投和、罗斛、女王与得楞，佛教很为繁盛，我们相信佛教在顿逊，也必流行。《太平御览》引竺芝《扶南记》说，顿逊"有天竺胡五百家，两佛图"，这说明了顿逊的人民也相信佛教，但是婆罗门教也传入顿逊，所以竺芝《扶南记》又说天竺婆罗门有千余人在顿逊，顿逊敬奉其道，而且还嫁女给这些婆罗门。他们"唯读天神经"，这也说明婆罗门教在顿逊是很为重要。

《梁书》卷五十四《扶南传》说：

> 其（指扶南）后王憍陈如本天竺婆罗门也，有神语曰应王扶南。憍陈如心悦，南至盘盘，扶南人闻之，举国欣戴迎而立焉。

这是五世纪初年的事情，盘盘也是在马来半岛的北部，我们上面已经指出，这个国家似乎是顿逊的五个王国的一个王国。假使这种看法没有错误，那么婆罗门教徒憍陈如之到扶南，是经过顿逊，就算盘盘是一个从来独立的国家，但其位置既然也在马来半岛北部，那么憍陈如可以从天竺到盘盘再从盘盘到扶南，那么顿逊既为东西交会的市场，有了好多婆罗门到了顿逊，其中有不少再从顿逊到扶南，也是自然而然的，这不只说明了顿逊是东西货物的转运站，也说明了顿逊是婆罗门教的转运站。我们知道，扶南的宗教是婆罗门教，但也有佛教，二者并立，因此我们推想不只是扶南的婆罗门教是经过顿逊而来，就是扶南的佛教，可能也是经过顿逊而来。我们还可以推想，扶南的婆罗门教与佛教固是经过顿逊而传到扶南，林邑的婆罗门教与佛教以至中国的佛教也可能是经过顿逊传播而来的。

根据中国方面的材料，关于孟族诸国如林阳、投和、罗斛、女王、得楞，其宗教主要都是佛教，但也受婆罗门教的影响，尤其是王室中这种宗教影响较大。顿逊、盘盘等在马来半岛北部的一些国家，不只是佛教的转输站，而且是婆罗门教的转输站，这个婆罗门教，从这里传到扶南以至林邑，这也是一件很值得我们注意的事情。

应该指出，印度的婆罗门教与佛教两者固是可以并存在顿逊，顿逊原来的宗教信仰，也并不因印度宗教的传入而致于消灭，相反的，数种宗教信仰都是并立的。这种情况不只是在顿逊是这样，就是在东南亚的其他一些国家如扶南，如林邑，也是这样。原始的宗教信仰比如祖宗崇拜与相信所有物件都有其灵魂，或是所谓灵魂主义，这也是东南亚的原有而很为普遍的宗教信仰，顿逊不见得是例外。又如人死要希望得到鸟食，鸟食是上行，因为这样，可以再生天鸟，顿逊有了这种信仰，东南亚其他一些地方，也有了这种信仰。

值得我们注意的，是顿逊的死葬的习俗，竺芝《扶南记》与杜佑《通典》均叙述这一点。葬的方法可以说有四种，一为鸟葬，二为火葬，三为水葬，四为土葬，《扶南记》说到四种葬法，《通典》没有说到土葬，而且葬的方法可以用一种或二种以至三种兼用，鸟葬是把尸给鸟食，火葬是用火以烧，水葬是沉于水中，土葬是埋于土中。《通典》指出鸟吃之后，把骨来烧，再沉其灰于水中，这是最好的葬法。假如给鸟吃而鸟不吃，则用火来烧，这是中等的方法。可是这样做，人们就觉得这是因为自己有了秽行，因而悲伤。假如上面两个办法都不行，而沉之水中，那是最不好的办法。《扶南记》并不很明显的把鸟葬、火葬与土葬列为上中下三等，然也指出"疾困便发愿鸟葬，歌舞送之邑外，有鸟啄食，余骨作灰，罂盛沉海"。说明了发愿这样作，应该是最好的办法。假如"鸟不吃，乃篮盛，火葬者投火，余灰函盛埋之"，这就是说鸟不吃则用火水土三种办法来葬，这当然是一种无可奈何的办法，也就是杜佑所说的"中行"。可是竺芝并没有说明第二种办法或"下行"，可能这是因为时代不同而有了差异。

《通典·投和传》中说，在投和人死"焚尸以罂盛之沉于水中"，这是火水两葬的办法，马欢《瀛涯胜览》"暹罗"条指出："……富贵人死，则用水银灌于腹内而葬之，闲下人死，抬尸于郊外海边，放沙际，随有金色之鸟，大如鹅者，三五十数，飞集空中，下将尸肉尽食飞去，余骨家人号泣就弃海中而归，谓之鸟葬。"暹罗的南部原来就是投和的领土，也可能是顿逊的五王国之一，投和是火水两葬，暹罗除用鸟水两葬之外还用水银灌腹以葬，投和既不用鸟葬，暹罗鸟水两葬又不算做上行，在这里用水银灌腹以葬，总算上行，可见得时代不同，或是种族各异，其葬法也有不同。然而投和的火水两葬与暹罗的鸟水两葬的办法，也可以说是顿逊所用的四种办法的二种，只有水银灌腹的办法是顿逊所没有用过的，投和与暹罗的葬法，也可能是受了顿逊的影响的。

第九章　盘盘（附个罗）

我们在别的地方，曾经指出，盘盘是猛族所建立的国家。而且，应该是顿逊的五个王国中的一个王国。大约在五世纪的时候，扶南衰弱，原为顿逊所统治的王国，如盘盘，如丹丹，如赤土，如个罗，如狼牙修，慢慢的独立起来。因为扶南衰弱，真腊勃兴，扶南自顾不暇，没有法子去控制其属国。同时，顿逊因为受了扶南数百年的统治，对于原来所统治的五个王国，也早已失了统治的权力。扶南衰弱，当然对于这些王国距离既远，鞭长莫及。而况，扶南本身不久且为真腊所灭，所以这些王国更容易得到独立。

应该指出，在顿逊强盛的时候，这些王国可能在其内部是有其自主之权的。他们对于顿逊，固然称臣或受其统治，但在其内政上，其王室是并不一定受顿逊的干涉，他们甚至有权与外国来往通商，甚至有权遣派使者到外国，或是接受从外国派来的使者，这种现象在古代的属国与上国之间，是数见不鲜的。

大致上，这数个王国，是在扶南衰弱的时候，得到独立。但是独立的时间，也可早可迟。而且，有的与中国通使较早，有的与中国通使较迟。所以，中国史书所载的通使时间，也因之而各异。

盘盘这个国名，最先见于《梁书》卷五十四《盘盘国传》。杜佑《通典》卷一八八有"槃槃"条，马端临《文献通考》卷三百三十一也有"槃槃"条。槃槃应该就是盘盘。冯承钧在其《中国南洋交通史》页二四一注解四中说，"义净《南海寄归内法传》作盆盆"，其意以为盆盆就是盘盘，可是藤田丰八在其《中国南海古代交通丛考》（何健民译）中《狼牙修国考》一文页一三的附言中说：

　　《寄归传》列举南海诸洲中，有盆盆洲，此与盘盘之名极相似，而实则非，因义净已将盘盘之南至少将其邻国郎迦戍列入东裔诸国中，故知其非海岛极为明了。

应该指出，古人所谓洲，不一定是指着海岛，虽则盆盆是否就是盘盘还是有待于考订。此外，《西域求法高僧传》卷上《昙润法师传》说：

　　至诃陵北渤盆国，遇疾而终。

这里所说的渤盆的声音，也很近盘盘，但诃陵是爪哇，若说诃陵国之外的北方，则这个渤盆可能是盘盘，但若所谓诃陵本国的北部，则这个渤盆，当然不会是盘盘，而乃诃陵国内的一个地方名。

总而言之，渤盆或盆盆是否为盘盘，还是一个问题。我们不准备在这里讨论，至于槃槃为盘盘是无可疑的。

近来有人以为盘盘之得名是范蔓征服了这个地方之后，遂用其前王盘盘之名，而名这个国家，以为纪念其前王。卢斯（G. H. Luce）在其《缅甸的邻国》(Countries Neighbouring Burma，见 *Journol of British Royal Society*，14（2）：138 - 205）就主张这个说法（参看 L. P. Briggs, *The Ancient Khmer Empire*，页二三注解）。据《梁书》卷五十四《扶南传》，盘盘是扶南后王盘况的儿子的名字，他就位后三年而死，其将范蔓遂继其位。范蔓并非盘盘直系亲属，而乃其大将，可能是夺取了盘盘的王位，可能篡位之后，把其子孙送到了这个属国，而名其国为盘盘，但这种看法，是一种猜想而已。尽管这种看法是一种猜想，但是盘盘的历史，可以拉到二世纪末或三世纪初，似应无问题。杜佑《通典》卷一八八"盘盘"条说："槃槃国梁时通焉。"可是《梁书》卷五十四《盘盘传》却说盘盘在宋元嘉的时候（四二四至四五三）已经遣使到中国朝贡。盘盘到中国朝贡既在五世纪的初年，其建国的时间，在与中国交通之前一二至三世纪也是可能的。因为盘盘不见得建国后立刻就遣使朝贡。比如扶南建立当在公元一世纪前后，可是中国之遣使到扶南，是在三世纪三国时代，盘盘距离中国比之扶南更远，中国与之交通较晚，也是很合理的。

《梁书》卷五十四《盘盘传》说：

> 盘盘国，宋文帝元嘉（四二四至四五三）、孝建（四五四至四五六）……并遣使贡献。

《太平御览》卷七八八引《宋起居注》曰：

> 孝建二年（四五五）七月二十日，槃槃国王遣长史竺伽蓝婆，奉献金、银、琉璃、诸香药等物。

这里所说的竺伽蓝婆，似乎是印度人。又如上面已指出，《梁书》卷五十四《扶南传》指出，其后王憍陈如本来是天竺的婆罗门，据说有神告诉他，他会当扶南王，他很高兴，于是他乃先到盘盘，扶南人听说他到了盘盘，举国欢戴，因而派人到盘盘去迎接他到扶南为王。我们相信印度或天竺人之经过盘盘而到扶南或其他国家，必定很多。同时，天竺人之到盘盘居住也必很多。竺伽蓝婆似乎是一个例子。憍陈如之王扶南是在五世纪的上半叶，我们相信在他之前与他以及竺伽蓝婆之后，还有很多天竺人到盘盘，或经过盘盘而到扶南或其他各国。

这也说明了盘盘是承继顿逊而成为东西交通的要道。我们相信，在五世纪的时候，不只天竺的婆罗门或佛徒到了或经过盘盘，东西两方的好多商品货物，也必经过这个地方，我们可以说盘盘在当时是东西交会的市场，是珍物宝货无所不有的地方。

《梁书·盘盘传》《南史·盘盘传》都指出：

> 宋孝武帝大明（四五七至四六四）中……遣使贡献。

在四十年中，遣使朝贡有三次之多，中国与盘盘的关系，很为密切。到了梁武帝大通元年（五二七）其王又遣使到中国奉表说：

> 扬州阎浮提震旦天子，万善庄严，一切恭敬，犹为天净无云，明耀满目，天子身心清净，亦复如是，道俗济济，并蒙圣王光化，济度一切，永作舟航，臣闻之庆善，我等至诚敬礼常胜天子足下，稽首问讯，今奉薄献，愿垂哀受。

到了中大通元年（五二九）五月，盘盘：

> 累遣使贡象牙及塔，并献沉檀等香数十种。

六年（五三四）八月：

> 复遣使送菩提国真舍利及画塔，并献菩提树叶、詹糖等香。

《太平御览》卷七八八引《梁书》说：

> 其国王曰杨粟翼，粟翼父曰杨德武，以上无得而纪。

这好像是暗示杨粟翼是梁时人，可是现在《梁书》没有记载这一段话，而这段话见于杜佑《通典》的"槃槃"条。所以我们对于这位国王的在位时期，难于考订。假使《太平御览》是抄了唐代著作而当为《梁书》的记载，那么杨粟翼可能是唐时人。

在隋时盘盘也遣使朝贡，杜佑《通典》说：

> 隋大业中（六〇五至六一六）亦遣使朝贡。

《旧唐书》卷一九七《盘盘国传》说：

> 盘盘……贞观九年（六三五）遣使来朝贡方物。

《新唐书》卷二二二下"盘盘"条说：

> 盘盘……贞观（六二七至六四九）中再遣使朝。

所谓再遣使朝，应该是说遣使到中国朝贡，不止一次。唐以后在我国的史书上，没有盘盘来朝的记载。宋末元初马端临在其《文献通考》卷三百三十一《四裔考》中虽然也有《盘盘传》，可是他完全抄自杜佑《通典》的"槃槃"条，最奇怪的是他连《唐书》所说贞观年间，盘盘遣使朝贡，也没有录入，而只抄了杜佑《通典》所说隋大业年间的遣使朝贺。

从上面所抄录各段史文来看，盘盘与中国交通始于宋元嘉年间，这就是五世纪的上半叶，终于唐贞观年间，这就是七世纪的上半叶，总共约二百年左右。但我们已经指出，盘盘在未遣使到中国朝贡之前，应该早已立国，其时间可能是在三世纪，假使扶南①为顿逊五个王国之一，那么其建国时间应当更早。至于盘盘灭亡于何时，更不容易确定。但我猜想可能是在贞观年间，朝贡中国后不久就为他国所征服，因为唐代上半叶而尤其是初年声威正盛，朝贡的国家很多，假使盘盘没有灭亡，似乎不会不再遣使到中国朝贡。

盘盘究竟是在什么地方呢？最早记载盘盘的《梁书》没有说到这一点。杜佑《通典》说：

> 槃槃……在南海大洲中，北与林邑隔小海，自交州船行四十日，乃至其国，与狼牙修国为邻。

《新唐书》卷二二二下《盘盘传》说：

> 盘盘在南海曲，北距环王限小海，与狼牙修接，自交州海行四十日乃至。

杜佑以为盘盘在南海大洲中，大洲若解为海岛，那么就会错误，古人说大洲，有时也指半岛或傍海的地方，所谓"与林邑隔小海"，这个小海，应该是暹罗湾，正如《旧唐书》所说是在林邑西南海曲中。《新唐书》以为"盘盘在南海曲，北距环王限小海"。环王就是林邑，在唐代林邑有一个时间称为环王。《旧唐书》用旧名，《新唐书》用新名。但《新唐书》说其在林邑之南，不若《旧唐书》说其在林邑西南较为准确。因为，这个海曲或小海，既为暹罗湾，而暹罗湾乃在林邑的西南并非其正南。

《旧唐书》说盘盘与狼牙修为邻，《新唐书》说其与狼牙修相接，虽然为邻与相接，严格来说，是有分别，可是撰述二书的人们，似乎没有这样分别。而二书都没有说其方位。在《旧唐书》"堕和罗"条中说：堕和罗"南与盘盘接"。《新唐书·堕和罗传》也说堕和罗"南距盘盘"。堕和罗是在现在暹罗南部，湄南流域的下游，盘盘既在其南，应该是在马来半岛的北部，这也就是现在属于暹罗的马来半岛的北部，以至属于缅甸的马来半岛的北部。

上面已经指出盘盘所占的地位似乎是过去顿逊所占的地位，可能其所占领的地方，是跨了马来半岛的东西两岸，成为东西交会的市场。天竺婆罗门憍陈如从天竺先到盘盘，然后到扶南为王，说明这个国家，是东西交通的要冲。憍陈如必定得到盘盘的帮助而始能王扶南，这也说明了盘盘在当时是一个强盛的国家，其领土跨了马来半岛东西两岸，似无问题。

假使这种看法没有错误，狼牙修应该是在盘盘之南或东南，至少狼牙修的东边也是面对暹罗湾，这一点可以从《隋书》卷八二《赤土传》证明。隋炀帝遣

---

① 编注：原书如此。"扶南"疑为"盘盘"。

常骏使赤土，《赤土传》中说：常骏在船中"西望狼牙须国之山，于是南达鸡笼岛，至于赤土之界"。狼牙须就是狼牙修，这很清楚的说明狼牙修是傍暹罗湾，是在马来半岛东岸，在赤土之北，常骏没有说到盘盘这个国家，这可能是因为盘盘在其北，而航行是从现在的越南最南的柬埔寨角，直向西航，没有向西北靠岸行驶，所以没有经过盘盘的领海或港口。

大致上，我们可以推思盘盘的北部，包括了丹荖（Mergui）群岛的对岸，可能也包括了这些岛屿，东临暹罗湾，这就是北接堕和罗，其南包括了克拉（Kra）地峡而接近万仑（Bandon），这也就是顿逊时代的最主要部分的领土。

但在《新唐书·盘盘传》中又说：

> 其东南有哥罗，一曰个罗，亦曰哥罗富沙。

假使《新唐书》所说没有错误，那么在东南方面，紧接盘盘者，是个罗，而狼牙修又在个罗的东南，那么现在的万仑应该是个罗的领土，狼牙修的东岸应该在六坤（Nakan）而至宋卡（Songkia），赤土应更在其南。

关于盘盘的物产，史书没有明白的指出，《梁书》说其朝贡物品中有牙像及塔，《南史》说是佛牙及画塔，又有沉檀等香数十种，还有菩提国真舍利及画塔，并献菩提树叶、詹糖等香。又据《太平御览》引《宋起居注》说其贡物中有金、银、琉璃、诸香药等物，在这些贡品中，有的不一定是盘盘的土产，而是来自别处的，如菩提国真舍利，及佛牙、画塔以至琉璃等，有的似为盘盘的土产，如沉檀诸香药等。盘盘既为东西交会的市场，我们相信其来自国外的物品可能多过于国内的物品。

《新唐书》说：

> 其民濒水居，比木为栅，石为矢镞。

杜佑《通典》说，盘盘：

> 百姓多缘水而居，国无城，皆竖木为栅，……其矢多以石为镞，稍则以铁为刃。

所谓濒水居或缘水而居，比木为栅，应该是东南亚各处所普遍采用的干栏。《通典》说其国无城，这与顿逊有所不同，因为顿逊在离海十里有了都城，可是在《通典》同一史文中，又有了"其在外城者"的词句，所谓外城者，应该是都城之外，所谓国无城者，可能是说有了都城而没有城围，因为其王所居之地应该就是都城所在地。又王的居室与坐位，据《新唐书·盘盘传》说：

> 王坐金龙大榻，诸大人见王，交手抱肩以跽。

杜佑《通典》有差不多同样的记载，此外《通典》又叙述其官制与其等级云：

> 其大臣曰勃郎索滥,次曰昆仑帝也,次曰昆仑勃和,次曰昆仑勃帝索甘,且其言昆仑、古龙声相近,故或谓为古龙者。

《唐书》所说虽略有出入,然大意一样,这是在都城中的官制等级,至于都城以外的,《通典》说:

> 其在外城者曰那延,犹中夏刺史县令。

关于盘盘的宗教信仰,《通典》说:

> 又其国多婆罗门,自天竺来,就王乞财物。王甚重之。……有僧尼寺十所,僧尼读佛经,皆食肉,而不饮酒。亦有道士,不食酒肉,读《阿修罗王经》,其国不甚重之。俗皆呼僧为比邱,呼道士为贪。

《旧唐书·盘盘传》说:

> 盘盘……皆学婆罗门书。甚敬佛法。

《新唐书》说:

> 有佛、道士祠,僧食肉不饮酒,道士谓为食,不食酒肉。

从上面数段话来看,我们可以说盘盘的宗教信仰,大致上是与顿逊一样。不过在顿逊时代,婆罗门教似乎比佛教还要繁盛,但是到盘盘的时代,佛教似乎比婆罗门教为普遍,所以《旧唐书》说"甚敬佛法"。然而盘盘对于婆罗门还很重视,最值得注意是在顿逊的时候,好多婆罗门来自天竺,为顿逊所敬重,到了盘盘的时代,这个传统并没有放弃,照样的有很多婆罗门来,照样的重视。我们说盘盘为顿逊的五王国之一,或是说为顿逊的后身,是有其理由的。至于盘盘的人们,学婆罗门书,这与天竺宗教的传入,是有了关系,但可能这种婆罗门书,也是从顿逊传下来的。

关于哥罗国,我们在这里主要的是抄录杜佑《通典》的与《新唐书》记载,而作简单的解释。《通典》卷一八八"哥罗"条说:

> 哥罗国,汉时闻焉。在槃槃东南,亦曰哥罗富沙罗国云,其王姓矢利婆罗,名米失钵罗。其理城累石为之,城有楼阙,门有禁卫,宫室覆之以草,国有二十四州而无县,庭列仪仗,有蠹,以孔雀羽饰焉。兵器有弓、箭、刀、矟、皮甲。征伐皆乘象,一队有象百头,每象有百人卫之。象鞍有钩栏,其中有四人,一人执矟,一人执弓矢,一人执殳,一人执刀。赋税人出银一铢,国无蚕丝、麻纻,唯出古贝布。畜有牛,少马。其俗,非有官者不得上发裹头。又嫁娶初问婚,惟以槟榔为礼,多者至二百盘。成婚之时,唯以黄金为财,多者至二百两。妇人嫁讫,则从夫姓。音乐有琵琶、横笛、铜鼓、铁鼓、篪,吹蠡击鼓,死亡则焚尸,盛以金罂,沉之大海。

《新唐书》卷二二二下"盘盘"条说：

> 其（指盘盘）东南有哥罗，一曰个罗，亦曰哥罗富沙罗。……东南有拘蒌密，海行一月至。南距婆利，行十日至。东距不述，行五日至，西北距交文单，行六日至。与赤土、堕和罗同俗。永徽中（六五〇至六五五）献五色鹦鹉。

照《通典》的记载来看，哥罗是一个历史很久的国家，假使"汉时闻焉"是没有错误，这个国家可能在汉前已经立国，可能是顿逊的五个王国的最老的，而且很可能的是顿逊的前身，到了顿逊强盛时，蜕变为顿逊的一个属国，《新唐书》谓其"与赤土、堕和罗同俗"，这也可能是由于哥罗与赤土、憻和罗都是猛人所建立的国家，所以其俗也相同。

又这个国家同其他的猛族国家一样受了印度文化的影响，其王姓矢利婆罗，名米失钵罗，就是印度化的名字。冯承钧在其《中国南洋交通史》页二四一注解五中说"此名应是梵文 Paramesvara 之对音，修史者不察，妄析一名为二"。这种看法是很对的。

又个罗的声音与克拉（Kra）很相近，不知是否这个国家是位在克拉地带，所以到了现在这个地方还叫做克拉（Kra）。

第十章　朗迦（附丹丹）

在五六世纪的时候，在马来半岛的诸国中，其历史继续不断的见于中国史书，以至于元明的时代，朗迦或狼牙修，是一个很显著的例子。

朗迦这个名词，见于义净《大唐西域求法高僧传》，其下卷"道琳法师"条云："越铜柱而屈朗迦，历诃陵而经裸国。"狼牙修这个国名，最先见于我国的《梁书》。梁朝始于公元五〇二年而亡于五五六年，《梁书》是唐姚思廉所撰，他是隋唐时人，仕于隋又仕于唐，隋亡于公元六一七年，去梁之亡不过六十一年，据说《梁书》本为他父亲姚察的故稿，由他整理而成，这也就是说这本书的撰述，是在梁亡未久的时候，其所记载的史实，应该是相当可靠的。

狼牙修这个名称，是一个翻译的名词，《南史》卷七八有《狼牙修传》，但是抄自《梁书》，《隋书》没有为这个国家立传，只在《隋书·赤土传》中有"西望狼牙须国之山"的词句，狼牙须的须应该是狼牙修的修的同音异译。新旧《唐书》也都没有为这个国家立传，贾耽的《广州通海夷道》也没有这个国名，唐人杜佑在其《通典》卷一八八中有"狼牙修"条，但也是摘录《梁书》。此外在义净的《南海寄归内法传》卷一注中作朗迦戍，又在其《大唐西域求法高僧传》的《义朗律师传》中有"越舸扶南，缀缆朗迦戍"，朗迦戍也是狼牙修的同名异译，《续高僧传·拘那罗陀传》作棱迦修，这也可以说是同名异译。唐代与东南亚各国交通最为发达，而对于这个国家少有记述，很为奇怪。

在宋代的著作中，周去非的《岭外代答》没有提及这个国名，赵汝适的《诸蕃志》卷上有"凌牙斯迦"条，又同处"三佛齐"与"佛啰安"条也有凌牙斯迦这个国名，并说是三佛齐的属国。凌牙斯迦也是狼牙修的同名异译。宋朝与海外交通也很发达，但《宋史·外国传》也没为这个国家立传，在《三佛齐传》中，也没有提到这个国家，很奇怪的，《太平御览》只是抄录了《南史》的《狼牙修传》。

元代汪大渊的《岛夷志略》有"龙牙犀角"条，龙牙犀角应该也是狼牙修的同名异译，这与《诸蕃志》凌牙斯迦的声音更为相近，明初费信在其《星槎胜览》前集，也有龙牙犀角，这大概是采用汪大渊的译法，又《纪录汇编》本亦作龙牙加貌，《明史·外国传》也没有记载这个国家。

总而言之，自梁代至明代的约千余年中，虽然正史很少记录这个国家，但是其他私人著作，多有提及，这说明这个国家，是有了一千多年的历史，至于其名称如朗迦、狼牙修、狼牙须、朗迦戍、棱迦修、凌牙斯迦、龙牙犀角，以至龙牙加貌，皆是同名异译，其本身的名称并没有改变，其所以不同者，乃是因为在不同的时代，或在不同的著作中，译法有所不同而已。

《梁书·狼牙修传》曾记载其"国人说立国以来，四百余年"。狼牙修遣使到梁是天监十四年，这就是五一五年。若再加上四百余年的历史，那么这个国家的立国时期，当在公元后约一世纪的时候。我们在别处已经指出，狼牙修的种族是猛族，可能是顿逊的五个王国的一个王国，顿逊为扶南所征服后，又为扶南的属国，扶南衰弱时，可能与其他的猛族国家一样的得到独立，但在宋时，又为三佛齐所臣服，然并没有消灭，至少在内政上有其自主权外，对外也可能有其遣派使者的外交权。所以直到明代，中国的航海家，还记录这个国家。

狼牙修到了什么时候才灭亡，难于考订，明初费信曾记其国，除非费信的"龙牙犀角"条是完全抄自汪大渊的《岛夷志略》，而没有到这个国家，那么这个国家至少存在至明初。狼牙修的灭亡是与泰族的向南发展是有关系的，大致上，这个国家在十五世纪的中叶，该还存在，后来因为泰族的势力，一直伸张到马来半岛的中部，以至南部，狼牙修就为泰族所消灭。

假使狼牙修的国人在梁时已说其立国有四百余年的历史，是没有问题的话，那么从公元一世纪到公元十五世纪约一千五百年，这个国家一直存在着，我们推想，其初期是与顿逊成为一个邦联国，后来又为扶南所征服。扶南衰弱以至扶南亡后，这个国家遂独立起来，所以从隋到唐的数百年间，都是独立自主的时代。三佛齐强盛时，狼牙修称臣于三佛齐，直到十五世纪或是十六世纪，遂为泰族所灭亡。谢清高在其《海录》中记载好多国家，但没有这个国家，说明了在清代的上半叶可能已没有了这个国家。

关于狼牙修的方位，我们在下面还要讨论，在这里我们只要指出，它是在赤土之北，盘盘之南。这应该是在现在的万仑（Bandon）附近与万仑以北一带。其地跨有马来半岛的东西两岸。

应该指出，既然这个国家有了一千多年的历史，其疆土在不同的时代中，可能有了变更。比方《梁书》所记载的幅员，不一定是代代如此，但既然其领域是跨有马来半岛的东西两岸，在盘盘之南，赤土之北，因此在东西两海的交通上，应该是一个重要的地方。可是同时我们也得指出，马来半岛在东西两海的交通上，在公元前后的数世纪，是较为重要，因为在这个时候，船舶之在东西两海者，很少绕过马来半岛的南端，多数是驶到马来半岛的北部的东西两岸，经过一段陆道。自唐宋以后，这些船舶逐渐绕马来半岛南端，经过马六甲海峡，而到两洋各处。关于狼牙修这个国家的概况，其记载最早而较详的是《梁书》的《狼牙修传》。据《梁书》说：

> 狼牙修国在南海中，其界东西三十日行，南北二十日行，去广州二万四千里，土气物产与扶南略同，偏多篸沉婆律香等。其俗男女皆袒而被发，以

吉贝为干缦。其王及贵臣乃加云霞布覆胛（《通典》作脾），以金绳为络带，金环贯耳，女子则被布以缨络绕身。其国累砖为城，重门楼阁。王出则乘象，有幡眊旗鼓，罩白盖，兵卫甚设。国人说立国以来，四百余年。后嗣衰弱，王族有贤者，国人归之。王闻知乃加囚执，其镣无故自断，王以为神，不敢害。乃斥逐出境，遂奔天竺，天竺妻以长女，俄而狼牙王死，大臣迎归为王，二十余年死，子婆伽达多立。天监十四年（五一五）遣使阿撒多奉表曰："大吉天子足下，离淫怒痴，哀愍众生，慈心无量。端严相好，身光明朗，如水中月，普照十方。眉间白毫，其白如雪，其色照耀，亦如日光，诸天善神之所供养，以供正法宝、梵行众增，庄严都邑，城阁高峻，如乾陀山。楼观罗列，道途平正。人民炽盛，快乐安稳。著种种衣，犹如天服。于一切国，为极尊盛，天王愍念群生，民人安乐，慈心深广，律仪清净，正法化治，供养三宝，名称宣扬，布满世界，百姓荣见，如月初生，譬如梵王，世界之主，人天一切，莫不归依。敬礼大吉天子足下，犹如现前，忝承先业，庆嘉无量，今遣使问讯，大意欲自往复，畏大海风波不达，今奉薄献，愿大家曲垂领纳。"

杜佑《通典》卷一八八有"狼牙修"条，惟所记比《梁书》还简单，也没有不同之处，故不抄录。狼牙修在马来半岛之北，其界东西三十日行，南北二十日行，则东西广而南北狭。马来半岛北部地形，东西狭而南北长，东西所行的路程比之南北的既多三分之一，则其国疆土不见得很大。而且我们知道，在梁、陈、隋以至唐代，在马来半岛的北部，除了狼牙修之外，还有好几个国家，如盘盘，如丹丹，如哥罗，如赤土等，马来半岛从暹罗湾至柔佛的南端，是一个很长的半岛，这就是说南北长而东西狭，在最狭的地方，不过四十余英里，而马来半岛北部，尤为狭小，所以在这里的诸国疆土，是不会很大的。

从《梁书》中的记载，我们知道这是一个印度化的国家，不只在宗教上像顿逊一样，是受了佛教与婆罗门教的影响，就是在文化的其他方面，也必受了印度的影响。而且，在这个时候，这个国家与印度的关系必定很为密切，所以王族中那位贤者被逐出境乃逃到印度，他娶了印度的长女，后来又回国当国王，我们相信其印度化的程度必定加深起来。

宋时赵汝适《诸蕃志》中有"凌牙斯"条，这一条说：

凌牙斯国，自单马令（Tāmbralinga）风帆六昼夜可到，亦有陆程，地主缠缦跣足，国人剪发，亦缠缦。地产象牙、犀角、速暂香、生香、脑子，蕃商与贩，用酒、米、荷池、缬绢、瓷器等为货，各先以此物准金银，然后打博，如酒一㽅准银一两，准金二钱，米二㽅准银一两，十㽅准金一两之类。岁贡三佛齐国。

在元时汪大渊《岛夷志略》"龙牙犀角"条说：

> 峰岭内平而外耸，民环居之，如蚁附坡。厥田下等，气候半热。俗厚，男女椎髻，齿白，系麻逸（Mati）布。俗以结亲为重，亲戚之长者一日不见面，必携酒持物以问劳之，为长夜之饮，不见其醉。民煮海为盐，酿秫为酒，地产沉香，冠于诸番，次鹤顶降真、蜜糖、黄熟香头。贸易之货土印布、八都剌布、青白花碗之属。

明费信《星槎胜览》同条所记与汪大渊一样而简略，可能是从《岛夷志略》抄过来，惟龙牙犀角为费信所亲历诸国之一，这个国家自南北朝，经唐、宋、元而至明初，若照其国人所说，在梁时已建国四百余年，则继续存在约一千五百年，这是东南亚诸国中的历史最长一个国家。

近来有些考古学者像威尔士曾在马来半岛北部，找了不少的遗物，这样对于狼牙修的以往史实，有了进一步的认识，虽则威尔士却以为这些古物所找出的地方是在古代盘盘这个国家里，照威尔士的意见，古代盘盘是在现在的万仑（Bandon）与大瓜巴（Takuapa）一带，我们以为盘盘应该是在狼牙修之北，这就是说，应该是克拉地峡（Kra Isthmus）附近及以北，而狼牙修是在这个地峡之南，因此我们以为威尔士在万仑及大瓜巴一带所发现的古物，应该是属于狼牙修的，这些地方现在是属于暹罗。

照威尔士的意见，大瓜巴与万仑是古代东西交通很重要的港口，他以为这些地方，比之在北边的克拉或个罗（Kra）地峡，更为重要，因为克拉地峡的东西两岸，不只缺乏良好的港口，而且没有充分的平原，足敷印度移民，从事耕种。相反的大瓜巴是马来半岛西岸的良好停泊的地方，而其东岸又有很好的万仑港口。同时，从东到西，又有两条河流。虽然其河源并不连接，但两河的大部分可以通航，尤其是在古代通航的里数比之今日必是更多。因而所需陆行的途程，也必较短。西边的河较短，名为大瓜巴河，东边的河较长，名为山国河。山国河的南边有一条很长的銮（Luang）河，其源出于南方，而其河口是与山国河离万仑港口不远的地方会合。銮河旁边，有一古代城市遗址，现在叫做池城（Vieng Sra）。池城位于銮河之东，约四分之一英里，威尔士以为这个城市可能是古代国家的国都。在这个地方威尔士曾找出一个小石佛像，其时代是属于笈多作品。此后，他又在大瓜巴的海滨的一个小丘找出用砖砌的小神龛的遗迹，其中藏有四臂毗湿奴大石像一个，这个石像较普通石像为高，而有圆柱形之僧帽为顶。据威尔士推断，其容貌当属印度的笈多派，度其年代，当在六世纪的末年。又在这个地方附近的道路中，可以发现各种不同时代的陶器残片，到处堆积，从这些陶器残片来看，此地在三世纪至八世纪的数百年中，是一个繁荣的地方，这也说明了这是东西交通的要冲。又离河口约十二英里的一个地方，在一个绿树林中，河道与支流会合的地方，找出巨大的印度神像三个，二男一女，神像乃用岩石雕成，较小的男性一个,乃代表大自在天王湿婆,各像均属于南印度派作品,其年代约在七世纪或八世纪前后。

狼牙修地跨马来半岛两岸,两边都有港口,握东西交通的咽喉,所以今日还能在大瓜巴及万仑一带找出一些遗迹及古物。至于这个国家的国都,究竟是在东岸,还是西岸,就不易断定了。

丹　丹

《梁书》卷五四的丹丹,或是杜佑《通典》卷一八八的丹丹,也就是《新唐书》卷二二二下的单单。冯承钧在其《中国南洋交通史》页二四一注解中说:

> 《唐书》有单单,《太平寰宇记》卷一七七有旦旦,应亦此国名之同名异译。《南海寄归内法传》卷一有呾呾州,疑亦指此国。

伯希和的《交广印度两道考》(冯承钧译,页九八)也说:

> 此国或者亦为《南海寄归内法传》中之呾呾(原注古读若 Tat-Tat)洲。

又页一一一又说:

> (旦旦国)《唐会要》误曰亘,此国音同正史之单单,字类义净之呾呾。

丹丹、单单与旦旦没有问题的是同名异译,至于呾呾是否也就是丹丹,似乎无须在这里讨论,《梁书》与《通典》均用丹丹,我们在这里也就采用这个名词。丹丹是译音,这个名词应该是当地的土名,不见得是梵化的名词,可能本来就是没有什么意义的名词,就是有意义,我们也没有法子去推想。

《通典》说"丹丹国,隋时闻焉"。这话是不对的,因为《梁书》卷五十四已有《丹丹传》,并且指出在中大通二年(五三〇)与大同元年(五三五)均遣使到中国朝贡。《太平御览》卷七八八引《隋书·丹丹传》,可是现在《隋书》并没有《丹丹传》。《太平御览》所引关于丹丹的记载,似乎主要是从《通典》抄录而来,而其所以说《隋书》曰,可能是根据《通典》的"隋时闻焉"这句话。至于《通典》有何根据而说"隋时闻焉",不得而知。而且,《通典》与《太平御览》的记载均没有指出隋时丹丹到中国朝贡事,这不能不使我们怀疑,在隋时丹丹是否遣派使者到中国。

《梁书》记载中大通二年(五三〇)丹丹国王曾遣使奉表说:

> 伏承圣主至德仁治,信重三宝,佛法兴显,众僧殷集,法事日盛,威严整肃,朝望国执,慈愍苍生,八方六合,莫不归服,化邻诸天,非可言喻,不任庆善,若暂奉见尊足,谨奉送牙像及塔各二躯,并献火齐珠、吉贝、杂香药等。

同处又说：

> 大同元年（五三五）复遣使献金、银、琉璃、杂宝、香药等物。

很值得注意的，是丹丹所朝贡的物品，同盘盘所朝贡的几乎相同。而且，二者都有表文呈奉。又丹丹是两字相同，而盘盘也是两字相同。假使丹丹不是读古音为 Tat-Tat 而读为 Tan-Tan，假使 F 音改为 T 音或 T 音改为 F 音，那么两个国名的声音也相同了。

关于丹丹的方位，《梁书》没记载。《通典》说：

> 丹丹，……在多罗磨国西北，振州东南。

《新唐书》卷二二二下"单单"条说：

> 单单在振州东南，多罗磨之西。

按：振州是在现在的海南岛，唐时置振州，又改为延德郡，不久又复改为振州，应在现在海南岛的崖县。多罗磨国的位置无法考订，若依振州东南的位置来说，应该在现在的菲律宾或婆罗洲一带去寻找，但是《通典》"婆利"条说：

> 婆利国……在广州东南海中洲上，自交趾浮海，南过赤土、丹丹国，乃至其国。

又《隋书·婆利传》亦有同样的记载。婆利究竟在什么地方虽未能确定，可是提到赤土与丹丹并列而又是从交趾浮海，说明丹丹应该是在赤土附近。赤土是在马来半岛的北部，是无可疑的。常骏到了这个地方，丹丹靠近赤土，亦必为常骏所熟识，《隋书》的记载，可能是根据常骏的报告而来。赤土既在马来半岛北部，丹丹可能在赤土之南，应该在马来半岛的东边。这个看法，应当没有什么问题。所以《通典》与《新唐书》说丹丹或单单在振州的东南，应该改为振州的西南。而且，假使丹丹在振州东南而要在菲律宾或婆罗洲一带去寻找，那么从中国到丹丹，不必从交趾浮海，可以从广州向东南航行。因此，我们可以断定丹丹是在马来半岛而在赤土之南，而在现在的暹罗属的最东南角，以及吉兰丹（Kalantan）这一带。又吉兰丹的声音近于丹丹，不知是否有关系。

《通典》说丹丹"可二万余家"，以一家五口来说，应该有十余万人。又说：

> 王姓刹利，名尸陵伽。……亦置州县以相统领。王每晨二时临朝，其大臣号曰八座，并以婆罗门为之王。每以香粉涂身，冠通天冠，挂杂宝璎身，衣朝霞，足履皮鞋，近则乘舆，远则驭象。其攻伐则吹蠡击鼓，有幡旗。其刑法盗贼无多少皆杀之。土出金银、白檀、苏方木、槟榔。其谷唯稻，畜有沙牛、羖羊、猪、鸡、鹅、鸭、獐、鹿。鸟有越鸟、孔雀。果蓏有蒲桃、石榴、瓜瓠、菱莲。菜有葱、蒜、蔓菁。

《新唐书》还记载乾封年间（六六六至六六七），与总章年间（六六八至六六九），单单均遣使献方物。

据上面的记载，丹丹与顿逊、盘盘均重视婆罗门而以香粉涂身，也与顿逊相似。其统治种族也是猛族。

第十一章　赤土

据《隋书》卷八十二《赤土传》说：

> 赤土，……所都土色多赤，因以为号。

隋炀帝曾遣常骏到赤土，这是隋时中国与东南亚的关系上的最值得注意的一件事情。常骏到了赤土之后，大受赤土的欢迎。其王还派其儿子那邪迦，陪常骏到中国朝贡。《隋书·赤土传》是根据常骏亲目所见与所闻而记载的，其说赤土之所以得名是由于所都土色多赤，似乎是没有问题的。当然赤土是译音而来，也是很可能的。

关于赤土的方位，以前研究赤土的人们，意见很不一致，虽则最近来，这个问题可以说大致已经确定。比方从前好多人都把赤土位在现在的暹罗本部，史莱格（G. Schlegel）就是一个例子。又有些人如艾莫涅（E. Aymonier）在其《扶南考》（Le Founan）｛见《亚洲学报》（Journal Asiatique）第二编第一卷，一九〇三年一二月刊，页一〇九至一五〇｝以为赤土就是中国史书中所说的朱江，朱江见于《隋书》卷八十二《真腊传》，据说"其国（指真腊）与参半、朱江二国和亲"。参半似乎在真腊的北边，朱江似乎在真腊的西北，或西边，这就是暹罗的北部或东北部，但《新唐书》也有朱波一名，不知朱江是否朱波之误，又朱波有人以为是在缅甸。

《隋书·赤土传》说：

> 赤土，扶南之别种也。在南海中，水行百余日而达。……东波罗剌国，西婆罗娑国，南诃罗旦国，北距大海，地方数千里。

冯承钧在其《中国南洋交通史》页四根据了这段话说：

> 执此以考赤土之方位，仅知此国在林邑之西，暹罗湾之南，国人属猛吉蔑种（Mon-Khmer）而已。顾常骏行程所经有狼牙须国之山，此狼牙须应为《梁书》狼牙修，《续高僧传》棱伽修之同名异译。考义净《南海寄归内法传》卷一注云："从那烂陀东行，五百驿皆名东裔，乃至尽穷，有大黑山计当土蕃南畔。传云，蜀川西南行可一月余，便达此岭，次此南畔通近海涯，有室利察呾罗国，次东有郎迦戍国，次东有杜和钵底国，以东极至临邑国。"义净之郎迦戍国，应亦是狼牙须之同名异译，而位在室利察呾罗之东南。此室利察呾罗国即《唐书》中之骠国，即从前称霸 Prome 之 Dyu 族。杜和钵底国即湄南下流之 Dvaravati，临邑即林邑之别字，今安南中圻也。由是考

之，狼牙修之方位，在骠国之南，而赤土又在此狼牙须国之南，殆为 Kra 地峡南方一国也。常骏发自广州，沿安南沿岸行过 Camao 岬，入暹罗湾沿真腊、缅甸海岸行，（因有岛屿连接之语）至马来半岛北部东岸，望见狼牙须国之山，南行过马来半岛东岸之一岛，而名之曰鸡笼岛，然后抵于赤土国界，此赤土应在马来半岛之中，旧考谓在暹罗境内，误也。

大致上，冯承钧这种看法是对的。不过他说"入暹罗湾沿真腊、缅甸海岸行"，这里所说的缅甸似是错误，因为船在马来半岛东岸行驶，不会沿缅甸海岸而行，只有沿马来半岛的西岸，始沿缅甸海岸而行。

《隋书·赤土传》说其东边的波罗剌国，西边的婆罗娑国与南边的诃罗旦国。《南史》卷七十八有呵罗单国，应该就是这里所说的诃罗旦国。《南史》又说："呵罗单国都阇婆洲，元嘉七年（公元四三〇年）遣使献金刚指环、赤鹦鹉鸟、天竺国白叠、古贝，叶波国古贝等物。"假使这里所说的阇婆洲是要在爪哇或苏门答腊去寻找，那么在方向上，是没有问题的。因为这些地方，都是在赤土之南。至于婆罗剌与婆罗娑这两个国家，就不易考证。但所谓其北距大海，这个大海应该是现在的暹罗湾，这样看来，赤土的位置应该是在现在的暹罗属的马来半岛的六坤（Ligor）及其附近一些地方。

《隋书》又说：赤土"地方数千里"。马来半岛尤其是马来半岛的北部，东西狭小，最狭处只有约四十英里，若说其地方数千里，那么从南至北也没有这么多地方，所以《隋书》所说似乎是过于夸大。我们只能这样的了解，这就是在马来半岛当时的诸国中，赤土是一个很大的国家，在其强盛时，其北境是与狼牙修接壤，很可能的还占领了狼牙修的一部分土地，至于其南境可能伸张到马来半岛的西岸的波璃市（Perlis）、吉打（Kedah）或是吉打之南，以及马来半岛的东岸，这就是现在的北大年以至吉兰丹一带。

我们要特别加以注意的，是吉打以及其附近这些地方。吉打应该是义净在其所撰的《大唐西域求法高僧传》卷下中所说的羯荼，义净在该处说：

> 果之佛逝，经停六月，渐学声明，王赠支持，送往末罗瑜国（原注云：今改为室利佛逝），复停二月，转向羯荼（Kedah），至十二月举帆还，乘王舶渐向东天矣。从羯荼北行十日余，至裸人国（Nicobar 岛），十载求经方始旋踵言归，还耽摩立底，……于此升舶，过羯荼国。

应该指出，不只在义净的时候，吉打是一个东西交通的要冲，就是在义净之前好几百年，这个地方也是一个交通重镇。据说在三世纪的时候，塔密尔（Tamil）文的诗里已有了这个地方名。从这个地方向西去，是裸人国，再过去就是印度东南部与锡兰的港口，从此而东南行就是马剌呷海峡，而至苏门答腊、新嘉坡、爪哇等处。吉打有一条吉打河，可是据近人考订，此河在古代并不很重要，而重要的是瓜拉茂卜（Kuala Merbok）河。这条河的河口是一个很好而安全的停泊港口，它很近于吉打峰（Kedah Peak），从这个山峰可以见到海中三十英里远。这是一块肥美的土地，稻米及其他食物很容易生长。近代考古学者曾在这个山峰的山脚发现一个神像，这就是难近母（Durga）像，是在印度梵文后期文学中所出现的神祇，据说是湿婆（Shiva）的可怕的配偶。又在山峰上发现了一座还未能考证的砖石建筑物。

此外，在现在的槟榔屿的对面威斯利省的武吉茂林（Bukit Meriam）附近，又发现了一座约十至十二呎的砖屋遗迹，在其地下掘出一块石板，上面用梵文和最古的拔罗婆字母，刻了一些文字，这些文字是：

多他伽多（Tathagata）教导云，律由因而生，大沙罗摩那（Sramana）则教以克制之道。

业（因果）由不明而积，业乃再生之因，明不是业，而无业则不生。

又在威斯利省的北部，还掘出一块很像石柱的一部分，上面刻着一个窣堵波（Stupa），其下端并非一般普通的半圆形，而乃作圆形，圆形之下有铭文，与武吉茂林所发现的石板上的第二节相同，但其旁边还加上下面几个字：

居罗旦帝迦（Raktamrttika）大航海者，佛陀笈多（Buddhagupta）献。

这几个字很为重要，因为所谓罗旦帝迦的意义就是赤土佛陀笈多是一个自命为大航海者，是为了航海的顺利或成功而献给这个石柱，而他的国家是赤土。《隋书》说赤土"所都土色多赤，因以为号"。应该指出，赤土国都是在马来半岛的东岸，在宋卡（Singora）或是六坤，这些地方很可能是这位大航海家经常往来于西岸与印度东南海岸，所以他立这条柱在西岸的吉打，而吉打也是当时的赤土的西岸的一个港口。自然的，赤土虽因国土色多赤，因以为号，但这个名称成为全国名称之后，土色非赤的赤土的其他地方的人们，也可以称为赤土之人。正如赤土人对常骏说："今是大中国人非复赤土国矣。"这个赤土国也是指赤土人，而这个赤土人也不一定是指着赤土国都的人。

这样看起来，我们以为赤土的位置，是北与狼牙修接，南至于东岸的北大年或吉兰丹西岸的吉打，似乎是没有什么问题的。

应该指出，近来考古学者在这些地方中，逐渐找出好多古物，比方威尔士（Wales）曾在吉打、霹雳等处，发掘古迹。在瓜拉茂卜河的支流部雅（Bujang）河，他曾找出一个佛像，约八英寸半高。这是一个很有价值的铜佛像，表现了从阿摩拉把提（Amarāvati）过渡到笈多时代的作品，佛像的制造时期应为四世纪至五世纪之间，这与《隋书·赤土传》所说其俗敬佛是很暗合的。

应该指出，马来半岛的考古工作，有了不少成绩，这使马来半岛的古代历史，增加了不少的资料，把这些材料来与中国史书所记载的材料，互相引订，互相补充，使我们对于古代马来半岛的一些国家，如赤土的史实，较为清楚。可是这种工作，还只是一个好开端，今后若再努力，那么我们不只对于赤土的位置与情况，将得到更多的证据，就是对于其他猛族国家如盘盘、丹丹、狼牙修、个罗、罗越等等，也必得到更多的知识。

猛族与吉蔑两族关系很为密切，扶南为吉蔑族，所谓"赤土国扶南之别种"，应该就是猛族而与顿逊、丹丹、盘盘、狼牙修等国同种。杜佑《通典》卷一八八"赤土"条说：

> 赤土隋时通焉，扶南之别种也。

这与《隋书》所说的一样，至说赤土是在隋时通中国，并不一定是说这个国家建国于隋时，在隋前，这个国家可能也是顿逊的五个王国之一，或是顿逊亡后的新立国家。这个国家在顿逊强盛时与在扶南统治顿逊时，是由顿逊与扶南去代表其遣使到中国，到了扶南衰弱后，始勃兴起来，乃与中国通使。

近代有人以为赤土的前身是中国史书中所说的干陀利，艾莫涅（E. Aymonier）在其《扶南考》一文（陆翔译《国闻译证》第一册，页五二）中说：

> 干陀利（中国安南语作 Can-da-Lo'i）之遣使中国，在公元四五四年及五二〇年间，若干汉学家——其中史莱格主张尤力——谓即苏门答腊属岛巴林冯之干达利（Kandari）区，或干代利（Kanderi）区，吾则以为今地名与五世纪时古国名之谐合，乃出于偶然，对于论证并无重大力量也。
>
> 若将类此之论证方法，运用于马端临所记之干陀利，则我侪即可举出是国与赤土有相同之数点，此赤土国晚至七世纪时，始见于中土史籍，其地居湄南江下游，即今之暹罗国也。干陀利之风俗亦如赤土，与林邑、扶南极相似，然则此国必属于两国之一，而属于扶南，尤为近理。干陀利之王亦如赤土列王，皆以信仰佛教著闻，公元五〇二年干陀利之王其名号中有瞿昙二字，竟复见于赤土王号中，由此可推干陀利之称，在若干时期，用以呼后日之赤土即用以呼湄南江中流区及下游区也。

艾莫涅把干陀利以至赤土放在现在暹罗南部湄南中流区，是错误的，但是他反对史莱格的主张以为干陀利是在苏门答腊的属岛巴林冯之干达利区，这是对的。至于他说干陀利为赤土的前身，这是值得我们研究的。干陀利见于《南史》卷七十八。杜佑《通典》卷一八八也有"干陀利"条。马端临在其《文献通考》中关于干陀利的史文只是抄自《南史》而加了一段按语而已。《南史》"干陀利"条说：

> 干陁利国，在海南洲上，其俗与林邑、扶南略同，出班布、古贝、槟榔。槟榔特精好，为诸国之极。宋孝武世，王释婆罗那邻遣长史竺留陀献

金银宝器。梁天监元年（五〇二），其王瞿昙修跋陁罗以四月八日梦一僧谓曰："中国今有圣主，十年之后，佛法大兴，汝若遣使奉贡礼敬，则土地丰乐，商旅百倍，若不信我，则境土不得自安。"初未之信，既而又梦此僧曰："汝若不信我，当与汝往观。"乃于梦中至中国，拜觐天子。既觉心异之，陁罗本工画，乃写梦中所见武帝容质，饰以丹青，仍遣使并画工奉表献玉盘等物。使人既至，摸写帝形以还其国，比本画则符同焉。因盛以宝函，日加敬礼。后跋陁死，子毗针邪跋摩立。十七年（五一八）遣长史毗员跋摩奉表献金芙蓉、杂香药等。普通元年（五二〇）复遣使献方物。

除了艾莫涅所指出赤土与干陀利有了数点相同之处外，我们要注意的是《南史》中说"商旅百倍"这句话，这说明了干陀利必定是一个商品集会的地方，可以说干陀利是处在交通的要冲，这应该是位在马来半岛的东岸。

我们还要指出，干陀利亦有写为千陀利的。《南史》作干陀利，《通典》与《通考》均作千陀利。千陀的声音是近于赤土，或者两者是同名异译，而赤土可能是干陀利的省译，这就是说只译了前两音而省了利音。

《隋书》关于赤土的记载，很为详细，大致上，可以分为两段，一为主要叙述赤土的概况，一为主要叙述常骏使赤土与赤土王遣其子到中国朝贡的经过。除了首一小段外，兹分两段录之于后：

> 其王姓瞿昙氏，名利富多塞，不知有国近远。称其父释王位出家为道，传位于利富多塞，在位十六年矣。有三妻，并邻国王之女也。居僧祇城，有门三重，相去各百许步，每门图画飞仙、仙人、菩萨之像，县金花铃昆。妇女数十人，或奏乐，或捧金花，又饰四妇女，容饰如佛塔边金刚力士之状，夹门而立。门外者持兵杖，门内者执白拂。夹道垂素网、缀花。王宫诸屋悉是重阁，北户，北面而坐。坐三重之榻，衣朝霞布，冠金花冠，垂杂宝璎珞。四女子立侍左右，兵卫百余人。王榻后作一木龛，以金银杂钿之，龛后悬一金光焰，夹榻又树二金镜，镜前并陈金瓮，瓮前各有金香炉。当前置一金伏牛，牛前树一宝盖，盖左右皆有宝扇。婆罗门等数百人，东西重行，相向而坐。其官有萨陀迦罗一人，陀拏达叉二人，迦利密迦三人，共掌政事，俱罗末帝一人，掌刑法，每城置那邪迦一人，钵帝十人。其俗等皆穿耳剪发，无跪拜之礼，以香油涂身，其俗敬佛，尤重婆罗门。妇人作髻于顶后，男女通以朝霞朝云杂色布为衣。豪富之室，恣意华靡，唯金镖非王赐不得服用。每婚嫁择吉日，女家先期五日作乐饮酒，父执女手以授婿，七日乃配焉。既娶，则分财别居，惟幼子与父母同居。父母兄弟死则剔发素服，就水上构竹木为棚，棚内积薪，以尸置上，烧香建幡，吹蠡击鼓以送之，纵火焚薪，遂落于水。贵贱皆同，惟国王烧讫，收灰贮以金瓶，藏于庙屋。
>
> 冬夏常温，雨多霁少，种植无时，特宜稻穄、白豆、黑麻，自余物产，多

同于交趾。以甘蔗作酒，杂以紫瓜根。酒色黄赤，味亦香美，亦名椰浆为酒。

又说：

> 炀帝即位，募能通绝域者，大业三年（六〇七），屯田主事常骏、虞部主事王君政等，请使赤土。帝大悦，赐骏等帛各百匹，时服一袭而遣，赍物五千段，以赐赤土王。其年十月骏等自南海郡乘舟，昼夜二旬，每值便风至焦石山而过，东南泊陵伽钵多洲，西与林邑相对，上有神祠焉。又南行至师子石，自是岛屿连接，又行二三日，西望狼牙须国之山，于是南达鸡笼岛，至于赤土之界。其王遣婆罗门鸠摩罗以舶三十艘来迎，吹蠡击鼓，以乐隋使，进金镂以缆骏船，月余，至其都。王遣其子那邪迦请与骏等礼见，先遣人送金盘贮香花并镜镊，金合二枚，贮香油，金瓶八枚，贮香水，白叠布四条，以拟供使者盥洗。其日未时，那邪迦又将象二头，持孔雀盖以迎使人，并致金花盘以借诏函。男女百人奏蠡鼓，婆罗门二人导路，至王宫。骏等奉诏书上阁，王以下皆坐，宣诏讫，引骏等坐，奏天竺乐。事毕，骏等还馆。又遣婆罗门就馆送食，以草叶为盘，其大方丈。因谓骏曰："今是大中国人，非复赤土国矣。饮食疏薄，愿为大国意而食之。"后数日，请骏等入宴，仪卫导从如初见之礼，王前设两床，床上并设草叶盘，方一丈五尺，上有黄白紫赤四色之饼，牛、羊、鱼、雅、猪、瑇瑁之肉百余品。延骏升床，从者坐于地席，各以金钟置酒，女乐迭奏，礼遣甚厚。寻遣那邪迦随骏贡方物，并献金芙蓉冠、龙脑香，以铸金为多罗叶，隐起成文以为表，金函封之，令婆罗门以香花奏蠡鼓而送之。既入海，见绿鱼群飞水上。浮海十余日，至林邑东南，并山而行，其海水阔千余步，色黄气腥，舟行一日不绝，云是大鱼类也。循海北岸，达于交趾，骏以六年（六一〇）春与那邪迦于弘农谒帝，帝大悦，赐骏等物二百段，俱授秉义尉，那邪迦等官赏各有差。

从上面两段话来看，关于赤土的方位、国都、王宫、侍从、官制、服装、物产、风俗、宗教以及与中国的友谊关系，已经说得很为清楚，我们不想在这里再作解释。我们只要指出，从这个记载以及近来所发现的一些古物来看，这个国家，在古代，其文化无论在物质方面，或是精神方面，都是很高。同时，又是一个很为富裕的国家，所谓男女通以朝霞朝云杂色布为衣，而豪富之室，恣意华靡，都说明了这一点。这是与这个国家位在东西交通的要冲，也是有关系的。

这个国家，虽然始见于《隋书》，但这不一定是说，它的历史是始于隋代。假使这个国家与干陀利是同名异译，那么其历史就可追溯到南北朝。就算干陀利不是赤土的前身，也不能说是这个国家的建立始于隋时，可能因为隋以前，没有与中国交通，所以中国史书没有记载。

照我们的意见，如上面所说，这个国家可能是顿逊的五个王国之一，顿逊被扶南王范蔓征服之后，这个国家属于扶南，到了扶南衰弱的时候，这个国家才独立起来。又因为这个国家离扶南较远，又占海道的交通要冲，所以不只脱离扶南而独立较早，而且很快的成为一个很为富强的国家。我们知道，隋时扶南虽为真腊所征伐，但还没有灭亡，而保留一部分领土。在以往属于扶南的好多国家如狼牙修与盘盘等，虽然也独立起来，但是它们似乎没有赤土那么富强。正是因为这个原故，才被喜功好大的隋炀帝所重视。赤土是在狼牙修之南，隋炀帝派使者到赤土，要经过狼牙修而始抵达赤土，既然隋炀帝不遣使者到狼牙修，而却派使者到赤土，说明赤土在这个时候，是占了极重要的地位。很可能的，在常骏未到赤土之前，赤土已与中国有了不少的商业往来，因而隋炀帝才特别遣使者到这个国家，遣派使者到一个很为富强的国家，也就可以威服其邻，这种做法，在中国历史上，是数见不鲜的。

新旧《唐书》没有关于赤土的记载，《太平御览》卷七八八"金利毗逝国"条说"西去赤土国一千五百里"，又唐时杜佑《通典》卷一八八有"赤土"条，其所记与《隋书》所记大致相同而简略，但也有的地方是与《隋书》有所不同的。如说"赤土……直崖州之南，渡海水行，便风十余日经鸡笼岛至其国"。又如说僧祇城"亦曰师子城"，均为《隋书》所没有。又如说：

> 赤土戏有双六鸡卜，冬至之日，影直在下，夏至日影在南，户皆北向。

这也是《隋书》所没有记载。宋马端临《文献通考》有"赤土"条，但这完全是抄自杜佑《通典》。我们推想，这个国家可能是亡于唐代，或者是在三佛齐势力伸张到马来半岛的时候，就为三佛齐所征服而成为三佛齐的属国，也可能为三佛齐所灭亡。

第十二章 罗越

《新唐书·地理志》后附录有贾耽所记入四夷的道路有七条，这大概是摘录自贾耽的《古今郡国县道四夷述》，第六条道路是安南通天竺道，第七条道路是广州通海夷道。前者可以说是中国通东南亚的陆道，后者可以说是中国通东南亚的海道。两道都说到罗越这个国家。罗越很少见于其他的史书，只有《新唐书》卷二二二下《单单国传》后与《宋史》卷四八八《丹眉流传》言及这个国家。《宋史》只说丹眉流到罗越的路程，《新唐书》的叙述也不够四十个字。但是这个国家在唐的时候，不只是东南亚的交通要冲，而且应该是猛人所建立的国家。它的位置，据近人考订，大致是在马来半岛的南部以至南端。假使这是猛人所建立的国家，那么猛族不只分布在暹罗与缅甸的南部，不只是分布在马来半岛的北部，而且居住在马来半岛的南部，这就是说散居于马来半岛的全部。

我国人之知道罗越，是在唐代。丹眉流之为我国人所知道，是在宋代。《丹眉流传》中有罗越，似乎这个国家的历史是跨了唐宋两个时代，其历史至少约有五百年之久。

贾耽第六道中说：

> 安南经交趾……至文单外城。又行一日至内城，一日陆真腊，其南水真腊，又南至小海，其南罗越国，又南至大海。

其第七道中又说：

> 广州东南海行，……至奔陀浪州。又两日行到军突弄山，又五日行至海峡，蕃人谓之质，南北百里，北岸则罗越国，南岸则佛逝国。

《新唐书·单单传》说：

> 罗越者，北距海五千里，西南哥谷罗，商贾往来所凑集，俗与堕罗钵底同，岁乘舶至广州，州必以闻。

《宋史·丹眉流传》，《文献通考》"丹眉流"条均说：

> 丹眉流国东至真腊五十程，南至罗越水路十五程。……北至罗斛二十五程。

伯希和在其《交广印度两道考》（冯承钧译，页七五）说：

> 贾耽路程供给吾人一种明确之指定，罗越之北境不问其止于何处，当时

必包含今之柔佛（Johore）。《新唐书》北距海五千里之文，似乎不经，殆误五十作五千也。然若以罗越距海五十里，则应顾及哥谷罗"商贾往来所凑集"一语，此语只能适用于海港。第观中国史文，似不易作此解释，并此哥谷罗之方位，亦不甚明确。吾人后此别有说，惟观俗与堕罗钵底同一语，仅能使吾人求罗越于马来半岛之中，缘半岛曾为猛吉蔑（Mon-Khmer）种族所完全占领者也。此外，尚有《宋史》之指示，然又系于丹眉流之方位，此丹眉流似为《岭外代答》卷二《诸蕃志》卷上，及《宋史》同卷别见之登流眉，《文献通考》卷三三二之记载，与《宋史》同，惟讹其名为州眉流耳。

冯承钧在其《中国南洋交通史》（页二四一）注解二中也指出罗越显在马来半岛的南端，应指今之柔佛。罗越应该在马来半岛的南部，其领土伸到马来半岛的南端，约在现今的柔佛。贾耽第七道说：海峡"北岸为罗越国，南岸则佛逝"。既然其领土起自北岸，可能包括了现在的新嘉坡岛，那么罗越是在马来半岛的南端以至于海，应无可疑的。伯希和以"北距海五千里"为不经，不见得是对，北距海的海可能是第六道中的小海，这就是暹罗湾，所谓真腊之南的小海，应指这个湾，湾之南为罗越者，应该解为其所指者为方向，而不一定罗越的领土所达到暹罗湾。

我们虽然不能从"罗越俗与堕罗钵底同"一语，而就断定罗越是与堕罗钵底为同一种族，但也有这样的可能，这就是在唐宋之前，猛族既早已分布在马来半岛的北部，建立了好多国家，到了唐代或在唐之前，猛人又逐渐南移，而达到马来半岛的南端。在这个时候，马来半岛的南部，虽然也有各种土族或外来的种族，散居各处，但是他们的文化可能很低，没有什么较大的政治组织，猛人在马来半岛北部，既早已建立好多国家，他们到了南部之后，也会组织起来而成为国家。何况到了唐代，航海技术，发展起来，海道交通，更为方便，好多船舶，可以作更远程的旅行而绕过马来半岛的南端，经过海峡而往来于印度洋与中国南海，因而现在的柔佛、新埠（Johore Bahru）与新嘉坡这些地方，成为东西交通的要冲。在历史上自公元前数世纪以至唐代或唐代以后一个时期，在缅甸在暹罗与在马来半岛的沿海各地，既差不多都为猛族所建立国家而占有东西交通的要冲，到了这个时代，马来半岛的南端既为东西交通的枢纽，他们的势力也会因之而南移，可能起初是一些做生意的猛人，到了这里经营商业，后来这种人愈来愈多，他们既是有政治组织经验的民族，可能他们自己就组成一个国，也可能的是一些在马来半岛北部的猛族统治者，到了这里，建立一个新的国家。

元汪大渊在其《岛夷志略》中有"罗卫"条，说：

> 南真骆之南，实加罗山，即故名也。山瘠田美，等为中上，春末即不登，民有余蓄，以移他国。气候不齐，风俗勤俭。男女文身为礼，以紫缦缠

头，系溜布。以竹筒实生蜡为烛，织木棉为业，煮海为盐。以葛根浸水酿酒，味甘软，日饮之不醉。有酋长，地产粗降真、玳瑁、黄蜡、棉花，虽有珍树，无能割，贸易之货，用棋子手巾、狗迹绢、五色烧珠、花银、青白碗、铁条之属。

真骆可能是真腊之误，罗卫声音很近罗越，日本藤田丰八在其《岛夷志略校注》中"罗卫"条以为这个罗卫可能就是罗越。他在其按语中说：

> 《唐书·地理志》载安南通天竺道末云，陆真腊，南水真腊，又南至小海，其南罗越国，又南至大海。所谓小海，殆为暹罗湾，则此国略在马来半岛上。《地理志》又云，海峡（新嘉坡埠海峡）南北百里，北岸则罗越国，南岸则佛逝国。独依此文似罗越，在马来半岛之南端，但《唐书·南蛮传》云，罗越者，北距海五千里，西南哥谷罗。商贾往来所凑集，俗与堕罗钵底同，则罗越为陆道之南端，而哥谷罗果在 Pakchan 河口，则殆距暹罗湾不远，《地理志》所谓小海南罗越国者是也。又堕罗钵底为暹罗旧都阿瑜陀（Ayuthia）之梵名，罗越与此同俗，则其相距当不甚远，但为今何地不可知尔，此书罗卫乃罗越之异字云，实加罗山即故名也，不知所本。

首先让我们指出罗越这个国名，是一个梵化的国名，后魏郦道元在其《水经注》卷一引外国事说有一个国家叫做迦维罗越，这是一个印度国名，但同卷又说：

> 恒水又东南径加维罗卫城北，故净王宫也。

在引"外国事曰迦维罗越国今无复王也"的罗越国下有按语云：

> 罗卫、罗越互相通称。

这样看起来，罗越与罗卫不只皆为梵名，而且是互相通称，那么唐代的罗越与汪大渊的罗卫，至少在国名上，是互相通称，而同为一个国名。我们知道猛族诸国是受印度文化影响较深的国家，不只佛教兴盛，婆罗门教与印度风俗习惯之传播于这些国家，也很为显著，所以猛族诸国的国名，也有不少为梵名，堕罗钵底就是一个例子。印度有过迦维罗越或迦维罗卫国，猛人在马来半岛南端建立一个新国家，不名为迦维罗越而只称为罗越，只是梵名的简化而已。

假使汪大渊的罗卫国，就是唐代的罗越国，那么这个国家的历史也就有好几百年了。

然而也有人以为罗越乃称为海人的雅贡（Jakun）族所建立的国家。海人，马来语为 Orang Laut，韩槐准在《南洋学报》五卷二辑所发表《旧柔佛之研究》一文，主张此说。他说：

> 柔佛海峡及柔佛群岛，或者自古皆为 Orang Laut 之雅贡族大本营。我国

之唐代，此种海贡族之酋长 Batin 可能在今称旧柔佛地组一海人国及都市，我国航海家可由土音 Laut 而切译为罗越，因古代柔佛一地，比星嘉坡岛尤为重要，已如上所述之理由。然贾耽虽为唐代地理研究家，但其所记之海程及国属，皆为耳闻，而非亲历其境，所述之国名，或有之，然其里数及正确之方向，或未必准，故我人不可因所录北岸则罗越国，南岸则佛逝国（即今之巨港 Palembang），而断其方位也。及至宋代，罗越一名，虽尚存在，但已式微，故赵汝适之《诸蕃志》无录，仅《宋史》之《丹眉流国传》云"南至罗越水路十五程"等语。其式微原因不明。自宋代至明之中叶，在此东西交通要冲，航海者所必经及马来半岛南端土产集中之地之柔佛海峡，在我国史上已无任何一国名称之记录，至为怀疑，或因此时期此地域中，惟颇称雄之海贡族之单马锡蕃酋长所管治，且可能属多头性，在形式上，尚无配称国之故。故……汪大渊……乃以我国航海家之俗称或专名而泛称此地域为龙牙门。

雅贡（Jakun）族，现在还留存在东南亚的一些地方。他们还是过着原始的生活，文化很低。他们在马来半岛的时间，应该是早于猛族，但其文化比之猛族要低得多。虽然也有人没有分开雅贡人与海人（Orang Laut），但也有人不是这样看法，而觉得由柔佛以至婆罗洲及菲律宾的海人与雅贡人，是有其分别的。但无论如何，二者的文化很低，是无可疑的。

根据《新唐书·单单传》中所叙述的罗越人，其俗既与堕罗钵底同，说明罗越人的文化，也必与堕罗钵底一样，或是相差不多。又这个地方是商贾往来所凑集的区域，而且"岁乘舶至广州"，也说明不只是一个商业发达的国家，而且是一个有组织，可能组织力很强的国家。它能年年到广州贸易，这是很有计划的与中国贸易。同时广州又常常报给中央政府，这绝不是一个文化很低而政治组织很散漫，像今日我们所了解的雅贡人或海人的民族。

因此，我们怀疑罗越是雅贡族或海人所建立的国家。

然而这也并不是说罗越没有雅贡人或海人（Orang Laut）。相反的，这个地方以及马来半岛的其他地方，可能有很多这种人，而尤其是在柔佛一带，可能特别的多。他们早已到了这个地方，他们是被称为 Laut，因而这个地方也可能就叫做 Laut 人之地，到了后来猛族从北部来到马来半岛的南部，人数逐渐增加。在南北朝的末期，或是在隋唐时，这些猛人因为船舶经过这个地方增加起来，同时猛人既增加起来，遂建立一个国家，其人民还有很多海人或雅贡人，但统治者是猛人。猛人在这个地方建立国家，但其地方的名称，还是叫做海人（Orang Laut）之地，或海人之国，罗越这个国名，也可能是这样得来的。历史上有好多地方的名称，本来是某种民族的名称，可是这个民族可能迁到别处或被征服以至消灭，新来的民族或统治者仍然沿用原有的名称，这个例子是数见不鲜的。元朝的猛族国家罗斛，降服了暹国，暹国是泰族所建立的国家，但是合并以后，叫做暹罗国，暹的名还放在罗斛之上，而人们对于这个国家的简称，亦有呼为暹或暹国者。其实，猛人所建立的国家很多，虽然猛人之国这个名称也很通行，然而投和、顿逊、盘盘等等可能有的是沿用了当地原有的名称。

　　应该指出，罗越与 Laut 的声音虽然相近，然二者不一定有关系。罗越不一定是 Laut 的对音，不一定是由 Laut 而来。我们的意见是罗越这个名词，是一个梵化的名词。所以就使这个国名是从 Laut 而来，也不见得是海人（Orang Laut）所建立的国家。因此，我们以为韩槐准的看法，这就是罗越是 Laut 的对音，也可能是对的，但我们并不因此而就说这是海人所建立的国家。而是相信，罗越是猛族所建立的国家。

结　　论

　　我们现在想把一三四九年暹国与罗斛合并以后，以及一五三九年白古灭亡以后的猛族的情况，尤其是猛人在缅甸的复国运动，简单的叙述，以为本书的结论。

　　白古于一五三九年虽被莽体瑞灭亡，但当时其王多迦逾毕（Takayutpi）并没有死。他跑到卑谬（Prome），莽体瑞虽然向北追逐，希望进攻卑谬，可是阿瓦方面的掸族，增派军队防御，使莽体瑞受了挫败，因此白古虽然是灭亡，可是一些猛族的首领将士，还是希望能恢复故都，复兴祖国。而且，在白古统治下的最为富庶的马都八，还没有被征服，所以好多猛人，并不因为故都的被占而失了抵抗的信心。

　　但是没有多久，逃难于卑谬的白古王多伽逾毕死了，不少尚在抵抗莽体瑞的军队相率投降。同时，莽体瑞也用了一种温和的政策，一方面仍以原职赐与猛族官长，一方面给予米布与其士来，这样，猛人的抵抗，大为减轻。莽体瑞乃于一五四一年举兵攻伐马都八，虽然也遭到这个城镇的顽抗，但不久终为莽体瑞所征服。在毛淡棉与接近暹罗边境的塔发（Tavoy）的猛人，见到马都八的被占及其所受的残暴屠杀，也不得不投降。这样，整个猛族的要镇与领土，都为莽体瑞所占领。

　　莽体瑞对于猛人的温柔政策，还表现于他加冕时，采用猛族的仪式，他甚至采取猛人的头发的款式，这说明他是用各种各样的方法，去安抚猛族。然而我们也应指出，这也只是一种手段，在他心目中，却不见得他是爱好猛人，他对于征服马都八的残暴行为，遮掩不了他对于猛族的憎恨，他对于猛人采取一种温柔的政策，主要还是想利用猛人的基地，作为他的京都，同时，要用这个地方，以为征服暹罗的基地。

　　一五四九年，莽体瑞乘暹罗内部的紊乱，借口边境的争执，统率大军，进攻暹罗。他从白古经马都八入暹，据说兵士有三十万之多，战象也有七百头，他围了暹罗国都大城，可是没有办法攻破，结果是惨败而归。莽体瑞经过惨败之后，又加以惑于葡人地亚哥素阿勒兹（Diago Suarez）之言，纵饮无度，对于国事，置之不理。

　　猛人既遭亡国的痛苦，又被迫于缅人的军役与苛税，在一位地位较小的猛族王子名斯弥陶（Smimhtaw）领导之下，他们又起而反抗缅人。当莽体瑞的妹夫莽应龙（Bayinnaung）正在赶去征伐斯弥陶的时候，另一位猛族王室人物名为斯弥修都（Smim Sawhiut）谋杀了莽体瑞。

白古的猛人，开了城门，欢迎城外的猛人，他们选了一位猛人统治白古，马都八也为猛人所收复，各处的猛人，闻风而起。莽体瑞的帝国，在一个时期中，正在瓦解。在东牛与卑谬的缅甸领袖，反对莽应龙去承继莽体瑞的王位。缅人内部也发生了问题，看起来好像猛族又要复兴起来。可是不久莽应龙征服了东牛，而且，在这里加冕为缅王。同时，斯弥修都与斯弥陶两人也有所争执，两者互相征伐，结果是前者为后者所败而死。斯弥陶虽在白古称王，可是莽应龙于征服东牛之后，又转而征伐白古。一五五一年莽应龙带领缅兵，同时又得了葡人与一些猛人的帮助，白古遂为莽应龙所征服。斯弥陶逃到马都八，但结果是被捕而残暴的处死。斯弥陶的勇敢抗敌，成为猛人的英雄人物，但是猛人反抗缅人的运动，也告了一个段落。

莽应龙对于猛人，虽很为残暴，但是对于个别猛人，也很信任，他的第一良将频耶陀罗（Binnya Dala），是一位得楞，在他的歃血结盟的兄弟中，也有猛人在内。到了莽应龙死后，莽体瑞的儿子莽应里就位（一五八一）之后，猛人所受的无辜残害，更加厉害。莽应里曾把国内各处的人民，迁到白古境内，他又把猛人的姓名、等级、村名，刺于右臂，年老不能工作者，送到上缅甸出卖，以换取马匹。就是逃入佛寺为僧者，也勒令还俗。他怕猛人之为高僧者作乱，故遣散至阿瓦与掸邦各处。他常常用恐怖的手段，去残害猛族。据说他对于在白古境内的野犬，也十分憎恨，遣人设法杀尽。他的重重压迫，使猛人不能忍受，所以在一五九三年，毛淡棉一位猛族省长，不得不起而反抗。这位省长，还派人到暹罗请其王帮助，暹王纳黎萱（Naresuen）乘这个机会，不只赶走了毛淡棉的缅人，还占据了马都八。

当缅王他隆（Thalun）在位的时候（一六二九——一六四八），猛人在他加冕那一天，就起而反抗。这次反抗，主要是起于毛淡棉的猛人联合督造御寺的人们。他们乘其不备，冲入宫中，可是没有成功，退守于毛淡棉，又归失败。这次反抗，被杀者既不少，而逃到暹罗的也很多。过去的莽体瑞与莽应龙，至少在表面上是用笼络猛人的政策，经过莽应里而至他隆的数十年中，这种政策已经放弃，缅人是把猛人当为被征服的臣民看待。同时，到了这个时候，既历经多年的战争破坏，加以河道逐渐淤塞，航行困难，商港的作用也因之而减少，于是缅王也不得不迁都于缅甸的北部，作为猛人故都的白古，遂成为人口稀少的城镇。

但是白古是猛人长期的国都，在猛人的想像中，这是猛人复兴的基地。一有机会，他们的复国运动，又会产生起来。同时，白古又会成为猛人做为这种运动的根据地。

到了十八世纪的中叶，缅甸的王室，既柔弱无能，政府对于人民的剥削，又日来日甚。人民生活很为困苦。一七四〇年，缅甸北部的桂家（Gwe Shans）在其首领宫那哀（Gonna-Ein）的领导之下，起而反抗当地的政府。他们联合当地一批猛人，反对缅人。同时，在白古的猛人，也起而反抗缅人。他们乃立斯弥陶佛陀吉帝（Smin Htaw Buddaketi）为白古王。此外，沙廉（Syriam）、马都八也为猛人所据，几乎所有在这些地方的缅人，都为猛人所杀，这样，下缅甸的重要地方，都为猛人所控制。

斯弥陶佛陀吉帝在未就王位之前，是一位僧人。他是十八世纪初年蒲甘都督的儿子，在他征伐阿瓦之役，因为失败而逃到白古之东的一个山区地方，猛人因找不到一位适当的人物而始拥护他。虽然他不是一位能干的人物，但是在这个时候，在阿瓦的缅人政府中，也没有一位能干的领袖。因此，猛人占据白古、沙廉与马都八之后，乃向北方进攻，在很短的时间中，卑谬与东牛也为猛人所占领。一七五一年，猛人又占领了阿瓦东南的叫栖，这也是在历史上粮食很为丰富的地方。一七五二年，阿瓦遂为猛人所攻破。这样，不只缅甸南部已为猛人所统治，就是缅甸北部的好多重要地方也为猛人所控制。

从一方面看起来，猛人不只是恢复了故国，而且有了占领全缅的趋势。但是从另一方面看起来，猛人之所以能恢复故国以至在很短时间中占领了缅人的国都，并非由于猛人本身力量的强大，而乃由于缅甸政府内部的瓦解。猛人自己对于这一点认识不足，以为克服了缅甸的国都，就是克服了缅甸全国。因此，他们没有集中力量去肃清缅甸北部的缅人力量，而却把主力向南调动。这样，在缅甸北部的猛人，力量很为单薄，一遇了缅人的顽强抵抗，猛人征服缅人的信心，也即丧失。

在这个时候，在阿瓦之北约一百公里有一个地方叫做木梳（Moksobomyo），缅语意为腊人首领之镇。阿瓦为猛人所攻破时，统治这个小镇者是雍籍牙父子。猛人占领阿瓦之后，曾派一小队到这个地方招抚雍氏父子，雍籍牙的父亲觉得猛人既势如破竹，无法抵抗，愿意投降。可是雍籍牙则极力反对，他率领部队数次大败了猛人，这样不只使猛人胆为之寒，而且激起了缅人的信心。雍籍牙反守为攻，一七五三年，包围阿瓦，白古既没有增援，猛人恐怕守城的猛人全部被灭，于夜间弃城逃跑。

雍籍牙既占领了阿瓦，他先设法巩固其在缅甸北部的力量。应该指出，阿瓦未被猛人占领之前五年（一七四七），猛王斯弥陶佛陀吉帝已退位，继而为王者为莽达拉（Binnya Dala），他在阿瓦未失之前，没有派兵去增援，却在失了之后才大举进攻，结果是惨败而归。一七五五年初，雍籍牙集中兵力，向南进攻，不久东牛、勃生等地均为他所征服，五月间他又攻破了大光（Dagon），这就是现在的仰光。

可是猛人的首都白古以及其港口沙廉还没有被攻破。雍籍牙也很清楚，要想

征服这些地方,并不容易。所以,到了一七五七年他才攻破了沙廉,同年五月白古也被雍籍牙所征服。白古城被破时,有人描写道:

> 白古城陷,频耶陀罗王(Binuyadala)与太子乌波邪婆(Thado Upayaza),以及嫔妃子女,金宫银宫悉为雍籍牙所夺。且云:"协助抗战者为僧。"爰将三千佛弟子,驱入象廊践踏致死。所遗锦衣华服,为官员所御,布衲为人民撕作枕衣米袋,或用以抹足。袈裟弃于地面,食钵用作家具。其能幸免于难者,均亡走西汤河(Sittaung)东之西汤、板、瑞芹、马都八、罗板、景迈、瑜陀耶(Yodaya)与其他掸族诸镇。缅军尽捕得楞男女鬻之,价百文、五十文、二十五文、二十文不等,亦有售十五交者。余等在市被卖若牲畜之在市场然;缅军以论价为乐,子不能得其母,母不能得其子,真所谓遍地哀鸿。(Sayadawath Wa, *Burmese Transalation of His Talaing History of Pegu*,参看姚枬译哈威《缅甸史》新版,页二八〇)。

从此,我们可以看出,缅猛两族在历史上的斗争的尖锐。

在缅甸的猛族国家,自从一五三九年被灭之后,民族独立的运动,时起时衰,但其规模较大而时间较长要算十八世纪中叶这一次。从此以后,猛人虽然也有时起而反抗缅人的统治,如一七七三年住戍暹罗边的猛人士兵,曾攻伐马都八、仰光等处,以及一七八三年在勃生的猛人突然攻击仰光,但是规模既小,不久就被消灭。

应该指出,缅族与猛族的斗争,历史很久,可是十八世纪以后,西方的殖民主义者,尤其是英法两国已开始把缅甸当为他们剥削的对象。英法在缅甸的互相争夺,增加了缅甸的残忍斗争。到了十九世纪的初期,英帝国主义者曾命柏尼(Henry Burney)在暹煽动历次从缅甸逃到暹罗的猛人,希望在他们之中,找出一些王室后裔,或是一些较有声誉的人士,利用这些人,去反抗缅甸的统治,以实现其以亚洲人反对亚洲人的政策。可是这种政策,并没有实现。又在一八二四年,英人侵略缅甸时,因为交通困难,军需运输发生问题,也曾希望在缅甸南部的猛人中,能从伊洛瓦底江的下游,供应好多必需的用品与食物,可是猛人也并没有为英人所利用。

应该指出,到了近代猛人之在缅甸者,不只多已逐渐同化,而且在一些猛人比较集中的地方如毛淡棉,虽然是在缅人统治之下,可是在教育以及好多方面,却有了不少的自由。毛淡棉的猛人,有其自己的学校,就是一个例子。

上面是叙述一五三九年以后在缅甸的猛族的情况,而尤其是关于猛人的复国运动史略。我们现在且来谈谈暹罗方面的猛族的一些情况。

上面已经说过,在暹罗最早的猛族国家可能是林阳,其领土应该包括缅甸的南部。继林阳而起的是投和,继投和而起的在暹罗北部有女王,在暹罗南部有罗斛。一二九二年女王国为揽那国的猛哈意所灭,一三四九年暹国降于罗斛国。罗斛既为猛人所建立的国家，而且既然征服了暹国，罗斛当然还存在下去，可是不知何故，二者合并之后，不只国名称为暹罗，而且罗斛的统治权，却也从猛人的手中转到泰族的手中。这样暹罗遂为泰族的国家。

照我们的看法，尽管暹罗的统治权为泰族所有，但是在暹罗的南部，大部份的民族还是猛人。因此，不只在文化上，泰族受了猛族的影响很深，就是在血统上，现在在暹罗的南部的所谓泰人，也有了浓厚的猛人的血统。我们只看今日在暹罗南部的泰人，在皮肤与外表上是与北部的泰人有所不同，就能明白这一点。我们在上面也已说过，这里不多解释。我们现在特别要指出的，是近来有的学者如暹罗的昙隆亲王，如英国的威尔士，均以为在暹罗西南的乌通（Utong）可能也是猛族所建立的国家或是投和的后裔所统治的地方。威尔士在其《往吴哥去》（*Toward Angkor*）一书中关于乌通古都毁灭的推断一段中说：

> 乌通（Uthong）者，盖即系脍炙人口之苏勿吒蒲迷（Suvarnabhumi）一名之遥译，亦即金地之谓。其地位于素攀河（Suphan-R）支流之旁，在佛统之北约六十哩。佛统即堕罗钵底之故都也。迨十四世纪初，速古台敢木丁卒，其后裔无力控制藩属，乌通王称霸南方，宣告独立，扩展势力及于中暹大部分土地。乃据乡土传说，谓在一三五三年前，不久都中忽遭瘟疫侵袭，人民死亡殆尽，而王与其他得救者，被迫东窜，至湄南流域建立新都，史称大城。而又有别名曰堕罗钵底。……昙隆亲王以为此一古城或与堕罗钵底王国有所关系。爰于一九〇三年前往访问，备悉其地，曾有若干银币与佛像出土，形像与佛统所发现者无分轩轾。惟乌通方面遗留之窣堵波残迹，显示较后型式，因知此城继续存在之期，远在堕罗钵底古都之后。因此，又有一问题发生：乌通位于中暹，僻远一隅，几在分隔暹缅两地之山阴，不知是否为堕罗钵底诸王最后栖身之处。彼等为吉蔑境者所迫，自故都佛统出走，或仍能寄寓荒陬，以藩王之身份自存，而佛教文化，仍能在其辖区抬头，亦未可知耳。此种可能性，亦非全无事实可据者。按：堕罗钵底国有人民一支，曾向北移植建国于南奔（Lamphun），为一猛族独立国，乃与吉蔑周转，迄至十二世纪之末，南奔既可建，则堕罗钵底王国之主要一支，当亦可继续存在，至少可以藩邦之地位，持续二百年之久。至于乌通王放弃故都，建都大城时，辄被称为泰人或即暹人一节，亦不能谓为前说之反证。盖其时泰人已成为国中多数民族，或已使猛人同化，如缅人之同化骠人然，似亦可能。

应该指出，在这一段话里，还有好多地方是值得商榷的，可是乌通是猛人所建立的国家，却是很可能的。而且，现在的大城，这也就是暹罗的故都，在其早期中，乃是猛族的城镇，也是很可能的。按北方年纪与阿逾陀（Aydhya）年纪均以乌通王于一三四九或一三五〇年建立新都于阿逾陀或大城，大城的全名是Krum Deva Mahanagara Pavara（or Parvara）Dvaravati Sri Aydhya，其意义就是，

"群神的都城,伟大的王城,优美的堕和罗,幸福的阿逾陀"。从此,可以看到大城之于堕罗钵底,是有了密切的关系。所以大城或阿逾陀为堕罗钵底人所建立的城镇,也是很可能的。

总而言之,在暹罗的土地上,在泰族还没有侵入之前,其统治权固是属于猛族,就是泰族占据了暹罗一部分的时候,猛族还继续统治了不少地方,整个暹罗(指其现在的版图而说)在泰族统治之下的历史,并不算得很长,应该说,是十五世纪以后,最早也不会早于十四世纪下半叶。

应该指出,猛族之在暹罗与缅甸,在历史上是互相移植的,假使我们所说猛族是沿湄公河而向西南迁移,没有错误,那么缅甸以及马来半岛的猛人,都是经过暹罗而抵达这些地方。又在十一世纪的时候,因为女王国的首都南奔,发生瘟疫,其人民曾逃到缅甸,到了后来,又带了不少在缅甸的猛人到了女王国居住。但是自从缅甸的缅族逐渐南侵,在历次的猛缅战争中,而尤其是在猛人惨败之后,不少的猛人从缅甸又逃到暹罗。因此,现在在暹罗所看到的猛人,往往不是原在暹罗而与泰族同化的猛人,而主要是从缅甸逃难而散居于暹罗各处的猛人。因为历史上的投和、罗斛、女王等国家的猛人,逐渐与泰人同化,已自称为泰人,虽则在文化与种族方面,仍然有了猛族的文化与血统。

关于近代缅甸的猛人之移殖暹罗的史略与概况,阿利得(R. Halliday)在《猛人迁移暹罗》(Immigration of the Monsinto Siam)一文中作了一个简明的叙述。(参看 *The Siam Society*, *Fiftieth Anniversary*, Commemorative Publication, Vol. I, 1954, PP. 65—77)大致上从十六世纪的莽体瑞(1531—1550)征服白古以后,猛人因为受不了缅人的苛捐兵役,往往逃到暹罗,其人数迁移较多的,如在平达格力时代(1648—1661)从马都八逃到暹罗的有六千余人,又如在雍籍牙时代(1752—1785)猛人的民族运动失败,又大批逃到暹罗,在这两次之外,小规模的迁移或逃难而到暹罗的可以说是司空见惯的事情。他们大致上是从马都八、毛淡棉取道三径塔而抵达暹罗。历次迁移到暹罗的猛人,并非居留于一个地方,而仍散居于各处。佛统、大城、华富里,以至清迈等处,及其他好多地方,均有这些猛人移居。猛人是分布于暹罗各地的。有一个时期,猛人之在大城的占了该城人口的半数。

据说从缅甸到暹罗的猛人,大致可分为三种,一为较早到暹罗者,说古猛语,而后来者为新猛语,还有第三种猛人,这就是来自白古者,称为真猛,这主要是从其语言的分别上来说。应该指出,在缅甸各处的猛人,在方言上,也有其不同的地方,这种各异的方言,也可以从居留于暹罗的猛人看到。因为方言不同,所以他们读文字时是用其当地的方言去拼音。关于猛族的语言,勃拉丁(C. O. Blagden)与贺礼得(R. Halliday)的研究是最有成绩的。

猛人之在暹罗者,主要从事农业,但是少数居近海边的猛人,也有捕鱼为业的。也有一些经商或造砖等业者，在暹罗的行政机关中，也有不少猛人服务，且有一些居了很高的地位。

应该指出，在历史上，凡是猛人之从缅甸逃难而到暹罗的，均受暹罗政府与人民的热烈欢迎。比方在十七世纪平达格力时代（1648—1661），当马都八的猛人大批逃到暹罗边境时，暹罗国王会派高级官员去迎接，暹王并且召见了他们的领袖，又在大城王宫中接见他们，赐给以耕地。在十九世纪的初期，当一批猛人逃到暹罗，暹罗国王命其子乘了三艘战舰迎接猛人到曼谷，这是一种很为光荣的接待。这位王子就是后来暹罗王拉玛第四摩哈孟哥（Maha Mongkut）。猛人对于暹人这种优待，一向都很为感激。他们称暹王为"金宫主人大城正直之王，有求必应之猛族救苦救难者"。（参看姚枬译哈威《缅甸史》新版，页二五二，注六三）值得注意的是孟哥受猛人的佛教的影响，是很深的。

暹人对于猛人这种友好的作法，虽然是由于在历史上缅暹二国不断战争，使暹人对缅人有了恶感，而对于猛人给以同情。然而是否也是由于像我们上面所说，暹罗的民众而尤其是暹罗王室与南部的人民，有了猛族血统，所以对于猛人特别加以优待，这也是很值得我们研究的一个问题。

据近来估计，在暹罗的猛人，总数约二三十万，他们是散居于暹罗各处，但是比较集中于湄南下游，与夜功河流域。至于在缅甸的猛人，约有一百万之多。

至于在马来半岛的猛人，自唐宋以后，起初统治权逐渐为三佛齐所夺取，后来又为马来人所获得，处于被统治者的地位，逐渐同化于马来人，时间愈久，同化愈深。而况在形貌上，马来人又与猛人有相似之处。这样原来猛人的特性，逐渐消失，因而时至今日，我们就不容易找出所谓纯粹的猛人。

从上面看起来，在今日，在暹罗与在缅甸，虽然还有不少猛族，虽然他们自有其语言、文字，以至其风俗、习惯，但是他们散居各处，在暹罗的泰人的民族主义与缅甸的缅人的民族主义正在高涨的时候，他们究竟能够多久保留其语言、文字、风俗习惯，也是一个问题。至于种族上，逐渐与当地的多数民族同化起来，也是一种必然的趋势。猛人在暹罗的民族运动，在几个世纪以来，既没有发生，在缅甸那种运动，也早已消沉下去。至于在马来半岛的猛人，也已与当地人同化。所以，假使有人还想重建猛族国家，那恐怕是一种梦想而已。然而正是为了这个原故，我们觉得这个民族的长期的光荣历史，愈应从速的研究。这本《猛族诸国初考》只能说是这种研究的开端与尝试而已。我们希望今后之研究东南亚历史的人们，能够进一步去探求这些国家的历史，也希望考古学者，能够在猛国的故都或其他城镇中，能够发现更多的遗迹古物，来充实这部几乎为人所忘记的一个民族的光荣历史。这样，这本著作可以说尽了抛砖引玉的目的了。

东南亚古史研究之三

越南史料初辑

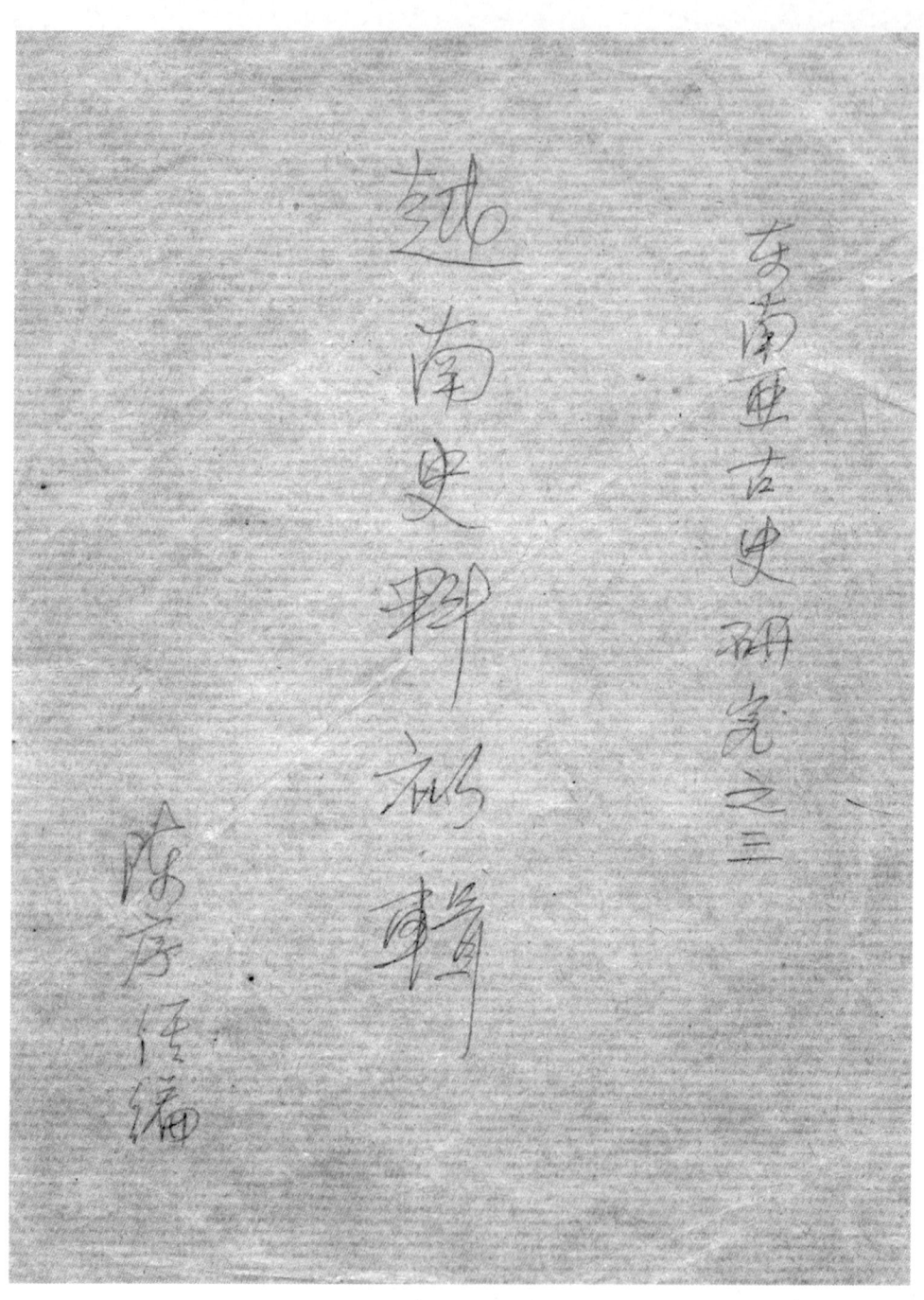

《越南史料初辑》陈序经手稿封面

目　　录

序 ……………………………………………………………… 273
绪　言 ………………………………………………………… 274
第一编 ………………………………………………………… 279
　第一章　西汉及其前 ………………………………………… 279
　第二章　东汉的时代 ………………………………………… 288
　第三章　三国与两晋 ………………………………………… 295
　第四章　隋唐与五代 ………………………………………… 303
第二编 ………………………………………………………… 315
　第五章　《宋史·交趾传》 ………………………………… 315
　第六章　其他的著作 ………………………………………… 323
　第七章　《元史·安南传》 ………………………………… 333
　第八章　《新元史》传记 …………………………………… 343
第三编 ………………………………………………………… 352
　第九章　《明史·安南传》 ………………………………… 352
　第十章　叶氏《安南考》 …………………………………… 366
　第十一章　张燮的记录 ……………………………………… 370
　第十二章　《清史稿》传记 ………………………………… 373

序

　　中国之于越南关系，至为密切，而这种关系的历史又很久，所以在东南亚各国中，中国典籍之记述这个地区的，以越南为最多。然而很可惜的，我国人之研究越南历史的，寥寥无几，我对于越南的历史，很少研究，谈不上去从事这种工作，这里所撰辑的，只是我国有关越南的比较重要的史文而已。

绪　　言

越南这个名称似乎是一个采用较晚的名称。《清史稿》卷五二七《属国传二·越南传》说：

> 七年（嘉庆七年为公元一八〇二），阮福映攻复安南全境以闻。十二月，阮福映灭安南，遣使入贡，备陈构兵始末，为先世黎氏复仇，并言其国本古越裳之地，今兼并安南，不忘世守，乞以"南越"名国。帝谕以"南越"所包甚广，今两广地，皆在其内，阮福映全有安南，亦不过交趾故地，不得以"南越"名国。八年（一八〇三），改安南为越南国。六月，命广西按察使齐布森，往封阮福映为越南国王。

这里所说是否错误，难于考订，但这个名称之见于史书的，似乎以《清史稿》为最先（按：清谢清高《海录》也用越南这个名称）。《辞源》与《中国古今地名大辞典》都没有越南这个名称，说明直到近代，这个名称并不算得很普遍。越南旧称安南，所以《清史稿·越南传》说：

> 越南先称安南。

《明史》卷三二一《安南传》、《旧元史》卷二〇九《安南传》、《新元史》卷二五一《安南传》均说：

> 安南，古交趾地也。

可是《宋史》卷四八八《交趾传》说：

> 交趾，本汉初南越之地。

《宋史》同处又说：

> 汉武帝平南越，分其地为儋耳、珠崖、苍梧、郁林、合浦、交趾、九真、日南，凡九郡，置交趾刺史以领之。

又说：

> 后汉置交州，晋、宋、齐、梁、陈因之，又为交趾郡。隋平陈，废郡置州。炀帝初，广州置郡。唐武德中（公元六一八至六二六）改交州总管府。至德中（公元七五六至七五七）改安南都护府。

《新元史》卷二五一《安南传》说：

> 安南，……本汉日南郡地。唐高宗调露元年（公元六七九）改安南都护府，隶岭南道，安南之名始此。

《旧元史》卷二〇九《安南传》说：

> 安南，……秦并天下，置桂林、南海、象郡。秦亡，南海尉赵陀击并之。汉置九郡，交趾居其一。……唐始分岭南为东、西两道，置节度，立五管，安南隶焉。

从上面数段话来看，我们知道，越南过去是叫做安南，又名为交州，而其最古的名是叫做交趾。

交趾这个名称，在古代指着现在的越南河内一带，这虽然在西汉时代，但是这个名称早已见于我国史书。

《史记》卷一《五帝本纪·黄帝》中说：

> 帝颛顼高阳者，黄帝之孙，而昌意之子也。……北至于幽陵，南至于交趾，西至于流沙，东至于蟠木。

假使颛顼时代，已有交趾这个地方，那么交趾的名称，历史很久，虽则这个交趾，未必在现在的越南。

有人说，《尚书》中的《尧典》中所说的宅南交，就是指着交趾。《尧典》中说：

> 申命羲和，宅南交，平秩南讹敬致。

《蔡沉集传》说：

> 南交，南方交趾之地。

杨一葵的《裔乘南夷》（《玄览堂丛书》）卷二中说：

> 安南即《尧典》所谓羲叔，居南交者也。

郦道元《水经注》卷三七中更肯定的说：

> 《尚书大传》曰：尧南抚交趾于《禹贡》荆州之南垂，幽荒之外，故越也。

应该指出，在尧的时代，不要说现在的越南一带，就是两粤以至长江流域的情况，我国人很少知道，所以若说《尧典》所谓宅南交就是南方交趾，恐怕只是后人推测之辞。

交趾这个名称之见于中国史书最早的，似乎是《礼记》，《礼记》告诉我们道：

> 南方曰蛮，雕题交趾，有不火食者矣。

《后汉书》卷八六《南蛮传》说：

> 《礼记》称"南方曰蛮，雕题交趾"。其俗男女同川而浴，故曰交趾。

杜佑《通典》卷一八八《岭南序略》中说：

> 极南之人，雕题交趾，其俗男女同川而浴。

又注云：

> 题，额也，雕谓刻其肌肉周青涅之也，交趾，谓足大趾开阔，并立相交。

这几段史文，解释了什么叫做交趾，交趾者，足大指开阔，但同时也指着这种人所居的地方。《后汉书》述《礼记》的"雕题交趾"谓为"南方"之人，并没有说明这个南方究竟在什么地方。杜佑《通典》谓雕题交趾是极南之人，他既把这种极南之人，列在岭南之内，那么所谓岭南，应该是南岭之南，这也就是现在的两粤或两粤之南，杜佑在同处还说：

> 交趾之南，有越裳国。

在字面上，这是把交趾与越裳相提并论；而且他在这里所说的越裳是周初的越裳。这样好像把交趾当为周初的地方。但这里所说的交趾，也可能是后来的地方。这就是说周初的越裳是在后来的交趾之南，所以交趾这个地名，在周秦以前，只能广泛的说是在中国的南方，不一定是指着西汉时代的交趾郡。至于所谓雕题交趾之人，也是广泛的指着一般的文身交趾的人们。这种人也不一定只指着交趾郡的人们。其实，直到近代，比方在福建、广东、广西的水上居民人们，也有称为交趾的。在闽江的人们称为曲蹄。

而且，在秦时，在交趾或现在的河内一带的地方，还并非叫做交趾，而乃称为象郡。就是在西汉时代，虽然在上面所说的一带是叫做交趾，可是当时的交趾，只是中国所统治的越南半岛的一个郡，因为除交趾郡之外，还有九真、日南等郡，这也就是说，当时的交趾所领的地方，并不很大，与后来如宋代所谓交趾不相同，虽然我们也得指出，统治交趾、九真、日南诸郡的长官，或刺史，往往是住在交趾，这就是说，交趾往往成为这些地方的首郡，这主要是由于交趾郡是在越南之北，靠近两粤，故刺史之统治交趾、九真、日南者，多住于这里。

在我国史书上，把交趾当为一个国家而立传的，是始于《宋史》。其实，在所谓正史中，只有《宋史》，用交趾这个名称去指着古时的越南全部而立传。在私人著作中，赵汝适的《诸蕃志》卷上，也有交趾国一条；可是在赵汝适之前的周去非，在其《岭外代答》中，仍然用安南国为题目，而开头就说，交趾本秦象郡，说明交趾与安南两个名称，在宋时可能互相并用。

又在法人统治越南的时代，曾有所谓交趾支那（Cochinchina）这个名称，可是所谓交趾支那，并非指着历史上的交趾，而乃指着越南南部的西贡一带，这就是直接受法人统治的殖民地。

交州这个名称，据《宋史·交趾传》说，是始于后汉《后汉书》卷三三《郡国志》："右交州刺史部，郡七，县五十六。"此后有时称为交趾，有时称为交州。王范在其《交广春秋》里是用交州这个名称，郦道元《水经注》卷三七曾引用刘欣期的《交州外域记》这本书，说明交州这个名词，在古代也是一个比较普遍采用的名称。

越南之名为安南，虽是始于唐代，但是安南这个名词的应用，历史很久，《三国志·吴志·陆胤传》中说：

> 赤乌十一年（公元二四八），……以胤为交州刺史安南校尉。

又如《南齐书·林邑传》说：

> 林邑……当根纯乃诚款到，率其僚职，远绩克宣，良有可嘉。宜沾爵号，以弘休泽。可持节、都督缘海诸军事、安南将军、林邑王。

这是公元四九一年的事情。同处又说：

> 永泰元年（四九八），诸农（林邑王）入朝，海中遭风溺死，以其子文款为假节都督缘海军事安南将军林邑王。

又如《梁书》卷五四《扶南传》说：

> 诏曰：扶南王憍陈如阇耶跋摩，介居海表，世纂南服，厥诚远著，重译献琛，宜蒙酬纳，班以荣号，可安南将军、扶南王。

这不只说明了安南这个名词，早已采用，而且所谓安南校尉、安南将军等名号，其所给与的人物，都是统治的地方主要是在北越或现在的北圻。林邑王被封为安南将军，其所统治的地方是现在越南的中部或中圻，至于扶南，虽然其疆土也包括了现在的柬埔寨，但在当时，也包括现在的越南的南部或南圻。这也就是说，安南这个名词，不只是当为官衔，而且是含有地方的意义。

至于安南这个名称之用为现在的越南的名称，正如《新元史》所说，是始于唐高宗调露元年（公元六七九），当时的越南，是叫做安南都护府，府治在现在的河内。《中国古今地名大辞典》说，到了肃宗至德年间（七五六至七五七），又改为镇南都护府，据《新唐书》卷六九《方镇表》说，天宝十年（公元七五一）中说曾"置安南管内经略使，领交、陆、峰、爱、驩、长、福禄、芝、武峨、山演、武安十一州，治交州"，安南虽改为镇南，但到了大历年间（七六六至七七八）又复改为安南。

宋代虽名为交趾，但安南这个名称，还是通用，像上面所说周去非在《岭外代答》中，还是用安南这个名称。此后，元、明、清都称为安南，直到近代，这个名称，还是通用，在海南乡间，直到现在，还称越南为安南。

应该指出，安南这个名称，有时只指越南的中圻，尤其是在法国统治越南的时期，越南南部的所谓交趾支那，是由法人直接统治。中圻名义上是保护国，还有国王，往往称为安南王。安南王者名义上是统治越南中圻的国王，其实，在法国人统治之下，安南虽有国王，都只是空名，实际上，还是由法人统治。所以当安南为中圻的说法，只是一些少数人的看法而已。

此外，还有人用印度支那这个名称去指着越南的。印度支那（L'Indo-Chine 或 Indo-China）这个名称最初是由法国的地理学者马尔他布朗（Malte Brun，一七五五——一八五六）所采用，他以为这个地方在地理上既是介在中国与印度之间，在文化、宗教、风俗各方面，也受了这两个国家的影响，所以叫做印度支那。然而我们也得指出，印度支那这个名称，是有三种意义。在广义上，是指着越南、老挝、柬埔寨、暹罗、缅甸等处，而在狭义上，却只是指着越南。在法国统治越南的时期，这个名称，是包括了越南、老挝，与柬埔寨。更荒谬的是在法国人占据我国广州湾的时候，这个地方也包括在所谓印度支那的总督的统治之下。所以所谓印度支那，是帝国主义者所用的名称而已矣。

最后，所谓南越这个名词，正如《清史稿》所谓是包括了广东与广西两省以及古代的交趾、九真、日南诸郡。越这个名称，见于春秋战国，春秋时有越国，但其位置是在浙江一带，在战国时代，据《战国策》说，吴起为楚收扬越，秦始皇既并天下，略定扬越，置桂林、南海、象郡。这时的越，包括广东、广西与越南的北部。秦亡，越王赵陀击并桂林、象郡，自立为南越武王，南越之名，应自此始。汉高祖十一年（公元前一九六），据《史记》卷一一三《南越尉陀传》说："遣陆贾因立陀为南越王，与剖符通使，和集百越，毋为南边患害，与长沙接境。"这个王国，以汉武帝时为汉所灭。据《史记》同处说："自尉陀初王后，五世，九十三岁而国亡焉。"

南越亦作南粤，故粤与越通。《史记》称南越，《汉书》作南粤。南粤既平，汉以其地为儋耳、珠崖、南海、苍梧、郁林、合浦、交趾、九真、日南九郡。前六郡属于现在的广东广西，而后三郡是在现在的越南的北部以至中部的大部分。《后汉书》卷八六《南蛮传》中虽用南越这个名称，但这里所用的如南越徼外，已是一个比较笼统的方位名称，而交广之名，逐渐普遍应用。广者，广东、广西，这是两越，也叫做两粤，两粤这个名称，直到现在，还是沿用。至于交州，是交趾、九真、日南的首府，故交州虽为交趾，但也包括九真、日南等地。

第一编

第一章 西汉及其前

《水经注》卷三七说：

> 《尚书大传》曰：尧南抚交趾于《禹贡》荆州之南垂，幽荒之外，故越也。《周礼》：南八蛮，雕题交趾，有不粒食者焉。《春秋》不见于传，不通于华夏，在海岛，人民鸟语。秦始皇开越岭南，立苍梧、南海、交趾、象郡。汉武帝元鼎二年（公元前一一五年），始并百越，启七郡，于是乃置交趾刺史，以督领之。初治广信，所以不独称州。时又建朔方，明已始开北垂，遂辟交趾于南，为子孙基址也。麊泠县，汉武帝元鼎六年开，都尉治。《交州外域记》曰，越王令二使者典主交趾、九真二郡民。后汉遣伏波将军路博德讨越王。路将军到合浦，越王令二使者赍牛百头，酒千钟，及二郡民户口簿，诣路将军。乃拜二使者为交趾、九真太守。诸雒将主民如故。交趾郡及州本治于此也，州名交州。

应该指出，《水经注》说武帝元鼎二年（公元前一一五）始并百越，启七郡，而《后汉书》却说是在元鼎五年（公元前一一二）。而且，是分置九郡。《汉书》卷六《武帝纪》载元鼎五年（公元前一一二）遣路博德讨南越，六年"遂定越地以为南海、苍梧、郁林、合浦、交趾、九真、日南、珠崖、儋耳"，这说明讨南越是在元鼎五年至六年间，而所置之郡为九个。

关于秦汉之际的南越与越王赵陀的历史，《史记》《汉书》，皆有列传，今把《汉书》卷九五《南越王赵陀传》，抄之于后。

> 南越王赵陀，真定人也。秦并天下，略定扬粤，置桂林、南海、象郡（按：《史记索隐》引《地理志》说，武帝更名桂林曰郁林，《秦本纪》始皇三十三年，略陆梁地，以为南海、郁林、象郡，《地理志》云武帝更名日南），以适徙民，与粤杂处。十三岁，至二世时，南海尉任嚣病且死，召龙川令赵陀语曰："闻陈胜等作乱，豪杰叛秦相立，南海僻远，恐盗兵侵此，吾欲兴兵，绝新道，自备，待诸侯变，会疾甚。且番禺负山险阻，南北东西数千里，颇有中国人相辅，此亦一州之主，可为国。郡中长吏亡足与谋者，

故召公告之。"即被陀书,行南海尉事。嚣死,陀即移檄告横浦、阳山、湟谿关曰,盗且至,急绝道,聚兵自守。因稍以法诛秦所置吏,以其党为守假。秦以灭,陀即击并桂林、象郡,自立为南粤武王。

高帝已定天下,为中国劳苦,故释陀不诛。十一年(公元前一九六),遣陆贾立陀为南粤王,与剖符通使,使和辑百粤,毋为南边害,与长沙接境。

高后时,有司请禁粤关市铁器。陀曰:"高帝立我,我通使物,今高后听谗臣,别异蛮夷,隔绝器物,此必长沙王计,欲倚中国,击并南海并王之,自为功也。"于是陀乃自尊号为南武帝王,发兵攻长沙边,败数县焉。高后遣将军隆虑侯窜击之,会湿暑,士卒大疫,兵不能逾岭。岁余,高后崩,即罢兵。陀因此以兵威财物赂遗闽粤、西瓯骆,役属焉。东西万余里,乃乘黄屋左纛称制,与中国侔。

文帝元年(公元前一七九),初镇抚天下,使告诸侯四夷,从代来即位,意谕盛德焉,乃为陀亲冢在真定,置守邑,岁时奉祀,召其从昆弟尊官厚赐,宠之,诏丞相平举可使粤者,平言,陆贾先帝时使粤,上召贾为太中大夫,谒者一人为副使,赐陀书曰:"皇帝谨问南粤王,甚苦心劳意,朕,高帝侧室之子,弃外奉北藩于代,道里辽远,壅蔽朴愚,未尝致书,高皇帝弃群臣,孝惠皇帝即世,高后自临朝,不幸有疾,日进不衰,以故悖暴乎治,诸吕为变故乱法,不能独制,乃取它姓子为孝惠皇帝嗣,赖宗庙之灵,功臣之力,诛之已毕。朕以王侯吏不释之故,不得不立,今即位,乃者闻王遣将军隆虑侯书,求亲昆弟,请罢长沙两将军,朕以王书罢将军傅阳侯,亲昆弟在真定者,已遣人存问,修治先人冢,前日闻王发兵于边,为寇灾不止,当其时,长沙苦之,南郡尤甚,虽王之国,庸独利乎,必多杀士卒,伤良将吏,寡人之妻,孤人之子,独人父母,得一亡十,朕不忍为也。朕欲定地犬牙相入者,以问吏,吏曰'高皇帝之所以介长沙土也',朕不能擅变焉。吏曰:'得王之地,不足以为大,得王之财,不足以为富,服领以南,王自治之。'虽然,王之号为帝。两帝并立,亡一乘之,使以通其道,是争也,争而不让,仁者不为也。愿与王分弃前患,终今以来,通使如故。故使贾驰书谕告王朕意,王亦受之,毋为寇灾矣。上褚五十衣,中褚三十衣,下褚二十五衣,遗王。愿王听乐娱爱,存问邻国。"

陆贾至,南粤王恐,乃顿首谢,愿奉明诏,长为藩臣,奉贡职。于是下令国中曰:"吾闻两雄不俱立,两贤不并世。汉皇帝贤天子,自今以来,去帝制,黄屋左纛。"因为书称:"蛮夷大长老臣陀,昧死再拜上书皇帝陛下:老夫故粤吏也,高皇帝幸赐臣陀玺,以为南粤王,使为外臣,时内贡职。孝惠皇帝即位,义不忍绝,所以赐老夫者甚厚。高后自临用事,近细士,信谗臣，别异蛮夷，出令曰：'毋予蛮夷外粤金、铁、田器，马、牛、羊即予，予牡，毋与牝。'老夫处辟，马牛羊齿已长，自以祭祀不修，有死罪，使内史藩、中尉高、御史平凡三辈上书谢过，皆不反。又风闻老夫父母坟墓已坏削，兄弟宗族已诛论。吏相与议曰：'今内不得振于汉，外亡以自高异。'故更号为帝，自帝其国，非敢有害于天下也。高皇后闻之大怒，削去南粤之籍，使使不通。老夫窃疑长沙王才臣，故敢发兵以伐其边。且南方卑湿，西有西瓯，其众半羸，南面称王；东有闽粤，其众数千人，亦称王；西北有长沙，其半蛮夷，亦称王。老夫故妄窃帝号，聊以自娱。老夫身定百邑之地，东西南北数千万里，带甲兵百万有余，而北面而臣事汉，何也？不敢背先人之故。老夫处粤四十九年，于今抱孙焉。然欲夙兴夜寐，寝不安席，食不甘味，目不视靡曼之色，耳不听钟鼓之音者，以不得事汉也。今陛下幸哀怜复故号，通使汉如故，老夫死骨不腐，改号不敢为帝矣，谨北面因使者献白璧一双，翠鸟千，犀角十，紫角五百，桂蠹一器，生翠四十双，孔雀二双，昧死再拜以闻皇帝陛下。"

陆贾还报，文帝大悦。遂至孝景时称臣，遣使入朝请。然其居国，窃如故号，其使天子，称王朝命如诸侯。

又说：

至武帝建元四年（公元前一三六），佗孙胡为南粤王。立三年，闽粤王郢兴兵南击边邑。粤使人上书曰："两粤俱为藩臣，毋擅兴兵相攻击，今东粤擅兴兵侵臣，臣不敢兴兵，唯天子诏之。"于是天子多南粤义，守职约，为兴师，遣两将军往讨闽粤。兵未逾岭，闽粤王余善杀郢以降，于是罢兵。

天子使严助往谕意，南粤王胡顿首曰："天子乃兴兵诛闽粤，死亡以报德。"遣太子婴齐入宿卫。谓助曰："国新被寇，使者行矣。胡方日夜装入见天子。"助去后，其大臣谏胡曰："汉兴兵诛郢，亦以惊动南粤。且先王言事，天子期毋失礼，要之不可以怵好语入见。入见则不得复归，亡国之势也。"于是胡称病，竟不入见。后十余岁，胡实病甚，太子婴齐请归。胡薨，谥曰文王。

婴齐嗣立，即臧其先武帝、文帝玺。婴齐在长安时，取邯郸摎氏女，生子兴。及即位，上书请立摎氏为后，兴为嗣。汉数使使者风谕，婴齐犹尚乐擅杀生自恣，惧入见，要以用汉法，比内诸侯，因称病，遂不入见。遣使次公入宿卫。婴齐薨，谥为明王。

太子兴嗣立，其母为太后。太后自未为婴齐妻时，曾与霸陵人安国少季通。又婴齐薨后，元鼎四年（公元前一一三），汉使安国少季谕王、王太后入朝，令辩士谏大夫终军等宣其辞，勇士魏臣等辅其决，卫尉路博德将兵屯桂阳，待使者。王年少，太后中国人，安国少季往，复与私通，国人颇知之，多不附太后。太后恐乱起，亦欲倚汉威，劝王及幸臣求内属。即因使者上书，请比内诸侯，三岁一朝，除边关。于是天下许之，赐其丞相吕嘉银印，及内史、中尉、太傅印，余得自置。除其故黥、劓刑，用汉法。诸使者皆留填抚之。王、王太后饬治行装重赍，为入朝具。

相吕嘉年长矣，相三王，宗族官贵为长吏七十余人，男尽尚王女，女尽嫁王子弟宗室，及苍梧秦王有连。其居国中甚重，粤人信之，多为耳目者，得众心愈于王。王之上书数谏止王，王不听。有畔心，数称病，不见汉使者。使者注意嘉，势未能诛。王、王太后亦恐嘉等先事发，欲介使者权，谋诛嘉等。置酒请使者，大臣皆侍坐饮。嘉弟为将，将卒居宫外。酒行，太后谓嘉："南粤内属国之利，而相君臣苦不便者，何也？"以激怒使者。使者狐疑相杖，遂不敢发……即趋出。太后怒，欲钗嘉以矛，王止太后。嘉遂出，介弟兵就舍，称病，不肯见王及使者。乃阴谋作乱。王素亡意诛嘉，嘉知之，以故数月不发。太后独欲诛嘉等，力又不能。

天子闻之，罪使者怯亡决。又以王、王太后已附汉，独吕嘉为乱，不足以兴兵，欲使庄参以二千人往。参曰："以好往，数人足，以武往二千人亡足以为也。"辞不可，天子罢参兵。郏壮士故济北相韩千秋奋曰："以区区粤，又有王应，独吕嘉为害，愿得勇士三百人，必斩嘉以报。"于是天子遣千秋与王太后弟摎乐将二千人往，入粤境。吕嘉乃遂反，令国中曰："王年少，太后中国人，又与使者乱，专欲内属，尽持先王宝入献天子以自媚，多从人，行至长安，虏卖以为僮奴，自脱一时利，亡顾赵氏社稷为万世虑之意。"乃与其弟将卒攻杀太后、王，尽杀汉使者。遣人告苍梧王秦及其诸郡县，立明王长男粤妻子术阳侯建德为王。而韩千秋兵之入也，破数小邑。其后粤直开道给食，未至番禺四十里，粤以兵击千秋，灭之。使人函封汉使节置塞上，好为谩辞谢罪，发兵守要害处。于是天子曰："韩千秋虽亡成功亦军锋之冠。封其子延年为成安侯。摎乐，其姊为王太后，首愿属汉，封其子广德为龙亢侯。"乃赦天下，曰："天子微弱，诸侯力政，讥臣不讨贼。吕嘉、建德等反，自立晏如，令粤人及江淮以南楼船十万师往讨之。"

元鼎五年（公元前一一二）秋，卫尉路博德为伏波将军出桂阳，下湟水，主爵都尉杨仆为楼船将军，出豫章，下横浦，故归义粤侯二人为戈船下濑将军，出零陵，或下离水，或抵苍梧，使驰义侯因巴蜀罪人发夜郎兵下牂柯江，咸会番禺。

六年（公元前一一一）冬，楼船将军将精卒先陷寻陿，破石门，得粤船粟，因推而前，挫粤锋，以粤人数万待伏波将军。伏波将军得罪人，道远后期，与楼船会，乃有千余人，遂俱进。楼船居前，至番禺，建德、嘉皆城守。楼船自择便处，居东南面，伏波居西北面。会暮，楼船攻败粤人，纵火烧城。粤素闻伏波，莫，不知其兵多少。伏波乃为营，遣使招降者，赐印绶，复令相招。楼船力攻烧敌，反驱而入伏波营中。迟旦，城中皆降伏波。吕嘉、建德以夜与其属数百人亡入海，伏波又问降者，知嘉所之，遣人追。故其校司马苏弘得建德，为海常侯；粤郎都稽得嘉，为临蔡侯。

苍梧王赵光与粤王同姓，闻汉兵至，降，为随桃侯。及粤揭阳令史定降汉，为安道侯。粤将毕取以军降，为膫侯，粤桂林监居翁谕告瓯骆四十余万口降，为湘城侯。戈船、下濑将军兵及驰义侯所发夜郎兵未下，南粤已平。遂以其地为儋耳、珠崖、南海、苍梧、郁林、合浦、交趾、九真、日南九郡。伏波将军益封。楼船将军以推锋陷坚为将梁侯。

自尉佗王凡五世，九十三岁而亡。

《水经注》卷三七中说：

浪水东别径番禺，《山海经》谓之贲禺者也。交州治中合浦姚文式向云：何以名为番禺？答曰：南海郡昔治，在今州城中，与番禺县连接，今入城东南偏有水坈陵，城倚其上，闻此县人名之为番山，县名番禺，仅谓番山之禺也。《汉书》所谓浮牂柯下离津，同会番禺，盖乘此水而入越也。秦并天下，略定扬越，置东南一尉，西北一侯，开南海以谪徙民。至二世时，南海尉任嚣，召龙川令赵佗曰：闻陈胜作乱，豪杰叛秦，我欲起兵，阻绝新道，番禺负险，可以为国。会病绵笃，无人与言，故召公来告以大谋。嚣卒，佗行南海尉事，则拒关设守，以法诛秦所置吏，以其党为守自立为王。高帝定天下，使陆贾就立佗为南越王，剖符通使。至武帝元鼎五年（公元前一一二），遣伏波将军路博德等攻南越，王五世九十二岁而亡，以其地为南海、苍梧、郁林、合浦、交趾、九真、日南也。建安中，吴遣步骘为交州，骘到南海，见土地形势，观尉佗旧治处，负山带海，博敞渺目，高则桑土，下则沃衍，林麓鸟兽，于何不有，海怪鱼鳖，鼋鼍鲜鳄，珍怪异物，千种万类，不可胜记。佗因冈作台，北面朝汉，圆基千步，直峭百丈，顶上三亩，复道回环，逶迤曲折，朔望升拜，名曰朝台。前后刺史郡守，迁除新至，未尝不乘车升履，于焉逍遥。骘登高望远，睹巨海之浩茫，观原薮之殷阜，乃曰：此诚海岛膏腴之地，宜为都邑。建安二十二年（公元二一七），迁州番禺，筑立城郭，绥和百越，遂用宁集。交州治中姚文式《问答》云：朝台在州城东北三十里。裴渊《广州记》曰：城北有尉佗墓，墓后有大冈，谓之马鞍岗。秦时占气者言，南方有天子气，始皇发民凿破此冈，地中出血，今凿处犹存。以状取目，故冈受厥称焉。王氏《交广春秋》曰：越王赵佗，生有奉制称藩之节，死有秘奥神密之墓，佗之葬也，因山为墓，其垄茔可谓奢大，葬积玩物。吴时遣使发掘其墓，求索棺柩，凿山破石，费日损力，卒无所获。佗虽奢僭，慎终其身，乃令后人，不知其处，有似松乔迁景，牧竖固无所残矣。

《水经注》同处又说：

> 《交州外域记》曰：交趾昔未有郡县之时，土地有雒田，其田从潮水上下，民垦食其田，因名为雒民。设雒王、雒侯，主诸郡县，县多为雒将，雒将铜印青绶。后蜀王子将兵三万来讨雒王、雒侯，服诸雒将，蜀王子因称为安阳王。后南越王尉陀举众攻安阳王，安阳王有神人名皋通，下辅佐，为安阳王治神弩一张，一发杀三百人，南越王知不可战，却军住武宁县。按《晋太康地记》县属交趾，越遣太子名始，降服安阳王，称臣事之，安阳王不知通神人，遇之无道，通便去，语王曰，能持此弩，王天下，不能持此弩者，亡天下。通去。安阳王有女名曰媚珠，见始端正，珠与始交通，始问珠令取父弩视之。始见弩，便盗以锯截弩讫，便逃归报南越王。南越进兵攻之，安阳王发弩，弩折遂败。安阳王下船径出于海。今平道县，后王宫城，见有故处。《晋太康地记》县属交趾，越遂服诸雒将。

《汉书》卷九五《西南蛮夷传》说：

> 秦已灭，陀即击并桂林、象郡，自立为南粤武王。
>
> 高帝已定天下，为中国劳苦，故释陀不诛。十一年（公元前一九六）遣陆贾立陀为南粤王。

假使交趾就是秦的象郡，那么赵陀之击败安阳王，是在汉的初年。

《史记》卷一一三《南越尉陀传》司马贞《索隐》中说：

> 姚氏（姚文成？）《广州记》云，交趾有骆田，仰潮水上下，人食其田，名曰骆侯……诸县自名为骆将，铜印青绶，即今之令。后蜀王子将兵讨骆侯，自称为安阳王，治封溪县，后南越王尉陀攻破安阳王，令二使典主交趾、九真二郡，即瓯骆也。

又《水经注》卷三七引《交州外域记》说：

> 越王（按指赵陀）令二使者，典主交趾、九真二郡民。

秦的象郡，包括汉的交趾、九真与日南，这里只说交趾、九真，可能这个时候，只有二郡，而汉的日南的地方，应该是包括在九真那里。

《淮南子》卷一八《人间训》中说：

> 秦皇挟录图，见其传曰，亡秦者，胡也。因发卒五十万，使蒙公、杨翁子将，筑修城，西属流沙，北击辽水，东结朝鲜，中国内郡，挽车而饷之。又利越之犀角、象齿、翡翠、珠玑，乃使尉屠睢发卒五十万，为五军。一军塞镡城之领，一军守九疑之塞，一军处番禺之都，一军守南野之界，一军结

余干之水。三年不解甲弛弩。使监禄，无以转饷。又以卒凿渠而通粮道，以与越人战，杀西呕（按：可能是西瓯）君译吁宋。而越人皆入丛簿中，与禽兽处，莫肯为秦虏。相置桀骏以为将，而夜攻秦人，大破之，杀尉屠睢，伏尸流血数十万，乃发适戍以备之。当此之时，男子不得修农亩，妇人不得剡麻考缕，羸弱服格于道，大夫箕会于衢，病者不得养，死者不得葬。于是陈胜起于大泽，奋臂大呼，天下席卷，而至于戏，刘、项兴义，兵随而定，若折槁振落，遂失天下，祸在备胡，而利越也。欲知筑修城以预亡，不知筑修城之所以亡也。发适戍以预越，而不知难之从中发也。

《淮南子》这里所说的越，是否包括后来的交趾、九真、日南等处，还是一个问题。

只从《淮南子》这段话来看，尉屠睢所统率的军队的努力，不见得伸张到汉时的交趾、九真、日南等处。据高诱注，九疑是在零陵，番禺是在南海，南野与余干都在豫章，这都是在湖南广东一带。只有镡城，据高诱注，是在武陵西南，接郁林。《史记》卷六《秦始皇本纪》三十三年《集解》，引韦昭曰，桂林是今郁南是也。《汉书》卷三八《地理志》，指出武帝更名桂林曰郁林，高诱说镡城是在武陵，西南接郁林，然则镡城是在郁林或桂林的东北，并非交趾、九真、日南各处。

《史记》卷六《秦始皇本纪》中说：

> 三十三年（公元前二一四），发诸尝逋亡人、赘婿、贾人，略取陆梁地，为桂林、象郡、南海。

《史记》卷一一三《南越尉陀传》也说：

> 秦时已并天下，略定扬越，置桂林、南海、象郡。

《史记》所说的略取陆梁地，或略定扬越的越，没有问题，是指着岭南地方，可是并没有说这是尉屠睢所统的五十万兵所征服的桂林、南海、象郡的总名称，是南越地。

《史记》卷六《秦始皇本纪》中说：

> 三十四年，适治狱吏，不直者，筑长城及南越地。

桂林是在现在的广西，南海是在现在的广东，至于象郡究竟是在什么地方呢，《史记集解》引韦昭说：

> 象郡今日南。

《汉书》卷二八《地理志》"日南郡"条注云：

> 故秦象郡，武帝元鼎六年开，更名。

又同处引师古曰：

> 言其在日之南，所谓开北户，以向日者。

这就是说象郡就是后来的日南，但也有人以为秦的象郡是在现在中国的境内，其地部份跨有广西、贵州二省（参看冯承钧译的《西域南海史地考证译丛四编》中所收入马思伯乐所著的《秦汉象郡考》），这又是一个问题。《后汉书》同处又说：

> 汉兴，尉陀自立为南越王，传国五世。至武帝元鼎五年（公元前一一二）遂灭之，分置九郡，交趾刺史领焉。

《后汉书》中所说的汉置九郡，据《宋史》卷四八八《外国传·交趾传》中说：

> 交趾本汉初南越之地，汉武帝平南越，分其地为儋耳、珠崖、南海、苍梧、郁林、合浦、交趾、九真、日南凡九郡，置交趾刺史以领之。

《宋史》最后一句话"置交趾刺史以领之"，并没有见于《汉书》。《汉书》卷九五《西南夷两粤列传》中只说：

> 南粤既平，遂以其地为儋耳、珠崖、南海、苍梧、郁林、合浦、交州、九真、日南九郡。

这并没有说置交趾刺史去领九郡，而这九郡之中属于越南的，是最后三个郡，这就是交趾、九真、日南。《汉书》卷二八下《地理志》中记载这三个郡，并列举其所领的县。关于交趾郡说：

> 交趾郡，户九万二千四百四十，口七十四万六千二百三十七，县十，羸陼、安定、苟屚、麊泠、曲易、北带、稽徐、西于、龙编、朱䳒。

关于九真郡云：

> 九真郡，户三万五千七百四十三，口十六万六千一十三。县七，胥浦、居风、都庞、余发、咸驩、无切、无编。

关于日南郡云：

> 日南郡，户万五千四百六十，口六万九千四百八十五。县五，朱吾、比景、卢容、西卷、象林。

从这里看起来，交趾所属的县既多，而人口更多。交趾的人口不只比之九真、日南二者的人口为多，而且比之二者的人口多了差不多三倍，因此交趾在这三郡之中，最为重要。此外，在地理上，交趾在北，就是与近代的中国的广西毗邻，九真在交趾之南，而日南在最南。日南的象林县，又为日南的最南的县。后汉时的林邑，是占据象林而建国，建国之后，逐渐向北扩充，并且占据了西卷县，这就是区粟城所在的地方。

关于前汉时及在汉以前的交州各郡的变迁、沿革，《晋书》卷一五《地理志》中说：

> 交州按禹贡扬州之域，是为南越之土。秦始皇既略定扬越，以谪戍卒五十万人，守五岭，自北征南，入越之道，必由岭峤，时有五处，故曰五岭。后使任嚣赵佗攻越，略取陆梁地，遂定南越，以为桂林、南海、象郡等三郡，非三十六郡之限，乃置南海尉以典之，所谓东南一尉也。汉初，以岭南三郡，及长沙、豫章，封吴芮为长沙王。十一年，以南武侯织为南海王。陆贾使还，拜赵佗为南越王，割长沙之南三郡以封之。武帝元鼎六年，讨平吕嘉，以其地为南海、苍梧、郁林、合浦、日南、九真、交趾七郡，盖秦时三郡之地。元封中，又置儋耳、珠崖二郡，置交趾刺史以督之。昭帝始元五年（公元前八二）罢儋耳，并珠崖。元帝初元三年（公元前四六）又罢珠崖郡。后汉马援平定交部，始调立城郭，置井邑。顺帝永和九年（公元一四四？），交趾太守周敞求立为州，朝议不许，即拜敞为交趾刺史。桓帝分立高兴郡，灵帝改曰高凉。建安八年（公元二〇三），张津为刺史，士燮为交趾太守，共表立为州，乃拜津为交州牧。十五年，移居番禺，诏以边州使持节，郡给鼓吹，以重城镇，加以九锡八佾之舞。

南粤与交趾各处，在秦与西汉的时代，已受中国文化的影响。中国的铁器，很早就输到这些地方。当汉初"有司请禁粤关市铁器"，越王赵陀就说："高皇帝立我，通使物，今高后听谗臣，别异蛮夷，隔绝器物，此必长沙王计，欲倚中国，击灭南海并王之，自为功也。"

因此之故"陀乃自尊号为南武帝发兵攻长沙边"，到了后来，文帝遣陆贾去说服赵陀称臣中国时赵陀又上书说："高后自临用事，近细士，信谗臣，别异蛮夷，出令曰：'毋予蛮夷外粤金、铁、田器，马、牛、羊即予，予牡，毋与牝。'老夫处僻，马牛羊齿已长。"

这很明白的指出南粤各处需要中国的金、铁、田器、马、牛、羊，这与这个地方的农业生产有了密切的关系。中国禁止了这些东西出口，对于南粤必定受了很大的影响，所以赵陀才起而反抗，并侵略边地。

应该指出，赵陀要输入金、铁、田器、马、牛、羊，不只是增加南越的农业生产，可能还用这些东西当为商品，去交换南海各处的产品，如犀象、毒冒、珠玑、银、铜、果、布等，这样不只影响到南粤的农业，而且影响到他们的工商业。

第二章 东汉的时代

《后汉书·南蛮传》中说：

> 凡交趾所统，虽置郡县，而言语各异，重译乃通。人如禽兽，长幼无别。项髻徒跣，以布贯头而著之，后颇徙中国罪人，使杂居其间，乃稍知言语，渐见礼化。
>
> 光武中兴，锡光为交趾，任延守九真，于是教其耕稼，制为冠履，初设媒娉，始知姻娶，建立学校，导之礼义。

又《汉书》卷一六〇①《任延传》中说：

> 初，平帝时，汉中锡光为交趾太守，教导民夷，渐以礼义，化声侔于延。

关于任延，《任延传》中说：

> 任延，字长孙，南阳宛人也。年十二，为诸生，学于长安，明《诗》《易》《春秋》，显名太学，学中号为任圣童。值仓卒，避兵之陇西，时隗嚣已据四郡，遣使请延，延不应。
>
> 更始元年，以延为大司马属，拜会稽都尉，时年十九，迎官惊其壮。及到，静泊无为，唯先遣赠礼祠延陵季子。时天下新定，道路未通，避乱江南者，皆未还中土，会稽颇称多士。延到皆聘请高行，如董子仪、严子陵等，敬以师友之礼。掾吏贫者，分奉禄以赈给之。省诸卒，令耕公田，以周穷急。每时行县，辄使慰勉孝子，就餐饭之。

又说：

> 建武初，延上书，愿乞骸骨，归拜王庭，诏征为九真太守。光武引见，赐马杂缯，令妻子留洛阳。九真俗以射猎为业，不知牛耕，民常告籴交趾，每致困乏。延乃令铸作田器，教之垦辟，田畴岁岁开广，百姓充裕。又骆越之民，无嫁娶礼法，各因淫好，无适对匹，不识父子之性，夫妇之道。延乃移书属县，各使男子二十至五十，女子十五至四十，皆以年齿相配，其贫无礼聘，令长吏以下各省奉禄，以赈助之，同时相娶者，二千余人。是岁风雨顺节，谷稼丰衍，其产子者始知种姓，咸曰：使我有是子者，任君也。多名

---

① 编注：应为"《后汉书》卷七十六"。

子为任。于是徼外蛮夷夜郎等,慕义保塞,延遂止罢侦候戍卒。………领南华风,始于二守焉(按指锡光与任延)。延视事四年,征诣洛阳,以病稽留,左转睢阳令,九真吏人,生为立祠。

《任延传》既很清楚的指出九真不知牛耕,固然说明了介绍牛耕于九真,是始于任延,但是既说民常告籴交趾,也说明了交趾在这个时候农业已发达,可能已懂得牛耕的方法,《汉书·地理志》载交趾人口有七十四万多,九真人口只有十六万多,相差四五倍,虽然这是因为交趾的县,比了九真的多了三个,然而农业是不发达,与人口的多少,是有密切的关系。应该指出,交趾就是现在的东京,有了红河三角洲,土地肥美,宜于耕种,所以农业易于发展,也是一种有利的条件。

锡光与任延,杂开交趾与九真之后,光武建武中,交趾太守苏定,治理交趾的政策,与锡光、任延不同,他用严厉的手段,去对付当地的人民,结果是引起当地人民的反感,以至起而反抗中国政府的统治。这就是光武建武十六年(公元后四〇年),交趾女子徵侧起义的事件。《后汉书》卷八六《南蛮传》中说:

建武十六年(公元后四〇),交趾女子徵侧及其妹徵贰反,攻郡。徵侧者,麓泠县雒将之女也,嫁为朱䳒人诗索妻,甚雄勇。交趾太守苏定以法绳之,侧怨,故反。于是九真、日南、合浦、蛮里皆应之,凡略六十五城,自立为王,交趾刺史及诸太守,仅得自守。

《后汉书》卷二四《马援传》中所载大同小异。据说:

交趾女子徵侧,及女弟徵贰反,攻没其郡,九真、日南、合浦蛮夷皆应之,寇略岭外六十余城,侧自立为王。

《水经注》卷三七中说:

后朱䳒雒将子名诗,索麓泠雒将女名徵侧为妻。侧为人有胆勇,将诗起贼,攻破州郡,服诸雒将,皆属徵侧,为王治麓泠县,得交趾、九真二郡,民二岁调赋。

这可见得这一次徵侧的反抗,不只交趾、九真、日南的当地人民,起而响应,就是合浦的人民,也起而响应,其势力之大,可以想见。麓泠县是在交趾,这也是徵侧的故乡,她与她的妹妹徵贰起义后,就以麓泠为都城,而且她们这一次反抗,坚持有数年之久,中国要用很大的力量,始把她们的力量压下来。《后汉书·南蛮传》云:

光武乃诏长沙、合浦、交趾具车船,修道桥,通障溪,备粮谷。十八年(四二)遣伏波将军马援、楼船将军段志,发长沙、桂阳、零陵、苍梧兵万余人讨之。明年四月,援破交趾,斩徵侧、徵贰等,余皆降散。进击九真贼都阳等,破降之。徙其渠帅三百余口于零陵,于是表领悉平。

《后汉书》卷二四《马援传》说：

> 于是玺书拜援伏波将军，以扶乐侯刘隆为副，督楼船将军段志等南击交趾，军至合浦而志病卒，诏援并将其兵。遂缘海而进，随山刊道千余里。十八年春，军至浪泊上，与贼战，破之，斩首数千级，降者万余人。援追徵侧等至禁溪，数败之，贼遂散走。明年（四三）正月，斩徵侧、徵贰，传首洛阳。封援为新息侯，食邑三千户。

《水经注》卷三七说：

> 后汉遣伏波将军马援，将兵讨侧，诗走入金溪究，三岁乃得。

《水经注》又指出，当时中国进兵去攻伐徵侧，除了马援带了长沙、桂阳、零陵、苍梧的兵士外，还有西蜀兵加入攻伐。《水经注》卷三七说：

> 尔时西蜀并遣兵共讨侧等，悉定郡县。

又《马援传》又说：

> 援将楼船大小二千余艘，战士二万余人，进击九真贼徵侧余党都羊等，自无功，至居风，斩获五千余人，峤南悉平。

又说：

> 援奏言，西于县（按：属于交趾）户有三万二千，远界去庭千余里，请分为封溪、望海二县，许之。

又说：

> 二十年秋，振旅还京师，军吏经瘴疫，死者十四五，赐援兵车一乘，朝见位次九卿。援好骑，善别名马，于交趾得骆越铜鼓，乃铸为马式，还上之，因表曰：夫行天莫如龙，行地莫如马。马者，甲兵之本，国之大用。安宁则以别尊卑之序，有变则以济远近之难。……马高三尺五寸，围四尺五寸。有诏置于宣德殿下，以为名马式焉。

《水经注》卷三六载：

> 《林邑记》曰：浦（按：指卢容浦）通铜鼓外，越安定黄冈心口，盖籍度铜鼓，即骆越也。有铜鼓，因得其名。马援取其鼓以铸铜马。至凿口，马援所凿，内通九真、浦阳。《晋书地道记》，九德郡有浦阳县。《交州记》曰，凿南塘者，九真路之所经也，去州五百里，建武十九年马援所开。

又说：

> 古郎究浦，内漕口，马援所漕。水东南曲屈，通郎湖，湖水承金山

郎究。

又说：

> 昔马文渊（按：文渊为马援字名）积石为塘，达于象浦，建金标为南极之界。俞益期《笺》曰：马文渊立两铜柱于林邑岸北，有遗兵十余家，不反，居寿冷岸南，而对铜柱，悉姓马，自婚姻，今有二百户，交州以其流寓，号曰马流，言语饮食，尚与华同。山川移易，铜柱今复在海中，正赖此民以识故处也。《林邑记》曰：建武十九年，马援树两铜柱于象林南界，与西屠国分汉之南疆也。土人以之流寓，号曰马流，世称汉子孙也。

《后汉书》卷二四《马援传》又说：

> 援所过，辄为郡县治城郭，穿渠灌溉，以利其民，条奏越律与汉律驳者十余事，与越人申明故制以约束之，自后骆越奉行马将军故事。

应该指出，马援虽然介绍了中国灌溉的方法，有利于越南农业，但后来的越人，对于马援并没有像对于锡光、任延那样的恭敬。

《水经注》卷三七云："马援以西南治远，路径千里，分置斯县。治城郭，穿渠，通导灌溉，以利其民。"

自徵侧失败之后，交趾、九真、日南的当地人民，因为汉代官吏的贪暴，有时还起而反抗。比方《后汉书·南蛮传》说：

> 和帝永元十二年（一〇〇）夏四月，日南象林蛮夷二千余人寇掠百姓，燔烧官寺，郡县发兵讨击，斩其渠帅，余众乃降。于是置象林将兵长史，以防其患。

汉朝要特别设置将兵长史，去压制当地人民，说明了用政治的方式去统治，是有了缺点，故不得不加以武力。更值得注意的，是顺帝永和二年（一三七）象林功曹姓区的儿子区连，杀了县令自立为王，因而建立了林邑这个国家，这个国家，继续发展一千多年，到了十五世纪，始为越南所攻败。林邑不只占据了日南的南境而立国，而且时时利用汉代官吏的贪暴，而引起当地人民的反感的时候，乘机联合日南、九真，与交趾的人民反抗汉朝的统治权，成为中国南疆的一个外患。关于林邑建国的始末，以及其与中国的关系，我们当在《林邑史》中说明，这里只好从略。

此外，又如《后汉书·南蛮传》中说：

> 建康元年（一四四），日南蛮夷千余人，复攻烧县邑，遂煽动九真，与相连结。交州刺史九江夏方开恩招诱，贼皆降服。时梁太后临朝，美方之功，迁为桂阳太守。

又如：

桓帝永寿三年（一五七），居风令贪暴无度，县人朱达等及蛮夷相聚，攻杀县令，众至四五千人，进攻九真，九真太守兒式战死。诏赐钱六十万，拜子二人为郎。遣九真都尉魏朗讨破之，斩首二千级，渠帅犹屯据日南，众转强盛。延熹三年（一六〇），诏复拜夏方为交趾刺史，方威惠素著，日南宿贼闻之，二万余人，相率诣方降。

又如：

光和元年（一七八），交趾、合浦乌浒蛮反叛，招诱九真、日南合数万人，攻没郡县。四年（一八一）朱儁击破之。

关于这次的事件，《后汉书》卷七一《朱儁传》中说：

会交趾部郡贼并起，牧守软弱，不能禁。又交趾贼梁龙等万余人，与南海太守孔芝反叛，攻破郡县。光和元年（一七八）即拜儁交趾刺史，令过本郡简募家兵及所调，合五千人，分从两道而入。既到州界，按甲不前，光遣使诣郡，观贼虚实，宣扬威德，以震动其心，既而与七郡兵俱进逼之，遂斩梁龙，降者数万人。旬月尽定。

在后汉末年至三国吴的初年，交州有一个人叫做士燮的，做当地官吏，前后四十多年。他既有学问，又有德政，后来的越南人，称他为士王。《三国志·吴志》为他及其诸弟立传，今录之于后。

士燮字威彦，苍梧广信人也。其先本鲁国汶阳人，至王莽之乱，避地交州。六世至燮父赐。桓帝时（公元一四七至一六七）为日南太守，燮少游学京师，事颍川刘子奇，治《左氏春秋》，察孝廉，补尚书郎，公事免官父赐丧阕后，举茂才，除巫令，迁交趾太守。

弟壹，初为郡督邮。刺史丁宫，征还京都，壹侍送勤恪，宫感之，临别谓曰，刺史若待罪三事，当相辟也。后宫为司徒，辟壹。比至，宫已免，黄琬代为司徒，甚礼遇壹。董卓作乱，壹亡归乡里，交州刺史朱符为夷贼所杀，州郡扰乱。燮乃表壹领合浦太守。

……燮体器宽厚，谦谨下士，中国士人往依避难者，以百数。耽玩《春秋》，为之注解。陈国袁徽与尚书令荀彧曰："交趾士府君，既学问优博，又达于从政，处大乱之中，保全一郡，二十余年疆场无事，民不失业，羁旅之徒，皆蒙其庆，虽窦融保河西，曷以加之？官事小阕，辄玩习书传，春秋左氏传尤简练精微，吾数以咨问传中诸疑，皆有师说，意思甚密。又《尚书》兼通古今，大义详备。闻京师古今之学，是非忿争，今欲条《左氏》《尚书》长义上之。"其见称如此。

燮兄弟并为列郡，雄长一州，偏在万里，威尊无上。出入鸣钟磬，备具威仪，笳箫鼓吹，车骑满道，胡人夹毂焚烧香者，常有数十。妻妾乘辎軿，子弟从兵骑，当时贵重，震服百蛮，尉陀不足逾也。武先病殁。

朱符死后，汉遣张津为交州刺史，津后又为其将区景所杀，而荆州牧刘表遣零陵赖恭代津。是时苍梧太守史璜死，表又遣吴巨代之，与恭俱至。汉闻张津死，赐燮玺书曰："交州绝域，南带江海，上恩不宣，下义壅隔，知逆贼刘表，又遣赖恭，窥看南土，今以燮为绥南中郎将，董督七郡，领交趾太守如故。"后燮遣吏张旻奉贡诣京师，是时天下丧乱，道路断绝，而燮不废贡职，特复下诏，拜安远将军，封龙度亭侯。

后巨与恭相失，举兵逐恭，恭走还零陵。建安十五年（公元二一○），孙权遣步骘为交州刺史。骘到，燮率兄弟奉承节度，而吴巨怀异心，骘斩之。权加燮为左将军。建安末年，燮遣子廞入质，权以为武昌太守。燮、壹诸子在南者皆拜中郎将。燮又诱导益州豪姓雍闿等，率郡人民使遥东附，权益嘉之，迁卫将军，封龙编侯，弟壹偏将军，都乡侯。燮每遣使诣权，致杂香细葛，辄以千数，明珠、大贝、流离、翡翠、瑇瑁、犀、象之珍，奇物异果，蕉、邪、龙眼之属，无岁不至。壹时贡马凡数百匹，权辄为书，厚加宠赐，以答慰之。燮在郡四十余岁，黄武五年（二二七）年九十卒。

权以交趾县远，乃分合浦以北为广州，吕岱为刺史，交趾以南为交州，戴良为刺史。又遣陈时代燮为交趾太守。岱留南海，良与时俱前行到合浦，而燮子徽自署交趾太守，发宗兵拒良。良留合浦。交趾桓邻，燮举吏也，叩头谏徽……徽闭门城守，治等攻之，数月不能下，乃约和亲，各罢兵还。而吕岱被诏诛徽，自广州将兵昼夜驰入，过合浦，与良俱前。壹子中郎将匡与岱有旧，岱署匡师友从事，先移书交趾，告喻祸福，又遣匡见徽，说令服罪，虽失郡守，保无他尤。岱寻匡后至，徽兄祗、弟干颂等六人，肉袒奉迎。岱谢令复服，前至郡下。明旦早施帐幔，请徽兄弟以次入，宾客满座。岱起，拥节读诏书，数徽罪过，左右因反缚以出，即皆伏诛，传首诣武昌。壹、黉、匡复出，权原其罪，及燮质子廞，皆免为庶人。数岁，壹、黉坐法诛。廞病卒，无子，妻寡居，诏在所月给俸米，赐钱四十万。

应该指出，在后汉时代，交趾、九真、日南，虽属于交州，但是交州所管辖的地方，并不止这三个郡，而是包括了南海、苍梧、郁林、合浦四个郡，这包括了广东与广西两省的不少地方，而番禺也在内。据《后汉书·郡国志》，七郡共五十六县，而交趾、九真、日南三郡共有二十二县。《郡国志》说：

交趾郡十二城，龙编、羸陵、安定、苟漏、麓泠、曲阳、北带、稽徐、西于、朱鸢、封溪、望海（按：县皆为建武十九年置）。

九真郡，五城，户四万六千五百一十三，口二十九万九千八百九十四，胥浦、居风、咸驩、无功、无编。

日南郡，五城，户万八千二百六十三，口十万六百七十六。西卷、朱吾、卢容、象林、比景。

交趾在前汉时，共有十县，马援击败徵侧后，奏分西于县为封溪、望海二县。其实，照《后汉书·郡国志》，除了封溪、望海二县外，西于还存在。这就是说，西于县分为三县。西汉时，交趾郡人口约七十五万，《后汉书·郡国志》没有记载交趾郡的人口。九真在西汉有七县，《后汉书》只有五县，少了都庞、余发二县，人口在前汉时有十六万六千多，后汉增加到约三十万。日南县数目没有改变，人口在前汉时，只约七万，而在后汉增到十万以上。

九真与日南的人口，都增了很多。交趾的人口可能也增加。又据《后汉书·郡国志》，日南郡的人口的增加，没有九真增加的那么多，这可能是因为日南在东汉的末年，还有了一些地方，为林邑所据，因而一部分的人民，可能是受了林邑的统治。

《后汉书·郡国志》交州刺史部注云：

王范《交广春秋》曰，交州治赢陵县，元封五年（公元前一〇六）移治苍梧广信县。建安十五年（二一〇）治番禺县。诏书以州边远，使持节，并七郡，皆授鼓吹，以重威镇。

《水经注》卷三七中说：

《交州外域记》曰：县（按：指赢陵）本交趾郡治也。

交趾是现在的北圻，九真是现代的清化，日南是现在的中圻，其最南达到现在的广南之南。在汉的时代，日南最南的县是象林，后区怜杀县令自立为王，建立一个国家叫做林邑，这个名称，可能是从象林而来。

日南象林，在汉的时代，是中国最南的边境，也是中国海岸最南的地方，因此之故，从中国到东南亚或印度洋各处，或从这些地方到中国，多以日南、象林为起点，或终点。《汉书·地理志》说："自日南障塞、徐闻、合浦船行可五月，有都元国……"又说："自黄支船行可八月，到皮宗，船行可二月，到日南、象林界云。"

第三章　三国与两晋

关于三国与晋时的越南与其郡县的沿革，《晋书》卷一五《地理志》中给我们一个大概。《晋书》说：

> 黄武五年（二二六），割南海、苍梧、郁林三郡立广州，交趾、日南、九真、合浦四郡为交州。戴良为刺史，值乱不得入，吕岱击平之，复还并交部。赤乌五年（二四二），复置珠崖郡。永安七年（二六四），复以前三郡立广州。及孙皓，又立新昌、武平、九德三郡。蜀以李恢为建宁太守，遥领交州刺史。晋平蜀，以蜀建宁太守霍弋遥领交州，得以便宜选用长吏。平吴后，省珠崖入合浦。交州统郡七，县五十三，户二万五千六百。

七郡及其属县如下：

> 合浦郡，汉置，统县六，户二千。合浦、南平、荡昌、徐闻、毒质、珠官。
> 交趾郡，汉置，统县十四，户一万二千。龙编、句漏、望海、赢陵、西于、武宁、朱䳒、曲昜、交兴、北带、稽徐、安定、南定、海平。
> 新昌郡，吴置，统县六，户三千。麊泠、嘉宁、吴定、封山、临西、西道。
> 武平郡，吴置，统县七，户五千。武宁、武兴、进山、根宁、安武、扶安、封溪。
> 九真郡，汉置，统县七，户三千。胥浦、移风、湛梧、建初、常乐、扶乐、松原。
> 九德郡，吴置，周时越裳氏地，统县八，无户。九德、咸驩、南陵、阳遂、扶苓、曲胥、浦阳、都浈。
> 日南郡，秦置象郡，武帝改名焉，统县五，户六百。象林、卢容、朱吾、西卷、比景。

"日南"条注云："卢容象郡所居"，又"象林县"注云：

> 自此南有四国，其人皆云汉人子孙，今有铜柱，亦是汉置此为界，贡金供税也。

应该指出七郡之中，合浦郡不在后来的越南境内，吴孙皓增加了三个郡，这就是新昌、武平、九德，晋因之，所以在现在越南境内者共六郡。

值得注意的,是户口,西汉时,交趾有九万多户,人口约七十五万,后汉时没有记载户口人口,可能还增加,而吴晋只有一万二千,九真在前汉有三万多户,后汉时约四万七〈千〉户,而三国晋时只有三千户,日南在前汉约有万五千户,而三国晋时只有六百,新昌、武平台〔合〕共不过八千户,最奇怪的是《晋书》说九德无户。

在三国的时代,交趾、九真、日南各处,是在吴的统治之下,虽则蜀的建宁太守,也遥领交州。晋灭吴前有一个时期,交州的一部分地方为晋所管辖,因而引起吴晋对于交州的战争,到了晋朝统一后,这个地方统属于晋。

孙权时代,对于交州的经营,《吴志·吕岱传》曾有记载,《吕岱传》说:

> 延康元年(二二〇),代步骘为交州刺史。到州,高凉贼帅钱博乞降,岱因承制,以博为高凉西郡都尉。又郁林夷贼攻围郡县,岱讨破之。是时桂阳、浈阳贼王金,合众于南海界上,首乱为害,权又诏岱讨之,生缚金,传送诣都,斩首获生几万余人。迁安南将军,假节封都乡侯。

> 交趾太守士燮卒,权以燮子徽为安远将军,领九真太守,以校尉陈时代燮。岱分海南三郡为交州,以将军戴良为刺史,海东四郡为广州,岱自为刺史。遣良与时南入,而徽不承命,举兵戍海口以拒良等。岱于是上疏请讨徽罪,督兵三千人,晨夜浮海。或谓岱曰:"徽籍累世之恩,为一州所附,未易轻也。"岱曰:"今徽虽怀逆计,未虞吾之卒至,若我潜军轻举,掩其无备,破之必也。稽留不速,使得生心,婴城固守,七郡百蛮,云合响应,虽有智,谁能图之?"遂行,过合浦与良俱进。徽闻岱至,果大震怖,不知所出,即率兄弟六人,肉袒迎岱。岱皆斩送其首。徽大将甘醴、桓治等,率吏民攻岱,岱奋击大破之,进封番禺侯。于是除广州为交州如故。

又说:

> 岱既定交州,复进讨九真,斩获以万计。又遣从事南宣国化,暨徼外扶南、林邑、堂明诸王,各遣使奉贡,权嘉其功,进拜镇南将军。黄龙三年(二三一),以南土清定,诏岱还长沙沤口。

《吴志》:

> 赤乌二年(二三九),将军蒋秘南讨夷贼。秘所领都督廖式杀临贺太守严纲等,自称平南将军,与弟潜共攻零陵、桂阳,及摇动交州、苍梧、郁林诸郡,众数万人。遣将军吕岱、唐咨讨之,岁余皆破。

又《吕岱传》注引王隐《交广记》曰:

> 吴后复置广州,以南阳滕修为刺史。

又《吴志·陆胤传》中说:

赤乌十一年（二四八），……以胤为交州刺史、安南校尉。胤入南界，喻以恩信，务崇招纳，高凉渠帅黄吴等支党三千余家皆出降。引军而南，重宣至诚，遗以财币。贼帅百余，人民五万余家，深幽不羁，莫不稽颡，交域清泰。就加安南将军。

按越南，也叫做安南，安南为当地名，虽是在唐代初年置安南都护府于交州治今之河内城，以统海南诸国，但是安南将军的职位，也是管治交州的职位，而安南这个名词，最先见于《吴志》。

《薛综传》（《吴志》卷八）中说：

薛综字敬文，沛郡竹邑人也。少依族人避地交州，从刘熙学。士燮既附孙权，召综为五官中郎，除合浦、交阯太守。时交土始开，刺史吕岱率师讨伐，综与俱行，越海南征，及到九真，事毕还都。……

吕岱从交州召出，综惧继岱者非其人，上疏曰："昔帝舜南巡，卒于苍梧，秦置桂林、南海、象郡，然则四国之内属也，有自来矣。赵陀起番禺，怀服百越之君，珠官之南是也。汉武帝诛吕嘉，开九郡，设交阯刺史，以镇监之，山川长远，习俗不齐，言语同异，重译乃通，民如禽兽，长幼无别，椎结徒跣，贯头左衽，长吏之设，虽有若无。自斯以来，颇徙中国罪人，杂居其间，稍使学书，粗知语言，使驿往来，观见礼化。及后锡光为交阯，任延为九真太守，乃教其耕犁，使之冠履，为设媒官，始知聘娶，建立学校，导之经义，由此以降，四百余年，颇有类似。……珠崖除州县嫁娶，皆八月引户，人民集会之时，男女自可相适，乃为夫妻，父母不能止。交阯糜泠、九真都庞二县，皆兄死弟娶其嫂，世以为俗，长吏恣听，不能禁制，日南郡男女倮体，不以为羞，由此言之，可谓虫豸，有靦面目耳。然而土广人众，阻险毒害，易以为乱，难使从治，县官羁縻，示令威服，田户之租赋，裁取供办，贵致远珍名珠、香药、象牙、犀角、瑇瑁、珊瑚、琉璃、鹦鹉、翡翠、孔雀、奇物，充备宝玩，不必仰其赋入，以益中国也。然在九甸之外，长吏之选，类不精核。汉时法宽，多自放恣，故数反违法，珠崖之废，起于长吏睹其好发，髡取为髲。及臣所见，南海黄盖为日南太守，下车以供设不丰，挝杀主簿，仍见驱逐，九真太守儋萌为妻父周京作主人，并请大吏，酒酣作乐，功曹番歆起舞属京，京不肯起，歆犹逼强，萌忿杖歆，亡于郡内，歆弟苗帅众攻府，毒矢射萌，萌至物故。交阯太守士燮遣兵致讨，卒不能克。又故刺史会稽朱符，多以乡人虞褒、刘彦之徒分作长吏，侵虐百姓，强赋于民，黄鱼一枚收稻一斛，百姓怨叛，山贼并出，攻州突郡，符走入海，流离丧亡。……求步骘，………骘以次锄治，纲纪适定，会仍召出。吕岱既至，有士氏之变，越军南征，平讨之日，改置长吏，章明王纲，咸加万里，大小承风。由此言之，绥边抚裔，实有其人，牧伯之任，既宜清能，荒流之表，祸福尤甚。今日交州虽名粗定，尚有高凉宿贼。……若岱不复南，新刺史宜得精密，检摄八郡，方略智计，能稍稍以渐治高凉者，假其威宠，借之形势，责其成效，庶几可复补，如但中人，近守常法，无奇数异术者，则群恶日滋，久远成害，故国之安危，在于所任，不可不察也。窃惧朝廷忽轻其选，故敢竭愚情，以广圣恩。"

《三国志·吴志》卷三云：

> 永安六年（二六三）五月，交趾郡吏吕兴等反，杀太守孙谞。谞先是科郡上手工千余人，送建业，而察战至，恐复见取，故兴等因此扇动兵民，招诱诸夷也。

又《晋书》卷五七《陶璜传》中说：

> 孙皓时，交趾太守孙谞贪暴，为百姓所患。会察战邓荀至，擅调孔雀三千头，遣送秣陵，既苦远役，咸思为乱。郡吏吕兴杀谞及荀，以郡附内。武帝拜兴安南将军、交趾太守。

这是二六三年的事情，吕兴杀了交趾太守孙谞之后，他乃反吴而归晋。这一年正是晋灭了蜀，所以晋可以从蜀派人去交趾。交趾既附于晋，晋吴交趾之争遂起。过了一年（二六四年），吴又分交州置广州。吴失了交趾，是不甘心的，三年后（二六七），乃遣兵去攻伐交趾。《三国志·吴志》卷三宝鼎三年（二六七）中说：

> 是岁，遣交州刺史刘俊、前部督修则等，入击交趾，为晋将毛炅所破，皆死，兵散还合浦。

《晋书·陶璜传》中说：

> （吕兴）寻为其功曹李统所杀，帝（晋武帝）更以建宁爨谷为交趾太守，谷又死，更遣巴蜀马融代之。融病卒，南中监军霍弋又遣犍为杨稷代融，与将军毛炅，九真太守董元，牙门孟干、孟通、李松、王业、爨能等，自蜀出交趾，破吴军于古城，斩大都督修则、交州刺史刘俊。

晋既破了吴军之后，于武帝泰始四年或是孙皓建衡元年（二六九年），乃"赦交趾、九真、日南五岁刑"。但是同年，据《吴志》说：

> 遣监军虞汜、威南将军薛珝、苍梧太守陶璜由荆州，监军李勖、督军徐存从建安海道，皆就合浦击交趾。

《吴志》建衡三年（二七一）又说：

> 是岁，汜、璜破交趾，禽杀晋所置守将，九真、日南皆还属，大赦，分

交趾为新昌郡。诸将破扶严，置武平郡。

晋未灭吴之前，关于晋吴交趾之争，《晋书·陶璜传》说得较为详细，今录之于后：

> 吴遣虞汜为监军，薛珝为威南将军、大都督，璜为苍梧太守，距稷，战于分水。璜败，退保合浦，亡其二将。珝怒，谓璜曰："若自表讨贼而丧二帅，其责安在？"璜曰："下官不得行意，诸军不相顺，故致败耳。"珝怒，欲引兵还。璜夜以数百兵袭董元，获其宝物，船载而归，珝乃谢之，以璜领交州，为前部督，璜从海道出于不意，径至交趾，元距之。诸将将战，璜疑断墙内有伏兵，列长戟于其后，兵才接，元伪退，璜追之，伏兵果出，长戟逆之，大破元等。以前所得宝船上锦物数千匹，遗扶严贼帅梁奇，奇将万余人助璜。元有勇将解系，同在城内，璜诱其弟象，使为书与系，又使象乘璜轺车，鼓吹导从而行。元等曰："象尚若此，系必有去志。"乃就杀之。珝、璜遂陷交趾，吴因用璜为交州刺史。
>
> 璜有策谋，周穷好施，能得人心。滕修数讨南贼，不能制，璜曰："南岸仰我盐铁，断勿与市，皆坏为田器。如此二年，可一战而灭也。"修从之，果破贼。

又说：

> 初，霍弋之遣稷、㲼等，与之誓曰："若贼围城，未百日而降者家属诛，若过百日救兵不至，吾受其罪。"稷等守未百日，粮尽乞降，璜不许，给其粮使守。诸将并谏，璜曰："霍弋已死，不能救稷等必矣！可须其日满，然后受降，使彼得无罪，我受有义，内怀百姓，外怀邻国，不亦可乎？"稷等期讫粮尽，救兵不至，乃纳之。修则既为毛炅所杀，其子允随璜南征，城既降，允求复仇，璜不许。炅密谋袭璜，事觉，将炅，呵曰："晋贼炅！"炅厉声曰："吴狗何等为贼？"允剖其腹曰："复能作贼不？"炅犹骂曰："吾志杀汝孙皓，汝父何死狗也。"璜既禽稷等，并送之。稷至合浦，发病死。孟干、爨能、李松等至建业，皓将杀之。或劝皓，干等忠于所事，宜宥之，以劝边将，皓从其言，将徙之临海。干等志欲北归，虑东徙转远，以吴人爱蜀侧竹弩，言能作之，皓留作部。后干逃至京都，松、能为皓所杀，干陈伐吴之计，帝乃厚加赏赐，以为日南太守。

又说：

> 皓以璜为使持节都督交州诸军事、前将军交州牧，武平、九德、新昌，土地险阻，夷獠劲悍，历史不宾，璜征讨，开置三郡及九真属国三十余县。征璜为武昌都督，以合浦太守修允代之。交土人请留璜以千数，于是遣还。

吴在交州各处，虽战胜了晋，可是晋王濬于晋武帝太康元年（二八〇），率兵东下伐吴的时候，吴城戍皆望风降晋。孙皓看到大势已去，不得不投降，吴既为晋所灭，陶璜亦难于孤守一方。《资治通鉴》卷八一《晋纪三》太康元年中说：

> 孙皓遣陶璜之子融持手书谕璜。璜流涕数日，亦送印绶降。帝皆复其本职。

陶璜从二六九年到交州，至吴亡有了十一年之久，但是吴亡之后，他既降晋而留本职，以后继续在交州有二十年之久。

陶璜在交州有三十年之久，降晋那一年（二八〇），晋下令罢州郡兵，陶璜乃上书说他所率的士卒，本七千余人，因为南方水土温湿，又加以年年讨伐，死者大半，只剩二千四百二十人。他又指出在这些地方"深山僻穴，尚有逋窜"，而且"此州之识义者寡，厌其安乐，好为祸乱"。此外，南边的林邑，世为逋寇，而更南之扶南，又与林邑"朋党相倚，负险不宾"。这都说明，这些地方，虽然受了中国的统治，然而当地人民时时起而反抗，以陶璜的声誉及其长期在交州的经验，尚不能使当地人民们安居乐业，至于一些贪官污吏，剥削人民，难怪人民起而反抗。

陶璜死于三世纪的末年（二九九？）。据《晋书·陶璜传》说：

> 在南三十年，威信著于殊俗。及卒，举州号哭，如丧慈亲。朝廷乃以员外散骑常侍吾彦代璜。

《晋书》卷五七《吾彦传》说：

> 交州刺史陶璜卒，以彦为南中都督、交州刺史。……初，陶璜之死也，九真戍兵作乱，逐其太守，九真贼帅赵祉围郡城，彦悉讨平之。在镇二十余年，威恩宣著，南州宁靖。自表求代，征为大长秋。卒于官。

《陶璜传》又说：

> 彦卒（按：应说彦去职后），又以员外散骑常侍顾秘代彦。秘卒，州人逼秘子参领州事。参寻卒，参弟寿求领州，州人不听，固求之，遂领州。寿乃杀长史胡肇等，又将杀帐下督梁硕，硕走得免，起兵讨寿，禽之，付寿母，令鸩杀之。硕乃迎璜子苍梧太守威领刺史，在职甚得百姓心，三年卒。威弟淑子绥，后并为交州。自基（璜父）至绥四世，为交州者五人。

原来陶璜的父亲基，已作交州刺史，《陶璜传》说：

> 陶璜，字世英，丹阳秣陵人也。父基，吴交州刺史，璜仕吴历显位。

陶璜死于三世纪的末年，吾彦代陶璜，又有二十余年之久，吾彦去职时，应在晋元帝至明帝年间（三一八至三二五），到了陶璜的子孙为交州刺史时，应当是四世纪的中叶。

在这个时期中，正是五胡乱华的开始，洛阳失陷，怀帝被虏，晋室的内部，也很紊乱，对于南边的交州，而尤其是交趾、九真、日南这些地方，当然不能兼顾。所以交州刺史顾秘死了之后，州人可以逼其子参去当刺史，参死后其弟寿也可以强州人立为刺史，梁硕杀了顾寿之后，也可以迎陶璜的儿子陶威为刺史。所以从上面那段话来看，我们可以想像，晋室的中央力量，似乎已不能达到交趾、九真、日南各处，虽则统治这些地方的，仍为中国的官吏。

交趾、九真、日南各处的人民，时时起而反抗汉人的统治，主要的原因之一，是由于管理这些地方的官吏，贪暴无度。《晋书》卷九七《四夷传》"林邑"条说：

> 初，徼外诸国尝赍宝物，自海路来贸货。而交州刺史、日南太守，多贪利侵侮，十折二三。刺史姜壮时，使韩戢领日南太守，戢估较太半，又伐船调枹，声云征伐，由是诸国恚愤。且林邑少田，贪日南之地，戢死绝，继以谢擢，侵刻如初，及览至郡，又耽荒于酒，政教愈乱，故被破灭。

览是夏侯览，《晋书》同处说：

> 至永和三年（三四七）文（范文）率其众攻陷日南，害太守夏侯览，杀五六千人，余奔九真，以览尸祭天，铲平西卷县城，遂据日南。

《通鉴》卷九八《晋纪二十》说：

> 永和四年，夏四月，林邑寇九真。……

注云：

> 既再破日南，故进寇九真。

《晋书·林邑传》又说：

> 既而文还林邑，是岁朱蕃使督护刘雄戍于日南，文复攻陷之。四年，文又袭九真，害士庶十八九。明年，征西督护滕畯率交广①州刺史滕含卒众伐之，佛惧，请降，含与盟而还。

范文据了日南之后，他檄交州刺史朱蕃，请以郡北横山为界，朱蕃没有答应他，所以范文又来再攻日南，而且进到九真。范文死于晋穆帝永和五年（三四九），这就是他进攻九真的次年，他死后，他的儿范佛代立，故滕畯征伐林邑时，

---

① 校按：陈序经抄录时疑遗漏"之兵伐文于卢容，为文所败，退次九真。其年，文死，子佛嗣。升平末，广"。

范文已死，而请降者，为其子范佛。

林邑的建国，不只占据了日南南境的一些地方，而且因为这个国家田少，对于土地肥美的日南，时加侵略，所以自林邑建国之后，日南以至九真、交趾，时被林邑进犯。然而同时也应该指出，林邑之所以能时加进犯，也是由于中国之在交趾、九真、日南的官吏，贪暴无度，当地人民，往往因受不了其压迫，所以起而反抗，有时他们就连结林邑，以壮其势力，有时林邑也利用这种机会，去扩张自己的势力。

林邑的建立，无疑的增加了中国南境的内乱与外患，但是在林邑未建立之前，中国官吏的贪暴，是交趾、九真、日南当地人民起而反抗的一个主要原因。其实，林邑的建立者区怜，可能也是因为这个原因而攻杀县令，自立为王。到了林邑建立之后千余年间，这些地方的内乱与外患，遂更加严重。

第四章 隋唐与五代

《隋书》卷三《帝纪·高祖下》仁寿二年（六○二）中说：

> 交州人李佛子，举兵反，遣行军总管刘方，讨平之。

《资治通鉴》卷一七九《隋纪三》中说：

> 交州俚帅李佛子作乱，据越王故城，遣其兄子大权据龙编城，其别帅李普鼎据乌延城。杨素荐爪州刺史长安刘方有将帅之略，诏以方为交州道行军总管，统二十七营而进。方军严肃，有犯必斩，然仁爱士卒，有疾病者，亲临抚养，士卒亦以此怀之。至都隆岭，遇贼击破之，进军临佛子营，先谕以祸福。佛子惊，请降，送之长安。

又同书《隋纪四》大业元年（六○五）中说：

> 高祖之末，群臣有言，林邑多奇宝者。时天下无事，刘方新平交州，乃授方骥州道行军总管，经略林邑。方遣钦州刺史宁长真等，以步骑万余出越裳。方亲帅大将军张逊等，以舟师出比景。是月，军至海口。……林邑王梵志遣兵守险，刘方击走之。……林邑大败，……八日，至其国都。夏四月，梵志弃城走入海。

关于刘方击林邑，我们当在林邑史中再说，我们在这里，所要指出的，李佛子既败，林邑又败，隋乃置林邑郡。据《隋书》卷三一《地理志》，当时的越南，分为下列诸郡：

> 交趾郡，统县九，户三万五十六。宋平（旧置宋平郡。平陈，郡废。大业初置交趾）、龙编、朱鸢、隆平（旧曰武定）、平道（旧曰国昌，开皇十二年改名）、交趾、嘉宁（开皇十八年改曰峰州）、新昌、安人（旧曰临西，开皇十八年改名）。
>
> 九真郡，统县七，户一万六千一百三十五。九真、移风、胥浦、隆安、军安、安顺（旧曰常乐，开皇十八年改）、日南。
>
> 日南郡，统县八，户九千九百一十五。九德（带郡）、咸骥、浦阳、越裳、金宁、交谷、安远、光安。
>
> 比景郡（大业元年平林邑，置荡州，寻改为郡），统县四，户一千八百一十五。比景、朱吾、寿泠、西卷。
>
> 海阴郡（大业元年平林邑，置农州，寻改为郡），统县四，户一千一

百。新容、真龙、多农、安乐。

林邑郡（大业元年平林邑，置冲州，后改为郡），统县四，户一千二百二十。象浦、金山、交江、南极。

《新唐书》卷二二二下"环王"条说："梵志聚遗众，别建国邑。"而《隋书》卷八二《林邑传》说："梵志复其故地，遣使谢罪，于是朝贡不绝。"《新唐书》指出虽置王郡，但道阻不得通，可能只有置郡的虚名而已。

然而无论如何，林邑这次受了很大的打击。假使《唐书》所说他别建国邑是对的，这个国邑可能是在山区地方，不见得是在沿海一带。因为刘方是以舟师出比景，而到林邑的海口，梵志若还在海口，另建新都，必为隋军所威胁。

又隋置林邑郡，这个郡必定是林邑极南的地方，这个郡中，有了一个南极县，说明这必是最南的地方。我们知道，林邑的南边是扶南国，刘方击败林邑，梵志遁跑，占其国境分为三郡，则其南边必与扶南接近或接壤，梵志似不易在扶南及中国占领的海岸之间建立国都，所以我们以为这个国邑，似不应在沿海一带，或近于沿海一带。

《隋书·林邑传》并没有说明梵志弃城之后，是走入海，《通鉴》却说梵志弃城走入海。刘方占据林邑都城之后，不久退出，士卒死的既多，就使留兵守城，人数也必无多。而且隋置林邑的郡既因道路阻不得通，那么梵志于刘方退了之后，可能又回到一个比较险要而偏僻的地方，当为国都。

刘方退后不久，也死于道中。林邑在大败之后，既难立刻起兵去反攻隋军，隋军大败林邑之后，也不见得再事征伐，因此梵志可以慢慢在新邑重收余众，从事生息。在隋未亡前，梵志固是朝贡不绝，就是唐初武德时期，梵志还遣使至中国朝贡。

隋的末年与唐的初年，交趾太守是丘和。《资治通鉴》卷一九〇《唐纪六》武德五年（六二二）中说：

> 以隋交趾太守丘和为交州总管。

《旧唐书》卷五九《丘和传》说：

> 大业末，以海南僻远，吏多侵渔，百姓咸怨，数为乱逆，于是选淳良太守以抚之。黄门侍郎裴矩奏言："丘和历居二郡，皆以惠政著闻，宽而不扰。"炀帝从之，遣和为交趾太守。既至，抚诸豪杰，甚得蛮夷之心。
>
> 会炀帝为化及所弑，鸿胪卿宁长真以郁林、始安之地附于萧铣，冯盎以苍梧、高凉、珠崖、番禺之地附于林士弘，各遣人召之。和初未知隋亡，皆不就。林邑之西诸国，并遣遗和明珠、文犀、金宝之物，富埒王者。铣利之，遣长真率百越之众，渡海侵和。和遣高士廉，率交、爱首领击之，长真退走，境内获全，郡中树碑颂德。会旧骁果从江都还者，审知隋亡，遂以州

从铣。

> 及铣平,和以海南之地归国,诏使李道裕即授上柱国、谭国公、交州总督。和遣司马高士廉奉表请入朝。诏许之,高祖遣其子师利迎之。及谒见,高祖为之兴,引入卧内,语及平生,甚欢,奏《九部乐》以飨之,拜左武侯大将军。

《旧唐书》卷四一《地理志》说:

> 安南都督府,隋交趾郡,武德五年(六二二),改为交州总管府,管交、峰、爱、仙、鸢、宋、慈、险、道、龙十州。

《新唐书》卷四三《地理志》说:

> 安南中都护府,本交趾郡,武德五年,曰交州,治交趾。调露元年(六七九)曰安南都护府,至德二载(七五七)曰镇南都护府,大历三年(七六八)复为安南。宝历元年(八二五)徙治宋平,土贡:蕉、槟榔、鲛革、蚺蛇胆、翠羽。户二万四千二百三十,口九万九千六百五十二。

后来这个地方称为安南,是始于唐调露元年(六七九),安南都护府。《通鉴》卷一九五《唐纪十一》贞观十二年中说:

> 明州獠反,遣交州都督李道彦讨平之。

《旧唐书》① 卷四三《地理志》"骥州"条下"越裳"注云:

> 武德五年(六二二)置明州,并置万安、明弘、明定三县。……贞观十三年(六三九)废明州。

唐玄宗开元年间,安南首领梅玄成反抗,唐使杨思勖去征伐,《旧唐书》卷一八四《杨思勖传》说:

> 开元初(《通鉴》系此事于开元十年公元七二二),安南首领梅玄成叛,自称黑帝,与林邑、真腊国通谋,陷安南府。诏思勖将兵讨之。思勖至岭表,鸠募首领子弟兵马十余万,取伏波故道以进,出其不意。玄成遽闻兵至,惶惑,计无所出,竟为官军所擒。临阵斩之,尽诛其党与,积尸为京观而归。

《通鉴》卷二三四《唐纪五十》贞元八年(七九二)中说:

> 岭南节度使奏:"近日,海舶珍异,多就安南市易,欲遣判官就安南收市,乞命中使一人与俱。"上欲从之。陆贽上言,以为:远国商贩,惟利是

---

① 校按:此处应为《新唐书》。

求，绥之斯来，扰之则去。广州素为众船所凑，今忽改就安南，若非侵刻过深，则必招携失所，曾不内讼，更荡上心。况岭南、安南，莫非王土，中使、外使悉是王臣，岂必信岭南而绝安南，重中使以轻外使，所奏望寝不行。

《旧唐书》卷一三贞元七年（七九一）中说：

安南首领杜英翰叛，攻都护府，都护高正平忧死。……置柔远军于安南都护府。……以虔州刺史赵昌为安南都护、经略招讨使。

《通鉴》卷二三三《唐纪四九》贞元七年中说：

安南都护高正平重赋敛，夏四月，群蛮酋长杜英翰起兵围都护府，正平以忧死，群蛮闻之皆降。五月，辛巳置柔远于安南……庚辰以虔州刺史赵昌为安南都护，群蛮遂安。

《新唐书》卷七贞元十九年（八〇三）中说：

二月己亥，安南王季元逐其经略使裴泰，兵马使赵均败之。

同处贞元十八年（八〇二）中说：

十二月，环王陷驩、爱二州。

环王或林邑这一次攻陷驩、爱二州，可能还占据了这些地方一部分，《新唐书》卷七元和四年中说：

环王寇安南，都护张舟败之。

同书卷二二二下《环王传》中说：

元和初，不朝献，安南都护执其伪驩、爱州都统，斩三万级，虏王子五十九，获战象、舠、铠。

既然环王派了驩爱、二州都统，可能这两个州的所谓都统之在这两个州，是有了一个时期。环王希望他们长占这些地方，而以在德宗的末年至宪宗的初年，安南不只内部有了反抗唐朝所派的官吏的事件，而且受了林邑的严重的侵犯与占据。

上面已经指出，隋时击败林邑王梵志后，曾分其地为三个州，但可能只是虚设。《旧唐书》卷四一《地理志》说：

至贞观中，其主（指林邑）修职贡，乃于驩州南侨置林邑郡以羁縻之，非正林邑国。

到了九世纪初年，林邑还攻陷了驩州、爱州。这个虚设的林邑郡，恐怕连名字也没有了。

唐元和末年，安南又因官吏的残暴而反抗，《通鉴》卷二四一《唐纪五十七》中说：

> 安南都护桂仲武至安南，杨清拒境不纳。清用刑惨虐，其党离心，仲武遣人说其酋豪，数月间降者相继，将兵七千余人。朝廷以仲武为逗遛，甲午以桂管观察使裴行立为安南都护。………贬仲武为安州刺史。

又卷二四三穆宗长庆三年（八二三）中说：

> 四月甲午，安南奏陆州獠攻掠州县。

又说：

> 辛卯，安南奏黄洞蛮为寇。

《通鉴》卷二四九《唐纪六十五》，宣宗大中十二年（八五八）中说：

> 春正月，以康王傅、分司王式为安南都护、经略使。式有才略，至交趾，树苦木为栅，可支数十年，深堑其外，泄城中水，堑外植竹，寇不能冒，选教士卒甚锐。顷之，南蛮大至，去交趾半日程，式意思安闲，遣译谕之，中其要害，蛮一夕引去，遣人谢曰："我自执叛獠耳，非为寇也。"安南都校罗行恭久专府政，麾下精兵二千，都护中军才赢兵数百。式至，杖其背，黜于边徼。

又懿宗咸通元年（八六〇）中说：

> 前安南都护王式虽儒家子，在安南威服华夷，名闻远近。

《新唐书》卷一六七《王式传》说：

> 徙安南都护，故都护田早作木栅，岁率缗钱，既不时完，而所责益急。式取一年赋市苦木，竖周十二里，罢岁赋外率以纾齐人，浚濠缭栅，外植刺竹，寇不可冒。后蛮兵入掠锦田步，式使译者开谕，一昔去，谢曰："我自缚叛獠，非为寇也。"忠武戍卒服短后褐，以黄冒首，南方号黄头军，天下锐卒也。初，交趾数有变，惧式威，不自安，哗曰："黄头军将渡海袭我矣。"相率夜围城，合噪："请都护北归，我当抗黄头军。"式徐被甲，引家僮乘城责让，矢铦交发，叛者去。翌日尽捕斩之。初，容管灾歉，不岁贡，式始上输，大犒宴军中，归质外蕃，而占城、真腊慕义，悉入献，亦还所掠王民。

《通鉴》卷二四九《唐纪六十五》大中十二年（八五八）中说，王式到安南不久，就为蛮寇安南。

初，安南都护李涿，为政贪暴，强市蛮中马牛，一头止以盐一斗，又杀蛮酋杜存诚。群蛮怨怒，导南诏侵盗边境。峰州有林西原，旧有防冬兵六千，其旁七绾洞蛮，其酋长曰李由独，常助中国戍守，输租赋。知峰州者言于涿，请罢戍兵，专委由独防遏，于是由独势孤，不能自立。南诏拓东节度使以书诱之，以甥妻其子，补拓东押牙，由独遂帅其众臣于南诏。自是安南始有蛮患。是月（六月），蛮寇安南。

这是南诏侵犯安南的开始，到了懿宗咸通元年（八六〇），南诏攻陷交趾，《通鉴》卷二五〇《唐纪六十六》中说：

十二月戊申，安南土蛮引南诏兵三万余人，乘虚攻交趾，陷之。

这时的安南都护，应该是李鄠。因为在同年六月，据《通鉴》载，李鄠曾攻了播州，播州于大中十三年（八五九年）为南诏所陷，《通鉴》注云：

播州属黔中道，大中十三年，为云南所陷，此非安南巡属也。李鄠越境收复，欲以为功，而不知蛮兵乘虚，已陷安南也。

又说：

二年（八六一）春正月，诏发邕管及邻道兵救安南，击南蛮。

又说：

三年（八六二），南诏复寇安南，经略使王宽数来告急，朝廷以前湖南观察使蔡袭代之，仍发许、滑、徐、汴、荆、襄、潭、鄂等道兵各三万人，授袭以御之。兵势既盛，蛮遂引去。

注云：

各三万人则八道之兵，为二十四万，不既多乎，疑"各"字误，否则"万"字误，蜀本作"合三万人"，良是。

唐樊绰《蛮书·名类第四》中说：

自大中八年（公元八五四）安南都护擅罢，林西原防冬戍卒，洞主李由独等七绾首领被蛮引诱，复为亲情。日往月来，渐遭侵轶。罪在都护失招讨之职，乖经略之任。臣于咸通三年（八六二）春三月四日，奉本使尚书蔡袭手示，密委臣单骑及健步二十以下人，深入贼帅朱道古营寨。三月八日入贼重围之中，蛮贼将杨秉忠、大羌杨阿触、杨酋盛，悉是乌蛮，贼人同迎，言词狡诈。臣却回，一一白于都护王宽。宽自是不明，都无远虑，领得臣书牒，全无指挥，擅放军回，苛求朝奖，致令臣蔡袭本使枉伤矢石，陷失城池。征之其由，莫非王宽之过。

又在《南蛮疆界接连诸蕃夷国名第十》中说：

咸通四年（八六三）六月六日，蛮贼四千余人，草贼朱道古下二千人，共棹小船数百只收郡州（注云：按《通鉴》考异引《唐实录》以郡州为交州，《国史补》亦同，郡州乃州名也）。得安南都押衙张庆宗、杜存陵、武安州刺史陈行余（按：《新唐书·地理志》武安州属安南都护府），以航舶战船十余只，筑损蛮夷船三十来只沉溺，臣九月二十一日于藤州见安南虞侯史孝慭，并将兵马，使徐崇雅信，蛮贼不解水，悉皆溺死。

《通鉴》卷二五〇《唐纪六十六》咸通三年（八六二）中说：

以蔡京为西道节度使，蔡袭将诸道兵在安南。蔡京忌之，恐其立功，奏称："南蛮远遁，边徼无虞。武夫邀功，妄占戍兵，虚费馈运，盖以荒陬路远，难于覆验，故得肆其奸诈。请罢戍兵，各还本朝。"朝廷从之，袭累奏群蛮伺隙日久，不可无备，乞留戍兵三千人。不听。袭以蛮寇必至，交趾兵食皆阙，财力两穷，作十必死状申中书。时相信京之言，终不之省。

又说：

南诏帅群蛮五万，寇安南。都护蔡袭告急，敕发荆南、湖南两道兵二千，桂管义征子弟三千，诣邕州受郑愚节度。岭南东道节度使韦宙奏："蛮寇必向邕州，若不先保护，遽欲远征，恐蛮于后乘虚扼绝饷道。"乃敕蔡袭屯海门，郑愚分兵备御。十二月，袭又来益兵，敕山南东道发弩手千人赴之。时南诏已围交趾，袭婴城固守，救兵不得至。……四年（八六三）春正月庚午……是日，南诏陷交趾，袭左右皆尽，徒步力战，身集十余矢，欲趣监军船，船已离岸，遂溺海死。幕僚樊绰携其印浮度江。荆南、江西、鄂岳、襄州将士四百余人，走至城东水际，荆南虞侯元惟德等谓众曰："吾辈无船，入水则死，不若还向城与蛮斗，人以一身易二蛮，亦为有利。"遂还向城，入东罗门，蛮不为备，惟德等纵兵杀蛮二千余人。逮夜，蛮将杨思缙始自子城出救之，惟德等皆死。南诏两陷交趾，所杀虏且十五万人。留二万人，使思缙据交趾城，溪洞夷獠无远近皆降之。诏诸道兵赴安南者，悉召还，分保岭南西道。

又说：

六月，废安南都护府，置行交州于海门镇，以右监门将军宋戎为行交州刺史，以康承训兼领安南及诸军行营。……秋七月，……复置安南都护府于行交州，以宋戎为经略使，发山东兵万人镇之。时诸道兵援安南者屯聚岭南、江西、湖南、江西、湖南馈运者，皆溯湘江入澪渠、漓水，劳费艰涩，诸军乏食。润州人陈磻石上言，请造千斛大舟，自福建运米泛海，不一月至广州，从之，军兵以足。然有司以和雇为名，夺商人舟，委弃其货于岸侧，舟入海，或遇风没溺，有司囚系纲吏、舟人，使偿其米，人颇苦之。

五年（八六四），以容管经略使张茵兼句当交州事，益海门镇兵二万五千，令茵进取安南。……六年（八六五）杨收建议以蛮寇积年未平，两河兵戍岭南，冒瘴雾物故者什六七，请于江西积粟，募强弩三万人，以应接岭南，道近便，仍建节以重其权。从之。

南诏既占据交趾，朝廷不得不设法收复，懿宗咸通五年乃遣高骈去征伐。《唐书》卷一八二《高骈传》说：

先是李琢为安南都护，贪于货贿，虐赋夷獠，人多怨叛，遂结蛮军合攻安南，陷之。自是累年亟命将帅，未能收复。五年（八六四），移骈为安南都护，至则匡合五管之兵，期年之内，招怀溪洞，诛其首恶，一战而蛮卒遁去，收复交州郡邑。又以广州馈运艰涩，骈视其水路，自交至广，多有巨石梗途，乃购募工徒，作法去之。由是舟楫无滞，安南储备不乏，至今赖之。

《通鉴》对于高骈经营交趾，说明较为详细。卷二五〇《唐纪六十六》咸通六年（八六五）中说：

高骈治兵于海门，未进。监军李维周恶骈，欲去之，屡趣骈使进军。骈以五千人先济，约维周发兵应援，骈既行，维周拥余众，不发一卒以继之。九月骈至南定，峰州蛮近五万方获田，骈掩击，大破之，将收其所获以食军。

七年（八六六）……六月……南诏酋龙遣善阐节度使杨缉助安南节度使段酋，迁守交趾，以范昵些为安南都统，赵诺眉为扶邪都统。监陈敕使韦仲宰将七千人至峰州，高骈得以益其军，进击南诏，屡破之。捷奏至海门，李维周皆匿之，数月无声问。上怪之，以问维周，维周奏骈驻军峰州，玩寇不进。上怒，以右武卫将军王晏权代骈镇安南，召骈诣阙，欲重贬之。晏权，智兴之从子也。是月，骈大破南诏蛮于交趾，杀获甚众，遂围交趾城。……高骈围交趾十余日，蛮困蹙甚，城且下，会得王晏权牒，已与维周将大军发海门，骈即以军事授韦仲宰，与麾下百余人北归。先是仲宰遣小使王惠赞，骈遣小校曾衮入告交趾之捷，至海中望见旌旗东来，问游船，云新经略使与监军也。二人谋曰："维周必夺表留我。"乃匿于岛间，维周过，即驰诣京师。上得奏，大喜，即加骈检校工部尚书，复镇安南。骈至海门而还。王晏权暗弱，动禀李维周之命，维周凶贪，诸将不为之用，遂解重围，蛮遁去太半，骈至，复督励将士攻城，遂克之，杀段酋迁及土蛮为南诏乡导者朱道古，斩首三万余级，南诏遁去。骈又破土蛮附南诏者二洞，诛其首长，土蛮率众归附者万七千人。十一月壬子，赦天下，诏安南、邕州、西川诸军各保疆域，勿复进攻南诏，委刘潼晓谕，如能更修旧好，一切不问，置静海军于安南，以高骈为节度使。

又说：

自李涿侵扰安南，为安南患殆将十年，至是始平。骈筑安南城，周三千步，造屋四十余万间。

八年（八六七），自安南至邕、广，海路多潜石覆舟，静海节度使高骈，募工凿之，漕运无滞。

又说：

咸通九年（八六八），初，南诏陷安南，敕徐泗募兵二千赴援，分八百人，别戍桂州，初约三年一代。徐泗观察使崔彦曾，慎由之从子也，性严刻，朝廷以徐兵骄，命镇之。都押牙尹戡、教练使杜璋、兵马使徐行俭用事，军中怨之。戍桂州者已六年，屡求代还，戡言于彦曾，以军帑空虚，发兵所费颇多，请更留戍卒一年，彦曾从之。戍卒闻之，怒。都虞侯许佶、军校赵可正、姚周、张行实皆故徐州群盗，州县不能讨，招出之，补牙职。会桂管观察使李丛移湖南，新使未至，秋七月，佶等作乱，杀都将王仲甫，推粮料判官庞勋为主，劫库兵北还，所过剽掠，州县莫能御。朝廷闻之，八月，遣高品张敬思赦其罪，部送归徐州，戍卒乃止剽掠。

又说：

以前静海节度使高骈为右金吾大将军。骈请以从孙浑代镇交趾，从之。

注云：

《考异》曰：《补国史》曰："高公任孙浑将先锋军，每遇陈敌，身当矢石，及高公内举交代，朝廷命浑节制交趾。"

高骈之破灭在交趾的南蛮，觉得很为自负，后来乾符二年（八七五）当他被遣到四川去征伐南诏时，他一到剑州，先遣使走马开成都门。有人告诉他以为南诏逼近成都，而他自己已离成都还远，没有闭门守城，万一南诏突然到了城下，则必定很为危险。《通鉴》卷二五二《唐纪六十八》僖宗乾符二年中说：

骈曰："吾在交趾，破蛮二十万众，蛮闻我来，逃窜不暇，何敢辄犯成都。今春气尚暖，数十万人蕴积城中，生死共处，污秽郁蒸，将成疠疫，不可缓也。"使者至，成都开城纵民出，各复常业，乘城者皆下城解甲，民大悦。蛮方攻雅州，闻之，遣使请和，引兵去。

但是在僖宗广明元年（八八〇）中又说：

> 安南军乱，节度使曾衮，出城避之，诸道兵戍邕管者，往往自归。

南诏侵犯交趾及其他各处，中国用了很大的兵力财力，始能平定，使中国的财力大受影响。《通鉴》卷二五三《唐纪六十九》僖宗广明元年（八八〇）中说：

> 卢携、豆卢琢上言："大中之末，府库充实。自咸通以来，蛮两陷安南、邕管，一入黔中，四犯西川，征兵运粮，天下疲弊，逾十五年，租赋太半，不入京师，三使内库，由此空竭，……今安南子城为叛卒所据，节度使攻之未下，自余戍卒多已自归，邕管客军又减其半。冬期且至，何以枝梧！不若且遣使臣报复，纵未得其称臣奉贡，且不使之怀怨益深，坚决犯边，则可矣。"乃作诏使陈敬瑄，许其和亲，不称臣。

《旧五代史》卷一三五《僭称列传第二·刘陟传》中，曾载刘陟的哥哥刘隐的事迹云：

> 梁开平（九〇七—九一〇）初，恩宠殊厚，迁检校太尉、兼侍中，封大彭郡王，梁祖郊禋，礼毕，加检校太师、兼中书令，又命兼领安南都护，充清海、静海两军节度使，进封南海王。

《新五代史》卷六五《南汉世家第五》中说：

> 唐末南海最后乱，僖宗以后，大臣出镇者，天下皆乱，无所之，惟除南海而已，自隐始亦自立，是时交州曲颢、桂州刘士政、邕州叶广略、容州庞巨昭，分据诸管。

又说：

> 三年（大有三年，公元九三〇），遣将李守鄘、梁克贞攻交趾，擒曲承美。承美至南海龚（按：即隐弟陟）登仪凤楼受俘，谓承美曰："公常以我为伪廷，今反面缚，何也?"承美顿首伏罪，乃赦之。承美，颢子也。克贞又攻占城（九三〇），掠其宝货而归。

又《旧五代史》卷一三五《刘陟传》中说：

> 又交州土豪曲承美，亦专据其地，送款于梁，因正授旄钺。陟不平，遣将李知顺伐之，执承美以献。陟自是尽有岭表之地。

《通鉴》系承美被弟事于长兴元年（九三〇）。"汉主遣其将梁克贞、李守鄘攻交州，拔之，执静海节度使曲承美以归，以其将李近守交州。"但此时已不是梁末帝的时候，而是唐明宗的时候。

刘陟是刘隐的弟弟，又名岩龚，又改为龚。曲颢据交州，是在刘隐的时期，刘隐死于开平四年（九一〇）。刘隐死后，其弟陟继其职位，陟于贞明三年（九一七）自称为皇帝于广州，国号大越，改元乾亨。

《旧五代史》同处说：

> 陟僭位之后，广聚南海珠玑，西通黔蜀，得其珍玩，穷奢极侈，娱僭一方。

同处又说：

> 陟始自梁贞明三年僭号，历三世四主，至皇朝开宝四年（九七一），凡五十五年而亡。

在刘氏称大越皇帝的时候，交趾一带，虽然属于大越，然而自从曲承美被擒之后，交趾并不安定，不久又有爱州杨廷艺的反抗。

曲承美败之次年（九三一），爱州将杨廷艺又起而反抗刘陟，《资治通鉴》卷二七七《后唐纪六》明宗长兴二年中说：

> 爱州将杨廷艺养假子三千人，图复交州，汉交州守将李进知之，受其贿，不以闻。是岁，廷艺举兵围交州，汉主遣承旨程宝救之，未至，城陷，进逃归，汉主杀之，宝围交州，廷艺出战，宝败死。

《新五代史》卷六五亦记这件事，惟没有《通鉴》所说的详细。《通鉴》卷二八一《后晋纪二》天福二年（九三七）中说：

> 交州将皎公羡，杀安南节度使杨廷艺，而代之。

《新五代史》卷六五《南汉世家》中说：

> 十年（刘陟大有十年，公元九三七），交州牙将皎公羡杀杨廷艺自立，廷艺故将吴权攻交州，公羡来乞师，龑封洪操交王，出兵白藤以攻之。龑以兵驻海门，权已杀公羡，逆战海口……权兵承潮而进，洪操逐之，潮退舟还，轻橇者皆覆，洪操战死，龑收余众而还。

又说：

> 交州吴昌濬遣使臣，求节钺。昌濬者，权子也。权自龑时据交州，龑遣洪操攻之，洪操战死，遂弃不复攻。权死，子昌岌立，昌岌卒，弟昌濬立，始称臣于晟。晟遣给事中李玙以旄节招之。玙至白州，昌濬使人止玙曰："海贼为乱，道路不通。"玙不果行。

《通鉴》卷二九一《后周纪二》周世宗显德元年中说：

> 初，静海节度使吴权卒，子昌岌立，昌岌卒，弟昌文立。是月始请命于南汉，南汉以昌文为静海节度使兼安南都护。

《新五代史》作昌濬，而《通鉴》与《宋史》均作昌文，《刘银传》中说：

八年（九六六？），交州吴昌文卒，其佐吕处坪与峰州刺史乔知祐争立，交州大乱，驩州丁琏举兵击破之，铱授琏交州节度。

《续资治通鉴》卷七《宋纪七》开宝六年（九七三）中说：

　　交州刺史丁琏，遣使入贡，诏以琏为静海军节度使、安南都护、交趾郡王。

《宋史·交趾传》以为封丁琏为交趾郡王，是在开宝八年（九七五），而《续通鉴》却以为是在开宝六年（九七三），《宋史·太祖本纪三》开宝六年中说"交州丁琏遣使贡方物"，并没有说封丁琏为交趾郡王，《续通鉴》不知何所据而这样说。但《宋史·交趾传》以为丁琏的父亲部领平定交州，号曰大胜王，应该是在开宝六年（九七三）之前，因为《宋史·交趾传》说部领"号大胜王，署其子琏为节度使凡三年，逊琏位"，而琏七年（九七四）遣使贡献，那么领称大胜王，当在开宝四年或五年了（公元九七一或九七二年）。

　　丁朝是安南第一个王朝，其始祖是丁公著，他是杨廷艺的牙将，牙将是武官，职位很低的官职，他摄驩州刺史。他死后，他的儿子部领平定交州，中国史书称他为大胜王，而《越史》说他称为瞿越帝，《越史》称丁部领为丁先皇，是丁朝的始祖。

　　交趾、九真、日南各处，自秦汉入中国版图后千余年间，虽然当地人民有时起而反抗，但其土地与人民，始终当为中国的一部分，直到丁部领与其子丁琏称王之后，中国始列这些地方为外国。《宋史》卷四八八列交趾于《外国传》中，说明交趾脱离中国而独立，这与宋以前的史书是不同的，因为在宋以前，交趾、九真、日南等地，是与中国本部其他的地方一样，当为中国郡县，由中国直接遣派官吏去管理。所以这些地方，不只是中国的郡县，而且往往与其他的郡县合并而成为一个政治区域，如历史上所谓交州，不一定指交趾、九真、日南各地，而是包括了广西与广东的好多地方。

　　自丁氏自立为王，脱离中国的统治而成为独立国家之后，越南虽有时为中国所征服，而且如明代曾又一度列为中国的州县，但越南既得了独立，不愿受中国管辖，所以不久，又起而反抗中国政权，争取独立。

第二编

第五章 《宋史·交趾传》

交趾本汉初南越之地,汉武平南越,分其地为儋耳、珠崖、南海、苍梧、郁林、合浦、交趾、九真、日南,凡九郡,置交趾刺史以领之。后汉置交州,晋、宋、齐、梁、陈因之,又为交趾郡。隋平陈,废郡置州。炀帝初,废州置郡。唐武德中,改交州总管府。至德中,改安南都护府。梁贞明中,土豪曲承美专有其地,送款于末帝,因授承美节钺。时刘陟擅命岭表,遣将李知顺伐承美。执之,乃并有其地。后有杨延艺、绍洪,皆受广南署,继为交趾节度使。绍洪卒,州将吴昌岌遂居其位。昌岌死,其弟昌文袭。

乾德初,昌文死,其参谋吴处玶、峰州刺史矫知护、武宁州刺史杨晖、牙将杜景硕等争立,管内一十二州大乱。部民啸聚,起为寇盗,攻交州。先是杨延艺以牙将丁公著摄驩州刺史兼御藩都督,部领即其子也。公著死,部领继之。至是,部领与其子琏率兵击败处玶等,贼党溃散,境内安堵,交民德之,乃推部领为交州帅,号曰大胜王,署其子琏为节度使。凡三年,逊琏位。琏立七年,闻岭表平,遂遣使贡方物,上表内附,制以权交州节度使丁琏以检校太师充静海军节度使、安南都护。又诏以进奉使郑琇、王绍祚并为检校左散骑常侍兼御史大夫。八年,遣使贡犀、象、香药,朝廷议崇宠部领,降制曰:"率土来王,方推以恩信,举宗奉国,宜洽于封崇,眷拱极之外臣,举显亲之茂典,尔部领世为右族,克保遐方,凤慕华风,不忘内附。属九州混一,五岭廓清,靡限溟涛,乐输琛赆。嘉乃令子,称吾列藩,特被鸿私,以旌义训。介尔眉寿,服兹宠章,可授开府仪同三司、检校太师封交趾郡王。"

太宗即位,琏又遣使,以方物来贺。部领及琏既死,琏弟璿尚幼,嗣立,称节度行军司马权领军府事。大将黎桓擅权树党,渐不可制,劫迁璿于别第,举族禁锢之,代总其众。太宗闻之,怒,乃议举兵。太平兴国五年秋,诏以兰州团练使孙全兴、入作使张璿、左监门卫将军崔亮为陆路兵马部署,自邕州路入,宁州刺史刘澄、军器库副使贾湜、供奉官阁门祗候王僎为水路兵马部署,自广州路入。是冬,黎桓遣牙校江巨湟,赍方物来贡,仍为丁璿上表曰:"臣族本蛮酋,辟处海裔,修职贡于宰旅,假节制于方隅,臣之父兄代承阃寄,谨保封略,罔敢怠遑,爰既沦亡,将坠堂构,将吏者暨乃属于臣,俾权军旅之事,用安夷落之众,土俗犷悍,恳请愈坚,拒而弗从,虑其生变,臣已摄节度行军司马权领军府事,愿赐真秩,令备列藩,干冒宸扆,复增震越。"上察其欲缓王师,寝而不报。王师进讨,破贼万余众,斩首二千余级。六年春,又破贼于白藤江口,斩首千余级,获战舰二百艘,甲冑万计。转运使侯仁宝率前军先进,全兴等顿兵花步七十日以候澄,仁宝累促之不进。乃澄至,并军由水路至多罗村,不遇贼,复擅回花步。桓诈降以诱仁宝,遂为所害。转运使许仲宣驰奉其事,遂班师。上遣使就勒澄、浞、僕,澄寻病死,戮浞等邕州市。全兴至阙下,亦下吏诛,余抵罪有差。仁宝赠工部侍郎。

七年春,桓惧朝廷终行讨灭,复以丁璿为名,遣使贡方物,上表谢罪。八年,桓自称权交州三使留后,遣使贡方物,并以璿表来上。帝赐桓诏曰:"丁氏传袭三世,保据一方,卿既受其倚毗,为之心膂,克徇邦人之请,毋负丁氏之心。朕且欲令璿为统帅之名,卿居副贰之任,剸裁制置,悉系于卿。俟丁璿既冠,有所成立,卿之辅翼,令德弥光,崇奖忠勋,朕亦何吝!若丁璿将材无取,童心如故,然其奕世绍袭,载绵星纪,一旦舍去节钺,降同士伍,理既非便,居亦靡安。诏到,卿宜遣丁璿母子及其亲属尽室来归。俟其入朝,便当揆日降制,授卿节旄。凡兹两途,卿宜审处其一。丁璿到京,必加优礼。今遣供奉官张宗权赍诏谕旨,当悉朕怀。"亦赐璿诏书如旨。时黎桓已专据其土,不听命。是岁五月,上言占城国水陆象马数万来寇,率所部兵击走之,俘斩千计。

雍熙二年,遣牙校张绍冯、阮伯簪等贡方物,继上表求正领节镇。三年秋,又遣使贡方物。儋州言占城国人蒲罗遏率其族百余众内附,言为交州所逼故也。是岁十月,制曰:"王者懋建皇极,宠绥列藩,设邸京师,所以盛会同之礼,胙土方面,所以表节制之雄。矧兹鳀鸟之隅,克修设羽之贡,式当易帅,爰利建侯,不忘请命之恭,用举筹劳之典,权知三州之使留后黎桓,兼资义勇,特禀忠纯,能得邦人之心,弥谨藩臣之礼。往者,丁璿方在童幼,昧于抚绥,桓乃肺腑之亲,专长军旅之事,号令自出,威爱并行,璿尽解三使之权,以徇众人之欲。远输诚欵,求领节旄。士燮疆明,化越俗而咸义,尉佗恭顺,禀汉诏以无违,宜正元戎之称。以列通侯之贵,控抚夷落,对扬天休,可检校太保、使持节、都督交州诸军事、安南都护,充静海军节度、交州管内观察处置等使,封京兆郡侯,食邑三千户,仍赐号推诚顺化功臣。"遣左补阙李若拙、国子博士李觉为使以赐之。

端拱元年,加桓检校太尉,进邑千户,实封五百户。遣户部郎中魏庠虞、部员外郎直史馆李度,往使焉。淳化元年夏,加桓持进邑千户,实封四百户。遣左正言直史馆宋镐、右正言史馆王世则又使焉。明年六月归阙,上令条列山川形势,及黎桓事迹以闻。镐等具奏曰:"去岁秋末抵交州境,桓遣牙内都指挥使丁承正等以船九艘，卒三百人至太平军来迎，由海口入大海，冒涉风涛，颇历危险。经半月至白藤，径入海汊，乘潮而行。凡宿泊之所皆有茅舍三间，营茸尚新，目为馆驿。至长洲，渐近本国，桓张皇虚诞，务为夸诧，尽出舟师战棹，谓之耀军。"

自是宵征抵海岸，至交州仅十五里，有茅亭五间，题曰茅径驿。至城一百里，驱部民畜产，妄称官牛，数不满千，扬言十万；又广率其民，混于军旅，衣以杂色之衣，乘船鼓噪。近城之山，虚张白旗，以为陈兵之象，俄而拥从桓至，展郊迎之礼。桓敛马侧身，问皇帝起居毕，按辔偕行，时以槟榔相遗，马上食之，此风俗待宾之厚意也。城中无居民，止有茅竹屋数十百区，以为军营。而府署湫隘，题其门曰明德门。

桓质陋而目眇，自言近岁与蛮寇接战，坠马伤足，受诏不拜。信宿之后，乃张筵饮宴，又出临海汊，以为娱宾之游。桓跣足持竿，入水标鱼。每中一鱼，左右皆叫噪欢跃。凡有宴会，预坐之人，悉令解带，冠以帽子，桓多衣花缬及红色之衣，帽以珍珠为饰，或自歌劝酒，莫能晓其词。尝令数十人扛大蛇，长数丈，馈于使馆；且曰："若能食此，当治之为馔以献焉。"又羁送二虎，以备纵观，皆却之不受。士卒殆三千人，悉黥其额曰天子军。粮以禾穗日给，令自舂为食。兵器止有弓、弩、木牌、梭枪、竹枪，弱不可用。

桓轻悦残忍，昵比小人，腹心阉竖五七辈错立其侧。好狎饮，以手令为乐。凡官属善其事者擢居亲近左右，有小过亦杀之，或鞭其背一百至二百。宾佐小不如意，亦捶之三十至五十，黜为阍吏，怒息，乃召复其位。有木塔，其制朴陋，桓一日请同登游览。地无寒气，十一月犹衣夹衣挥扇云。

四年，进封桓交趾郡王。五年，遣牙校费崇德等来修职贡，然桓性本凶狠，负阻山海，屡为寇害，渐失藩臣礼。至道元年春，广南西路转运使张观、钦州如洪镇兵马监押卫昭美，皆上言，有交州战船百余艘寇如洪镇，略居民，劫廪实而去。其夏，桓所管苏茂州，又以乡兵五千寇邕州所管缘山，都巡检杨文杰击走之。太宗志在抚宁荒服，不欲问罪，观又言，风闻黎桓为丁氏斥逐，拥余众山海间，失其所据，故以寇钞自给。今则桓已死，观仍上表称贺，诏太常丞陈士隆、高品武元吉奉使岭南，因侦其事。士隆等复命，所言与观同。其实桓尚存，而传闻者之误，观等不能审核。未几有大贾自交趾回，具言桓为帅如故。诏劾观等，会观病卒，昭美、士隆、元吉抵罪。

先是钦州如洪、咄步、如昔等三镇皆濒海，交州潮阳民卜文勇等杀人，并家亡命至如昔镇，镇将黄令德等匿之。桓令潮阳镇将黄成雅移牒来捕，令德固不遣，因兹海贼连年剽掠。二年，以工部员外郎直史馆陈尧叟为转运使，因赐桓诏书。尧叟始至，遣摄雷州海康县尉李建中赍诏劳问桓。尧叟又至如昔，诘得匿文勇之由，尽擒其男女老少一百三十口，召潮阳镇吏付之，且戒勿加酷法。成雅得其人，以状谢尧叟。桓遂上章感恩，并捕海贼二十五人，送于尧叟；且言已约勒溪洞首领不得骚动。七月，太宗遣主客郎中直昭文馆李若拙赍诏书，充国信使，以美玉带往赐桓。若拙既至，桓出郊迎，然其词气尚悖慢，谓若拙曰："向者劫如洪镇乃外境蛮贼也，皇帝知此非交州兵否？若使交州果叛命，则当首攻番禺，次击闽越，岂止如洪镇而已。"若拙从容谓桓曰："上初闻寇如洪镇，虽未知其所自，然以足下拔自交州牙校，授之节制，固当尽忠以报，岂有他虑。及见执送海贼，事果明白。然而大臣佥议，以为朝廷比建节帅，以宁海表，今既蛮贼为寇害，乃是交州力不能独制矣，请发劲卒数万，会交兵以剪灭之，使交广无后患。上曰：'未可轻举，虑交州不测，朝旨或致惊骇，不若且委黎桓讨击之，亦当渐至清谧。'今则不复会兵也。"桓愕然避席，曰："海贼犯边，守臣之罪也。圣君容贷，恩过父母，未加诛责。自今谨守职约，保永清于涨海。"因北望顿首谢。

真宗即位，进封桓南平王，兼侍中。桓前遣都知兵马使阮恭、赵怀德以金银七宝装交椅一、银盆十、犀角象牙五十枚、绢绸布万匹来贡。诏陈于万岁殿，太宗神御，许绍恭等拜奠，及回，赐桓带甲马诏书慰奖。咸平四年，又遣行军司马黎绍留、使副何庆常以驯犀一、象二、象猁二、七宝装金瓶一来贡。其年钦州言，交州效诚场民及头首八州使黄庆集等数百人来投，有诏抚慰，遣还本道。广南西路言，黎桓迎受官告使黄成雅附奏，自今国朝加恩，愿遣使至本道，以宠海裔。先是，使至交州，桓即以供奉为辞，因缘赋敛。上闻之，止令疆吏召授命，不复专使。景德元年，又遣其子摄骧州刺史明提来贡，恳求加恩使至本道慰抚遐裔，许之，仍以明提为骧州刺史。二年上元节，赐明提钱，令与占城、大食使观灯宴饮，因遣工部员外郎邵晔充国信使。

三年，桓卒，立中子龙钺。龙钺兄龙全劫库财而遁，其弟龙廷杀龙钺自立。龙廷兄明护率扶兰砦兵攻战。明提以国乱不能还，特诏广州优加资给。知广州凌策等言："桓诸子争立，众心离叛，头首黄庆集、黄秀蛮等千余人以不从驱率，戮及亲族，来投廉州，请发本道二千人平之，庆集等愿为前锋。"上以桓素忠顺，屡修职贡，今幸乱而伐丧，不可。就改国信使邵晔为缘海安抚使，令晓譬之。庆集等仍计口赐田粮。晔乃贻书交州，谕以朝廷威德，如其自相鱼肉，久无定位，偏师问罪，则黎氏尽灭矣。明护惧，即奉龙廷主军事。龙廷自称节度开明王，欲修贡。晔以闻，上曰："遐荒异俗，不晓事体，何足怪也？"令削去伪官。晔又言，头首黄庆集先避乱归化，其种族尚多，若复遣还，虑遭屠戮。诏以庆集隶三班，厘务于郴州，遂许入贡。

四年，龙廷称权安南静海军留后，遣弟峰州刺史明昶、副使安南掌书记殿中丞黄成雅等来贡，会含光殿，大宴。上以成雅坐远，欲稍升位，著访于宰相王旦，旦曰："昔子产朝周，周王飨以上卿之礼，子产固辞，受下卿之礼而还。国家惠绥远方，优待客使固无嫌也。"乃升成雅于尚书省五品之次。诏拜龙廷特进检校太尉，充静海军节度观察处置等使、安南都护兼御史大夫上柱国，仍封交趾郡王，食邑三千户食，实封一千户，赐推诚顺化功臣，仍赐名至忠，给以旌节，又追赠桓中书令、南越王，进奉使黎明昶等并进秩。大中祥符元年，天书降，加翊戴功臣，食邑七百户，实封三百户。东封毕，加至忠同平章事，食邑一千户，食实封四百户。二年，广南西路言蛮人劫海口蜑户，如洪砦主李文著以轻兵袭逐，中流矢死，诏督安南捕贼。明年，执狄獠十三人以献，至忠又遣推官阮守疆以犀角、象齿、金银、纹缣等来贡，并献驯犀一，上以犀违土性，不可豢畜，却不纳，又以逆至忠意，使者既去，乃令纵之海漄。三年遣使来朝，表求甲冑具装，诏从其请，又求互市于邕州，本道转运使以闻，上曰："濒海之民，数患交州侵寇，仍前止许廉州及如洪砦互市，盖为边隅控扼之所。今或直趋内地，事颇非便。"诏令本道以旧制谕之。

至忠才年二十六，苛虐不法，国人不附。大校李公蕴尤为至忠亲任，尝令以黎为姓。其年，遂图至忠，逐之，杀明提、明昶等，自称留后，遣使贡奉。上曰："黎桓不义而得，公蕴尤而效之，甚可恶也。"然以其蛮俗不足责，遂用桓故事，制授特进、检校太傅，充静海军节度观察处置等使、安南都护，兼御史大夫、上柱国，封交趾郡王，食邑三千户，实封一千户，赐推诚顺化功臣。公蕴又表求太宗御书，诏赐百轴。四年，祀汾阴后土，公蕴遣节度判官梁任文、观察巡官黎再严以方物来贡，礼成，加公蕴同平章事，食邑一千户，实封四百户，任文等并优进秩。五年夏，以进奉使李仁美为诚州刺史、陶庆文为太常丞，其从隶有道病死者，所赐附还其家。是冬，圣祖降，加公蕴开府，仪同三司，食邑七百户，实封三百户，赐翊戴功臣。七年春，又加保节守正功臣，食邑一千户，实封四百户，诏交趾诸国使入贡者，所在馆饩供亿，务令丰备。其年，遣知唐州刺史陶硕等来贡，诏以硕为顺州刺史，充安南静海军行司马副使，吴怀副为澄州刺史，充节度副使。先是，交州狄獠张婆看避罪来奔，知钦州穆重颖召之，至中路复拒焉，都巡检臧嗣遂令如洪砦犒以牛酒，交州侦知其事，因捕狄獠，故钞如洪砦，掠人畜甚众。诏转运司督公蕴追索，仍令疆吏自今不得诱召蛮獠，致生事。公蕴或间岁或仍岁以方物入贡。天禧元年，进封公蕴南平王，加食邑一千户，实封四百户。二年，加检校太尉，食邑一千户，实封四百户，每加恩，皆遣使将命至其境上，仍赐器币、袭衣、金带、鞍马焉。仁宗即位，加公蕴检校太师，遣长州刺史李宽泰、都护副使阮守疆来贡。天圣六年，遣骥州刺史李公显来贡，除叙州刺史；既而令其子弟及其婿申承贵率众内寇，诏广南西路转运司发溪峒丁壮讨捕之；未几卒，年四十四。

其子德政自称权知留后事，来告哀。赠公蕴为侍中、南越王，命本路转运使王惟正为祭奠使，又为赐官告使。除德政检校太尉、静海军节度使、安南都护交趾郡王。天圣九年，遣知峰州刺史李偓佺、知爱州刺史帅日新等来谢，以偓佺为骧州刺史、日新为珍州刺史。明道元年，恭谢加同中书门下平章事。景祐中，郡人陈公永等六百余人内附，德政遣兵千余境上捕逐之。诏遣还，仍戒德政毋得辄诛杀。寻遣静海军节度判官陈应机、掌书记王惟庆来贡，以应机为太子中允、惟庆为大理寺丞，德政加检校太师。三年，其甲峒及谅州、门州、苏茂州、广源州、大发峒、丹波县蛮寇邕州之思陵州、西平州、石西州及诸峒，略居人马牛，焚室庐而去。下诏责问之，且令捕酋首正其罪以闻。宝元元年，进封南平王。康定元年，遣知峰州刺史帅用和、节度副使杜犹兴等来贡。庆历三年，又遣节度副使杜庆安、三班奉职梁材来，以庆安为顺州刺史、材为太子左监门率府率。六年，又遣兵部员外郎苏仁祚、东头供奉官陶惟幄来，以仁祚为工部郎中、惟幄为内殿崇班。明年又遣秘书丞杜文府、左侍禁文昌来，以文府为屯田员外郎、昌为内殿崇班。

初，德政发兵取占城，朝廷疑其内蓄奸谋，乃访自唐以来所通道路凡十六处，令转运使杜杞度其要害而戍守之。然其后亦未尝寇边，前后累贡驯象。皇祐二年，邕州诱其苏茂州韦绍嗣、绍钦等三千余人入居省地，德政表求所诱，诏尽还之，仍令德政约束边户，毋相侵犯。其后广源州蛮侬智高反，德政率兵二万，由水路欲入助王师，朝廷优其赐，而却其兵。至和二年卒。

其子日尊遣人告哀，命广南西路转运使、尚书屯田员外郎苏安世为吊赠使。赠德政为侍中、南越王，赙赗甚厚，寻除日尊特进、检校太尉、静海军节度使、安南都护，封交趾郡王。嘉祐三年，贡异兽二。四年，寇钦州思禀管。五年，与甲峒贼寇邕州，诏知桂州萧固发部兵与转运使宋咸、提点刑狱李师中同议掩击，又诏安抚使余靖等发兵捕讨，靖遣牒诱占城同广南西路兵甲趋交趾，日尊惶怖，上表待罪，诏未得举兵，听日尊贡奉至京师。八年遣文思使梅景先、副使大理评事李继先贡驯象九。四月戊寅，以大行皇帝诏及遗留物赐日尊加同中书门下平章事。是日交趾使辞，命内侍省押班李继和谕以申绍泰入寇，本路屡乞讨伐，而朝廷以绍泰一夫肆狂，又本道已遣使谢罪，故未欲兴兵。治平初，知桂州陆诜言交州来求侬宗旦男日新，及欲取温闷洞等地，帝问交趾于何年割据，辅臣对曰："自唐至德中改安南都护府，梁贞明中土豪曲承美专有此地。"韩琦曰："向以黎桓叛命，太宗遣将讨伐不服，后遣使招诱，始效顺。交州山路险僻，多瘴雾瘴毒之气，虽得其地，恐不能守也。"神宗即位，进封日尊南平王。熙宁元年，加开府仪同三司。二年表言："占城国久阙贡，臣亲帅兵讨之，虏其王。"诏以其使郭士安为六宅副使、陶宗元为内殿崇班，日尊自帝其国，僭称法天应运崇仁至道庆成龙祥英武睿文尊德圣神皇帝，尊公蕴为太祖神武皇帝，国号大越，改元宝象，又改神武。

五年三月，日尊卒，命广西转运使康卫为吊赠使，予所夺州县。诏报之，曰："卿抚有南交，世受王爵，而乃背德奸命，窃暴边城，弃祖考忠顺之图，烦朝廷讨伐之举，师行深入，势蹙始归，迹其罪尤，在所绌削。今遣使修贡，上章致恭，详观词情，灼见悛悔，朕抚绥万国，不异遐迩；但以邕钦之民，迁劫炎陬，久失乡井，俟尽送还省界，即以广源等赐交州。"乾顺初，约归三州官吏千人，久之，才送民二百二十一口。男子年十五以上皆刺额曰天子兵。二十以上曰投南朝。妇人刺左手曰官客，以舟载之，而泥其户牖，中设灯烛，日行一二十里则止，而伪作更鼓以报，凡数月乃至，盖以绐示海道之远也。顺州落南深，置戍镇守，被雁瘴雾，多病没，陶弼亦终于官。朝廷知其无用，乃悉以四州一县还之。然广源旧隶邕管羁縻，本非交趾所有也。

元丰五年，献驯象二、犀角象齿百，六年以追捕侬智会为辞，犯归化州，又遣其臣黎文盛来广西办理顺安、归化境界，经略使熊本遣左江巡检成卓与议，文盛称陪臣，不敢争执。诏以文盛能遵乾德恭顺之意，赐之袍带，及绢五百匹，乃以八隘之外保乐六县、宿桑二峒予乾德。哲宗立，加同中书门下平章事。元祐中，又数上表求勿恶、勿阳峒地，诏不许。二年遣使入贡，进封南平王。徽宗时累加开府仪同三司、检校太师。大观初，贡使至京，乞市书籍，有司言法不许，诏嘉其慕义，除禁书、卜筮、阴阳、历算、术数、兵书、敕令、时务、边机、地理外，余书许买。政和末，又诏以交人自熙宁以来，全不生事，特宽和市之禁。宣和元年，加乾德守司空。建炎元年，诏广西经略安抚司禁边民毋受安南逋逃，从其主乾德之请也。四年，安南入贡，诏却其方物之华靡者，赐敕书，厚其报，以怀柔之。

绍兴二年，乾德卒，赠侍中，追封南越王。子阳焕嗣，授静海军节度使、特进、检校太尉，封交趾郡王，赐推诚顺化功臣。八年阳焕卒，以转运副使朱芾充吊祭使，赠阳焕开府仪同三司，追封南平王，子天祚嗣，授官如其父初封之制。九年，诏广西帅司毋受赵智之入贡。初乾德有侧室子奔大理，变姓名为赵智之，自称平王，闻阳焕死，大理遣归，与天祚争立，求入贡，欲假兵纳之，帝不许。十七年，诏文思院制鞍辔以赐天祚。二十一年，累加天祚崇义怀忠保信乡德安远承和功臣。二十五年，诏馆安南使者于怀远驿，赐宴，以彰异数。进封天祚南平王，赐袭衣、金带、鞍马。二十六年，命右司郎中汪应辰宴安南使者于玉津园，八月天祚遣李国等以金珠、沉水香、翠羽、良马、驯象来贡，诏加天祚检校太师，增食邑。隆兴二年，天祚遣尹子思、邓硕俨等，贡金、银、象齿、香物。乾道六年，累加天祚归仁协恭继美遵度履正彰善功臣。帝自即位，屡却安南贡使。九年天祚复遣尹子思、李邦正求入贡，帝嘉其诚，许之，诏馆于怀远驿。广南西路经略安抚使范成大言：本司经略诸蛮，安南在抚绥之内，其陪臣岂得与中国王官亢礼。政和间，贡使入境，皆庭参，不复报谒，宜遵旧制，于礼为得，朝廷从其请。淳熙元年二月，进封天祚安南国王，加号守谦功臣。二年，赐安南国印。三年，赐安南国历日。天祚卒。

明年，子龙翰嗣位，授静海军节度使观察处置等使、特进、检校太尉兼御史大夫、上柱国，特封安南国王，加食邑，仍赐推诚顺化功臣，制曰："即乐国以肇封，既从世袭，极真王而锡命，何待次升？"示殊礼也。五年，贡万物，上表称谢。九年，诏却安南所贡象，以其无用而烦民。他物亦止受什一。十六年，累加龙翰守义奉国履常怀德功臣。光宗即位，奉表入贡称贺。宁宗朝，赐衣带、器币，累加谨度思忠济美勤礼保节归仁崇谦协恭功臣，及食邑焉。

嘉定五年，龙翰卒，诏以广西运判陈孔硕充吊祭使，特赠侍中，依前安南国王制，以其子昊旵袭封其爵位，给赐如龙翰始封之制，仍赐推诚顺化功臣，其后谢表不至，遂辍加恩。

昊旵卒，无子，以女昭圣主国事，遂为其婿陈日煚所有。李氏有国，自公蕴至昊旵，凡八传，二百二十余年，而国亡。淳祐二年，诏安南国王陈日煚，元赐效忠顺化保节功臣增"守义"二字。宝祐六年，诏安南情状叵测，申饬备边。景定二年，贡象一。三年，表乞世袭，诏日煚授检校太师、安南国大王，加食邑，男威晃，授静海军节度使、观察处置使、检校太尉兼御史大夫、上柱国、安南国王、效忠顺化功臣，赐金带、器币、鞍马。咸淳五年，诏安南国王父日煚、国王威晃加食邑。八年，明堂礼成，日煚、威晃各加食邑，赐鞍马等物。

第六章 其他的著作

（一）周去非的《岭外代答》

交趾本秦象郡，汉唐分置，已见于《百粤故地》首篇。境内伪置四府、十三州、三寨。府曰都护、大通、清化、富良。州曰永安、永泰、万春、丰道、太平、义安、遮风、茶卢、安丰、苏州、茂州……皆与邕管为境。其国东西皆大海，东有小江，过海至钦廉，西有陆路通白衣蛮，南抵占城，北抵邕管，自钦西南舟行一日，至其永安州，由玉山大盘寨，过永泰、万春，即至其国都，不过五日，自邕州左江永平寨南行，入其境机榔县，过乌皮、桃花二小江，至滴定江，亦名富良江，凡四日至其国都，乃郭达师所出也。又自太平寨东南行，过丹特罗江，入其谅州，六日至其国都，若自右江温润寨入其国，则迂矣。交人自谓至其国都曰入峒，谓吾民曰上京，地里止此，而文移动以数月，盖故为迁延，以示道里之远。

国初，其部内乱，有丁都领者，与其子琏，率众讨平之，众立为帅，三年而私命琏为节度使。开宝六年，琏遣使贡方物，制以琏特进检校太师、充静海军节度观察处置等使、安南都护兼御史大夫、上柱国、济阴郡开国公，仍赐推诚顺化功臣。八年，又封交趾郡王。琏死，黎桓篡立。太平兴国中，桓以交州叛，朝廷因以抚之。桓死，子至忠立。大中祥符三年，至忠卒，有子才十岁，李公蕴冒姓黎、杀之，自称留后，遣使请命，授以黎氏官。公蕴死，子德政立，来告哀，自称留后。天圣六年，授安南都护、交趾郡王。宝元初，进南平王。德政死，子日尊立，自称大越国李氏第三帝。日尊死，子乾德立，自号明王。乾德初立，权移臣下，大臣李上吉首建叛议，而广西白州进士徐伯祥者，有功于州，不得官，导以犯边，陷邕、钦、廉三州，朝廷遣郭达致讨，几覆其国，乃以表乞降，会王师大疫，达受表班师，时熙宁八年也。乾德死，有遗腹子在占城，奉而立之、曰天祚。绍兴二十六年入贡。乾道癸巳，朝旨符广西帅司下交趾买驯象，天祚因乞以象贡，许之，未入贡而天祚死，嗣子龙翰不以闻，而冒天祚名称贡，封为安南国王。既受封，乃以天祚名乞国印及上天祚遗表，朝廷命广西提刑廖蘧为使，至钦州吊祭，复立龙翰为安南国王。

其国僭伪自李日尊始，伪谥其祖曰太祖神武，自号大越国，伪年曰天贶，继以十八字尊号。乾德立，乃犯边，朝廷遣郭达为招抚使，赵卨副之，进至滴定江，乾德奉表请降，纳之。

创为法制，虽曰甚鄙，而上下颇安之。母妻既称后，子皆称太子，本族称大王，族长称承嗣，余族称支嗣。其官有内外职，内职治国，官之长曰辅国太尉，犹宰相也，外职治兵。官之长曰枢密使、金吾太尉都领兵。其文移至边，有判安南都护府者，亦外职也。其入仕之途，或任子，或取士，或以资，有御龙武胜等八军，皆在左右，每军二百人，横刺字于额，曰天子兵。又有雄略勇健等九军，以充给使。其宫室有水精宫、天元殿，制皆僭拟，别有一楼，榜曰安南都护府屋。其国最重科举，凡入赘，先为吏，叙迁至书状，又入，皆为保义郎，即可为知州矣。凡莅官，不支俸，唯付以一方之民，俾得属役耕渔以取利。兵士月一更，暇则耕种自给。岁正月七日，每一兵支钱三百，绸绢布各一匹，兵士月给禾十束，元日以大禾饭、鱼鲊犒军。盖其境土多占禾，故以大禾为元日之犒。正月四日，国王宴官僚，七月五日号大节，人民相庆，官僚以生口献王，王次日宴酬之，门前有楼，置大钟，为民诉冤。为盗者，斫手足指；背国逃亡者，斫手足；谋叛者，埋身露头，旁植劲竹，挽竿系首，以利刃划之，首欻起揭竿标矣。钦州探海往其郡永安州投公文，不容民间交语，馆之驿亭，速遣出境，防之其密。

其国入贡，自昔由邕或钦入境，盖先遣使议定，移文经略司，转以上闻，有旨许其来，则专使上京，不然则否。旧制安南使者班在高丽上。建炎南渡，李天祚乞入贡，朝廷嘉其诚，优诏答之。绍兴二十六年，乞入贡，许之，乃遣使由钦入。正使安南右武大夫李义、副安南武翼郎郭应，以五象充常进纲外，更进昇平纲，以安南太平州刺史李国为使。所献方物甚盛，表章皆金字，贡金器凡一千二百余两，以珠宝饰之者居半，贡珍珠，大者三颗如茄子，次六颗如波罗蜜核，次二十四颗如桃核，次十七颗如李核，次五十颗如枣核，凡一百颗，以金瓶盛之。贡沉香一千斤、翠羽五十只、深黄盘龙段子八百五十四、御马六匹，鞍辔副之，常进马八匹、驯象五头。二纲衔官各五十人，使者颇以所进盛多自矜，后乞入贡，朝廷辄却之。乾道九年，朝旨符广西下安南买驯象，天祚因乞以象贡，许之。以五象进奉大礼，正使安南承议郎李邦正、副安南忠翊郎阮文献，又以十象贺登宝位，安南中卫大夫尹子思为使，自邕州右江永平寨入。象纲所过，州县颇有宴犒、夫脚、象屋之费，而诸郡兵卫单弱，不足以耸外夷，比至静江，见迓卒铠甲之盛，进退行伍之肃，使者失声叹曰："吾至此，方见大朝威仪。"参府之次，就戟门外上下马，庭参甚恭，时范石湖为帅，属威严以临之，而盛其犒宴馈遗，视绍兴二十六年礼遇颇杀，使者不敢较也。帅司津遣入朝，李邦正题诗邮亭，此去优成赐国名之句。比到阙，偶得赐国之宠，使者满意而归，过静江，复庭参致谢，乞自钦州归国，许之，比至钦，留两月，其国以舟楫旗帜迓之而归。是役也，贡象之外，附贡金银洗盘、犀角、象齿、沉、笺之属，计所直不满二三万缗，似非绍兴入贡之盛，而其国扫府库仅能集事，朝廷赠予优厚，复叨异恩，交使、衔官百人，所过州县批券，得米以充粮食，得钱则人日给十文，余皆籍归国，一路州县应副夫脚八百人，擎负贡物者固无几，而皆为使者负贩至都。象实能浮，象奴所至水津，索舟以载，得钱然后驱以济，押伴官如加礼，使者愈慢，后不加礼，乃听命，既侥幸赐国，复有乞印之举。其后谢使继至钦又数乞入贡，莫之许矣。

其国人乌衣黑齿，椎发徒跣，无贵贱皆然。其酋平居亦然，但珥金簪，上黄衫，下紫裙耳。其余平居，上衣则上紧蟠领皂衫，四裾如背子，名曰四颠，下衣则皂裙也，或珥铁簪，或曳皮履，手执鹤羽扇，头戴螺笠，其文身如铜鼓款识，其军人横刺字于额，曰天子兵。其妇人乃皙白，异于男子。皂裙，男子之盖饰也。以香膏沐发如漆，裹乌纱巾，顶圆而小，自额以上，细折如缝，上彻于顶。身著大蟠领皂衫，加于小蟠领衫之上，足加鞋袜，游于衢路，与吾人无异，但其巾可辨耳。其来投文书也，紫袍象笏，趋拜雍容。使者之来，文武官皆紫袍，红鞓，通犀带，无鱼。自贡象之后，李邦正再使来钦，乃加金鱼，甚长大。其俗之轿如布囊，而使者至钦则乘凉轿，雨晴皆用之。

(二) 赵汝适的《诸蕃志》

交趾，古交州，东南薄海，接占城，西通白衣蛮，北抵钦州，历代置守不绝，赋入至薄，守御甚劳。皇朝重武爱人，不欲宿兵瘴疠之区，以守无用之王，因其献款，从而羁縻之。王系唐姓，服色饮食略与中国同，但男女跣足差异耳。每岁正月四日，椎牛飨其属，以七月十五日为大节，家相问遗，官寮以生口献其酋，十六日开宴酬之。岁时供佛，不祭先，病不服药，夜不燃灯，乐以蚺蛇皮为前列，不能造纸笔，求之省地。土产沉香、蓬莱香、生金、银、铁、朱砂、贝、犀、象、翠羽、车渠、盐、漆、木棉、吉贝之属。岁有进贡，其国不通商。以此首题，言自近者始也。舟行约十余程抵占城国。

(三) 马端临的《文献通考》

交趾本汉初南越之地，汉武帝平南越，分其地为儋耳、珠崖、南海、苍梧、郁林、合浦、交趾、日南、九真，凡九郡。置交趾刺史以领之。后汉置交州，晋、宋、齐因之，又为交趾郡。陈亦因之。隋平陈，废郡置州。炀帝初，废州置郡。唐武德中，改交州总管府。至德中，改安南都护府。朱梁贞明中，土豪曲承美专有其地，送款于末帝，因授承美节钺。时刘陟擅命岭表，遣将李和顺伐承美执之，乃并其土宇。后有杨廷艺、绍洪皆受广南伪署，继为交趾节度使。绍洪卒，州将吴昌岌遂居其位。昌岌死，其弟昌文承袭。

宋乾德初，昌文死，其参谋吴处坪、峰州刺史矫知护、武宁州刺史杨晖、牙将杜景硕等争立。管内十二州大乱，部民啸聚，起为寇盗，攻交州。先是，杨廷艺以牙将丁公著摄驩州刺史兼御蕃都督，部领即其子也。公著死，部领继之。至是部领与其子琏率兵击败处坪等，贼党溃散，境内安堵，部民德之，乃推部领为交州帅，号曰大胜王，署其子琏以为节度使。凡三年，琏袭父位。立七年，闻太祖克平岭表，遂遣使贡方物，上表内附。制授琏检校太师、静海军节度使、安南都护，其进奉使皆命以官。八年，遣使贡犀、象、香药。是岁秋，制授开府仪同三司、检校太师，封交趾郡王。

太宗即位，琏又贡方物。琏死，弟璿尚幼，嗣立。大将黎桓擅权，劫迁璿于别第，举族禁锢，代总其众。太宗闻之，怒，议举兵吊伐。太平兴国五年，诏孙全兴、张璿、崔亮，以陆路兵自邕州路入，刘澄、贾湜、王僎等以水路兵自广州路入。是岁，黎桓遣使贡方物，为丁璿上表乞袭位。上察其欲缓王师，寝不报。是时王师进讨，破贼万余众，斩首万余级。六年春，又破贼于白藤江口，斩首千余级，获战舰二百艘，甲胄万计。转运使侯仁宝率前军先进，全兴等顿兵花步七十日，以俟澄，仁宝累促之，不进。及澄至，并军由水路至多罗村，不遇贼，复擅回花步，桓诈降以诱仁宝，遂为其所害。转运许仲宣驰奏其事，遂班师。上遣使就劾澄、湜、僎。澄寻病死，湜等俱伏，并戮于邕州市，全兴至阙，亦下吏坐诛，余抵罪有差，仁宝赠工部侍郎。七年，桓惧朝廷终行讨灭，复以丁璿为名，遣使贡方物，上表谢罪。八年，桓自称权交州三使留后，遣牙将入贡，上表自陈。上赐诏书，因而抚之，仍谕以遣丁璿母子及其亲属尽室来归，当降制授卿节麾。时黎桓已专据其土，不听命。是岁五月，上言占城国水陆象马数万来寇，蛮以步兵击走之，击斩千计。雍熙二年，复遣使贡方物，上表求正领节镇。三年秋，又遣使入贡。儋州言，占城国人蒲罗遏率其族百余众内附，言为交州所逼故也。是岁十月，制授桓检校太保、使持节、都督交州诸军事、安南都护，充静海军节度使、交州管内观察处置等使，封京兆郡侯，赐食邑、功臣号。拱端元年，加检校太尉。淳化元年，加特进。

遣左正、言直史馆宋镐往使，镐归阙，上令条列山川形势事迹以闻。镐等具奏曰："去岁秋末，抵交州境，桓遣牙内都指挥使丁承正等以船九艘、卒三百人至太平军来迎。由海口入大海，冒涉风涛，颇历危险。经半月至白藤，径入海汊，乘潮而行。凡宿泊之所，有茅舍三间，营葺尚新，目为馆驿。至长州，渐近本国，桓张皇虚诞，务为夸诧，尽出舟师战棹，谓之耀军。自是宵征抵海岸，至交州仅十五里，有茅亭五间，题曰茅径驿。至城一百里，驱部民畜，妄称官牛，数不满千，扬言十万。又广率其民，混为军旅，衣以杂色之衣，乘船鼓噪。近城之山，虚张白旗，以为陈兵之象。俄而拥从桓至，展郊迎之礼，敛马侧身，问皇帝起居毕，按辔偕行，时以槟榔相遗，马上食之，此风俗待宾之厚意也。城中无居民，止有茅竹屋数十百区，以为军营。而府署湫隘，题其门曰明德门。桓质陋而目眇，自言近岁与蛮寇接战，坠马伤足，受诏不拜。信宿之后，乃张筵饮宴，又出临汉，以为娱宾之游。桓跣足持竿，入水标鱼。每中一鱼，左右皆叫噪欢跃。凡有宴会，预坐之人悉令解带，冠以帽子，桓多衣缬及红色之衣，帽以珍珠为饰，或自歌劝酒，莫能晓其辞。尝令数十人扛大蛇，长数丈，馈于使馆，且曰：'若能食此，当治之为馔以献焉。'又羁送二虎，以备纵观，皆却之不受。士卒殆三千人，悉点额曰天子军。粮以禾穗日给，令自舂为食，兵器止有弓、弩、木牌、梭枪、竹枪，弱不可用。桓轻脱残忍，昵比小人，腹心阉竖五七辈错立其侧。好狎饮，以手令为乐。凡官属善其事者，擢居亲近左右，有小过亦杀之，或鞭其背一百至二百，宾佐小不如意，亦捶之三十至五十，黜为阍吏，怒息，乃召复其位。有木塔，其制朴陋，桓一日请同游览，地无寒气，十一月犹衣夹衣挥扇。"

四年，进封桓交趾郡王。五年，遣牙校费崇德等来修贡。然桓性本凶狠，负阻山河，屡为寇害，渐失藩臣之礼。至道元年春，广西路转运使张观、钦州如洪镇兵马监押卫昭美皆上言，有交趾战船百余艘寇如洪镇，掠居民，劫廪实而去。其夏，桓所管苏茂州，又以乡兵五千寇邕州所管禄山，都巡检杨文杰击走之。太宗志在抚宁荒服，不欲问罪。既而遣李若拙赍诏，并美玉带往赐。既至，桓出郊迎，然辞气尚悖慢，谓若拙曰："向者劫如洪镇，乃外境蛮贼也，皇帝知此非交州兵否？若使交果叛命，当首攻番禺，次击闽越，岂止如洪镇而已。"若拙从容以语折之，桓顿首谢。真宗即位，封南平王兼侍中，桓遣使来贡，诏赐书慰奖。先是，使至交州，桓即以贡赋为辞，因缘赋敛。上闻之，止令疆吏召受纶命，而不复专遣使者。景德元年，遣其子摄驩州刺史明提来贡，恳加恩使至本道慰抚遐裔，许之。

三年，桓卒，立中子龙钺。兄龙全劫库财而遁，其弟龙廷杀龙钺自立，兄明护率扶兰寨攻战。明提以国乱不能还，诏广州优加资给，乃以邵晔为沿海安抚使，令晓譬之。晔贻书交州，谕以朝廷威德，如其自相鱼肉，久无定位，偏师问罪，则黎氏尽灭矣。明护惧，即奉龙廷主军事，欲修贡，诏许之。乃遣弟峰州刺史明昶等入贡，诏授龙廷检校太尉、静海军节度处置等使、安南都护、御史大夫、上柱国、交趾郡王，赐食邑，功臣号，仍赐名至忠。又追赠桓中书令、南越王，官其进奉使。大中祥符元年，东封毕，加同平章事，增食邑功臣，号至忠，遣使入献。三年，求互市于邕州，诏止，仍旧制，止许于廉州及如洪寨互市；盖以邕为边隅，控扼之所，或直趋内地，事非便故也。

至忠才年二十六，苛虐不法，国人不附。大校李公蕴尤为至忠亲任，尝令以黎为姓，其年遂图至忠，逐杀其弟明提、明昶等；自称留后，遣使奉贡。上曰："黎桓不义而得，公蕴尤而效之，甚可恶也。"然以蛮俗不足责，遂用桓故事，授公蕴检校太傅、节度都护、御史大夫上柱国、交趾郡王，实封功臣号，后加同平章事，开府仪同三司，又官其进奉使。其后，或间岁，或仍岁，以方物入贡。天禧中，进封南平郡王、检校太尉。仁宗即位入贡，加检校太师。天圣六年，卒。

子德政遣使告哀，诏命使祭吊，赠公蕴侍中、南越王，授德政袭爵。明道初，加同平章事。景祐初，部人陈公永等六百余人内附，德政遣兵千余境上捕逐之。诏遣还，仍诏德政毋辄诛杀。寻遣使入贡，加检校太师。三年，其甲峒及谅州、门州、苏茂州、广源州、大发峒、丹波县等蛮寇邕州之思陵州、西平州、石西洲及诸峒，略居人马牛，焚室庐而去。下诏责问，且令捕首首，正其罪以闻。宝元元年，进封南平王。康定元年，庆历三年、六年七月，俱遣使入贡，诏官其贡使。初，德政发兵取占城，朝廷疑其内蓄奸谋，乃访自唐以来所通道路凡十六处，令转运使杜杞度其要害而戍守之；然其后亦未尝寇边，前后累贡驯象。皇祐二年，邕州诱其苏茂州韦绍嗣、绍钦等三千余人入居首地，德政表求所诱，诏尽还之，仍令德政约束边户，毋得侵犯。其后，侬智高反，德政率兵二万，由水路欲入助王师，朝廷优赐而却其兵。至和二年，德政卒。

子日尊遣人告哀，诏遣使吊祭，赠官，及命日尊世袭如故事。嘉祐三年，贡异兽。四年寇钦州思廪管。五年与甲峒贼寇邕州，诏知桂州萧固、转运使宋咸、提刑李师中同议掩击之；诏安抚使余靖等发兵讨捕，靖遣谍诱占城同广南两路兵甲趋交趾，日尊惶怖上表待罪；诏未得举兵，听其贡奉。八年，入贡，四月以仁宗皇帝遗留物赐日尊，加同平章事。神宗即位，进封南平王，加开府仪同三司。二年，表言：占城国久缺贡，臣亲率兵讨之，虏其王。诏官其使。自是日尊自帝其国，偕称法天应运崇仁至道庆成龙祥英武睿文尊德圣神皇帝，尊公蕴为太祖神武皇帝，国号大越，伪改元宝象，又改神武。

五年，日尊卒，子乾德嗣，来告哀，诏遣使吊赠；授乾德袭封如故。乾德幼，母黎氏号太妃，与宦人李尚吉同主国事，于是知桂州沈起籍溪峒丁为王民，擅纳知恩倩州侬善美于内地，帝虑其妄发以激蛮祸，亟罢之，代以刘彝。乾德乞还善美，并其属民七百人，不许。彝又言，广源州刘纪以兵略邕管归化州，侬智会率其子进安逆战有功，诏授进安供奉官。初，广西屯北兵二十指挥，交人畏之，彝奏罢正兵，而用枪仗手分成，听偏校言，以为安南可取，大治戈船，交人来互市，率皆遏绝，表疏上诉亦不得通。八年冬，遂分三道入寇：一自钦州，一自广府，一自昆仑关，连陷钦、廉二州。廉土丁八十守城，皆驱令负担登舟，已而尽杀之。又陷邕州，杀李将苏缄，屠其民五万余口，诏以赵禼为安南道行营都总管经略，招讨使李宪为副使，帅大军南征。寻罢宪而以宣徽南院使郭逵为招讨使，改禼副之。九年十二月，破蛮决里隘，次富良江。蛮以精兵乘船逆战，逵击破之。杀其王子洪真。乾德惧，遣使奉表诣军门纳款。富良去其国不远，逵不敢渡。官军八万，死者什六。得其广源州、门州、思浪州、苏茂州及桄榔县而还。逵、禼皆得罪，诏改广源为顺州，命西上阁门使陶弼知州事，余皆即用其首长。乾德乞再修职贡，还所夺州县，诏报之，曰："卿抚有南交，世受王爵，而乃背德奸命，切暴边城，弃祖考忠顺之图，烦朝廷讨伐之举，师行深入，势蹙始归，迹其罪尤，在所纲削，今遣使修贡，上章致恭，详观辞情，灼见悛悔，朕抚绥万国，不异迩遐。但以邕、钦、廉之民，迁劫炎陬，久失乡井，俟尽送还省界，即以广源等赐交州。"乾德初，约归三州官吏千人，久之，才送民二百二十一口，男子年十五以上皆刺额曰天子兵，二十以上曰投南朝，妇人刺左手曰客官，以舟载之，而泥其户牖，中设灯烛，日行一二十里则止，而伪作更鼓以报，凡数月乃至，盖以绐示海道之远也。顺州落南深，置戍镇守，被罹瘴雾，多病没，陶弼亦终于官。朝廷知其无用，乃悉以四州一县还之。然广源旧隶邕管羁縻，本非交趾所有也。

元丰五年，献驯象二、犀角象齿百。六年，以追捕侬智会为辞，犯归化州。又遣其臣黎文盛来广西办理顺安、归化境界，经略熊本遣左江巡检成卓与议；文盛称陪臣，不敢争执，诏以文盛能遵乾德恭顺之意，赐之袍带，及绢五百匹，仍以八隘之外保乐六县、宿桑二峒予乾德。哲宗立，加同中书门下平章事。元祐中，又数上表求勿恶、勿阳峒地，诏不许。二年，遣使入贡，进封南平王。徽宗时，累加开府仪同三司、检校太师。大观初，贡使至京，乞市书籍，有司言法不许，诏嘉其慕义，除禁书、卜、筮、阴阳、历算、术数、兵书、敕令、时务、边机、地里外，余书许买。政和末，又诏以交人自熙宁以来，全不生事，特宽和市之禁。宣和元年，加乾德守司空。建炎元年，乾德上表，乞禁本道边兵逃入省地。诏令广西经略司约束，四年入贡，边事未宁，免使人诣阙，所进方物，除华靡不受，余就界所交从本路提刑司依例计价回赐，其表递进，令学士院降敕书回答。自后每遇入贡，即行之。

绍兴二年，乾德卒，子阳焕立，八年，阳焕卒，子天祚立。俱遣使吊祭，赠官袭封如故事。九年，广西帅司言："乾德有侧室子奔入大理，改姓赵名智之，自号南平王。"知阳焕死，大理遣还，欲与天祚争位，天祚与之敌。又闻赵智之欲进奉借兵，见已说谕约诏却之，自后贡奉不绝，累加功臣号。二十五年，加检校太师，增食邑。孝宗即位，加功臣号。隆兴二年，遣使尹子思等入贡。九年，复遣入贡。自上即位，每遣使来，边吏以闻，谕使归国，至是恳忱备至，上录其善意，许焉，至馆于怀远驿。礼部以安南使久不至，移文客省，询访土俗、人物、图画、衣貌如旧制焉。淳熙元年正月，引见安南进奉副使。二年诏安南入贡，礼意可嘉，令有司讨论，赐国名典故以闻；于是特赐安南国名制，南平王李天祚特授依前官，封安南国王，仍加守谦功臣。上以天祚嗣位四十年，故厚其礼，封以安南国焉。旧日章奏行移，止称安南道，加封之后，浸自尊大，文书称国，不复可改矣。押伴安南进奉梁衔言："安南入贡，所过州县，差夫数多。自静江水路可至容州。又自北流遵陆一百二十里至郁林，自郁林州水路可至广州，皆有回脚盐船，运盐牛车可顾。自廉航海一日之程即交趾，则从静江而南二千余里，可不役一夫而办。"诏逐路帅臣，详其陈行，既而尹子思等以为涉夏水溢，乞依例由钦州路以归。二年，安南国请印，以安南国王之印六字为文，赐之。其印比附枢密、尚书省印，方二寸，仍给牌，皆以铜铸涂金为饰。

三年，赐安南国历日。有司言天祚已薨，其子未有封爵，欲作赐安南国王嗣子龙翰，敕书从之。四年，授龙翰袭爵。故事，其王初立，即封交趾郡王，久之进南平王，死则赠侍中，南越王。时词臣周必大行制，曰："即乐国以肇封，既从世袭，极真王而锡命，何待次升？"言不复封郡王，盖异礼也。五年，上表进方物，称谢。九年，广西经略司言，安南国已办方物投进，上曰："象乃无用之物，经由道路，重扰吾民。"却不受，其入贡之物，十受一。光宗登极，经略司言安南国修章表备土宜贡贺。诏受一分于界首交割，本司言："绍兴中，寿皇登极，贡物尽行收受，今若止受十一之数，恐却本国致疑。"礼部勘，当如隆兴例，全受，不回赐。宁宗嗣位，依例赐器币，加食邑功臣号。嘉定五年，龙翰薨。诏遣吊祭，赠官如故事，以子昊旵袭封其爵位，给赐如龙翰始封之制。自李公蕴篡夺之，后至昊旵，傅八世，其名曰日、曰乾、曰阳、曰天、曰龙，皆有僭上之意；而累朝以其僻在海隅，不复与较也。

石湖范氏《桂海虞衡志》曰："今安南国地接汉，九真、日南诸郡，乃唐骥、爱等州，东南薄海，接占城。占城，林邑也。东海路通钦、廉，西出诸蛮，西北通邕州。在邕州东南隅，去左江太平寨最近，自寨正南行，至桄榔花步，渡富良、白藤两江，四程可至。又自寨东南行，过丹特罗小江，自谅州入，六程可至，自右江温润寨则最远，由钦州渡海至，历代为郡县，国朝遂在化外，丁氏、黎氏、李氏，代擅其地。

乾德初立，其大臣用事，嗾之叛。八年，遂入寇，陷邕、钦、廉三州，朝廷命郭逵等讨之。贼驱象拒战，官军以大刀斩象鼻，象奔却，自踩其徒，大兵乘之，贼溃，乘胜拔桄榔县。知县，交主之婿，逃伏草间，窥见王师获贼，挈食之，以为天神，归报其主，曰：'苟可逃命，子孙勿犯大朝。'大军次富良江，去都护府四十里，杀伪太子，擒其大将。乾德大惧，奉表乞降。会北兵多病瘴，乃诏赦交趾，还其五州。朝廷以逵不能遂取交州，黜为武卫上将军。是役也，调民夫八十七万有奇，金谷称是，迄无骏功，大率自拱端迄嘉祐以来，两江州洞数为蛮所侵轶，潜举以外乡，苏茂、广源、甲洞等处入交趾者六十二村，故至今长雄诸蛮。乾德死，子阳焕立，阳焕死，乾德有遗腹子，属之占城，奉而立之。或云有黎年者，乾德妻党也，尝为李氏养子，杀遗腹子而立，冒姓李氏，名天祚，实绍兴九年，其国人犹称黎王，二十六年遣使入贡，朝廷因以李氏官爵命之。天祚貌丰皙，今生三十九年矣，有兄尝知谅州，谋夺其位，事觉，流雪河州，髡为浮屠。

凡与广西帅司及邕州通讯问，用二黑漆板夹击文书，刻字于板上，谓之木夹文书。称安南都护府，天祚不列衔，而列其将佐数人，皆僭官称。有云：金紫光禄大夫守、中书侍郎、同判都护府，其意似以都护府如州郡签厅也。帅司边州报其文书，亦用木夹。桂林掌故，有元祐、熙宁间所藏旧案，交人行移与今正同，印文曰南越国印，近年乃更用中书门下之印。中国之治略荒远，边吏又惮生事，例置不问，由来非一日矣。其国之官称，王宗族称天王班，凡族称承嗣，余称支嗣。有内职、外职。内职治民曰辅国太尉，犹宰相也。左右郎司空，左右郎相，左右谏议大夫，内侍员外郎，以上为内职。外职治兵，曰枢密使、金吾太尉、都领兵、领兵使，又有判及同判安南都护府，皆为外职。仕者或科举，或任子，或入赘。科举最贵，工技奴婢之子孙不许应举，入赘始为吏职，再入赘补承信郎，可累迁为知州。在官者无俸给，但付一方之民，俾得役属耕渔以取利。胜兵卸龙、武胜、龙翼、蝉殿、光武、王阶、捧日、保胜等，皆有左右，每军止二百人，横刺字于额曰天子兵。又有雄略、勇捷等九军充给使，如厢军。兵士月一践更，暇则耕种，工艺自给。正月七日，人给钱三百，绸绢布各一匹，如绸网而蒙之以绵，月给禾十束，以元日犒军，人得大禾饭一拌，鱼鲊数枚。其地多占米，故以大禾为贵。正月四日，酋椎牛飨其臣。七月五日为大节，人相庆遣，官僚以生口献其酋；翌日，酋开宴酬之。酋居楼四层，上以自居，第二层御宙居之，中人也，第三层个利就居之，老铃下之属也，第四层军士居之。又有水晶宫、天元殿等，诸僭拟名字门，别有一楼，犹榜曰安南都护府层，皆朱漆柱，画龙鹤仙女。

交人无贵贱，皆椎髻跣足，酋平居亦然，但珥金簪、衣黄衫紫裙，余皆服盘领四裙，皂衫不系腰，衫下系皂裙，珥银钱簪，曳皮履，执鹳羽扇，戴螺笠。皮履，以皮为底，施小柱，以姆指夹之而行。扇编鹳羽，以辟蛇。螺笠，竹丝缕织，状如田螺，最为工致。妇人多皙，与男子绝异，好著绿宽袖直领，皆以皂裙束之。酋出入以人挽车，贵僚坐幅布，上挂大竹，两夫舁之，名抵鸦。岁时不供先，病不服药，夜不燃灯。上巳日，男女集会，为行列，结五色彩为球，歌而抛之，谓之飞驼。男女自成列，女受驼，男婚以定。宫门有大钟楼，民诉事即撞钟。大辟或付仇家，使甘心。盗贼斩手足指，逃亡断手足；谋叛者埋身土中，露其头，旁植长竿，挽竹系其髻，使其颈伸，利锸一划之，其头刿标竿杪。客死境外，鞭尸大骂，以为背国。土产生金，及银、铜、朱砂、珠贝、犀、象、翠羽、车渠、诸香及盐、漆、吉贝之属。果惟有甘橘、香圆、槟榔、扶留藤。新旧县隔一小江，皆出香。新州，故真腊地，侵得之。不能造纸笔，求之省地。其人少通文墨。闽人附海舶往者，必厚遇之，因命之官，咨以决事。凡文移诡乱，多自游客出。相传其祖公蕴亦本闽人。又其国土人极少,半是省民。南州客旅,诱人作婢仆担夫,至州洞则缚而卖之,一人取黄金二两,州洞转卖入交趾,取黄金三两,岁不下数百千人。有艺能者,金倍之。知文书者,又倍。面缚驱行,仰系其首,俾不省来路,既出其国,各认买主,为奴终身,皆刺额上为四五字,妇人刺胸乳至肋,拘系严酷,逃亡必杀。又有秀才、僧、道、伎术及配隶亡命奔逃之者甚多。不能鼓铸泉货,纯用中国小铜钱,皆商旅泄而出者。

按掠卖婢奴,与士人游边,及透漏钱宝出外界,三者法禁具在,今玩弄如此,盖安抚、都监、沿边溪洞司不得人,边政颓靡,奸宄肆行所致,日滋月长未艾也。及边吏多无财用植立,窃斗升疬土,苟活待尽而已,何暇顾边防国事者,宜痛心疾首焉。然交人自熙宁败降后,亦不复敢猖獗,南陲奠枕旦百年。

绍兴十二年,妖人谭友谅窜入思浪州,诈称奉使,谕下州洞,天祚大恐。已而,帅司檄安南捕友谅与归顺首领二十余人,各奉其铜印、地图、土物,诣横山。知邕州赵愿缚友谅赴帅司,斩之,首领悉送还安南,皆死,交趾安居至今,无议之者。乾道八年春,上言愿朝贺圣主登极,诏广西经略司,贡使来者免至廷,方物受什一。其秋,复有诏下,经略司买驯象十,以备郊祀卤簿。经略李德远浩用木夹事移交趾买之,蛮报不愿卖,愿以备贡。明年春,余至官,屡引前诏,却其贡。祀期浸近,朝命督象若星火,蛮复款塞:'六象及方物将至塞下,若不许贡,皆引归,小蕃宁敢与朝廷为市。'余以其状闻,且移书时相,谓欲却其贡并象,勿须,可也,祀以一纯二精,宁乏此。俄有金字牌下,差官押伴至阙,比及桂林,已秋末。以十象为贺登极纲,五象为进奉大礼纲,表字如蝇头仅可见。其象饰礼物则有:金御乘象罗我,罗我如鞍架之状,及金装象牙鞘,金象额,金银裹象钩连同心带,金间银装象额,金银装朱缠象藤条,金镀铜装象脚,铃装象铜铎,连铁索,御乘象绣坐,簟装象牦牛花朵,御乘象朱梯,御罗我同心龙头带等。余物则有金银钞锣、沉水香等,大使称中卫大夫尹子思,正使承议郎李邦正,副使忠翊郎阮文献。其下有职员、书状官、都衙、通引、知客、监纲孔目、行首、押衙、教练、象公、长行、防授官之属。此等入朝则稍更其服器,使者幞头、靴、笏、红鞋、金带、犀带,每夸以金箱之,又以香膏沐发,如漆裹细折乌纱巾,足加履袜。使者乘凉轿,钉铰髹漆甚饬,盖得至中国,尽变椎髻、徒跣、抵鸦之制。先是,绍兴二十六年尝入贡,参知政事施公大任帅桂,循旧例以刺字报谒,且用行厨,宴于其馆,余悉罢之。使者私谓衙校曰:'施参政惠顾厚,今奈何悉罢去。'余使人谕之曰:'经略使司与安南都护府埒,经略使与南平王比肩,使者是都护府小官,才与桂林曹掾官比,法当廷参,不然不见也。'使者屈伏,遂廷参。其归也至欲列拜,余使人披之,曰:'免拜。'余奏其事,且著于籍,以为定制,又辨今安南非古交趾。"

第七章 《元史·安南传》

安南国，古交趾也。秦并天下，置桂林、南海、象郡。秦亡，南海尉赵佗击并之。汉置九郡，交趾居其一。后女子徵侧叛，遣马援平之，立铜柱为汉界。唐始分岭南为东西二道，置节度，立五筦，安南隶焉。宋封丁部领为交趾郡王，其子琏亦为王，传三世为李公蕴所夺，即封公蕴为王。李氏传八世至昊旵，陈日煚为昊旵婿，遂有其国。

元宪宗三年癸丑，乌兰哈达从世祖平大理。世祖还，留乌兰哈达攻诸夷之未附者。七年丁巳十一月，乌兰哈达兵次交趾北，先遣二人往谕之，不返；乃遣齐齐克图等各将千人，分道进兵，抵安南京北洮江上，复遣其子阿珠往为之援，并视其虚实。交人亦盛陈兵卫，阿珠遣军还报，乌兰哈达倍道兼进，令齐齐克图为先锋，阿珠居后为殿。十二月两军合，交人震骇，阿珠乘之，败其水军，虏战舰以还。乌兰哈达亦破其陆路兵，又与阿珠合击，大败之，遂入其国，日煚窜海岛，得前所遣使于狱中，以破竹束体入肤，比释缚，一使死，因屠其城。国兵留九日，以气候郁热，乃班师。复遣二使招日煚来归。日煚还，见国都皆已残毁，大发愤，缚二使遣还。

八年戊午二月，日煚传国于长子光昺，改元绍隆。夏，光昺遣其婿与其国人以方物来见，乌兰哈达送诣行在所，别遣讷呼丹往谕之，曰："昔吾遣使通好，尔等执而不返，我是以有去年之师。以尔国主播在草野，复令二使招安还国，尔又缚还吾使，今特遣使开谕，如尔等矢心内附，则国主亲来，若犹不悛，明以报我。"光昺曰："小国诚心事上，则大国何以待之。"讷呼丹还报，时诸王布哈镇云南，乌兰哈达言于王，复遣讷呼丹往谕，使遣使偕来。光昺遂纳款，且曰："俟降德音，即遣子弟为质。"王命讷呼丹乘传入奏。

世祖中统元年十二月，以孟甲为礼部郎中，充南谕使，李文俊为礼部员外郎，充副使，持诏往谕之，其略曰："祖宗以武功创业，文化未修。朕缵承丕绪，鼎新革故，务一万方。适大理国守臣安抚嚻珠卜丹驰驲表闻，尔邦有向风慕义之诚。念卿昔在先朝已尝臣服，远贡方物，故颁诏旨，谕尔国官僚士庶：凡衣冠、典礼、风俗，一依本国旧制。已戒边将不得擅兴兵甲，侵尔疆场，乱尔人民。卿国官僚士庶各宜安治如故。"复谕甲等，如交趾遣子弟入觐，当善视之，毋致寒暑失节，重劳苦之也。

二年，孟甲等还，光昺遣其族人通侍大夫陈奉公、员外郎诸卫寄班阮琛、员外郎阮演诣阙献书，乞三年一贡。帝从其请，遂封光昺为安南国王。

三年九月，以西锦三、金熟锦六赐之，复降诏，曰："卿既委质为臣，其自中统四年为始，每三年一贡，可选儒士、医人及通阴阳、卜筮、诸色人匠各三人，及苏合油、光香、金、银、朱砂、沉香、檀香、犀角、玳瑁、珍珠、象牙、绵、白磁盏等物同至。"仍以讷呼丹充达噜噶齐，佩虎符，往来安南国中。

四年十一月，讷呼丹还，光昺遣杨安养充员外郎及内令武复桓、书舍阮求、中翼郎范举等，奉表入谢，帝赐来使玉带、缯帛、药饵、鞍辔有差。

至元二年七月，使还，复优诏答之，仍赐历，及颁改元诏书。

三年十二月，光昺遣杨安养上表三通：其一进献方物；其二免所索秀才工匠人；其三愿请讷呼丹长为本国达噜噶齐。

四年九月，使还，答诏许之，仍赐光昺玉带、金缯、药饵、鞍辔等物。未几，复下诏谕以六事：一，君长亲朝；二，子弟入贡；三，编民数；四，出军役；五，输纳税赋；六，仍置达噜噶齐统治之。十一月，又诏谕光昺，以其国有回鹘商贾，欲访以西域事，令发遣以来。是月诏封皇子为云南王，往镇大理、鄯阐、交趾、诸国。

五年九月，以和琳哈雅代讷呼丹为达噜噶齐，张庭珍副之。复下诏征商贾回鹘人。

六年十一月，光昺上书陈情，言："商旅回鹘，一名伊温，死已日久，一名婆婆，寻亦病死；又据和琳哈雅谓陛下须索巨象数头，此兽躯体甚大，步行甚迟，不如上国之马，伏候敕旨，于后贡之年当进献也。"又具表纳贡，别奉表谢，赐西锦、币帛、药物。

七年十一月，中书省移牒光昺，言其受诏不拜，待使介不以王人之礼，遂引《春秋》之义以责之；且令以所索之象，与岁贡偕来；又前所贡药物，品味未佳，所征回鹘辈，托辞欺诈，自今已往，其审察之。

八年十二月，光昺复书，言："本国钦奉天朝，已封王爵，岂非王人乎？天朝奉使复称：王人与之均礼，恐辱朝廷。况本国前奉诏旨，命依旧俗，凡受诏令，奉安于正殿，而退避别室，此本国旧典礼也。来谕索象，前恐忤旨，故依违未敢直对，实缘象奴不忍去家，难于差发。又谕索儒、医、工匠，而陪臣黎仲佗等陛见之日，咫尺威光，不闻诏谕，况中统四年，已蒙原宥，今复谕及，岂胜惊愕！惟阁下其念之。"

九年，以叶实讷为安南达噜噶齐，李元副之。

十年正月，叶实讷卒，命李元代实讷，以阿萨尔哈雅副之。中书省复牒光昺言："比岁奉使还者言，王每受天子诏令，但拱立不拜，与使者相见或燕席，位加于使者之上，今览来书，自谓既受王爵，岂非王人乎？考之《春秋》，叙王人于诸侯之上，《释例》云：王人，盖下士也，夫五等邦君，外臣之贵者也。下士，内臣之微者也。以微者而加贵者之上，盖以王命为重也。后世列王为爵，诸侯之尤贵者也，顾岂有以王爵为人者乎？王宁不知而为是言耶？抑辞令之臣误为此言耶？至于天子之诏，人臣当拜受，此古今之通义，不容有异者也；乃云前奉诏旨，并依旧俗，本国遵奉而行，凡受诏令，奉安于正殿，而退避别室，此旧典礼也；读之至此，实顿惊讶，王之为此言其能自安于心乎！前诏旨所言，盖谓天壤之间，不啻万国，国各有俗，骤使变革，有所不便，故听用本俗，岂以不拜天子之诏而为礼俗也哉？且王之教令行于国中，臣子有受而不拜者，则王以为何如？君子贵于改过，缅想高明，其亮察之。"

十一年，光昺遣童子冶、黎文隐来贡。

十二年正月，光昺上表，请罢本国达噜噶齐，其文曰：

微臣僻在海隅，得霑圣化与函生，欢抃鼓舞，乞念臣自降附上国，十有余年，虽奉三年一贡，然迭遣使臣，疲于往来，未尝一日休息；至天朝所遣达噜噶齐，辱临臣境，安能空回；况其行人动有所恃，凌轹小国，虽天子与日月并明，安能照及覆；且达噜噶齐可施于蛮边小丑，岂有臣既席王封为一方藩屏，而反立达噜噶齐以监临之，宁不见笑于诸侯之国乎！与其畏监临而修贡，孰若中心悦服而修贡哉！臣恭遇天朝建储册后，大恩霶霈，施及四海，辄敢哀鸣，伏望圣慈特赐矜悯，今后二次发遣纲贡，一诣鄙阐奉纳，一诣中原拜献，凡天朝所遣官，乞易为引进，使庶免达噜噶齐之蔽，不但微臣之幸，实一国苍生之幸也。

二月，复降诏，以所贡之物无补于用，谕以六事，且遣阿萨尔哈雅充达噜噶齐，仍令子弟入侍。

十三年二月，光昺遣黎克复、黎文粹入贡，以所奏就鄙阐输纳贡物，事属不敬，上表谢罪，并免六事。

十四年，光昺卒，国人立其世子日烜，遣中侍大夫周仲彦、中亮大夫吴德邵来朝。

十五年八月，遣礼部尚书柴椿、会同馆使哈喇托因、工部郎中李克忠、工部员外郎董端同黎克复等，持诏往谕日烜入朝受命。初，使传之通也，止由鄙阐黎化往来，帝命柴椿自江陵直抵邕州，以达交趾。闰十一月，柴椿等至邕州永平寨，日烜遣人进书，谓："今闻国公辱临敝境，边民无不骇愕，不知何国人使，而至于斯，乞回军旧路以进。"椿回牒云："礼部尚书等官奉上命，与本国黎克复等由江陵抵邕州，入安南，所有导护军兵，合乘驿马，宜来界首远迓。"日烜差御史中赞兼知审刑院事杜国计先至，其太尉率百官自富良江岸奉迎入馆。十二月二日，日烜就馆，见使者。四日，日烜拜读诏书。椿等传旨曰："汝国内附二十余年，向者六事犹未见从。汝若弗朝，则修尔城，整尔军，以待我师。"又云："尔父受命为王，汝不请命而自立，今复不朝，异日朝廷加罪，将何以逃其责！请熟虑之。"日烜仍旧例，设宴于廊下，椿等弗就宴。既归馆，日烜遣范明宇致书谢罪，改宴于集贤殿。日烜言："先君弃世，予初嗣位，天使之来，开谕诏书，使予喜惧交战于胸中。窃闻宋主幼小，天子怜之，尚封公爵，于小国亦必加怜，昔谕六事，已蒙赦免。若亲朝之礼，予生长深宫，不习乘骑，不谙风土，恐死于道路。子弟太尉以下亦皆然，天使回，谨上表达诚，兼献异物。"椿曰："宋主年未十岁，亦生长深宫，如何亦至京师，但诏旨之外，不敢闻命。且我四人实来召汝，非取物也。"椿等还，日烜遣范明宇、郑国瓒、中赞杜国计，奉表陈情，言："孤臣禀气软弱，且道路艰难，徒暴白骨，致陛下哀伤，而无益天朝之万一。伏望陛下怜小国之辽远，令臣得与鳏寡孤独，保其性命，以终事陛下。此孤臣之至幸，小国生灵之大福也。"兼贡方物，及二驯象。

十六年三月，椿等先达京师，留郑国瓒待于邕州。枢密院奏："以日烜不朝，但遣使臣报命，饰辞托故，延引岁时，巧佞虽多，终违诏旨，可进兵境上，遣官问罪。"帝不从，命来使入觐。十一月，留其使郑国瓒于会同馆。复遣柴椿等四人，与杜国计持诏再谕日烜来朝："若果不能自觐，则积金以代其身，两珠以代其目，副以贤士、方技、子弟、工匠各二，以代其土民。不然修尔城池，以待其审处焉。"

十八年十月，立安南宣慰司，以巴延特穆尔为参知政事，行宣慰使都元帅，别设僚佐有差。是月，诏以光昺既没，其子日烜不请命而自立，遣使往召，又以疾为辞，止令其叔遗爱入觐，故立遗爱代为安南国王。

二十年七月，日烜致书于平章阿尔哈雅，请还所留来使，帝即遣还国。是时阿尔哈雅为荆湖占城行省平章政事，帝欲交趾助兵粮，以讨占城，令以己意谕之，行省遣鄂州达噜噶齐赵蒉以书谕日烜。十月，朝廷复遣陶秉直持玺书往谕之。十一月，赵蒉抵安南，日烜寻遣中亮大夫丁克绍、中大夫阮学道等，持方物从蒉入觐，又遣中奉大夫范至清、朝请郎杜抱直等赴省计事，且致书于平章，言："添军一件：占城服事小国日久，老父惟务以德怀之，迨于孤子之身，亦继承父志；自老父归顺天朝，三十年于兹，干戈示不复用，军卒毁为民丁，一资天朝贡献，一示心无二图，幸阁下矜察。助粮一件：小国地势濒海，五谷所产不多，一自大军去后，百姓流亡，加以水旱，朝饱暮饥，食不暇给；然阁下之命，所不敢违，拟于钦州界上永安州地所，俟候输纳。续谕孤子亲身赴阙，面奉圣训。老父在时，天朝矜悯，置之度外，今老父亡殁，孤子居忧，感病至今，尚未复常，况孤子生长遐陬，不耐寒暑，不习水土，艰难道涂，徒暴白骨。以小国陪臣往来向为沴气所侵，或十之五六，或死者过半，阁下亦已素知。惟望曲为爱护，敷奏天朝，庶知孤子宗族官吏一一畏死贪生之意。岂但孤子受赐，抑一国生灵赖以安全，共祝阁下享此长久自天之大福也。"

二十一年三月，陶秉直使还，日烜复上表陈情，又致书于荆湖占城行省，大意与前书同。又以琼州安抚使陈仲达听郑天佑言"交趾通谋占城，遣兵二万，及船五百，以为接应"，又致书行省，其略曰："占城乃小国内属，大军致讨，所当哀吁，然未尝敢出一言，盖天时人事小国亦知之矣。今占城遂为叛逆，执迷不复，是所谓不能知天知人者也。知天知人而反与不能知天知人者同谋，虽三尺儿童，亦知其弗与，况小国乎！幸贵省裁之。"八月，日烜弟昭德王陈璨致书于荆湖占城行省，自愿纳款归降。十一月，行省右丞索多言："交趾与真腊、占城、云南、暹、缅诸国接壤，可即其地立省；及于越里、潮洲、毗兰三道屯军镇戍，因其粮饷，以给士卒，庶免海道转输之劳。"

二十二年三月，荆湖占城行省言："镇南王昨奉旨统军，征占城。遣左丞唐古特驰驿赴占城，约右丞索多将兵会合。又遣理问官库哩宣使塔海萨里，同安南国使阮道学等持行省公文，责日烜运粮，送至占城助军，镇南王路经近境，令其就见。"比官军至衡山县，闻日烜从兄兴道王陈峻提兵界上，既而库哩及塔海萨里引安南中亮大夫陈德钧、朝散郎陈嗣宗，以日烜书至，言其国至占城水陆非便，愿随力奉献军粮。及官军至永州，日烜移牒邕州，言："贡期拟取十月，请前涂预备丁力，若镇南王下车之日，希文垂报。"行省命万户赵修己以己意复书，复移公文，令开路备粮，亲迎镇南王。

及官军至邕州，安南殿前范海崖，领兵屯可兰、韦大助等处。至思明州，镇南王复令移交与之。至禄州，复闻日烜调兵拒守丘温丘急岭隘路，行省遂分军两道以进。日烜复遣其善忠大夫阮德舆、朝请郎阮文翰奉书与镇南王，言："不能亲见末光，然中心欣幸。以往者钦蒙圣诏云，别敕我军，不入尔境；今见邕州营站桥梁，往往相接，实深惊惧，幸昭忉忠诚，少加矜恤。"又以书抵平章政事，乞保护本国生灵，庶免逃窜之患。镇南王命行省遣总把阿里持书与德与同往，谕日烜以兴兵之故，实为占城，非为安南也。至急保县地，安南管军官阮盝屯兵七源州，又村李县短万劫等处，俱有兴道王兵，阿里不能进。行省再命倪闰往觇虚实，斟酌调军，然不得杀掠其民。

未几，色特尔岱、李邦宪、孙佑等言：至可离隘遇交兵拒敌，佑与之战，擒其管军奉御杜伟、杜祐，始知兴道王果领兵迎敌。官军过可离隘至洞板隘，又遇其兵，与战，败之。其首将秦岑中伤死。兴道王在内傍隘，又进兵至变住村，谕其收兵开路，迎拜镇南王，不从。至内傍隘奉令旨，令人招之，又不从。官军遂分六道进攻，执其将大僚班段台，兴道王逃去。追至万劫，攻诸隘，皆破之。兴道王尚有兵船千余艘，距万劫十里，遂遣兵士于沿江求船，及聚板木钉灰置场创造，选各翼水军，令乌玛喇巴图部领数与战，皆败之，得其江岸遗弃文字二纸，乃日烜与镇南王及行省平章书，复称："前诏别敕我军，不入尔境，今以占城既臣复叛之故，因发大军，经由本国，残害百姓，是太子所行违误，非本国之违误也。伏望勿外前诏，勒回大军，本国当具贡物驰献，复有异于前者。"行省复以书抵之，以为："朝廷调兵讨占城，屡移文与世子，俾开路备粮，不意故违朝命，俾兴道王辈提兵迎敌，射伤我军，与安南生灵为祸者，尔国所行也。今大军经尔国,讨占城,乃上命。世子可详思尔国归附已久,宜体皇帝涵洪慈悯之德,即令退兵开道,安谕百姓,各务生理。我军所过,秋毫无扰,世子宜出迎镇南王,共议军事;不然,大军止于安南开府。"因令其使阮文翰达之。

及官军获生口,乃称日烜调其圣翊等军船千余艘,助兴道王拒战。镇南王遂与行省官,亲临东岸,遣兵攻之,杀伤甚众,夺船二十余艘,兴道王败走,官军缚筏为桥,渡富良江北岸。日烜沿江布兵船,立木栅,见官军至岸,即发炮,大呼求战。至晚,又遣其阮奉御奉镇南王及行省官书,请小却大军,行省复移文责之,遂复进兵。日烜乃弃城遁去,仍令阮效锐奉书谢罪,并献方物,且请班师,行省复移文招谕,遂调兵渡江,壁于安南城下。

明日,镇南王入其国,宫室尽空,惟留屡降诏敕及中书牒文,尽行毁抹,外有文字,皆其南北边将报官军消息及拒敌事情。日烜僭称大越国主宪天体道大明光孝皇帝陈威晃,禅位于皇太子,立太子妃为皇后,上显慈顺天皇太后表章,于上行使昊天成命之宝。

日烜即居太上皇之位,现立安南王系日烜之子,行绍宝年号。所居宫室五门,额书大兴之门,左右掖门,正殿九间书大安御殿,正南门书朝天阁。又诸处张榜云:"凡国内郡县假有外寇至,当死战。或力不敌,许于山泽逃窜,不得迎降。"其险隘拒守处,俱有库屋以贮兵甲。其弃船登岸之军犹众。日烜引宗族官吏于天长、长安屯聚,兴道王、范殿前领兵船,复聚万劫口,阮盝驻西路永平。

行省整军以备追袭,而唐古特与索多等兵至自占城与大军会合。自入其境,大小七战,取地二千余里,王宫四所。初,败其昭明王兵,击其昭孝王,大僚护皆死,昭明王远遁,不敢复出。又于安演州、清化、长安获亡宋陈尚书婿、交趾梁奉御及赵孟信、叶郎将等四百余人。

万户李邦宪、刘世英领军开道,自永平入安南。每三十里立一寨,六十里置一驿,每一寨一驿屯军三百,镇守巡逻。复令世英立堡,专提督寨驿公事。

右丞库春引万户孟古岱、巴喇罕岱尔由陆路,李左丞引乌玛喇巴图由水路,败日烜兵船,禽其建德侯陈仲,日烜逃去,追至胶海口,不知所往。其宗族文义侯、父武道侯及子明智侯、婿彰怀侯并彰宪侯,亡宋官曾参政、苏少保子苏宝章、陈尚书子陈文孙,相继率众来降。唐古特、刘珪皆言占城无粮,军难久驻。镇南王令索多引元军于长安等处就粮。日烜至安邦海口,弃其舟楫甲仗,走匿山林。官军获船一万艘,择善者乘之,余皆焚弃,复于陆路追三昼夜。

获生口称上皇、世子止有船四艘,兴道王及其子三艘,太师八十艘,走清化府。索多亦报日烜、太师走清化。乌玛喇巴图以军一千三百人、战船六十艘,助索多袭击其太师等兵;复令唐古特沿海追日烜,亦不知所往。

日烜弟昭国王陈益稷率其本宗与其妻子官吏来降;乃遣密拉萨巴等送彰宪侯、文义侯及其弟明诚侯、昭国王子义国侯入朝。文义侯得北上,彰宪侯、义国侯皆为兴道王所劫，彰宪侯死，义国侯脱身还军中。

军官聚诸将议，交人拒敌官军虽数败，然增兵转多，官军困之，死伤亦众，蒙古军马亦不能施其技。遂弃其京城，渡江北岸，决议退兵屯思明州；镇南王然之，乃领军还。是日，刘世英与兴道王、兴宁王兵二万余人力战。

又官军至如月江，日烜遣怀文侯来战，行至册江，系浮桥渡江，左丞唐古特等军未渡，而林内伏发，官军多溺死，力战始得出境。唐古特等驰驿上奏。七月，枢密院请调兵，以今年十月会潭州，听镇南王及阿尔哈雅择帅总之。

二十三年正月，诏省臣共议，遂大举南伐。二月，诏谕安南官吏百姓，数日烜罪恶，言其戕杀叔父陈遗爱，及弗纳达噜噶齐、巴延特穆尔等事。以陈益稷等自拔来归，封益稷为安南国王，赐符印，秀嵈为辅义公，以奉陈祀。申命镇南王托欢、左丞相阿尔哈雅平定其国，以兵纳益稷。

五月，发孟古岱麾下士卒，合鄂州行省军，同征之。官兵入其境，日烜复弃城遁。

六月，湖南宣慰司上言："连岁征日本，及用兵占城，百姓罢于转输，赋役烦重，士卒触瘴疠多死伤者，群生愁叹，四民废业，贫者弃子以偷生，富者鬻产而应役，倒悬之苦，日甚一日。今复有事交趾，动百万之众，虚千金之费，非所以恤士民也。且举动之间，利害非一，又兼交趾已尝遣使纳表称藩，若从其请，以苏民力，计之上也。无已，则宜宽百姓之赋，积粮饷，缮甲兵，俟来岁天时稍利，然后大举，亦未为晚。"湖广行省臣显格是其议，遣使入奏，且言："本省镇戍凡七十余所，连岁征战，士卒精锐者罢于外，所存者皆老弱，每一城邑，多不过三百人。窃恐奸人得以窥伺虚实。往年平章阿尔哈雅出征，输粮三万石，民且告病，今复倍其数。官无储蓄，和籴于民间，百姓将不胜其困，宜如宣慰司所言，乞缓师南伐。"枢密院以闻，帝即日下诏止军，纵士卒还各营，益稷从师还鄂。

二十四年正月，发新附军千人，从阿巴齐讨安南。又诏发江淮、江西、湖广三省蒙古、汉、券军七万人，船五百艘，云南兵六千人，海外四州黎兵万五千，海道运粮万户张文虎、费拱辰、陶大明，运粮十七万石，分道以进。置征交趾行尚书省，鄂啰齐平章政事，乌玛喇、樊楫参知政事，总之，并受镇南王节制。五月，命右丞程鹏飞还荆湖行省治兵。六月，枢密院复奏令乌玛喇与樊参政率军士，水陆并进。九月，以琼州路安抚使陈仲达、南宁军民总管谢有奎、延拦军民总管符庇成，出兵船，助征交趾，并令从征。日烜遣其中大夫阮交通等入贡。

十一月，镇南王次思明，留兵二千五百人，命万户贺祉统之，以守辎重。程鹏飞，巴喇军岱尔以汉、券兵万人，由西道永平，鄂啰齐以万人从镇南王，由东道女儿关以进。阿巴齐以万人为前锋，乌玛喇、樊楫以兵由海道经玉山、双门、安邦口，遇交趾船四百余艘，击之，斩首四千余级，生擒百余人，夺其舟百艘，遂趋交趾。程鹏飞、巴喇罕岱尔经老鼠、陷沙、茨竹三关，凡十七战，皆捷。

十二月，镇南王次茅罗港，交趾兴道王遁，因攻浮山寨，破之。又命程鹏飞、阿里以兵二万守万劫，且修普赖山及灵山木栅。命乌玛喇将水兵，阿巴齐将陆兵，径趋交趾城。镇南王以诸军渡富良江，次城下，败其守兵。日烜与其子弃城走敢喃堡，诸军攻下之。

二十五年正月，日烜及其子复走入海，镇南王以诸军追之，次天长海口，不知其所之，引兵还交趾城，命乌玛喇将水兵由大滂口迓张文虎等粮船。鄂啰齐、阿巴齐等分道入山求粮，闻交趾集兵个沉、个黎、磨山、魏寨，发兵皆破之，斩万余级。

二月，镇南王引兵还万劫，阿巴齐将前锋夺关系桥，破三江口，攻下堡三十二，斩数万余级，得船二百艘，米十一万三千余石。乌玛喇由大滂口趋塔山，遇贼船千余，击破之；至安邦口，不见张文虎船，复还万劫，得米四万余石。普赖至灵山木栅成，命诸军居之。诸将因言交趾无城池可守，仓庾可食，张文虎等粮船不至，且天时已热，恐粮尽师老，无以支久，为朝廷羞，宜全师而还。镇南王从之，命乌玛喇、樊楫将水兵先还，程鹏飞、达春将兵护送之。三月，镇南王以诸军还。

张文虎粮船以去年十二月次屯山，遇交趾船三十艘，文虎击之，所杀掠相当，至绿水洋贼船益多，度不能敌，又船重不可行，乃沉米于海，趋琼州。费拱辰粮船以十一月次惠州，风不得进，漂至琼州，与张文虎合。徐庆粮船漂至占城，亦至琼州。凡亡士卒二百二十人，船十一艘，粮万四千三百石有奇。

镇南王次内傍关，贼兵大集，王击破之，命万户张均以精锐三千人殿，力战出关。谍知日烜及世子兴道王等分兵三十余万，守女儿关，及丘急岭，连亘百余里，以遏归师，镇南王遂由单己县趋盝州，间道以出，次思明州，命爱鲁克领兵还云南，鄂啰齐以诸军北还。日烜寻遣使来谢，进金人代己罪。十一月，以刘廷直、李斯衍、万努等使安南，持诏谕日烜来朝。

二十六年二月，中书省臣奏，既罢征交趾，宜拘收行省符印。四月，日烜遣其中大夫陈克用等来贡方物。

二十七年，日烜卒，子日燇遣使来贡。

二十八年十一月，镇守永州两淮万户府上千户蔡荣上书，言军事大要，以朝廷赏罚不明，士不用命，将帅不和，坐失事机，其弊有不可胜言者。书上，不报。

二十九年九月，遣吏部尚书梁曾、礼部郎中陈孚持诏再谕日燇来朝，诏曰："省表具悉。去岁礼部尚书张立道言，曾到安南，识彼事体，请往开谕，使之来朝。因遣立道往彼，今汝国罪愆既已自陈，朕复何言！若曰孤在制，及畏死道路，不敢来朝，且有生之类，宁有长久安全者乎？天下亦复有不死之地乎？朕所未喻，汝当具闻，徒以虚文岁币巧饰见欺，于义安在？"

三十年，梁曾等使还，日燇遣陪臣陶子奇等来贡，廷臣以日燇终不入朝，又议征之，遂拘留子奇于江陵。命刘国杰与诸侯王伊勒吉岱等同征安南，敕至鄂州，与陈益稷议。八月，平章博果密等奏立湖广、安南行省，给二印，市蜑船百斛者千艘，用军五万六千五百七十人，粮三十五万石，马料二万石，盐二十一万斤，预给军官俸津，遣军人水手人钞二锭，器仗凡七十余万事，国杰设幕官十一人，水陆分道并进。又以江西行枢密院副使彻尔玛勒为右丞，从征安南。令陈岩、赵修己、云从龙、张文虎、岑雄等共事，益稷随军至长沙，会寝兵而止。

三十一年五月，成宗即位，命罢征，遣陶子奇归国。日燇遣使上表，慰国哀，并献方物。六月，遣礼部侍郎李衎、兵部郎中萧登泰持诏往抚绥之，其略曰："先皇帝新弃天下，朕嗣守大统，践阼之始，大肆赦宥，无间远近。惟尔安南亦从宽宥，已敕有司罢兵，遣陪臣陶子奇归国。自今以往，所以畏天事天者，其审思之。"

大德五年二月，太傅谔勒哲等奏：安南来使邓汝霖窃画宫苑图本，私买舆地图，及禁书，又抄写陈言，征收交趾文书，及私记北边军情，及山陵等事宜，遣使持诏，责以大义。三月，遣礼部尚书玛哈穆特、礼部侍郎乔宗亮，持诏谕日燇，大意以汝霖等所为不法，宜穷治，朕以天下为度，敕有司放还，自今使价必须选择，有所陈请，必尽情悃，向以虚文见绐，何益于事哉，勿惮改图，以贻后悔。中书省复移牒取万户张荣实等二人，与去使偕还。

武宗即位，下诏谕之，屡遣使来贡。至大四年八月，世子陈日㷃遣使奉表来朝。

仁宗皇庆二年正月，交趾军约三万余众，马军二千余骑，犯镇安州云洞，杀掠居民，焚烧仓廪庐舍，又陷禄洞、知洞等处，虏生口孳畜，及居民赀产而还，复分兵三道犯归顺州，屯兵未退，廷议俾湖广行省发兵讨之。四月，复得报，交趾世子亲领兵焚养利州官舍民居，杀掠二千余人；且声言："昔右江归顺州五次劫我大源路，掠我生口五千余人，知养利州事赵珏禽我思浪州商人，取金一碾，侵田一千余顷，故来雠杀。"

六月，中书省俾兵部员外郎阿尔乌逊、枢密院俾千户刘元亨，同赴湖广行省询察之。元亨等亲诣上、中、下由村，相视地所询之居民农五。又遣下思明知州黄嵩寿往诘之，谓是阮盖世子太史之奴，然亦未知是否。于是牒谕安南国，其略曰："昔汉置九郡，唐立五管，安南实声教所及之地，况献图奉贡，上下之分素明，厚往薄来，怀抚之惠亦至，圣朝果何负于贵国！今胡自作不靖，祸马斯启，虽由村之地所系至微，而国家舆图所关甚大，兼之所杀所虏，皆朝廷系籍编户，省院未敢奏闻，然未审不轨之谋，谁实主之。"安南回牒云："边鄙鼠窃狗偷辈，自作不靖，本国安得而知？"且以货赂偕至。元亨复牒，责安南饰辞不实，却其货赂,且曰:"南金象齿贵国以为宝,而使者以不贪为宝,来物就付回使,请审察事情,明以告我。"而道里辽远,情辞虚诞,终莫得其要领。元亨等推原其由:因上言交人昔侵永平边境,今仿效成风,兼闻阮盔世子乃交趾跋扈之人,为今之计,莫若遣使谕安南,归我土田,返我人民,仍令当国之人,正其疆界,究其主谋开衅之人,戮于境上,申饬边吏,毋令侵越,却于永平置寨募兵,设官统领,给田土牛具,令自耕食,编立部伍,明立赏罚,令其缓急首尾相应,如此,则边境安静,永保无虞。事闻,有旨俟安南使至,即以谕之。

自延祐初元以及至治之末,疆场宁谧,贡献不绝。泰定元年,世子陈日爌遣陪臣莫节夫等来贡。

益稷久居于鄂,遥授湖广行省平章政事,当成宗朝,赐田二百顷;武宗朝,进银青荣禄大夫,加金紫光禄大夫,复加仪同三司。文宗天历二年夏,益稷卒,寿七十有六,诏赐钱五千缗,至顺元年,谥忠懿王。

三年夏四月,世子陈日煃遣其臣邓世延等二十四人,来贡方物。

第八章 《新元史》传记

安南，古称交趾，本汉日南郡地。唐高宗调露元年，改安南都护府，隶岭南道，安南之名始此。后梁贞明中，始为土豪曲承美所据，南汉刘隐伐承美，执之，并其地，寻为爱州府将杨延艺所据，州将吴昌岌复夺之，传其弟昌文。宋开宝七年，遣使朝贡，始封交趾郡王，自是弃为外域。后为其将黎桓所篡，桓之后又为大校李公蕴所篡，公蕴之后昊旵无子，以女昭盛主国事。理宗绍定三年，昭盛让位于其夫陈日煚，陈氏遂有其国。宋景定三年，封日煚为太王，以其子光昺为国王。

宪宗七年，大将兀良合台既平大理，移兵向交趾，三遣使谕降，皆不返；于是分道进攻。师抵洮江，日煚遣兵乘象拒战。兀良合台子阿术，年十八，率善射者射其象，象惊奔，反蹂其众，遂大溃。明日日煚断扶齿桥，对岸而陈。大军未测水深浅，沿江仰空射之，矢堕水而不浮，知为浅处，即以骑兵济。日煚败走，斩其宗子富良侯，入都城，得前所遣三使，出之狱。以破竹束体入肤，比释缚，一使死，遂屠其城。留九日，以炎暑班师，更遣二使招日煚来归。日煚自海岛还，见国都残毁，大愤，乃缚二使遣还。会日煚传国与子光昺，改元绍隆，遣其女婿以方物来见，兀良合台送诣行在所，别遣纳刺丁往谕曰："昔吾遣使通好，尔等执而不返，我是以有去年之师。以尔主播越草野，复令二使招安还国，又缚还我使。今特再加开谕，如果矢心内附，则国主亲来。若犹不悛，明以报我。"光昺得书，遽纳款，且曰："俟降德音，即遣子弟为质。"

世祖中统初，以礼部郎中孟甲、员外郎李文俊，充正副使，持诏往谕，曰："祖宗以武功创业，文化未修。朕缵丞丕绪，鼎新革故，务一万方。适闻尔邦有向风慕义之诚，念卿昔在先朝已尝臣服，远贡方物，故颁诏旨，谕尔国官僚士庶，凡衣服、典礼、风俗，一依本国旧制，已戒边将不得擅兴兵甲，侵尔疆场，乱尔人民。各宜安治如故。"光昺即遣其通侍大夫陈奉公等诣阙献书，愿臣附；帝封光昺为安南国王，赐西锦三，金熟锦六，并授虎符。复降诏曰："卿既委赞为臣，其自中统四年为始，每三年一贡，可选儒士、医人及通阴阳卜筮、诸色人匠各三人，及苏合油、光香、金、银、丹沙、沉檀香、犀角、玳瑁、象牙、绵、白磁盏等物同至。"仍以纳刺丁充达鲁花赤，往来其国。光昺遣其员外郎杨安养等入谢，帝赐玉带、缯帛、药饵、鞍辔有差。

至元二年赐光昺历，并颁改元诏。光昺复遣杨安养上表三通：一，定所贡方物；二，免索儒医工匠人；三，愿请纳刺丁长为本国达鲁花赤。帝许之。

四年，复下诏谕以六事，曰："凡亲附之国君长亲朝，子弟入质，编民数，出军役，输纳赋税，仍置达鲁花赤统治之，以数事表来附之深诚也。卿令来贡，不逾三年之期，其诚可知，故告以我祖宗之法，亦以诚论；且君长来朝，子弟入质，籍民定赋，出军相助，古亦有之，岂今日之创制哉？略举出军一事，无以征行远戍为虑，但来人杨安养称有占腊山獠之患，彼二寇如能降伏，复有何事？交兵之道，孰以为易，倘不用命，必当讨伐；况汝来奏，尝有一家之言，今闻纳剌丁在彼中多回鹘，禁约不使交谈，果如所言，一家之礼，岂有如此耶？君臣之义，实同父子，岂有臣子而背其君父者？当熟思以全终始之义。"

五年，以忽笼海牙代纳剌丁为达鲁花赤，张庭珍副之，光昺立受诏，庭珍责以大义，使下拜。既而曰："汝朝官尔，我王也，何得与抗礼！"庭珍曰："王人虽微，序于诸侯之上，况天子命我为安南之长，位居汝上邪？"光昺语塞，中书省复移牒，光昺言其受诏不拜，待使介不以王人之礼，引春秋之义责之。光昺复书言："本国钦奉天朝，已封王爵，岂非王人乎？天朝奉使，复称王人与之均礼，恐辱朝廷；况本国前奉诏旨，悉依旧俗，凡受诏令，奉安正殿，而退避别室，此本国旧典也，惟阁下察之。"中书省复移牒切责，曰："考之《春秋》，叙王人于诸侯之上，《释例》云，王人，盖下士也，夫五等邦君，外臣之贵也，下士，内臣之微者也，以微者而加贵者之上，正以王命为重也。后世列王为爵，诸侯之尤贵者，顾岂有以王爵为人者乎？王宁不知而为是言耶？抑辞令臣误为此言邪？至于天子之诏，人臣当拜受，此古今通义，乃循旧俗，奉安正殿，而退避别室，王岂能自安于心乎！前诏所言，盖谓天壤间不啻万国，国各有俗，骤使变革，有所不便，故听用本俗，岂以不拜天子之诏为从俗哉？且王之教令行于国中，臣子有受而不拜者，则王以为何如？"是年，光昺遣范崖周览入贡。

七年，以叶式捏为安南达鲁花赤。光昺遣黎佗、丁拱坦入贡，表言："微臣僻在海隅，得霑圣化与函生，欢忭鼓舞，乞念臣自降附上国，虽奉三年一贡，然往来使臣疲于奔命，未尝一日休息；至天朝所遣达鲁花赤，辱临臣境，动有挟持，凌轹小国，虽天子明并日月，安能照及覆盆；且达鲁花赤可施于边蛮小丑，臣既席封为一方屏藩，而反立达鲁花赤以监临之，宁不见笑他国？复望圣慈矜恤，凡天朝所遣官，乞易为引进，使庶免达鲁花赤之扰。"

十二年，帝复降诏曰："祖宗定制，凡内附之国，君长亲朝，子弟纳质，籍户口，输岁赋，调民助兵，仍置达鲁花赤统治之，此六事往年已谕卿矣，归附逾十五年，未尝躬自来觐，数事竟未举行，虽云三年一贡，所贡之物皆无补于用，谓卿久当自悟，略而不问，何为迄今犹未知省？故复遣合撒儿海牙往尔之国，谕卿来朝，倘有他故，必不果来，可令子弟入朝。此外，本国户口若未有定籍，输赋调兵，何由斟酌？苟尔民实少，多取之，力将不及，今籍尔户口，盖欲量其多寡，以定兵赋之制，其所调兵，亦不令远适他所，止从云南戍兵，相与协力而已。"光昺遣黎克复、黎文粹，上表谢罪。八年，遣冯庄、阮元入贡。九年，又遣童子野杜本入贡。十一年遣黎克复、黎文粹入贡，会大兵平宋，克复等由湖广还国。

十四年，光昺卒，国人立其世子日烜。中侍大夫周仲彦、中亮大夫吴德邵来朝，帝遣尚书柴椿等持诏趣日烜赴阙。先是使传之通，止由邕阐黎化间，至是帝令椿自江陵直抵邕州，以达交趾。椿等至邕州永平寨，日烜遣人上书，谓："近闻国使辱临敝境，边民无不骇愕，不知何国人使。"椿回牒曰："礼部尚书等官奉上命，以事由邕州入尔国，所有导护军兵，合乘驿骑，宜来界首远迓。"日烜使御史中赞知审判院事杜国计先至，其太尉率百官，自富良江岸来迎。日烜就馆，见使者。宣诏毕，椿谓曰："汝国内附二十余年，汝父受命为王，汝不请命自立，今复不朝，异日朝廷加罪，将何以逃其责！"日烜仍旧例设宴于廊下，椿等弗就宴。既归馆，日烜遣范明宇来谢罪，改宴集贤殿，自言："先君弃世，予初嗣位，天使之来，使予忧惧交并。窃闻宋主幼小，天子怜之，尚封公爵，于小国亦必加怜，若亲朝之礼，予生长深宫，不谙风土，恐死于道路。俟天使归，谨上表达诚，兼献异物。"椿曰："宋主年未十岁，亦生长深宫，如何亦至京师？但诏旨之外，不敢闻命，且我实来召汝，非取略也。"椿等还，日烜遣范明宇、郑国瓒、杜国计，奉表陈情，言："孤臣禀气衰弱，且道路险远，徒暴白骨，致陛下哀伤，无益天朝之万一。伏望怜臣得与鳏寡孤独保其性命，以终事陛下。此孤臣之至幸，小国生灵之大福。"兼贡驯象二。廷议以其饰辞抗命，延引岁月，宜进兵境上，遣官问罪。帝不从，复遣尚书梁曾再谕日烜来朝，若果不能亲至，则积金以代其身，两珠以代其目，副以贤士、方技、工匠各二，以代其民。不则修尔城池，以待天兵之至。日烜遣其叔父遗爱来朝。

十八年立安南宣慰司，以卜颜帖木尔为使，别设僚佐，日烜拒弗纳。帝下诏曰："曩安南国王陈光昺生存之日，尝以祖宗收抚诸蛮旧例六事谕之，彼未尝奉行。光昺既没，其子又不请命而自立。遣使召之，托故不至。今又以为词，故违朕命，止令其叔父入觐，即欲兴师致讨。缘尔内附入贡有年矣，其可效尔无知之人，枉害众命！尔既称疾不朝，今听汝以医药自养故，立汝之叔父遗爱，代汝为安南国王，抚治尔众。其或与汝百姓辄有异图，大兵深入，戕害性命，无或怨怼，实乃与汝百姓咎。"是年，日烜仍遣院道学来贡。于是加柴椿行安南宣慰使都元帅，李振副之，以新附军千人送遗爱之国。日烜戕杀之。

二十一年，又遣中大夫陈谦甫，贡玉杯、金瓶、珠条、金领及白猿、绿鸠等物。初，镇南王脱欢奉命征占城，遣荆湖行省左丞唐兀觧、右丞唆都将兵来会，帝疑安南与占城通牒，令军行假道于其国，且责日烜运粮至占城助军，仍命鄂州达鲁花赤赵翥往谕之。比官军至衡山县，闻日烜从兄兴道王陈峻提兵拒守境上，言：本国至占城，水陆俱不便，愿献粮退军。及至永州，移文令日烜除道迎谒，至思明州王复下令督之，至禄州间，日烜阻兵邱温县邱急岭隘路，遂分军两道并进，万户李罗合答儿、招讨使刘深为西路，由邱温县进，怯薛撒略儿、万户李邦宪为东路，由邱急岭进。王以大兵继之，复遣总把阿里谕以兴兵之故，实为占城，非为安南也。至急保县，安南兵阻，不得前，东军破可离隘婴儿关，获间牒人杜伟等，斩之。至洞板隘，又遇安南兵，败之。闻峻在内傍隘，进兵至变住村，谕其收兵辟路，以迎王师，不从，官军分六道进攻。至万劫江，尽破诸隘。峻尚拥船千余艘，距万劫十里而阵，各翼水军连战俱捷，王与行省官亲临东岸，督之，夺船二十余艘，峻败走。官军乘间作筏为桥，渡富良江。时西军亦破支凌隘。

明年正月，日烜自将十万众，与官军大战于排滩，元师乌马儿、招讨使纳海、镇抚孙林德等败之，日烜退守泸江，又败走。乃令阮效锐奉书谢罪，且请班师。大军渡江，壁于安南城下。

明日，王入其国都，知日烜僭称大越国主宪天体道大明光孝皇帝，禅位于太子，用昊天成命之宝，日烜即居太上皇位，见立国王系日烜之子，行绍宝年号，所居宫室五门，额书大兴之门，左右掖门，正殿九间书天安御殿，正南门书朝天阁。时安南弃船登岸者犹众，日烜引宗族官吏于天长、长安屯聚。峻复领兵船，聚万劫江口，整军以待。

会唐兀䚟、唆都等兵回自占城，与大军合。分遣右丞宽彻，引万户忙古䚟、李罗哈答尔由陆路，左丞李恒引乌马尔由水路，败其兵船。日烜遣其弟文昭王、陈遹侯郑廷瓒拒战于乂安，又败。其兄子彰宪侯陈键复败于海口，键以其兵降。越三日，镇南王追败日烜于大黄江。日烜惧，遣忠宪侯陈阳请和，继遣近侍陶坚奉国妹至军中，乞罢兵。镇南王遣艾千户喻之曰："既请和，曷不躬来自议！"日烜不听，至安邦海口弃舟楫甲仗匿山谷间。官军获船万艘，择善者乘之，余皆焚弃。

日烜走清化府，其弟昭国王陈益稷率宗人秀嶸及妻子官吏迎降。日烜遣宗人忠宪侯陈阳及阮锐等来请和，王留之军中。

诸将以安南人虽数败，然增兵转盛暑，雨疫作，死伤亦众，占城既不可达，决计退兵，王不得已，引兵还。

至如月江，日烜遣兵蹑其后，行至册江，未及渡，林箐伏发，唆都李恒皆中流矢死，官军力战，始护王出境，亡者过半，阮锐逃伏草泽中，欲罢去，官军获斩之，此至元二十二年之一败也。事闻，帝震怒，乃罢征日本兵，大举伐安南。

二十三年四月，诏曰："曩以尔国既称臣服，岁输贡献，而不躬亲入朝，因彼叔父陈遗爱来，以安南事委之，至则为其戕害，所遣达鲁花赤，又却之不纳，至于用兵占城，略不供给，以致镇南王脱欢进兵。今因尔国近亲陈益稷、陈秀嶸、虑宗国覆灭，殃及无辜，屡劝尔来朝，终不见从，自拔来归，朕悯其忠孝，特封益稷为安南国王，陈秀嵻为辅义公，以奉陈祀。申命脱欢与奥鲁赤兴兵平定其国。前此罪戾止于尔之身，吏民无有所预。诏书到日，其各归田里，安生乐业。"

是年，日烜遣阮义全、阮德荣入贡，帝留义全等于京师。湖南省臣线哥上言："连岁征日本，及用兵占城，百姓罢于转输，士卒触瘴疠，多死伤，群臣愁叹，四民废业。今复有事交趾，动百万之众，非所以恤士民也。宜宽百姓之力，积粮饷，缮甲兵，俟来岁天时稍利，然后大举未晚。"诏今岁令益稷暂驻鄂州。

明年以阿八赤为征交趾行省左丞，发江淮、江西、湖广三省蒙古、汉、券军七万人，船五百艘，云南兵六千人，海外四州黎兵万五千人，海道万户张文虎等运粮十七万石，分道讨安南，以奥鲁赤平章政事，乌马尔、樊楫参知政事，并受镇南王节制。日烜遣中大夫阮文通入贡。

十一月，师次思明州，留兵二千人，以万户贺祉、张玉统之。令右丞程鹏飞将汉券兵万人，由西道入永平，奥鲁赤将万人从王，由东道入女儿关，楫与乌马尔帅舟师，由海道经玉山、双门、安邦口，遇敌船四百余，击败之，夺其船。鹏飞经老鼠、陷沙、茨竹、三关，十七战皆捷。镇南王进次茅罗港，攻浮山寨，破之。王命鹏飞以兵二万人，守万劫口，且修普赖至灵二山栅。命乌马尔、阿八赤，合水陆兵，径薄安南城。王帅诸军渡富良江，次城下。日烜走敢喃堡，王攻城，下之。

二十五年正月，日烜及其子走入海，追之，不及；遣乌马尔由大滂口迓文虎粮船。会文虎船至云屯山遇敌兵，杀略相当，至绿水洋，敌船益众，度不支，且船胶不可行，乃沉米于海，而自趋琼州。时官军乏食，分道入山求粮，王自引兵还万劫，阿八赤将前锋夺关系桥，破三江口，下堡三十二，得米十一万三千余石。乌马尔由大滂口趋塔山，遇敌船千余，败之；至安邦海口迎文虎粮船，不至，复还万劫，得米四万余石，分兵屯普赖至灵二栅。日烜遣从兄兴宁王陈嵩屡来约降，故老我师，夜又遣敢死士劫诸将营，镇南王怒，命万户解震焚其都城，左右谏止之。

神挚总管贾若愚献言曰："师可还，不可守。"诸将又言："天时已热，粮且尽，宜还师。"王从其言。命楫与乌马尔由水道先发，为安南兵所邀截，全军覆没。鹏飞简锐卒护王还。次内傍关，安南兵大集，赖万户张均以精锐三千人殿，力战出关。谍知日烜分兵三十余万守女儿关及邱急岭，连亘百余里，遏归路，诸军战且行，安南人乘高发毒矢，张玉阿八赤皆死之，王由单己县趋盏州，间道至思明州，命奥鲁赤以诸军北还。日烜随遣近侍官李修、段可容贡方物，且进代身金人赎罪，并归所获俘，悉黥其额曰天子兵，或黥曰投南朝云，此至元二十五年之再败也。

是年十二月，帝复诏谕日烜，曰："尔表称伏罪，似已知悔。据来人代奏，谓尔自责者三：被召不来，一也；脱欢抚军而不迓，二也；唆都根底遮当，三也；若蒙赦宥，当遣质子，进美姬，岁贡方物。凡兹缪敬，将焉用此！若果出诚款，何不来此面陈，安有闻遣将，则遂事逋逃，见班师，则声言入贡？以斯奉上，情伪可知；尔试思，与其岭外偷生，无虞兵祸，曷若阙庭归命，被宠荣归，二策之间，孰得孰失？尔今一念违误，系彼一方存亡，故遣辽东提刑按察司使刘廷直、礼部侍郎李思衎、兵部郎中万奴同唐兀𩓣、合散瓮吉利𩓣等，引前差来阮全等二十四人回国，亲谕朕当悉宥前愆，复尔旧封，或更迟疑，决难宽恕。"

明年三月，廷直等至安南，日烜遣其中大夫陈克明等上表谢罪，具言："已差从义郎阮盛、从昔里吉大王赴阙。其乌马儿、樊楫参政方行津遣，樊参政病卒，火葬讫，千户梅世英、薛文正等护其妻妾还家。乌马儿参政途中舟覆，溺于水而卒，其妻妾救出，俟续后资遣。军人陷没者八十余人，更行搜索，得头目若干名，军人若干名，并从天使回中国。"乌马尔、樊楫实为安南人所杀，表云楫病卒、乌马尔溺死，皆掩饰之词云。

二十七年，日烜卒，子日燇遣其臣严仲维陈子良等来告哀，且请袭爵。表言："六尺微孤，夙受父训，于臣事天朝，毋废岁贡一事，切切在怀；特遣中亮大夫严仲维、右武大夫陈子良等奉纲贡信物进献。"帝简张立道为礼部侍郎，征日燇亲朝。日燇遣其臣阮代之、何维严等上表乞赦罪，且约来岁诣阙。廷议必先朝而后赦。日燇惧，卒不至。

复遣尚书梁曾、郎中陈孚再往谕，曰："汝国罪愆既已自陈，朕复何言！若云畏死道路不敢来朝，且有生之类，宁有长久安存者乎？天下亦复有不死之地乎？朕所未喻，徒以虚文巧饰见欺，于义安在？"日燇复遣陪臣陶子奇请罪，上万寿颂金册表。

帝恶其抗命，又议兴师，遂拘子奇于江陵。命刘国杰与诸王昔里吉等同出师，分立湖广安南行省，给二印，市蜑船百斛者千艘，用军五万六千五百七十人。粮三十五万石，马料三万石，盐二十一万斤，预给官军俸赏，军人水手各钞二锭，水陆分道齐发，令益稷随军至长沙。

会世祖崩，成宗嗣立，罢兵，乃遣子奇归国。日燇上表慰国哀，并献方物，遣侍郎李衎、郎中萧登泰、持诏谕之，曰："朕嗣守大统，践阼之始，大肆赦宥，无间远近，惟尔安南亦从宽恤已敕有司罢兵；自今以往，所以畏天事大者，其审思之。"

元贞二年，日燇上表求封王爵，不允，乞大藏经，赐之。

大德元年，遣阮文籍、范葛入贡，自此至十年，安南凡五入贡云。

三年，丞相完泽等奏："安南来使邓汝霖窃画宫苑图本，私买舆地图及禁书，且私记北边军情山陵诸事宜，责以大义。"遣尚书马合马、侍郎乔宗亮，谕以"汝霖等所为不法，理宜穷治。朕以天下为度，敕有司放还。自今使介必须选择，有所陈请，必尽情悃。勿悼改图，致贻后悔。"

五年，命尚书马合马等送来使邓汝霖等还国，谕安南依前三年一贡。

武宗即位，遣礼部尚书安鲁威、兵部侍郎高复礼，颁即位诏于安南，曰："惟我国家，以武功定天下，文德怀远。乃眷安南自乃祖乃父世修方贡，朕甚嘉之。迹者先皇晏驾，朕方抚军朔方，为宗戚元勋所推戴，朕乃世祖嫡孙，裕皇正派，宗藩效顺于外，臣民属望于下，人心所共，神器有归。朕俯徇舆情，已于上都即位。今遣尚书阿里灰谕旨，尚体同仁之视，益坚事大之诚，辑宁尔邦，以称朕意。"

是年安南遣阮克道、范歆资入贡，贺即位。至大二年，又遣童应韶、谢大薰、入贡。

仁宗即位，世子陈日㷛遣使来朝，以礼部尚书乃马台、吏部侍郎聂古伯、兵部郎中杜与可，使安南，颁改元诏，曰：惟我祖宗，受天明命，抚有万邦，威德所被，柔远能迩；乃者先帝龙驭上宾，朕以王侯臣民不释之故，已即位于大都，其以明年为皇庆元年；今遣尚书乃马台等赍诏宣谕，仍颁新历一本，卿其敬授人时，益修臣职，毋替尔祖事大之诚，以副朕不忘柔远之意。

皇庆二年，安南兵三万人突犯镇安州，复分兵犯归顺州，屯聚未退，其世子复亲领兵陷养利州，声言知州事赵珏擒我思浪州商人，取金一碾，侵田千余顷，故来雠杀。枢密院使千户刘元亨赴湖广询察，元亨亲诣上、中、下由村。牒谕安南国，曰："昔汉置九郡，唐立五管，安南实声教所及之地。况献图奉贡，上下之分素明，厚往薄来，怀抚之惠亦至，圣朝果何负于贵国！今乃自作不靖，狡焉启疆，虽由村之地，所系至微，而国家舆图，所关甚大，兼之杀掠者，皆朝廷属籍编户，省院未敢奏闻，未审不轨之谋，谁实主之？"安南回牒云："边鄙鼠窃，自作不靖，本国安得而知？"且以重赂至。元亨复牒责以饰辞不实，却其赂，且曰："南金、象齿，贵国以为宝，而使者以不贪为宝，请审察事情，明以告我。"然道里遥远，情词虚诞，终莫得其要领。元亨上言："曩者安南人尝侵永平边境，今复仿效成风。为今之计，莫若遣官宣谕，归我土田，返我人民，仍令当国之人，正其疆界，究其首谋开衅之人，戮于境上，申饬边吏，毋令侵越。更于永平设寨募兵，设官统领，给田土牛具，令自耕食，编立部伍，明示赏罚，令其缓急首尾相应，如此，则边境安静，永保无虞。"事闻，敕俟安南使至，谕之。

延祐三年，命湖广行省谕安南归占城国王。先是，安南人攻占城国，执其王以归，兵还迎拜诏书，乃上表谢罪焉。七年，日㷛卒，世子日爌遣陪臣邓恭俭、杜士游，来贡。

英宗至治元年，遣吏部尚书教化、礼部郎中文矩，颁登极诏。

泰定帝即位，诏安南国世子陈日爌，曰："我国家诞膺景命，抚绥万邦，德泽普加，靡间华夏。乃者先朝奄弃臣民，朕以裕皇嫡孙，为宗室大臣推戴，爰自太祖肇基之地，入承天叙，其以甲子岁，为泰定元年。今遣尚书马合谋、礼部郎中杨增瑞，赍诏播告，赐尔授时历一帙。惟乃祖乃父修贡内附有年矣，我国家遇卿良厚。以占城守臣上表，称卿之边吏累发兵相侵，朕为恻然于中。不知卿何为至是，岂信然耶！朕君临天下，视远犹迩，务辑宁其民，俾各得所。卿其体朕至怀，戒饬士众，慎保人民，俾毋忘尔累世忠顺之意。"日燇遣陪臣莫节夫入贺。

二年，宁远知州添插言："安南士官押那攻掠其本末诸寨。"敕押那归其俘。三年，安南将阮叩侵思州路，命湖广行省饬兵备之。

先是，陈益稷久居鄂州，遥授湖广行省平章，其妻子皆为本国所害。当成宗朝，赐汉阳田五百顷，俾自赡，既而夺之。武宗悯其老，重加恩命，制曰："委贽归朝，既去逆而效顺，以爵驭贵，宜崇德而报功，诞播明纶，用孚众听。尔陈益稷知畏天者事大，期保境以安民，慕帝王之有真，见机而作，惧祖宗之不祀，自拔而来，以忠孝之诚，受之于世皇，蒙天地之德，锡封于故国。始者周王之赫怒，伐罪吊民，终焉尧舜之诞敷，班师振旅，彼迷不复，尔守弥坚。拯溺救焚从王师，凡一再举，授餐适馆，留湖右几三十年，身历事于四朝，志不渝乎初节，肆朕即阼，亟其来庭。是用加新秩以示恩，仍旧封而授职。于戏！内宁外抚，朕不忘铜柱之南，近悦远来，尔益拱星辰之北。对扬休命，永坚一心。可加金紫光禄大夫、安南国王，给田如故。"文宗天历二年卒，享年七十六，赐钱五千缗，谥忠懿。

三年，世子陈日焞遣其臣邓世延等二十四人来贡。

至顺元年，有广源贼闭覆寇龙州罗回洞，龙州万户移文诘安南，其回牒言："自归天朝，恪共臣职，彼疆此界，尽属一统。岂以罗回原隶本国，遂起争端，盖边吏生衅，假闭覆为名，理宜即加穷治。"命龙州万户仍还所掠。次年，日焞遣其臣段子贞、黎克逊来贡。三年，遣吏部尚书撒只瓦等使安南。

惠宗元统二年，遣尚书帖住礼、部郎中智熙善使安南，以授时历赐之。安南遣童和卿、阮固夫入贡，贺即位。

后至元元年，封其世子陈端午为国王。日焞退而学道，自号太虚子，惟章表犹署己名。四年至六年，再遣使入贡。初，朝廷以日烇不请命自立，故日烇以下四世俱称安南世子，至端午始封为国王焉。

其国制度分十三道、五十二府、二百一十九州县。其实一道不及中国一郡。所至皆设学校，惟谅山有城，砖色红紫，传为马伏波所筑。王宫用黄瓦，檐高不过丈。民房以草苫覆门，仅三尺许，俯首出入。文字与中土同，别作数十字，多加土傍以示异，亦止行于国中。其物产多稻，无麦，重蚕桑，有绸布，不植棉花，所在竹木成林，蔽天日。其用人，文职有：三公、太尉、平章、政事、辅国、左右仆射、参知政事、御史台、翰林院、尚书等，武职有：都元帅、节度使、大将军、内殿、前指挥使、招讨史等，又有方镇，及世袭乡邑官。每三年一考试，初试经义，次试四六，三试诗，四试策。各道取中三场者曰生徒，中四场者曰贡生，至会试中四场者曰进士，无定额。其氏族如阮、裴、吴、杨、陶、黄、武、宋、陈、程、梁、胡之属，外无他姓。男女皆披发，以香蜡敛之，不令散乱。又以药涂其齿，使之黑而有光。无阴晴，但戴笠。见贵人曰翁茶，译言大官也。食生肉，不设几席。豪家始有床褥，平民率籍草而卧。好怪异，尚巫鬼，不奉二氏教。婚姻，富贵家用媒妁，遵礼制；贫家男女相悦，即备钱成夫妇，虽同姓不避。独丧制各依古礼，禁官民不得卜地，止许葬田中；惟国王始择地于山上。兵无甲胄，止用火器、长刀、标、枪、藤牌之属，临阵以象为重。草木四时不凋。昼夜无长短，古所称日南者，殆不虚云。

第三编

第九章 《明史·安南传》

安南,古交趾地。唐以前皆隶中国。五代时,始为土人曲承美窃据。宋初,封丁部领为交趾郡王,三传为大臣黎桓所篡。黎氏亦三传为大臣李公蕴所篡。李氏八传,无子,传其婿陈日炬。元时屡破其国。

洪武元年,王日煃闻廖永忠定两广,将遣使纳款,以梁王在云南,未果。十二月,太祖命汉阳知府易济招谕之,日煃遣少中大夫同时敏正大夫段悌、黎安世等,奉表来朝,贡方物。明年六月,达京师,帝喜,赐宴。命侍读学士张以宁、典簿牛谅往封为安南国王,赐驼钮涂金银印。诏曰:"咨尔安南国王陈日煃,惟乃祖父守境南陲,称藩中国,克恭臣职,以永世封。朕荷天地之灵,肃清华夏,驰书往报,卿即奉表称臣,专使来贺,法前人之训,安遐壤之民,睹兹勤诚,深可嘉尚。是用遣使赍印,仍封尔为安南国王,于戏,视广同仁思效哲王之盛,典爵超五等,俾承奕叶之遗芳,益茂令猷,永为藩辅,钦哉!"赐日煃大统历、织金文绮纱罗四十四,同时敏以下皆有赐。

以宁等至,日煃先卒,侄日熞嗣位,遣其臣阮汝亮来迎,请诰印,以宁等不与,日熞乃复遣杜舜钦等请命于朝,以宁驻安南俟命,时安南占城构兵,帝命翰林编修罗复仁、兵部主事张福,谕令罢兵,两国皆奉诏。

明年,舜钦等至告哀,帝素服,御西华门引见,遂命编修王廉往祭,赙白金五十两、帛五十匹,别遣吏部主事林唐臣封日熞为王,赐金印,及织金文绮纱罗四十四。廉既行,帝以汉马援立铜柱,镇南蛮,厥功甚伟,命廉就祀之。寻颁科举诏于其国,且以更定岳渎神号,及廓清沙漠,两遣官诏告之。日熞遣上大夫阮兼、中大夫莫季龙、下大夫黎元普等谢恩,贡方物,兼卒于道,诏赐其王及使臣,而送兼枢归国。顷之,复仁等还,言却其赆,不受。帝嘉之,加赐季龙等。

四年春,遣使贡象,贺平沙漠,复遣使随以宁等来朝。其冬,日熞为伯父叔明逼死,叔明惧罪,贡象及方物。逾年至京,礼官见署表非日熞名,诘得其实,诏却之。叔明复朝贡谢罪,且请封;其使者抵言日熞实病死,叔明逊避于外,为国人所推。帝命国人为日熞服,而叔明姑以前王印视事。七年,叔明遣使谢恩,自称年老,乞命弟煓摄政,从之。煓遣使谢恩,请贡期,诏三年一贡,新王世见。寻复遣使贡，帝令所司谕却，且定使者毋过三四人，贡物无厚。

十年，煓侵占城，败没。弟炜代立，遣使告哀，命中官陈能往祭。时安南怙强，欲灭占城，反致丧败，帝遣官谕前王叔明，毋构衅贻祸，以叔明实主国事也。叔明贡方物谢罪。广西思明土官诉安南犯境，安南亦诉思明扰边，帝移檄数其奸诳罪，敕守臣勿纳其使。炜惧，遣使谢罪，频年贡奄竖、金银、紫金盘、黄金酒尊、象马之属。帝命助教杨盘往使，令馈云南军饷，炜即输五千石于临安。

二十一年，帝复命礼部郎中邢文伟赉敕及币往赐，炜遣使谢，复进象，帝以其频频且贡物侈，命仍三岁一贡，毋进犀象。时国相黎季犛窃柄，废其主炜，寻弑之，立叔明子日煃主国事，仍假炜名入贡，朝廷不知而纳之。越数年始觉，命广西守臣绝其使，季犛惧。

二十七年，遣使由广东入贡，帝怒，遣官诘责，却其贡，季犛益惧。明年复诡词入贡，帝虽恶其弑逆，不欲劳师远征，乃纳之。大军方讨龙州赵宗寿，命礼部尚书任亨泰、御史严震直，谕日煃毋自疑，季犛闻言，稍自安。帝又遣刑部尚书杨靖，谕令输米八万石，饷龙州军。季犛输一万石，馈金千两、银二万两，言龙州陆道险，请运至凭祥洞。靖不可，令输二万石于泹海江。江距龙州止半日，靖因言："日煃年幼，国事皆决季犛父子，乃敢观望如此。"时帝以宗寿纳款，移兵征向武诸蛮，遂谕靖令输二万石给军，而免其所馈金银。明年，季犛告前王叔明之讣，帝以叔明本篡弑，吊祭则奖乱，止不行，移檄使知之。

思明土官黄广成言："自元设思明总管府，所辖左江州县，东上思州，南铜柱为界。元征交趾，去铜柱百里，立永平寨万户府，遣兵戍守，令交人给其军。元季丧乱，交人攻破永平，越铜柱二百余里，侵夺思明所属邱温、如嶅、庆远、渊、脱等五县地；近又告任尚书，置驿思明洞登地。臣尝具奏，蒙遣杨尚书勘实。乞敕安南以五县地还臣，仍画铜柱为界。"帝命行人陈诚、吕让往谕，季犛执不从。诚自为书谕日煃，季犛贻书争，且为日煃书移户部。诚等复命，帝知其终不肯还，乃曰："蛮夷相争，自古有之，彼恃顽，必召祸，姑俟之。"建文元年，季犛弑日煃，立其子颙，又弑颙，立其弟奯，方在襁褓之中，复弑之，大杀陈氏宗族而自立，更姓名为胡一元，名其子苍曰胡𡗨，谓出帝舜裔胡公后，僭国号大虞，年号元圣，寻自称太上皇，传位𡗨，朝廷不知也。

成祖既承大统，遣官以即位诏告其国。永乐元年，𡗨自署权理安南国事，遣使奉表朝贡，言："高皇帝时安南王日煃率先输诚，不幸早亡，后嗣绝。陈氏甥为众所推，权理国事，于今四年，望天恩赐封爵，臣有死无二。"事下礼部，部臣疑之，请遣官廉访。乃命行人杨渤等赉敕谕其陪臣父老，凡陈氏继嗣之有无，胡𡗨推戴之诚伪，具以实闻。赍𡗨使者遣还，复命行人吕让、邱智，赐绒锦、文绮、纱罗。既而𡗨使随渤等还，进陪臣父老所上表，如𡗨所以诳帝者，乞即赐𡗨封爵。帝乃命礼部郎中夏止善封为安南国王。𡗨遣使谢恩，然帝其国中自若也。

思明所辖禄州、西平州、永平寨为所侵夺，帝谕令还，不听。占城诉安南侵略，诏令修好。奎扬言奉命，侵掠如故，且授印章，逼为属，又邀夺天朝赐物。帝恶之，方遣官切责，而故陪臣裴伯耆诣阙告难。言："臣祖父皆执政大夫，死国事。臣母，陈氏近族。故臣幼侍国，王官五品，后隶武节侯陈渴真为裨将。洪武末，代渴真御寇东海。而贼臣黎季犛父子弑主篡位，屠戮忠良，灭族者以百十数，臣兄弟妻孥亦遭害。遣人捕臣，欲加诛醢。臣弃军遁逃，伏处山谷，思诣阙庭，披沥肝胆，展转数年，始睹天日。窃惟季犛乃故经略使黎国髦之子，世事陈氏，叨窃宠荣及其子苍亦蒙贵任。一旦篡夺，更姓易名，僭号改元，不恭朝命。忠臣良士疾首痛心，愿兴吊伐之师，隆继绝之义，荡除奸凶，复立陈氏后，臣死且不朽。敢效申包胥之忠，哀鸣阙下，惟皇帝垂察。"帝得奏感动，命所司周以衣食。会老挝送陈天平至，言："臣天平，前王日烜孙，奣子，日燇弟也。黎贼尽灭陈族，臣越在外州获免。臣僚佐激于忠义，推臣为主，以讨贼；方议招军，贼兵见逼，仓皇出走，窜伏岩谷，万死一生，得达老挝。恭闻皇帝陛下入正大统，臣有所依归，匍匐万里，哀诉明庭。陈氏后裔止臣一人，臣与此贼不共戴天。伏祈圣慈垂怜，迅发六师，用章天讨。"帝益感动，命所司馆之。

奎方遣使贺正旦，帝出天平示之，皆错愕下拜，有泣者。伯耆责使者以大义，惶恐不能答。帝谕侍臣："奎父子悖逆，鬼神所不容，而国中臣民共为欺蔽。一国皆罪人也，朕乌能容！"

三年，命御史李琦、行人王枢赍敕责奎，令具篡弑之实以闻。云南宁远州复诉奎侵夺七寨，掠其婿女。奎遣其臣阮景真、从琦等入朝谢罪，抵言未尝僭号改元，请迎天平归，奉为主，且退还禄州、宁远地，帝不虞其诈，许之。命行人聂聪赍敕往谕，言："果迎还天平，事以君礼，当建尔上公，封以大郡。"奎复遣景真、从聪等还报，迎天平。聪力言奎诚可信，帝乃命天平还国，敕广西左右副将军黄中、吕毅将兵五千送之。

四年，天平陛辞，帝厚加赍，赐敕封奎顺化郡公，尽食所属州县。三月，中等护天平入鸡陵关，将至芹站，奎伏兵邀杀天平，中等败还，帝大怒，召成国公朱能等谋，决意讨之。七月，命能佩征夷将军印，充总兵官，西平侯沐晟佩征夷副将军印为左副将军，新成侯张辅为右副将军，丰城侯李彬、云阳伯陈旭为左右参将，督师南征。能至龙州病卒，辅代将其军。入安南坡垒关，传檄数一元父子二十大罪，谕国人以辅立陈氏子孙意。师次芹站，遂造浮桥于昌江以济。前锋抵富良江北嘉林县，而辅由芹站西取他道至江北府新福县，谍晟彬军亦自云南至白鹤，乃遣骠骑将军朱荣往会之。时辅等分道进兵，所至皆克。贼乃缘江树栅，增筑土城于多邦隘城，栅连九百余里，大发江北民二百余万守之，诸江海口皆下木桩，所居东都，严守备，水陆兵号七百万，欲持久以老官军。辅等乃移营三带州个招市江口，造战舰。帝虑贼缓师，以待瘴疠，敕辅等必以明年春灭贼。十二月，晟次洮江北岸，与多邦城封垒。辅遣旭攻洮州，造浮桥济师，遂俱抵城下，攻拔之。贼所恃惟此城，既破，胆裂。大军循富良江南下，遂捣东都，贼弃城走，大军入据之，薄西都贼，火烧宫室，驾舟入海，郡县相继纳款；抗拒者，辄击破之，士民上书，陈黎氏罪恶日以百数。

五年正月，大破季犛于木丸江。宣诏访求陈氏子孙，于是耆老千一百二十余人诣军门，言："陈氏为黎贼杀尽，无可继者。安南本中国地，乞仍入职方，同内郡。"辅等以闻。寻大破贼于富良江，季犛父子以数舟遁去。诸军水陆并追，次茶笼县，知季犛走义安，遂循举厥江，追至日南州奇罗海口，命柳升出海追之。贼数败，不成军。五月获季犛及伪太子于高望山，安南尽平。群臣请如耆老言，设郡县。

六月朔，诏告天下，改安南为交趾：设三司，以都督金事吕毅掌都司事，黄中副之，前工部侍郎张显宗、福建布政司左参政王平为左、右布政使，前河南按察使阮友彰为按察使，裴伯耆授右参议，又命尚书黄福兼掌布、按二司事，设交州、北江、谅江、三江、建平、新安、建昌、奉化、清化、镇蛮、谅山、新平、演州、义安、顺化十五府，分辖三十六州，一百八十一县。又设太原、宣化、嘉兴、归化、广威五州，直隶布政司，辖二十九县，其他要害咸设卫所，控制之。乃敕有司陈氏诸王被弑者，咸予赠谥，建祠治塚，各置洒扫，二十户宗族被害者赠官军，民死亡暴露者瘗理之，居官者仍其旧，与新除者参治，黎氏苛政一切蠲除，遭刑者悉赦免。礼待高年硕德。鳏寡孤独无告者，设养济院，怀才抱德之彦敦遣赴京。又诏访求山林隐逸、明经博学、贤良方正、孝弟力田、聪明正直、廉能干济、练达吏事、精通书算、明习兵法及容貌魁岸便利、膂力勇敢、阴阳术数、医药方脉诸人，悉以礼敦致，送京录用。于是张辅等先后奏举九千余人。九月，季犛、苍父子俘至阙下，与伪将相胡杜等悉属吏，赦苍弟卫国大王澄、子芮，所司给衣食。

六年六月，辅等振旅还京，上交趾地图，东西一千七百六十里，南北二千八百里，安抚人民三百一十二万有奇，获蛮人二百八万七千五百有奇，象马牛二十三万五千九百有奇，米粟一千三百六十万石，船八千六百七十余艘，军器二百五十三万九千八百。于是大行封赏，辅进英国公，晟黔国公，余叙赉有差。

时中朝所置吏，务以宽厚辑新造，而蛮人自以非类，数相惊恐。陈氏故官简定者，先降，将遣诣京师，偕其党陈希葛逃去，与化州伪官邓悉、阮帅等谋乱。定乃僭大号，纪元兴庆，国曰大越。出没义安、化州山中，伺大军还，即出攻盘滩咸子关，扼三江府往来孔道，寇交州近境。慈廉、咸蛮、上洪、天堂、应平、石室诸州县皆响应，守将屡出讨，皆无功。事闻，命沐晟为征夷将军，统云南、贵州、四川军四万人，由云南征讨。而遣使赍敕招降者予世官，贼不应，晟与战生厥江，大败，吕毅及参赞尚书刘儁死之。

七年，败书闻，益发南畿、浙江、江西、福建、湖广、广东、广西军四万七千人，从英国公辅征之。辅以贼负江海，不利陆师，乃驻北江仙游，大造战舰，而抚诸遭寇逋播者，遂连破慈廉、广威诸营栅。侦其党邓景异扼南策州、卢渡江、太平桥，乃进军咸子关。伪今吾将军阮世每众二万，对岸立寨栅，列船六百余艘，树桩东南以捍蔽。时八月，西北风急，辅督陈旭、朱广、俞让、方政等舟齐进，炮矢飙发，斩首三千级，生禽伪监门将军潘低等二百余人，获船四百余艘，遂进击景异。景异先走，乃定交州、北江、谅江、新安、建昌、镇蛮诸府，追破景异太平海口，获其党范必栗。

时阮帅等推简定为太上皇，别立陈季扩为帝，纪元重光。乃遣使自称前安南王孙，求封爵，辅叱斩之。由黄江、阿江、大安海口，至福成江，转入神投海口，尽去贼所树桩栅。十余日抵清化，水陆毕会。定已奔演州，季扩走义安，帅、景异等亦散亡；于是驻军，捕余党；定走美良县吉利栅，辅等穷追及之，定走入山。大索不得，遂围之；并其伪将相陈希葛、阮汝励、阮晏等俱就擒。

先是，贼党阮师桧僭王，与伪金吾上将军杜元措等据东潮州安老县之宜阳社，众二万余人，八年正月，辅进击之，斩首四千五百余级，擒其党范支、陈原卿、阮人柱等二千余人，悉斩之，筑京观。辅将班师，言："季扩及党阮帅、胡具、邓景异等尚在演州义安，逼清化。而邓镕塞神投福成江口，据清化要路，出没义安诸处。若诸军尽还，恐沐晟兵少不敌，请留都督江浩，都指挥俞让、花英、师祐等军，佐晟守御。"从之。五月，晟追季扩至虞江，贼弃栅遁。追至古灵县，及会潮灵长海口，斩首三千余级，获伪将军黎弄。季扩大慼，奉表乞降。帝心知其诈，姑许之，诏授交趾布政使阮帅、胡具、邓景异、邓镕并都指挥陈原樽、右参政潘季祐、按察副使。诏既下，念贼无悛心。

九年，复命辅督军二万四千，合晟军讨之。贼据月常江，树桩四十余丈，两崖置栅二三里，列船三百余艘，设伏山右。秋，辅、晟等水陆并进，阮帅、胡具、邓景异、邓镕等来拒，辅令朱广等连舰拔桩以进，自率方政等以步队剿其伏兵，水陆夹攻，贼大败。帅等皆散走，生擒伪将军邓宗稷、黎德彝、阮忠、阮轩等，获船百二十艘。辅乃督水军，剿季扩。闻石室、福安诸州县，伪龙虎将军黎蕊等断锐江浮桥，阻生厥江、交州后卫道路，遂往征之。蕊及范慷来拒，蕊中矢死，斩伪将军阮陋，获伪将军杨汝梅、防御使冯翕，斩首千五百级，追杀余贼殆尽，慷及杜个旦、邓明、阮思瑊等亦就擒。

十年，辅督方政等击贼舟于神投海，大败之，摘伪将军陈磊、邓汝戏等，阮帅等远遁，追之，不及。辅军至义安土黄，伪少保潘季祐等请降，率伪官十七人上谒，辅丞制授季祐按察副使，署义安府事，于是伪将军观察安抚，招讨诸使陈敏、阮士勤、陈全勖、陈全敏等相继降。

明年，辅及晟合军至顺州，阮帅等设伏爱子江，而据昆传山险，列象阵迎敌诸军，大破之，生擒伪将军潘径、阮徐等五十六人，追至爱母江，贼溃散，邓镕弟伪侯铁，及将军潘鲁、潘勤等尽降。明年春，进军政和，贼帅胡同降，言伪大将军景异、帅党黎蟾等七百人逃暹蛮昆蒲栅。遂进罗江，舍骑步行，比至，贼已遁；追至叱蒲掠栅，又遁。昏夜行二十余里，闻更鼓声，辅率政等衔枚疾趋，黎明抵叱蒲干栅江北，贼犹塞南岸，官军渡江围之，矢中景异胁，擒之，镕及弟铣亡走，追擒之，尽获其众。别将朱广追伪大将军阮帅于暹蛮，大搜暹人关诸山，获帅及季扩等家属；帅逃南灵州，依土官阮茶汇，指挥薛聚追获帅，斩茶汇。

初，邓镕之就执也，季扩逃义安竹排山，辅遣都指挥师祐袭之，走老挝，祐踵其后，老挝惧官军蹂其地，请自缚以献，辅檄索之；令祐深入，克三关，抵金陵个，贼党尽奔，遂获季扩，及其弟伪相国骧国王季搢，他贼尽平。明年二月，辅、晟等班师入京；四月复命辅佩征夷将军印出镇，十四年召还，明年命丰城侯李彬代镇。

交人故好乱。中官马骐以采办至，大索境内珍宝，人情骚动，桀黠者鼓煽之，大军甫还，即并起为乱。陆那阮贞，顺州黎核、潘强与土官同知陈可论、判官阮昭、千户陈恼、南灵州判官阮拟、左平知县范伯高、县丞武万、百户陈己律等一时并反。彬皆遣将讨灭之，而反者犹不止。俄乐巡检黎利、四忙故知事车绵之子三、义安知府潘僚、南灵州千户陈顺庆、义安卫百户陈直诚，亦乘机作乱。其他奸宄，范软起浮乐，武贡、黄汝典起偈江，侬文历起邱温，陈木果起武定，阮特起快州，吴巨来起善誓，郑公证、黎侁起同利，陶强起善才，丁宗老起大湾，范玉起安老，皆自署官爵，杀将吏，焚庐舍。有杨公阮多者，皆自称王，署其党韦五、谭兴邦、阮嘉为太师平章，与群寇相倚。而潘僚、范玉尤猖獗。僚者，故义安知府季祐子也，嗣父职，不堪马骐虐，遂反；土官指挥路文律、千户陈苔等从之。玉为涂山寺僧，自言天降印剑，遂僭称罗平王，纪元永宁，与范善、吴中、黎行、陶承等为乱，署为相国司空大将军，攻掠城邑。彬东西征剿，日不暇给，中朝以贼久未平，十八年命荣昌伯陈智为左参将，助之；又降敕责彬曰：叛寇潘僚、黎利、车三、侬文历等迄今未获，兵何时得息，民何时得安，宜广为方略，速奏荡平。彬皇恐，督诸将追剿。明年秋，贼悉破灭，惟黎利不能得。

利初仕陈季扩，为金吾将军，后归正，用为清化府俄乐县巡检，邑邑不得志；及大军还，遂反，僭称平定王，以弟石为宰相，与其党段莽、范柳、范晏等放兵肆掠。官军讨之，生擒晏等，利遁去，久之，出据可蓝堡行劫，诸将方政、师祐剿获其伪将军阮个立等，利逃匿老挝；及政等还，潜出，杀玉局巡检，已复出掠磊江，每追击，辄遁去。及群盗尽灭，利益深匿。彬奏言："利窜老挝，老挝请官军毋入，当尽发所部兵捕利，今久不遣，情叵测。"帝疑老挝匿贼，令彬送其使臣至京师诘问，老挝乃逐利。

二十年春，彬卒，诏智代彬。二十一年智追利于宁化州车来县，败之，利复远窜。明年秋，智奏利初逃老挝，后被逐归瑰县，官军进击，其头目范仰等已率男妇千六百人降，利虽求抚，愿以所部来归，而止俄乐不出，造军器未已，必当进兵。奏至，会仁宗以践阼大赦天下，因敕智善抚之，而利已寇茶笼州，败方政军，杀指挥伍云。

利未叛时，与镇守中官山寿善。至是寿还朝，力言利与己相信，今往谕之，必来归。帝曰："此贼狡诈，若为所绐，则其势益炽，不易制也。"寿叩头言："如臣往谕，而利不来，臣当万死。"帝领之，遣寿赍敕，授利清化知府，慰谕甚至。敕甫降，利已寇清化，杀都指挥陈忠。利得敕，无降意，即借抚愚守臣，佯言候秋凉赴官，而寇掠不已。

时洪熙改元，铸将军印，分颁边将，智得征夷副将军印，又命安平伯李安往佐之。智素无将略，惮贼，因借抚以愚中朝；且与方政连，遂屯兵不进。贼益无所忌，再围茶笼。智等坐视不救。阅七月，城中粮尽，巡按御史以闻。奏至，而仁宗崩，宣宗初即位，敕责智及三司官。智等不为意，茶笼遂陷，知州琴彭死之。尚书掌布按二司陈洽，言："利虽乞降，内携贰，既陷茶笼，复结玉麻土官、老挝酋长，与之同恶。始言俟秋凉，今秋已过，复言与参政梁汝笏有怨，乞改授茶笼州，而遣逆党潘僚、路文律等往嘉兴、广威诸州，招募徒众，势日滋蔓。乞命总兵者速行剿灭。"奏上，为降敕切责，期来春平贼。智始惧，与政薄可留关，败还，至茶笼，又败。政勇而寡谋，智懦而多忌，素不相能，而山寿专招抚，拥兵义安不救，是以屡败。

宣德元年春，事闻，复降敕切责。时渠魁未平，而小寇蜂起，美留潘可利助逆，宣化周庄、太原黄庵等结云南宁远州红衣贼，大掠。帝敕沐晟剿宁远，又发西南诸卫军万五千、弩手三千，赴交趾，且敕老挝不得容叛人。四月，命成山侯王通为征夷将军，都督马瑛为参将，往讨黎利，削陈智方政职，充为事官。通未至，贼犯清化，政不出战，都指挥王演击败之。诏大赦交趾罪人，黎利、潘僚降亦授职，停采办金银、香货，冀以弭贼，而贼无悛心。政督诸军进讨，李安及都指挥于瓒、谢凤、薛聚、朱广等先奔，政由此败，俱谪为事官立功赎罪。未几，智遣都指挥袁亮，击贼黎善于广威州。欲渡河，土官何加伉言有伏，亮不从，遣指挥陶森、钱辅等渡河，中伏并死，亮亦被执。善遂分兵三道，犯交州，其攻下关者，为都督陈濬所败，攻边江小门者，为李安所败，善夜走。

通闻之，亦分兵三道出击。马瑛败贼清威，至石室与通会，俱至应平宁桥，士卒行泥泞中，遇伏兵，大败，尚书陈洽死焉，通亦中胁还。利在清化闻之，鼓行至清潭，攻北江，进围东关。通素无战功，以父真死事封，朝廷不知其庸劣误用之，一战而败，心胆皆丧，举动乖张，不奉朝命，擅割清化以南地予贼，尽撤官吏军民，还东关。惟清化知州罗通不从，利移兵攻之，不下；贼分兵万人围隘留关，百户万琮奋击，乃退。帝闻通败，大骇。命安远侯柳升为总兵官，保定伯梁铭副之，督师赴讨。又命沐晟为征南将军，兴安伯徐亨、新宁伯谭忠为左右副将军，从云南进兵，两军共七万余人，复敕通固守，俟升。

二年春，利犯交州，通与战，斩伪太监黎秘及太尉、司徒、司空等官，获首级万计。利破胆，奔遁。诸将请乘势追之，通逗留三日，贼知其怯，复立寨浚濠，四出剽掠。三月复发三万三千人，从柳升、沐晟征讨，贼分兵围邱温，都指挥孙聚力拒之。先是，贼以昌江为大军往来要道，发众八万余人来攻，都指挥李任力拒，杀敌甚众。阅九月，诸将观望不救，贼惧升大军至，攻益力。夏四月城陷，任死之。时贼围交州久，通闭城不敢出，贼益易之，致书请和，通欲许之，集众议，按察使杨时习曰："奉命讨贼，与之和，而擅退师，何以逃罪！"通怒，厉声叱之，众不敢言，遂以利书闻。

升奉命久，俟诸军集，九月始抵隘留关。利既与通有成言，乃诡称陈氏有后，率大小头目，具书诣升军，乞罢兵，立陈氏裔。升不启封，遣使奏闻。无何，升进薄倒马坡，陷殁，后军相继尽殁。通闻惧甚，大集军民官吏出下哨河，立坛与利盟誓，约退师。遂遣官偕贼使奉表及方物进献。沐晟军至水尾造船，将进，闻通已议和，亦引退。贼乘之，大败。

鸿胪寺进贼与升书，略言："高皇帝龙飞，安南首朝贡，特蒙褒赏，锡以玉章。后黎贼篡弑，太宗皇帝兴师讨灭，求陈氏子孙。陈族避祸，方远窜，故无从访求。今有遗嗣暠，潜身老挝二十年，本国人民不忘先王遗泽，已访得之。倘蒙转达黼宸，循太宗皇帝继绝明诏，还其爵土，匪独陈氏一宗，实蛮邦亿万生民之幸。"帝得书，颔之。明日，暠表亦至，称"臣暠，先王晛三世嫡孙"，其词与利书略同。帝心知其诈，欲藉此息兵，遂纳其言。

初，帝嗣位，与杨士奇、杨荣语交趾事，即欲弃之。至是，以表示廷臣，谕以罢兵息民意。士奇力赞之，惟蹇义、夏原吉不可。然帝意已决，廷臣不敢争。十一月朔，命礼部左侍郎李琦、工部右侍郎罗汝敬为正使，右通政黄骥、鸿胪卿徐永达为副使，赍诏抚谕安南人民，尽赦其罪，与之更新，令具陈氏后人之实以闻。因敕利以兴灭继绝之意，并谕通及三司官，尽撤军民北还。诏未至，通已弃交趾，由陆路还广西，中官山寿、马骐及三司守令由水路还钦州。凡得还者止八万六千人，为贼所杀及拘留者，不可胜计。天下举病通弃地殃民，而帝不怒也。

三年夏，通等至京，文武诸臣合奏其罪，廷鞫具服；乃与陈智、马英、方政、山寿、马琪及布政使弋谦，俱论死，下狱，籍其家，帝终不诛，长系待决而已。骐恣虐激变，罪尤重，而谦实无罪，皆同论，时议非之。廷臣复劾沐晟、徐亨、谭忠逗留及丧师辱国罪，帝不问。

琦等还朝，利遣使奉表谢恩，诡言暠于正月物故，陈氏子孙绝，国人推利守其国，谨俟朝命。帝亦知其诈，不欲遽封，复遣汝敬、永达谕利及其下，令访陈氏，并尽还官吏人民及其眷属。明年春，汝敬等还，利复言陈氏无遗种，请别命，因贡方物，及代身金人。又言："臣九岁女遭乱离散，后知马骐携归，充宫婢，臣不胜儿女私，冒昧以请。"帝心知陈氏即有后，利必不言，然以封利无名，复命琦、汝敬敕谕再访，且以利女病死告之。

五年春，琦等还。利遣使贡金银器方物，复饰词具奏，并具头目耆老奏，请令利摄国政。使臣归，帝复以访陈氏裔、还中国遗民二事谕之。词不甚坚。明年夏，利遣使谢罪，以二事饰词对；复进头目耆老奏，仍为利乞封。帝乃许之，命礼部右侍郎章敞、右通政徐琦，赉敕印，命利权署安南国事。利遣使赉表，及金银器方物，随敞等入贡，七年二月达京师。比还，利及使臣皆有赐。明年八月，来贡，命兵部侍郎徐琦等与其使偕行，谕以顺天保民之道。是年，利卒。

利虽受敕，命其居国称帝，纪元顺天，建东西二都，分十三道，曰山南、京北、山西、海阳、安邦、谅山、太原、明光、谅化、清华、义安、顺化、广南，各设承政司、宪察司、总兵使司，拟中国三司。东都在交州府，西都在清华府，置百官，设学校，以经义、诗赋二科取士，彬彬有华风焉。僭位六年，私谥太祖。

子麟继，麟一名龙，自是其君长皆有二名，以一名奏天朝，贡献不绝如常制。麟遣使告讣，命侍郎章敞、行人侯琎，敕麟权署国事。明年遣使入贡谢恩。

正统元年四月，以宣宗宾天，遣使进香，又以英宗登极，及尊上太皇太后皇太后位号，并遣使表贺，贡方物。闰六月复贡，帝以陈氏宗支既绝，欲使麟正位，下廷议，咸以为宜；乃命兵部右侍郎李郁、左通政奈亨，赉敕印，封麟为安南国王。明年遣使入贡谢恩。时安南思郎州土官攻掠广西安平、思陵二州，据二峒二十一村，帝命给事中汤鼎、行人高寅敕麟还侵地。麟奉命，遣使谢罪，而诉安平、思陵土官侵掠思郎，帝令守臣严饬。七年，安南贡使还，令赉皮弁冠服、金织袭衣，赐其王。是岁，麟卒，私谥太宗，改元二：绍平六年，大宝三年。

子濬继，一名基隆，遣使告讣，命光禄少卿宋杰、兵科都给事中薛谦，持节册封为国王。濬遣将侵占城，夺新州港，掳其王摩诃贲该以归。帝为立新王摩诃贲来，敕安南使，谕濬归其故王。濬不奉诏，侵掠人口至三万三千余，占城入诉。

景泰元年，赐敕戒濬，迄不奉诏。四年，遣使贺册立皇太子。天顺元年，遣使入贡，乞赐衮冕如朝鲜例，不从。其使者乞以土物易书籍药材，从之。二年遣使贺英宗复辟。三年十月，其庶兄谅山王琮弑之，而自立。濬改元二：大利十一年，延宁六年，私谥仁宗。琮，一名宜民，篡位九月，改元天与，为国人所诛，贬厉德侯，以濬弟灏继。灏，一名思诚。

初，琮弑濬，以游湖溺死奏，天朝不知，将遣官祭，琮恐天使至觉其情，言礼不吊溺，不敢烦天使。帝既已之。使者言濬无子，请封琮。命通政参议尹旻、礼科给事中王豫往封。未入境，闻琮已诛，灏嗣位，即却还。灏连遣使朝贡请封，礼官疑其诈，请命广西守臣核实奏请，从之。使臣言："礼，生有封，死有祭。今濬死既白，请赐祭。"乃命行人往祭。六年二月，命侍读学士钱溥、给事中王豫封灏为国王。

宪宗践阼，命尚书卿凌信、行人邵震赐王及妃彩币。灏遣使来贡，因请冕服，不从；但赐皮弁、冠服及纱帽犀带。成化元年八月，以英宗宾天，遣使进香，命赴裕陵行礼。

灏雄桀，自负国富兵强，辄坐大。四年侵据广西凭祥，帝闻，命守臣谨备之。七年破占城，执其王盘罗茶全。逾三年，又破之，执其王盘罗茶悦，遂改其国为交南州，设兵戍守。安南贡道故由广西，时云南镇守中官钱能贪恣，遣指挥郭景贵敕取其货。灏素欲窥云南，遂以解送广西龙州罪人为词，随景假道云南入京，索夫六百余，且发兵继其后，云南大扰。兵部言：云南非贡道，龙州罪人宜解广西，不必赴京；乃令守臣檄谕，且严边备。

灏既得凭祥，灭占城，遂侵广东琼、雷，盗珠池。广西之龙州、右平，云南之临安、广南、镇安，亦数告警，诏守臣诘之，辄诡词对。庙堂务姑息，虽屡降敕谕，无厉词，灏益玩侮无畏忌，言："占城王盘罗茶全侵化州道，为其弟盘罗茶悦所弑，因自立。及将受封，又为子茶质苔所弑。其国自乱，非臣灏罪。"中朝知其诈，不能诘，但劝令还其土宇。灏奏言："占城非沃壤，家鲜积贮，野绝桑麻，山无金宝之收，海乏鱼盐之利，止产象牙、犀角、乌木、沉香。得其地不可居，得其民不可使，得其货不足富，此臣不侵夺占城故也。明诏令臣复其土宇，乞遣朝使，申画郊圻，俾两国边陲休息，臣不胜至愿。"时占城久为所据，而其词诞如此。

先是，安南入贡，多携私物，道凭祥、龙州乏人转运，辄兴雠衅。会遣使贺册立皇太子，有诏禁饬之。十五年冬，灏遣兵八百余人，越云南蒙自界，声言捕盗，擅结营筑室以居，守臣力止之，始退。灏既破占城，志意益广，亲督兵九万，开山为三道，攻破哀牢，侵老挝，复大破之，杀宣慰刀板雅、兰、掌父子三人，其季子怕雅赛走八百，以免。灏复积粮练兵，颁伪敕于车里，征其兵合攻八百。将士暴死者数千，咸言为雷霆所击。八百乃遏其归路，袭杀万余人，灏始引还。帝下廷议，请令广西布政司檄灏敛兵，云南、两广守臣戒边备而已。既而灏言未侵老挝，且不知八百疆宇何在，语甚诳诞，帝复慰谕之，迄不奉命。十七年秋，满剌加亦以被侵告，帝敕使，谕令睦邻保国。未几，使臣入贡，请如暹罗爪哇例，赐冠带，许之，不为例。

孝宗践阼，命侍读刘戬诏谕其国。其使臣来贺，以大丧免引奏。弘治三年，时占城王古来以天朝力，得还国，复诉安南见侵；兵部尚书马文升召安南使臣曰："归谕尔主，各保疆土，享太平。不然，朝廷一旦赫然震怒，天兵压境，如永乐朝事，尔主得无悔乎！"安南自是有所畏。

十年，灏卒，私谥圣宗，其改元二：光顺十年，洪德二十八年。子晖继，一名鏳，遣使告讣，命行人徐珏往祭。寻赐晖皮弁、服金犀带。其使臣言，国主受王封，赐服与臣下无别，乞改赐。礼官言："安南名为王，实中国臣也。嗣王新立，必赐皮弁冠服，使不失主宰一国之尊，又赐一品常服，俾不忘臣事中国之义。今所请紊乱祖制，不可许。然此非使臣罪，乃通事者导之妄奏，宜惩。"帝特宥之。十七年，晖卒，私谥宪宗，其改元曰景统。子渻继，一名敬甫，七月而卒，私谥肃宗。弟谊继，一名璿。

武宗践阼，命修撰伦文叙给事中张弘至诏谕其国。谊亦遣使告讣，致祭如常仪。正德元年，册为王。谊宠任母党阮种、阮伯胜兄弟，恣行威虐，屠戮宗亲，鸩杀祖母。种等怙宠窃权，四年逼谊自杀，拥立其弟伯胜，贬谊为厉愍王。国人黎广等讨诛之，立灏孙晭，改谥谊威穆帝。谊在位四年，改元端庆。晭一名滢，七年受封，多行不义。

十一年，社堂烧香官陈暠与二子暠、昇作乱，杀晭而自立。诡言前王陈氏后，仍称大虞皇帝，改元应天，贬晭为灵隐王。晭臣都力士莫登庸初附暠，后与黎氏大臣阮弘裕等起兵讨之，暠败走，获暠及其党陈遫等。暠与昇奔谅山道，据长宁、太原、清节、三府自保。登庸等乃共立晭兄灏之子谯。改谥晭襄翼帝。晭在位七年，改元洪顺。谯将请封，因国乱，不果。以登庸有功，封武川伯，总水陆诸军。既握兵柄，潜蓄异志。黎氏臣郑绥以谯徒拥虚位，别立其族子酉榜，发兵攻都城，谯出走，登庸击破绥兵，捕酉榜杀之，益恃功专恣，遂逼妻谯母，迎谯归，自为太傅仁国公。十六年率兵攻陈暠，暠败走，死。

嘉靖元年，登庸自称安兴王，谋弑谯，谯母以告，乃与其臣杜温润间行以免，居于清华。登庸乃立其庶弟㼜，迁居海东长庆府。世宗践阼，命编修孙承恩、给事中俞敦诏谕其国。至龙州，闻其国大乱，道不通，乃却还。四年夏，谯遣使间道通贡，并请封，为登庸所阻。明年春，登庸赂钦州判官唐清，为㼜求封，总督张嵿逮清，死于狱。六年，登庸令其党范嘉谟伪为㼜禅诏，篡其位，改元明德，立子方瀛为皇太子。旋鸩杀㼜，谥为恭皇帝。逾年，遣使来贡，至谅山城，被攻而还。九年，登庸禅位于方瀛，自称太上皇，移居都斋、海阳，为方瀛外援，作大诰五十九条，颁之国中。方瀛改元大正。其年九月，黎谯卒于清华，国亡。

十五年冬，皇子生，当颁诏安南。礼官夏言言："安南不贡已二十年。两广守臣谓黎谯、黎㼜均非黎晭应立之嫡，莫登庸、陈暠俱彼国篡逆之臣，宜遣官按问，求罪人主名。且前使既以道阻不通，今宜暂停使命。"帝以安南叛逆昭然，宜急遣官往勘，命言会兵部议征讨。言及本兵张瓒等力言逆臣篡主夺国，朝贡不修，决宜致讨，乞先遣锦衣官二人往核其实，敕两广、云南守臣整兵积饷，以俟师期，制可。乃命千户陶凤仪、郑玺等分往广西、云南，诘罪人主名，敕四川、贵州、湖广、福建、江西守臣预备兵食，候征调。户部侍郎唐胄上疏，力陈用兵七不可，语详其传中，末言："安南虽乱，犹频奉表笺，具方物，款关求入。守臣以其姓名不符，拒之。是彼欲贡不得，非负固不贡也。"章下兵部，亦以为然，命俟勘官还，更议。

十六年，安南黎宁遣国人郑惟僚等赴京，备陈登庸篡弑状，言："宁即譓子，譓卒，国人立宁为世孙，权主国事，屡驰书边臣告难，俱为登庸邀杀。乞兴师问罪，亟除国贼。"时严嵩掌礼部，谓其言未可尽信，请羁之，待勘官回奏，从之。寻召凤仪等还，命礼兵二部会廷臣议，列登庸十大罪，请大振宸断，克期徂征。乃起右都御史毛伯温于家，参赞军务，命户部侍郎胡琏、高公韶，先驰云贵两广，调度军食，以都督佥事江桓、牛桓为左右副总兵，督军征讨，其大将需后；命兵部复奉诏，条用兵机宜十二事。独侍郎潘珍持不可抗疏，切谏。帝怒，褫其职。两广总督潘旦亦驰疏请停前命，言："朝廷方兴问罪之师，登庸即有求贡之使，宜因而许之，戒严观变，以待彼国之自定。"严嵩、张瓒窥帝旨，力言不可宥；且言黎宁在清都，图恢复；而且谓彼国俱定，上表求贡，决不可许。旦疏遂寝。五月，伯温至京，奏上方略六事，以旦不可共事，请易之，优旨褒答。及兵部议上，帝意忽中变，谓黎宁诚伪未审，令三方守臣从宜抚剿，参赞、督饷大臣俱暂停，旦调用，以张经代之。时御史徐九皋、给事中谢廷苣以修省陈言，亦请罢征南之师。

八月，云南巡抚汪文盛以获登庸间谍，及所撰伪大诰上闻，帝震怒，命守臣仍遵前诏征讨。时文盛招纳黎氏旧臣武文渊，得其进兵地图，谓登庸必可破，遂上之朝。广东按臣余光言："莫之篡黎，犹黎之篡陈，不足深较。但当罪其不庭，责以称臣修贡，不必远征，疲敝中国，臣已遣使宣谕，彼如来归，宜因以抚纳。"帝以光轻率，夺禄一年。文盛即传檄安南，登庸能束身归命，籍上舆图，待以不死。于是登庸父子遣使奉表乞降，且投牒文盛，及黔国公沐朝辅，具述黎氏衰乱，陈暠叛逆，己与方瀛有功，为国人归附，所有土地已载《一统志》中，乞贷其罪，修贡如制。朝辅等以十七年三月奏闻，而黎宁承前诏惧天朝，竟纳其降，备以本国篡弑始末，及军马之数，水陆进兵道里来。上俱下兵部，集廷臣议。佥言莫氏罪不可赦，亟宜进师，请以原推咸宁侯仇鸾总督军务，伯温仍为参赞，从之。张经上言："安南进兵之道有六，兵当用三十万，一岁之饷当用百六十万，造舟、市马、制器、犒军诸费又须七十余万。况我调大众，涉炎海，与彼劳逸殊势，不可不审处也。"疏方上，钦州知州林希元又力陈登庸可取状。兵部不能决，复请廷议，及议上，帝不悦，曰："朕闻卿士大夫私议，咸谓不当兴师。尔等职司邦政，漫无主持，悉委之会议，既不协心谋国，其已之。鸾、伯温别用。"

十八年，册立皇太子，当颁诏安南。特起黄绾为礼部尚书，学士张治副之，往使其国。命甫下，方瀛遣使上表降，并籍其土地户口，听天朝处分。凡为府五十有三，州四十有九，县一百七十有六。帝纳之。下礼兵二部协议。至七月，绾犹未行，以忤旨落职，遂停使命。初，征讨之议发自夏言，帝既责绾，因发怒曰："安南事本一人倡，众皆随之。乃讪上，听言计，共作慢词。此国应弃应讨宜有定议，兵部即集议以闻。"于是瓒及廷臣惶惧，请如前诏，仍遣鸾、伯温南征。如登庸父子束手归命无异心，则待以不死。从之，登庸闻大喜。

十九年，伯温等抵广西，传檄谕以纳款宥罪意。时方瀛已卒，登庸即遣使请降。十一月率从子文明及部目四十二人入镇南关，囚首徒跣，匍匐叩头坛上，进降表，伯温称诏赦之，复诣军门，匍匐再拜，上土地军民籍，请奉正朔，永为藩臣。伯温等宣示威德，令归国俟命。疏闻，帝大喜。命削安南国为安南都统使司，授登庸都统使，秩从二品，银印，旧所僭拟制度悉除去。改其十三道为十三宣抚司，各设宣抚、同知、副使、佥事，听都统黜陟，广西岁给大统历，仍三岁一贡，以为常。更令核黎宁真伪，果黎氏后，割所据四府奉其祀事，否则已之。制下，登庸悚惕受命。

二十二年，登庸卒，方瀛子福海嗣，遣宣抚同知阮敬典等来朝。二十五年，福海卒，子宏瀷嗣。初登庸以石室人阮敬为义子，封西宁侯。敬有女嫁方瀛次子敬典，因与方瀛妻武氏通，得专兵柄。宏瀷立方五岁，敬益恣用事，登庸次子正中及文明避之都斋，其同辈阮如桂、范子仪等亦避居田里。敬举兵逼都斋，正中、如桂、子仪等御之；不胜，正中文明率家属奔钦州，子仪收残卒，遁海东。敬诡称宏瀷殁，以迎立正中为词，犯钦州，为参将俞大猷所败，诛死。宏瀷初立时，遣使黎光贲来贡，至南宁，守臣以闻。礼官以其国内乱，名分未定，止来使勿进，而令守臣核所当立者。至三十年事白，命授宏瀷都统使，赴关领牒。会部目黎伯骊与黎宁臣郑检合兵来攻，宏瀷奔海阳，不克赴。光贲等留南宁且十五年，其偕来使人物故大半；宏瀷祈守臣代请诏，许入京，其都统告身仍俟宏瀷赴关则给。四十三年，宏瀷卒，子茂洽嗣。万历元年，授都统使。三年遣使谢恩，贺即位，进方物，又补累年所缺之贡。

时莫氏渐衰，黎氏复兴，互相拘兵，其国益多故。始黎宁之据清华也，仍僭帝号，以嘉靖九年改元元和，居四年，为登庸所攻，窜占城界，国人立其弟宪，改元光照。十五年，廉知宁所在，迎归清华，后迁于漆马江。宁卒，其臣郑检立宁子宽。宽卒无子，国人共立黎晖四世孙维邦。维邦卒，检子松立其子维潭，世居清华，自为一国。

万历十九年，维潭渐强，举兵攻茂洽。茂洽败，奔喜林县。明年冬，诱土人内应，袭杀茂洽，夺其都统使印，亲党多遇害。有莫敦让者奔防城告难，总兵陈蕖以闻，松复擒敦让，势益张。茂洽子敬恭与宗人履逊等奔广西思陵州，莫履机奔钦州。独莫敬邦有众十余万，起京北道，击走黎党范百禄、范拔萃诸军，敦让得复归，乃推敬邦署都统，诸流寓思陵钦州者悉还。黎兵攻南策州，敬邦被杀，莫氏势益衰。敬恭、敬用屯谅山高平，敬璋屯东海新安，惧黎兵追索，窜至龙州、凭祥界，令土官列状告。当事维潭亦扣关求通贡，识以国王金印。

二十一年广西巡抚陈大科等上言："蛮邦易性如奕棋，不当以彼之叛服为顺逆，止当以彼之叛我服我为顺逆。今维潭虽图恢复，而茂洽固天朝外臣也，安得不请命而捆然戮之！窃谓黎氏擅兴之罪不可不问，莫氏遗子之绪亦不可不存。倘如先朝故事，听黎氏纳款，而仍存莫氏，比诸漆马江亦不翦其祀，于计为便。"廷议如其言。明年，大科方遣官往察，敬用即遣使叩军门告难，且乞兵。明年秋，维潭亦遣使谢罪求款。时大科已为两广总督，与广西巡抚戴燿并以属左江副使杨寅秋。寅秋窃计曰："不拒黎，亦不弃莫，吾策定矣。"两遣官往问，以敬恭等愿居高平来告，而维潭求款之使亦数至，寅秋乃与之期，具报督抚。会敬璋率众赴永安，为黎氏兵击败，海东、新安地尽失，于是款议益决。

时维潭图恢复名，不欲以登庸自处，无束身入关意。寅秋复遣官谕之，其使者来报如约，至期，忽言于关吏曰："士卒饥病，款仪未备。且莫氏吾雠也，栖之高平，未敢闻命。"遂中宵遁去。大科等疏闻，谓其臣郑松专权所致。维潭复遣使叩关，白己非遁。大科等再遣官谕之，维潭听命。

二十五年遣使请期，寅秋示以四月。届期，维潭至关外，译者诘以六事。首，擅杀茂洽，曰："复雠急，不遑请命。"次，维潭宗派，曰："世孙也，祖晖，天朝曾锡命。"次，郑松，曰："此黎氏世臣，非乱黎氏也。"然则何宵遁，曰："以仪物之不戒，非遁也。"何以用王章，曰："权仿为之，立销矣。"惟割高平居莫氏，犹相持不绝。复谕之，曰："均贡臣也，黎昔可栖漆马江，莫独不可栖高平乎？"乃听命，授以款关仪节，俾习之。维潭率其下，入关谒御幄，一如登庸旧仪，退谒寅秋，请用宾主礼，不从，四拜成礼而退，安南复定，诏授维潭都统使，颁历奉贡，一如莫氏故事。先是，黎利及登庸进代身金人，皆囚首面缚，维潭以恢复名正，独立而肃容，当事嫌其倨，令改制，乃为俯伏状，镌其背曰："安南黎氏世孙，臣黎维潭不得蒲伏天门，恭进代身金人，悔罪乞恩。"自是，安南复为黎氏有，而莫氏但保高平一郡。

二十七年，维潭卒，子维新嗣，郑松专其柄。会叛首潘彦构乱，维新与松移保清化。三十四年，遣使入贡，命授都统使。时莫氏宗党多窜处海隅，往往僭称公、侯、伯名号，侵轶边境，维新亦不能制，守臣檄问，数发兵夹剿，虽应时破灭，而边方颇受其害。维新卒，子维祺嗣。天启四年，发兵击莫敬宽，克之，杀其长子，掠其妻妾及少子以归。敬宽与次子逃入山中，复回高平，势益弱；然迄明之世，二姓分据，终不能归一云。

安南都会在交州，即唐都护治所，其疆域东距海，西接老挝，南渡海即占城，北连广西之思明、南宁，云南之临安、元江。土膏腴，气候热，谷岁二稔，人性犷悍。驩、演二州多文学，交、爱二州多倜傥士，较他方为异。

第十章　叶氏《安南考》

（明叶向高的《安南考》载在邓钟所撰的《安南图志》）

安南，唐虞时南交也。秦为象郡。汉初南越赵陀据之。武帝平南越，置交趾、九真、日南三郡。光武时，女子徵侧、徵贰反，马援讨平之。建安中，改为交州置牧。唐置都护府，改为安南。五代时土豪曲承美据之，已为南汉所并。宋初丁琏有其地，封交趾郡王，自是弃为夷。琏传弟璿，黎桓篡之。桓传子龙挺，李公蕴篡之。公蕴八传，嗣绝，为其婿陈日煚所有。元攻下之，封其子光昺为交趾郡王，终元世贡不绝，亦时时侵掠边郡，不敢大为寇。

国朝洪武二年，国王陈日烇遣使同时敏等来朝贡，上命侍读学士张以宁、典簿牛亮赍诏封日烇为安南国王，给镀金银印。未至，日烇卒，侄日熞嗣，请诏印于以宁，拒之：吾受命封先王，何以得擅予若。日熞请于朝，乃遣编修王濂、主事林唐臣，封日熞嗣王，而嗟赏以宁得使臣体，日熞拜诏甚恭。未几，为陈叔明所篡，叔明老，弟煓代视事。煓攻占城，败死，弟炜代。先是，上尝戒安南、占城毋相攻，至是以叔明兄弟怙强速祸，复遣使谕之。叔明表谢，连岁贡。上厌其数，令三年一贡，毋侈方物，进犀、象以劳吾民。

二十一年，黎季犛弑炜，立叔明子日焜，命绝其贡。叔明八年死，上以叔明身自为篡，敕礼臣毋吊，而遣行人陈诚、吕让谕还所侵思明五县，不听。日焜旋亦为季犛所弑。季犛大诛杀陈氏，更姓名曰胡一元，子苍曰胡奃，僭号纪元，国曰大虞。

永乐元年，奃言陈氏世绝，奃为陈甥，求署国事，从之，已真封为王。会陈氏故臣裴柏耆走阙下乞师，而老挝亦传送故王孙陈天平来朝。安南使者见天平多泣下，诏诘季犛，季犛诡请迎天平归，还以国。天平行，命都督黄中、吕毅率兵五千送之。季犛遣使迎，具牛酒犒师。侦骑往，壶觞道相属也，不为虞。行至芹站，伏发，杀天平及大理卿薛嵓中等，引还。上大怒，以成国公朱能为征夷将军，率新城侯张辅、西平侯沐晟等二十五将军出广西、云南两道，讨季犛。而以尚书刘儁督师，尚书黄福、大理寺卿陈洽督饷，亲幸龙江，祃祭戒诸将，毋纵吏士暴掠，毋轻进贪功，罪人得，则归国陈氏，择立其子孙。能行至龙州卒，辅进破隘留、鸡陵等关，传檄数黎贼二十罪，师次新福县，晟亦自云南至白鹤江，遣人与辅会。

上命辅尽护诸将兵代能。时贼恃宣洮富良诸江为固，缘江树栅立桩，别筑土城，备御甚严，欲老我师。辅、晟合攻之下，令军中丈夫报国立功在此时矣，先登者赏不次。士皆奋衔枚，舁攻具薄城，裨将蔡福先登，众继之。举火城上，铜角齐鸣，贼披靡退，驱象巷战，游击将军朱广以画狮蒙马神机铳翼面前，象奔，贼大溃，斩获及蹈籍死者无算，进克东西都，贼焚城遁，连战万劫江、木丸江、闷海口，皆大破之，诸郡邑相继降附。辅编宣上意，令安业，随穷追季犂父子于奇罗海口，都督柳升以舟师会，悉擒之，安南平，得户三百一十二万象，马、牛、羊、舟粮、器械无算，捷闻，诏求陈氏后，无存者，父老合辞请郡县视内地，乃置交阯都指挥、布政、按察三司，府十七，州四十七，卫十一，所三，市舶司一，以尚书福总布按二司事，敕辅求交阯有能学艺者，举以闻。

六年辅振旅还，论功，进辅英国公，晟黔国公，升安远伯，余升赏有差，已交人简定反，命晟讨之。僖复督师，晟战败绩，僖及都督吕毅、参政刘昱皆没，贼党陈季扩、邓宗异等益猖獗，乃命辅往，辅率诸将败贼醎子关，又败之太平海口，追至清化，歼其党。季扩自言我陈五后也，请立，不许；请降，许之，以为交阯右布政使。辅归复反，竟复遣辅，转战连年，贼乃获。自辅之下，交南凡三擒伪王，威震西南夷中，遂留镇其地。而尚书福有咸惠，交人怀之，驯伏莫敢动。

十五年，召辅还，以丰城侯李彬代。久之，福亦归，尚书陈洽代。时中官马骐墨而残，交人怨之，三年之间叛者四五起，彬先后讨败之；而黎利最剧，连结老挝，出没纵横不能制。诏以为清化知府，利许诺，然竟不赴，而攻劫日甚，先后破茶笼州、谅山府。茶笼守琴彭、谅山守易先皆坚守力尽，俱死之。洽力言利诈，宜亟诛，而中官山寿持抚议甚坚，拥兵自卫，诸将陈智方政复不相能，彼此牵制，师遂败。事闻，章皇帝下玺书切责，而以成山侯王通总兵讨贼。通战宁桥，中伏大败，尚书洽死之。已败贼交阯城下，杀万余人，诸将请乘胜蹙贼，通不从。贼知通怯，益聚众肆掠攻。昌江城守将李任、顾福日夜拒战，焚其攻具，贼益起土山，以飞枪射城中，任、福率敢死士，夜开门，杀守土山者，袭破其营，贼为地道入，凿横沟应之，从沟中发石，击杀贼甚多。贼恐大军至，据其城攻围不休，相拒九阅月，城中将士三千余人，至是亡其半，力竭不能支，城遂陷，任、福皆自刭死。中官何智比何再拜誓不从贼，与指挥刘顺、知府刘子辅俱自经死。军民感其义，同死者甚众。上遣安远侯升、黔国公晟分道往援，以尚书李庆督师。升剽而轻，既连胜易贼，庆言宜少戒，升不听，竟中伏死。庆及副总兵梁铭相继病没，参将崔聚率兵进至昌江，贼大驱象，而前军乱，聚被擒。时尚书福在行，交人得福，环跪泣："公在，我曹不至此。"兢送之归。而晟兵竟不出，通惧大赂遗利，与盟而旋师。按察使杨时习争之强，不听，群臣劾通并马骐，下诏狱论死，通后竟脱利，表言："前国王遗嗣暠今在老挝，请嗣封。上集大臣议，英国公臣辅、尚书臣义、臣原吉皆言交南本中国地，劳苦而得之，不宜隳成功，示贼以弱。大学士臣士奇、臣荣顿首言：兵兴以来，天下无宁岁，今疮痍未起,而复勤之,臣不忍闻;且求立陈后者;太宗皇帝心也,求之不得,而后郡县叛乱相寻至,深贻先帝忧,今因其请,抚而建之,以息吾民,于计大便,汉弃珠崖,前史荣之,安在为示弱乎!"上曰:"卿二人言是,先帝指朕固知之,明日出嵩表,谕群臣,朕以止戈为武。"即议者未同,无庸恤,群臣顿首称善。于是命礼部侍郎李琦、工部侍郎罗汝敬赍诏召安南文武吏士皆来归,并核陈氏后,当立者以闻。利遣头目黎公僕等送还官吏百五十七人,戍卒万五千一百七十人,马千二百匹,其陷没不得归者无算;且言嵩死,陈氏种绝。上心知其妄,然业置之,乃诏利权署安南国事。八年,利死,子麟代之。

正统初,以麟事朝廷恭,诏封为安南国王,谕令还所侵钦州地,及逋民二百余户。麟卒,子濬嗣,遣兵攻占城,执其王摩诃贲该以归。诏归其王,不听。濬为庶兄琮所弑,弟灏嗣,辄侵我土司地,攻杀老挝,宣慰使刀板雅兰掌父子为八百败归,累诏戒谕之。灏惊横自如,屡攻占城,并其国,我无以禁;而中官钱能镇云南,复私与灏通,阑结诸夷,奸宄绎骚,几危云南,赖巡抚王恕发其奸,乱乃弭。弘治十年灏死,子晖嗣。使者入贡,乞改所赐常服从王制,不许。十七年晖卒,弟谊嗣,阮种弑之,立灏庶子晭。晭孱甚,政在群下,盗起国乱。

正德十一年,陈嵩弑晭自立。莫登庸逐嵩,立晭兄子譓,专其国,嵩奔据谅山死。譓迫于登庸,奔清化。庶弟㦞立。交人云,㦞,登庸子也。无何,死。登庸遂窃安南,王其子方瀛。譓竟死清化,故臣共立譓子宁,居木州漆马江,倚老挝为援。

嘉靖十六年,宁遣郑惟憭来乞师。上以登庸弑逆,又久不庭,当诛。议讨之,以咸宁侯仇鸾为帅,尚书毛伯温督师。伯温至广,区画诸便宜,为进兵计,广守臣多难之,且谓莫之篡黎,犹黎之篡陈,先后事同,不足诛。登庸亦遣人自归,廷议未决,伯温驻师境上,檄谕交人,悬重赏购登庸。登庸父子惧请束身待罪,归钦州四峒故地,世世奉职贡。乃于镇南关筑坛具仪,登庸率其属,系颈徒跣,北面匍匐,上表降。伯温承制受之,诏赦登庸归废勿王,以为安南都统使世其职,仍核黎宁果黎后,则畀以所据地,否则已制下。登庸已死,授其孙福海。二十六年福海死,子宏瀷幼,阮如桂等拥立之,族人莫正中欲为乱不克来发。三十年命宏瀷嗣。

四十三年,贡使黎光贲至京,光贲以国难,羁留南宁者十五年,至是乃达,其后贡遂绝。万历间,莫茂洽为都统使。茂洽死,国大乱数年。郑惟憭子郑检立黎晖后黎维邦为主,维邦死,子松复立维邦子维潭嗣,尽逐莫氏遗孽。莫敬用窜居高平府,敬璋、敬恭窜居东海府保乐州,复内相雠。未几,敬璋为黎兵所杀,维潭遣使浮海,诣督臣归罪,请款关输贡。移交擅用前国王印,守臣诘之,维潭饰辞对;然请款愈坚,因与约必以高平居莫氏,如黎氏漆马江故事,维潭心难之,业为期,启关有日矣,遂遁去。顷之复款,具言其恢复之义,归附之诚,第谓高平乃其故土,且莫氏篡臣,不宜以漆马江为比。守臣曰:"莫氏在先世虽为篡逆,今日乃国家之外臣也,尔安得灭之,以彼奔败之余,使得假息一隅,毋遽殄绝,是我国家所以镇抚四夷,共其患难之意也。且彼此分定,我诸土司亦无敢党乱,以遗尔忧,于尔岂不利焉,而爱此尺寸之地为!"维潭乃听。

二十四年夏四月,筑坛具仪,受其降具如登庸故事,督臣陈大科疏闻,因盛言莫之篡黎,其事逆,先朝犹赦其衍,况黎之复雠,其名正,今日宜许其顺,以夷治夷,祖宗成法。下兵部议,如大科言。诏以维潭为都统使,予莫敬用以高平令,维潭毋得侵害安南,复定其地东至海,西至老挝,南接占城,北连思明,衡二千八百里,从一千七百里。夷獠杂居,犷悍喜斗,其君长尤狡狯有二名,以伪名事中国,自黎氏以来,虽奉贡称藩,然自帝其国中如赵陀故事,死则加伪谥,黎晭之弑,或云郑惟铲为之,陈暠讨惟铲而僭焉者也,谭者惟铲所立也,郑宗强亡黎者郑也,登庸乘乱而窃其柄者也,宁者非真谭子也,传闻庞不得而诘矣。

其俗惟交、爱人倜傥,驩、演人淳秀有华风,文学则驩、演为盛,其山川佛迹勾漏伞圆,富良江、宣光江为大,产金、珠、珊瑚、玳瑁、丹砂、诸香、苏合油、胡椒、羚羊角、犀角、兕白鹿、猩猩、狒狒、白雉、翡翠、蚺蛇、蚁子、盐醢、波罗蜜、庵罗果、乌木、苏木(见《苍霞草》)。

第十一章 张燮的记录

（本篇见明张燮所著的《东西洋考》卷一）

交趾，古南交也。秦为象郡，汉灭南越，置九郡，交趾其一也。光武时，女子徵侧、徵贰反，马援讨平之，后改交州。隋复交趾郡，唐置都护府。朱梁时，曲成美据地输款，授承美节钺，已复并于南汉。其后州将争立，所部云扰。丁部领及子丁琏，讨平之，宋绥岭表，琏内附，封交趾郡王，盖于是沦为夷矣。

琏弟璿嗣，为其将黎桓所篡，贡使不绝。然屡为寇害，渐失藩臣礼，桓卒，诸子争立，及廷龙嗣，苛虐不道，李公蕴逐之，遂代为王。数传至昊旵，无嗣，为其婿陈日煚所有。元攻下之，封其子光昺为王，世贡不绝，顾时时遣将蹴踩其地。

高皇帝荡平区宇，王陈日煃率先内附，遣学士张以宁，封为安南国王，会日煃卒，侄日熞嗣，请诏印于以宁，拒之："吾受命封先王，何得予若。"日熞及请于朝，遣编修王濂、主事林唐臣，封日熞嗣王，而赏以宁得使臣体。未几，陈叔明篡立，叔明死，子日焜为其臣黎季犛所弑，改国大虞，称太上皇，使其子胡奃为国王，诈称陈氏绝无后，而奃其甥也，请权国事，文皇帝许之。

俄而陈氏之孙天平者，闲道诉于朝，胡奃惧，表请天平还国，封天平安南国王，使都督吕毅黄中大理卿薛岩，以兵护之，季犛具牛酒犒师，侦骑往，壶觞道相属也，不为虞，至芹站伏发，杀天平及薛岩。上大怒，拜成国公朱能为征夷将军，西平侯沐晟左副将军，新成侯张辅右副将军，发兵分道讨之。成国公薨，诏新成侯辅行大将军事。兵蹶坡垒、隘留二关而入，抵富良江，西平侯亦破猛烈关，突宣江口，出洮水，度富良江，与大军会于三带州，贼立栅屯守，师夜度，大破之，焚栅，烟焰涨天，乘胜攻下西都，烧其宫室，又破贼艘于木丸江，嗣大破贼于咸水关；穷追季犛父子，获之，捷闻，诏求陈王后，已绝，乃郡县其地。论功进封辅为英国公，晟黔国公，余爵赏有差。

亡何，余孽简定作乱，英国为大将率兵讨擒之。逾年，陈季扩复叛，季扩简定从子也，辅复往讨，转战连岁，始获之。

自英公下交南，凡三获伪王，威震西南夷，因留镇其地，而尚书黄福掌藩枲，有威惠，遐外以宁。

寻召辅归以丰城侯李彬代镇，福亦以久得代。中贵人马骐墨而烦苛，失众心。黎利遂乘之反，彬不能制，所攻没郡邑十数。命成山侯王通佩将印，发二广兵四万，并镇兵讨之。凡十余战，利益盛，前逼交州。诏安远侯柳升，以精兵七万往犄角平贼。升故尝从征安南者，锐而轻敌，自以千骑为前锋，败利兵，前追之，伏发桥坏，升中枪死。成山侯惧不敢出，乃与利约和，以交趾弃之，引兵还。利于是送还文武官吏四百十七人，进代身金银香象布帛谢罪，且乞封。而宣宗用大学士士奇荣策，遣少宗伯李琦、少司空罗汝敬等持玺书赦利，求陈氏后立之。利诡陈氏已绝，更遣少宗伯章敞、纳言徐琦册为权署安南国事。利遣使入谢，解岁金五万两。然已改元顺天，帝其国中矣。

利死，子麟立，遣使告哀，求册权署国事。正统丙辰，以少司马李郁、纳言蔡亨持节册为安南国王。久之，死，子濬嗣，请册，朝贡不绝。天顺时为庶兄琮所弑自立。大酋黎寿域等，起兵杀琮，而立濬弟灏。成化初，与镇安土官守岑宗绍相攻，为岑氏所败。占城王茶全，攻其化州，灏率兵救之，占城退走，虏王茶全以归。弘治间，灏死，子晖嗣，晖死，子敬嗣，未逾年而死，遗命立其弟谊。谊立四年死于弑。其酋黎广度等表：谊宠信母党阮种、阮伯胜，恣行凶暴，民不堪命。阮氏图窃国柄，迁谊别宅，逼令自尽。臣等与国人共声其罪，党与尽伏诛。窃见故国王黎灏第二子故臣炡有子黎𬤝，堪任国事，乞赐袭封，诏许之。

初，灏生二子，长即晖，次子䛯，伪封锦江王，晖生敬谊，䛯生灏、𬤝，谊被害时，䛯与灏俱先死，故国人立𬤝，而灏之子伪沱阳王譓及弟廞以兄不得立，灏妻郑绥女，譓妻郑惟铲女，是时郑强，且握柄于国，立𬤝非其意也。𬤝既立，多行不义，国人恶之。正德丙子，郑惟铲郑绥与其党陈真弑𬤝，而谅山都将陈暠者称陈氏后，以谅山之甲迫交州，杀郑惟铲自立，陈真击走之，暠病死。郑绥等共立譓为主于国，其大臣阮弘裕等讨弑𬤝之罪，攻郑氏，郑氏出奔。

时国柄未有所属，莫登庸讽群臣推己典兵，既得志，渐除譓左右，易所亲信防守之。譓潜起兵攻登庸，反为所败，出奔清华，时嘉靖元年也。登庸乃伪立譓，亡何，鸩廞并其母杀之而自立。时譓尚据清华又安顺化广南四道，登庸立其子方瀛居守，自称太上皇，率兵攻譓，连破之，譓走入哀牢国，愤悒死。子宁甫七岁，故臣共立之于漆马江，登庸屡攻不能克。

郑维憭以黎宁命来请兵，下部议，拜咸宁侯仇鸾为大将，尚书毛伯温监督，及督臣蔡经等分道入讨。乃聚兵，以声恫喝登庸，诱使纳款。登庸于是为降表请罪，献代身金人自赎。伯温等为坛两军相距。登庸脱帽徒跣伏坛下，称诏赦之。凯旋，伯温等加秩有差。廷议黎宁非真黎氏后，以登庸为都统使，镇安南，然帝其国自如也。

登庸、方瀛相继死，孙福海嗣位，又死，子宏瀷幼，大臣阮敬等专权，国复乱。四十三年贡使黎光贲至京，光贲以国难，羁留南宁者十五年，至是乃达，其后贡遂绝。

万历间，莫茂洽为都统使，茂洽死，国大乱数年。郑惟憭子郑检立黎晖后维邦为主，维邦死，子维潭嗣，尽逐莫氏遗孽，诣督臣请款关输贡，移交擅用前国王印，守臣诘之，维潭饰词对，然请款愈坚，与约必以高平居莫氏如黎氏漆马江时，维潭心难之，遁去。顷之复款，具言其恢复之义，归附之诚，高平乃其故土，且莫氏篡臣，不宜漆马江为比。守臣曰："莫氏先世虽篡逆，今日乃外国使臣也，使假息一隅，是我国家所以镇抚四夷，共其患难之意。"维潭乃听，二十四年夏筑坛受降，如登庸故事。督臣陈大科疏言，莫之篡黎，其事逆，先朝犹赦其怨，况黎之复雠，其名正，今日宜许其顺，以夷治夷，祖宗成法。事下部议，如大科言。以维潭为都统使，安南复定。

万历间，黎维新嗣，维新虽国主，然政无纤巨，悉决于大臣郑松，所拥虚器耳。三十五年，交南苦饥，叛酋集众掠钦州，辄散去。督臣戴燿遣兵讨捕之，移檄维新自缚叛酋。松缚企扬、扶安、扶忠三人来献，其与粤西连境者，岁岁为南大忧。督臣周弘谟请增兵增饷，以需大创云。

其俗夷獠杂居，犷悍喜斗。或剪发，或椎髻，口赤齿黑，跣足文身，暑热好浴，故便舟善水。惟交、爱人倜傥好谋，骥、演人淳秀好学，则从古传为美谈。国中尚知祀文宣王，用制科取士，亦犹中华之遗教也。

其地分十三承政司，舶人称东京者，即其故都，其王居曰日南殿。

清化港即旧清化府也，是汉九真郡治之地，隋唐为爱州，在交趾为西京，今为清华承政司，顺化港即旧顺化府也，今为顺化承政司。

广南港即旧义安府也，汉为日南，隋唐为骥州，今为广南承政司。太傅阮某，郑松之舅也，松既执国政，阮不能平，拥兵出据于此，威行诸部。某卒，其子始修贡东京。

新州港即旧新安府也，今为海阳承政司。

提夷港亦交趾属县。

以上风俗，大约与东京相类。

第十二章 《清史稿》传记

越南，先称安南。顺治初，安南都统史莫敬耀来归，未及授爵而卒。寻授其子莫元清为安南都统使。

十六年八月，经略大学士洪承畴始奏言："安南国遣吏目玉川伯邓福绥、朝阳伯阮光华，赍启赴信郡王军前，抒诚纳款。"十七年九月，黎维祺始自称国王，奉表贡方物，帝嘉之，赐文绮白金。十八年，敕曰："朕惟修德来远，盛代之宏谟，纳款归仁，人臣之正谊，既输诚而向化，用锡命以宣恩，褒忠劝良，典至重也；尔安南国王黎维祺，僻处炎方，保有厥众，乃能被服声教，特先遣使来归，循览表文，恫忱可见；古称识时俊杰，王庶几有之，用锡敕奖谕，仍赍尔差官钤仁根银币衣服等事，遣通事序班一员，伴送至广西，沿途拨发兵马，导之出疆；尔受兹宠命，其益励忠节，永作屏藩，恪守职贡，丕丞无斁，钦哉！"未几，维祺卒，子维禔嗣，寻又卒，子维禧嗣。

康熙二年十一月，维禧遣黎敦等表谢，附贡方物。三年二月，遣内院编修吴光、礼部司务朱志远，谕祭故王维祺、维禔。五年五月，维禧缴送故明王永历敕印，遣内国史馆翰林学士程方朝、礼部郎中张易贲，册封维禧为安南国王，赐镀金驼钮银印。六年，维禧夺都统使莫元清高平地，元清奔云南，上疏陈诉。帝命安置南宁。维祺亦上疏言兴兵复雠本末。

初，明正德十一年，社堂烧香官陈暠杀其王莫晭自立，晭臣都力士莫登庸讨杀暠，立晭兄子譓。嘉靖元年，登庸逐譓自立，譓子黎平据清华，自为一国。后莫氏渐衰，但保高平一郡，势益弱。至是，帝遣内院侍读李仙根、兵部主事杨兆杰，赍敕，谕维禧将高平土地人民归莫元清，各守其土，尽尔藩职。初，安南定为三年一贡，七年，维禧疏请六年两贡并进，帝如所请。八年，使臣李仙根等赍回维禧覆疏，言遵旨将高平府石林、广原、上琅、下琅土地人民归莫元清，因奏称黎维禧所归土地，尚有保乐、七源二州，昆仑、金马等十二总社未还，请再敕谕全还，帝不许。

是年黎维禧薨，弟维祲权理国事。十三年正月，维祲以讣告，遣陪臣胡士扬等进康熙八年、十一年岁贡，疏言："先王世守安南，为逆臣莫登庸篡弑，赖辅政郑檜之祖剿除恢复，莫逆遗孽篡据高平，乍臣乍叛，至莫元清惧臣讨罪，潜入内地投诚，康熙八年，奉命令还高平，臣维禧钦奉君命，敢不懔遵！但莫元清为臣不共之雠，高平为世守之土，叛逆窃据，祸在萧墙，叩恳天恩，仍命高平属归本国，且莫元清尚有誓辞及祭伊父莫敬耀文，内有图逆天朝之语，今谨敬呈，并贡方物。"事下部议，寻议："前维禧退还莫元清高平，取有复相和好印结，今维祜虽言收得誓书祭文，但此文年久，誓辞系莫敬耀名，或得自敬耀存时，或得自元清今日，殊难悬拟，应饬维祜查明具题再议。"从之。

十四年，黎维祜卒，弟维正权理国事。十六年，帝谕维正，曰："逆贼吴三桂值明季闯贼之变，委身从贼，以父死贼手，穷窜来归，念其投诚，锡之王爵，方且感恩图报，殚竭忠诚，讵意以枭獍之资，怀狙诈之计，阴谋不轨，自启衅端，籍请搬移，辄行叛逆，煽惑奸宄，涂炭生灵；朕连年遣兵征讨，秦陇底定，闽粤荡平，惟吴三桂窃据一隅，苟延旦夕，今大兵云集，恐其挺走，潜窜岭南；兹以王累世屏藩，效忠天国，乱臣贼子，谅切同仇，今已遣诸军，大张挞伐，平定粤西，进取滇、黔，尔国壤地相属，素谙形势，王其遴选将士，协力歼除，懋赏荣褒，朝有令典，钦哉，无负朕命。"

十八年十一月，维正庆贺大捷，疏言："逆贼吴三桂变乱数年，阻臣贡路，且再三胁诱，迫令服从，区区愚忠，罔敢易节；乃有逆臣莫元清，与三桂密相缔结，潜入高平，图为掩袭；今愿仗天威，追禽逆党，明正其罪，以固屏藩。"许之。二十一年九月，维正遣陪臣甲全等表贺闽粤肃清，并进岁贡方物，又为故王维祜请恤，议恤如例。时所贡金银器皿，与本内不符，诏免深求，其余贡物酌减白绢、降真香、中黑线香等物。二十二年四月，遣翰林院侍读明图、翰林院编修孙卓册封黎维正为安南国王，御书忠孝守邦四字，赐之。同时遣翰林院侍读邬黑、礼部郎中周灿谕祭故王维禧、维祜。时莫元清已故，其弟敬光为黎氏所败，率众来奔，帝命发回安南。寻敬光病没泗城土府，莫氏遂绝。

二十五年，增赐安南国王表里五十，著为例。三十六年，维正奏言：牛马、蝴蝶、浦园三处为邻界土司侵占，请给还。帝问云南巡抚石文晟，知其地属开化府已三十余年，并非安南故地，移文责之。五十七年十月，黎维正薨，嗣子维祹以讣告，请袭封，附贡方物。五十八年二月，遣内阁中书邓廷喆、翰林院编修成文，谕祭故王黎维正，兼册封维祹为安南国王。

雍正二年，维祹遣陪臣表贺登极，附贡方物，赐御书"日南世祚"四字。三年，云南总督高其倬奏言："云南开化府与安南接界，自开化府马伯汛外四十里，至铅厂山下小河，内有逢春里六寨，册载秋粮十二石零。康熙二十八年入于安南；又《云南通志》载，自开化府文山县南二百四十里至赌咒河，与安南为界；今自开化府至现在之马伯汛，止一百二十里，即至铅厂山下小河亦止一百六十里，是铅厂山小河外，尚有八十里，内设都龙、南丹两厂，为云南旧境，虽失在前明，但封疆所系，均应一并清查，委勘立界。"帝谕："都龙南丹等处明季已入安南，是侵占非始于我朝，安南入我朝以来，累世恭顺，不宜与争尺寸之地。"维祹寻疏辩。

嗣总督鄂尔泰疏请于铅厂山下小河，离马伯汛四十里立界。维祹复激词陈诉。五年，谕维祹曰："朕统驭寰区，凡兹臣庶之邦，莫非吾土，何必较论此区区四十里之地！但分疆定界政所当先，侯甸要荒事同一体，今远蕃蒙古奉谕之下，莫不钦承，岂尔国素称礼义之邦，独违越于德化之外哉！王不必以侵占内地为嫌，拳拳申辩，此乃前人之误，非王之过也；王惟祗遵谕旨，朕不深求，倘意或迟回，失前恭顺，则自取咎戾怀远之仁，岂能倖邀！王其祗哉，无替朕命。"维祹感悔奏谢，帝因以马伯汛外四十里赐维祹，仍以马伯汛之小赌咒河为界。六年三月，遣副都御史杭奕禄、内阁学士任兰枝，往安南宣谕，略云："王今自悔执迷，情词恭谨，朕特沛殊恩，即将马伯汛外四十里之地，仍赐国王世守之。"寻谕鄂尔泰曰："朕既加恩，外藩亦当俯从民便，此四十里内人民若有愿迁内地者，可给资安插滇省，毋使失所，其愿居外藩属安南管辖者，亦听其便。"

十一年十一月，黎维祹薨，王嗣子维祐以讣告，请袭封，附贡方物。十二年二月，遣翰林院侍读春山、兵科给事中李学裕，谕祭故王维祹，册封维祐为安南国王。十三年，黎维祐薨，弟维祎权理国事。乾隆二年，维祎以讣告，请袭封，遣翰林院侍读嵩寿、修撰陈倓，谕祭故王维祐，册封维祎为安南国王。三年九月，维祎遣使奉表，贺登极，并贡方物。

九年九月，两广总督马尔泰奏："粤西奸民叶蓁，私出外夷，诱教为匪，安南饥民流入宁明诸处。"帝命滇粤界接安南关隘严行稽查，毋酿事端。嗣两广总督马尔泰、广西署抚托庸、提督豆斌，奏言："南宁府属迁隆土筒之板蒙等隘，太平府属思陵土州之呌荒等隘，镇南府属下雷土州之下首等隘，共三十余口岸，俱逼近安南，宜叠石建栅，添卡拨兵，各土司带领土勇，扼险守巡，并饬地方官每年冬月查修通报。安南驱驴地方为货物聚集之所，最与由隘相近。从由隘出入，向设闭禁，开之实便商民。应设客长，稽商民往来，并责地方官慎察查。至平而、水口两关，通太源牧马等地，宜设立铁链，横江拦截，逢五十日开一面以通商。"从之。初，广西思陵州沿边与安南接壤，巡抚舒辂请栽竹，以杜私越。凭祥思陵土目有乘机侵安南地者，交人不甘，恒与争哄。十六年总督苏昌奏闻，帝谕舒辂下部察议。

安南瑶匪盘道钳、邓成玉等谋乱，造黄袍、黄旗、木印，勾结内地民夷何圣烈等，散札招匪，谋攻都龙、安北、宜经等处，为安南兵目侦知，获何圣烈等，盘道钳等窜匿山箐间。十九年，安南八宝河沙目黄国珍诱获盘道钳、邓成玉，云贵总督硕色讯得实，奏闻正法。初，广东土匪李文光与顺化土豪阮姓，谋踞禄赖桐狉等处为乱，番官捕获，系诸狱。二十一年，械送李文光十六人于福建，闽浙总督喀尔吉善奏言："安南僻处蛮陬，不敢将李文光擅自加诛，送归请示，足征怀服之忱，应将李文光等照交结外国例，分别处治。"从之。二十二年六月，安南番船失风，飘泊永宁汛，拨兵守护，给资送归，并收贮其军械，归时给还，帝谕："收械贮库，殊为非体，可颁谕沿海提镇知之。"二十五年，闽浙总督爱必达奏言："安南边境沙匪与交目苏由为难，阑入漫卓、马鹿二寨，抢掠滋事，已咨其国王禽解矣。"帝以平日巡防不严，临时追捕不力，切责之。

二十六年，黎维祜薨，王嗣子维祹以讣告，请袭封，遣翰林院侍读德保、大理寺少卿顾汝修谕祭故王维祜，册封维祹为安南国王。维祹欲以彼国五拜事天之礼受封，德保等执不可，随如仪，礼成。顾汝修既出境，以安南王送迎仪节未周，遣书责之，广西巡抚熊学鹏以闻，汝修坐革职。二十七年三月，帝谕礼臣曰："安南世为属国，凡遇朝使册封至其国，自应遵行三跪九叩头礼，乃国王狃于小邦陋见，与册使商论拜跪仪注，德保、顾汝修指示成例，始终恪遵，外藩不谙体制，部臣应预行宣示。嗣后遇安南册封事等，即将应行典礼，并前后遵行拜跪仪节，告知正副使，令其永远遵循，著为令。"三十四年，安南莫氏后黄公缵居南掌猛天寨，黎氏逼之，率属内投，维祹请索回处治，移檄责之。

四十三年，安南解窜匪入关，赐维祹缎匹。四十六年，维祹遣使谢恩，贡方物，帝命收受，下次正贡著减一半，并命嗣后陈谢表奏，毋庸备礼。五月谕礼部："本年安南国贡使到京，命堂官一人带往热河瞻觐。"四十九年，帝南巡，安南陪臣黄仲政、黎有容、阮堂等迎觐南城外，赐币帛有差，特赐国王南交屏翰扁额。

五十一年，安南阮氏变作。初，明嘉靖中，安南王黎维潭复国，实其臣郑氏、阮氏之力，自是世为左右辅政。后右辅政乘阮死，幼孤，兼摄左辅政，以专国事；而出阮氏于顺化，号广南王。阮、郑世仇构兵。及黎维祹，权益下移，仅同守府。辅政郑栋遂杀世子，据金印，谋篡国，而忌广南之强，乃诱其土酋阮岳、阮惠，共攻广南王，灭之于富春。阮惠自为泰德王，郑栋自为郑靖王，两不相下，维祹无如何也。

安南所都曰东京，即古交州，唐安南都护治所，而以广南、顺化二道为西京，即古日南、九真地。黎维潭起兵之所，与东京中隔海口，世为广南阮氏所据，兵强于安南。至是，郑栋死，阮惠以郑姓专国，人心不附，乃藉除郑氏为名，攻破黎城，击灭郑栋之子郑宗，阮氏复专国，维祹犒以两郡，且娶以女。五十二年，维祹卒，嗣孙维祁立，阮惠尽取象载珍宝归广南，使郑氏之臣贡整留镇都城。贡整思扶黎拒阮，乃以王命率兵夺回象五十，而阮岳亦于广南要夺其辎重，阮惠归，治城池于富春，使其将阮任以兵数万攻贡整于国都。整战死，维祁出亡，阮任遂据东京，四守险要，有自王之志。五十三年夏，阮惠复以兵诛阮任于东京，而请维祁复位。维祁知其叵测，不敢出。惠知民心不附，尽毁王宫，挟子女玉帛，舟回富春，留兵三千守东京。

有高平府督阮辉宿者，护维祁母妻宗族二百口，由高平登身远逃至博淰溪河，广西太平府龙州边也，冒死涉水，登北岸，其不及渡河者，尽为追兵所杀。两广总督孙士毅、广西巡抚孙永清先后以闻，且言："推固予夺，惟上所命。"

帝以黎氏守藩奉贡百有余年，宜出师问罪，以兴灭继绝。先置其家于南宁，遣其陪臣黎侗、阮廷枚回国，密报嗣孙。时安南疆域，东距海，西接老挝，南与占城隔一海口，北连广西、云南。有二十二府，其二府为土司所居，实只二十府，共十分三道。此时未陷者，清华道四府十五县，宣光道三州一县，兴化道十州二县。又上路未陷，下路已陷者，安邦道四府十二县，山西道五府二十四县，京北道四府二十县，太原道三州八县。其上路已陷，下路未陷者，山南道九府三十六县，海阳道四府十九县。惟广南、顺化二道，本阮酋巢穴，又据高平道一府四州，谅山道一府七县，以捍逼内地。

帝命孙士毅移檄安南诸路，示以顺逆，早反正。时维祁弟维袖、维祄皆外出避难，维袖死宣光城，维祄由京北波蓬厂来投。孙士毅以维祄有才气，欲令权摄国事，帝虑其兄弟日后嫌疑，不许；乃令土田州岑宜栋护维祄出口，号召义兵。会阮廷枚等以嗣孙复书至，乞转奏。于是安南国土司及未陷各州官兵争缚伪党，献地图；而关外各厂义勇亦皆乞饷团练，请为向导，阮惠兄弟亦叩关请贡，以其国臣民表至，言黎维祁不知存亡，请立故王维褍之子翁皇司维瑾主国事，并迎其母妃回国。帝知阮惠欺维瑾愚懦易与，狡计缓师，命孙士毅严斥之。

安南进兵路三：一出广西镇南关为正道；一由广东钦州泛海过乌雷山至安南海东府，为唐以前舟师之道；一由云南蒙自县莲花滩，陆行至安南之洮江，乃明沐晟出师之道。孙士毅及提督许世亨率两广兵一万出关，以八千直捣王京，以二千驻谅山为声援。其云南提督乌大经以兵八千取道开化府之马白关，逾赌咒河，入交趾界千有百里而至宣化镇，较沐晟旧路稍近。云贵总督富纲讲行，帝以一军不可二帅，命驻关外都龙督饷运。

十月末，粤师出镇南关，诏以安南乱后，劳瘵不堪供亿，运饷由内地滇粤两路，设台站七十余所，所过秋毫无犯，孙士毅、许世亨由谅山分路进，总兵尚维昇、副将庆成率广西兵，总兵张朝龙、李化龙率广东兵。时土兵义勇皆随行，声言大兵数十万，各守隘贼望风奔遁，惟扼三江之险以拒。

十一月十三日，尚维昇、庆成率兵千余，五鼓抵寿昌江，贼退保南岸，我兵乘之，浮桥断，皆超筏直上。时天大雾，贼自相格杀，我兵遂尽渡，大破之。张朝龙亦破贼柱石。十五日，进兵市球江，江阔，且南岸依山，高于北岸，贼据险列炮，我兵不能结筏。诸军以江势缭曲，贼望不及远，乃阳运竹木，造浮桥，示必渡，而潜兵二千于上游二十里溜缓处，用小舟宵济。十七日，乘筏薄岸相持，适上游兵已绕出其背，乘高大呼下击，声震山谷，贼不知王师何自降，皆惊溃。

十九日薄富良江，江在国门外，贼尽伐沿江竹木，致舟对岸。然遥望贼阵不整，知其众无固志，乃觅远岸小舟，载兵百余，夜至江，复夺小舟三十余，更番渡兵二千，分捣贼营。贼昏夜不辨多寡，大溃，焚其十余艘，获总兵、侯、伯数十。黎明，大军毕济。黎氏宗族、百姓出迎，伏道左，孙士毅、许世亨入城宣慰而出。城环土垒高不数尺，上植丛竹，内有砖城二则，国王所居宫室已荡尽矣。而黎维祁匿民村，是夜二鼓始出，诣营见孙士毅，九顿首谢。捷闻。初，王师之出也，帝虑事成后册封，往返稽时，致王师久暴露于外，先命礼部铸印，内阁撰册，邮寄军前。孙士毅遂以二十日宣诏，册封黎维祁为安南国王，并驰报孙永清，归其家属。维祁表谢，请于乾隆五十五年诣京祝八旬万寿。帝命俟安南全定，维祁能自立，许来朝。是役也，乘思黎旧民与各厂义勇先驱向导，又许世亨、张朝龙等新自台湾立功，皆善战之将，故得以兵万余长驱深入，不匝月而复其都，时云南乌大经之兵向未至也。诏封孙士毅一等谋勇公，许世亨一等子，诸将士赏赉有差。

时阮惠已遁归富春，孙士毅谋造船追讨，孙永清奏言："广南距黎都又二千里，用兵万人，设粮站需运夫十万与镇南关至黎城等。"帝以安南残破空虚，且黎氏累世孱弱，其兴废未必非运数也。既道远饷艰，无旷日老师代其搜捕之理，诏即班师入关。而孙士毅贪俘阮为功，师不即班，又轻敌不设备，散遣土军义勇，悬军黎城月余。阮氏谍知虚实，岁暮倾巢出袭国都，伪为来降者，士毅等信其诳词，晏然不知也。五十四年正月朔，军中置酒张乐，夜忽报阮兵大至，始仓皇御敌。贼象载大炮，冲我军，众寡不敌，黑夜中自相踩躏。黎维祁挈家先遁，滇师闻炮声亦退走，孙士毅夺渡富良江，即斩浮桥断后，由是在岸之军，提督许世亨、总兵张朝龙，官兵夫役万余皆挤溺死。时士毅走回镇南，尽焚弃关外粮械数十万，士马还者不及半，其云南之师以黎臣黄文通向导，得全返。黎维祁母子复来投。奏闻，帝以士毅不早班师，而又漫无筹备，致挫国威，损将士，乃褫职来京待罪，以福康安代之。

阮惠自知贾祸，既惧王师再讨，又方与暹罗构兵，恐暹罗之乘其后也；于是叩关，谢罪乞降，改名阮光平，遣其兄子光显赍表入贡，恳赐封号。略言守广南已九世，与安南敌国，非君臣。且蛮触自争，非敢抗中国，请来年亲觐京师，并于国内为死绥将士，筑坛建庙，请颁官衔谥号，立主奉祀；又闻暹罗贡使将入京，恐受其媒孽，乞天朝勿听其言。福康安先后以闻。

帝以维祁再弃其国，并册印不能守，是天厌黎氏，不能自存；而阮光平既请亲觐，非前代莫、黎仅贡代自金人之比，且安南自五季以来，曲、矫、吴、丁、李、陈、黎、莫互相吞噬，前代曾郡县其地，反侧无常，时忧南顾。乃允其请，即封阮光平为安南国王。册曰："朕惟王化遐覃，伐罪因而舍服，侯封恪守，事大所以畏天。鉴诚悃于荒陬，贳其既往，沛恩膏于属国，嘉与维新，贲兹宠命之颁，勖以训行之率；惟安南地居炎徼，开十三道之封疆，而黎民臣事天朝，修百余年之职贡，每趋王会，旧附方舆。自遭难以流离，遂式微而控诉。方谓兴师复国，字小堪与图存，何期弃印委城，积弱仍归失守，殆天心厌其薄德，致世祚讫于终沦。尔阮光平起自西山，界斯南服，向匪君臣之分，漫成婚媾之仇。衅启交江,情殊负固。抗颜行于仓卒,虽无心而难掩前愆,悔罪咎以湔除,愿革面而自深痛艾。表笺吁请,使先犹子以抒忱,琛献憬来,躬与明年之祝嘏。自非仰邀封爵,荣藉龙光,曷由下莅民泯,安兹鸠集。况王者无分民,讵在版章其土宇,而生人有司牧,是宜辑宁尔邦家,爰布宠绥,俾凭镇抚。今封尔为安南国王,锡之新印。于戏!有兴有废,天子惟顺天而行,无贰无虞,国王咸举国以听。王其懋将丹款,肃矢冰兢,固圉以长其子孙,勿使逼滋他族,悉心以勤于夙夜,罔令逸欲有邦,益敬奉夫明威,庶永承夫渥典,钦哉!毋替朕命。"其黎维祁赏三品衔,令同属下人户来京,归入汉军旗下,即以维祁为佐领。又令阮光平访问维祁亲属,护送进关。其前安插内地之西南夷人,有系怀故土者,并令阮光平善为抚绥,以示矜全。

五十五年,阮光平来朝祝釐,途次封其长子阮光缵为世子。七月入觐热河山庄班次亲王下郡王上赐御制诗章,受冠带归。其实,光平使其弟冒名来,光平未敢亲到也,其谲诈如此。五十六年击败黎维祗,及万象国之师,来献捷,帝优赏之。五十七年议定安南贡期,旧例三年一贡者,定为两年,六年遣使来朝一次者,定为四年。

九月,阮光平在义安病故,世子阮光缵权国事,以讣告。五十八年正月,遣广西按察使成林谕祭,加谥忠纯,并颁赐御制诗,于墓道勒碑,以表恭顺,封光缵为安南国王。帝以阮邦新造,人心未定,阮光缵尚幼,且阮岳尚在广南,吴文楚久握兵柄,主少国疑,恐有变。特调福康安总督云贵备边,并令成林密侦其国。成林旋以国事粗定闻,乃止。

八月,署两广总督郭世勋奏,安南添立花山市。先是,安南通市,平而、水口两关商人在其国之高凭镇牧马庸立市,由隘商人在谅山镇之驱驴庸立市,分设太和、丰盛二号,并置廒长、市长各一人,保护、监当各一员。而从平而关出口之商,必由水路,先抵花山,计程仅二百余里。且花山附近,村庄稠密,至是添设行铺,其市长、监当各员,即于驱驴额内派往,客民中有由陆路前赴牧马者,仍听其便。

嘉庆元年,福州将军魁伦、两广总督吉庆,先后奏言获乌艚船海盗,有安南总兵,及封爵敕命、印信等物。初,阮氏据广南,以顺化港为门户,与占城、真腊、暹罗皆接壤,西南濒海。有商舶飘入海者,阮氏辄没入其货,即中国商船,亦倍税没其半,故红毛、占腊、暹罗诸国商船,皆以近广南湾为戒。阮光平父子既以兵篡国,国用虚耗,商船不至,乃遣乌艚船百余,总兵十二人,假采办军饷,多招中国沿海亡命,啖以官爵,资以器械船只,使向导入寇闽粤江浙各省。时浙师御海盗,值大风雨,雨中有火爇入贼舟,悉破损。参将李成隆率兵涉水取贼炮,并搜获安南敕文总兵铜印各四。敕称,差艚队大统兵进禄侯伦贵利,而教谕王鸣珂获三贼,一诡为喑者,一名王贵利,讯云即伦贵利也。同时,闽中获艇贼安南总兵范光喜，供述阮光平既代黎氏，光平死，传子光缵，时与旧阮构兵，而军费又苦不给，其总督陈宝玉招集粤艇，肆掠于洋；继而安南总兵黄文海与贼官伍存七有隙，以二艇投诚于闽，令闽中造船用其式也。伦贵利者，广东澄海人，投附安南，与旧阮战有功，封侯。以巡海私结闽盗，来闽浙劫掠。安南艇七十六艘，分前、中、后支，伦贵利统带后支。其铜印凡四：贵利自佩其一，余三印，三总兵曰耀、曰南、曰金者，佩之。耀已禽斩，南、金则均溺毙于海云。巡抚阮元磔贵利，而以供辞入奏。

帝命军机大臣字寄两广总督，照会安南国王。冬十二月，阮光缵呈覆，略曰："小番世蒙天朝恩庇，旷格逾涯，无能酬报，思以慎守疆宇，永作屏翰。祗以本国极南沿海农耐地方有贼渠阮种，窃据其地，啸众齐桅盗夥，素为海患。本国整饬海防，间收舱客，以离贼党，且助海面帆柁之役。伦贵利者，前居本国，随同商伴巡防。讵料伊包藏祸心，私瞒小番，竟敢潜约匪船，越赴内洋，肆行劫掠。又擅造印札，转相诳诱，情罪重大，实为法律所不容。小番不能先烛其奸，疏于钤束。仰蒙圣慈普鉴，洞悉肫诚，训诲有加，天日垂照。恭绎圣谕，且感且悚。谨当遵奉彝训，靖守藩封，令本国巡海人员，严加警饬，密施钤勒，断不容结同匪夥，越境作非。务期桂海永清，以上副圣天子怀柔之至德，是所自勉也。"帝以国王不知，赦之。二年，两广总督奏称，安南国王阮光缵差委官弁丁公雪等，带领兵船，拿获盗犯黄柱、陈乐等六十余名，解送内地。帝降敕褒赐，并颁赐如意、玉山、蟒锦、纱器，以示优奖。

初，阮光平既攻灭广南王阮某，阮某为黎王婿，妻黎氏有娠，逃于农耐。农耐为水真腊旧都，即嘉定省，今之西贡也。黎氏生子曰阮福映，本名种，潜匿民间。及长，奔暹罗。暹罗王故与阮光平夙仇，乃以女弟妇福映助之兵攻克农耐，据之，势渐强，号旧阮，而称阮光平父子为新阮，亦曰西阮。旧阮以复仇为辞，夺其富春旧都，时嘉庆四年也。六年十一月，安南伪总兵陈天保携眷内投，始知安南与农耐兵争事。七年八月，农耐攻昇隆城，阮光缵败走被禽。八月，阮福映缚送莫观扶等三名来粤，并献其攻克富春时所获阮光缵封册、金印，奉表投诚。莫观扶等皆中国盗犯，受安南招往投顺，封东海王及总兵伪职者。帝以从前阮光平款阙内附，恩礼有加，阮光缵嗣服南交，复颁敕命，俾其世守勿替，乃薮奸窝盗，肆毒海洋，负恩反噬，莫此为甚，且印信名器至重，辄行舍弃潜逃，罪无可逭。其命两广总督吉庆赴镇南关备边，俟阮福映攻复安南全境以闻。十二月，阮福映灭安南，遣使入贡，备陈构兵始末，为先世黎氏复仇；并言其国本越裳之地，今兼并安南，不忘世守，乞以南越名国。帝谕以南越所包甚广，今两广地皆在其内，阮福映全有安南，亦不过交趾故地，不得以南越名国。八年，改安南为越南国。六月命广西按察使齐布森往封阮福映为越南国王。盖自阮光平篡黎氏十九年，复灭于阮福映，嗣后修职贡者为旧阮子孙矣。

九年，遣编置佐领，及安插江宁、热河、张家口、奉天、黑龙江、伊犁等处，安南人回国赍银有差，并许黎维祁归葬。十一年，越南兴化镇目请以临安府所属六猛地方外附，檄谕王自惩之。阮光缵遗族阮如权避捕投内地，两广总督吴熊光奏请发交阮福映，帝嫌其为属藩禽送逋逃，不许；亦不许其逼留内地。十四年，阮福映遣员至谅山，赍送乾隆六十年锡封南掌国王敕印，帝嘉奖之。

阮福映之得国也，藉嘉定永隆兵力居多，乃取二省为年号，曰嘉隆。在位十七年而薨，子福皎嗣。道光元年，遣广西按察使潘恭辰赍敕印，往封阮福皎为越南国王。九年，越南使臣请改贡道，由广东水路。部议驳之。十九年，帝谕：向来越南国二年一贡，四年遣使来朝一次，合两贡并进，嗣后改为四年遣使来贡一次，其贡物照两贡并进之数减其半。福皎改元明命，在位二十一年，尝以兵夺高蛮国河仙一带地，分通境为三十省：曰富春，国都也，广南、广义二省为右圻，广治、广平二省为左圻，平顺、富安、广和、边和、嘉定、安江、河仙、永隆、定祥九省为南圻，河静、海阳、广安、清化、义安、南定、广平、兴安、河内、北宁、谅山、高平、太原、山西、宣光、兴化十六省为北圻。后又以广义、广治各省过小，改为道，疆域较历世为大。惟宣光省西北直广西镇安府之南有地曰保乐州，其酋农姓，系黎氏旧臣，仍念故主，不服新王，越南仅羁縻处之。黎维祉子孙逃居老挝深山中，时思聚众复国，所谓黎王后也，其余黎氏疏族好滋事，俱安置平顺以南各省，又自鄙其国文教之陋，奏请颁发《康熙字典》，其取士则用元制，以经、义、诗、赋考试。

道光二十一年，阮福皎薨，遣使告哀，诏停进贡方物，命广西按察使宝清往封其子福暶为越南国王。福暶改元绍治，在位七年，道光二十八年薨，子福时嗣。凡朝使册封，历世只在河内。河内即东京，其国建都处也。及阮福映得国，以东京屡毁于兵，而其先人世居岭南，遂迁都于富春省，改东京为河内省。封使至其国，仍循例驻节于此。阮福时嗣位年幼，奏乞天使至其国都。由是广西按察使劳崇光至富春册封焉。

三十年，郑祖琛奏，越南国王阮福时因先后奉到孝和睿皇后、宣宗成皇帝遗诏，拟请遣使恭进香礼，并进香品、祭物，又赍递表文、贡物，庆贺登极。帝谕孝和睿皇后、宣宗成皇帝梓宫均已奉移灵寝，止其远来进香，其庆贺登极方物，亦毋庸呈进。咸丰二年，谕越南国明年例贡著于咸丰三年五月内到京。六年，谕越南国王阮福时以丁巳年正贡届期咨呈，劳崇光奏请于何月进关。现在用兵诸省分尚未肃清，越南国此次例贡著缓至下届两贡并进。

八年，法兰西夺取越南国西贡。先是，明季有法兰西天主教徒布教来安南。康熙五十九年，法兵舰俄罗地号泊交趾，士官三人登陆，至平顺省土人缚而献之王，舰长与教师商以重金赎归，此为法越交涉之始。乾隆十四年，法王路易十五命皮易甫亚字尔者为全权大臣，至顺化府谋通商，国王不许。乾隆十八年，越人大戮天主教徒。乾隆五十一年，越内乱，阮岳自称王，阮光平使其子景叡诣法国乞援。翌年遂订法越同盟之约，割昆仑岛之茶麟港于法。未几，爽约。嘉庆二十五年，法舰来越南测量海口，国人激王杀法人狄亚氏。道光二十七年，法人以兵舰至茶麟港，大败越军，至是年遂径夺西贡，越南第一都会也。

咸丰十年，谕内阁刘长佑奏越南国入贡届期，现在广西军务未竣，道路不宁，其丁巳、辛酉两届例贡暂行展缓。同治元年，法国拿破仑第三以海军大举伐越南，夺茶麟港，约割下交趾边和、嘉定、定祥三省，开通商三口，赔偿二千万佛郎，许其和。嘉定省即西贡所在也。二年，越南国王阮福时因奉到文宗显皇帝遗诏，咨请遣使进香，表贺登极，贡方物，却之。三年，越南乙丑例贡及上二届两贡，仍命展缓。

六年冬，广西太平、镇安两府土匪蜂起，官军击之，败遁越南。七年，国王咨乞广西巡抚苏凤交代奏，请兵援剿，帝命提督冯子材率三十营讨之。八年七月二十一日，华军由镇南关进发。八月，贼首吴鲲战北宁，伤于铳，饮孔雀血死，诸贼大惧，大兵至，遂乞降。冬，贼首梁天锡西奔宣光，投归河阳贼首黄崇英。是年，法人割取越南国安江、河曲、永隆三省，自是下交趾六省悉隶法版。九年，兴化省保胜贼首刘永福、太原省苏街贼首邓志雄，皆来降。夏四月，黄崇英遁入保乐州白苗界内，提督冯子材班师。

七月师次龙州，而黄崇英复踞河阳，刘永福复踞兴化之保胜，邓志雄复踞太原之苏街。十月降贼苏国汉乘夜袭陷谅山省城，北圻总统段寿死之。时广西候补道徐延旭因事至谅山城外驱驴庸，调兵助越攻城，不克。十一月，贼首阮四、陆之平、张十一等复踞高平省，越王复恳出师，帝命冯子材再督军出关，广西巡抚李福泰请以广东候补道华廷杰襄办军事。十年夏，冯子材次龙州。四月二十一日总兵刘玉成督诸将出关，次北宁。九月，钦州知州陈某诱禽苏国汉，解送两广总督瑞龄，诛之，其子苏亚邓遁入海，踞狗头山。道员华廷杰旋回广东。十一年，广西巡抚刘长佑檄道员覃远琏率勇十营，办太平、镇安二府边防，冯子材亦调回防边。

十二年，华军将撤，法人突以兵船至河内省，国王咨称华总兵陈得贵派队押令放入，刘长佑据情奏闻，朝命革职提讯，法人遂招中国散勇及云南边境不逞之徒攻越南各省，其守臣多降。至太原省，守臣招刘永福相助，法兵至，永福设伏败之，擒其帅安邺，法人败退河内省，与王和。王遣其臣阮文祥与议，法人遂建馆河内，并于白藤海口设关收税。初，贼首黄崇英刘永福素不相能，永福降，越南王授以三省提督之职，黄崇英踞河阳，为盗自若。十三年，刘长佑遣刘玉成将左军十营，道员赵沃将右军十营，由镇安府出关，讨黄崇英。是年，法人逼令越南王公布天主教，及红河通航二事。红河，即富良江也。旋又以保商为名，派兵驻守河内、海防诸地，且求开采红河上流矿山。光绪元年，赵沃连克底定县、襄安府各处，保乐州土民及白苗皆约降。崇英率众来拒，旋遁去。赵沃督诸军攻克河阳老巢，贼党陈亚水降。七月，禽黄崇英戮之。二年春班师。

七年，刘长佑移督云、贵，知法人志在得越南，以窥滇粤，上疏略曰："边省者，中国之门户。外藩者，中国之藩蓠。藩蓠陷，则门户危。门户危，则堂室震。越南为滇越之唇齿，泰西诸国自印度及新加坡、槟榔屿设立埠头以来，法国之垂涎越南久矣。开市西贡，据其要害，复通悍贼黄崇英规取东京，聚兵谋渡洪江，以侵谅山诸处，又欲割越南广西边界地六百里，为驻兵之所。臣时任广西巡抚，虽兵疲饷绌，立遣将卒出关往援，法人不悦，讦告通商衙门，谓臣包藏祸心，有意败盟，赖毅皇帝察臣愚忠，乃得出助剿之师，内外夹击，越南招用刘永福，以折法将沙酋之锋。广西两军左路则提督刘玉成趋太原北宁，右路则道员赵沃由兴化宣光分击贼党，直抵安边、河阳，破崇英巢穴，歼其渠魁，故法人寝谋，不敢遽肆吞并者，将逮一纪。然臣每详询边将，知法人之志在必得越南，以窥滇粤之郊，而通楚蜀之路。狡焉思启，祸近切肤。乃入秋以来，法国增加越南水师经费，其下议院议借二百五十万法郎，经理东京海湾水师，其海军卿格罗爱逐日筹画东京兵事，俟突尼斯案一结，即可进行，窃叹法人果蓄志而潜谋，嗜利而背约也。窃闻造此谋者为伯朗手般，在越南西贡为巡检司。开埠之后，招入土夷客民，众至百万，民情渐洽，物产日增。柬埔寨所招商民亦逾百万，运米出洋岁百万石，所征赋税入西贡库藏者，岁计佛郎二百五十万。柬埔本荒薮，开成通衢，车路方轨，沟渠修浚，柬埔人感法恩德，至愿以六百万口献地归附，故伯朗手般以越南情形告其总统。富良江一带法已驶船开市，议上溯以达澜沧江，通中国之货结栖方诸夷以窥滇粤边境，筑西贡至柬埔寨铁路，以避海道之迂绕。越南四境皆有法人之迹，政治不修，兵赋不足，势已危如累卵。今复兴兵吞噬，加以柬埔之叛民，势必摧败不可支柱。同治十三年，法提督仅鸣炮示威，西三省已入于法人之手，而红海通舟地险复失。所立条约惟不肯与，以东京国势岌岌，恃此为犄角，若复失其东京即不穷极兵力，图灭富春，已无能自立矣。臣以为法人此举，志吞全境，既得之后，必请立领事于蒙自等处，以攘山矿金锡之利，或取道川蜀，以通江海，据列邦通商口岸之上游。况滇南自同治以后，平定逆回，其余党桀黠者或潜窜越南山谷，或奔洋埠，役于法人，军情虚实，边地情形，尽行泄漏；故时有夷人阑入滇，以观形势。倘法覆越南，逆党又必导之，内寇逞其反噬之谋；臣受任边防，密迹外寇，不敢闻而不告。"奏入，不报。

时驻英法使臣曾纪泽以越事迭与法廷辩诘，福建巡抚丁日昌亦疏法越事以闻。帝命与北洋大臣李鸿章筹商办法，并谕沿江沿海督抚密为筹办。八年二月，法人以兵舰由西贡驶至海阳，谋取东京，直督张树声以闻，帝谕滇督相机因应。三月移曾国荃督两广，法攻东京，破之。张树声奏令滇粤防军严守城外，以剿办土匪为名，藉图进步，并令广东兵舰出洋，遥为声援。五月，滇督刘长佑遣道员沈寿榕带兵出境，与广西官军连络声势，保护越南。并奏言："探闻法人破东京后，退驻轮船，日日添兵，增招群盗，悬奖万金购刘永福，十万金取保胜州。又法领事破城后，劫掠商政衙门，传示各商，出入货税，另有新章。现仍调取陆军，赶造拖船，为西取保胜之计。越王派其兵部侍郎陈廷肃接署河内总督，遣吏部尚书阮正等抵山西，与黄佐炎等筹商御敌之策。各省巡抚布按大半与黄佐炎、刘永福同愿决一死战。嗣后统领防军提督黄桂兰报称，刘永福驰赴山西道，经谅山来见，比晓以忠义，感激奋发，据称，分兵赴北宁，助守保胜，万不使法人得逞，但兵力不足，望天朝为援。其河内探报云，法人恐援兵猝至，当释所获之河内巡抚，交还城池仓库，巡抚不受，称法人违约弄兵，以死自誓，乃转交按察使。宗室阮霸复以火药轰毁东京，以免越人复聚，且省兵力分守。其轮船或东下海阳，或分驶广南西贡，俟添兵既集，从事上游。伏查法人焚掠东京，狡谋叵测，越南诸臣决计主战。山西为上通云南要地，越军能悉力抵御，微特滇粤边防可保，即越南大局亦尚有振兴之期。而粤督与总署所议，以滇粤桂三省兵力合规北圻一策，更可乘势早图，以杜窥伺。然越国受制法人已久，人心恒怯，此次决战山西，期于必胜，稍有挫败，则大局不堪设想。盖山西有失，则法人西入三江口，不独保胜无复障蔽，而滇省自河底江以下皆须步步设防，益形劳费。以事机而论，中国有万难坐视之处，且不可待山西有失，始为事后之援。"旋召长佑入觐，以岑毓英署滇督。

刘永福者，广西上恩州人。咸丰间广西乱，永福率三百人出镇南关。时粤人何均昌据保胜，永福逐而去之，遂据保胜，所部旅皆黑色，号黑旗军。永福既立功越南，授三省提督职，时时自备饷械剿匪，而黄佐炎皆匿不上闻，越臣亦多忌之。永福积怨于佐炎。佐炎为越南驸马，以大学士督师督抚均受节制。冯子材为广西提督时，佐炎以事来见，子材坐将台，令以三跪九叩见，佐炎衔之次骨。越难已深，国王阮福时愤极决战，责令佐炎督永福出师，六调不至。法军忌永福，故越王始终倚任之。

先是，刘长佑命藩司唐炯率旧部屯保胜，曾国荃至粤，命提督黄得胜统兵防钦州，提督吴全美率兵轮八艘防北海，广西防军提督黄桂兰、道员赵沃相继出关，所谓三省合规北圻也。时法人要中国会议越事，谕滇粤筹画备议。法使宝海至天津，命北洋大臣会商越南通商分界事宜。吏部主事唐景崧自请赴越南招抚刘永福，帝命发云南岑毓英差遣，景崧乃假道越南入滇，先至粤，谒曾国荃，韪其议，资之入越，见永福为陈三策，言："越为法逼，亡在旦夕，诚因保胜传檄而定诸省，请命中国假以名义，事成则王，此上策也；次则提全师击河内，驱法人，中国必助之饷，此中策也；如坐守保胜，事败而投中国，此下策也。"永福曰："微力不足当上策，中策勉为之。"

三月，法军破南定，帝谕广西布政使徐延旭出关，会商黄桂兰赵沃筹防。李鸿章丁忧，夺情回北洋大臣任，鸿章恳辞，至是命鸿章赴广东，督办越南事宜，粤滇桂三省防军均归节制。鸿章奏，拟赴上海，统筹全局。法使宝海在天津议约，久不协，奉调回国，以参赞谢满禄代理。刘永福与法人战于河内之纸桥，大破法军阵，斩法将李成利，越王封永福一等男。徐延旭奏留唐景崧防营效用，并陈永福战绩。帝促李鸿章回北洋大臣任，并询法使脱利古至沪状，令鸿章定期会议。脱利古询鸿章是否助越，鸿章仍以边界剿匪为辞；而法兵已转攻顺化国都，迫其议约，鸿章与法新使德理议，不就。法兵声言犯粤，广东戒严总署致法使书，言："越南久列藩封，历经中国用兵剿匪，力为保护。今法人侵陵无已，岂能蔑视，倘竟侵我军驻扎之地，惟有决战，不能坐视。"帝谕徐延旭饬刘永福相机规复河内，法军如犯北宁，即令接战。命滇督增兵防边，唐炯迅赴前敌备战，并济永福军饷。旋命岑毓英出关督师。

法兵破越之山西省，粤势愈急，以彭玉麟为钦差大臣，督粤师。彭玉麟奏："法人逼越南立约，欲中国不预红河南界之地，及许在云南蒙自县通商，显系图我滇疆，冀专五金之利。不特滇粤边境不能解严，即广东、天津亦须严备。"时越南王阮福时薨，无子，以堂弟嗣。法人乘越新丧，以兵轮攻顺化海口，入据都城。越南嗣君在位一月，辅政阮说启太妃废之，改立阮福昇。至是乞降于法，立约二十七条，其第一条即言中国不得干预越南事，此外政权、利权，均归法人，逼王谕诸将退兵，重在逐刘永福也。

滇抚唐炯屡促永福退兵，永福欲退驻保胜，黑旗将士皆愤怒，副将黄守忠言，公可退保胜，请以全军相付，守山西，有功，公居之，罪归末将。永福遂不复言，退。徐延旭奏言，越人仓卒议和；有谓因故君未葬，权顾目前者；有谓因废立之嫌，廷臣植党构祸者；选接越臣黄佐炎等钞寄和约，越诚无以保社稷，中国又何以固藩篱，越臣辄以俟葬故君，即行翻案为词，请无撤兵。刘永福仍驻守山西，嗣王阮福昇嗣位，具禀告哀，并恳准其遣使诣阙乞封。越国人心涣散，能否自立，尚未可知。并将法越和约二十七款，及越臣黄佐炎来禀，录送军机处。

两江总督左宗棠请饬前藩司王德榜募勇赴桂边扼扎。十一月法人破兴安省，拘巡抚、布政、按察至河内，枪毙之。进攻山西，破之，刘团溃，永福退守兴化城。十二月嗣王阮福昇暴卒，或云畏法，逼自裁，国人立前王阮福时第三继子为王，辅政阮说之子也。徐延旭奏报山西失守，北宁断无他虞，帝责其夸张，十年，唐景崧在保胜上枢、府书，言："滇、桂两军偶通文报，为日甚迟，声势实不易连络。越南半载之内，三易嗣君，臣庶皇皇，类于无主。欲培其根本，以靖乱源，莫如遣师直入顺化，扶翼其君，以定人心，而清匪党，敌焰庶几稍戢，军事亦易于措手。若不为藩服计，北圻沿边各省，我不妨直取，以免坐失外人。否则首鼠两端，未有不归于败者也。"

刘永福谒岑毓英于家喻关，毓英极优礼之，编其军为十二营。法军将攻北宁，毓英遣景崧率永福全军赴援。桂军黄桂兰、赵沃方守北宁，山西之围，桂兰等坐视不救，永福憾之深，景崧力解之，乃赴援。景崧劝桂兰离城，择隘而守，桂兰不从。二月，法兵攻扶良，总兵陈得贵乞援，北宁师至，扶良已溃。法兵进逼北宁，黄桂兰、赵沃败奔太原，刘永福亦坐视不救。徐延旭老病，与赵沃有旧，偏信之。赵沃庸懦，其将党敏宣奸，欺蔽延旭，敌犯北宁，敏宣先遁。陈得贵为冯子材旧部，骁勇善战，子材曾劾延旭，延旭怨之，并怨得贵，及北宁陷，乃奏戮之，敏宣亦正法。延旭调度失宜，帝命革职留任。三月，命湖南巡抚潘鼎新办广西关外军务，接统徐延旭军。黄桂兰惧罪，仰药死。帝谕徐延旭株守谅山，仅令提督黄桂兰、道员赵沃守北宁，遇敌先溃，殊堪痛恨，徐延旭革职拿问，黄桂兰、赵沃溃败情形，交潘鼎新查办。以王德榜署广西提督，德榜辞不拜，唐炯革职拿问，以张凯嵩为云南巡抚。北宁败后，徐延旭、唐景崧护军，收集败残，申明约束。时唐仁廉署广西提督，法军由北宁进据兴化，别以兵舰八艘驶入中国海，窥厦门及上海吴淞口，沿海戒严，于是中法和议起。

四月，李鸿章与法总兵福禄诺在天津商订条款，谕滇桂防军候旨进止。鸿章旋以和约五款入告，大略言："中国南界毗连北圻，法国任保护，不虞侵占。中国应许于毗连北圻之边界，法、越货物听其运销，将来法与越改约，决不插入伤中国体面之语。"朝旨报可，予鸿章全权书押。既而法公使以简明条约法文与汉文不符相诘，帝责鸿章办理含混，舆论均集矢鸿章，指为通夷。法使既藉端废约，帝令关外整军严防，若彼竟来犯，即与交绥。命岑毓英招刘永福率所部来归。潘鼎新奏："法兵分路图犯谷松、屯梅二处，桂军械缺、粮乏，恐不可恃。"帝以其饰卸责之。法兵欲巡视谅山，抵观音桥，桂军止之，令勿入，法将语无状，遂互击，胜之。奏入，谕进规北宁，责法使先行开炮，应认偿，令告法外部止法兵，并谕我军如彼不来犯，不宜前进。法使续请和议，帝谕桂军回谅山，滇军回保胜，不得轻开衅。

法将孤拔欲以兵舰扰海疆，法使巴德诺逗留上海，不肯赴津，乃改派曾国荃全权大臣，陈宝琛会办，邵友濂、刘麟祥随同办理。谕言："兵费、恤款万不能允，越南须照旧封贡，刘永福一军如彼提及，须由我措置，分界应于关外空地作为瓯脱，云南通商应在保胜，不得逾值百抽五。"六月，法将孤拔以兵舰八艘窥闽海，欲踞地为质，挟中国议约，何璟、张佩纶以闻。法舰攻台湾之基隆炮台，台抚刘铭传拒守。曾国荃、陈宝琛与法使议约于上海，国荃许给抚恤费五十万，奉旨申斥。约议久不就，乃一意主战。谕岑毓英令刘永福先行进兵，规复北圻。岑毓英、潘鼎新关内各军陆续进发。以法人失和，不告各国。

七月，法公使谢满禄下旗出京。帝乃宣谕曰："越南为我封贡之国，二百余年载在史册，中外咸知。法人先据南圻各省，旋又进据河内，戮其人民，利其土地，夺其赋税；越南暗懦，私与立约，并未奏闻，挽回无及。越亦有罪，是以姑与包涵，不加诘问。光绪八年，法使宝海在天津与李鸿章议约三条，当与总理各国事务衙门会商妥筹，法人又撤使翻覆。越之山西、北宁等省，为我军驻扎之地，清查越匪，保护属藩，与法国绝不相涉。本年二月间，法兵竟来扑犯。当经降旨宣示，正拟派员进取，忽据伊国总兵福禄诺先向中国议和。其时法国因埃及之事，岌岌可危，中国明知其势处迫逼，本可峻词拒绝，而仍示以大度，许其行成。特命李鸿章与议简明条约五款，互相画押。谅山、保胜等军，应照议于定约三月后调回，迭经谕饬各防军扼扎原处，不准轻动开衅。诸军将士奉令维谨，乃法国不遵定约，忽于闰五月初一、初二等日，以巡边为名，直扑谅山防营，先行开炮轰击，我军始与之接仗，互有杀伤。法人违背条约，无端开衅，伤我官兵，本应以干戈从事。因念订约通好二十余年，亦不必因此尽弃前盟，仍准各国总理事务衙门，与在京法使往返照会。情喻理晓，至再至三。闰五月二十四日，复明降谕旨，照约撤兵，昭示大信。所以保全和局者，实属仁至义尽。法人乃竟始终怙饰，横索兵费，恣意要挟，辄于六月十五日，占据台北基隆山炮台，经刘铭传迎剿获胜。本月初三日，何璟等甫接本领事照会开战，而法兵已自马尾先期攻击，伤坏兵商各船；虽经官军焚毁法船，击坏雷艇，并阵毙法国兵官，尚未大加惩创。若再曲予含容，何以伸公论，而顺人心！用特揭其无理情节，布告天下。"

八月，谕岑毓英督饬刘永福及在防各营，规复北圻，并谕潘鼎新饬各军联络声势，分路并进。提督苏元春与法军战于陆岸县，败之。十月，内阁学士周德润奏："官军进取越南，宜以正兵牵制河内之师，别用奇兵，由车里趋老挝，走哀牢，以暗袭顺化，募用滇边土人，必能得力。"得旨交滇督详察筹办。是月，苏元春与法人战于纸作社，阵斩法兵官四人。十一月，王德榜军大败于丰谷，苏元春不往援。唐景崧与刘永福、丁槐军攻宣光，力战大捷，优诏褒之。十二月十九日，法兵攻谷松，王德榜以丰谷之败怨苏军不救，至是亦不往援，苏军败退咸坡，谅山戒严。帝命冯子材帮办广西关外军务。二十九日，法军攻谅山，据之，潘鼎新等退驻镇南关，龙州大震。唐景崧、刘永福、丁槐攻宣光，月余不能下。谅山失守，岑毓英虑景崧等军断后援，令勿拼孤注，景崧不可。冯子材与法军战于文渊，互有杀伤。

十一年正月初九日，法兵攻镇南关，轰毁关门而去，提督杨玉科战殁。潘鼎新退驻海村，帝命戴罪立功。元春退驻幕府。王德榜自负湘中宿将，屡催援不至，鼎新劾之，落职，所部归元春辖。法军攻刘永福于宣光，永福军溃。唐景崧退驻牧马，钦、廉防急。彭玉麟请调冯子材军防粤，朝旨令鼎新议，鼎新素不协于子材，乃命子材行。子材以关外防紧，不肯退，玉麟乃令专顾桂防。鼎新师久无功，褫职，以李秉衡护理广西巡抚，苏元春督办广西军务。法兵既毁镇南关，逃军难民蔽江而下，广西全省大震。子材至，乃力为安辑。

子材久驻粤西，素有威惠，桂、越民怀之，人心始定。乃于关内十里之关前隘，跨东西两岭间，筑长墙三里余，外掘深堑，为扼守计，自率所部驻之，而令王孝祺勒军屯其后为犄角。法兵扬言某日犯关，子材逆料其必先期至，乃议先发制敌，鼎新止之，子材力争，径率王孝祺军夜犯敌垒，杀敌甚多。法起谅山之众，扑镇南关，子材誓众曰："法再入关，吾有何面目见粤人！必死拒之！"士气皆愤。法攻长墙，急炮猛烈，子材勒诸统将，屹立接战，遇后退者手刃之。战酣，子材自开壁，率两子相荣、相华直冲敌军，诸将以子材年七十，奋身陷敌，皆感愤，殊死战。王孝祺、陈嘉率部将潘瀛、张春发等随其后，王德榜军旁至，夹击之，毙法兵无算。鏖战两日，法军子弹尽，大败，溃遁。子材率兵攻文渊，法军弃城走。诸军三路攻谅山，孝祺、德榜战尤力，连战皆捷。二月十三日，遂克谅山，法悉众遁。子材进军克拉木，逼攻郎甲，王孝祺进军贵门关，尽复昔年所驻边地。越民立忠义五大团，二万余人，皆建冯军旗帜，西贡亦闻风通款。自海通以来，中国与外国战，惟是役大捷，子材之功也。

法兵六千犯临洮府，复分两队：一北趋珂岭、安平；一南趋缅旺、猛罗。滇督岑毓、李应珍等扼北路，王文山扼南路，而自率军当中路，皆有斩获。法军遂合趋临洮府，滇军拒战，南北路回军夹攻之，阵斩法将五人，法军大溃。

时法兵舰据台湾之澎湖。谅山既大捷，法人力介英人赫德向李鸿章议和，言法人交还基隆、澎湖，彼此撤兵，不索兵费。鸿章奏言："澎湖既失，台湾必不可保，当藉谅山一胜之威，与缔和约，则法不至再事要求。"朝廷纳其议，立命停战。临洮之战，乃在停战后电谕未达前也。鸿章遽请签约，令诸将皆退还边界，将士扼腕痛愤，不肯退。彭玉麟、张之洞屡电力争，帝以津约断难失信，严论遵办。法人要求逐刘永福于越南，张之洞乃拟令永福驻思、钦，永福坚不肯行，唐景崧危词胁之，朝旨严切，乃勉归于粤，授总兵。冯子材奉督办廉、钦边防之命。约既成，越南遂归法国保护焉。

东南亚古史研究之四

马来南海古史初述

東南亞古史研究之四

馬來南海古史初述

陳序經 著

《马来南海古史初述》20世纪60年代内部印刷版封面

目 录

序	393
绪　言	394
第一编　马来亚半岛	399
第一章　马来亚古史	399
第二章　马六甲起源	407
第三章　马六甲概况	412
第四章　马六甲史略	421
第二编　苏门答腊岛	431
第五章　苏岛的概况	431
第六章　早期的历史	439
第七章　唐代的佛逝	447
第八章　三佛齐时代	453
第三编　爪哇诸古国	459
第九章　爪哇的概况	459
第十章　早期的史略	462
第十一章　宋代的阇婆	469
第十二章　满者伯夷朝	476
第四编　渤泥与菲岛	486
第十三章　渤泥与婆利	486
第十四章　史文的撰述	493
第十五章　宋元的菲岛	505
第十六章　明代的菲岛	510

序

本书分为四编，这就是马来亚半岛，苏门答腊岛，爪哇诸古国，及浡泥与菲岛。从我国的丰富史料，以及当地的一些史书、碑文，与近来发掘的古迹古物，以至近代人对于这些地方的历史的研究的成果来看，每编本来都可以自成一钜册。然而正是由于近人之研究成绩，比较的多，而且有的写得也比较的好，所以本书对于上述各国家，都只作简略的叙述。

杜佑在其《通典》卷一八八《边防四·海南序略》中说：

> 海南诸国，汉时通焉，大抵在交州南及西南，居大海中洲上，相去或五三百里，五三千里，远者二三万里。乘舶举帆，道里不可详知，外国诸书，虽言里数，又非实也。其西与诸胡国接。元鼎中（公元前一一五至一一一），遣伏波将军路博德开百越，置日南郡，其徼外诸国，自武帝以来皆献见。后汉桓帝时，大秦天竺，皆由此道，遣使贡献。及吴孙权，遣宣化从事朱应、中郎康泰使诸国，其所经及传闻，则有百数十国，因立记传。晋代通中国者盖鲜，及宋齐，至者有十余国。梁武隋炀，诸国使至，逾于前代。大唐贞观以后，声教远被，自古未通者，重译而至，又多于梁隋焉。其无异闻，亦不复更记。

杜佑所说的海南，也就是历史上以至今日所说的南海，他所说的海南或南海，其范围主要也就是今日的东南亚，虽则有些天竺的国家，如黄支、乌弋也包括在内。《通典》所记述的海南诸国共二十八个，其中如林邑、扶南、真腊、赤土、丹丹、盘盘、狼牙修等均已别见拙作他书中，此不再论。

至如罗刹、薄剌、勃焚、火山、婆登、多蔑，与摩摩长等，虽然现在还是很难确定其方位所在，但似乎是位在马来半岛之南，而与苏门答腊、爪哇、婆罗洲等处相近。

此外，在宋初李昉等辑的《太平御览》卷七百八十六至七百九十四《夷部》中所述录的南蛮诸国，其中也有不少国家是位在这个地区内的。又如元人汪大渊的《岛夷志略》中所载的勾栏（Gelam），文古老（Moluccas），与古里帝问（Timar），以至《明史》卷三二三中所记的麻叶瓮（Billiton），也是属于这个地区内。

由于这些国家或地方，有的因为方位不易确定，有的在历史上，地位比较不大重要，而且它们和中国的往来，并不频繁，所以都不在本书中叙述。

一九六二年九月

绪　言

这本书名是叫做《马来南海古史初述》，所谓马来南海这几个字的意义，需要略加解释。首先，应该指出，从地域上来说，这里所研究的，是包括了马来半岛、苏门答腊、爪哇、婆罗洲、菲律宾，以及这些地方附近或附属的少数岛屿。从现代的国家来说，这是包括了马来亚国与新嘉坡，以及属于泰国而说马来话的马来半岛的北部一些地方，也包括了英属的婆罗洲，又包括了现在的印度尼西亚的全部领土，以及菲律宾群岛。

所谓马来，是指着整个马来半岛与新嘉坡而言，所谓南海可以说是指着马来半岛与新嘉坡以外的上面所述的地方，这就是苏门答腊、爪哇、婆罗洲、菲律宾，与其附近或附属的岛屿。这个范围，是同于冯承钧的《中国南洋交通史》里下编第五与第六两章所说的范围差不多，这就是马来半岛诸国与南洋群岛诸国。应该指出，这里所说的南海，在范围上，是比较狭意的南海。

过去也有人把这个地区叫做马来群岛的，其所以这样的称呼，其主要原因，大致有二：一是从种族方面来说，二是从语言方面来说。

从种族方面来说，应该指出，在这个地区中，种族相当复杂，但其最先住在这个地区的人，大致是一种肤色黑而体格较小的种族，我国史书上所称的色黑的人或有时称为昆仑人，主要是指着这些人。至于后来移到这个地方的，可以说是马来人的祖宗，他们主要是从我国的南部慢慢的南下而达到马来半岛，以至于南海群岛。他们分为两批：头一批是约在公元前三千年已到这些地方，而后一批是约在公元前三百年才到的，结果是直到今日，两者却有了不同之处。他们分布的地方很广，西到非洲东边的马达加斯加（Madagascar）岛，而东至于太平洋的好多岛屿。人类学者叫他们为马来坡里内西亚人。新来的马来人，介绍了铁制的工具，与武器，因为他们有较好的工具与武器，他们统治与同化了先来的马来人。

从语言方面来看，所谓马来话，原来只是通行于苏门答腊及马来半岛一些地方。可是十五世纪以后，这种语言，逐渐的流行起来，这与马六甲这个国家的兴盛，是有关系的。马六甲自十五世纪初年以后，成为东南亚的一个极重要的商场，各处商人都到这个地方贸易，因而这种语言，遂成为马来半岛与南海群岛的商人与水手的一种互相通用的语言。起初是传播到这些地方的商业比较发达的港口，后来成为近海一带的人们的语言，更后则传入内地。

所以人们称这些地方为马来群岛，恐怕主要还是从语言的通行方面来说。

自印度尼西亚脱离荷人的统治而独立之后，印度尼西亚这个名词，也通行起来。可是，我们应该指出，印度尼西亚（Indonesia）这个名词的采用，是很晚的。这个名词最先见于一八五七年罗根（J. R. Logon）所著的《印度群岛的语言与人种》（*Languages and Ethnology of the Indian Achipelags*）一书，他用的时候，是指着一种颜色较淡的非马来人，如苏门答腊北部的巴达克（Bataks）人，婆罗洲的大雅克（Dyaks）人及菲律宾群岛的一些人。这个名词现在成为印度尼西亚的国名，而且也当为种族名，这就是印度尼西亚族。至于其语言，也称为印度尼西亚话。可是因为现在的印度尼西亚话是源于马来话，所以不只在说话上两者基本相同，就是在文字上，二者也基本相同。不久以前，印度尼西亚与马来亚两个国的人们，还创议两国之研究文字者开会讨论两国文字的改进问题，虽则我们也得指出，现在所谓印度尼西亚语言，包括文字在内，比之在马来半岛的语言，发达得比较的快。又今日的印度尼西亚人口，将近一亿，而马来亚的人口只约有七百万，若说印度尼西亚人所说的是印度尼西亚话，那么说这种话的人，就多过说马来话的约十倍了。

在这个地区中，不只种族与语言有其共同之处，而且在气候上、地理上、物产上，以至于社会组织，与风俗习惯，也有其共同之处。

在这个地区中，绝大部分是居在热带，虽然在冬季，也有东北风吹来，可是几乎是四时皆夏，草木常青，因而在物产上，大致也多相同。马来人在过去，主要是以农为业，他们的主要出产是稻米，他们的最简单的耕种方法，是把山林烧了，播种于地，到期收获。可是数年之后，地瘦收获少，他们又弃之而另找山地，烧之而耕。然而也有用较好的工具与讲究水利的，这种做法，不只增加其产量，而且稳定其居地。

他们多数住于乡村，马来人叫这种乡村为甘旁（Campound），爪哇人叫做地沙（Desa），虽然名为乡村，但每家是分散而居，每家围以园地，围地里树叶成荫，果木成林，人们可以叫做园林式的乡村。其旁或附近有田园，有鱼塘，也有山林或者荒地。在这种乡村中，人们不只过着共同的生活，而且在困难的时候，互相帮助，又共同负责去解决纠纷与处理罪犯。

这是一个自供自给的社会组织。大致上，也可以说是一个自治自管的地方区域。其首领大致是"选举"而来，这个首领，往往是一个长者，是有威望的人物，他也是风俗习惯的保持者。

在这个地区，在回教未输入之前，婆罗门教、佛教也盛行，伟大的而很富有艺术性的爪哇的佛楼，是佛教繁盛的表征。法显在五世纪的初年，从印度回国经过这个地区时，印度宗教已经输入。唐代的僧人，还有不少到了苏门答腊抄写佛经，学习梵文，可是自从十三世纪以后，回教传入这个地区，而尤其是自马六甲王国建立之后，国王崇信回教，回教后来又成为国教。回教在这个地区很快的发展起来，现在的马来亚与印度尼西亚的当地人民，大多数是信仰回教。菲律宾长期在西班牙统治之下，天主教最为流行，但是最后移到菲律宾的一批马来人，这就是现在的摩鹿人（Moros），也是信仰回教，他们在西班牙人统治以后，还继续的移入，其人数也有好多万，他们主要是居在棉兰荖（Mindanao）与这个岛的西南的一些小岛。

应该指出，除了这些外来的宗教之外，他们有他们自己或固有的信仰，而其最普遍的是拜物主义（Animism）。他们相信一切自然现象，日、月、星辰，以至石头树木，都有其灵魂。同样的，动物与人也有其灵魂。一个特殊形状的石头，一株奇特的树木，都可以有其特殊灵魂，可以成为崇拜的对象。这种灵魂，也可以发挥其威力，用了一个强有力的人的武器，也可以增加一个人的威力，无论这种武器是朋友的，或是敌人的，因为武器本身有其神力。

因为有了上面所说的基本共同之处，所以我们把这个地区的古代历史写成这本书。

关于这个地区的古代史料，我们中国的记载最为丰富。比方关于唐以前的马来半岛，中国史书记载很多。我在《猛族诸国初考》一书的第二编，所叙述的各国的史料，主要是我国的史料。唐以后，一直到明朝末年，要想研究这一段历史，主要还是要靠中国史文。马六甲是这个半岛上的马来人所建立的较早与最大而又最为富强的国家，如明代的马欢在其《瀛涯胜览》中，用了不少篇幅去叙述其一般的情况，如方位、物产、风俗、习惯等等，而在《明史·满剌加传》中，除了马六甲一位国王，该传没有记载其名字之外，从马六甲的建立国家的第一位国王，以至亡于葡萄牙的最后的国王的名字事迹，及其与我国的关系，都记载下来。

又如在苏门答腊岛上的末罗游、室利佛逝，或三佛齐，我国的《宋史》《明史》与其他好多著作，都有很为详细的叙述。其实，在公元五世纪的初年，晋朝的僧人法显，已经到了这个地方，而且留下著作。所以要想研究这岛以及其国家的历史，非用中国史料就很难下手。

至于爪哇或阇婆，从南北朝的宋代或其前，这就是在公元五世纪的上半叶或之前，中国已与这个岛上的国家有过关系。从此以后，经唐宋元明，没有一朝不互派使节，互相通商。因而中国史籍之记载这个地方的，不绝于书，而且，往往叙述得很为详细，光只把中国的史文，搜集起来，也可以成为一书。

我国史书或著作之记载婆罗洲的，也不算少，《梁书》《隋书》《唐书》中所说的婆利，应该是这个地方（但也有人主张婆利为峇里 Bali 者）。至如樊绰的《蛮书》，也说到这个地方，五代、宋以后，史书说及这个岛的比较的多。而且这些记载，在研究这个地方的历史的人来说，是十分宝贵的。

我国关于菲律宾的古代史料，虽然不算多，但赵汝适的《诸蕃志》，汪大渊的《岛夷志略》，以及《元史》《明史》都有关于这个地方的记载，而《明史·

吕宋传》，叙述得相当详细。

至于当地的记载，如《马来纪年》(Sejarah Melayu)，对于苏门答腊、爪哇、马来半岛，而尤其是马六甲，虽然也说得较为详细，但这本书所说的，有很多地方，并非史实，而流于荒谬。这本书的作者，据说是马来半岛的柔佛王子罗阇朋苏（Raja Bongsu），他后来曾为柔佛苏丹或国王。他生于一五七一年而死于一六二三年。据说此书成于一六一二年，其成书的时间，距马六甲之亡于葡萄牙已有百年之久。他之所写这本书，并非用历史家的笔法去叙述史实，而是偏于故事或小说的写作。不只对于年代的记载，有很大的错误，而且对于好多事件，是凭空造说。可是，尽管如此，也不能说是没有参考的价值。

又如爪哇方面的《阿珠的婚事》(Ardjuna-wuvaha)、《国王书》(Pararaton)，与一位僧人普拉蓬加（Prapanca）的《爪哇诗篇》(Nagarakertagama)都是很为宝贵的史料。后者部份成于十四世纪的中叶，全部成于一四八一年以后。这本书对于星柯沙里（Singhasari）的安格禄（Angrok）王的事迹，说得很为详细。可是要写一部爪哇诸国史，只参考这些史书，是很不够的。《国王书》所记载的是十六世纪以前的事情，而没有说关于这个世纪以后的事情，因为它所注重的是一个朝代与一位国王。

此外，近代的考古学者，在这个地区中，也发现或发掘了一些古物与古迹，这种工作若能继续下去，对于研究这个地区的古代历史来说，将有更大的帮助。

近人之研究这个地区的历史的，也有很多。比方张礼千的《马六甲史》（一九四五），搜集了很多的材料，作了不少的考证工作。最近我国人对于三佛齐的研究，也逐渐增加。法国费琅（G. Ferrand）在一九二二年曾发表《苏门答腊古国考》(L'émpire Sumatrannais de Srivijaya)（冯承钧译，按：直译应为《三佛齐的苏门答腊帝国》），而对于这个国家（三佛齐）研究较早的是戈岱（G. Coedès）。他于一九一八年曾在《河内法国远东校刊》（Bulletin de L'Ecole Française D'Extrême-Orient XVIII 1918 Hanoi），谈到这个国家，又如格罗（N. J. Krom）的《印度爪哇史》(Hindoe-Javaansche Geschiedenis, 1931)，维勒基（B. H. M. Vlekke）的《荷兰东印度的故事》(The Story of the Dutch East Indies, 1945)，而尤其是一九四三年所出版的较大的著作，这就是《东印度群岛历史》(Nusantara: A History of the East Indian Archipelago)（按前者为后者的节本），柏克（C. C. Berg）对于爪哇古史的好多著作，以及印度尼西亚的萨西·巴尼所著的《印度尼西亚史》(吴世璜译)。又如，范那特兹（L. H. Fernandez）的《菲律宾史》(A Brief History of the Philippines, 1919)（李长傅译）与宾尼特兹（E. Benitez）的《菲律宾史》(History of the Philippines, 1926)，以及近来所发表的关于这个地方的历史书籍与杂志论文，使我们对于这个地区的历史研究，也得到不少的帮助。

我们在上面不过只是随便的介绍一些关于这个地区的历史资料，可是，同时，我们也得指出，这些著作，大致都是详于近代与现代，而略于古代。其实，专就古代的资料来说，这就是说在西欧的殖民主义者未到这个地区之前的史料，在这个地区中的每一分区，而尤其是如马来半岛，如苏门答腊，如爪哇，我们若好好利用现有的史料，那么每一分区，都可以写出一本巨著，我在这里所叙述的，只是一些概况与摘录一些史文而已。

第一编　马来亚半岛

第一章　马来亚古史

在未叙述马来半岛的早期历史之前，我们愿意先来谈谈马来这个名词的来源。

马来（Malay）这个名词是怎么来的呢？有人以为这是一个印度化的名称，我们知道马来亚（Malaya）这个名称，见于印度大史颂《摩诃跋罗陀》（*Mahābhārata*），这是一本很长的史诗，据该书说南天竺的塔密尔（Tamilian）国，曾以金船运马来亚（Malaya）的土产檀香油去庆祝优低斯蒂罗（Yudhisthra）王的加冕典礼。此外，在 *Satapatha Brahmana* 书中，也有这个名称，但这里所说的是指着印度的山名。此外在 *Mayu Purana* 一书中，也有马来亚洲（Malayadvipa）这个名称，因而并有人以为今日的马来亚这个名称可能是一个印度化的名称，或是借用印度的一个名称。

此外，还有人以为马来（Malay）这个名称是一个种族的名称，冯承钧就有这种看法。他以为马来就是马留或马流，在其所译费琅（G. Ferrand）的《苏门答腊古国考》（*L'empire Sumatranais de Crivijaya*）（按：直译应为《三佛齐的苏门答腊帝国》）一书的译序中说：

> 例如 Malaya 一名，《汉书》作马流或马留，义净及《册府元龟》作末罗瑜，摩罗游，《宋史》作末留，《元史》作木剌由、木来由、没剌由、没剌予、麻里予儿，《明史》作猫里务，今人作马来由，汉译虽殊，原名一也，遍注异译，则注不胜注，兹唯附注原名于下，其异同立辨。但原名中亦有名同而地不同者，唐之末罗瑜在苏门答腊岛之詹卑河上，元之木剌由等等在马来半岛，南汉之马留在占婆。

唐代的末罗瑜，或摩罗游，宋的末留，元的木剌由、木来由等等，以及明的猫里务与今人的马来由都是 Malayu 的对音，是无可疑的，可是汉的马留或马流，是否为 Malayu 的对音，却是一个问题。郦道元《水经注》卷三十六引俞益期《笺》曰：

> 马文渊（按：即马援）立两铜柱于林邑岸北，有遗兵十余家不反，居

寿冷岸南而对铜柱，悉姓马，自婚姻，今有二百户。交州以其流寓，号曰马流。言语饮食，尚与华同。山川移易，铜柱今复在海中，正赖此民以识故处也。

同处又引《林邑记》说：

建武十九年（公元后四三），马援树两铜柱于象林南界，与西屠国分汉之南疆也。土人以之留寓号曰马流，世称汉子孙。

这里所说的马流，也就是马留，若《水经注》所引俞益期《笺》与《林邑记》所说的没有错误，那么马流或是马留，原来是中国人，因为他们的祖宗在后汉的初年，跟着马援到日南的象林南界，而与西屠接壤的地方，他们皆是姓马，这可能是因为马援是姓马而乃用马为姓以纪念马援，又因为他们没有跟着马援回去，而流居或留居于这个地方，所以称为马留或马流。

冯承钧以为 Malayu 是马流的对音，是否也以为马来人是马流或马留的后裔，后来移到苏门答腊，然后又移居于马来半岛，不得而知，假使这个回答是肯定的，那么马来人就是汉人了。从种族方面来看，马来人虽也可能是从中国南部迁移到东南亚各地，但他们不见得是与汉族同种，这样所谓马留为（Malayu）的对音，就不能成立了。

我国史书上有"蛮獠"这个名称，从种族方面来看，不知"蛮獠"是否为马来（Malay）的对音。

"蛮獠"这个名称虽然是见于唐代杜佑的《通典》卷一八八《南蛮下·岭南序略》，但这个名词的采用，应该较早，《后汉书》卷八十六《南蛮西夷传》有"夷獠"这个名称，蛮与夷相通，"夷獠"既见于东汉，"蛮獠"的采用也可能很早，我在《林邑史初编》一书第五章中曾有下面一段话。

蛮獠也可以与《后汉书》《南蛮传》中所说的夷獠，或《北史》《南蛮传》中的蛮蜑一样的用法，其主要意义是獠、是蜑，或蛋族或蜑族。应该指出，所谓蛮獠、夷獠、或蛮蜑，除了獠或蜑之外，也可能杂有其他的蛮族或夷族，但既称为蛮蜑，或蛮獠，那么这样的用法主要是指着蜑或獠，而不是蛮或夷，蛮字或夷字在这里，也可以当为一个形容词来看。这种用法早已见于诗经，所谓"蠢尔蛮荆大邦为雠"也就是指荆蛮而言，荆就是后来的荆州，是一个地方名称，但在周代，也是一个民族的名称，也就是说住在荆州的人们，是一种蛮族，而异于其他的蛮族或民族，所以蛮獠也可以说是獠蛮。

杜佑以为林邑的种族是蛮僚，林邑的种族是与马来人有好多相似之处，而其语言，近人亦有以为也可列入马来群岛（Malayopolynisien）系统之中（参观冯承钧译马司伯乐《占婆史》页三）。蛮僚从中国南部移到越南半岛，再从此而移到马来半岛与苏门答腊等处。这个种族的南移的，大致可分为二个时期，其早期南移人们称为原始马来人，其迁到马来半岛或其他各处的，可能还较早于林邑或占人，其后期迁移的可能是从越南半岛而尤其是林邑等处，在林邑的称为占人，而到马来半岛或苏门答腊的仍然沿用蛮僚这个名称，在唐代其迁徙到苏门答腊的乃建立一个国家名称是末罗瑜，或摩罗游，这可能就是蛮僚的对音，后来其移居在马来半岛的，也慢慢的建立好多国家，领有马来半岛各处，因此这个半岛，也就称为马来半岛。

这种看法，是否妥当，还是值得研究，但是蛮僚之从中国而移到越南半岛，然后又再迁到马来半岛以及东南亚各处，应该是没有问题的，所以我们说从种族方面来看，马来（Malay）也可能是蛮僚的对音。

在唐朝与唐以前的马来半岛的主要的国家，我们在《猛族诸国初考》第二编已经把其概况加以叙述。我们现在要将唐以后或是宋朝与宋以后之在这个半岛的国家，略为解释。

我们在《猛族诸国初考》中，已经指出在唐以前，在这个半岛上，所建立的好多国家，其统治者，主要是猛族。这个种族，在公元前后的数世纪中，慢慢的从现在的缅甸与暹罗，向南迁移，其在这个半岛的北部建立较早的国家是顿逊，其他如盘盘、个罗、朗迦（狼牙修）、丹丹、赤土，都先后建立起来。到了唐代，在其南部，这就是在现代的柔佛一带，又建立一个国家，叫做罗越，这个国家以及狼牙修，直到宋代还存在着，至于何时灭亡，不易考证。

应该指出，在唐代与在唐代以前，在马来半岛上所建立的国家，除了我们上面所举出的外，可能还有不少。比方，如《汉书·地理志》所说的谌离，康泰《扶南土俗》中所说的优钹、横趺、乌交，以及万震《南州异物志》中所说的勾稚、歌营，《新唐书》卷二二二中所说的哥罗舍分。又自三世纪以后，在现在的吉打（Kedah），也是交通要冲，可能也建立过国家。这些地方或国家，应该都是在这个半岛上。

到了宋代与宋以后，马来半岛又建立了好几个国家，如丹眉流，如佛罗安，如加罗希、蓬丰、登牙侬、吉兰丹、日罗亭、淡马锡，以至明代的柔佛，与马六甲。在唐代或唐以前的国家，我们不在这里解释，我们在这里所谈的是宋代或宋以后的一些国家。

在这些国家中其最重要的是马六甲，在这一篇里，我们主要的是说明马六甲。至于其他的一些国家，我们只能把一些史文抄录下来，或略加叙述而已。

《宋史》卷四八九《丹眉流国传》说：

> 丹眉流国，东至占腊五十程，南至罗越水路十五程，西至西天三十五程，北至程良六十程，东北至罗斛二十五程，东南至阇婆四十五程，西南至程若十五程，西北至洛华二十五程，东北至广州一百三十五程。

其俗以板为屋，跣足，衣布，无绅带，以白绰缠其首。贸易以金银。其主所居，广袤五里，无城郭。出则乘象车，亦有小辄。地出犀、象、瑜石、紫草、苏木诸药。四时炎热，无雪霜。未尝至中国。

咸平四年（一〇〇一），国王多须机遣使打吉马、副使打腊、判官皮泥等九人，来贡木香千斤、揄腊各百斤、胡黄连三十五斤、紫草百斤、红毡一合、花布四段、苏木万斤、象牙六十一株。召见崇德殿，赐以冠带服物。及还，又赐多须机诏书，以敦奖之。

赵汝适《诸蕃志》卷上"单马令国"条说：

单马令国，地主呼为相公，以木作栅为城，广六七尺，高二丈余，上堪作战。国人乘牛，打縈跣足。房舍官场用木，民居用竹，障以叶，系以藤。土产黄蜡、降真香、速香、乌楠木、脑子、象牙、犀角。番商用绢伞、雨伞、荷池、缬绢、酒、米、盐、糖、瓷器、盘、钵粗重等物，及用金银为盘盂博易，日啰亭、潜迈、拔沓、加啰希类此。本国以所得金银器，纠集日啰亭等国，类聚献入三佛齐国。

又在同卷"登流眉国"条说：

登流眉国在真腊之西，地主椎髻簪花，肩红蔽白，朝日登场，初无殿宇，饮食以蒌叶为碗，不施匕箸，掬而食之。有山曰无弄，释迦涅槃示化铜象在焉。产白豆蔻、笺沉速香、黄腊、紫矿之属。

此外，汪大渊在其《岛夷志略》"丹马令"条说：

地与沙里佛来安为邻国，山平亘田多，食粟有余，新收者复留以待陈，俗节俭，气候温和，男女椎髻，衣白衣衫，系青布缦。定婚用缎、绵、白锡若干块。民煮海为盐，酿小米为酒。有酋长。产上等白锡、朱脑、龟筒、鹤顶、降真香，及黄熟香头。贸易之货，用甘理布、红布、青白花碗、鼓之属。

丹眉流、单马令、丹马令，均为Tambralinga的对音。至于《诸蕃志》中的登流眉，也应为登眉流。登流眉也见于周去非的《岭外代答》卷二"真腊"条。伯希和也以为登流眉应为丹眉流，冯承钧在其《诸蕃志校注》中"登流眉"条，以为《宋史》所载单马令的产品与登流眉、单马令不同，似乎不赞同此说，但他也指出，这三者均在马来半岛。我们以为古书所载某地的物产，往往只说其运到中国的一些，不同时间与不同船舶所运来的东西，不必相同，故也不能只因物产的不同，而断定其为不同的国家。至于赵汝适为什么把一个国家分为两条，这是因为他不懂得原来的名字，把一个同名异译的国名，而当为二国，这种例子之见于史书的为数也不少。

近人而尤其是外国人研究丹眉流这个国家的，为数不少，虽然意见也有分歧，但都肯定这个国家是在马来半岛，而且，多数以为是位在现在的六坤（Ligon）一带。《宋史》说其国之北为程良，西南是程若，西北是洛华。程良、程若、洛华这些国家，都很难考订，程良声音有点像暹罗东北部的清莱（Chiengrai），但在这个时候，是否已有清莱这个城名，却是可疑；程若更无法还原，洛华在声音上有点像剌瓦（Lavo），剌瓦也是罗斛（Lophburi），在方位上与其说罗斛是在丹眉流之东北，不如说是在其北，而所谓洛华在其西北，也可以说是比较的接近罗斛，洛华也可能是罗斛的同名异译，但我们也不能确定二者是一个国家。

丹眉流虽然曾为三佛齐的属国，但在马来半岛的三佛齐属国中，丹眉流是最强的。有人说这个国家始于公元二世纪，这不一定是确实。但我们知道，在十三世纪的时候，其王昌德拉汉奴（Dharmaraja Chandrahanu），当他在位的时候，于一二三〇年曾占据了加罗希（Grahi），其土地可能伸张到现在的彭亨的关丹（Tembeling-Kuantan）一带，而占据了一些产金的地方。在一二三〇年至一二七〇年之间，这个国家不只是一个独立国家而不附属于三佛齐，而且据说其王曾远征到锡兰，虽则锡兰也曾为三佛齐的属国。

丹眉流二次远征锡兰，一次是在一二四七年，据他之所以要征伐锡兰，是因为锡兰藏有宝贵的佛牙，丹眉流是一个崇信小乘佛教的国家，锡兰也是相信这个宗派。他之反对三佛齐，可能也有其宗教的原因，因为后者崇信大乘佛教。他除了要想取得佛牙之外，可能还想取得佛经。据说他第一次征伐锡兰，曾占据一些地方，并留其子侄在那里。到了一二七〇年，他又侵略锡兰，可是这个时候的锡兰，已被南印度的（Pandyan）国王征服好多地方，丹眉流的军队到锡兰时，受到反击而惨败。

他虽然远征锡兰，但据他对于新兴在其北边的速古台王朝，这就是暹国，曾用睦邻的政策去与其友好。

《诸蕃志》"佛啰安国"条说：

> 佛啰安国自凌牙斯加（即狼牙修）四日可到，亦可遵陆。其国有飞来佛二尊，一有六臂，一有四臂。贼舟欲入其境，必为风挽回，俗谓佛之灵也。佛殿以铜为瓦，饰之以金，每年以六月望日为佛生日，动乐铙钹，迎导甚都，番商亦预焉。土产速暂香、降真香、檀香、象牙等，番以金、银、瓷、铁、漆器、酒、米、糖、麦博易。岁贡三佛齐，其邻蓬丰、登牙侬，……吉兰丹类此。

佛罗安也见于周去非的《岭外代答》的"三佛齐国"条，这里也说其国为三佛齐属国，也见于《岛夷志略》的"丹马令"条，在这一条里，这个国家是与丹马令为邻。从此，我们可以明白丹眉流、佛罗安、蓬丰、丁加侬、吉兰丹，既都是邻国，所以这些国家都是位在马来半岛。近代有人考订佛罗安这个国家是在马来半岛的西岸的 Beranang，这个地方在 Langat 河上，假使这种看法没有错误，佛罗安应该是在丹眉流的西边。

彭亨见于《岛夷志略》的"彭坑"条：

> 石崖周匝崎岖，远如平塞，田沃谷稍登，气候半热，风俗与丁家卢小异。男女椎发，穿长布衫，系单布梢，富贵女顶带金圈数四，常人以五色炀珠为圈以束之。凡讲婚姻，互造换白银五钱重为准。
>
> 民煮海为盐，酿椰浆为酒，有酋长，地产黄熟香头沉速、打白香、脑子、花锡、粗降真。贸易之货用诸色绢、闇婆布、铜铁器、漆、磁、鼓、板之属。

《明史》卷三二五《彭亨传》说：

> 彭亨在暹罗之西，洪武十一年（一三八七），其王麻哈剌惹答饶遣使贵金叶表，贡番奴六人及方物，宴赉如礼。永乐九年（一四一一），王巴剌密琐剌达罗息泥遣使入贡。十年（一四一二），郑和使其国。十二年（一四一四）复入贡。十四年（一四一六），与古里（Calicut）、爪哇诸国偕贡。复令郑和报之。
>
> 其国土田沃，气候常温，米粟饶足，煮海为盐，酿椰浆为酒，上下亲狎，无寇贼，然惑于鬼神，刻香木为像，杀人祭赛以祷灾祈福。所贡有象牙、片脑、乳香、速香、檀香、胡椒、苏木之属。
>
> 至万历时（一五七三至一六一九），有柔佛国副王子娶彭亨王女，将婚，副王送子至彭亨，彭亨王置酒，亲戚毕会。婆罗（Borneo）国王子为彭亨王妹婿，举觞献副王，而手指有巨珠甚美，副王欲之，许以重贿。王子靳不与，副王怒，即回国发兵来攻，彭亨人出不意，不战自溃。王与婆罗王子奔金山。渤泥（Borneo）国王，王妃兄也，闻之，率众来援，副王乃大肆焚掠而去。当时，国中鬼哭三日。渤泥王迎其妹归，彭亨王随之，而命其长子摄国。已，王复位，次子素凶悍，遂毒杀其父，弑其兄自立。

《岛夷志略》"吉兰丹"条说：

> 地势博大，山瘠而田少，夏热而倍收。气候平热，风俗尚礼。男女束发，系短衫布皂缦。每遇四时节序，生辰婚姻之类，衣红布长衫为庆。民煮海为盐，织木棉为业。有酋长。地产上等沉速、粗降真香、黄腊、龟筒、鹤顶、槟榔。外有小港，索迁极深，水咸鱼美。出花锡，货用糖头市布、占城布、青盘花碗、红绿炀珠、琴阮鼓板之属。

《明史》卷三二六"急兰丹"条说：

> 急兰丹，永乐九年（一四一一），王麻剌查若马儿遣使朝贡。十年（一

四一二）命郑和赍敕奖其王,赍以锦绮、纱罗、彩帛。

关于丁家卢,《岛夷志略》说:

> 三角屿对境港,已通其津要,山高旷,田中下,民食足。春多雨,气候微热,风俗尚怪,男女椎髻,穿绿颉布短衫,系遮里绢,刻木为神,杀人血和酒祭之。每水旱疫厉,祷之则立应,及婚姻病丧,则卜其吉凶,亦验。今酋长主事贪禁,勤俭守土。地产降真、脑子、黄腊、玳瑁。货用青白花磁器、占城布、小红绢、斗锡、酒之属。

《明史》卷三二五《丁机宜传》说:

> 丁机宜,爪哇属国也。幅员长狭,仅千余家。柔佛黠而雄,丁机宜与接壤,时被其患。后以厚币求婚,稍获宁处。其国以木为城。酋所居,旁列钟鼓楼,出入乘象。以木月为岁首。性好洁,酋所食啖,皆躬自割烹。民俗类爪哇,物产悉如柔佛。酒禁甚严,有常税。然大家皆不饮,唯细民无籍者饮之,其曹偶咸非笑。婚者,男往女家,持其门户,故生女胜男。丧用火葬。华人往商,交易甚平,自为柔佛所破,往者亦鲜。

《明史》卷三二五《柔佛传》说:

> 柔佛,近彭亨,一名乌丁礁林。永乐中(一四○三至一四二四),郑和遍历西洋,无柔佛名,或言和曾经东西竺山,今此山正在其地,疑既东西竺。万历间,其酋好拘兵,邻国丁机宜、彭亨,屡被其患。华人贩他国者,多就之贸易,时或邀到其国。
>
> 国中覆茅为屋,列木为城,环以池。无事通商于外,有事则招募为兵,称强国焉。地不产谷,常易米于邻壤。男子薙发,徒跣,佩刀,女子蓄发椎结,其酋则佩双刀。字用茭章叶,以刀刺之。婚姻亦论门阀。王用金银为食器,群下则用磁,无匕箸。俗好持斋,见星方食,节序以四月为岁首。居丧,妇人薙发,男子则重薙,死者皆火葬。所产有犀、象、玳瑁、片脑、没药、血竭、锡、腊、嘉文簟、木棉花、槟榔、海菜、窝燕、西国米、蓁吉柿之属。
>
> 始其国吉宁仁为大库,忠于王,为王所倚信,王弟以兄疏己,潜杀之。后出行堕马死,左右咸见吉宁仁为祟,自是家家祀之。

彭亨、吉兰丹、丁家庐(亦作丁机宜、丁家奴、丁家依、登加楼)、柔佛,这几个国家,都在马来半岛上,直到现在,还有这几个地方。彭亨在英人统治之下,是属于马来联邦,而吉兰丹、丁家奴、柔佛是保护国。彭亨、吉兰丹、丁家奴三者,在宋代已经建立,而且在宋代三者都曾为三佛齐属国,柔佛可能建国于明朝中叶,从现在看起来,彭亨的领土最大。近人对于这些国家的历史研究的很多，如林尼汉（W. Linehan）的《彭亨史》(*A History of Pahang*, 1936)，其所搜集的材料相当丰富，但是这本书像其他的著作，详于近代，而略于古代或早期历史。

除上面所说的马来半岛的一些国家外，在马来半岛的南部，有一个较大的岛屿，这就是现在的新嘉坡。近已用石筑堤，把新嘉坡与马来半岛的南端连接起来，在历史上，也曾建立过国家，而其建立的时期，还早于马六甲。其实，据传说马六甲国的建立者，是新嘉坡的统治者 Jskander Shah 逃难到这个地方而建立的。据说新嘉坡在十三世纪的初年，已建立国家，共历五王，其灭亡时是在一三六〇年。

这个地方又名为石叻，意义为海峡（Selet），又名狮城。新嘉坡是信诃补罗（Singhapura）的对音，我国人过去亦称为单马锡，这个名词见于《诸蕃志》，郑和航海图作淡马锡，其对音是 Tamasok。《马来纪年》曾用不少篇幅去叙述这个国家，温士德（R. O. Winstedt）在其《马来亚史》(*History of Malaya*) 曾根据《马来纪年》而叙述。新嘉坡位在马来半岛的南部，是现在的东南亚的最大商港，是东西交通的要冲，在历史上应该是一个重要的地方。但其历史是否只能追溯到十三世纪的初年，是值得研究的问题。我们相信，在历史上，凡是从印度洋到中国南海或是从中国南海到印度洋的船舶之经过现在所谓马六甲海峡者，既必定经过新嘉坡，那么这个地方之成为历史上一个市场，或停泊地点，是无可疑的。

我们知道现在的彭亨、吉兰丹、丁家奴、柔佛的地方，其种族主要是马来人，而其统治者也是马来人，但其在宋元的时代，这些地方以及丹眉流、佛罗安等国家，及其统治者，是否也为马来人，就很难解答了。在唐以前，马来半岛主要既为猛族所统治，就是到了宋代，如罗越，如狼牙修，还是猛族所统治，那么丹眉流、佛罗安这些地方，也可能为猛人所统治，马来人而尤其是所谓原始马来人（Proto-Malay）迁到这个地方历史很久，但是在那个时候，他们的文化很低，似乎还很少过着部落的生活，更说不上组织国家。至于马来人之建立国家的，可能是来自苏门答腊，虽则在其统治之下，有了很多原始马来人与一些文化较高的马来人。

第二章　马六甲起源

马六甲在《明史》卷三二五是叫做满剌加，马欢的《瀛涯胜览》，费信的《星槎胜览》，郑和《航海图》，与黄衷《海语》也都叫做满剌加，但是张燮的《东西洋考》是叫做麻六甲，陈伦炯的《海国闻见录》是叫做麻喇呷，谢清高的《海录》叫做马六呷，此外，俗人也有写为吗喇呷者。在中文方面，虽然有了上面所举出的各种不同的写法，但这些名词都是 Malaca 或 Malaka 的对音，我们在这里就用马六甲这个写法。

为什么叫做马六甲（Malaca）呢？

《马来纪年》说：

> 阿拉伯人称这个地方叫做马六甲（Malakot），意思是集合各商贾的市场，因为各式各样宗族的商贾，都常到这里，而当地大人们的行动，也说为公正。（许云樵译，页一二四）

又马欢在其《瀛涯胜览》"满剌加"条曾指出满剌加"旧不称国，因海有五屿之名，遂名曰五屿"。

传说居在新嘉坡的人民被人侵略与压迫，其首领乃率众沿着马来半岛的西岸，逃到北边。他们到达一个港口，在这里的树下休息，忽见一个鼠鹿，其形虽如鹿，而其大却如鼠，逐数头猎狗，狗见鼠鹿追逐而惧走，结果是跑入河里。这些逃难而休息在树下的人们，看到一个小鼠鹿，能驱走数个猎狗，大为惊异，以为这种的鼠勇于猎狗，这是一个奇特的地方，这是一个吉祥的地方。在被人驱逐而逃难到此的人们，看到这个事情，得到很大的鼓舞，他们决定留居在这个地方。他们于是找到当地的人，询问他们所休息的树下的树叫做什么名，当地人告诉他们，这种树是叫做马六甲（Melaka）树，这样，他们就叫这个地方为马六甲。

这是在马六甲所流行的传说，这是传说，也有点像神话，《马来纪年》所记载这个名称的来源，与上面所说的稍为差异，现在录在下面：

> 王（指从新嘉坡逃难而到这里的王）便由此（按：指山颜乌戎 Sangang Ujong，此地应在麻埠 Muar 之北）回向海边到峇淡（Bartam）河畔围猎，他便立在一棵浓荫广被的大树下，作壁上观。其中有一只他的狗，追赶一头鼠鹿，不料却给鼠鹿打跌到水里去，王不禁大悦道："这是块好地方，就是鼠鹿也极为勇敢，我们就在这里造一座城吧！"他的头人们也都赞成，王便问

站在下面的那株大树的名称,据说是满刺加,他便道:"我们就称这城叫做满刺加吧。"(许云樵译,页一一三至一一四)

近代出版关于马六甲的书刊之谈到这个问题的,也多重述这个故事,当为这个名称的来源,我们知道马六甲树是有的,二十多年前,在马六甲的海边的桥头的草地上(按:在 Messrs Sime Darby and Co.)的对面,人们还种了一株马六甲树。马六甲树有两种:一种学名叫做 Phyllanthus embica,源出梵文的 ambaka,巽他(Sunda)人也这样的叫,其果可当药用,其木可制焦炭,其皮可作染料,也可以用来医治象的胃病,还有一种学名为 Petramerista glagbra mig,其树很大,可作木材,其果酸而可食。

此外,基利尼(G. E. Gerini)在其《托雷美的东亚地理研究》(*Researches in Ptolemy's geography of Eastern Asia*)中以为马六甲(Malaka)这个名词,是从 Malayakolam 或 Malayaka 的变化而来,其意义就是马来人的国家。

近来有好多人以为马六甲之所以得名,是由于阿拉伯人叫市场为 Malakat,所以这个地方才叫做马六甲。表面上看起来,好像有点道理,可是深一步去考究,就会明白这不见得是对的,因为这个说法,好像是说阿拉伯人到这个地方,开辟一个市场,后来才慢慢的发达起来,遂就叫做马六甲。

相反的,这个地方应该是先有人在这里居住,而且已成为一个市场,到了后来,阿拉伯人经过这个地方,看到这个地方有生意可作,所以就往来或经过这个地方。至于阿剌伯人叫市场为 Malakot,虽然与这个地方在声音有相似之处,似乎只能说是一个巧合而已。

我们知道,在唐朝的时代,阿剌伯人不只到东南亚一带,而且已到中国,在广州就有好多阿剌伯人居住,他们所停留的地方,绝不是荒丘旷野,没有或少有人烟的地方,除非其船舶是被风所吹而避难于这些地方,他们所往来或居留的地方,应该是交通便利,而商业发达的地方。假使马六甲不是这样,他们根本就不会停泊,质言之,这个马六甲,是马来人所开辟的,因为这里不只已成为一个商场,而且必有一个比较强有力的政府或国家,维持当地的秩序,以至保护马六甲海峡的船舶的安全,然后阿剌伯人、中国人或其他外国人,始来这里经商。可是这样的马六甲,必一早已有一个名称,不会等到阿剌伯人来之后而始给与这个名称。

马欢谓马六甲称为五屿,五屿这个名称,可能在当时也这样的叫,也可能是马六甲未建国之前,马六甲这个名称也还没有,所以人们因五个小岛而叫做五屿,可是这个名称,久已不通用,所以我们对于这个名称,不必加以讨论。《马来纪年》所说鼠鹿驱追猎狗的故事,是说明这个国家的始祖,选择这个地方为国都,而建立国家,此事近于神话。至于其所以叫做马六甲者,乃因树名而名其国,这种说法,是很可能的。但我们觉得更可能的,是马六甲这个名词,正如基利尼所说，是从 Malayakolam 或是 Malayaka 变化而来，马六甲不只是 Malayakolam 或是 Malayaka 的简写，而且 Malaka 这个名称也可能是从 Malay 而来，所以 Malaka 的意思，是马来人之国。马六甲是马来人在马来半岛建立较早的国家，马来人用其种族的名而名其国，也是合情合理的。我们知道，在苏门答腊在唐代已有一个末罗瑜（Malayu）国，这大概也是用其种族名而名其国。马六甲的马来人或是其统治者，既也有的是来自苏门答腊，其统治者也可能就是唐代的末罗瑜的后裔，他们很可能用其种族的名称以名其国，更应该无问题。而且，在马六甲这个地方，既然很早就有马六甲树的生长，马来人到了这个地方，其种人既名为马来，而树名也有马来的声音，也可能因为两者正是很为巧合，所以就叫这个地方为马六甲。

但是基利尼在其同一著作中，还指出在《摩诃跋罗多二十万颂》（*Mahābhārata*）中，已有马六甲（Malaka）这个名词，这个名词，起初是泛指马来半岛，后来才专指马六甲。费琅（G. Ferrand）在其《马六甲：马来亚与马来由》（Malaka, le Malaya et Malayur, *Journal Asiatique*, Maijuin et juillet-aout, 1918）一文中，以 Yārūt（1179—1229）曾说到 Malak 这个名词，此外，威金孙（R. J. Wilkinson）在其《马六甲苏丹》（The Malacca Sultannate, *JRASMB* xiii pt 2. 1945）一文中，指出在一三二年的爪哇诗中，已有马六甲这个名称。

马六甲这个名词，可能像基利尼所说，很早就见于印度史籍，同时是泛指马来半岛而言，但马六甲的建国者，是否因之而名其国，还是一个问题。又费琅说这个名词见于十二至十三世纪，威金孙说这个名词见于十四世纪的上半叶，也不一定说明马六甲这个国家，是建立于他们所说的时代。

此外，有人又指出在一三六〇年的暹罗的《王室法典》（*Kot Mouthieraban*）中，已提到这个名称，而且，以为其中所说的乌戎丹那（Ujong Tanah）、马六甲、木刺由（Malaya）与巫刺华里（Wurauari）等国家都会朝贡于暹罗，基利尼对于这点曾作过考证，假使这种看法没有错误，那么马六甲这个国家的建立，应该是在一三六〇年之前了。

马六甲这个国名，虽然没有见于一二九二年的马可波罗，一三二三年的鄂多列克（Fra Odorics Van Pordenone），一三四五年的伊木拔秃塔（Ibn Batuta），以及一三四九年的汪大渊等的游记，但我们也不能说在这些人的著作中没有记载这个国家，我们遂以为在那个时候，这个国家没有存在，很可能的，在这些人的时代，这个地方，还是一个小部落或小市镇，所以这些人没有注意。

照我们的看法，在十三世纪的末年或是在十四世纪之初，在马六甲河的下游或是出口的地方，已有不少人在这里居住，而且已成为一个部落，又因其地位于河的下游或河口，交通比较方便，其初是住在河的上游的人们，往往到这个地方交换土产，后来沿岸一些部落或市镇，也有人到这个地方经营商业，这样，也引起暹罗人的注意。

一三六〇年的暹罗，是湄南上游的暹国降于罗斛国之后的十一年而始名为暹罗或暹罗斛，汪大渊在《岛夷志略》中说，元至正乙〔己〕丑年暹国降于罗斛，因名为暹罗斛或罗斛，至正乙〔己〕丑是公元一三四九年，汪大渊的记载，应该是事实。暹国是泰族所建立的国家，这也就是叫做速古台王朝，罗斛是猛族所建立的国家，其都城是在华富里（Lopburi），这是靠近后来的大城或阿瑜陀或是再后的曼谷，罗斛的历史比之暹国为久，其国家又比之暹国为富。我们推想，罗斛既位在湄南下游，其族人——猛人在历史上也是善于航海，在未服暹国之前，这个国家，应该已与马来半岛一些国家有贸易的关系，可能其船舶也常到这些地方，到了既服暹国之后，在北方已无后顾之忧，于是乃强向南发展，除与马来半岛通商之外，还进一步要这些国家经常朝贡，马六甲也可能是这些国家中的一个。

然而，马六甲是在马来亚的南部，去暹罗较远，虽有时朝贡于暹罗，可是暹罗对于这个地方，毕竟是鞭长莫及。到了十四世纪的晚年，从新嘉坡逃难首领及其人民到了这个地方，看到这是一个商场，是一个好港口，是一个位置较好的地方，因而遂占领这个地方，并征服其附近的部落，而建立这个国家，这个国家的名称，正像我们上面所说，可能是从马来（Malay），也可能是因有马六甲树而得名，也可能是因两者的声音都巧合，而遂以之名其国。

这就是说，在从新嘉坡逃到这里而占领这个地方的人们未来之前，这个地方已经叫做马六甲，而且，已经是一个部落或城市的名称。从新嘉坡来而占据这个地方的统治者，只是沿用其原有的名称而已。至于《马来纪年》所说是因为从新嘉坡逃来这里的人们，始用马六甲这个名称，恐怕只是假托而已。

关于这一点，我们可以从马欢的《瀛涯胜览》与《明史》中得到旁证，马欢在"满剌加"条说：

> 此处旧不称国，因海有五屿之名，遂名曰五屿。无国王，止有头目掌管，此地属暹罗所辖，岁输金四十两，否则差人征伐。

《明史》卷三二五《满剌加传》说：

> 其地无王，亦不称国，服属暹罗，岁输金四十两为赋。

两者所载大致相同，而马欢所说较为详细。既说旧不称国，也没有王者，这应该是说这个地方还是过着简单的部落生活，这个市场，还是较小，而所谓属暹罗者，也不过是一种形式上的臣属而已。

应该指出，从新嘉坡来的统治者，占领这个地方之后，可能在一个时期，也还没有称王，又因其初到这个地方，力量还小，不敢得罪于暹罗，也可能照样的朝贡于暹罗，以免暹罗的征伐。

那么这个统治者或所谓头目是在什么时候才称为王，才成为一个国家呢？
《明史》同处说：

> 永乐元年（一四〇三）十月，遣中官尹庆使其地，赐以织金文绮、销金帐幔诸物，其地无王。……庆至，宣示盛意及招徕之意。其酋拜里米苏拉（Paramesvara）大喜，遣使随庆入朝贡方物。三年（一四〇五）九月至京师，帝嘉之，封为满剌加国王，赐诰印、彩币、袭衣、黄盖，复命庆往。其使者言："王慕义，愿同中国列郡，岁效职贡，请封其山为一国之镇。"帝从之，制碑文，勒山上，末以诗曰："西南巨海中国通，输天灌地亿载同。洗日浴月光景融，两岸露石花木侬。金花宝钿生青红，有国于此民俗雍。正好善意思朝宗，愿比内郡依华风。出入导从张盖重，仪文祸袭礼虔恭。大书贞石表尔忠，尔国西山永镇封。山居海伯翕扈从，皇考陟降在彼穹。后天监视之弥隆，尔众子孙万福崇。"庆等再至，其王益喜，礼待有加。

马欢在其《瀛涯胜览》"满剌加"条说：

> 永乐七年己丑（一四〇九），上命正使太监郑和等，统赍敕赐头目双台银印、冠带、袍服，建碑封城，遂名满剌加国，是后暹罗莫敢侵扰。

《明史》与《瀛涯胜览》所记载我国使者之到马六甲及其赐印称王的时间，虽有差异，然而永乐元年的尹庆，与永乐七年的郑和，出使该国应该没有问题。尹庆出使时，明封其头目为满剌加国王，郑和出使又名其国为满剌加国，都是事实。马欢可能不清楚永乐元年已有使者到其地，并封其王为满剌加国王，所以在行文时候，其语气似乎是说郑和到马六甲之后，始封其王而名其国为满剌加国。

这样看起来，马六甲之成为一个国家，应该是在十五世纪的初年，而其脱离暹罗的势力范围与其所以成为一个国家，是与中国的支持，是有其密切的关系的。

第三章 马六甲概况

马六甲是一个国家的国名,也是这个国家的都城的名称,到了这个国家灭亡之后,直到现在,这个都城,还是马来半岛的一个重要城市。

这个都城,或是这个城市,是位在马来半岛的西南部,这是一个城市,也曾是这个国家的都城,同时又是这个国家的发源地。在新嘉坡与槟榔屿还未开辟之前,与在十五世纪初年以后,这个地方,不只是马来半岛的交通枢纽,不只是东南亚的交通要冲,也是世界上的一个商业繁盛的区域。

这个地方有天然的有利条件,它既位在马来半岛的西南岸,其地对面是苏门答腊大岛及其小岛,这是马六甲海峡的一个最狭的地方。马六甲河从这里流出于海,河出海处有一个山,风景既好,也可以用为防御敌人的侵略,又在港口之外,有好多岛屿以为屏障,其附近海水很深,可以停泊较大的船舶。

当马六甲强盛的时候,《马来纪年》告诉我们道:

> 这时满剌加正是一个繁荣的国家,是商贾常到的地方,从滴流(Ayer Leleh 满剌加之 Kampong Ilie)进入麻坡(Moar)湾,是一个连续不断的市场。又如吉宁城,今满剌加北七八哩之 Tanjong Keling 进入毕那若(Penajar)湾,一般,建筑物连续不断,成一长列。如果有人摇船往阇伽罗(Jagra),不必举火,因为到处都有人家,在东方也是如是,从满剌加直到峇株巴辖,也是屋宇连接不断,沿岸居住的人很多,满剌加城的居民,共有十九万(19 Lacsa)名之多,城外尚不计在内。(许云樵译《马来纪年》页二四〇)

《马来纪年》所描写的好多事境人物,往往夸大其辞,有的还流于荒诞,在这一段的叙述中,也可能有言过其实的地方,但是当时的马六甲,是一个繁荣的城市,是一个广大的城市,是无可疑的。

其实,在这个时候,世界的商船都云集到这个地方。东南亚的商人之从爪哇、苏门答腊、摩鹿哥、越南、占城、真腊与暹罗、阿腊干而到这个地方的,固是很多,中国船舶之到这个国的,也是年年不断。此外,印度沿岸的港口,波斯湾、红海各处的商埠,以及埃及的开罗,也都有船舶到这个城市。

马六甲城是一个港口,马六甲海峡而尤其是靠近这个港口的海峡一带,是一个风平浪静的地方,各处船舶之到这个港口的,有时太多了,就不得不停泊在港口外面的海峡,这样,除了陆上的一个繁荣的马六甲之外,还有海上的一个飘浮的马六甲。

来自世界各处的船舶既很多,来自各国的人民也当然不少,这是马六甲的国都，也是一个国际市场。据波利斯（Tome，Pires）告诉我们道，有的时候，在这里的人们，所说的方言，有八十四种之多，而且每一种都不相同。

因此，商品之凑集于这个地方的，也是不胜枚举。人们从意大利的威尼斯运来铜武器、金色的玻璃用具，以及各样各色的羊毛衣服，人们从亚丁（Aden）与甘卑（Cambay）运来四十多种商品，三十多种服装，缅甸白古的银，中国的瓷器与丝绸，苏门答腊的黄金与胡椒，也有人运到这个国家，这里有不少米、牛、猪与各种武器是从爪哇来的，摩鹿加邦加岛也把很多土产输入这个城市。

因而人们之到这个地方的，不只是作生意，而且有了不少还定居在这里。印度的富人，阿剌伯的大商家，都在这里盖房舍，建别墅，在城郊各处，也建不少的广大房舍，围以园林，里面有各种果树，也有各样的花木，所谓王公贵人，商家富户，都在这里过其舒适与豪华的生活。

应该指出，能够享受这样的生活的人们，究竟是很少数的，绝大部份的人民，还是过其贫困与原始的生活。因为不只是商人富户，用了各样各色的方法去剥削一般民众的利益，就是马六甲的统治阶级，也用了很多的方法去增加人民的负担。税收是一种方式，一个人死了，假使没有留下遗嘱，他的全部财产，就要归于国王，就是有了遗嘱，他的遗产的一半也要归于国王。在极端的专制政治之下，人民的生活是很难改进的，统治者与被统治者的生活水平，相差得太远，所谓国家的繁荣，只能说是一种表面的现象，然而这种情况，也可以说是过去的好多国家的普遍现象，马六甲不过是其中之一罢了。

这个国家，虽然发源于马六甲这个城市，但在其强盛的时候，其版图不只领有后来的英属马来亚半岛的全部，而且占有苏门答腊的东岸的大部份，这就是说，沿着马六甲海峡一带的苏门答腊，都成为马六甲的属地。我们知道，在东南亚的历史上，最早的著名的海权国是扶南，后来是三佛齐，再下来就是爪哇的满者百夷帝国，马六甲可以说是满者百夷衰弱以后的新兴的海权的国家。有人指出爪哇与三佛齐的山帝王朝，是扶南帝国的后裔，同时也有传说马六甲的开国始祖，也与山帝有了关系，假使这种看法是没有错误，那么称雄于东南亚的几个海权国，都与扶南有了关系了，这是一种极有趣味而凑巧的历史现象。

马六甲的开国始祖，是否与爪哇、三佛齐以至扶南的山帝有了关系，当然是一个值得研究的问题，但自十五世纪的初年以后，以至葡萄牙与欧洲殖民主义未来东南亚之前，马六甲不只是东南亚的最强盛的海权国，而且是东南亚的一个最强盛的帝国，从此我们可以明白马六甲在东南亚的历史上，是占了极重要的地位。

历史学者，不会忘记在马来亚半岛上，在过去也有过好多国家，以及一些强盛的国家。在公元前后的顿逊，以至后来的狼牙修与赤土等等，都曾繁荣一时或好多年，但从一般普通人来说，而尤其是今日在马来半岛的人们来说，马六甲是他们心目中一个很古的地方，一个最富有历史性的区域。他们这种看法，并非没有理由的。

原来在马来半岛一个较大的城市，经过多年，几乎不断的发展，而且直至今日，还存在着，除了马六甲以外，就很难找出第二国。新嘉坡与槟榔屿的不断繁荣发展只有一百多年的历史，而今日的马六甲却有五百多年的历史，古代的顿逊或狼牙修，也可能有数百年的历史，可是这些地方的史迹，几乎为一般人所忘记，近代考古学者，也可能在这些地方找出一些古物或古迹，但其所找出来的既不多，而其原来的面目，早已湮没，很难使人们回忆与想像。

马六甲就不是这样，不只在英人统治下的马六甲，为时很近，就是荷兰人统治的时代，以至葡萄牙人统治的时代遗迹，还可看见，炮台、教堂与好多古迹古物，还可以见，马六甲这个国家，是被葡萄牙征服而灭亡的。西方的殖民主义者所建立的马六甲，是筑在马六甲帝国所建立的城市的基础上，马六甲人，马来亚人，一想到殖民主义者的统治，就不能不想到过去的马六甲的光荣历史。

我们说马六甲是一个极富有历史性的地方，这不只是指着马六甲固有的历史，也不只是殖民主义所统治下的历史，而是包括了亚拉伯人及其宗教文化，包括了中国的使者及其华侨所输入的风俗制度。关于回教之传到马六甲及其发展到东南亚其他各处的概况，我们在下面要加以叙述，在这里，我们只要指出，马六甲这个国家的建立与其统治者接受回教，与东南亚其他各处的回教发展，是有了密切的关系，虽则回教之最初传入东南亚，是在马六甲建国之前，可是假使没有马六甲这个帝国，回教之在东南亚或者不会像今日那么普遍，而其发展，也可能没有那么快。

在经济上，在政治上，马六甲都受到中国的很大的影响，这一点我们也将在下面叙述，我们在这里要说明的，是在今日的马六甲，我们还可以找出明清以来的好多旧东西与习惯，好多华侨后裔，尽管中国话也不会说，可是他们住的房屋及其内外的布置，完全是古香古色的中国样式，门前可能挂两个大灯笼，门的两傍也可能挂了一副对联，门楣上边可能挂了颍川堂或什么堂的牌子，里面祖宗牌与各式各样的神位，像我们国内在过去一样的安放在各处。至如婚姻死葬，其所行的礼仪，有不少还是明代的遗风。

然而马六甲在历史上的最大的意义，是它是马来亚人在马来半岛所建立的一个较早而又是最大的帝国。在马六甲之前的好多国家，如上面所说的顿逊、狼牙修、赤土以至罗越等等，都非马来亚人所建立的国家，我在《猛族诸国初考》一书中，已把这些国家当为猛族所建立的国家，而且，其所占领的地方只是马来半岛的一部分或小部分，虽然我们还未能确定在马来半岛上，那一个国家是马来人所建立的最早的国家，但其建立较早的而同时又是最大的，要算马六甲了。虽然这个国家的内部，并不像我们今日的一些中央集权的国家，但是马来半岛能够统一起来，而成为一个国家，这是在历史上首一次发生的事情，今日马来亚这个国家，可以说是马六甲的后身。

马六甲这个国家的历史，虽然不过百余年，可是马来这个民族，一直存在到今日，马六甲这个城市也差不多是继续不断的发展到今天。尽管西方的殖民主义者，一个又一个统治了马来半岛，约四百年之久，可是今天的马来半岛的统治权，又掌握在马来人之手，也可以说是马六甲这个国家的重现。

虽然现在的马来亚的国都，是在一个建立较晚的城市——吉隆坡，但是马来人还是把马六甲当为旧都，这个城市象征了马来民族的过去的光荣，也就像我们上面所说，是马来亚这个国家最富有历史意义的城市。

马六甲是一个古香古色的城市，也是一个五光十色、风景宜人的地方，在马来亚的绝大多数的城市，都是新兴的，新嘉坡、槟榔屿，是比较老的，但像上面所说其历史还不够一百五十年。这些新兴的城市，虽然也各有不同，可是大致也可以说是差不多一样，柏油马路、洋楼与避风雨避热的骑楼，到处可以看见。

假使人们到了马六甲，人们都另有一种感觉，立刻感觉到另有风味，另有情调，另有景致，另有天地。

在这里，你可以看到很旧的建筑，也可以看到很新的楼房，大的、小的、东方的、西方的、中国的、亚剌伯的，街道有旧的、新的、宽的、狭的，真是参差不齐，说明了这不是一个事前有计划而建设的城市，而是经过长期慢慢的发展起来的城市，这是新的马来亚与旧的马来亚的汇合点，人们可以说这是五百多年来的马来亚发展史的一个展览会。在这里，你可以凭吊过去的马六甲的帝国，你也可以歌颂过去的马来人的光荣；到了这里可以引起你对于殖民主义者的憎恨，也可以引起你对于新的马来亚的期望。这是五百多年来的马来亚的一部活历史，也是一部诗史，在这里，演过喜剧，也演过悲剧。

除马六甲与槟榔屿以外，在其他的马来亚的城市里，人们总觉噪杂或是吵吵闹闹，但是置身在槟榔屿与马六甲的人们，可以感觉到心情安定。槟榔屿是一个海岛，有了世外桃源的景象，马六甲虽然位在马来半岛的大陆，但也是自成一个世界，一切都比较安定，人们在街道上走，少有急躁慌张的神色，住在家里的人们，似乎是依照祖宗传下的规矩，过着日常的生活。

在一个比较安定的环境之下，来欣赏马六甲的风光，就很容易觉到这个地方的景致，特别宜人。

马来半岛与苏门答腊之间的海峡，也是叫做马六甲海峡，海峡很长，也并不狭，不只来往于马来半岛与苏门答腊各处的小轮船或帆船或小艇，来往其间，就是万吨、数万吨的大轮之往来于欧亚各处的，也多经过这个海峡，可见这个海峡而尤其是在马六甲一带的海峡，海水是比较平静，有时候，真是清风徐来，水波不兴。从马六甲的海边看去，有时正是"秋水共长天一色"，在夕阳西下的时候，人们多到旁海一带吸收新鲜空气，欣赏海上风光，天晚了，海峡中的来往船舶，放出一点一点的灯光，使海里的灯影与天上的星光互相照耀，在月亮之夜，不只是海中的月影，另有景致，就是在岸上的从椰树叶下所射下的散光，也很有诗意。

马六甲这个国家的发源地，是在现在的马六甲这个地方，可是现在的马六甲的面积，既与马六甲这个国家的面积有了很大的差别，其与马六甲这个城市的面积，也有所不同。

在英人统治下的马六甲，是所谓海峡殖民地之一，这就是与新嘉坡、槟榔屿、丁丁斯（Dindings）、威勒斯利省（Province Vellesley），与一些附属岛屿如圣诞岛与勒门（Labuau）岛等，是直接由英国来管理，这就叫做海峡殖民地（Straits Settllements）。此外，在英属马来半岛上，还有马来联邦（Federal Malay），包括霹雳（Perak），雪兰莪（Selangar），森美兰（Negri Sembilan）与彭亨（Pahang）。至于柔佛（Jahore），吉打（Kedah），玻璃市（Perlis），吉兰丹（Kedantan），与登加楼（Trengaun），是当为保护国。马来亚独立以后，除新嘉坡以外，其他都由马来亚中央政府统治，虽则在其内部，还有苏丹或国王的存在，以及其内部自治之权。

马六甲在英人统治之下，其所占有的面积约为七百二十方英里，至于马六甲城市所占有的地方更小，至于我们这里所叙述的马六甲国，在其建立的时候，其面积可能还没有所谓海峡殖民地的马六甲那么大，但是后来发展起来，却差不多等于英属的马来半岛以及苏门答腊的一部分土地。

初期的马六甲，大致是现在的马六甲这个地方，这是一个港口，位在马来半岛的西南部，在柔佛的西北，在吉隆坡与芙蓉之南。从马六甲到新嘉坡，约为一百二十英里。马六甲面对马六甲海峡，港口外边，有许多岛屿，据马欢的《瀛涯胜览》"满剌加"条说："因海有五屿之名，遂名曰五屿。"其主要的为乌比（Pulau），意为棕花鞘岛，与比萨（Pulau Besar），意为大岛。马六甲的对面就是苏门答腊的棉兰（Medeng）或卢巴（Rupat）岛，越这个岛的杜梅海峡（Selat Dumai），就为当时的锡国（Siak）与罗干国（Rokan）。

其主要河流，是马六甲（Malaka）河，及其支流。其支流是在森美兰的境内。此外，又有陵义（Linggi）河，这是来自森美兰的首府芙蓉（Seremban），这条河也有二条主要支流。除此以外，还有加生（Sungei Kesang）河，位在柔佛边境，离马六甲城北约八英里，有一个海角（Capes），叫做丹绒吉陵。

马六甲附近南部有数个较高的山岭，巴东马六甲（Batang Malaka）山，高约一千四百二十英尺，边班（Bemban）山高约为一千六百英尺，巴杜底甲（Batu Tiga）山高约为一千三百四十余英尺，以及斯丹那（Sedonau）山高约为一千〇九十英尺。

马六甲地居热带，一年之中，天气没有多大变化，有的差别，是由于风的改变。大致上，每年十一月到次年三月，经常吹东北风，四月到十月吹西南风。年间温度平均约为七十九度，雨水较多，在炎热的太阳时候，忽然会下雨，但为时很暂。虽然马六甲处在热带，可是海峡中的海风，不断的吹来，又加以树木成荫，对于气候引起不少影响。再加以这个城市，比较安静，与其他许多的热气逼人的情形，却有不同之处。因此，好多人而尤其是我国的经济比较充裕的华侨往往把马六甲当为休养或养老的地方。

马六甲既地居热带，所以各种热带农植物，易于滋生。在其建国初期，农业固是很为重要，就是直至今天，农业在马六甲比之在马来亚其他各处，还是占了比较重要的地位。在近代，在马来亚半岛，其他各处平均来说，森林占了约五分之四的土地，而在马六甲森林只占了地面的六分之一。近代的马六甲，可耕的地都从事耕种，橡树占其整个可耕土地约百分之八十，但在马六甲时代，这种经济作物，还没有移种过来，而主要农作物，在当时还是稻米，虽则稻米的出产，在当时也不够供应其居民的需要，还要从爪哇输入，以资补充。马欢的《瀛涯胜览》"满剌加"条说：

　　田瘦谷薄，人少耕种。

费信在其《星槎胜览》前集"满剌加"条的诗中也说："青禾田少种。"应该指出，在当时的马六甲，主要的财富是依靠贸易的收入，但同时农业技术的不发展与不会利用肥料也是谷薄的一个主要原因。直到近代，这一带的农民，其所用的农具，还是很为简单，而且一般的是用木制造的。他们很少犁田，很少施肥，种子放下去，多数任其自生，又很少选择种子。近代的统治者，也曾介绍过较好的种子，可是农民利用的较少，虽则近代发展水利，对于这种农作物，也起了一定的作用。

除了稻米以外，这个地方繁殖椰子以及各种水果与香料。每个马来亚的乡村，成为一个甘磅（Kampong），每一个马来人的家屋，都围以园地，就在房屋的周围，种起椰子及各种水果、香料，如香蕉辣椒等等。鸡、鸭、鹅，是自己养的。鱼可以在其附近的河中或海中捕取。在过去以至近代，他们日常吃的方面所需要的东西并不很多，每个乡村以至每个家庭，几乎是一个自供自给的单位。他们之间，往往以物换物，在那个时候，用钱币的机会，是不多的。

除米以外，椰子在马来亚与马六甲成为一种主要食品，其水可以解渴，其肉可以当为水果食，如切成片块，加以辣椒与盐，可以当为菜，其肉又可以制成油，现在用以制梘，但当地人民，却用以煮菜，至于椰壳、椰叶、椰树，其用途之大，更不待说。

关于马六甲这个国家的物产，马欢在其《瀛涯胜览》中说得较为详细，今录之于后：

人多以渔为业，用独木刳舟，泛海取鱼。土产黄速香、乌木、打麻儿（damar）香、花锡之类。打麻儿香本是一等树脂，流出入土，掘出如松香沥青之样，火烧即着，番人皆以此物点照当灯。番船造完，则用此物熔涂于缝，水莫能入，甚好，彼地之人，多采取此物，以转卖他国。内有明净好者，却似金珀一样，名损都卢斯（Sindarus），番人做成帽珠而卖，今水珀即此物也。花锡有二处山坞锡场，王命头目主之，差人淘煎，铸成斗样，以为小块输官，每块重官秤一斤八两或一斤四两，每十块用藤缚为小把，四十块为一大把，通市交易，皆以此锡行使。……山野有一等树，名沙孤（Sagu）树，乡人以此物之皮，如中国葛根，捣浸澄滤其粉作丸，如菉豆大，晒干而卖，其名曰沙孤米，可以作饭食。海之洲渚岸边，生一等水草，名茭蓴叶，长如刀茅，样似苦笋，壳厚性软，结子如荔枝样，鸡子大。人取其子酿酒，名茭蓴酒，饮之亦能醉人。乡人取其叶织如细簟，止阔二尺，长丈余，为席而卖。果有甘蔗、芭蕉子、波罗蜜、野荔枝之类。菜、葱、姜、蒜、芥、东瓜、西瓜皆有。牛、羊、鸡、鸭，虽有而不多，价亦甚贵。其水牛一头，直银一斤以上，驴马皆无。其海边水内常有鼍龙伤人，其龙高（按：应该说长）三四尺，四足，满身鳞甲，背刺排生，龙头獠牙，遇人即啮。山出黑虎，比中国黄虎略小，其毛黑，亦有暗花纹，其黄虎亦间有之。

张燮在其《东西洋考》卷四"麻六甲"条说马六甲的物产中还有猫睛石珠、犀角、象牙、玳瑁、瑷磼（注：俗名镜）、片脑、苏合油、明角乌、角蜡、硫磺、没药、夷瓶、燕窝、槟榔、象、黑熊、鹦鹉等。

关于马六甲的物产，上面所抄录那段话以及《东西洋考》的记载，颇为详细。这里所说的鼍龙就是鳄鱼。我们要指出，马六甲既处在热带，各种农作物蔬菜以及植物种类是很多，加以当地一般人民的生活，需要比较简单，尤其是在马六甲的初期，这个国家主要是自供自给，后来商业发达，商品从各处输入的愈多，需要也增加起来，可是这还是限于一些的统治阶级与城市的富户居民，乡间的人民日常所食米为主要。鱼可以说是一种主要副食品，所以在马来亚与马六甲捕鱼的人很多，因为河流既多，海岸线又长，在马六甲海峡中，风浪较平，小的渔船，出海较便，不过这些渔船像马欢所说的独木舟，固是不会很大，就是直到现代，所用的渔船，长度平均也不过十尺左右。每个渔船每年所捕得的鱼平均约为一吨或二千斤左右，这主要是供应当地人民日常的需要。至于现代用船与新的技术去捕鱼，其所得的数量已非昔比，而且也往往当为出口物品。

在十五世纪的时代，以至今后好多年，马六甲是东南亚的贸易的中心地区。我们知道，在马六甲之前，在古代扶南的都城与哥俄伊俄（Go Oc Eo）之外，顿逊也是一个商业繁盛的地方，后来三佛齐兴盛的时候，苏门答腊的巴淋邦或旧港或其属地吉打（Dedah），都是交通的要冲、贸易的中心，马六甲可以说是继扶南与三佛齐而兴起的新商场。在马六甲这个国家未灭亡之前，这是东南亚的主要商场，固不待说，就是这个国灭亡之后，这个城市在葡萄牙人统治之下，在荷兰人统治之下，以至英人统治之下的初期，与在槟榔屿而尤其是新嘉坡未繁荣之前，这个地方，在东南亚的商业上，还是占了很重要的地位，关于这一点，我们在上面一章中，已经提及，这里不再说明。

马六甲既为东南亚的商业中心，这个城市在当时也很快的发展起来。上面指出《马来纪年》说当时这个城市有十九万人，从现在的大城市来说，十九万人并不算得很多，可是在那个时候，应该说是世界上的一个大城市。其实，不只是在十五六世纪，就是在十九世纪的初年，在整个世界，超过二十万人的城市，也并没有很多。一八〇〇年法国人口超过十万的都市不过有三个，在那个时候，纽约大约只有六万人，伦敦不过十四万左右，巴黎是欧洲的重心，也不过五十万左右。马六甲这个城市，在这个时候之前约二百年，已有十九万人，应该是世界上的最大的城市之一。

这个城市据马欢的《瀛涯胜览》"满剌加"条说：

> 有一大溪河水，下流从王居前过大海，其王于溪上建立木桥，上造桥亭二十余间，诸物买卖，俱在其上。

这条溪河应该就是马六甲河。马欢的叙述当在马六甲发展的早期，马六甲在十五世纪的商业既逐渐发达，这个城市在其后来必定更加发展扩大，所以除了一个陆上的马六甲外，还有一个水上的马六甲，像近代的广州一样，在一个时间，除了陆上居民之外，还有十万以上的水上居民。马六甲除了桥亭当为贸易市场之外，桥之两岸，也发展起来。据说王宫财政与军事机关，都建于离海较远的地方，以免敌人的攻击，至于王公贵人也盖好多大房子于市郊，商人既在市郊建住宅，在市内又有商店，这些人除了自己的妻儿以外，还养好多奴隶。在马六甲这个城市的范围内，还有一千五百个田园，有的种各种棕树，有的栽各种水果。房屋大致是用木建筑，为了避免火灾，房屋并不挤在一块，而乃分散开来，房屋与房屋之间，栽以椰树或槟榔。至于各国商人也分别给以土地、建房屋，自成为一区域。各国人民都各有官吏去管理，管理古者拉特（Guzaratis）人有一位，孟加利（Bengalis）人、白古人（Pegunere）与波斯人（Pasuinese）（按：此乃苏门答腊岛上之波斯而非中亚之波斯）有一位，此外又有一位是管理爪哇人以及商人之来摩鹿哥群岛邦他（Banda）岛与巴淋邦或旧港者，同时也有一位是管理占婆人及中国人的，这些官吏的任务，多少有点像我们今日的领事的职务。

马六甲的居民既很多，而外国之居留或来往于这个城市的也很多，这个城市的房屋既又安排得比较分散，这个城市所占的面积，当然相当的大。马六甲是一个大城市，也是一个乡村式的大城市，假使我们用现代的语言来描写，这是一个花园化的城市。

马欢在其《瀛涯胜览》的"满剌加"条说：

> 凡中国宝船到彼，则立排栅如城垣，设四门更鼓楼，夜则提铃巡警，内又立重栅如小城，盖造库藏仓廒，一应钱粮顿在其内。去各国船只，回到此处，取齐，打整番货，装载船内，等候南风正顺，于五月中旬开洋回还。其国王亦自采办方物，挈妻子带领头目驾船，跟随宝船赴阙进贡。

我国船舶之到马六甲或东南亚其他各处的，往往于冬天乘北风而南驶，到了五六月间，又利用南风而北回，所以到东南亚的船舶，每年往返各一次。假如因有特别任务而超过南风季节则须候到下一年的夏天，始能北返，这样谓之压冬，意思是多过一个冬天也。

马欢在同处又叙述这个国家的宗教信仰，以及其衣着居住：

> 国王国人皆从回回教门，持斋受戒诵经，其王服用，以细白番布缠头，身穿细花青布长衣，其样如袍，脚穿皮鞋，出入乘轿。国人男子方帕包头，女人撮髻脑后，身体微黑，下围白布手巾，上穿色布短衫。风俗淳朴，房屋如楼阁之制，上不铺板，但高四尺许之际，以椰子树劈成片条，稀布于上，用藤缚定，如羊棚样，自有层次，连床就榻，盘膝而坐，饮卧厨灶，皆在上也。

《明史》卷三二五"满剌加"条说：

> 男女椎髻，身体黝黑，间有白者，唐人种也。俗淳厚，市道颇平。

《东西洋考》卷四"麻六甲"条说：

> 婚丧大类爪哇。

关于爪哇的婚丧，我们在叙述爪哇时，当加以解释。事实上，爪哇、苏门答腊、马来半岛、婆罗洲等地方，不只宗教、文化、风俗习惯有相同之处，就是在语言上，也没有很多的差别，这一带所说的语言，原来就是一般人所说的马来话。

第四章　马六甲史略

马六甲的最早的国王,据《马来纪年》所记载,是叫做散干陀沙(Secander Shah),据说他是新嘉坡的第五世王,他统治新嘉坡有三十二年之久,因为新嘉坡被爪哇人所征服,他乃率众逃到麻坡(Muar),在麻坡居了一个时期,又到马六甲,在这里建立国家,并且名这个地方为马六甲。

然而近代好多学者,却以为从新嘉坡逃到马六甲的就是《明史》所说的拜里迷苏剌(Paramesvara),他是苏门答腊的一位贵族,但也有人说他是爪哇的一位贵族,因为满者伯夷内乱,他乃率领一些随从,逃到新嘉坡。这位贵族与满者伯夷一位公主结婚,他的名字Paramesvare,意义为驸马王子,当他们到达新嘉坡时,新嘉坡的统治者曾优礼接待,但可能他以为新嘉坡的统治者,是满者伯夷的臣属,恐怕满者伯夷强迫新嘉坡的统治者去毒害他,或者他自己为了争取地位,不够数天,他把他的主人杀死,而占其位。因此,他遂成为当地以及这里的一些小岛与海峡的统治者。但是满者伯夷既已衰弱,没有力量去征服新嘉坡,暹罗的统治者乃利用其他的属国君主,这就是彭亨或北大年的君主,率兵去征伐新嘉坡,于是拜里迷苏剌又不得不离开新嘉坡,而逃到其他地方,他率众先到麻坡,在此披荆棘辟田园,后来他又移于马六甲。

究竟拜里迷苏剌还是斯干陀沙是从新嘉坡最早逃到马六甲呢?《明史》说永乐元年,这就是一四〇三年,中国使者尹庆到马六甲所见的头目是拜里迷苏剌,而且这位头目自己还率其妻子到中国,所以十五世纪初年统治马六甲的首领,是拜里迷苏剌,应该是没有问题的。

近来一些西方学者以为拜里迷苏剌之从新嘉坡初到马剌甲,是在一四〇一年,我们以为这种看法,难于置信,中国使者遣派使者到马六甲,必定在事前知道马六甲是一个比较重要的地方,至少是一个比较重要的通商口岸,虽则在政治上,在武力上,可能还没有什么地位。假使马六甲原来是一个部落或是一个小商场,不一定能引起中国遣派特使去联络邦交,虽则马六甲在这个时候,正如《明史》所说,还不称国,但在商业上,应该是一个重要地方,而在其首领统治之下,其内部秩序,也应该相当稳定。因而在明朝遣使到马六甲的时候,既绝不会是一个从一个草莽旷野而开辟才一二年的地方,不见得是一个更换统治者才一二年的地方,换言之,这个地方,不只是商业已经相当发达,而早已为我国人所知道,而其统治者,也应该是在较久的"王室"或家族。假使拜里迷苏剌是一位在一四〇一年才称为酋长,那么他不致于是一位从新嘉坡才到这个地方的人物,他可能是在这里统治已久的一位首领的儿子或承继者。

他是不是斯干陀沙的承继者,我们无从考证。《马来纪年》所记载的事情,虽不能说完全不符合事实,但也有很多是不可置信的,所以斯干陀沙有无其人,也是一个问题。当然他可能是从新嘉坡逃难到马六甲的首领,但照《马来纪年》的记载,承继他的地位的第一代以至第二代的人物,并不是拜里迷苏剌。

而况,据近人发现,在新嘉坡的康宁(Camning)炮台山顶有一座坟墓,是斯干陀沙的坟墓,假使这个斯干陀沙就是上面所说的斯干陀沙,那么他根本就没有离开新嘉坡。

虽然也有人怀疑拜里迷苏剌不一定是从新嘉坡逃到马六甲的统治者,但这位人物,在十五世纪的初年,是马六甲的统治者,是无可疑的。就是他不是从新嘉坡到马六甲的第一位统治者,他在位的时间,似乎是在一四〇一年之前,除非他是在这一年继承了另一位在这里统治者的地位。

无论如何,马六甲的开辟,绝不会是在十五世纪的初年,这个地方,应该开辟相当的久,假使《暹罗王室法典》所载一三六〇年朝贡于暹罗的马六甲,没有错误,那么这个地方已成为一个商场,应该是在一三六〇年之前。至于曾到中国的拜里迷苏剌,假使不是在一四〇一年承继其父亲或篡夺他人的地位,他之统治马六甲,应该是在一四〇一年之前。他也可能是被迫而从新嘉坡逃到这地方,又把这个地方的统治者赶走了,或杀死了,但他绝不会是一位在把草莽旷野的马六甲开辟而为一个商业已经繁荣的马六甲的第一位人物。《马来纪年》中所描写的马六甲的起源,是真有其事的话,那么这件事情的发生,应该是在好几十年或百年以前的事情。罗马不是一天建造出来的,引起中国皇帝的注意而遣派使者去联络邦交的马六甲,也非一朝一夕就繁盛起来,这个地方,在一四〇三年之前,应该经过一段历史——一段较长的历史。

马六甲的兴起,似乎是与新嘉坡的衰亡,是有关系的。新嘉坡到马六甲只有一百二十英里,新嘉坡若还繁盛,来往这个海峡的船舶,不需要在马六甲停泊,只有新嘉坡衰亡之后,这个地方才能慢慢的发达起来。据说,新嘉坡王朝是亡于一三六〇年,可能在这个时候,马六甲已成为一个海峡的小商场,到了新嘉坡王朝亡了之后,以前停泊于新嘉坡的船舶,现在都到马六甲来了,这样,马六甲就繁荣起来,这样就引起中国的注意。

总而言之,拜里迷苏剌以前的马六甲,虽然有其一段历史,但这一段历史,很不清楚,其比较清楚而可靠的,是拜里迷苏剌及其以后的年代。

拜里迷苏剌于一四〇三年遣使到中国之后,一四〇七年又遣使到中国,至一四一一年他自己及其妻子陪臣五百四十余人到中国。《明史·满剌加传》说:

> 明年(一四〇八年),郑和使其国,旋入贡。九年(一四一一),其王率妻子陪臣五百四十余人来朝,抵近郊,命中官海寿、礼部郎中黄裳等宴

劳，有司供张会同馆。入朝奉天殿，帝亲宴之。妃以下宴他所。光禄日致牲牢上尊，赐王金绣龙衣二袭、麒麟衣一袭，金银器、帷幔衾裯悉具，妃以下皆有赐。将归，赐王玉带、仪仗、鞍马，赐妃冠服。濒行，赐宴奉天门，再赐玉带、仪仗、鞍马、黄金百、白金五百、钞四十万贯、钱二千六百贯、锦绮纱罗三百匹、帛千匹、浑金文绮二、金织通袖膝襕二。妃及子侄陪臣以下宴赐有差。礼官饯于龙江驿，复赐宴龙潭驿。

又说：

十年（一四一二年）夏，其侄入谢，及辞归，命中官甘泉偕往，旋又入贡。

这说明了拜里迷苏剌与中国的关系的密切。张燮《东西洋考》"麻六甲"条说：

永乐十二年（一四一四），王母来朝，赐如王妃。

《明史·满剌加传》说拜里迷苏剌死于这一年。《明史》说：

十二年（一四一四），王子母干撒于的儿沙（Muhammad Iskander Sah）来朝，告父讣，即命袭封，赐金币。嗣后，或连岁，或间岁入贡以为常。十七年（一四一九），王率妻子陪臣来朝谢恩，及辞归，诉暹罗见侵状，帝为赐敕谕暹罗，暹罗乃奉诏。

《东西洋考》"麻六甲"条说得较为详细：

十七年（一四一九），王亦思罕答儿沙嗣，更率妻子来朝，言为暹罗所侵，惟陛下卵翼之。上为降诏暹罗国王，无开兵隙，暹罗旋遣使来谢侵伐之罪，满剌甲所得保境息肩者，皆中国赐也。

母干撒于的儿沙死于一四二四年。在他在位的时候，据说他到中国归后，曾将明朝皇帝的许可，铸造锡币，流通于马六甲。这位国王曾娶一位波斯（在苏门答腊岛）王的女儿为妃，王妃为回教徒，王受妃的影响，也崇信回教。马六甲的统治者在此之前，是崇拜印度的宗教，这位国王崇信回教，使回教在马六甲很快的发展起来。

马六甲的第三位国王是叫做西里麻哈剌（Sri Maharaja），他自己到过中国，并遣使到中国。

《明史·满剌加传》说：

二十二年（一四二四）{《殊域周咨录》说二十年（一四二二）其子哩麻哈剌因父殁而率妻子陪臣来朝}，西里麻哈剌以父没嗣位，率妻子陪臣来朝。宣德六年（一四三一），遣使来言："暹罗谋侵其国，王欲入朝，惧为所阻，欲奏闻，无能书者，令臣三人附苏门答腊贡舟入诉。"帝命附郑和舟回国，因令和赍敕谕暹罗，责以辑睦邻封，毋违朝命。初，三人至，无礼物，礼官言例不当赏，帝曰："远人越数万里来诉不平，岂可无赐。"遂赐袭衣、彩币，如贡使礼。

又说：

八年（一四三三），王率妻子陪臣来朝。抵南京，已天寒，命侯春和北上，别遣人赍敕劳赐王及妃。泊入朝宴赉如礼。及还，有司为治舟。王复遣其弟贡驼马方物。时英宗已嗣位，而王犹在广东。赐敕奖王，命守臣送还国，因遣古里（Calicut）、真腊等十一国使臣附偕还。

西里麻哈剌两字源出梵文，意思是大王。有人以为可能这位国王因为马六甲正在强盛，想效以往的三佛齐的君主而用这个称号，有的《马来纪年》的版本，还记载这位国王曾订制较为详细的宫闱典礼，这种典礼，直到最近马来半岛的霹雳，还沿用着。

据《马来纪年》，这位国王，还做过这样的梦：

一晚忽梦见谟罕默德夫子对他说："我证明上帝是独一无二的，谟罕默德是他的先知。"大王子得知赐号为苏丹谟罕默德，先知说明天破晓有一艘船从犹太国来，将在满剌加海岸登陆。祝颂，且听他们说甚么，大王子道："很好，我一定如此，决不懈意。"谟罕默德夫子便立刻消逝了。次日早晨醒来，他觉得身子发出甘松香味，并且发觉已经行过割礼了，那么王便说这一定不是撒但来光顾，同时他的口中不住的念经，因此宫娥们听见都惊惶起来，王后说："这一定是撒但附在王的身上了，否则他便是疯了，很好，我们得赶快去通知槃陀诃罗。"……槃陀诃罗惊奇的默忖，要是那梦可靠，船一定会到的，否则便是撒但的诱惑。那船果然准时到达，船员登岸在海滩祝寿，统领这船的是赛逸阿勃杜儿阿寂。……当船员们行完仪式，王便令象伏下，召船主上他的御象，带他进城，槃陀诃罗和全体头人都奉了清真教门，其余人民也都奉王命，学他们的榜样，船主便做他们的导师，并上王尊号为苏丹谟罕默德沙（Sultan Mohammed Shah）。

《马来纪年》既记载这位国王崇信回教，又以为他是亚历山大的后裔，可是我们也应指出，这位国王也时常宣称他要效法其祖宗在新嘉坡所庆祝的节日，所谓新嘉坡所庆祝的节日，其实就是佛教的节日。

西里麻哈剌死于一四四四年，《明史·满剌加传》说：

正统十年（一四四五），其使者请赐王息力八密息瓦儿丢八沙（Sri Paramesuara Deua Sah）护国敕书及蟒服、伞盖，以镇服国人。又言："王欲亲诣阙下，从人多，乞赐一巨舟，以便远行。"帝悉从之。

《马来纪年》用不少的篇幅去描写在这位国王在位的时候的"外戚之祸"，原来西里麻哈剌有二位王子，一为正妃所生的罗阇（Raja，意为王或首长），勃拉钦（Jbrahim），一为次妃所生的罗阇加沁（Raja Kasim）[所生]。次妃所生的长于正妃所生的，但是因为前者的母亲既为正妃，又是苏门答腊岛上的罗干（Rokan）王的公主，因而遂继西里麻哈剌为国王。可是他的年纪很幼，乃由罗干王任保护之责，这样罗干王乃参预马六甲国政，同时他以为罗阇加沁是含有太密（Tamils）人血统，迫其操渔业，又对于来自太密古国的注辇（Cola）人的商船，要抽重税。不久，来自印度一位船长，曾与罗阇加沁友善，冲涌他争取王位，同时加沁的舅父冬阿里与槃陀诃罗（Ldato Sri Amardi Raja）的赞同，率武士到王宫中杀死罗干罗阇与息力八密息瓦儿丢八沙，这样罗阇加沁遂继其弟而为王。

罗阇加沁就是《明史·满剌加传》中所说的速鲁檀无札佛哪沙（Sultan Muzaffar Shah）。《明史·满剌加传》说：

> 景泰六年（一四五五），速鲁檀无札佛哪沙贡马及方物，请封为王。诏给事中王晖往。已，复入贡，言所赐冠带毁于火。命制皮弁服、红罗常服及犀带纱帽予之。天顺三年（一四五九），王子苏丹芒速沙（Sultan Mazaur Sah）遣使入贡，命给事中陈嘉猷等往封之。

速鲁檀无札佛哪沙就位于一四四六年，死于一四五九年，王子苏丹芒速沙遣使来贡，可能是告父讣。无札佛哪沙虽然杀其弟而自立，可是在他在位的时候，是马六甲最为强盛的时候，而且，也是回教在马六甲很为发达的时代。

《马来纪年》叙述在这位国王在位时，暹罗曾二次侵略马六甲，一次是由陆道经彭亨而来，一次是沿海道而来，可是二次侵略，都为马六甲所击退。这样，马六甲的声威，震动于邻邦。据说，这位国王是马六甲的第一个回教国王，所谓速鲁檀就是现在所谓苏丹（Sultan）也，这样马六甲成为一个回教国家。无札佛哪沙的墓碑及其所用的龙剑（Kris Naga）以及其当时所铸的锡币，现在都陈列在新嘉坡的雷佛士（Raffles）博物院（按：华侨称这个博物院为景室）。

苏丹芒速沙就位之后，乃遣使告父讣，明廷遣陈嘉猷去封他，这是一四五九年的事情。《明史·满剌加传》说：

> 越二年（一四六一），礼官言："嘉猷等浮海至乌猪洋，遇飓风，舟坏，漂六日至清澜守御所获救，敕书无失，诸赐物悉沾水。乞重给，令使臣复往。"从之。成化十年（一四七四），给事中陈峻册封占城王，遇安南兵据占城不得入，以所赍物至满剌加，谕其王入贡。其使者至，帝喜，赐敕嘉奖。

苏丹芒速沙原叫做罗阇阿勃陀罗（Raja Abdallah），苏丹芒速沙是他的尊号。《马来纪年》用不少的篇幅去描写这位国王的事迹，可是有了不少是夸大而近于神话，比方在其纪载中说中国曾嫁［给］公主与马六甲国王云：

> 中国的王自从遣使后，便确确实实要和满剌加王联络，他便对冬波罗钵底补底（Parapati Puti，按：为马六甲的使者）道："希望罗阇来探访我一下，我打算将我的女儿皇丽宝（Hong Li Po）公主嫁给他。"冬波罗砵底补底便道："你的儿子满剌加王不能随便离开满剌加，因为他们都是仇敌，但如果你肯加惠于满剌加王，那么就准许我把公主护送到满剌加去。"于是中国的王便吩咐李宝（礼部的官员？）备一队船舶，护送公主往满剌加去，一共有一百艘船，由一位高级官员名第保（Di Po）的统领。中国王又挑选了五百名极美丽的官家小姐为公主侍婢。当公主皇丽宝和文书护送上船，冬波罗砵底补底便扬帆直往满剌加，……苏丹随即令公主皇丽宝皈依回教，后来便娶了她。（许译，页一六四至一六五）

苏丹芒速沙的使者之到中国，可能带一位中国女子给他为妃，或者苏丹在马六甲的华侨女儿中找了一位为妃，而著作《马来纪年》的人便当为公主。中国皇帝的女儿嫁给外国君主的是至为少数，文成公主是一个例子，至于把宫女或其宗室女孩当为女儿而嫁给外国国王的，虽有不少，但也当为一件大事，史书多有记载。中国史书既没有记载中国公主嫁给马六甲国王，也没有这种传说，《马来纪年》所说的应非事实。至于《马来纪年》里说马六甲国王自称为儿子，并又称中国皇帝为"吾父中国之王"，遂引起勃沅王的讥笑，著者后来又用下面一段故事去解嘲：

> 当第保和其他护送公主往马六甲的大员们回到中国，将满剌加王的信献上，信中的话，使中国王大喜。两天后，王忽然地全身发痒，便下诏宣药师下药，可是药石无效，换了好多位医都是如此。有一位老医师自己去求见王说："父王你这病是神所降，因致之病奇异，故不能以常法治疗。"王便问："病源在那里？"医师回答道："这是因为满剌加王以附庸身分上书给你所致，今无别法可以疗治，除非陛下肯饮满剌加王洗脸洗脚的水。"王准奏便遣使臣向苏丹芒速沙如此要求。中国来的信，便由诵经师当众宣读，于是便预出发到满剌加船回国。他一到立刻将满剌加王的信和水一并献王，王喝了这水，并且用它来洗浴，那恶痒便立刻消失而痊愈了。于是中国王便立誓不再要满剌加王如此称呼，而自寻烦恼了。

这是很为荒谬了。《马来纪年》又说，芒速沙曾亲自偕使臣到爪哇访满者伯夷的公主琪拉娜（Chandra Kirana），这位公主既非满者伯夷的女儿，而且是数世纪之前的人物。又满者伯夷首都于一四〇六年已经沦陷，《马来纪年》这种记载，都是很为不经之谈。

但是在芒速沙在位的时候，马六甲这个城市，更加繁荣，成为在上面所说的一个各族杂居、百货云集的地方，同时马六甲的疆土，也大大的扩充起来。在马来半岛上丁加奴、柔佛、彭亨以及其附近岛屿，都成为马六甲的属地。《马来纪年》描写了马六甲如何征服彭亨，以表扬其武功。此外，苏门答腊岛上的监篦（Kampar）、波斯等处，也为他所征服，这是马六甲版图最大而最为繁荣的时代。

芒速沙既扩大版图而征服了原属于暹罗的彭亨，因为引起暹罗的恶感，他于是乃用外交手腕去与暹罗亲善，虽然马六甲在这个时候很为强盛，但是应该指出这位国王是一位文弱而无勇的人物，他的成就，全靠其槃陀诃罗冬庇剌的功劳，他自己却沉于酒色，而且没有大志。《马来纪年》还指出芒速沙所建筑的王宫最为堂皇富丽，并夸为世上独一无二的王宫，可是后来却因火灾所毁，虽然不久也再建一个王宫，可是面积既小，而也不若前者之堂皇富丽。

马六甲的回教，到了苏丹芒速沙的时代，有所改变，因为这位国王曾受了亚剌伯人蒲沙哈（Manlana Abuisahak）的徒弟蒲巴加（Manlana Abubakar）的影响，而相信一种神秘主义，这引起原来的回教教徒的反对，但因为蒲巴加既善于宣传，而又得到国王的支持，结果是使马六甲成为这个宗派的中心，这个宗派的教义，直到现在，还流行于马来半岛。

荷人范林登（F. Valacca）（《皇家亚洲学会海峡分会学报》JRASSB 十三、十五、十六与廿二号）以为这个时候，在东方（按：应指东南亚）各国中，马六甲最为强盛，这是一个正确的看法。

苏丹芒速沙死后，其子阿老瓦丁黎耶沙（Ataid-din Riayat Shah）承位。就位时，芒速沙与彭亨王之女所生的第二儿子罗阁亚妈争位，后来得其舅父的帮助，罗阁亚妈乃到彭亨当苏丹，可是两者后来还有争执。阿老瓦丁黎耶沙就位于一四七七年，他虽然也遣派使者到中国，可是《明史·满剌加传》并没有他的名字。这位国王之遣使到中国是在一四八一年。《明史·满剌加传》说：

> 成化十七年（一四八一）九月，贡使言："成化五年（一四六九），贡使还，飘抵安南境，多被杀，余黥为奴，幼者加宫刑。今已据占城地，又欲吞本国。本国以皆为王臣，未敢与战"。适安南贡使亦至，满剌加使臣请与廷辩。兵部言事属既往，不足深较，帝乃因安南使还，敕责其王，并谕满剌加，安南复侵凌，即整兵待战。

这位国王又曾派兵到苏门答腊的波斯，以及阿鲁（Haru）交战，并击退了阿鲁的海军，结果是后者不得不与马六甲讲和。马六甲属国硕坡违背两国的协定，王乃遣人去问罪。这位国王在位时，其财富之多，冠绝一时，据说黄金一项就有一百四十宽旦儿（Quntal），一宽旦儿等于一百磅或一百二十磅。因此他准备到麦加（Mecca）去朝拜，可是他又怕他的部属反叛，于是他命令其属国监篦

〔箆〕与英得其利（Indragiri）两个国王陪行，可是正将启程的时候，他却被毒而死。

阿老瓦丁黎耶沙是一位英明爽直膂力过人的君主，他对于国内的政治治安，都很注意，而且往往亲自处理好多事情。《马来纪年》所记下面一段故事，就是一个例子。

有一天晚上，苏丹打扮成一名盗贼，带着汉伊索（Hang Isub）和汉锡（Hang Siak）二人出去，他们三人巡行全城，视察各区。不久，他们到了一个地方，遇见五个盗贼，内中两个人背着一只箱子，三个伴着行，王便追上前往，五人弃下箱子便逃。王便吩咐汉伊索："你看守这个箱子，我和汉锡往追贼。"贼党跑上满剌加山，被王追到，一剑挥去，将一个从腰间斩为两断。其余四个继续逃跑向码头上去，王又砍掉一个。其余三个已经逃到码头上，汉伊索上前刺死了一个，其他两个投河泅水过去逃掉了。王便停止追赶，吩咐汉伊索和汉锡二人把箱子杠回他们家去。（许译，一九〇页）

到了次日，王便问他的臣下，他们并不知道这个事情，王对他们说：

如果这样，那么室利摩诃罗阇的守卫，简直是蒙蔽我们而已。

他这样去处理事务，使满剌加的治安，大大改善。有人说，在那个时候，马六甲城可以说是夜不闭户，路不拾遗。

这位国王死于一四八八年，他死时还未到三十岁。他死后又发生王位争执问题。其长子在监篸〔箆〕，王母与彭亨以及监篸的罗阇都主张长子继位，但是摩诃罗阇冬墨泰希坚持其幼子嗣位。这位幼子就是这位摩诃罗阇的外甥，也就是《明史》所说的苏端（丹）妈末（Sultan Mahmud Shah）。

《明史·满剌加传》说：

寻遣给事中林荣、行人黄乾亨册封王子马哈木沙（按：应就是妈末，但张礼千在其《马六甲史》却以为马哈木沙就是阿老瓦丁黎耶沙）为王。二人溺死，赠官赐祭，予荫，恤其家。余敕有司海滨招魂祭，以恤其家。复遣给事中张晟、行人左辅往，晟卒于广东，命守臣择一官为辅副，以终封事。

正德三年（一五〇八），使臣端亚智等入贡，其通事亚刘，本江西万安人萧明举，负罪逃入其国内，略大通事王永、序班张字，谋去浡泥索宝，而礼部吏侯永亦受略，伪为符印，扰邮传。还至广东，明举与端亚智辈争言，遂与同事彭万春等劫杀之，尽取其财物。事觉，逮入京。明举凌迟，万春等斩，王永减死罚米三百石，与张字、侯永并戍边，尚书白钺以下皆议罚。刘瑾因此罪江西人，灭其解额五十名，仕者不得任京职。

在苏丹妈末就位的时候，马六甲还是一个很为强盛的国家。在马六甲半岛，丁加奴、吉兰丹、雪兰莪、彭亨、霹雳、柔佛仍是受马六甲的统治，而在苏门答腊的监篦、阿鲁与英得利也是它的属国。据说北大年与吉打自一四七四年改宗回教以后，其国主也来马六甲访问，而当马六甲为上国，这说明了马六甲是东南亚一个大国，一个富强国家。

《马来纪年》记载暹罗曾利用其属国六坤（Ligor）出兵侵略彭亨，彭亨王告急于马六甲，马六甲乃派兵去支援。《彭亨纪年》说六坤王率二十万众去征伐彭亨，这可能言之过甚，同处又说马六甲派了数不清的船舶去支援，并且宣称"满剌加居民除了海边和乡下之外，已有九十万人"，这也是夸大其数目。当暹罗与六坤的军队与马六甲大军与彭亨混战的时候，据说接战后情况十分剧烈，六坤军队死伤太大，不得不退却，其全军因此而溃散。

苏丹妈末在位的时候，马六甲虽然还是很为强盛，但是这位君王，也是一位荒淫而残酷的君主。他有一位军长出征阿鲁有功，只是因为这位军长是在他就位之后而才来朝贺，他就骂他不忠，而下令处死。马六甲的槃陀诃罗冬墨泰希，虽然是一位暴敛傲慢的人物，可是对马六甲来说，不无功劳，苏丹妈末主要是因为他不把他的女儿嫁与他为妃，后来不只把他个人处死，而且除了一个小儿之外，全族被杀。彭亨宰相有一个女儿，已经许给彭亨王为妃，据说苏丹妈末用了各样的方法去抢劫这位美女。《马来纪年》用不少篇幅去叙述这件事，他的异母弟弟罗阇柴尼尔（Raja Zenel）同他一样的荒淫无度，他明知其事，既不责备其行为，而却阴使人杀死。

我们知道，自一四九四年哥伦布发现美洲之后，一四九八年伽马（Vasco da Gama）又从欧洲绕南非的好望角而抵达印度。十年后，这就是一五〇八年，葡萄牙国王伊曼儿（Emannel）遣其海军将领斯奎拉（Diogs Lopez de Sequeira）到印度、苏门答腊与马六甲，这是欧洲人从海道而侵入东亚的开始。

葡人到马六甲时，遭马六甲人的反抗，并捕了好多位葡人，斯拉奎只好逃跑。一五一〇年孟斯得（Diogs Mendez de Nasconcelos）又带舰队东来，并且要为斯拉奎报仇，可是此行因风不利，折回卧亚。一五一一年亚伯奎（Alfouss d'Albuqerque）从卧亚（Goa）率舰队到马六甲要求释放二年前所拘捕的葡人，同时要以槃陀诃罗的私产以赔偿斯奎拉的损失。经过一再的交涉，苏丹妈末答应了他的要求，可是亚伯奎却又提出其他的苛求，马六甲既不能遂其所求，亚伯奎乃攻击马六甲。经过十余天的战争，马六甲遂为葡人所占据，这是一五一一年八月十日的事情。

《明史·满剌加传》也记载葡人占据马六甲，兹录之于后：

> 后佛郎机（按：即指葡萄牙）强，率兵侵夺其地（指马六甲）。王苏端妈末出奔，遣使告难。时世宗嗣位，敕责佛郎机，令还其故土。谕暹罗诸国王以救灾恤邻之义，迄无应者，满剌加竟为所灭。时佛郎机亦遣使朝贡请

封，抵广东，守臣以其国素不列王会，羁其使以闻。诏予方物之直遣归，后改名麻六甲云。

苏丹妈末在葡人还未完全占据马六甲之前，已逃入丛林，后来跑到彭亨，据说彭亨王很优待他，他又把其女配给彭亨王芒速沙一世。有人说他死于彭亨，又有人说他逃到新嘉坡，但也有人说他后来到兵打岛（廖岛），再后到苏门答腊的监笃为王，一五二九年他死于监笃。

马六甲这个地方的历史，可能追溯到十四世纪的初年或是十三世纪的下半叶，但是若从其王拜里迷苏剌说起是始于十五世纪的初年，从这个时候至马六甲被葡人占据约为一百一十年，虽然比不上满者伯夷、三佛齐、真腊、扶南的享国之长，然在满者伯夷衰微之后，在东南亚的国家中，马六甲是一个最为强盛的国家，而且，这个国家的繁盛，是与东南亚的回教的传播以及马来话的推动，有了很大与密切的关系。至于其在经济贸易上的地位的重要，更不待说。

第二编　苏门答腊岛

第五章　苏岛的概况

在东南亚的南海群岛中，苏门答腊占了东西交通上的最重要的地位。凡船舶之从中国南海到印度洋的，无论是经过马六甲海峡，或是经过巽他海峡，都要依靠苏门答腊这个岛。苏门答腊可以说是握了东西交通的咽喉，所以周去非在其《岭外代答》卷二"三佛齐"条说：

> 三佛齐国在南海之中，诸蕃水道之要冲也。东自阇婆诸国，西自大食故临诸国，无不由其境而入中国者。国无所产，而人习战攻，服药在身，刃不能伤，陆攻水战，奋击无前，以故都国咸服焉。蕃舶过境有不入其国者，必出师尽杀之，以故国富犀、象、珠玑、香药。

这个国家在这个岛的历史上，是最为富强的国家。在唐代它是叫做室利佛逝，三佛齐应是室利佛逝的同名异译。这个国家可以说是扶南以后的东南亚的最强的国家，他不只统治全岛，而且役属马来半岛以至锡兰岛，在其东边爪哇也为〈其〉所威服。据近人研究爪哇的山帝王朝（Sailendra Dynasty）以及三佛齐的山帝王朝，是扶南王室的后裔，所以三佛齐这个帝国，可以说是扶南帝国的承继者。

这个国家既很强而又很富，因为它居东西交通的要冲，船舶经常到其地，贸易发达，商品云集，正像赵汝适在其《诸蕃志》卷上"三佛齐国"条所说："大食诸蕃所第萃于本国……扼诸蕃舟车往来之咽喉。"因此，它成为东南亚的当时的最富的国家。

又在唐代，这个地方的佛教已很发达，所以中国僧人到这个地方学习梵文研究佛法，与抄写经典的，为数很多。

苏门答剌这个名称，最先见于《宋史》卷四八九《三佛齐传》。传中所说的苏勿吒，就是苏门答剌的同名异译，《宋史》说：

> 天禧元年（一〇一七），其王霞迟苏勿吒蒲迷，遣使蒲谋西等，奉金字表，贡珍珠、象牙、梵夹经、昆仑奴，诏许谒会灵观，游太清寺、金明池，及还，赐其国诏书礼物，以慰奖之。

法国费琅（G. Ferrand）在其《苏门答剌岛之最古纪录》一文（收入冯承钧

译《西域南海史地考证译丛续编》页一二一——一二五）中，曾作了下面的解释：

> 按：霞迟的对音是古爪哇语（Rawi）的 Haji，亦作 Aji，此言国王。蒲迷古爪哇语同梵语皆作 Bhimi，爪哇语同巽他（Sunda）语皆作 Bumi，马来（Malais）语作 Bumi，此言地。苏勿吒，第一字应等若 Su，第二字应等若 Mu，至若第三个吒字，在罗吒和罗一名，梵文俗语的 Ratthapāla，同梵文雅语的 Rastrapāla 里面，则对 tha 同 tra……吒字应对梵文俗语之 tha，同雅语之 tra，苏勿吒的对称应该是俗语的 Sumuta 同雅语的 Sumutra，将这霞迟苏勿吒蒲迷七字的译名完全还原，应该是 Haji Sumutabhumi 或 Haji Sumutrabhumi，犹言苏勿吒地王。

这个考证的正确，已为后来学者所承认。（参看冯承钧《中国南洋交通史》页一七〇注一二）苏门答剌这个名称，除《宋史》作苏勿吒外，汪大渊《岛夷志略》作须文答剌，《元史》译名作速木都剌，冯承钧在其《中国南洋交通史》下编第五章页二一六注一中说：

> 按：今 Sumatra 在晚近始为全岛之称，盖由 Sumutra 一名所转出。其先原为岛北岸之国名，今在 Pasè 河上之 Samudra 村。《宋史》首先著录其译名曰苏勿吒，《岛夷志略》译名作须文答剌，《元史》译名作速木都剌，修《明史》者不明苏门答剌与须文答剌是同名异译，因析为两传，其实指一地也。此岛名称在波斯载籍中首先著录者为爪哇（Jāwa），虽名爪哇，实指苏门答剌全岛。剌史德丁（Rašīdu-d Din）（一三一〇）书云：过蓝无里（Lamuri）有地名 Sūmūtra，即指苏门答剌城也。

又苏门答剌，也为译作苏门答腊，或三佛驮（《异域志》）者。

《宋史·三佛齐传》中说其王霞迟苏勿吒蒲迷，这显然是苏门答剌国王自己称呼，中国人叫这个地方为三佛齐。三佛齐这个名词，最先见于宋周去非在一一七八年所撰的《岭外代答》卷二"三佛齐"条。赵汝适的《诸蕃志》的"三佛齐"条，及《宋史》的《三佛齐传》之所以用这个名称，大概是从周去非的《岭外代答》而来。因此，三佛齐这个名词之为我国人所采用，可能是始于宋的初年或唐的末年。

上面已经指出在唐的时代，这个岛上的国名之为我国人所认识的是室利佛逝，或是尸利佛誓，故《新唐书》卷二二二下《室利佛逝传》说：

> 室利佛逝，一曰尸利佛誓。

室利佛逝是从梵文 Srivijava 翻译而来。在唐时，也常常简称为佛逝。唐义净《大唐西域求法高僧传》里也常用这两个名词。我们相信，宋以后所说的三佛齐，应该就是室利佛逝的同音，均从 Srivijava 翻译而来。佛齐是佛逝同音，而三是与室利或尸利的声音相近，这也就是《大食人地志》中的 Sribuza 以及 Jawara 或 Zabag。我国人后来也称为浮淋邦或渤淋邦或旧港的。《瀛涯胜览》"旧港"条说：

> 旧港即古名三佛齐国是也。书名曰渤淋邦（Palembang），属爪哇所辖。

明张燮一六一八年所撰的《东西洋考》卷三"旧港"条也说：

> 旧港古三佛齐国也，初名干陀利，又名渤淋。

《明史》卷三二四《三佛齐传》也说：

> 三佛齐古名干陀利，刘宋孝武帝时（四五四至四六四）常遣使奉贡。

《〈明〉史·三佛齐传》说三佛齐古名干陀利，大概是从张燮的《东西洋考》而来。张燮所说的干陀利，在《梁书》卷五四有传，传仅说这个国在南海洲上，其俗与林邑、扶南略同，未明说其在何洲。唐杜佑在其《通典》卷一八八"干陀利"条也说：

> 干陀利国，梁时通焉。在南海洲中。其俗与林邑扶南略同，出班布、古贝、槟榔，特精好为诸国之极。武帝天监中（五〇二至五一九）遣使贡方物。

三佛齐古名为干陀利，未知有何根据，可能是一种误会。冯承钧在其《中国南洋交通史》下编第四章《三佛齐传》注十五中说：

> 明人考证史地类多附会之说，未能必室利佛逝之前，初名干利陀也。考其对音应作 Kandali，梵语犹言芭蕉实，昔日南海似无此国名。

《梁书》及杜佑《通典》均说干陀利在南海洲中，唐以前南海洲中有些国家，到今无法考其所在地，故干陀利之在南海洲中，可无问题。但干陀利是否就是古代的三佛齐，却成问题，因为三佛齐在唐代或唐前是叫做室利佛逝，史书没有说为干陀利。

苏门答剌也曾叫做末罗瑜（Malayu），末罗瑜的异译也作马来由，现在的马来半岛也叫作 Malay Peninsula，但是这两者不能混为一谈。末罗瑜是苏门答剌岛上的一个地方或国名，后来有时也被称为苏门答剌岛的总名。在唐代的初年，这就是六四四年或六四五年，中国已知有这个国名，《册府元龟》卷九百七十云：

> 贞观十八年（六四四年）十二月，摩罗游国各遣使献方物。

这里所说的摩罗游，就是末罗瑜。又《宋史》卷四八九《三佛齐传》指出在建隆二年（九六一）云：

> 其国号生留，王李犀林男迷日来亦遣使同至贡方物。

这里所说的生留，可能是末留之误。末留也就是 Malayu 的对音。又一二八七年波罗般遮（Prapañca）撰《古爪哇赞词》（Magararrtagana）指出是时苏门答腊岛已降为满者伯夷帝国的属地，而总其名为末罗瑜。全岛共有二十四个城，赞词中列举了这二十四个城名之后，又说：

> 如是末罗瑜全国诸属地，皆为满者伯夷帝国藩属。

末罗瑜国，据《爪哇世系》（Pararaton），于一二七五年曾被爪哇虏其二女王。末罗瑜古国就是现在的米南迦保，马来半岛的马来人有的来自这个地方，也是室利佛逝最初的上国。义净西行时始并于室利佛逝之山帝王朝。此王朝亦发祥于末罗瑜，所以苏门答剌全岛会叫做末罗瑜。

室利佛逝或三佛齐，在古代也有称为金洲的。义净《大唐西域求法高僧传·贞固传》说：

> 即以其年（六八九年）十一月一日，附商舶去番禺，占波（Campa）而陵帆，指佛逝以长驱。赞曰：为我良件，共届金洲。

又《道宏传》云：

> 与贞固师同归府下，于是乎毕志南海，共赴金洲。……既至佛逝，敦心律藏，随译随写。

印度的《罗摩延（Lamayana）书》也有金洲（Suvarnadvpa）的记载，有些人以为金洲是指爪哇，也有人以为是在暹罗或缅甸的，但是近来也有一些学者考证，以为金洲应在现今的苏门答剌岛，或以往的三佛齐或室利佛逝。印度《罗摩延书》的编辑时代，不很清楚，异本也多，但是编定本大致是在纪元初年，这也就是说金洲之为人所知道，是在纪元初年或公元前。晋时的法显曾从陆道到印度，回时乃从海道，他在四一四年初海中遇风漂至一国名耶婆提。有人以为耶婆提就是爪哇，但我们以为耶婆提应在苏门答剌，苏门答剌岛是在从中国到印度的海道必经的孔道，所以这个耶婆提是在苏门答剌岛。

应该指出在唐代初叶，或是第七世纪的中叶之前，中国、印度、大食或是西洋方面，关于苏门答剌与爪哇这两个地方的记载，既较为简略，对于这两个地方的认识，也很为浅薄。所以对于这个地方的位置，也可能混为一谈。但就其地位来说，苏门答剌既是中国与南海诸国之于印度与印度以西的国家的海道交通的要冲，苏门答剌与东西各国的接触，应该较为频繁，所以这些国家的史料之涉及苏门答剌的，应该较多。又就其物产方面来说，苏门答剌是产金的地方，所以印度方面以及脱烈美（Jawlemic）之关于金洲的记载，应该是指着苏门答剌而言。所以在名称上，虽然印度《罗摩延书》所说的 Yava 岛，中国《后汉书》所说的叶调，以及法显所说的耶婆提，《梁书·扶南传》中所说的诸薄，大食人所说的 Jawana 或 Zabag，脱烈美《地志》中所说耶婆洲（Iabadisu），都是较近于爪哇的声音，但是上面所指出的各种名称，可能在当时都是指着苏门答剌而言。

可是，在历史上苏门答剌与爪哇的关系，是很为密切，这不只是因为二者在地理上是很接近，在其所出产的物品上，在政治上，在宗教上，以及在文化的其他方面，也有了密切的关系，因而上面所列举的各种名称，也可能是包括了苏门答剌与爪哇两个岛。所以在唐代的初叶或是第七世纪的中叶之前，关于苏门答剌与爪哇的历史，要想严格去分开来说，是比较困难的。

关于苏门答剌的地理，《新唐书》卷二二二下《室利佛逝传》说：

> 室利佛逝一曰尸利佛誓，过军徒弄二千里，地东西千里，南北四千里而远。

军徒弄是现在的 Puls Condore，在越南最南的柬埔寨角之东南。明代史籍叫做昆仑山。贾耽记广州通海夷道叫做军突弄山，大食人所说的 Kurdragn。

苏门答剌岛的最广处约二百五十海里，其长约一千一百海里，故《新唐书》所说东西千里，南北四千里而远，大致是不错的。关于苏门答剌岛的位置，赵汝适《诸蕃志》卷上"三佛齐国"条说：

> 三佛齐间于真腊、阇婆之间。

《宋史》卷四八九《三佛齐传》说：

> 三佛齐国……与占城为邻，居真腊、阇婆之间。

马欢《瀛涯胜览》"旧港"条说：

> 东接爪哇国，西接满剌加国界，南临大山，北临大海。

同书"苏门答剌国"条说：

> 其国无城郭，有一大溪，皆淡水，流出于海，一日二次潮水长落，其海口浪大，船只常有沉没。其国南去有百里数之远，是大深山，北是大海，东亦是大山，至阿鲁国界，正西边大海。

关于三佛齐的气候，《诸蕃志》说："四海之气，多热少寒。"《宋史》说冬无霜雪。《瀛涯胜览》"苏门答剌"条说："其国四时气候不齐，朝热如夏，暮寒如秋，五月七月向亦有瘴气。"其实苏门答剌是处在热带，根本就没有冬天。至于这个岛的物产，印度西洋古代著作记载其产金，故也名金洲。《新唐书》说：

> 有橐它，豹文而犀角，以乘且耕，名曰它牛豹。又有兽类野豕，角如山羊，名曰霎，肉味美以馈膳。

《宋史·三佛齐传》说：

> 其地无麦，有米及青白豆、鸡、鱼、鹅、鸭，颇类中土。有花酒，椰子

酒、槟榔酒、密酒，皆非麹蘖所酝，饮之亦醉。

《瀛涯胜览》"旧港"条说：

> 土产鹤顶鸟、黄速香、降真香、沉香、金银香、黄蜡之类，金银香中国与他国皆不出，其香如银匠级银器黑胶相似，中有一块，似白蜡一般在内，好者白多黑少，低者黑多白少，烧其香，味甚烈，为触人鼻，西番并锁俚人等，甚爱此香。鹤顶鸟大如鸭，毛黑，颈长，嘴尖，其脑盖骨厚寸余，外红里如黄蜡之娇甚可爱，谓之鹤顶，堪作腰刀靶鞘挤机之类。又出一等火鸡，大如仙鹤，圆身簇颈，比鹤颈更长，头上有软红冠，似红帽之状，又有二片生于颈中，嘴尖，浑身毛如羊毛稀长，青色，脚长铁黑，爪甚利害，亦能破人腹，肠出即死，好吃炔炭，遂名火鸡，用棍打碎，莫能死。又山产一等神兽，名曰神鹿，如巨猪，高三尺许，前半截黑，后一段白，花毛纯短可爱，嘴如猪嘴不平，四蹄亦如猪蹄，却有三路，止食草木，不食荤腥。其牛、猪、犬、鸡、鸭，并蔬菜瓜果之类，与爪哇一般皆有。

同书"苏门答刺"条说：

> 山产硫黄，出于岩穴之中，其山不生草木，土石皆焦黄色。田土不广，惟种旱稻，一年二熟，大小二麦皆无，其胡椒倚山居住人家置园种之，藤蔓而生，若中国广东甜菜样，开花黄白色，结椒成实，生则青，老则红，候其半老之时，摘采晒干货卖，其椒粒虚大者，即此处椒也。每官秤一百斤，彼处卖金钱八十，直银一两。果有芭蕉子、甘蔗、莽吉柿、波罗蜜之类。有一等臭果，名赌尔焉（按：为梅莲），如中国水鸡头样，长八九寸，皮生尖刺，熟则五六瓣裂开，若烂牛肉之臭，内有栗子大酥白肉十四五块，甚甜美可食，其中更皆有子，炒而食之，其味如栗。酸橘甚广，四时常有，若洞庭狮柑绿橘样，其味不酸，可以久留不烂。又一等酸子，番名俺拔，如大消梨样，颇长，绿皮，其气香烈，欲食签去其皮，批切外肉而食，酸甜甚美，核如鸡子大，其桃李等果俱无。蔬菜有葱、蒜、姜、芥、东瓜至广，长久不坏。西瓜绿皮红子，有长二三尺者。人家广养黄牛，乳酪多有卖者。羊皆黑毛，并无白者。鸡无劚者，番人不识劚鸡，惟有母鸡。雄鸡大者七斤，略煮便软，其味甚美，绝胜别国之鸡。鸭脚低矮，大有五六斤者。桑树亦有，人家养蚕，不会缲丝，只会做棉。

苏门答刺本岛的物产，固是很为丰富，又因这个岛是交通的要冲，商贾凑集的地方，他处物产之运到这个地方互市的，也很多。赵汝适《诸蕃志》卷上"三佛齐国"条说：

> 土地所产，瑇瑁、脑子、沉速暂香、粗熟香、降真香、丁香、檀香、豆

蔻，外有真珠、乳香、蔷薇水、栀子花、腽肭脐、没药、芦荟、阿魏、木香、苏合油、象牙、珊瑚树、猫儿睛、琥珀、番布番剑等，皆大食诸番所产，萃于本国，番商兴贩，用金、银、瓷器、锦绫、缬绢、糖、铁、酒、米、干良姜、大黄、樟脑等物博易。

又说：

其国在海中，扼诸番舟车往来之咽喉，古用铁縩为限，以备他盗，操纵有机，若商舶至，则纵之。比年宁谧，撤而不用，堆积水次，土人敬之如佛，舶至则祠焉。沃以油则光焰如新，鳄鱼不敢逾为患，若商舶过不入，即出船合战，期以必死，故国之舟辐凑焉。

这说明了三佛齐不只因为地理上占了优势，而且因为有了防守的设备，与强大的海军，使其扼了各国舟车往来的咽喉，因而成为商业的重要地区。

赵汝适的《诸蕃志》是撰于宋理宗宝庆元年（一二二五），在赵汝适之前数十年，周去非在其《岭外代答》（一一七八年撰）卷二"三佛齐"条已指出：

三佛齐国，在南海之中，诸蕃水道之要冲也。东自阇婆诸国，西自大食、故临诸国，无不由其境而入中国者。

《汉书·地理志》已指出中国与东南亚以至印度，或印度以西的国家早已有了海道交通，苏门答剌既是东西海道交通的要冲，我们相信，在汉的时代，这个地方已成为东南亚的商业的重心之一。晋时法显曾到了这个地方，故唐宋以后，以至元明，中国史籍之记载这个地方的很多，在十三世纪的时候，苏门答剌还是南海的一个很大的帝国。

当室利佛逝或三佛齐强盛的时候，不只苏门答剌全岛统一了，而且东边的新陀、爪哇，北边的马来半岛，以致西边的锡兰，都是其属国。这个南海的大帝国，除了因为扼交通的枢纽而成为一个很富的国家，与有了雄大的海陆军，而成为一个很强的国家之外，在文化的好多方面，程度也是很高。以前人们以为在现在的印度尼西亚的疆土中，只有爪哇是一个富强与有高度的文化的看法，是一个错误的看法。其实，在历史上，苏门答剌在经济上，在政治上，以及在文化上其地位，比之爪哇尤为重要。

据《诸蕃志》卷上"三佛齐国"条说：

（三佛齐）累甓为城，周围数十里。

这应当是三佛齐的都城，这也就是浡淋邦。除都城外，据《唐书》说有城十四。都城既累甓为城，其他各城的建筑，可能也是一样而较小耳。关于该国的国王，同处说：

王出入乘船，身缠缦布，盖以绢伞，卫以金镖。其人民散居城外，或作牌水居，铺板覆茅。……国王死，国人削发成服，其侍人各愿殉死，积薪烈焰，跃入其中，名曰同生死。……有百宝金冠，重甚，每大朝会，惟王能冠之，他人莫能胜也。传禅则集诸子以冠授之，能胜之者则嗣。

又说：

国人多姓蒲。

关于刑法《诸蕃志》说：

国法严，犯奸男女，悉置极刑。

关于音乐，据《宋史》卷四八九《三佛齐传》说：

乐有小琴、小鼓，昆仑奴踏曲为乐。

关于佛教，《诸蕃志》说：

有佛名金银山，佛像以金铸，每国王立，先铸金形以代其躯，用金为器皿，供佛甚严。其金像器皿各镌志，示后人勿毁。

其他习俗如：

国人如有病剧，以银如其身之重，施国之穷乏者，亦可缓死，俗号其王为龙精，不敢谷食，惟以沙糊食之，否则岁旱而谷贵，浴以蔷薇露，用水则有巨浸之患。

《宋史·三佛齐传》说：

人用香油涂身。

《诸蕃志》记其传说云：

旧传其国，地面忽裂成穴，出牛数万，成群奔突入山，人竞取食之，后以竹木室其穴，遂绝。

关于室利佛逝的文字，《诸蕃志》说：

国中文字，用番书，以其王指环为印，亦有中国文字，上章表则用焉。

所谓蕃字，可能是指着梵文或古马来文，或是古爪哇（Kwai）文。至于中国文字，大概只是上表于中国始采用耳。

上面不过是把苏门答剌古代的情况，略为叙述，当为一个横的方面的研究。关于古代苏门答剌的史实的各方面如文字、宗教等，我们下面还要加以解释，上面所述的只是一个引言而已。

第六章　早期的历史

苏门答剌的历史应从何时说起，这是一个不易解答的问题，但是《汉书·地理志》既已指出中国与南海以至印度洋或印度洋以西的国家，在汉时海道已经沟通，那么苏门答剌这个地方在这个时候，应当是南海的一个交通冲地，因而这个地方的本身文化如何，虽不得而知，可是，其必受外来文化的影响，是无可疑的。

近来有些历史学者，以为《后汉书》本纪卷六与蛮列传所说的顺帝永建六年（一三二）的日南徼外叶调国，遣使到中国贡献，这个叶调，就是现在的苏门答剌；又有人以为三国时，这就是二四五年到二五〇年的康泰所撰的《扶南土俗记》所说的诸薄国，也就是现在的苏门答剌；又有些人以为公元一世纪或一世纪前的印度《罗摩延书》及二世纪后半的脱烈美的《地志》中所说的耶婆洲（Iabadion），也就是现在的苏门答剌。

《后汉书·南蛮传》说"日南徼外叶调王便遣使贡献"。《东观汉纪》卷三说："叶调王遣使师会诣阙贡献，以师会为归义叶调邑君，赐其君紫绶。"叶调以至康泰的诸薄是否苏门答剌岛，还是一个问题。脱烈美（Ptolemic），印度《罗摩延书》及其他印度著作以为"耶婆洲此云大麦岛，地土饶沃，多产金，都银城，在国之西极"。苏门答剌产金，但并没有产麦，金洲也可能指着这个岛，但耶婆洲是否指这个岛，也是一个问题。

又在四世纪的末年（三九二）迦留陀伽（Kalodaka）译《十二游经》中有说，"海中有二千五百国……第一王名斯梨，土地尽事佛，不事邪众，……第四王名阇都，土地出荜茇胡椒"。又《法显传》说法显于五世纪初年从印度经锡兰于四一四年回国时海中遇风，漂至一国名耶婆提，法显叙述这个国云：

> 其国外道婆罗门兴盛，佛法不足道，停此国五月日，复随他商人大船，……东北行趣广州。

苏门答剌岛的正确的历史记载，最先始于六四四或六四五年初，《册府元龟》卷九百七十云：

> 贞观十八年（六四四）十二月，摩罗游国各遣使献方物。

摩罗游就是后来中国史书所说的末罗瑜，也就是 Malāyu 的对音。这个国家起初是苏门答剌岛的一个国家，据有部分土地，但后来成为统治全岛的名称，而且向外尤其是现在马来半岛发展。马来这个名词，是末罗瑜或摩罗游或 Malayu

而来，所以马来半岛的马来人，也有从苏门答剌岛的摩罗游来的，直到十九世纪，马来半岛的一些国家，还受苏门答剌的末罗瑜册封。

又《旧唐书》卷三：

> 贞观二十一年，……鼻林送……诸国入贡。

冯承钧以为"鼻林送疑为鼻林迸之讹，即后之浡林邦，初见于史书之译名也"。（参看费琅《苏门答剌古国考》页九八译者按语）浡林邦亦称旧港，浡林邦是 Palembang 的对音。《瀛涯胜览》"旧港"条指出旧港即古名三佛齐，番名曰浡淋邦。假使《旧唐书》的鼻林送，就是浡淋邦，那么浡林邦这个国名之见于中国史书，比之三佛齐还早得多了。

室利佛逝这个国名之为我国人所认识的，据我们所知道的史书来说，是在唐代的咸亨年间（六七〇至六七三），从咸亨到开元（六七〇至七四一）的七十余年中，室利佛逝不断的遣使至中国贡献。据《新唐书》卷二二二下《室利佛逝传》说：

> 其王号"曷密多"，咸亨至开元间，数遣使者朝，表为边吏侵掠，有诏广州慰抚。又献侏儒、僧祇女各二及歌舞，官使者为折冲，以其王为左威卫大将军，赐紫袍、金钿带，后遣子入献，诏宴于曲江，宰相会，册封宾义王，授右金吾大将军，还之。

《新唐书》同处还说：

> 有城十四，以二国分总，西曰郎婆露斯。

我们应该指出，《唐书》所说的室利佛逝与六四四或六四五年初年遣使到中国贡献的摩罗游，都是在苏门答剌岛上。而且，据义净《大唐西域高僧传》卷下，义净自己曾到过末罗瑜，据他在"末罗瑜国"下注云：今改为室利佛逝国。义净第一次到室利佛逝是在六七二年，这也就是说末罗瑜之改为室利佛逝当在他到该国之前。为什么末罗瑜改为室利佛逝？不得而知，但义净既说末罗瑜改为室利佛逝，则二者同在苏门答剌岛，或是同在一个地方，是无可疑的，然而我们也得指出《高僧传》说：

> 未隔二旬，果之佛逝，经停六月，渐学声明，王赠支持，送往末维瑜国（原注云：今改为室利佛逝）。

义净《高僧传》，无行禅师到室利佛逝国，"国王见从大唐天子处来，倍加钦上，后乘王舶经十五日达末罗游洲"，则室利佛逝与末罗游为二个地方，而相离又相当远了。

这样看起来，末罗瑜与室利佛逝，本是二个国，义净到室利佛逝，其王送往末罗瑜，在义净到达时，改为室利佛逝，从义净的语气来看，好像是末罗瑜被室利佛逝所灭而始改为室利佛逝。至少我们可以说：二者本来是二个国，所以他到了佛逝停留六个月后，又到末罗瑜。末罗瑜改为室利佛逝，必定是因为前者被后者所并吞，否则不会把自己的国名改为他国的国名。

假使末罗瑜既因被室利佛逝所兼并而改为室利佛逝，《新唐书·室利佛逝传》所说的室利佛逝分为二国，不会指着室利佛逝与末罗瑜。因为《室利佛逝传》中明明指出二国分总十四个城，其西边的国名是叫做郎婆露斯，所以这里所说的二国分总的二国，应该是指着室利佛逝与郎婆露斯，前者在苏门答剌岛的东边，后者在这个岛的西边，故说西曰郎婆露斯。

应该指出，室利佛逝是在苏门答剌岛上，是没有问题，但是这里所说的郎婆露斯，是不是在苏门答剌岛上，抑或在苏门答剌岛之西的别一个岛或洲上，却是一个问题。冯承钧在其《中国南洋交通史》页一六九注三中说：

> 郎婆露斯，伯希和《交广印度两道考》（页一二一至一二三）采加尔因（Kern）之说，考订为苏门答剌西岸之 Baras，亦即《大食人舆记》中之 Bārūs，义净之婆鲁斯洲，然于郎字既未考其对音，亦未断其衍文，余以为此郎婆露斯殆别有所指。考《大食人舆记》中有 Langabālūs 以名 Nicobaa 群岛，即唐代载籍中之裸人国，明代载籍中之翠蓝屿，疑即此郎婆露斯之对音。二国分总，犹言室利佛逝分为二洲，西洲为裸人国，东洲为苏门答剌。《诸蕃志》属国十五无此名名，疑视其为本国也。突厥人（Sidi Ali Celebi）（1554）行纪名此岛曰 Nagabārā，印度（Tanjore）城一〇三〇年所建 Tamil 语文碑，名此岛曰 Nakkavaram，应是此突厥语名之所本。

义净的婆鲁斯洲，是苏门答剌西岸的 Baros，应无问题，《新唐书》的郎婆露斯，是不是义净的婆鲁斯，却是一个疑问。郎字也可能是衍文，但冯承钧所说的郎婆露斯是 Langabālūs 的对音，也值得我们注意，所以我们也把他这段语录在上边，做为参考。但是我们若就《新唐书·室利佛逝传》的全文来看，我们觉得郎婆露斯，应该是在苏门答剌岛上，因为传中说室利佛逝"地东西千里，南北四千里而远"，似是苏门答剌岛的四至，也只能说是指着这个岛而言，下面紧接着说"有城十四，以二国分总，西曰郎婆露斯"，应该是指着这个岛上的十四城。所谓二国分总，也应指在这个岛上，若说其属国十五，也包括在内，那么不只有十四城，因为十五个属国的城，加上苏门答剌岛的城，以一国一城来说，也至少有十六城，而非十四城。而且，若是包括属国也在内，那么这个国家，东西既不止千里，南北也不止四千里，因为其属国的疆域，比之苏门答剌岛还大得多。此外，还应指出，《诸蕃志》所说的属国十五，是在三佛齐强盛的时代，《诸蕃志》撰于一二二五年，《新唐书》所说的是七世纪至八世纪的史实。七、八世纪的室利佛逝，不见得已有这么多的属国。假使我们这种看法是不错，那么郎婆露斯应该是在苏门答剌岛上的西岸，这个郎婆露斯似应也就是《高僧传》中的婆鲁师国。《高僧传》说：

>有新罗僧二人，……泛舶至室利佛逝国西婆鲁师国。

这等于说新罗僧二人，是乘船到室利佛逝国之西的婆鲁斯国。室利佛逝分为二国，《新唐书》说西曰郎婆露斯，传中没有说东为何国，这是因为东边就叫做室利佛逝。其西边的郎婆露斯，二国分总而治十四城之一国，则郎婆露斯在当时是一个重要地方，是无可疑的。同时，我们相信，这个地方的文化，也必很高，而其佛法，也必昌明。新罗僧二人到室利佛逝而西的婆鲁师，应就是《新唐书》的郎婆露斯，是婆鲁师的同音异译，因而《新唐书》所说的郎婆露斯的郎字，可能是衍文。

《新唐书·室利佛逝传》所说关于这个国家的史实，比较简单，《唐会要》，尤其是《册府元龟》有一些关于室利佛逝的记载，可以补充《新唐书》。《新唐书》以为其王号曷密多，在咸亨开元年间，曾数遣使贡献。应该指出，这位国王的遣使是在咸亨年间（六七〇—六七三）以至开元的初年，不会至开元的末年，因为从咸亨到开元的末年，共七十一年，这位曷密多不会在位有七十一年之久。室利佛逝国曾上表诉为边吏侵掠，有诏广州慰抚，《新唐书》没有指出是在那一年，大概是在咸亨至宏道年间（六七〇至六八三）或是武后执政（六九〇）之初年。《唐会要》卷一百说：

>证圣元年（六九五）九月初五，诏给尸利佛誓等国使臣禀粮。

《册府元龟》卷九百七十云：

>长安元年腊月（七〇二年初），佛誓遣使贡献。

又卷九百七十一云：

>开元四年（七一六年），佛誓遣使贡献。

上面三条，都没有见于《新唐书》，至于《新唐书》说又献侏儒、僧祇女各二及歌舞，《册府元龟》卷九百七十一中说：

>开元十二年（七二四）七月，尸利佛誓国王遣使臣俱摩罗（Kumārā）献侏儒二人，僧祇一人，乐人，五色鹦鹉，官摩罗为折冲，赐绢百匹遣归。

又卷九百七十五云：

>同年八月，以其王尸利陁罗拔摩（Crindravarman）为左威卫大将军。

从此，我们可以明白，《新唐书》所说侏儒、僧祇，是在开元十二年。同时，我们知道其所遣的使者，是名俱摩罗，而其王是尸利陁罗拔摩。而且，这使者是由这位国王所遣派的。又卷九百七十一中说：

>开元十六年（七二八年），佛誓王又献鹦鹉。

这里所说的献鹦鹉的国王，应该仍是尸利陁罗拔摩。他在七二四年贡献了五色鹦鹉，七二八年又献鹦鹉，鹦鹉似为室利佛逝的土产，中国皇帝对于这种鹦鹉，似也喜欢，所以再献，但在《新唐书》《诸蕃志》《宋史》《瀛涯胜览》《明史》，所列举的各种土产中，并没有鹦鹉。

《册府元龟》卷九百七十一云：

> 开元二十九年腊月（七四二年初），佛逝王遣子贡献。

又卷九百六十五中说：

> 开元二十九年，册封佛誓王刘滕为宾义王，授左金吾卫大将军。

七四二年，遣子贡献的佛誓国王，就是刘滕，刘滕是中国化的名字，不知是否因声音相近。而译为刘滕，抑或是因其国王仰慕中国文化而采用中国名字，但是以前诸王只遣使贡献，而刘滕却遣其子到中国贡献，其对于中国的尊敬，可以想见。

从《新唐书》与《册府元龟》的记载来看，我们知道，从咸亨到开元间的七十余年，室利佛逝有了三位国王，一为《新唐书·室利佛逝传》中所说的曷密多。上面已指出，他在位的时间大概是在咸亨年间至武后执政之前或初年。证圣元年诏给尸利佛誓等国使臣禀粮，可能他还在位。他死后以至尸利陁罗拔摩就位，中间是否还有国王，不得而知，可能曷密多的承继者就是尸利陁罗拔摩，这位国王七二八年还遣使贡献鹦鹉，而七四二年遣子贡献的刘滕，是承继了尸利陁罗拔摩，似是没有问题的。

此外，从这些片断的记载中，我们知道在七十余年中，室利佛逝是不断的遣使贡献，室利佛逝所贡献的东西应当是这个国家的特产。此外，又贡献乐人，说明室利佛逝的音乐，也传入中国。在中国方面，除了封其国王与使者之外，还给与中国的特产，这就是丝绢，此外，中国又给其使臣禀粮。

室利佛逝的使者，频来中国，不只说明室利佛逝与中国的友好关系，而且说明室利佛逝与中国之间的贸易很为发达，因为在历史上，海外诸国之到中国贡献者，多贪中国的财物，而且往往把其特产来换中国的物品。《新唐书》说，室利佛逝使者来朝为边吏侵掠，大概就是指着所带来的物品。

值得注意的是，据《新唐书·室利佛逝传》说室利佛逝自高宗咸亨至玄宗天宝元年（七四二），室利佛逝的使者不断到中国来，但是自天宝元年以后以至唐代末年，关于室利佛逝遣使到中国贡献的记载，我们很难找出来。宋赵汝适所撰的《诸蕃志》卷上"三佛齐"条说：

> 其国自唐天祐（九〇四至九〇七），始通中国。

《宋史》卷四百八十九《三佛齐传》说：

> 其国……唐天祐元年（九〇四）贡物。

我们在上面已经指出，三佛齐与室利佛逝都是 Srimijaya 的同名异译，赵汝适可能没有看到这一点，他所听到当时的中国人译这个国名为三佛齐，因而以为这个国家之与中国交通，是在唐天祐年间。撰《宋史》的人，只说唐天祐元年贡物，而没有说是在这一年始通中国，可能是因为撰《宋史》的人已发现三佛齐就是以往所说的室利佛逝。

唐朝亡于天祐四年（九〇七年），从玄宗天宝元年（七四二）至天祐元年有了一百六十三年久，我们很难找出室利佛逝或三佛齐遣使到中国的记载，不知是否由于这个国家内部发生了变化，所以没有遣使贡献，否则遣使贡献，是不应中断的，因为七四二年其王刘滕曾派其子到中国来，就使刘滕不久死了，曾来过中国的太子，继承王位，也不会与中国断绝关系的。

但是自唐天祐元年（九〇四）以后，宋的末季，三佛齐又不断遣使贡献。《宋史》卷四八九《三佛齐传》说得很为详细。今录之于后：

> 唐天祐元年贡物，授其使都蕃长蒲诃栗立宁远将军。建隆元年（九六〇）九月，其王悉利胡大霞里檀（Seri Kuda Haridona）遣使李遮帝来朝贡。二年（九六一）夏，又遣使蒲蔑贡方物。是冬，其王室利乌耶（Sri Wuja）遣使茶耶伽、副使嘉末吒朝贡。其国号生留（冯承钧疑为末留或罗游之误），王李犀林男迷日来亦遣使同至贡方物。三年（九六二）春，室利乌耶又遣使李丽林、副使李鸦末、判官吒吒壁等来贡，回，赐以白牦牛尾、白磁器、银器、锦线鞍辔二副。开宝四年（九七一），遣使李何末以水晶、火油来贡。五年（九七二）又来贡。七年（九七四）又贡象牙、乳香、蔷薇水、万岁枣、褊桃、白沙糖、水晶指环、琉璃瓶、珊瑚树。八年（九七五）又遣使蒲陁汉等贡方物，赐以冠带、器币。太平兴国五年（九八〇），其王夏池（Haji）遣使茶龙眉来，是年，潮州言，三佛齐国蕃商李甫诲乘舶船载香药、犀角、象牙至海口，会风势不便，飘船六十日至潮州，其香药悉送广州。八年（九八三）其王遐至（Haji）遣使蒲押陁罗来贡水晶佛、锦布、犀牙、香药。

《宋史》卷四百九十《天竺传》载了一段与三佛齐有关的史实，录之下面：

> 太平兴国八年（九八三），僧法遇自天竺取经回，至三佛齐，遇天竺僧弥摩罗失黎（Vimalacri）语不多命，附表愿至中国译经，上优诏召之。法遇后募缘制龙宝盖袈裟，将复往天竺，表乞给所经诸国敕书，遂赐三佛齐国王遐至（Haji）、葛古罗（马来半岛西岸）国主司马佶芒、柯兰（费琅按：即大食人之 Kulam 今之 Quilon）国主赞怛罗（Candra）、西天王子谟驮仙（Mundrasena）书以遣之。

在中国历史上，外国国王之遣使到中国贡献，虽然在名义上，或是我国撰述历史的人们总以为是羡慕中国的威德,然事实上,多是为博取中国的财物,这就是以其本国的土产,而换得中国的珍品。他们得了这些珍品或为自用,或为换取他国的货品,所以不只国王时时遣使表献,商人有时也贡献物品,例如,《宋史》四八九《三佛齐传》说:

> 雍熙二年(九八五),舶主金花茶以方物来献。

所谓舶主,也就是商人。

《宋史·三佛齐传》又说:

> 端拱元年(九八八),遣使蒲押陀黎贡方物。淳化三年(九九二)冬,广州上言:"蒲押陀黎前年自京回,闻本国为阇婆所侵,住南海凡一年,今春乘舶至占城,偶风信不利,复还,乞降诏谕本国。"从之。
>
> 咸平六年(一〇〇三)其王思离朱啰无尼佛麻调华(Sriculamanivarmdeva)遣使李加排、副使无陁李南悲来贡,且言本国建佛寺以祝圣寿,愿赐名及钟,上嘉其意,诏以承天万寿为寺额,并铸钟以赐,授加排归德将军,无陁李南悲怀化将军。大中祥符元年(一〇〇八),其王思离麻啰皮(Srimaravijayottungavarman)遣使李眉地、副使蒲婆蓝、判官麻河勿来贡,许赴泰山陪位于朝觐坛,遣赐甚厚。天禧元年(一〇一七),其王霞迟苏勿吒蒲迷(Haji Sunutabhaumi)遣使蒲谋西等奉金字表,贡真珠,象牙,梵夹经,昆仑奴,诏许谒会灵观,游太清寺、金明池。及还,赐其国诏书、礼物以慰奖之。
>
> 天圣六年(一〇二八)八月,其王室离叠华(Srideva)遣使蒲押陀罗歇及副使、判官亚加卢等来贡方物。旧制远国使人贡,赐以间金涂银带,时特以浑金带赐之。
>
> 熙宁十年(一〇七七)使大首领地华伽啰(Devarala)来,以为保顺慕化大将军。

这一次的使者,宋朝皇帝还"赐诏宠之曰":

> 吾以声教覆露方域,不限远迩,苟知夫忠义而来者,莫不赐之华爵,耀以美名,以宠异其国。尔悦慕皇化,浮海贡琛,吾用汝嘉,并超等秩,以昭忠义之劝。

《宋史》又说:

> 元丰中(一〇七八至一〇八五),使至者再,率以白金,真珠,婆律薰陆香备方物。广州受表入言,俟报,乃护至阙下。天子念其道里遥远,每优赐遣归。二年(一〇七九),赐钱六万四千缗、银一万五百两,官其使群陀毕罗为宁远将军,官陀旁亚里为保顺郎将。毕罗乞买金带、白金器物,及僧紫衣、师号、牒,皆如所请给之。三年(一〇八〇),广州南蕃纲首以其主

管国事国王之女唐字书，寄龙脑及布与提举市舶孙迴，迴不敢受，言于朝。诏令估值输之官，悉市帛以报。

五年（一〇八二），遣使皮袜，副使胡仙，判官地华加罗来，入见，以金莲花贮真珠、龙脑撒殿。官皮袜为怀远将军，胡仙伽罗为郎将。加罗还至雍丘病死，赙以绢五十匹。六年（一〇八三），又以其使萨打华满为将军，副使罗悉沙文、判官悉理沙文为郎将。绍圣中（一〇九四至一〇九七），再入贡。

绍兴二十六年（一一五六），其王悉利麻啰陀（Srimaharaja）遣使入贡，帝曰：远人向化，嘉其诚耳，非利平方物也。其王复以珠献宰臣秦桧，时桧已死，诏偿其直而收之。淳熙五年（一一七八）复遣使贡方物，诏免赴阙，馆于泉州。

第七章　唐代的佛逝

自唐高宗咸亨年间（六七〇至六七三）至玄宗开元（七一三至七四一）末年的七十余年中，室利佛逝的使者虽然不断的到中国贡献，但是中国朝廷的使者之到室利佛逝者，我们在史书还没有找出来，然而这并不是说中国没有人到这个国家，相反的，中国商人与僧人之到这个地方是很多的。

唐代与南海的海上交通，比之前代尤为发展。在这个时代里，不只东南亚的各国商人之到中国的很多，就是印度而尤其是阿拉伯人之到中国的也很多。中国因为从海道来的商舶很多，所以设了市舶司以监督对外贸易。在黄巢的时候，据说从海道而到广州住的外国人有二十万，外国人之到中国的既很多，中国人之到南海印度洋以至红海的也必不少。杜佑在其《通典》里引杜环《经行记》载中国工匠有远至大食者。室利佛逝在南海扼交通的咽喉，不只中国商人之到南海者多到其地，就是中国商人到印度阿拉伯者也必多经其地。室利佛逝时时遣使到中国贡献其特产，目的也是希望得到中国的珍品，中国商人也必定用这个机会运输货物到室利佛逝，而且，很可能的还有一些商人居留在这个国家。

一一五四年伊德里西（Edrisi）所撰的《行履诸国消闲录》（一八三六年Amédèe Jaubert法文译本改名《伊德里西地志》，冯译费琅《苏门答剌古国考》页四五），载有下面一段话：

> 阇婆格群岛居民载大小舟至僧祇国（按：即非洲东岸的 Guardafui 角南地）贸易，两地之人，互解语言。……阇婆格群岛之中有岛，名室利佛逝，传闻周围一千二百海里，地产珍珠及诸香料，商人常赴其地。……中国设有内乱，或其民为虐政所苦，而印度之乱亦烈，华人则改赴阇婆格岛，及其所属诸岛贸易，因其土人公平善良，风俗醇朴，故宾至如归，此岛人民甚众，外人荏此者亦多。

这种记载虽是在十二世纪，这就是我国宋代，但是室利佛逝的物产既富，土人公平善良，在唐代中国商人之到这个地方的可能也不少。而且值得注意的，是佛逝的船舶到了非洲的东岸，此外又如一〇〇〇年哇西夫沙（Ibrāhīm bin wasif-sāh）辑《印度珍异记》节本中说：

> 阇婆格附有岛，中有一山，名曰火山，日中出烟，夜中喷火，无人能近。阇婆格诸岛，为一极大岛，人民众多，收获丰饶。传闻中国人民如被外侵内乱之祸，即相率来掠，阇婆格国中一岛，群岛诸城，受害皆同。……阇

婆格岛屿众多，中有一岛名曰室利佛逝，方四百程，有产物香料。……摩诃罗阇岛，……甚丰沃。据诚实可信之商人言，树间鸡鸣，声闻百程，缘其垦地相连，村聚相接，无荒地沙碛阻隔，游人旅此，不赍资粮，随处可止。

其实，这种情形，在八五一年大食商人苏莱曼的《印度中国行记》（九一六年宰德注译）中已有纪录：

摩诃罗阇统治诸岛所住之岛，土地丰沃，闾阎相接。传闻其国村落相连，中无荒原，沙碛鸡鸣之声，远及百程以外，步行骑行之人，随意停留。

又说：

余所闻阇婆之异闻有云：昔有一王号摩诃罗阇，王宫之前有一池泽，与海相通。海涨潮入，潮退水甘，泽中有一小池，与宫相连，每晨宫人令以一金砖献王，难估其价，复于王前掷砖于池，池中积砖不知其数，潮水覆之，潮退砖见，王坐池上大殿观之，此风至今未改。王在世日，日掷一砖。王死，嗣王尽取池砖，计数熔之，分俵王族，男女妇孺、大将，宫内奴婢视其位号各有等差，所余之金散给穷民。俵散已毕，记其数量曰，某时某王在位若干年，死时王池有金若干，已分赐诸王大官讫云云。国人以王在位之久，数金之多，引为荣幸。

这个国家这么富有，治安又这么好，中国及外国商人之到这里经商或居留的，当是不会少的。

但是据史籍的记载，在唐代中国人之到室利佛逝者很多是僧人，他们到过室利佛逝次数很多，而对于这个国家及南海诸国记载得较为详细，要算义净，在其所撰的《大唐西域求法高僧传》下中说：

于时咸亨二年（六七一）坐夏杨府，初秋忽遇龚州使君冯孝铨，随至广府，与波斯舶主期会南行。……至十一月遂乃面翼轸，背番禺，指鹿园而遐想，望鸡峰而太息。于时广莫初飙，向朱方而百丈相挂，离箕创节，弃玄朔而五两单飞。长截洪溟，似山之涛横海，斜通巨壑，如云之浪滔天，未隔两旬，果之佛逝，经停六月，渐学声明，王赠支持，送往末罗瑜国（原注云：今改为室利佛逝也）。复停两月，转向羯荼，至十二月举帆还乘王舶，渐向东天矣。……十载求经，方始旋踵，言归还耽摩立底。未至之间，遭大劫贼，仅免割刃之祸，得存朝夕之命。于此升舶，过羯荼国。所得梵本三藏五十万余颂，唐译可成千卷，攇居佛逝矣。

又《大唐西域求法高僧传》卷下《贞固传》中也有关于义净在佛逝的记载：

净于佛逝江口升舶，附书凭信广州，见求墨纸，抄写梵经，并雇手直。于时商人风便，举帆高张，遂被载来，求住无路，是知业能装饰，非人所图,遂以永昌元年(六八九)七月二十日达于广府。……所将三藏五十余万颂,并在佛逝国,事须覆往……谁能共往收取?随译随受,须得其人。众佥告曰:"去斯不远,有僧贞固……斯为善伴。"……广府法俗,悉赠资粮,即以其年十一月一日附商舶,去番禺,望占波而凌帆,指佛逝以长驱。

又义净在其《南海寄归内法传》卷一记南海诸洲中也说及室利佛逝云:

> 从西数之有婆鲁师洲,末罗游洲,即今尸利佛逝国是,莫诃信洲、诃陵洲、呾呾洲、盆盆洲、婆里洲、掘伦洲、佛逝补罗洲、阿善洲、末迦漫洲,又有小洲,不能具录也。

又说:

> 斯乃咸遵佛法,多是小乘,唯末罗游少有大乘耳。

义净的《大唐西域求法高僧传》与《南海寄归内法传》二书,是成于六八九至六九二年间。根据这二本书,义净之到室利佛逝共有三次,第一次是在六七二年,他这一次在这个地方住了六个月,又在末罗游停了二个月。第二次住室利佛逝是从六八五年至六八九年,共为四年。第三次是在六八九年回广州后,同年又与贞固到室利佛逝,这一次有了约六年之久。因为他于六九五年夏始返到洛阳,合共三次在佛逝约有十年以上。他在室利佛逝住了那么久,对于这个地方的情况,必定很为熟悉,很可惜的,是他没有专书记载这个国家的情况,但是除了他自己在其著作中,略述其到室利佛逝之外,他对于当时一些僧人之到这个地方,也有简略的叙述。我们现在且把《高僧传》中所说及者录之于后:

(一) 有新罗僧二人,莫知其讳,发自长安,远之南海,泛舶至室利佛逝国,西婆鲁斯国,遇疾俱亡。

(二) 常愍禅师者,并州人也。附舶南征,往诃陵国,从此附舶往末罗瑜国,复从此国欲诣中天,然所附商舶,载物既重,解缆未远,忽起沧波,不经半日,遂便沉没,当没之时,商人争上小舶、互相战斗。其舶主既有信心,高声唱言,师来上船。常愍曰,可载余人,我不去也,所以然者若轻生为物,顺菩提心,亡己济人,斯大士行。于是合掌西方,称弥陀佛,念念之顷,船沉身没,声尽而终,春秋五十余矣。有弟子一人,不知何许人也,号咷悲泣,亦念西方,与之俱没。

(三) 运期师者,交州人也。与云润同游,仗智贤受具。旋回南海,十有余年,善昆仑音,颇知梵语,后便归俗,住室利佛逝国,于今现在……年可四十矣。

(四) 彼岸法师、智岸法师,并是高昌人也。少长京师,传灯在念。既而归胜理,遂乃观化中天,与使人王玄廓(或为策之误)相随,泛舶海中,遇疾俱卒。所得经论，咸在室利佛逝国矣。

（五）善行师者，晋州人，净之门徒也，随至室利佛逝，有怀中土，既染涧疾，返棹而归，年四十许。

（六）智弘律师者，洛阳人，即聘西域大使王玄策之侄也。与无行禅师同至合浦，升舶长泛沧溟，风便不通，漂居上景。覆向交州，住经一夏，既至冬末，复往海滨神湾，随舶南游，到室利佛逝国。自余经历，具在无行禅师传内，后闻与琳公为伴，不知今在何所。

（七）无行禅师者，荆州江陵人也。梵名般若提婆（原注：唐云慧天），与智弘为伴，东风泛舶，一月到室利佛逝国。国王见从大唐天子处来，倍加钦上，后乘王舶，经十五日，达末罗瑜洲。……义净见时，春秋五十有六。

（八）大津师者，澧洲人也。永淳二年（六八三）振锡南海，爰衫结旅，颇有多人，及其角立，唯斯一进。乃赍经像与唐使相逐，泛舶月余，达尸利佛誓洲。停斯多载，解昆仑语，颇习梵书。净于此见，遂遣归唐，望请天恩，于西方建寺。遂以天授三年（六九二）五月十五日附舶而向长安，附新译《杂经论》十卷，《南海寄归内法传》四卷，《西域求法高僧传》两卷。

（九）贞固律师者，郑地荥川人也。梵名娑罗笈多（原注：译为贞固），永昌元年（六八九）义净因风便还至广州，所赍梵本，尽在佛逝，觅伴共往收取，得固偕行。是年十一月一日，同附商舶，共之佛逝，后与义净同返广府。

（十）贞固弟子一人，俗姓孟名怀业，梵号僧伽提婆，随其师共至佛逝，解骨仑语，颇学梵书。后恋居佛逝，不返番禺。

（十一）道宏者，梵名佛陀提婆（原注：唐云觉天），汴州雍丘人也。俗姓靳，与义净，贞固共至佛逝，同返广府。

（十二）法朗者，梵名达摩提婆（原注：唐云法天），襄州襄阳人也。随义净同越沧海，经余一月屈手佛逝，学经三载，梵汉渐通，往诃陵国，在彼经夏，遇疾而卒。

上面抄录十二条，连义净自己，十三条，共有十五人，在义净的《大唐求法高僧传》中，记载僧人之西行求法者共六十人，取海道者过半数，而到室利佛逝的又有十五人，说明到室利佛逝者之多。此外，在《宋高僧传》卷二十九中载有《慧日传》云：

慧日俗姓辛氏，东莱人也。……遇义净三藏，……心恒美慕，遂誓游西域。始者泛舶渡海，自经三载，东南海中诸国昆仑、佛誓、师子洲等，经过略遍，乃达天竺。……在外总一十八年，方还长安。

又《宋高僧传》卷一，还载有一位南印度僧人，经佛逝而到中国的。据传云：

> 跋日罗菩提，此云金刚智，南印度摩赖耶（Malaya）国人也。曾游师子国，登楞加山，泛海东行，历佛誓、裸人等二十余国。开元七年（七一九）达于广州，开元二十年（七三二）卒于洛阳，寿七十一。

我们从上面一些记载中，也可以知道唐代的室利佛逝的情况。

我们先要指出照上面所说唐代僧人之到室利佛逝，为数虽很多，但是这些僧人，差不多都是与义净同时的人们。义净所记的是六九二年以前到这个地方的僧人，我们相信，此后到这个国家的僧人，必定很多。《宋高僧》所记载的，恐怕也不完全。

第二，义净第一次到室利佛逝停了六个月，渐学声明。所谓声明者，就是梵文文法，义净不到印度学梵文，而在佛逝学梵文，说明当时的佛逝梵文必很流行。而且，义净先后在这个地方住了十多年，搜集与钞写经籍，其他好多僧人也在这个地方学习梵文，研究佛法，说明当时的佛逝，佛教很为发达。据说佛逝的僧人有千人以上，勤学好施，与印度一样，都说明佛逝的印度化是很深。国王对于佛教，也热心提倡，所以义净到该国时，不只赠与支持，而且给乘王舶，又如无行禅师到了该国，国王也同样厚待，所以佛逝在当时不只做为一个到印度求佛法的必经与预习梵文的地方，而且是求佛法的一个目的地。此外，又从义净的记载中，我们知道室利佛逝的佛教，主要是小乘佛教，只有在末罗游，有些大乘。

第三，从义净的著作里，我们可以看出来室利佛逝，不只是当时的南海的高度印度化的国家，而且是南海与印度与中国的交通枢纽。佛逝不只握了海上交通的咽喉，而且自己有了好多船舶，在海上行驶。义净是乘王舶向东天，无行也是乘王舶到其他地方。室利佛逝有了好多船舶在海上行驶，说明其造船工业，必很发达。同时，也说明其商业必很发达，室利佛逝本国就有了许多物品运销外国，而"大食诸蕃所产"，又"萃于本国"，说明这个国家是一个很为富裕的国家。总而言之，佛逝在唐代，不只有了高度的上层文化，而且有了高度的物质文化。

正是因为室利佛逝有了高度的上层文化，与高度的物质文化，外国人之到或留在这个地方的是很多。好多阿拉伯人来中国，并在中国居住，他们往来必经过佛逝，我们相信其居留在佛逝的，也必定很多。事实上，连一些中国僧人也留恋了这个地方，而永久住下去，不愿回国。贞固的弟子怀业与贞固同到佛逝"后恋居佛逝，不返番禺"。运期到了南海十余年，后便还俗，住室利佛逝国，可能是羡慕于该国的风俗习惯了。

第四，唐代的室利佛逝，不只是外来的高度文化的一个代表者，而且是学习南海诸国的语言的一个中心地方，所以中国僧人之到南海者，多在这个地方学习当地的语言。据义净《高僧传》，运期、大津与贞固都在这里学习昆仑语或骨仑语，昆仑这个名词，在中国史籍中最先见于《晋书》，卷三二《孝武文李太后传》记载：

> 后为宫人，在织坊中，形长而色黑，宫人皆谓之昆仑。

李太后是不是昆仑人，不得而知，但是宫人谓她为昆仑，说明这个名词在晋时已很流行，所以宫人也采用了。义净在其《南海寄归内法传》卷一中也说：

> 良为掘伦，初至交广，遂使总唤昆仑国焉。

《旧唐书》卷一九七《林邑传》后云：

> 自林邑以南，卷发黑身，通称昆仑。

这样看起来昆仑是指着林邑以南的一般卷发黑身的人们，是指着南海好多地方或国家的人民，不一定是指着室利佛逝而言，但是中国僧人既可以在这个地方学习昆仑语，说明昆仑语不只是在南海的其他好多地方很为流行，在室利佛逝也是很为流行，而且很可能的在室利佛逝的昆仑语是比较标准的昆仑语，所以他们都在这里学习。这种昆仑语据一些历史家的考证，可能是古代的爪哇语或是Kowi语，虽然发源于爪哇，但是在唐代是很流行在苏门答剌及南海其他各处，但也很可能的这种昆仑语，是猛族的语言。

第八章 三佛齐时代

室利佛逝在唐代不只在上层文化或物质文化上，达到高度，在武力上也很为强盛。《诸蕃志》"三佛齐国"条说："不输租赋，习水陆战，有所征伐，随时调发，立酋长率领，皆备自兵器粮粮，临敌敢死，伯于诸国。"克伦（H. Kern）撰的 *Verspreide Geschriften* 第七册（荷文）曾载苏门答剌东南的彭家（Banka）岛的戈塔迦埠（Kotakapur）之古罗马来文碑铭云：

塞迦（Çaka）纪元满六〇八年（公元六八六年）吠舍佉（Vaiçākha）月明亮十五日之第一日，镌此咒词，是时也，阇婆不认室利佛逝上邦之权，室利佛逝遣军征之。

这个碑铭，说明室利佛逝是一个强大的国家，邻国之承认其为上邦者不少，阇婆不承认室利佛逝为上邦，所以后者乃遣军征伐，很可能的是在此之前，阇婆或爪哇曾承认过室利佛逝上邦之权，后来反叛了，所以室利佛逝才遣兵征伐。

又在爪哇中部瑜加羯多（Yogyakarta）地方附近的迦罗珊（Kalosan）村中，所找得的七七九年的梵文碑铭上说：

在庄严山帝（Çailendra）王朝的兴盛的王国中，山帝王朝国王的咎卢（Guru）建一多罗（Tārā）祠。

又说：

塞迦纪元满七世纪时（塞迦七〇一年即公元七七九年）摩诃罗阇（此言大王）（Mahārāja）为尊敬咎卢，建此多罗祠。

又说：

以迦罗珊村施此僧众，此地绅耆盘固（Pankun）、多宛（Tanon）、帝力卜（Tirip）咸为证人。

又说：

师子王施与僧众此种无比土封，将来山帝种诸王，必维护之。（参看克洛田撰《爪哇史》中苏门答剌统治时代，费琅转引于其《苏门答剌古国考》。）

室利佛逝除了在东边征伐爪哇外，在北边又征服马来半岛的好多国家，在马来半岛东岸的万仑（Bondon）湾南的便沙（Vien Sa）地方，曾找到七七五年梵文碑铭（戈代司撰《室利佛逝国》一文与费琅在《苏门答剌古国考》页三〇中皆引）云：

> 室利佛逝胜王，其位为诸邻王之光所温暖，为梵天所创造。室利佛逝之君王，为全土诸王唯一无上君王，建此三座美丽砖寺，以居莲花手，伏魔者，金刚手。……复次国王诏国师阇衍多（Jayanta）曰，造三塔，彼乃建之。……（阇衍多）死，其弟子阿地木帝（Adhimukti）上座，复于三寺之侧起二砖寺。……塞迦纪元满六九七年（七七五年）摩陀婆月明亮十五日之第十一日，如诸天之王，尊于诸人王之王，注意三界，于此建……塔。……此诸王之王 Rajadhiraja 以其如日之光明，散其敌军之阴暗，其美如无眚之秋月，为山帝种之首领，名室利摩诃罗阇（Çrsiomāhārāja）。

万仑原为真腊属地，其土人操柬埔寨语言，八世纪的下半叶的室利佛逝，既威服这个地方，那么在万仑之南的马来半岛的好多国家，必为室利佛逝所威服，是没有什么问题的。又室利佛逝既占领了万仑，可能这个属地是与真腊的领土接壤。

据大食商人苏莱曼（Sulaymān）八五一年所撰的《印度中国行记》（九一六年宰德 Abū Zazd Hasan 注译，费琅法文译本，一九二二）中曾载室利佛逝征伐真腊一段云：

> 相传吉篾昔有一王，幼年践位，举动操切。王宫下临河流，其河类似伊罗俱（Irak）梯格利（Tigre）江，自宫达海，水行一日。某日王与大臣对言，王以摩诃阇国势兴盛，人民岛屿众多，告其大臣曰："余有一愿，极愿满足。"大臣问王，王曰："余欲以阇婆格王摩诃罗阇之首，盛之盘中，置之座前。"大臣知王妒心所致，乃谏王曰："两国言行，从未相仇，其国远隔，既无侵略之心，望王勿生此愿，并盼此语不为人所知。"王悫，不从大臣之言，遍以此语告语大将、大官。众口传说，遂为摩诃罗阇所闻。此王年事正富，经验亦多，勇毅有为，闻知此事，告大臣曰："此疯人年幼无知，妄发此愿，未便姑息，自取耻辱，必有以报。"且嘱大臣，守其秘密。乃备千舶，组织舰队，实以士械，扬言行将游幸国中诸岛，实向吉篾出师，袭取其国。舟入吉篾江流，取其都城，虏其国王。安民以后，执吉篾王至前，面询之曰："汝既无力偿汝妄愿，何以狂言？幸汝惟愿置吾首盘中，未愿夺取吾国，故只罚汝一身，不动吉篾一物。俾汝后王，知所儆戒。"乃斩其首。又告吉篾大臣曰："余将奖汝善谏，惜汝王未从汝言，可奉好王，代此疯人。"摩诃罗阇语毕即行，不取吉篾一物。归国之后，坐于池上宫廷，以吉篾王首置于其前，集诸大臣，告以始末。旋洗净吉篾王首，实以香料，以瓶盛之，送之归国，并诏告吉篾嗣王曰："前王已受惩罚，用垂儆戒，今归其

首。此次战争，余未尝引以为荣。"事为印度中国国王所闻，摩诃罗阇之声望遂重。自此以后，吉篾诸王，每日朝起，必向阇婆格国伏地叩拜。

这个传说，不一定是事实，但在九世纪的时候，真腊曾为室利佛逝所征伐，当无问题。一〇五〇年真腊的 Sdok Kak Tthon 地方有一梵文、吉篾文二种文合镌的碑铭中的吉篾文云：

> 维时波罗宏首罗（Paramegyara）陛下，（按：即八〇二年至八六九年之间的真腊王阇耶拔摩二世 Jayavarman II）至自阇婆君临，因陀罗补罗（Indrapura）时有婆罗门幻师希罗若陀摩（Hiranyadama）来自阇那波陀（Janapada），波罗密首罗延之作术，俾柬埔寨国（Kambujadeça）不属阇婆，而有一转轮圣王（Cakravartin）。

据费琅考证，这个阇婆当是指着苏门答剌或室利佛逝。他指出：

> 吾人既将室利佛逝、阇婆格、阇婆（Jaba, Jawa）诸名，考定同为一地之异称，则此阇婆当然亦指苏门答剌岛。据便沙碑铭及大食人记述，其国王摩诃罗阇自八世纪末年，征远东，别立柬埔寨王之后，柬埔寨欲脱苏门答腊之羁束而独立，故有此举。此事自与爪哇无涉，且据历言当阇耶跋摩二世之时，爪哇无一王足以当此也。

当室利佛逝最强盛的时候，这就是在唐宋的时代，这个国家有了十五个属国。赵汝适《诸蕃志》卷上"三佛齐国"条指出下面十五国为其属国：

> 蓬丰（Pahang），登牙侬（Trenganu），凌牙斯加（Lanrasuka），吉兰丹（Kelantan），佛罗安（Beranang），日罗亭（Yirudingan），潜迈（Khmer），拔沓（Battar），单马令（Tambralinga），加罗希（Grahi, Jaya），巴林冯（Palembang），新拖（Sunda），监篦（Kampar），蓝无里（Lamuri），细兰（Ceylon），皆其属国也。

大致上，在三佛齐强盛的时候，除其统一苏门答剌全岛外，其属地东边包括新拖、爪哇，西边远至锡兰岛，北边至马来半岛的北部而至真腊，这可见得室利佛逝或三佛齐的领地之广。

然而这也并不是说在唐宋的时代，三佛齐并没有遭到其属国反抗，或其他各国的侵略。据《宋史·三佛齐传》记，九八八年至九九二年三佛齐使者蒲押陁黎"闻本国为阇婆所侵"。阇婆就是爪哇，说明爪哇在这个时候，也强盛起来，虽则据说十五年后（一〇〇七）三佛齐又征服爪哇，毁其都城与杀其国王。

又如一〇三〇年在丹柔里（Tanjore）大穆文碑铭 {E. Hultzsch 译，载于一八九一年所刊的《印度考古录》（Archaeological Survey of India）及一九〇八年所刊的《印度碑录》（Epigraphia Indica），中译冯承钧译《苏门答剌古国考》页三二一三三}中述及注辇征伐三佛齐及其国家云：

> Çri-Rājêndracoradeva 王（一○一二至一○四二年）在位第十九年第二百四十二日，……以其善战之军，攻取位处明海中之 Ira-Mandalam（锡兰）……不易攻取之 Odda-Visayam（乌荼，今 Orissa 省）……婆罗门会聚之 Kaçalai-nadu（未详），饶有蜂园之 Tandabutti（未详）……雨水不息之 Vangaladeçam（孟加拉）……Gangā（恒河）。……并遣多舶至流波海中，执迦荼罗（Kadaram）（按即室利佛逝）王，及其所乘诸象，获宝甚众，取 Vidyādharātorina 敌人大城之战门，庄严华丽之宝门，大宝门，繁盛之室利佛逝（Crivijayam），河流所经之 Pannai（即苏门答剌东北岸之 Pane），古之马来由（Malaiyur）及其山垒，深海环卫之 Mayirudingam，勇敢善战之 Ilangagoram（马来半岛东岸的狼牙修），多水防卫之大 Pappalam（似即《诸蕃志》所志印度东北之堡琶来），美垣防卫之 Mevilimbangam（未详），土地硗沃相当之 Valaippanduru（未详），学界名宿所赞许之 Talaittakkolam（即巴利藏那先比丘经中之 Takkola），大战不屈之 Damalingam（即《诸蕃志》中单马令），强兵破摧之 Ilāmuri-deçam（即大食文中之 Laamuri，按：即蓝无里），饶有园囿以为襟带之大 Nakkavaram（即裸人国，今之 Nicobar 岛）以及以海为卫兵力甚强之加荼罗（Kadaram 即室利佛逝）……

但据《宋史》与《文献通考》记载，一○六八至一○七七年间：

> 尚书省言注辇役属三佛齐。

自七世纪至十三世纪的约七百年中，室利佛逝有时虽然也为邻邦或其属国所攻败，然而在这个长期中，室利佛逝是南海一个大国，其交通之盛，财物之富，兵力之强，实为东南亚诸国所少有。到了十三世纪的下半叶，三佛齐还二次征伐锡兰。据《锡兰史》或《大史》（*Mahāvammsa*）说在一二五五年：

> 波罗迦摩婆呼（Parakamabahu）二世（一二四○至一二七五年之锡兰王）在位之十一年，阇婆迦王（Javakarajeko）栴陀罗跋努（Candrabhanu）以至迦竭罗（Kakkhala）自称佛徒手取青箭，恶如猛蛇占据津渡，虐害居民，楞伽（Lanka）全岛皆受其祸。……摄政王毗罗婆呼（Virabāhu）引兵收复楞伽土地，阇婆迦敌兵逃走。

《大史》又志于数年后室利佛逝征伐锡兰云：

> 兵败遁归之栴陀罗跋努，至是又以阇婆迦军并联合般荼（Pandya）、注辇（Cola）、大穆（Tamoul）诸国之军来侵，于摩诃帝陀（Mahātritha）登岸，毗罗婆呼又大破之。

应该指出，十三世纪的下半叶，或是宋代的末年，三佛齐二次越海远征锡兰，说明其国力尚强，可是经过这二次失败之后，三佛齐的国势也逐渐不振，而趋于衰弱。到了十三世纪的末年，东边的爪哇强盛起来，《爪哇世系》（*Pararaton*）云在十三世纪的末年（一二九三年）都马板（Tumapel）曾派兵去征服末罗瑜国，并虏其二女王，这里所说的末罗瑜，就是指着三佛齐，或是苏门答剌全岛。费琅在《苏门答剌古国考》（页一〇九）对于这一点及都马板征服末罗瑜的时间，都有一段解释，今录之于后：

> 按：爪哇之都马板国王，攻取末罗瑜一役之开始，实在一二七五年，世系误。时都马板王为室利葛远那加剌（Cri Kertanagara）即《元史》卷一百六十二《史弼传》中之爪哇哈尔（Haji）（此言王）葛达那加剌。一二九二年，都马板陷落，葛达那加剌死，罗登必阇耶（即《元史》之土罕必阇耶）嗣位，王号葛达罗阇沙。《爪哇世系》所志爪哇兵取之末罗瑜，即《爪哇赞词》中苏门答剌全岛之古称。此次爪哇兵取者，应为其都城，其兵力未遍全岛，则此末罗瑜即三佛齐也，可以《明史》证之。《明史·三佛齐列传》曰："时（一三七六年）爪哇强，已威服三佛齐而役属之。"其为同一事实可知。《爪哇世系》及《赞词》以末罗瑜名其地者，因昔之末罗瑜，今之米南迦保，为马来人之发源地，亦室利佛逝昔日之上国。至义净西行之时，始并入室利佛逝之山帝王朝，此王朝亦发祥于末罗瑜也，故以此名名其全岛。其后末罗瑜一名之生命尚复甚长。马来半岛昔为末罗瑜之属国，十九世纪时，虽隶属于英国海峡殖民地政府之下，尚受隶属荷兰殖民地之末罗瑜王之册封，其政治影响，可谓远矣。

三佛齐既败于爪哇，其在马来半岛的属地，也逐渐丧失。一二九二年的暹罗敢木丁（Rama Khamheng）暹文碑铭｛载在一九〇九年所刊行《暹罗学会报》（*The Journal of the Siam Society*）｝中有云：

> 南方服……法王城（Sithammarat）至于海滨。

费琅以为这个"城名梵文应作 Cridharmaraja 城，在北纬八度偏北，马来半岛东岸，今之里郭（Ligor），梵语之城（Nagara）在吉篾暹语中转为 Nokor、Ligor、Lakhon、Ankor（Angkor）诸名，里郭之意亦言城也，昔日建城之暹王，似有法王之号故以为名"。

暹罗的泰族逐渐南进，而爪哇征服三佛齐在苏门答剌岛的势力之后，大约在一三六五年，又已征服了三佛齐在马来半岛的势力，而与占波、柬埔寨及其他越南半岛诸国常相亲好（《爪哇词颂》第五颂），这是爪哇强盛的时代，也就是满者伯夷统治的时代。三佛齐到了这个时候，不只过去的属地完全丧失，而其本国，也成为爪哇的一个保护国。十四世纪中叶的汪大渊在其《岛夷志略》中"三佛齐"条说其国"习水陆战，官兵服药，刀兵不能伤，以此雄诸国"，大概是追忆其过去的势力罢了。

三佛齐在十四世纪的时候，虽曾役属于爪哇，但是在元代及明代的史籍中之记载三佛齐的，还是很多。元至正年间（一三四一至一三六七），汪大渊在其《岛夷志略》中曾有关于三佛齐及旧港的记载，明时的马欢的《瀛涯胜览》，费信的《星槎胜览》，以及《明史》均有三佛齐的记载，上面数书关于三佛齐的记载，也是研究三佛齐的重要著作，可是，在这里，我们不必抄录。

第三编　爪哇诸古国

第九章　爪哇的概况

冯承钧在其《中国南洋交通史》下编第三章《阇婆传》中说：

> 印度《罗摩延（Ramayana）书》，首先著录有 Yavadvipa，脱烈美（Ptolemee）书传写作 Iabadiu，《后汉书》传写作叶调，《法显行传》传写作耶婆提，是皆苏门答腊或爪哇古称之同名异译。此外，《太平御览》卷七八八有杜薄（应是社薄之讹）疑皆为 Java 之古译。按：爪哇土名乃从 Yavadvipa 转出，除诸薄、社薄尚有疑义外，中国史书首先著录者为《宋书》之阇婆婆达，阇婆乃其对音，婆达盖衍文也。稍晚，《高僧传》卷三则名阇婆。《唐书》中阇婆作诃陵，盖为 Kalinga 之对音，《岛夷志略》始有新译，名曰爪哇。

Yavadvipa 在梵文的意义是栗地。阿拉伯文的最早写法是 Zabej。爪哇这个名称之最早见于碑文的是一三四三年。在近代的爪哇名词中，也有称为 Nusantara，而其意义是岛国，因为苏门答腊（Sumatra）这个名词，也是较晚的名词，所以 Yavadvipa 可能是指着爪哇，也可能是指着苏门答腊。

冯承钧上面那段话，大概是根据伯希和的《交广印度两道考》（冯承钧译）的下卷第三十一节而来。在中文方面的叶调，见于《后汉书》卷六永建六年（一三一）下云：

> 日南徼外，叶调国，掸国遣使贡献。

注引《东观记》说：

> 叶调王遣使师会诣阙贡献，以师会为汉归义叶调邑君，赐其君紫绶，及掸国雍由，亦赐金印紫绶。

又《后汉书》卷八六中说：

> 顺帝永建六年，日南徼外王便遣使贡献，帝赐调便金印紫绶。（注引刘攽说"调便"的"调"是衍字）

伯希和说：

设若在南海之中，寻究此叶调等字之译法与何种名称相合，似乎只有 Yavadvipa 可以当之。

我们虽然还不能找出充分的理由，去否定这种看法，但我们也得指出，这个叶调使者之来中国，是与掸国使者相提并论，这两个国家是否接近，是很值得研究的。掸国是在哀牢之南，这就是现在的缅甸的北部，云南保山一带之南，假使叶调是与掸国接近，那么这个叶调，就不一定是在现在的爪哇，可能是在缅甸、暹罗或马来半岛北部。

我们还要指出，现在的老挝族，在其早期迁到澜沧江下游的湄公河的支流，而建立孟苏澳（Muong Soua）的部落。这个地方以后成为一个国家，这就是朗勃拉邦（Luang Prabang）。苏澳（Saua）这个名词，后来也变为 Sava。这个名词在湄南（Menam）流域的泰文，又变为爪哇（Java）。又在暹罗北部的八百媳妇，其种族也称为永族（Younes），而这个名词也可变为 Yavana。假使我们只从字面上来看，这里所说的苏澳（Soua），或永（Younes）都可以当为爪哇了。

又如阇婆婆达的阇婆，固是 Java 的对音，可是若说阇婆婆达的婆达是衍文，似乎也有点勉强。但是同时，我们也没有充分的理由，去否定阇婆婆达，并非古代的爪哇。

总而言之，爪哇这个名称的来源，是不易解答的。假使这个名称，在最初是泛指爪哇与苏门答腊而言，那么与其说是指着爪哇，不如说主要是指着苏门答腊。苏门答腊靠近马来半岛，中间隔一海峡，自古以来，至中国南海与印度洋的船舶之往来这两个海洋的，多经这个海峡，因而在历史上，马来半岛与苏门答腊的海岸，成为船舶必经之地。至于爪哇离这个海峡较远，偏于一隅，可以说是在这条航线之外，所以四世纪初的法显所说的耶婆提，应该是指着苏门答腊，就是后来的伊本巴杜塔（Ibn Batuta），还把苏门答腊叫做爪哇。

所以，爪哇这个名词之专为现在的爪哇的名称，也可能是开始在唐代才通行，唐的诃陵是在爪哇岛上，是无可疑的。《新唐书》卷二二二下《诃陵传》说：

诃陵亦曰社婆，曰阇婆，在南海中，东距婆利，西堕婆登，南濒海，北真腊。

这里的社婆，或阇婆，都为爪哇的对音，到了宋代，阇婆是指现在的爪哇，更无可疑。《宋史·阇婆传》，赵汝适《诸蕃志》有《阇婆传》，都是指着这个地方。至于元代的汪大渊，在其《岛夷志略》中，不只用了爪哇这个名称，而且告诉我们道：

爪哇即古阇婆国。

中国的船舶之到东南亚以至东印度洋沿岸各国，远在西汉的时代，虽然在其早期，船舶多到暹罗湾，然后经陆道而越过马来半岛的北部，再从这个半岛的西岸经孟加拉湾而到印度东南沿岸，但我们也知道，中国的船舶也有绕马来半岛的南端经马六甲海峡而到孟加拉湾与印度洋的。同时，这些船舶也可以沿苏门答腊的东南海岸而经巽他海峡以至爪哇，所以在唐之前，爪哇若有较大的国家或贸易商场，中国船舶以至从印度洋或阿拉伯海湾来的船舶，也可能到这些地方。可惜很难从史文中找出关于爪哇的记载，所以现在要研究爪哇的历史，至早只能推到四五世纪的时代。

应该指出，爪哇是有人类足迹很早的一个地方。这一点自从爪哇的直立人猿（Tithecanthropus Erectus）发现以后，更无可疑。这个直立人猿之在这个岛上，已有四五十万年，所以爪哇虽不一定是东南亚的人类居住的最早的地方，然而人类的居住在这个岛上，其历史很久，是无问题的。有了人类，就有人类的活动，而且，我们知道，到了后来，这个岛上还有从其他的地方迁到这个地方的种族，所以爪哇在东南亚的历史，应该占很重要的地位。其实，直至现在，爪哇在南洋群岛中，还是占了很重要的地位，它是现在的印度尼西亚的国都所在地，也是巽他群岛的商业贸易的中心地区。

从面积来看，爪哇远比不上婆罗洲与苏门答腊那么大，但从今日的人口来说，爪哇是印度尼西亚以至东南亚的人口最多的地方，也是世界上人口密度最突出的一个地方。这个岛是偏于婆罗洲的西南，在苏门答腊的东南，其周围岛屿很多，所以印度尼西亚被称为千岛之国。

爪哇是东西长而南北狭，其中部更狭，略像哑铃状，因此，这个岛可以分为三部分：西部、中部、东部。地形构造，也各有其特点。在西部约有一万八千方哩，其南部多高原而其北多低地。中部面积约为一万三千方哩，其南有好多低地。东爪哇的面积为一万七千五百方哩，低地高原互相交错。爪哇自东至西的长度为六百二十英里，宽度最宽处为一百二十英里，而最狭处只有五十五英里。其地在赤道之南的十度之北，气候炎热，尤其是中午的前后，在爪哇好多城市，上午十时以后，下午四时以前，在街道上行人较少，但在西部的万隆地势较高，比较凉爽，至于群山环绕的中部，在其高处，颇似秋凉。这个地方，雨量较多，万隆，茂物，每年雨量达四千公厘，其他地方，也约有二千公厘左右。

爪哇是火山最多的一个地方，据估计，全岛约有百多的火山中心地区，直到现在，还有不少火山冒出烟来，有的时候，爆发起来，为害极大，但是在平时，烟冲云际，人们也当为美景来看。

第十章 早期的史略

据爪哇的传说,在古代有一位皇子,名字叫做亚齐沙开(Aji Saka),他是印度人,后来到了爪哇,他教人民读书写字,同时又教给他们一些关于天文学与年代学的初步智识,使爪哇的文化提高起来。究竟有没有一位叫做亚齐沙开王子到了爪哇,我们无从考究,可是有两点是可以肯定的:一是在很早的时期,这就是至少在公元前后的时候,印度已有人到了爪哇或其附近各岛的;二是爪哇及其附近各岛的文化,也可以说是在这个时候,受了印度文化的影响。

应该指出,来自印度的人们,不一定是印度的王室人物,可能这些人,大多数是做生意的商人,可能有的是为生活所迫而跑到这里,也可能有的是为了政治所压迫而逃难到此,也可能有的是为着宣传宗教而来。这些人到了这些群岛之后,有的也可能假托为王室贵族去博取当地的王室首领与人民的信任,因而可能与当地的王室或首领的女儿结婚,这样慢慢形成当地的特殊或贵族阶级,取得了当地的政权与经济力量。

而且又因印度在那个时候的文化,比之这些地方的文化较高,所以他们就很容易成为上层阶级,同时又把印度的文化传播到这些地方。

好多年前,在印度尼西亚的首都雅加达的南边的一个山脚,发现了一个石碑,上面刻了两只人脚,旁边的碑文说:这是达尔马(Taruma)国王的脚,他的名字叫做婆尔那跋摩(Purnavarman),他是一位强而有力的君主,他的脚迹是像 Vishnu 神,这就是光与创造力的神的脚迹。

离开这个地方不远,又发现了这位国王的象的脚印,这里又有国王的脚印,并且又有下面的一段话:

> 这是伟大的卫护者,无比的王子陛下婆尔那跋摩的脚,他忠诚于他的职务,以前统治了达鲁马,践踏了他的敌人的好多城市,而帮助了与他联盟的国家。

我们知道,婆尔那跋摩是爪哇西部的一个国王,他经过好多次战争,也联合了好多国家,同时我们也知道,他的名字是与爪哇的水利工程是有了关系,据说他是最先建筑爪哇灌溉的沟渠的。据碑文说,在二十一天内,他发动了他的劳动人民去完成了一条运河,这条运河长约有了二十五里。

婆尔那跋摩是什么时代人,我们不大清楚,可能是公元后四五世纪的人物,他的名字是印度名字,他可能是印度人,也可能是印度化的爪哇人。《宋书》卷九十七《阇婆婆达传》中说:元嘉十二年(四三五)阇婆婆达国王师黎婆达陀阿罗跋摩，曾遣使奉表于中国。师黎婆达陀阿罗跋摩，不知是否就是爪哇的碑文中所说的Purnavaram。

应该指出，印度的婆罗门教，很早就传到东南亚各处，爪哇苏门答剌不见得是例外。法显于四一四年在苏门答剌或爪哇的记述中就指出："其国外道婆罗门兴盛，佛法不足言。"然而也要指出，在婆罗门教兴盛的情况之下，也有佛教渗入，所谓佛法不足言，并非肯定去说完全没有佛教。而且，在四世纪的末年以至五世纪的初年，佛教在爪哇以至苏门答剌已逐渐的发展起来，这一点，我们可以从《高僧传》中所载关于求那跋摩的事迹得到说明。《高僧传》卷三记载了求那跋摩的传云：

> 求那跋摩此云功德铠……至年二十出家受戒，……至年三十，……乃辞师违众，林栖谷饮，孤行山野，遁迹人世。后到师子国，观风弘教。识真之众，咸谓已得初果。仪形感物，见者发心。后至阇婆国，初未至一日，阇婆王母夜梦见一道士，飞舶入国。明旦果是跋摩来至。王母敬以圣礼，从受五戒。母因劝王曰：宿世因缘，得为母子，我已受戒，而汝不信，恐生之因，永绝今果。王迫以母勅，即奉命受戒，渐染既久，专精稍笃。顷之，邻兵犯境。王谓跋摩曰，外贼恃力，欲见侵侮，若与斗战，伤杀必多，如其不拒，危亡将至，今唯归命师尊，不知何计。跋摩曰："暴寇相攻，宜须御捍，但当起慈悲心，勿兴害念耳。"王自领兵拟之，旗鼓始交，贼便退散。王遇流矢伤脚，跋摩为咒水洗之，信宿平复。王恭信稍殷，乃欲出家修道，因告群臣曰："吾欲躬栖法门，卿等可更择明主。"群臣皆拜伏劝请曰："王若舍国，则子民无依，且敌国凶强，恃险相对，如失恩覆，则黔首奚处。大王天慈，宁不愍命，敢以死请，伸其悃幅。"王不忍故违，乃就群臣请三愿，若许者当留治国：一愿凡所王境，同奉和尚；二愿尽所治内，一切断杀；三愿所有储财赈给贫病。群臣欢喜，佥然敬诺，于是一国皆从受戒。王复为跋摩立精舍，躬自琢材，伤王脚指，跋摩又为咒治，有顷平复。道化之声，播于遐迩，邻国闻风，皆遣使要请。时京师名德沙门慧观、慧聪等，远挹风猷，思欲餐禀，以元嘉元年（四二四）九月，面启文帝，求迎请跋摩。帝即敕交州刺史，令泛舟延致观等。又遣沙门法长、道冲、道俊等往彼祈请，并致书于跋摩及阇婆王多伽等，必希顾临宋境，流行道教。跋摩以圣北宜广，不惮远方，先已随商人竺难提舶，欲向一小国，会直便风，遂至广州。

据说求那跋摩是在四三一年到建业，可是他到了建业数月之后就死了。他享年六十五。跋摩本来是罽宾王种阿梨跋陀（Haribhadra）之孙，僧伽阿难（Sanghānanda）之子。他二十岁出家，三十岁时，罽宾王死，群臣要他还俗以继承王位，他没有答应，遁到狮子国。后来又到阇婆国，在阇婆宣传佛道，并且帮忙阇婆王击退敌人，医治王病，使阇婆成为信仰佛教的国家。

近代好多学者，以为跋摩所到的阇婆，就是苏门答剌，但是应该指出，法显是在四一四年到婆耶提，而且住了好几个月。法显在耶婆提时，该国还是相信婆罗门教，佛法不足道。跋摩死于四三一年，当时年六十五。他在阇婆时，应也是法显到婆耶提的时候，法显说佛法不足道，而求那跋摩传说阇婆要全国信仰佛法，似有不符之处，可能法显是到苏门答剌，而求那跋摩是到了爪哇。

三九二年迦留陀伽（Kalodara）译《十二游经》所说土地尽事佛，而法显说佛法不足道，说明这两者所说的不是一个地方，但是《十二游经》所说的阇耶王，其国出胡椒，可能是苏门答剌。然而南海各处出胡椒的地方不只是苏门答剌，所以这个出胡椒的阇耶王国，也不一定是苏门答剌，而是爪哇。这就是说在求那跋摩未到爪哇之前，爪哇像苏门答剌一样的主要是信仰婆罗门教，但是求那跋摩到了爪哇之后，国王因为他用佛法去退却敌人与医治脚伤，自己且愿出家拜佛，因为群臣力劝他乃提出条件要全国崇拜佛教，说明是在第五世纪初年（约为四一五年左右）爪哇全国变为崇拜佛教，可是这个时候的苏门答剌，还是信仰婆罗门。

求那跋摩在爪哇得到国王的信任，宣传佛法，声名传达于中国，所以在宋元嘉元年（四二四）在京师的沙门慧观、慧聪等，要宋文帝请求那跋摩到中国来，这也说明了中国与爪哇在那个时候的交通，必定较为便利，消息也必较为灵通。除了宋文帝命广州刺史把船舶去迎接他外，慧观、慧聪等还派沙门法长道冲、道俊亲去迎接，同时除致书于跋摩外又致书与国王婆多伽，希望能给求那跋摩到中国来。

从此，我们可以明白，在四二四年的时候，爪哇的国王是叫做婆多伽。到了四三五年，这就是十年后，爪哇国王师黎婆达陀诃罗跋摩曾遣使到中国奉表，那么四三五年遣使奉表的师黎婆达陀诃罗跋摩应该是婆多伽的承继者，也有可能的是两者乃是两个国王。

总而言之，中国与爪哇在四世纪与五世纪的时候，两方已发生关系，求那跋摩到爪哇宣教，中国方面知得很清楚，所以设法去争取他到中国来。他自己也必明白中国是一个大国，能到中国是宣传佛法的一个很好的机会，所以他答应了。他从爪哇到中国，传说途中还因没有风以致船难行驶而缺淡水，因为得了他的佛法，才有雨下来。

跋摩在离开爪哇前，印度的佛教，可能早已传入爪哇，中国对于佛教既也很尊崇，而请跋摩到中国，爪哇既答应中国的请求，说明两者是友好的，所以在四三五年爪哇国王师黎婆达陀诃罗跋摩乃遣使到中国奉表。《宋书》卷九十七《阇婆婆达传》说：

阇婆婆达国，元嘉十二年（四三五），国王师黎婆达陁阿罗跋摩遣使奉表曰：

宋国大主大吉夫子足下：敬礼一切种智安隐，天人师，降服四魔，成等正觉，转尊法轮，度脱众生，教化已周，入于涅槃、舍利流布，起无量塔，众宝庄严，如须弥出，经法流布，如日照明，无量净僧，犹如列宿。国界广大，民人众多，宫殿城郭，如利忉天宫。名大宋杨州大国大吉天子，安处其中，绍继先圣，王有四海，阎浮提内，莫不来服。悉以兹水，普饮一切，我虽在远，亦沾灵润，是以虽隔巨海，常遥臣属，愿照至诚，垂哀纳受。若蒙听许，当年遣信，若有所须，唯命是献，伏愿信受，不生异想。今遣使主佛大陁婆，副使葛抵，奉宣微忱，稽首敬礼大吉天子足下，陁婆所启，愿见信受，诸有所请，唯愿赐听。今奉微物，以表微心。

从南北朝到唐约二百年间，中国方面，对于爪哇的记载，既完全缺乏，而爪哇方面，也没有什么史料，直到唐代初年，爪哇与中国的交通恢复起来，中国又有关于爪哇的记载。这个时候的爪哇，我国人叫做诃陵，杜佑《通典》卷一百八十八《诃陵传》说：

诃陵国在真腊之南。大唐贞观中（六二七至六四九）遣使献金花等物。王之所居，竖木为城，造大屋重阁，覆以棕榈，所座床悉以象牙为之。食以手撮之。又以椰树为酒，饮之亦醉，有山穴每涌而出盐，国人取之以食。其国别有毒人，与常人同止宿，则身上生疮，与之交合，便即致死，若涎液沾着草木即枯，其人身死不烂不臭。

《唐书》卷一九七《诃陵传》说：

诃陵国（Kalinga），在南方海中洲上居，东与婆利，西与堕婆登，北与真腊接，南临大海。竖木为城，作大屋重阁，以棕榈皮覆之，王坐其中，悉用象牙为床。食不用匙箸，以手而撮。亦有文字，颇识星历。俗以椰树花为酒，其树生花长三尺余，大如人膊，割之取汁以成酒，饮之亦醉。贞观十四（六四〇）年遣使来朝。大历三年（七六八）四月，皆遣使朝贡。元和十年（八一五）遣使献僧祇童五人、鹦鹉、频加鸟，并异种名宝。以其使李诃内为果毅，诃内请回授其弟，诏褒而从之。十三年（八一八）遣使进僧祇女二人、鹦鹉、玳瑁及生犀等。

《新唐书》卷二二二下《诃陵传》云：

诃陵，亦曰社婆，曰阇婆，在南海中。东距婆利，西堕婆登，南濒海，北真腊。木为城，虽大屋亦覆以棕榈，象牙为床若席。出玳瑁、黄白金、犀象。国最富。有穴自涌盐。以柳花、椰子为酒，饮之辄醉，宿昔坏。有文字，知星历。食无匙箸。有毒女，与接辄苦疮，人死尸不腐。王居阇婆城。其祖吉延，东迁于婆露伽斯城。旁小国二十八，莫不臣服。其官有三十二大夫，而大坐敢先为最贵。山上有郎卑野州，王常登以望海。夏至立八尺表，景在表南二尺四寸。贞观中（六二七至六四九），与堕和罗（Dvaravati）、堕婆登皆遣使者入贡。太宗以玺诏优答。堕和罗乞良马，帝与之。至上元（六七四至六七五）

间，国人推女子为王，号悉莫，威令整肃，道不举遗。大食君闻之，赍金一囊，置其郊，行者辄避，如是三年。太子过，以足躏金，悉莫怒将斩之，群臣固请，悉莫曰："而罪实本于足，可斩趾。"群臣复为请，乃斩指以徇。大食闻而畏之，不敢加兵。大历中（七六六至七七九），诃陵使者三至。元和八年（八一三），献僧祇奴四、五色鹦鹉、频伽鸟等。宪宗拜内四门府左果毅，使者让其弟，帝嘉美，并官之。讫太和（八二七至八三五）再朝贡。咸通（八六〇至八七三）中遣使献女乐。

诃陵是在爪哇的中部，达尔马是在爪哇的西部，据说当诃陵强盛的时候，达尔马还存在，不过关于达尔马的情况，我们很不清楚。诃陵也是一个印度化的国家，爪哇传说爪哇历史开始时是王子桑耶阇（Sanjaya）在位，他是一位大征服者，他不只征服了婆利、苏门答剌与真腊，而且征服了印度与中国，这当然是一种假托，不足为信。

在爪哇的田格（Dieng）平原上，曾找得公元七三二年的碑文，碑文歌颂了 Shiva 婆罗门 Brah-ma 与 Vishnu。在这个平原上，有一个寺庙，直到现在这个寺庙还遗留一些遗迹，这个寺庙是纪念 Shiva 而建筑的。Shiva 是一位自然的破坏的神，破坏之后，然后有了新生。

田格平原是在婆拉岛（Prahu）的山上，高约六千尺，可是这个平原，长约八千尺，广约二千五百尺，因为这是一个很高的地方。这里的气候与其他的热带地方大不相同，平原是由火山所形成。火山的口是逐渐的填住，可能以前是一个湖，直到现在下雨时候，可能雨水变为湖水，不过这里有了排水的沟渠，所以虽然有了大雨，也被排去。这种排水沟渠，在八世纪的时候，已经建筑，其遗迹留到今日，虽则今日的排水沟渠，是与以往的不同。旧的排水沟渠，是一条运河，用石建筑，大约是建筑寺庙的时候建筑了这一条运河，从山脚到平原，也有石级。爪哇人在这里崇拜他们的神，很可能的，在寺庙未建筑之前，人们已经相信这个地方是神所居的地方，已经有人到这个地方去拜神，寺庙是后来才建筑的。

寺庙的样式，是印度式，这是一种古典的样式，这种建筑样式，是与印度尼西亚后来的建筑样式，很不相同。在寺庙的附近，还可以找出房屋的基础。从其基础来看，房屋的样式是与寺庙不相同。因为这些房屋，是爪哇式的，而这种样式，直到现在在爪哇还存在着。碑文是很简略，桑耶阇王的情况如何，在碑文中找不出来，只有一些暗示，这就是这位国王，可能是从印度的最南的地方来的。

应该指出，寺庙建筑之前的诃陵的宗教，是婆罗门教，这与达尔马之早已接受佛教，是不同的。而且，所用的文字，是印度的梵文，这与当时的苏门答剌，也是不同的，因为在这个时候，苏门答剌的古代马来文，已逐渐代替了印度的梵文，至少，从苏门答剌在当时所遗下来的碑文，可以说明了这一点。又在这个时候，苏门答剌的宗教也已从婆罗门教转而接受佛教，这说明了在八世纪的上半叶，婆罗门教在苏门答剌以至爪哇,已失了原有的势力。

而且就是存在爪哇中部的婆罗门教,不久也为佛教代替。

在田格平原的寺庙建筑之后不久,诃陵在政治上也有了变化。从碑文中,承继桑耶阇的国王,是一位信仰佛教的人物。碑上的书体,以至地方与神的名字,都与以往的不同,因为这些都近似印度孟加拉(Bengal)的东西。

一个新朝代代替了一个旧朝,然而这种代替,不只是朝代的代替,而是宗教文化的改变,而且,这种改变,并非逐渐的来而是急转直下,这又给我们一个暗示,这就是这个改变,不只是一个国王的更换,而是朝代的改变。

这是一个新朝代,叫做西兰陁(Shaitedra)或是山帝朝代,近来有人以为这个朝代的统治者,是扶南王室的后裔,关于这一点,我在《扶南史初探》一书中已经说明,不必重述。这也是一个大朝代,因为从其所遗留下来的建筑来看,是一些极为伟大的建筑物,这些建筑物,在东南亚各处来说,可以与柬埔寨的吴哥(Angkok)的王宫与寺庙相比拟,虽则没有后者的伟大,这就是位在日惹附近的佛搂。

佛搂建筑的时间,大致是在七六〇至八六〇年间。佛搂建筑在一个小山上,这个地方是属于是现在的吉杜(R. Kedoe)府与马吉浪(Magelang)、日惹(Djokja)与文澜池(Moemtilan)的交界地方。

佛楼的原名或爪哇土音是 Borobodor,华侨多叫做佛搂。莱佛士在其《爪哇历史》(Thomas & Raffles, *History of Java*, 1817) 中以为 Boro 为附近的一个乡村的名称,而 Bodo 有古代的意义,合而言之是该地的古物,这种解释,不见得正确,可能还是一个印度的名称,译为婆罗浮图,较为适宜。

据近人估计,这个佛搂至少要用十年以上的时间,而且必须用很多的劳动力与艺术家,才能完成,这是佛搂在爪哇兴盛时代的一种特殊的征象。但是到了十世纪的初期,爪哇中部的王国,日渐衰微,后来东爪哇的回教王国,逐渐兴盛,到了这个达兰姆(Mataram)的印度王国灭亡之后,佛搂才逐渐致倾毁。年久失修,林木丛生,这个伟大而极富有艺术性的佛教遗迹,几乎为人所忘记。直到莱佛士于一八一二年至一八一七年任爪哇总督时,始派人去修理,企能保持其原来面目,因为经过千余年的时间,佛搂有的部份已经毁坏,而且有的佛像已被人拿走或移到博物院里,还有的用来当作礼物送给外国的国王,如在一八九六年暹罗国王访问爪哇时,就把一些石像当为礼物送给与他。

佛搂好像一个金字塔,可是比之金字塔精细得多,这是一种窣诸波式的建筑物,基地成四方形,有五百三十方呎,占有差不多十英亩地宽,从基地到顶,约有百余呎高,上面有一个很大的圆形屋顶,全部是以火山岩石筑成,上有各种雕刻,年代虽已很久,但没有多大损毁。

佛搂分为好多层,下面四层,是方形,而上面三层是圆形,下面好似是代表日常生活的物质方面，而上层是表示精神方面。各层有走廊，走廊可容三个人行走，而壁上有各种雕刻像，这也可以说是佛的一本传记，雕像有各种不同的表情，有笑的，有蹙眉的，很像活生生的一样。

在圆形的台上有七十二个钟形神龛，这些神龛，对着一个中央神塔，这个神塔，可以说是一个伟大的纪念碑，佛像是在神龛里头，佛像有四百至五百个。

佛楼的艺术，代表了在爪哇的最纯粹的印度艺术，这也可以说是密兰随（Shailendra）王朝时代的一种特性，因为除了佛楼之外，在离开佛楼不远的地方，也可以找出宗教的建筑物。在 Tjaudi Mendut 中，有了一个很大而奇妙的神像，也是代表了纯粹的印度的艺术，这也说明这个王朝，对于艺术而尤其是对于印度的艺术的热情提倡。

随着这个朝代的衰微，印度文化的艺术，也逐渐冲淡，代之而兴的，是爪哇自己的东西，贵族与上层人物说爪哇话，艺术深染了爪哇色彩，虽则他们对于梵文或印度艺术，没有完全放弃。

应该指出，这个王朝，在爪哇虽趋于衰亡，可是其后裔据说入到三佛齐，而且后来又做了三佛齐的国王，所以爪哇与三佛齐，似乎都可以说是扶南的海权国的承继者。

第十一章　宋代的阇婆

塞兰陀或山帝王朝的衰微，其结果是国王从爪哇的中部迁移到东部之后，中部愈趋零落。而在中部的光辉灿烂的文化也随之而式微，不只佛搂被了林木所掩盖，而逐渐毁坏，人民有的迁移了，有的星散了。

王室迁到东爪哇之后的第一国王是信独（Sindod），迁移的时间，大概是在公元后九百二十五年，从东爪哇来看，这可以说是一个新王朝的建立。

从文化方面来看，王朝的迁移，是印度文化日趋衰微，而爪哇自己的文化，很快的发展起来。从十一世纪以后，我们可以肯定的说，在爪哇的文化中，爪哇的文化成份是多过于印度文化的成份。

东爪哇的国王，似注意于国外的发展，多过于注意国内的事情，所以在这个时期中，爪哇与东边摩鹿哥群岛的商业关系建立起来了，同时又与西边的苏门答剌以至北边的马来半岛发生这种关系。此外，在爪哇东边的峇里（Dals）也与爪哇有了关系，这个岛在很早的时候，就有了不多的印度移民，现在开始在爪哇历史起了重要的作用，传说峇里曾受了爪哇的统治。虽则爪哇东部的王国所领的土地，在国王信独及其承继者的时代，不过只在布朗塔（Brantas）河的流域，这就是泗水的西边，以及桂岭（Kawi）的东边与西边。

东爪哇王朝的建立，早于我国宋朝的建立约三十五年，可是东爪哇王朝的灭亡（一二二二）又早于宋朝的灭亡（一二七九）约五十七年，东爪哇王朝有了二百九十七年之久，而宋朝有了三百十九年之久，两者的时间差不多一样久，而且又是几乎同一时代。

在这个时期中，东爪哇有了好几位著名的君主，达尔马范茶（Dharmavamça）是其中一位，这位国王，应该是《宋史》卷四八九《阇婆国传》中所说的穆罗茶。爪哇方面的史料，对于这个国王以前的历史人物记载不多，可是对于达尔马范茶的记载，开始比较清楚。

在这位国王的统治下，峇里完全受了东爪哇的统治，他又向西边去征服苏门答剌的巴淋邦（Palembang），而且进军到苏门答剌的中部，在一个时期中，苏门答剌的室利佛逝王国受了他的很大的威胁，虽则后来室利佛逝得了马来半岛方面的援助反攻，乃攻陷了爪哇的首都，焚烧其宫殿。

是在这位国王在位的时候，他命令把爪哇的法律编制起来，对于爪哇的社会秩序与学术，很为注意。他鼓励文学，他命令学者把印度的《玛霍哈拉达》（Mahabharata）史诗，译成爪哇文，这是爪哇文学上的最早的产品。峇里被爪哇征服之后,不只在政治上受了爪哇的统治,就是语言上,也受了爪哇的影响,峇里采用爪哇语言。

达尔马范茶在位的时候,是从九八五年至一〇〇六年,是在这个时期中,久与中国断绝关系的爪哇,现在两者又恢复国交了。宋赵汝适《诸蕃志》卷上"阇婆国"条说:

阇婆国又名莆家龙(Peralongan)(按:此乃爪哇北岸名),于泉州为丙巳方,率以冬月发船,盖藉北风之便,顺风昼夜行,月余可到。东至海,水势渐低,女人国在焉。愈东则尾闾之所泄,非复人世。泛海半月,至昆仑国,南至海三日程,泛海五日,至大食国,西至海四十五日程,北至海四日程,西北泛海十五日至渤泥国(Bornei),又十日至三佛齐国(Palembang),又七日至古逻国(Kalah),又七日至柴历亭,抵交趾达广州。国有寺二,一名圣佛,一名舍身。有山出鹦鹉,名鹦鹉山。其王椎髻,戴金铃,衣锦袍,蹑革履,坐方床,官吏日谒,三拜而退。出入乘象或腰舆,壮士五七百辈,执兵以从。国人见王皆坐,俟其过乃起。以王子三人为副王,官有司马杰、落佶连共治国事,如中国宰相。无月俸,随时量给土产诸物。次有文吏三百余员,分主城池,帑库及军卒。其领兵者,岁给金二十两,胜兵三万,岁亦给金有差。土俗婚聘无媒妁,但纳黄金于女家以取之。不设刑禁,犯罪者随轻重出黄金以赎,惟寇盗则置诸死。五月游船,十月游山,或跨山马或乘软兜。乐有横笛、鼓板,亦能舞。山中多猴,不畏人,呼以宵宵之声即出,投以果实,则有大猴先至,土人谓之猴王,先食毕,群猴食其余。国中有竹园,有斗鸡斗猪之戏。屋宇壮丽,饰以金碧。贾人至者,馆之宾舍,饮食丰洁。土人被发,其衣装缠胸,下至于膝,疾病不服药,但祷求神佛。民有名而无姓,尚气好斗,与三佛齐有雠,互相攻击。宋元嘉十二年(四三五)尝通中国,后绝。皇朝淳化三年(九九二),复修朝贡之礼。其地坦平宜种植,产稻、麻、粟、豆,无麦,耕田用牛,民输十一之租,煮海为盐,多鱼鳖、鸡、鸭、山羊、兼椎马牛以食。果实有大瓜、椰子、蕉子、甘蔗等。出象牙、犀角、真珠、龙脑、瑇瑁、檀香、茴香、丁香、豆蔻、荜澄茄、降真香、花箪、番剑、胡椒、槟榔、硫黄、红花、苏木、白鹦鹉。亦务蚕织,有杂色绣丝、吉贝、绫布。地不产茶,酒出于椰子及虾猱丹树之中,此树华人未曾见,或以桄榔槟榔酿成,亦自清香。蔗糖其色红白,味极甘美。以铜、银、鍮、锡,杂铸为钱。钱六十准金一两,三十二准金半两。番商兴贩,用夹杂金银及金银器皿、五色缬绢、皂绫、川芎、白芷、硃砂、绿矾、白矾、硼砂、砒霜、漆器、铁鼎、青白甖器交易。此番胡椒萃聚,商舶利倍蓰之获,往往冒禁潜载铜钱博换,朝廷屡行禁止兴贩,番商诡计,易其名曰苏吉丹。

《宋史》卷四八九《阇婆国传》说：

> 阇婆国在南海中。……剪银叶为钱博易，官以粟一斛二斗博金一钱。……地不产茶……方言谓真珠为没爹虾罗，谓牙为家啰，谓香为昆燉卢林，谓犀为低密。先是宋元嘉十二年（四三五）遣使朝贡，后绝。淳化三年（九九二）十二月，其王穆罗茶遣使陀湛、副使蒲亚里、判官李陁那假澄等来朝贡。陀湛云：中国有真主，本国乃修朝贡之礼。国王贡象牙、真珠、绣花、销金及绣丝绞、杂色丝绞、吉贝织杂色绞布、檀香、玳瑁、槟榔盘、犀装剑、金银装剑、藤织花簟、白鹦鹉、七宝饰檀香亭子，其使别贡玳瑁、龙脑、丁香、藤织花簟。先是朝贡使泛舶船六十日至明州定海县，掌市舶监察御史张肃先驿奏，其使饰服之状，与常来入贡波斯相类，译者言云今主舶大商毛旭者建溪人，数往来本国，因假其向导来朝贡。又言其国王一号曰夏至马啰夜（Haji Mahūraga），王妃曰落肩娑婆利，本国亦署置僚属。又其方言目舶主为荔荷，王妻曰荔荷比尼赎，其船中妇人名眉珠，椎髻无首饰，以蛮布缠身，颜色青黑，言语不能晓，拜亦如男子膜拜。一子顶戴金莲锁子，手有金钩，以帛带萦之，名呵噜。其国与三佛齐有雠怨，互相攻战。……使既至，上令有司优待，久之使还，赐金帛甚厚，仍赐良马戎具，以从其请。其使云，邻国名婆罗门，有善法，察人情，人欲相危害者，皆先知之。

应该指出，《诸蕃志》中所说"国有寺二，一名圣佛，一名舍身"，并不是说爪哇只有二个寺庙，而是说有了二种教会，一为佛教，一为 Shiva，这就是婆罗门教之一种。二者都有其宗教制度与仪式，二者都有其教士，Shiva 教维持其阶级制度，佛教虽然不主张有阶级，但是因为他们成为当时的智识分子，所以也占了特殊的地位。而且，他们往往放弃了佛法的研究，而接近于巫术或幻术，他们得了人民的信仰，因而逐渐积累了财富，所以寺庙成为财产的所有者。而且寺庙的财产，是免租税的，因此之故，僧侣与寺庙的权力，就变得很大。

又《诸蕃志》及《宋史》所说爪哇与三佛齐有雠，互相征伐，此事不只指着在国王穆罗茶时代，而且指着他的承继者，因为自穆罗茶以后，两国还相征伐。

穆罗茶攻伐三佛齐，不只为三佛齐所反攻，而且爪哇也为三佛齐所攻破，他自己也不久被杀而死，继他就位的，是他的女婿阿尔兰伽（Airlangga），据说杀死他的，也是这位女婿。

阿尔兰伽在他的岳父死了之后，他设法夺取爪哇的王位，但是这却为爪哇的各地方的统治者所反对，因此他遂不得不逃入山林中去藏避，他长期在山林中，像隐士一样的生活，这对他是有用的。因为这样，使他体质上与精神上有了很好的锻炼机会，而加强其能力，以准备去应付重大的工作，爪哇人以为他后来之所以成功，主要是得力于这种的克己与锻炼。

阿尔兰伽终于继任爪哇的王位。起初他的权力是有限的，他所统治的不过是在泗水附近的地区，但是他利用了室利佛逝正在衰微的时候，他征服了他的敌人，而把东爪哇置于他的统治之下，他对于三佛齐是持了一种温和的态度，并且把一位爪哇的公主嫁给苏门答剌王，使两者的友谊，更为巩固。虽则他的实力并没有伸张得很远，可能他的声名是很高，一些较小的王国的君主，都在仿效他的伟大的宫廷。

阿尔兰伽对于文学很为注意，爪哇的最古而最好的文学作品，是与他有了关系，这就是《阿云那维巴哈》(*Arjunavivaha*)。这是取材于古代印度史诗 *Mahābhārata* 的故事，在他的时代，佛教与婆罗门两者并立，因为僧侣寺庙的财产，日来日多，权力越来越大，他乃把两教的僧侣寺庙，放在政府管理之下，他选择了一些僧侣为政府官员，去专管宗教事务。在碑文中，他被称为最可尊敬的君主，这说明他不只是俗事上的统治者，而且是精神上的统治者。

因为他长期住过山林，他时时想念了那种寂寞的环境，据说他希望能放弃其尊贵的地位，而去过着潜思冥索的生活。

阿尔兰伽大约是死于一〇四五年，在离开泗水约三十哩，有一个地方叫做毕拉汉（Belaham）。人们在一个荒败的皇陵的遗迹中，找出一个石像，这个石像，是 Vishnu 神骑着他人鹰状的伽鲁陀。这是阿尔兰伽的骨灰所葬的地方，石像可能是这位国王的征象，Vishnu 神是生命与光之神，可能人们把他来当这个神看待。

阿尔兰伽死后，东爪哇王国又分裂了。据爪哇的史料，阿尔兰伽把他的王国分为二部份给与他的王子。据说这是在一〇四一年的事情，这两部分的王国，就是伽提利或达哈（Kadiri or Daha）王国与容伽拉（Jangala）王国。后者不久又分裂，据爪哇的传说，前者后来却成了一个理想的武士的王国。

关于十一世纪下半叶的情况如何，爪哇方面少有记载，中国与爪哇的关系，似又中断了，可能是在阿尔兰伽死了之后，东爪哇既分为二部，二者也有了争端，所以对外关系，难于兼顾。

《宋史》卷四八九《阇婆国传》说：

　　大观（宋徽宗）三年（一一〇九）六月，遣使入贡，诏礼之如交趾。

这大概是爪哇的伽提利王国所遣派的使者。据爪哇方面的材料，在十二世纪的中叶，伽提利有一位国王叫做阇耶哈耶（Jayabhaya），他命令诗人撰述了一本《婆拉达犹哈》(*Bharatayudha*)，这是从印度的史诗 *Mahābhārata* 中译出一部分为爪哇文。但是这位诗人，并不满意于直译，他差不多是完全写过，而且把诗中的故事，适应于爪哇的环境风俗与思想。这本著作，在爪哇极为人民欣喜，直到现在，还流传在民间。

爪哇人民喜欢这些古典的文学作品。应该指出，这些文学遗产，是溯源于印度，尤其是二种著名的史诗，一就是上面所说的 Mahābhārata，一是《罗摩延（Ramayana）书》，前者描写了一个伟大的部落战争的故事，后者描写一个英雄叫做罗摩（Rama），他战胜了恶魔，而救了他的妻子，他的妻子是一位公主，叫做时达（Sita）。爪哇好多文学作品，是根据了这些故事而写作的。

直到现在，在爪哇的好多乡村中，在晚间，人民喜欢去听其民族戏剧，而尤其是爪哇的木偶戏。作者念着剧本的词句，用木偶去表情，同时用了乐器去伴奏，宫廷中的舞蹈，也往往是根据于这些文学的作品。

《宋史》卷四八九《阇婆传》说：

> 建炎（高宗）三年（一一二九），以南郊恩制授阇婆国主怀远军节度、琳州管内观察处置等使、金紫光禄大夫、检校司空、使持节琳州诸军事、琳州刺史、兼御史大夫、上柱国、阇婆国王，食邑二千四百户，实封一千户。悉里地茶兰固野可特授检校司空，加食邑实封。绍兴二年（一一三二），复加食邑五百户，实封二百户。

悉里地不知是否 Kadiri 的对音，茶兰固野可能是伽提利的主名。我们知道，在伽提利的时候，其海军很为强盛，据说除了峇里之外，还占了小巽他的一些岛屿，以至西里伯（Celebes）的南部以及婆罗洲的西南部。这个海权国，与苏门答刺的室利佛逝海权国是同时的。

原来在这个时候，阿拉伯人与中国在海上的商业，很为繁盛，船舶往来于苏门答刺及南洋群岛的很多。宋朝南渡后，国家收入，靠海外通商的税收甚多，三佛齐固是处在东西交通的冲道，爪哇也是在这个时期的南海交通的范围之内。因为在爪哇附近东部就是出香料很多的摩洛哥群岛，这些香料，成为当时的一种主要商品，伽提里的统治者，为着争取这种通商的利益，对于海军不能不注意，同时也不能不在其附近找了一些通商的据点。

在爪哇的史料中，《国王书》（Pararaton）是最重要的一种，这本书告诉我们，伽提里如何的衰微，东爪哇如何的统一，同时叙述了几个国王的事迹。

《国王书》对于安格禄（Angrok）的统一东爪哇，写得极为详细。据说在古代有一位犯人，曾住在信哈沙里，这就是现在的马兰（Malang）北边的一个乡村。这位犯人自己愿意牺牲以贡献于神，希望得神的恩惠，于再生后，能得到较好的生活，神答应了他的请求。这样，婆罗门神成为他的父亲，虽则他的母亲，是一位贫困的农民，Shiva 当他为干儿子，Vishnu 化身而成为他的躯体，他的名字叫做安格禄，意义就是一位倾覆一切的人物。

这位青年，开始也是一位偷窃为生的人，他对于偷窃、残杀、破坏，无所不为，这并不是他存心不好，而是因为从神得到一种魔术的权力，冲动起来，并非人力所能管制。婆罗门（Brahmans）知道他的真实本性，乃教他运用超自然的力量，因而他遂精于此道。他不久爱上信柯沙里的皇后，他觉得他应该排除了这个国王。王后名字叫做得得（Dedes），是一位精力超众的人物，只有安格禄这种人，才配做她的伴侣，他于是请教于婆罗门，婆罗门这样的告诉他：

安格禄：我的儿子，一个婆罗门不见得赞成你去陷害国王而占有他的妻子的企图，可是假使你觉得必需这样做的话，你也可以这样做。而且，你要小心，因为国王是一位强者，选择一柄好剑，你可以找你的朋友甘陁林（Gandring），他是一位铁匠，由他铸造出来的剑，你不需要刺了两次。

安格禄依照婆罗门的话去做，可是因为他觉得这位铁匠做剑做得慢一点，他竟把这把剑去试刺铁匠，铁匠临死前咒诅这把剑道：

你自己要死于这把剑，你及你的小孩，小孩的小孩们都要死于这把剑，七个国王要死于这把剑。

安格禄听了这些话，很为害怕。他决定当他做国王时，他要给这位铁匠的家人以很多的财富与恩惠，以减轻被他刺杀的铁匠的报复，而维持他的王朝，可是他并没有成功。

他是一位聪明的杀手，他借给这把剑与他的一位朋友，使他很得意的去随便使用这把剑，于是安格禄又偷偷的取回这把剑，杀了国王，并且把剑放在国王的死尸上，这样他的朋友又被认为杀人犯而处死。于是安格禄遂娶了王后，并且做了国王，这是安格禄取得王位的由来。

这位新国王，出身寒微，是一位纯粹的爪哇人，没有印度的血统，在他就位之后，他统一了东爪哇，称雄一时的伽提里成为他的属国，这大概是一二二二年的事情。到了后来，这就是他在位的后期，他征服了东爪哇与中爪哇的大部分。据说在这个时候的信柯沙里，是一个富有的国家，因为不只香料群岛的财富的一部分为这个国家所得，就是南洋群岛的东方与西方商业也有一部分的财富，流入这个国家。

也许因为安格禄是一位纯粹的爪哇人，他对于印度的文化的提倡，持了一种消极的态度，可能因为出身寒微，所以假托为印度的神的后代。在他就位之前，印度移民的子孙多成为爪哇的上层阶级，可是因为移民与本地互相通婚，爪哇人也逐渐的升入这个阶级，到了安格禄登位的时候，纯粹的爪哇人成为上层阶级的重要分子。他的名字的意义是颠覆一切，印度或印度化的势力被推翻了，纯粹的爪哇人统治了爪哇。

在这个国家的首都所留下来的两个寺庙的遗迹，说明了这是印度爪哇艺术的古典形式的最后例子，这些古物，已表现出爪哇艺术的新发展的趋向格式，外表是旧的，但是深刻的研究下去，就可以找出在旧的格式中，有了一种新精神，这就是爪哇民族艺术的复兴。因为安格禄就位以后，他允许了以爪哇民族的作风去代替了印度的成份，旧的建筑的简明而美丽的和谐虽然消失，但是装饰的丰富与文雅，却有了改进，工作比较更细致，更精巧。

安格禄后来却为前王及得得王后所生的儿子所杀死，因为这位前王的儿子，后来发觉了杀他父亲的就是安格禄。他取得那把杀他父亲的剑，假手于他的一位朋友，杀死安格禄，然后他又杀死了这位朋友，但这位王子也明白了他自己会死于此剑，因此他给了这把剑与另一位朋友，结果这一位朋友杀死他，而继他的王位，这样的，待到七个国王都为这把剑所杀死而后止。

信柯沙里的最后的国王是刻坦那格拉（Kertanagar）（一二六八——一二九二）。关于他的情况，爪哇方面的材料有了多少不同的说法，据《国王书》说，他是一个酒徒，他喜欢棕树酒（Palm Wine），据史载，他是因为好酒而失败，因为正在他痛饮的时候，他被了他的敌人所杀死。史家以为这是他的大臣的过失，因为他鼓励他去饮酒。

但是据一位僧侣名字叫做勃拉邦加（Prapanca）的记载，对于这位国王是很为歌颂。他说这位国王是圣人，是苦行者，在这位国王在位的时候，他征服了爪哇大部分，是在他的胜利的基础上，爪哇后来才能够征服其他的岛屿。

正是在这个时候，苏门答剌趋于衰微，刻坦那格拉利用这个机会去攻伐苏门答剌的三佛齐的北部，这就是以往的末罗瑜国。爪哇军队深入内地，并且在一个山脚下立了一个歌颂这位国王的纪念碑。这样，使苏门答剌居在山区的人民，也联合起来，而建立自己的国家，这就是后来的米南迦保（Menangraban）。

据说爪哇这位国王战胜了苏门答剌之后，又伸张其势力到婆罗洲的西南部，以致马来半岛一些地方。

可是正在他在国外胜利的时候，爪哇本部却有人反叛他，这就是伽提里的一位王子，叫做阇耶加皇（Jayakotwang）。这位王子引诱了信柯沙里的军队，离开了国都，于是设法去杀国王。据说当人报告刻坦那加拉敌人已临到都城，他还不相信，因为他正在与僧侣们痛饮的时候。

这位国王是一位奇特的人物，他很注意于精神的事务，他研究佛教的哲学与神学，他所注意的特别是魔术方面。这一派的信徒，以为假使潜思默想，没有效力，狂悦可以引起必要的能力去征服魔力，过份的酒与色欲，可以冲破平庸生活的狭小限度，而使身体产生一种必要的奋斗的精力，因此饮酒与性欲并不是罪恶，而是德性。他既有这样的看法，纵欲于酒色，也可以说是宗教上的一种仪式，难怪他被敌人杀死，是在他与僧侣痛饮的时候。

伽提里王子虽然杀了信柯沙里的国王，但是信柯沙里的军队还占据了苏门答剌与婆利以至爪哇的北部，他们准备回去恢复其势力，可是正在这个时候，蒙古的军队已抵达爪哇国境。

第十二章 满者伯夷朝

元朝为什么要侵伐爪哇,据说因为在元世祖的时候(一二七七至一二九四)曾遣使臣孟琪到爪哇,爪哇对这位使臣,不只没有礼貌,而且黥其面。《元史》卷二一〇《爪哇传》说:

> 爪哇在海外,视占城益远。自泉(州)南登舟海行者,先至占城,而后至其国。其风俗土产不可考,大率海外诸蕃国,多出奇宝,取贵于中国,而其人则丑怪,情性语言与中国不能相通。世祖抚有四夷,其出师海外诸蕃者,惟爪哇之役为大。
>
> 至元二十九年(一二九二)二月,诏福建行省除史弼、亦黑迷失、高兴平章政事,征爪哇。会福建、江西、湖广三行省兵凡二万,设左右军都元帅府二,征行上万户四,发舟千艘,给粮一年,钞四万锭,降虎符十,金符四十,银符百,金衣段百端,用备功赏。亦黑迷失等陛辞,帝曰:"卿等到爪哇,明告其国军民,朝廷初与爪哇通使,往来交好,后刺诏使孟右丞之面,以此进讨。"九月,军会庆元。弼、亦黑迷失领省事赴泉州,兴率辎重,自庆元登舟涉海。十一月,福建、江西、湖广三省军会泉州。十二月自后渚启行。
>
> 三十年(一二九三)正月,至构栏山(Gelam)议方略。二月,亦黑迷失、孙参政先领本省幕官,并招谕爪哇等处宣慰司官曲出海牙,杨梓、全忠祖,万户张塔剌赤等五百余人,船十艘,先往招谕之。大军继进于吉利门(Karimon),弼、兴进至爪哇之杜并足(Tubau),兴、亦黑迷失等议分军下岸,水陆并进。弼、兴、孙参政帅都元帅那海、万户宁居仁等水军自杜并足由戎牙路(Jangala)港口至八节涧(Pachekan)。兴与亦黑迷失帅都元帅郑镇国、万户脱欢等马步军,自杜并足陆行,以万户申元为先锋。遣副元帅土虎登哥,万户褚怀远、李忠等乘钻锋船由戎牙路于麻喏巴歇(Majap-ahit)浮梁前进,赴八节涧期会。
>
> 招谕爪哇宣抚司官言:爪哇主婿土罕必阇耶(Raden Vijaya)举国纳降,土罕必阇耶不能离军,先令杨梓、甘州不花、全忠祖引其宰相昔刺难答吒耶等五十余人来迎。三月一日会师八节涧,涧上接杜马班(Tumapel)王府,下通莆奔大海,乃爪哇咽喉必争之地。又其谋臣希宁官沿河泊舟,观望成败,再三招谕不降。行省于涧边设偃月营,留万户王天祥守河津。土虎登哥、李忠等领水军,郑镇国、省都镇抚伦信等领马步军,水陆并进。希宁官

惧，乘船宵遁，获鬼头大船百余艘，令都元帅那海、万户宁居仁、郑珪、高德诚、张受等镇八节涧海口。

大军方遂，土罕必阇耶遣使来告葛郎王（Jayakatwan）追杀至麻喏巴歇，请官军救之。亦黑迷失、张参政先往安慰土罕必阇耶，郑振国引军赴章孤接援。兴进至麻喏巴歇，却称葛郎兵未知远近，兴回八节涧。亦黑迷失寻报贼兵今夜当至，召兴赴麻喏巴歇。

七日，葛郎兵三路攻土罕必阇耶。八日黎明，亦黑迷失、孙参政率万户李明迎贼于西南，不遇。兴与脱欢由东南路与贼战，杀数百人，余奔溃山谷。日中，西南路贼又至，兴再战至晡，又败之。十五日，分军为三道伐葛郎期，十九日会答哈（Daha），听炮声接战。土虎登哥等水军溯流而上，亦黑迷失等由西道，兴等由东道进，土罕必阇耶军继其后。十九日，至答哈，葛郎国主以兵十余万交战，自卯至未连三战，贼败奔溃，拥入河，死者数万人，杀五千余人。国主入内城拒守，官军围之，且招其降。是夕国王哈只葛当出降，抚谕令还。

四月二日，遣土罕必阇耶即还其地，具入贡礼，以万户捏只不丁，甘州不花率兵二百护送。十九日土罕必阇耶背叛逃去，留军拒战，捏只不丁、甘州不花、省橡冯祥皆遇害，二十四日军还，得哈只葛当妻子官属百余人，及地图户籍，所上金字表以还，事见史弼、高兴传。

《元史》卷一六二《史弼传》说：

土罕必阇耶于道杀二人｛按：指担（《爪哇传》作捏）只不丁，甘州不花｝以叛，乘军还，夹路攘夺。弼自断后，且战且行，行三百里得登舟，行六月十八日夜达泉州。士卒死者三千余人，有司数其俘获金宝番布等，直五十余万。

又同卷《高兴传》说：

史弼、亦黑迷失已遣使护土罕必阇耶归国，具入贡礼。兴深言其失计。土罕必阇耶果杀使者以叛，合众来攻，兴等力战，却之，遂诛哈只葛当父子以归。诏治纵爪哇者，弼与亦黑迷失皆获罪，兴独以不预议，且功多，赐金五十两。

应当指出，《元史》所记载的有的地方太过简略与遗漏，需要加以补充。《元史》世祖本纪十九年（一二八二）曾遣宣慰孟庆（《明史》作孟琪）、万户孙胜夫使爪哇，同年元朝又遣万户何子志、皇杰甫使暹国，但舟经占城时，为占城王所执。到了一二八三一年，占城王杀何子志、皇杰甫等百余人，因此元朝曾遣兵去征伐占城。据说差不多在这个时候，爪哇不只与占城联盟，而且扣留中国派去爪哇的使者，又扣留一个时间之后还黥其面，而始遣回中国。爪哇王刻坦那格拉（Ketanagara）之所以这样做，据说一方面可能是表好感于其盟友占城，另一方面也可能以为中国离爪哇很远，同时蒙古虽强于陆军，不必长于海军。元军一二八一年征伐日本失败而回，就是例子。他还可能以为中国征伐占城，也曾为占城所败，可是更重要的原因，正像上面所说，他是一位很信幻术的君主，他可能以为他的幻术可以抵抗与战败敌人。

可是当元朝遣兵去征伐爪哇时，这位迷信幻术的君主，已为其属邦吉底利（《元史》作吉郎）（Kediri）的首长阇耶伽皇（Jayakotwang）所反叛而杀死。刻坦那格拉死后，据说其位应该由其婿土罕必阇耶（Raden Vijaya）承继，可是他的王位，却为阇耶伽皇所夺，土罕必阇耶乃逃到马都拉（Madura）岛。

没有多久，土罕必阇耶遣人告诉阇耶伽皇，假如阇耶伽皇允准他回爪哇，他愿意放弃他的王位承继权，而奉阇耶伽皇为王，后者答应了，同时给他一个位在布兰塔河旁的小村落。传说他的一位随从人员曾拾了一个果子来吃，可是一放入口，他很快吐出来而叹道：满者伯夷（Majapahit）（意思为苦果）。因此，满者伯夷这个名称后来遂成为这个国家与其都城的名称。

元朝所要报复者，是黥元使之面的刻坦那格拉。元军到达爪哇的时候，这位国王既已死，而在位者是一位篡夺者，又其合法继位者是居在满者伯夷的女婿。这位女婿见得元军到来，乃利用机会去联络，他表示，假如中国军队能帮助他去赶走那位篡立者，而立他为王，他愿意奉中国为上国。史弼与亦黑迷失答应他所请，所以他就与元军合作而进攻阇耶伽皇，可是料不到元军击败这位篡立者之后，土罕必阇耶却用诡计去击退元军。

这样，土罕必阇耶遂自立为王，自称为格利塔罗阇萨（Kritarajasi），他是满者伯夷的建立者，他就位于一二九三年，死于一三〇九年。元军退后，不只在他在位的时候，没有再来报复，直到元亡，也没有再遣军来征伐爪哇。

土罕必阇耶就位之后，也同他的岳父一样的相信幻术，而且也想实现其岳父的大爪哇政策。他又利用婚姻的方式，去联络一些国家，据说他娶了马来由、峇里、马都拉与婆罗洲（丹绒补罗，Tanjongpura）的女儿为妻。有人说这四位都是刻坦那格拉的干女儿，同时他也娶了一位占城公主。

满者伯夷的创立者死后，他的儿子法耶那伽拉（Fayanagara）继位，从一三〇九至一三二七年之间，反叛还不断的发生，而主要是来自东爪哇。一三二七年古帝（Kuti）反叛，逼得国王离开都城。可是他的一位年青官员叫做伽阇马打（Gajah Mada）的，秘密的逃回都城，了解敌情，于是带军去击败敌人，使国王还都。这位年青的官员，既有功于王，他遂得王的提拔而居高位。法耶那伽拉死于一三二八年，他死后，他所娶的占城妃承继其位，因为她是外国人，不能称女王，因而组织一个以她的女儿特利布（Tribu）为首的摄政机构去处理政事。直到一三五〇年，这位摄政者死后，乃由其孙希姆武鲁克（Hyam Wuruk）承继王位。

马打既有功而居高位，而承继法耶那伽拉的又是一位女子，因而马打的地位越高，权力愈大。从一三三一年至一三六四年的三十余年中，他是满者伯夷的首相，他被称为巴底（Pati），意为全权的首相。是在他统治的时代，满者伯夷被称为黄金时代，据说在他为首相时，满者伯夷征服了马都拉、峇里、苏门答腊、与淡马锡与马来半岛一部分，以及婆罗洲一部分。他又征服巽他，据说他用了铁与血的政策去统治。在这个时候，满者伯夷又垄断了东西的交通与贸易。汪大渊在《岛夷志略》的"爪哇"条说：

> 爪哇即古阇婆国，门遮把逸山（Majapahit）系官场所居，宫室壮丽，地广人稠，实甲东洋诸国。旧传王系雷震石中而出，令女子为酋以长之。其地膏沃，地平衍，谷米富饶，倍于他国，民不为盗，道不拾遗，谚云太平阇婆者此也。

明初随郑和出使到东南亚各国的马欢，在其《瀛涯胜览》"爪哇国"条很详细的叙述这个国家的情况，今录之于后：

> 爪哇国者古名阇婆国也，其国有四处，皆无城郭，其他国船来先至一处名杜板（Tuban），次到一处名新村（Geresik），又至一处名苏鲁马益（Surabaya）（按：现名泗水），再至一处名满者伯夷（Majapabit），国王居之。其王之所居，以砖为墙，高三丈余，周围约有二百余步。其内设重门，甚整洁，房屋如楼起造，高每三四丈，即布以板，铺细藤簟或草花席，人于其上，盘膝而坐。屋上用硬木板为瓦，破缝而盖之。国人住屋以茅草盖之，家家具以砖砌土库，高三四尺，藏贮家私什物，居止坐卧于其上。
>
> 国王之绊，鬅髼头或带金叶花冠，身无衣袍，下围丝嵌手巾一二条，再用锦绮或纻丝缠之于腰，名曰压腰，插一两把短刀，名不刺头。赤脚出入，或骑象，或坐牛车。国人之绊，男子鬅头，女子椎髻，上穿衣，下围手巾，男子腰插不刺头一把，三岁小儿至百岁老人皆有此刀，皆是兔毫雪花上等镔铁为之。其柄用金或犀角象牙，雕刻人形鬼面之状，制极细巧。
>
> 国人男妇，皆昔其头，若人以手触摸其头，或买卖之际，钱物不明，或酒醉颠狂言语争竞，便拔此刀以刺之。事无大小，强者为胜，若戳死人，其人逃避三日不出，则不偿命，若当时捉住，随亦戳死。国无鞭笞之刑，事无大小，即用细藤背缚两手，拥行数步，则将不刺头于罪人腰眼或软肋一二刺即死。其国风土，无日不杀人，甚可畏也。
>
> 中国历代铜钱，通行使用。杜板蕃名赌班（Tuban），地名也。此处约千余家，以二头目为主，其间多有中国广东及漳州人流居此地。鸡、羊、鱼、菜甚贱。海滩有一小池，甘淡可饮，曰是圣水。传言大元时，命将史弼、高兴征伐阇婆，经月不得登岸，船中之水已尽，军士失措。其二将拜天祝曰：

奉令伐蛮,天若与之,则泉生,不与,则泉无。祷毕,奋力插枪海滩,泉水随枪插处涌出,水味甘淡,众饮而得全生,此天赐之助也,至今存焉。

于杜板投东行半日许至新村,番名曰革儿昔(Geresik),原系沙滩之地,盖因中国之人来此创居,遂名新村,至今村主,广东人也,约有千余家。各处番人多到此处买卖,其金子诸般宝石,一应番货,多有卖者,民甚殷富。自新村投南,船行二十余里,到苏鲁马益,番名苏儿把牙(Surabaya)。其港口流出淡水,自此大船难进,用小船行二十余里,始至其地,亦有村主,掌管番人千余家,其间亦有中国人。其港口有一洲,林木森茂,有长尾猢狲万数聚于上,有一黑色老雄猕猴为主,却有一老番妇随伴在侧。其国中妇人无子嗣者,备酒饭果饼之类,往祷于老猕猴,其老猴喜则先食其物,余令众猴争食,食尽随有二猴来前交感为验,此妇回家,即便有孕,否则无子也,甚为可怪。

自苏儿把牙小船行七八十里,到埠头名章姑(Changkir),登岸投西南行一日半到满者伯夷,即王之居处也。其处番人二三百家,头目七八人以辅其王。天气长热如夏,田稻一年两熟,米粒细白。芝麻、绿豆皆有,大小二麦绝无。土产苏木、金刚子、白檀香、肉豆蔻、荜拨、班猫、镔铁、龟筒、玳瑁,奇禽有白鹦鹉,如母鸡大,红绿莺哥、五色莺哥、鹩哥,皆能效人言语,珍珠鸡、倒挂鸟、五色花班鸠、孔雀、槟榔、雀、珍珠雀、绿班鸠之类。异兽有白鹿、白猿猴等畜。其猪、羊、牛、马、鸡、鸭皆有,但无驴与鹅耳。

果有芭蕉子、椰子、甘蔗、石榴、莲房、莽吉柿(Mangostine)、西瓜、郎扱之类。其莽吉柿,如石榴样,皮内如橘囊样,有白肉四块,味甜酸甚可食。郎扱(Langsop)如枇杷样略大,内有白肉三块,味亦甜酸。甘蔗皮白粗大,每根长二三丈。其余瓜、茄、蔬菜皆有,独无桃李、韭菜。

国人坐卧无床凳,吃无匙箸,男妇以槟榔荖叶聚蜊灰,不绝口。欲吃饭时,先将水漱口内槟榔渣,就洗两手干净,围坐,用盘满盛其饭,浇酥油汤汁以手撮入口中而食,若渴则饮水,遇宾客往来无茶,止以槟榔待之。

国有三等处人,一等回回人,皆是西番各国为商流落此地,衣食诸事皆清致。一等唐人,皆是广东漳泉等处人,窜居此地,食用亦美洁,多有从回回教门受戒持斋者。一等土人,形貌甚丑异,猱头赤脚,崇信鬼教,佛书言鬼国其中,即此地也。人吃食甚是恶秽,如地蚁及诸虫蚓之类,略为火烧微熟便食。家畜之犬与人夜则共寝,略无忌惮。旧传鬼子魔王青面,红身,赤发,正于此地,与一罔象相合而生子百余,与啖血为食,人多被食。忽一日雷震石裂,中坐一人,众称异之,遂推为王,即令精兵驱逐罔象等众而不为害,后复生齿而安焉,所以至今人好凶强。

年例有一竹枪会，但以十月为春首，国王令妻坐一塔车于前，自坐一车于后，其塔车高丈余，四面有窗，下有转轴，以马前拽而行。至会所，两边摆列队伍，各执竹枪一根，其竹枪实心无铁刃，但削尖而甚坚利。对手男子各携妻孥在彼，各妻执三尺短木棍，立于其中，听鼓声紧慢为号，二男子执枪进步抵戳，交锋三合，二人之妻各持木棍格之，曰那剌那剌（Larak），则退散。设被戳死，其王令胜者与死者家人金钱一个，死者之妻随胜者男子而去，如此胜负为戏。

其婚姻之礼，则男子先至女家成亲。三日后，迎其妇，男家则打铜鼓、铜锣，吹椰壳筒，及打竹筒鼓，并放火铳，前后短刀团牌围绕。其妇披发裸体跣足，围系丝嵌手巾，项佩金珠联络之饰，腕带金银宝装之镯。亲朋邻里，以槟榔荖叶线纫草花之类妆饰彩船而伴送之，以为贺喜之礼。至家则鸣锣击鼓，饮酒作乐，数日而散。

凡丧葬之礼，如有父母将死，为儿女者问于父母死后或犬食，或火化，或弃水中，其父母随心所愿而嘱之，死后即依遗言所断送之。若欲犬食者，即抬其尸至海边或野外地上，有犬十数来食尽尸肉无遗为好，如食不尽，则子女悲号哭泣，将遗骸弃水中而去。又有富人及头目等尊贵之人将死，则手下亲厚婢妾先与主人誓曰，死则同往，至死后出殡之日，木搭高棚，下垛柴块，纵火焚棺，候焰盛之际，其原誓婢妾二三人则满头带草花，身披五色花手巾，登跳号哭，良久撺入火内，同主尸焚化，以为殉葬之礼。

番人殷富者甚多，买卖交易，行使中国历代铜钱。书记亦有字，如锁里（Soliola）字同，无纸笔，用菱荸叶以尖刀刺之，亦有文法。国语甚美软。

斤秤之法，每斤二十两，每两十六钱，每钱四姑邦（Kubana），每姑邦官秤二分一厘八毫七丝五忽，每钱该官秤八分七厘五毫，每两该官秤一两四钱，每斤该官秤二十八两。升斗之法，截竹为升为一姑剌（Kulak），该中国官升一升八合。每番斗为一榇黎（Nalik），该中国官斗一斗四升四合。

每月至十五十六夜月圆清明之夜，番妇二十余人或三十余人，聚集成队。一妇为首，以臂膊遞相联绾不断，于月下徐步而行，为首者唱番歌一句，众皆和之。到亲戚富贵之家门首，则赠以铜钱等物，名曰步月，行乐而已。

有一等人以纸画人物鸟兽鹰虫之类，如手卷样，以三尺高二木为画干，止齐一首，其人蟠膝坐于地，以图画立地，每展出一段，朝前番语高声解说此段来历，众人围坐而听之，或笑或哭，便如说平话一般。

国人最喜中国青花磁器，并麝香，销金纻丝，烧珠之类，则用铜钱买易。国王常差头目以船只装载方物，进贡中国。

费信《星槎胜览》前集"爪哇国"条云：

古名阇婆，自占城起程，顺风二十昼夜可至。其国地广人稠，实甲兵器械，乃为东洋诸蕃之冲要。旧传鬼子魔天，正于此地，与一罔象青面红身赤发相合，凡生子百余，常食啖人血肉，佛书所云鬼国，即此地也。其中人被啖几尽，忽一日雷震石裂，中坐一人，众称异之，遂为国王，即领兵驱逐罔象而不为害，后复生齿而安业。乃至今国之移文，后书一千三百七十六年，考之肇启汉初，传至我宣德七年（一四三二）（冯承钧校注指出应为塞伽历一千三百五十四年而非一千三百七十六年）。

港口以入去马头曰新村，居民环接，编茭樟叶覆屋，铺店连行为市，买卖聚集。其国富饶，珍珠、金、银、鸦鹘、猫睛青红等石、珺琪、玛瑙、豆蔻、荜茇、栀子花、木香、青盐，无所不有，盖在通商之处也。其鹦鹉婴哥驯能语言歌曲，其倒挂鸟身如雀大，被五色羽，日间焚香于其傍，夜则张羽翼而倒挂，张尾翅而放香。

民族好凶强，但生子一岁，则置刀于被，名曰不剌头，以金银象牙雕刻为鞘，凡男子自幼至老，贫富皆有。插于腰间，若有争端，不通骂詈，即拔刀刺之，强者为胜，设被杀之藏躲三日而出，即无事也。男子猱头裸身，惟腰围单带手巾，能饮、酒酗，重财轻命，妇人亦然，惟项上金珠联纫带之，两耳塞菱樟叶圈于窍中。……

苏鲁马益亦一村地名也，为市聚货，商舶米粮港口，有洲聚猢狲数万。传闻于唐时，其家五百余口，男妇凶恶。忽一日有僧至其家，乃言吉凶之事，其僧取水噀之，俱化为猕猴，止留其老妪不化。今存旧宅，本处及商者常设饮食槟榔、花果、肉类而祭之，不然，则祸福甚有验也。此怪诞之事，本不可记，尤可为之戒矣。

杜板一村，亦地名也，海滩有水一泓，甘淡可饮，称曰圣水。元时使将史弼、高兴因征其国，经月不下雨，舟中缺粮，军士失措。史高二将拜天祝曰："奉命伐蛮，如天与水即生，不与则死。"祝之，插枪咸苦海滩，其泉水随枪涌出，水味甘甜，众军吸而饮之。乃令曰天赐助尔，兵威大振，喊声奋杀，番兵百余万悉皆败走，遂已登岸，随杀随入，生擒番人，煮而食之，至今称中国能食人也。获囚首长回国，服罪放归，改封为爪哇国王也。

马打死于一三六四年，满者伯夷国王武鲁克组织一个五人的内阁，去治理国事，同时，又选了很多的官员去帮助他们，但其主要人员都是国王的亲王。国王是被视为自在天王（Siva）的再生，他是国家的国王，也是宗教的领袖。

虽然在马打的时代，满者伯夷征服了不少地方，但是他死之后，其实在他死之前，不少地方已有叛乱发生。过去有的历史学者像格罗（Krom），以为满者伯夷是马来与南海诸国中的最大的帝国，比之三佛齐还要大。他以为这个帝国在当时统治了现在所有的印度尼西亚的领土，也统治了马来半岛的大部分，但是经过一些学者的深一步的研究，像巴尔克（C. C. Berg），以为这个帝国是一个谜，这个帝国在其黄金时代，其版图最大时实际上不过是包括峇里与马都拉二个岛，所谓满者伯夷征服了好多地方，有的不过只是暂时击败，有的是满者伯夷的统治者，像过去的刻坦那格拉所想像中的大帝国而已。

国王在马打未死之前，就不理国事，马打死后，国王又把国事交给其臣仆，他自己只顾享乐，耽于酒色。这个帝国的内部，逐渐又分化起来。这种情况，在武鲁克在位的时候，已经表现出来，有人说他还有意的去鼓励这个分化的局面。他有一位叔父在东爪哇与峇里，他给他全权去治理这些地方，而很少过问，在他未死之前，他又分其国为二部分，一部分给与他的女婿维克拉玛范汉娜（Vikramavarddhana），他也是国王的侄子是马打蓝王子（Mataram），这就是他的正式的承继者，一部分给与他的一位儿子维拉布美（Virabumi），后来统治了上面所说的叔父所管理的地方。在他死前，二者还是相安无事，至少在表面上，还没有什么冲突，可是一三八九年他死之后，问题就发生了，二者互相争持，不分上下。这种争执，慢慢地发展，到了一四〇一年，就爆发起来，双方互相争伐，战争年年不断。虽然一四〇六年东爪哇的王子，这就是武鲁克的儿子死了，但战争还是时起时停，国力既随时日而消耗，人民生活日加痛苦，战争又加上饥荒，结果是这个帝国，很快的就衰微。到了马六甲崛起之后，回教的势力，又很快的发展，满者伯夷不只在政治上日益腐化，在经济上日加穷困，而在宗教上除了峇里，直到今天还保持其印度化的宗教之外，在满者伯夷的印度教以及宗教的制度影响，也与这个国的衰微而衰微。十五世纪初年以后，而尤其马六甲强盛以后，满者伯夷在名义上虽还存在到十六世纪的初年，可是在南海的政治上与经济上，已经没有什么地位。满者伯夷的最后的君主是叫做巴杜特拉（Patendra），他大概是死于一五二〇年。

明太祖于一三六八年称帝，次年就遣使到爪哇。关于明代的爪哇，《明史》卷三二四《爪哇传》说：

> 爪哇在占城西南，元世祖时遣使臣孟琪往，黥其面，世祖大举兵伐之，破其国而还。

> 洪武二年（一三六九），太祖遣使以即位诏谕其国。其使臣先奉贡于元，还至福建而元亡，因入居京师。太祖复遣使送之还，且赐大统历。三年（一三七〇），以平定沙漠颁诏曰："自古为天下主者，视天地所覆载，日月所照临，若远若近，生人之类，莫不欲其安土而乐生，然必中国安，而后四方万国顺附。迩元君妥欢帖木儿，荒淫昏弱，志不在民，天下英雄，分裂疆宇。朕悯生民之涂炭，兴举义兵，攘除乱略。天下军民共尊朕居帝位，国号大明，建元洪武。前年克取元都，四方底定，占城、安南、高丽诸国俱来朝贡，今年遣将北征，始知元君已殁，获其孙买的里八剌，封为崇礼侯。朕仿

前代帝王治天下，惟欲中外人民皆安其所，又虑诸蕃僻在远方，未悉朕意，故遣使者往谕，咸使闻知。"九月，其王昔里八达剌蒲遣使奉金叶表来朝，贡方物，宴赉如礼。

五年（一三七二），又遣使随朝使常克敬来贡，上元所授宣敕三道。八年（一三七五），又贡。十年（一三七七），王八达那巴那务遣使朝贡，其国又有东西二王，东番王勿院劳纲结，西番王忽劳波务，各遣使朝贡。天子以其礼意不诚，诏留其使，已而释还之。十二年（一三七九），王八达那巴那务遣使朝贡。明年（一三八〇）又贡。时遣使赐三佛齐王印绶，爪哇诱而杀之，天子怒，留其使月余，将加罪，已遣还，赐敕责之。十四年（一三八一），遣使贡黑奴三百人，及他方物。明年（一三八二），又贡黑奴男女百人，大珠八颗，胡椒七万五千斤。二十六年（一三九三），再贡。明年（一三九四）又贡。

成祖即位，诏谕其国。永乐元年（一四〇三）又遣副使闻良辅、行人宁善，赐其王绒、锦、织金文绮、纱罗。使者既行，其西王都马板（Tumapěl）遣使入贺，复命中官马彬等赐以镀金银印，西王遣使谢赐印，贡方物，而东王孛令达哈亦遣使朝贡，请印，命遣官赐之。自后，三王并贡。

三年（一四〇五），遣中官郑和使其国。明年（一四〇六）西王与东王拘兵，东王战败，国被灭，适朝使经东王地，部卒入市，西王国人杀之，凡百七十人。西王惧，遣使谢罪。帝赐敕切责之，命输黄金六万以赎。六年（一四〇八），再遣郑和使其国，西王献黄金万两，礼官以其输数不足，请下其使于狱，帝曰："朕于远人，欲其畏罪而已，宁利其金耶？"悉捐之。自后，比年一贡，或间岁一贡，或一岁数贡。中官吴宾、郑和先后使其国。时旧港（Palembang）地有为爪哇侵据者，满剌加国王矫朝命索之，帝乃赐敕曰："前中官吴庆还，言王恭待敕使者有加无替，比闻满剌加索旧港之地，王甚疑惧，朕推诚待人，若果许之，必有敕谕，王何疑焉？小人浮词，慎勿轻听。"

十三年（一四一五），其王改名扬维西沙，遣使谢恩，贡方物，时朝使所携卒有遭风飘至班卒儿（Pančur Boros）国者，爪哇人珍班闻之，用金赎回归之王所。十六年（一四一八），王遣使朝贡，因送还诸卒，帝嘉之，赐敕奖王，并优赐珍班。自是，朝贡使臣大率每岁一至。

正统元年（一四三六），使臣马用良言："先任八谛来朝，蒙恩赐银带，今为亚烈，秩四品，乞赐金带。"从之。闰六月，遣古里（Calicut）、苏门答腊、锡兰山、柯枝（Cochiu）、天方（Mekak）、加异勒（Cail）、阿丹（Aden）、忽鲁斯谟（Ormuz）、祖法儿（Zufor）、甘巴里（Koyampadi）、真腊使臣偕爪哇使臣郭信等同往，赐爪哇敕曰："王自我先朝，修职勿怠，朕今嗣服，复遣使来朝，意诚具悉。宣德（一四二六至一四三五）时，有古里等十一国来贡，今因王使者归。令诸使同往，王其加意抚恤，分遣还国，副朕远怀之忱。"五年（一四四〇），使臣回，遭风溺死五十六人，存者八十三人，仍返广东，命所司廪给，候便舟附归。

八年，广东参政张琰言："爪哇朝贡频数，供亿烦费，敝中国以事远人，非计。"帝纳之，其使还，赐敕曰："海外诸邦，并三年一贡，王亦宜体恤军民，一遵此制。"十一年（一四四六），复三贡，后乃渐稀。

景泰三年（一四五二），王巴剌武（Brabhu）遣使朝贡。天顺四年（一四六〇），王都马班遣使入贡，使者还至安庆，酗酒，与入贡番僧斗，僧死者六人，礼官请治伴送行人罪，使者敕国王自治。从之。成化元年（一四六五），入贡。弘治十二年（一四九九），贡使遭风舟坏，止通事一舟达广东，礼官请敕所司，量予赐费遣还，其贡物仍进京师，制可。自是贡使鲜有至者。

其国近占城，二十昼夜可至，元师西征，以至元二十九年（一二九二）十二月发泉州，明年（一二九三）正月即抵其国，相去止月余。宣德七年（一四三二），入贡表书一千三百七十六年，盖汉宣帝元康元年（前六五）乃其国建国之始也。地广人稠，性凶悍，男子无少长贵贱，皆佩刀，稍忤辄相贼，故其甲兵为诸番之最。字类琐里，无纸笔，刻于茭蕈叶。气候常似夏，稻岁二熟，无几榻匕箸。人有三种，华人流寓者，服食鲜华，他国贾人居久者，亦尚雅洁。其本国人最污秽，好啖蛇蚁虫蚓，与犬同寝食，状黝黑，猱头赤脚，崇信鬼道，杀人者避之三日即免罪。父母死，舁至野，纵犬食之，不尽则大戚，燔其余，妻妾多燔以殉。

其国一名莆家龙（Pekolongan），又曰下港，曰顺塔。万历（一五七三至一六一九）时，红毛番筑土库于大涧东，佛郎机筑于大涧西，岁岁互市，中国商旅亦往来不绝。其国有新村，最号饶富。中华及诸番商舶辐辏其地，宝货填溢，其村主即广东人。永乐九年（一四一一），自遣使表贡方物。

《明史》同卷有《阇婆传》，因为撰传人不知道阇婆与爪哇都是Java的对音，但该传也说"或曰爪哇即阇婆"。阇婆所叙述虽简略，但也与《爪哇传》有所不同，今录之于后：

阇婆，古曰阇婆达，宋元嘉（四二四至四五三）时始朝中国，唐曰诃陵，又曰社婆，其王居阇婆城，宋曰阇婆，皆入贡。洪武十一年（一三七八），其王摩那驼喃遣使奉表，贡方物，其后不复至。或曰爪哇即阇婆。然《元史·爪哇传》不言，且曰其风俗物产无所考。太祖时两国并时入贡，其王之名不同，或本为二国，其后为爪哇所灭，然不可考。

第四编　渤泥与菲岛

第十三章　渤泥与婆利

照一般人的意见，在东南亚的各处，婆罗洲是一个史料较为缺乏的地方，其实，这种看法，并不见得很对。

无可疑义，在现在的东南亚的各地中，婆罗洲面积虽是很大，然而不只人口很少，而且文化较低，在历史上，也不见得建立过很强大的国家。其自己的史料也很为缺乏，而且除中国外，他国文字的记载婆罗洲的古代事迹的是比较的少。同时，还有些人以为就以中国的史料来说，对于婆罗洲的记载，是始于宋代，至于《明史·婆罗传》说，唐代有婆罗国，《唐书·环王传》也有婆罗国的记载，历来一些学者，都以为《唐书》所载的婆罗，既非现在的婆罗洲，因而对于《明史》所说的唐代婆罗国，或是明代的婆罗，也加以否认，这样一来，一般人对于婆罗洲的历史，只能从宋代说起。

我们应该说关于婆罗洲的史料，正如东南亚的好多其他的国家的史料，记载最为详细的，要算中国史书。然而中国史书之记载婆罗洲，是否只始于宋代，这是值得考虑的问题。我个人觉得《宋书》、《隋书》、新旧《唐书》以及《通典》中所说的婆利，应该就是后来的渤泥，与现在的婆罗洲。

唐姚思廉所撰的《梁书》与杜佑所撰的《通典》，均有《婆利传》。以前勿列齐奈打（Bretschneider）曾以为这个婆利是在现在的婆罗洲，也就是赵汝适及《宋史》中所说的渤泥。伯希和在《交广印度两道考》中，疑婆利为爪哇东边的小岛峇里（Bali），后来冯承钧根据了伯希和的说法，也以婆利为峇里。

勿列齐奈打之所以主张婆利为婆罗洲，主要的是因为《婆利传》所说的婆利，是一个大洲，决非峇里可比，只有婆罗洲足以当之。伯希和之所以主张婆利为峇里，主要的是两者声音相似。我们以为婆利声音，不只与峇里相似，而也与渤泥（Borneo）相似。渤（Bor）是婆的对音，是无可疑的，泥为 N 音，利为 L 音，但这两者是相通，我国有好多地方的人们，L 与 N 并没有加以分别，混合而用，所以在声音上，婆利为渤泥是没有问题的。

《梁书·婆利传》说婆利国界东西五十日行，南北二十日行。《隋书·婆利传》说其国界东西四月行，南北四十五日行。《旧唐书》及《新唐书》均说其地延袤数千里，这几种关于土地幅员的说法，虽然也有出入之处，但都说了一点，这就是一个很大的洲。据近人估计，婆罗洲的疆域从东北至西南长约为八百三十英里，从西北至东南最广约六百英里，这与新旧《唐书》所说其地延袤数千里是相合的。

这么大的国土，不只峇里岛不能与之相比，就是爪哇也没有这么大。爪哇东西长不过六百二十二英里，南北最广约一百二十英里，其狭处为五十五英里。峇里总面积二千九十五方英里，爪哇总面积为四万八千五百零四方英里，而婆罗洲的总面积约为二十九万方英里，比之爪哇大约为六倍，而大于峇里约为二百倍。

再就其方位来看，与其说是婆利为峇里，不如说是在婆罗洲。《梁书》只说是在"广州东南海中洲上"，这是太过笼统。《隋书》说："婆利国自交趾浮海南过赤土、丹丹乃至其国。"《旧唐书》说："婆利在林邑东南中洲上，……自交州南海经林邑，扶南，赤土，丹丹，数国乃至焉。"《新唐书》说："婆利者直环王东南，自交州泛海，历赤土，丹丹诸国乃至。"杜佑《通典》说："在广州东南海中洲上，自交趾浮海南过赤土，丹丹国，乃至其国。"《新唐书》可能是从《通典》抄的。

扶南在越南南圻，赤土、丹丹均在马来半岛，到婆利要从交趾经过扶南、赤土、丹丹，就是沿着越南半岛，再经过马来半岛再东南走，而就到婆利。假使婆利是峇里，那么还要经过当时的室利佛逝，或是现在的苏门答剌，与阇婆，或是诃陵，这就是现在爪哇。《宋书》有《阇婆婆达传》，新旧《唐书》有《诃陵传》，《新唐书》有《室利佛逝传》，可是在《梁书》、《隋书》、《新唐书》、杜佑《通典》中的《婆利传》，没有一言说到室利佛逝，诃陵，或阇婆，说明从赤土、丹丹等处直接可以到婆利，而不必经过阇婆、诃陵与室利佛逝。

反过来说，峇里与爪哇，这是《宋书》所说的阇婆或《唐书》所说的诃陵，相隔只一衣带水，而从赤土、丹丹等处到峇里者应当经过室利佛逝或是苏门答剌，同时一定要经过阇婆或诃陵，只说经过赤土、丹丹，而到婆利，没有说经过室利佛逝与阇婆，说明了这个婆利不应在爪哇附近的峇里去找了，所以婆利不应是峇里。

又再从其物产风俗来说，峇里与爪哇的关系最深，所以物产风俗与爪哇也很为相似。据爪哇方面的传说：在爪哇婆那跋摩（Purnavarman）的时候，这就是在八世纪的时候，峇里曾附属于爪哇，其与爪哇的文化、宗教、风俗很为相同。然而在《隋书》、杜佑《通典》也均没有一言说到婆利与爪哇有了相似之处，可是相反的《隋书·婆利传》说："俗类真腊，物产同于林邑。"同传又说"于时南方有丹丹、盘盘二国，亦来贡方物，其风俗物产大抵相类云"，杜佑《通典》也说："俗类真腊，物产同于林邑。"

《旧唐书》说贞观四年（六三〇）其国遣使随林邑使献方物。《新唐书》说

"总章二年（六六九）其王旃达钵遣使者与环王使者偕朝"，这都可以说明婆利不会是峇里，因为峇里与爪哇相近，而且既属于爪哇，不与爪哇使者同来，而随林邑使者同来，是不可想像的。

此外，在《新唐书》卷二二二下《环王传》中曾说：

> 赤土西南入海，得婆罗，总章二年，其王旃达钵遣使者与环王使者偕朝，环王南有殊奈者，泛交趾海三月乃至，与婆罗同俗。

《明史》卷三二三《婆罗传》中说：

> 婆罗又名文莱（Brunei），……唐时有婆罗国。

这就是明朝时的婆罗，也就是唐朝时的婆利。《明史》还有《渤泥传》，其说渤泥谓："渤泥宋太宗时（九七六至九九七）始通中国。"那么渤泥并非婆利，而文莱才是婆利，或是婆罗。冯承钧在《中国南洋交通史》下编第五章注二二二中说：

> 此婆罗不得为渤泥，《明史》之附会不一而足，此其一端也。

冯氏这话似过于武断。《明史》既有了长篇《渤泥传》，又有《婆罗传》，而婆罗却说为文莱。《明史》说婆罗唐时已有，而关于渤泥却说是宋时始通中国，那么《明史》并不把婆罗当为渤泥。《唐书·环王传》所说的婆罗，也与婆利分开来说，在方位上，《唐书》说婆罗是在赤土西南，假使西南没有错误，那么婆罗应该是在马来半岛之西边，这与婆利位置恰恰相反，然而这里所说的西南，可能是东南之误，假使这种看法是不错的话，那么《明史》所说的文莱，就是唐时的婆罗，却不一定是错误，而是事实。

应该指出，《明史》是有很多附会的，一个国家分为二传的错误是常有的事情，比方《明史》有了《爪哇传》，又有《阇婆传》，就是一个例子。《西域传》的 Herat 既有《哈列传》，又有《黑娄传》。然而我们也应该指出，婆罗洲是一个大洲，可能不只一个国家，婆利、婆罗，可能是两个国，正如渤泥、文莱也可能是二个国家。而且，一个国家在时间上，其先后译名，也可能有不同之处。《旧唐书》说婆利贞观四年（六三〇），其国遣使随林邑使献方物，《新唐书》不立《婆罗传》，而附于《环王传》中。在字面上看起来，《环王传》中的婆利与婆罗好像是二个国家，然而在这么大的洲中，有二个国家，不足为奇。但《新唐书》没有说及贞观四年婆利入贡，而说总章二年（六六九）其王旃达钵遣使与环王使者偕朝，六六九年的入朝没有见于《旧唐书》，但前后二次来朝，都是随林邑使者同来，可能是二个国家，也可能是一个国家。贞观时代，是一个朝代，而总章时代，又变了朝代，但是朝代变更也好，不变也好，婆利译为婆罗，也是很可能的。因为利与罗均为 L 音，也可以是 N 音。至于《明史》不明白渤泥为婆利，不足为怪，而把渤泥与婆罗分为二国，正与把爪哇与阇婆分为二传，是同一个例子。

总而言之，无论一个地方有了二个国或是二个时代有了二个国，或是同一个国，时代不同而不同名，或是因译名不同而当为二国来做传，均有可能。不过无论如何，其所指地方为婆罗洲，似无可疑的。

而且，除了上面所说的诸名，如婆利、婆罗、渤泥、文莱等以外，现在的婆罗洲也有叫做加里曼丹（Kalimantan）的。一些欧洲人喜欢用这个名词，可是这个名词是怎样来的，就不容易解释。我们从汪大渊的《岛夷志略》中，找出"假里马打"一条，《元史·史弼传》作假里马答。假里马答据近人说是Karimata（冯承钧《中国南洋交通史》页八一、八七，及一九四），《岛夷志略》或《元史》的假里马答，在现在的婆罗洲的西南部的岛屿，位于假里马答海峡中，最大的假里马岛，与婆罗洲的西南著名城市坤甸（Pontianar）接近，究竟加里曼丹的名词应用，是先于假里马答，或者是后者的应用是先于前者，我们无法考订，但是这两个名词的声音相似，是无可疑的。可能两者本来是相通的，在某个时期中这一个大洲，包括其西南方的海峡与岛，都叫做假里马答，或假里马单。

这就是说婆罗洲在历史上，不只有一个名称，而有了好几个名称。在不同时期中固然有了不同名称，就是同一的时期中，也可以有不同的名称。因此之故，我们在这里，愿意把婆利、渤泥、婆罗、文莱、假里马答或加里曼丹都列入于婆罗洲的范围之内，这种看法虽然并不完全没有问题，然而比之过去的解释，似较为合理。

上面已把婆罗洲的名词及概况，略为叙述，现在我们进一步而谈谈其史略。

在婆罗洲东部的沼泽与丛林荒芜的一个乡村中，人们曾找出一些很古的碑文，这个碑文大概是古代印度移民，或印度化人所遗下来，他们好像是想在这里建立永久的国家而没有成功。这是一个人口稀少的区域，因为近来人们在这个地方找出煤矿与油池，因而引起人们的注意，同时是在这个地方，找出这些碑文。

有一个碑文中，告诉我们，有一位著名的王子建立一个朝代，碑文这样的说：

> 这位朝代的建立者，有了三个儿子，他们为像是三支献祭的火光，其中有一位最高贵的（Excellent）是以克己与苦行而著名，这就是王陛下麻拉跛摩（Mulavarman），他是人们的王。他把了好多黄金当为供奉，为了纪念这些供奉的一些二次托生的主要的人们，建立了这个献祭石柱。

这大概是五世纪前后的事情，而且我们相信，麻拉跛摩时的宗教，应该是婆罗门教。

这个麻拉跛摩王，曾说到他的父亲阿斯瓦跛摩（Asvavarman）与他的祖父官洞卡（Kundunga）。据说他的父亲是这个王朝的建立者，官洞卡不像是一个梵文名字，有人以为这个家族，可能不是来自印度，而是当地的土人，也有可能的是这个国家的建立者起初是一个当地人，但是后来的统治者，是受了印度宗教文化的影响，因而采用印度的名字。又《梁书》卷五十四说婆利有国王名憍陈如（Kaundinya），憍陈如是一个印度名字，其与官洞卡有点相像，虽则在时代上，二者相差很久，但也不能因此就完全没有关系。

此外，又在摩诃甘（Mahokam）、卡鲁诃斯（Kapuhas）与拉陀（Rata）等河域中，也找出一些在笈多时代的婆罗门遗物与佛像，这也说明了这个地方早已受印度文化的影响，或是有过印度人的踪迹，而且，可能也建立了国家。我们知道，印度的笈多（Gupta）时代，大致上是从公元后三二〇年至六四七年，婆罗洲既有笈多时代的东西，说明上面所说的王朝，是建立于四世纪的时代或是这个时代之前，是没有问题的。笈多时代相当于我国晋朝初叶或元帝太兴年间至唐朝太宗贞观末年，杜佑《通典》说"婆利国梁时通焉"。梁朝始于公元五〇二年至五五六年，虽然婆利之与中国交通，是在六世纪的上半叶，但是根据当地的碑文，在婆罗洲在四世纪的时候，既已有国家的建立，那么这个婆利虽不一定是碑文中所说的摩拉跋摩所建立的国家，但是婆利国的历史，也可能追溯到四世纪时代。

我现在先把唐与唐之前有关婆利的史文，抄录下来并加以解释。《梁书》卷五十四《婆利国传》说：

> 婆利国，在广州东南海中洲上。去广州二月日行。国界东西五十日行，南北二十日行。有一百三十六聚。土气暑热，如中国之盛夏。谷一岁两熟，草木尝荣。海出文螺、紫贝。有石名蚆贝罗，初采之柔软，及刻削为物干之，遂大坚强。其国人披吉贝如帊，及为都缦。王乃用班丝布，以缨络绕身，头著金冠，高尺余，形如弁，缀以七宝之饰。带金装剑，偏坐金高坐，以银蹬支足。侍女皆为金花杂宝之饰，或持白髦拂及孔雀扇。王出，以象驾舆，舆以杂香为之，上施羽盖珠帘，其导从吹螺击鼓。王姓憍陈如，自末通中国。问其先及年数，不能记焉，而言白净王夫人，即其国女也。

又说：

> 天监十六年（公元五一七），遣使奉表曰："伏承圣王，信重三宝，兴立寺塔，校饰庄严，周遍国土。四衢平坦，清净无秽。台殿罗列，状若天宫，壮丽微妙，世无与等。圣王出时，四兵具足，羽仪导从，布满左右。都人士女，丽服光饰。市廛丰富，充积珍宝。王法清整，无相侵夺。学徒皆至，三乘竞集，敷说正法，云布雨润。四海流通，交会万国。长江眇漫，清冷广深，有生咸资，莫能消秽。阴阳和畅，灾厉不作。大梁扬都圣王无等，临覆上国，有大慈悲，子育万民。平等忍辱，怨亲无二。加以周穷，无所藏

积。靡不照烛，如日之明；无不受乐，犹如净月。宰辅贤良，群臣贞信，尽忠奉上，心无异想。伏惟皇帝，是我真佛，臣是婆利国主，今敬稽首礼圣王足下，惟愿大王知我此心。此心久矣，非适今也。山海阻远，无缘自达，故今遣使献金席等，表此丹诚。"普通三年（公元五二二），其王频伽复遣使珠贝智等贡白鹦鹉、青虫、兜鍪、琉璃器、螺杯、杂香药等数十种。

《南史》卷七十八也有《婆利传》，其所记的与《梁书》大致相同。从上面数段话来看，我们知道，这个国家是在一个大洲中，这个国家的国界既东西五十日行，南北二十日行，应该是一个大国，而且，这里所说的国界，只是婆利国的国界，婆利固然是在婆罗洲这个大岛上，可是婆利是否占有整个大岛，却是一个问题。婆罗洲这个大岛，是南北较长，而东西较短，婆利东西行要五十天，而南北行只二十天，那么婆罗洲的全岛应该不是婆利的全境。其次，这个国家之于中国的交通，是始于南北朝梁时，这就是公元六世纪的时代，《梁书》既说"其自古未通中国"，同时又指出婆利人自己也不知"其先及其年数"，那么婆利的建国时期，是在梁代之前，也是无可疑的。这与上面所说的碑文记载，在这个岛上五世纪已有王朝的建立，是暗相符合，这就是说婆利的历史可以追溯到五世纪或五世纪之前，又在五世纪的时代，婆罗的东边几条河流一带，发现一些婆罗门与佛教的遗物。可是从《梁书·婆利传》来看，在六世纪的时代，婆利的佛教似乎较为发达，所以在其国王给梁朝皇帝书中说："皇帝是我真佛。"法显在第五世纪的初年，经过苏门答腊的时候还说："佛道不足语。"可是到了唐代，义净到苏门答腊岛上的室利佛逝时，佛教已很发达，使义净与其徒众能久留其地，学习梵文，翻译佛典。我们相信在爪哇，在婆罗洲的佛教，在六七世纪的时候，必定也发达起来，因而笈多时代的艺术文化，也传播于这个岛上。

《隋书》卷八十二《婆利传》说：

婆利国，自交趾浮海，南过赤土、丹丹，乃至其国。国界东西四月行，南北四十五日行。王姓刹利邪伽，名护滥那婆，官曰独诃邪挐，次曰独诃氏挐。国人善投轮力，其大如镜，中有窍，外锋如锯，远以投人，无不中。其余兵器与中国略同。俗类真腊，物产同于林邑。其杀人及盗，截其手，奸者缧其足，期年而止。祭祀必以月晦，盘贮酒肴，浮之流水。每十一月，必设大祭。海出珊瑚，有鸟如舍利，解人语。

大业十二年（六一六），遣使朝贡，后遂绝，于时南荒有丹丹、盘盘二国，亦来贡方物，其风俗物产大抵相类云。

新旧《唐书》均有婆利国传，《旧唐书》卷一九七《婆利传》说：

婆利国，在林邑东南海中洲上，其地延袤数千里，自交州南渡海，经林邑、扶南、赤土、丹丹数国乃至焉。其人皆黑色，穿耳附珰。王姓刹利耶伽,名护路那婆,世有其位。王戴花形如皮弁,装以真珠、璎珞,身坐金床。侍女有金花宝缕之饰,或持白拂孔雀扇。行则驾象,鸣金击鼓,吹蠡为乐。男子皆拳发,被古贝布,横幅以绕腰。风气暑热,恒如中国之盛夏。谷一岁再熟。有古贝草,缉其花以作布,粗者名古贝,细者名白氎。贞观四年(公元六三〇),其王遣使随林邑使献方物。

《新唐书》卷二二二下《环王传》中,有关于婆利的记载说:

婆利者,直环王东南,自交州泛海,历赤土、丹丹诸国乃至。地大州,多马,亦号马礼,袤长数千里。多火珠,大者如鸡卵,圆白,照数尺。日中以艾藉珠,辄火出。产瑇瑁、文螺、石蚶,初取柔可治,既缕刻即坚。有舍利鸟,通人言。俗黑身,朱发而拳,鹰爪兽牙,穿耳傅珰,以古贝横一幅缭于腰。古贝,草也,缉其花为布,粗曰贝,精曰氎。俗以夜为市,自掩其面。王姓刹利耶伽,名护路那婆,世居其位。缭班丝贝,缀珠为饰,坐金榻,左右持白拂、孔雀翠。出以象驾车,羽盖珠箔,鸣金击鼓,吹蠡为乐。其东即罗刹也,与婆利同俗,隋炀帝遣常骏使赤土,遂通中国。赤土西南入海得婆罗,总章二年(公元六六九),其王旃达钵遣使者与环王使者偕朝。

第十四章　史文的撰述

唐杜佑在其《通典》卷一八八也有"婆利"条，惟所记载与上面所抄录，没有什么差异，故从略。首先应该指出，《梁书》《隋书》所记载的王名，皆为印度名字，或印度化的名字，但关于其国的幅员与物产有所不同。《梁书》说其国东西五十日行，而《隋书》说四月行，四月为一百二十日，二者相差不止一倍，所谓四月者可能为四十日。又《梁书》说南北二十日行，而《隋书》说为四十五日行，这也相差不止一倍，当然隋代婆利的版图不一定与梁代的一样，然而相差似不至于若是之多。至于物产的不同，可能因为其所赠送的礼物，因时代的不同而各异。《梁》《隋》二书所载者可能皆为婆利的方物。

《梁书》《隋书》都没有说到其人民的样子，《旧唐书》始说其"人皆黑色"，《新唐书》说其"俗黑身朱发而拳"，这也可以说是东南亚的种族的一种比较普遍的皮色，可能也就是古代所通称的昆仑人。

婆利在唐代也称为渤泥，这个名称最先见于唐樊绰所著的《蛮书》，在该书《云南城镇第六·银生城传》中说：

> 又东南至大银孔，又南有婆罗门、波斯、阇婆、勃泥、昆仑数种，外通交易之处，多诸珍宝，以黄金麝香为贵货。

法国费琅（Ferrend）在其《南海中之波斯》一文中（见冯承钧译《西域南海史地考证译丛续编》页九一至一〇九），以为《蛮书》中所说的大银孔，应在今日的暹罗湾。应该指出，勃泥或今日所称的婆罗洲，是在暹罗湾的东南，而非其南，渤泥这个名称，自樊绰采用之后，宋元明清的撰述者都皆采用。在马端临的《文献通考》卷三三一中，既有"婆利"条，在卷三三一中，又有"勃泥"条，但其"婆利"条是抄录自杜佑《通典》卷一八八的"婆利"条，而且，《文献通考》的"婆利"条所记的是唐与唐之前的史实，该书在"勃泥"条所载的是宋代的勃泥史实，两者在时间上，并没有交错。

宋代的勃泥与中国往来更为频繁，最近在沙捞越所发掘的磁器、铁器，说明这一点，《宋史》卷四八九有《勃泥传》，《传》说：

> 勃泥国，在西南大海中，去阇婆四十五日程，去三佛齐四十日程，去占城与麻逸各三十日程，皆计顺风为则。
>
> 其国以板为城，城中居者万余人。所统十四州。其王所居屋覆以贝多叶，民舍覆以草，在王左右者为大人。王坐绳床，若出则大布单坐其上，众

舁之,名曰阮囊。战斗者则持刀被甲,甲以铜铸,状若大筒,穿之于身,护其腹背。

其地无麦有麻稻,又有羊及鸡鱼,无蚕丝,用吉贝花织成布。饮椰子酒,昏聘之资,先以椰子酒,槟榔次之,指环又次之,然后以吉贝布或量出金银成其礼。丧葬亦有棺殓,以竹为轝,弃载山中。二月始耕,则祀之,凡七年则不复祀矣。以十二月七日为岁节,地热多风雨。国人宴会,鸣鼓、吹笛、击钹、歌舞为乐。无器,并以竹编贝多叶为器盛食,食讫弃之。其国邻于底门国,有药树,取其根煎为膏服之,及涂其体,兵刃所伤,皆不死。前代未尝朝贡,故史籍不载。

太平兴国二年(公元九七七),其王向打遣使施弩、副使蒲亚里、判官哥心等赍表贡大片龙脑一家底、第二等八家底、第三等十一家底、米龙脑二十家底、苍龙脑二十家底,凡一家底,并二十两,龙脑版五、玳瑁壳一百、檀香三橛、象牙六株。表云:"为皇帝千岁万寿,望不责小国微薄之礼。"其表以数重小囊缄封之,非中国纸,类木皮而薄,莹滑、色微绿,长数尺,阔寸余,横卷之仅可盈握。其字细小,横读之,以华言译之,云:"勃泥国王向打稽首拜,皇帝万岁万岁万万岁,愿皇帝万岁寿,今遣使进贡。向打闻有朝廷,无路得到。昨有商人蒲卢歇船泊水口,差人迎到州,言自中朝来,比诣阇婆国,遇猛风,破其船,不得去。此时闻自中国来,国人皆大喜,即造舶船,令蒲卢歇导达入朝贡,所遣使人只愿平善见皇帝。每年令人入朝贡,每年修贡,虑风吹至占城界,望皇帝诏占城,令有向打船到,不要留。臣本国别无异物,乞皇帝勿怪。"其表文如是。诏馆其使于礼宾院,优赐以遣之。

元丰五年(一〇八二)二月,其王锡理麻喏复遣使贡方物,其使乞从泉州乘海船舶归国,从之。

宋代的勃泥之所以与宋朝通使,是由于商人蒲卢歇的介绍,蒲卢歇固应该是阿拉伯人,就是其副使蒲亚里,也应该是阿拉伯人,用外国人去当使者,在东南亚各国中,是有先例的,扶南王憍陈如用天竺僧人那伽仙,当扶南使者,就是一个例子。

除《宋史》关于勃泥的记载外,赵汝适在其《诸蕃志》卷上"勃泥"条中说:

勃泥在泉州之东南,去阇婆四十五日程,去三佛齐四十日程,去占城与麻逸各三十日程,皆以顺风为则。其国以板为城,城中居民万余人,所统十四州。

王居覆以贝多叶,民舍覆以草。王之服色,略仿中国,若裸体跣足,则臂佩金圈,手带金练,以布缠身,坐绳床。出则施大布单坐其上,众舁之,名曰软囊。从者五百余人，前持刀剑器械，后捧金盘，贮香脑槟榔等从。以战船百余只为卫。战斗则持刀披甲，甲以铜铸，状若大筒，穿之于身，护其腹背。器皿多用金。地无麦，有麻稻，以沙糊为粮，又有羊及鸡鱼。无丝蚕，用吉贝花织成布。有尾巴树、加蒙树、椰子树，以树心取汁为酒。富室之妇女，皆以花锦销金色帛缠腰。婚聘先以酒，槟榔次之，指环又次之，然后以吉贝布或量出金银成礼。丧葬有棺敛，以竹为舁，载弃山中。二月始耕则祀之，凡七年则不复祀矣。以十二月七日为岁节，地多热。国人宴会，鸣鼓吹笛，击钵歌舞为乐。无器皿，以竹编贝多叶为器，食毕则弃之。其国邻于底门（Timar）国，有药树，取其根煎为膏服之，仍涂其体，兵刃所伤，皆不死。

土地所出，梅花脑、速脑、金脚脑、米脑、黄腊、降真香、瑇瑁。番商与贩用货金、货银、假锦、建阳锦、五色绢、五色茸、琉璃珠、琉璃瓶子、白锡、乌铅、网坠、牙臂环、胭脂、漆碗碟、青瓷器等博易。番舶抵岸三日，其王与眷属率大人到船问劳，船人用锦藉跳板迎肃，款以酒醴，用金银器皿、褥席、凉伞等分献有差。既泊舟登岸，皆未及博易之事，商贾日以中国饮食献其王，故舟往佛泥（按：指勃泥）必挟善庖者一二辈与俱。朔望并讲贺礼，几月余方请其王与大人论定物价。价定，然后鸣鼓以召远近之人，听其贸易，价未定而私贸易者罚。俗重商贾，有罪抵死者罚而不杀。船回日，其王亦酾酒椎牛祖席，酢以脑子番布等，称其所施。舶舟虽贸易讫事，必候六月望日，排辨佛节，然后出港，否则有风涛之厄。佛无他像，茅舍数层，规制如塔，下置小龛，罩珠二颗，是谓圣佛。土人云：二珠其初犹小，今渐大如拇指矣。遇佛节，其王亲供花果者三日，国中男女皆至。

太平兴国二年（九七七），遣使蒲牙利（按：即蒲亚里）等贡脑子、瑇瑁、象牙、檀香。其表缄封数重，纸类木皮而薄，莹滑，色微绿，长数尺，博寸余，卷之仅可盈握。其字细小，横读之，译以华言云："渤泥国王向打稽首拜，皇帝万岁万岁万万岁。"又言"每年修贡易飘泊占城，乞诏占城，今后勿留"，馆其使于礼宾院，优遣之。元丰五年（一〇八二），又遣使来贡□（阙一字）。

西陇宫什庙日丽，葫芦、蔓头、苏勿里、马赡、逾马诺居海岛中，用小船来往。服色饮食与渤泥同。出生香、降真香、黄腊、瑇瑁，商人以白瓷器酒米粗盐白绢货金易之。

马端临《文献通考》卷三三二也有"勃泥"条，但其所记载，都见于赵汝适的《诸蕃志》与《宋史·勃泥传》，故不再录。这个国家，没有见于周去非的

《岭外代答》，《太平御览》是宋人所编辑，但只有婆利国而没有勃泥国。

《元史》没有勃泥传，元人汪大渊在其《岛夷志略》中，有关于勃泥的记载。其"浡泥"条说：

> 龙山磏于其右，基宇宏敞，源田获利。夏月稍冷，冬乃极热。俗奢，男女椎髻，以五彩系腰，花锦为衫。崇奉佛像唯严，尤近爱唐人，醉则扶之以归歇处。民煮海为盐，酿秫为酒。有酋长，仍选其国能算者一人掌文簿，计其出纳收税，无纤毫之差焉。地产降真、黄腊、玳瑁、梅花片脑，其树如杉桧，劈裂而取之，必斋浴而后往。货用白银、赤金、缎牙箱、铁器之属。

明代与勃泥的来往至为密切。除了互相遣派使者之外，国王也亲到中国，有一位国王还死在中国。所以《明史》对于这个国家的记载，很为详细。《明史》卷三二五《浡泥传》说：

> 浡泥，宋太宗时（公元九七六至九九七）始通中国，洪武三年（一三七〇）八月，命御史张敬之、福建行省都事沉秩往使。自泉州航海，阅半载抵阇婆，又逾月至其国。王马合谟沙，傲慢不为礼，秩责之，始下拜受诏。时其国为苏禄所侵，颇衰耗，王辞以贫，请三年后入贡。秩晓以大义，王既许诺，其国素属阇婆，阇婆人间之，王意中沮。秩折之曰："阇婆久称臣奉贡，尔畏阇婆，反不畏天朝邪？"乃遣使奉表笺，贡鹤顶、生玳瑁、孔雀、梅花大片龙脑、米龙脑、西洋布、降真诸香。八月，从敬之等入朝。表用金，笺用银，字近回鹘，皆镂之以进。帝喜，宴赉甚厚。八年（一三七五），命其国山川附祀福建山川之次。
>
> 永乐三年（一四〇五）冬，其王麻那惹加那遣使入贡，乃遣官封为国王，赐印诰、敕符、勘合、锦绮、彩币。王大悦，率妃及弟妹子女陪臣泛海来朝，次福建，守臣以闻，遣中官往宴赉，所过州县皆宴。六年（一四〇八）八月入都朝见，帝奖劳之，王跪致词曰："陛下膺天宝命，统一万方。臣远在海岛，荷蒙天恩，赐以封爵。自是国中雨畅时顺，岁屡丰登，民无灾厉，山川之间，珍奇毕露，草木鸟兽，亦悉蕃育。国中耆老咸谓此圣天子覆冒所致。臣愿睹天日之表，少输悃诚，不惮险远，躬率家属陪臣诣阙献谢。"帝慰劳再三，命王妃所进中宫笺乃方物陈之文华殿。王诣殿进献毕，自王及妃以下悉赐冠带、袭衣。帝乃飨王于奉天门，妃以下飨于他所，礼讫送归会同馆。礼官请王见亲王仪，帝命准公侯礼。寻赐王仪仗、交椅、银器、伞、扇、销金鞍马、金织文绮、纱罗、绫绢衣十袭，余赐赉有差。十月，王卒于馆。帝哀悼，辍朝三日，遣官致祭，赙以缯帛。东宫亲王皆遣祭，有司具棺椁明器，葬之安德门外石子岗，树碑神道。又建祠墓侧，有司春秋祀以少牢，谥曰恭顺。赐敕慰其子遐旺，命袭封国王。

遐旺与其叔父上言："臣国岁供爪哇片脑四十斤，乞敕爪哇罢岁贡，岁进天朝。臣今归国，乞命护送，就留镇一年慰国人之望。并乞定朝贡期，及傔从人数。"帝悉从之，命三年一贡，傔从惟王所遣，遂敕爪哇国免其岁供。王辞归，赐玉带一，金百两，银三千两，及钱钞锦绮纱罗衾褥帐幔器物，余皆有赐。以中官张谦，行人周航护行。

又说：

初，故王言："臣蒙恩赐爵，臣境土悉属职方，乞封国之后山为一方镇。"新王复以为言，乃封为长宁镇国之山。御制碑文，令谦等勒碑其上。其文曰："上天佑启我国家万世无疆之基，诞命我太祖高皇帝全抚天下，休养生息，以治以教，仁声义问，薄极照临，四方万国，奔走臣服，充凑于庭，神化感动之机，其妙如此。朕嗣守鸿图，率由典式。严恭祗畏，协和所统。无间内外，均视一体。遐迩绥宁，亦克承予意。"

乃者浡泥国王诚敬之至，知所尊崇，慕尚声教，益谨益虔，率其眷属、陪臣，不远数万里，浮海来朝，达其志，通其欲。稽首陈辞曰："远方臣妾，丕冒天子之恩，以养以息，既庶且安。思见日月之光，故不惮险远，辄敢造庭。"又曰："覆我者天，载我者地。使我有土地人民之奉，田畴邑井之聚，宫室之居，妻妾之乐，和味宣服，利用备器，以资其生，强罔敢侵，众罔敢暴，实为天子之赐。是天子功德所加，与天地并。然天仰则见，地蹐则履，惟天子远而难见，诚有所不通。是以远方臣妾，不敢自外，逾历山海，躬诣阙廷，以伸其悃。"朕曰："惟天，惟皇考，付予以天下，子养庶民。天与皇考，视民同仁，予其承天与皇考之德，惟恐弗堪，弗若汝言。"乃又拜手稽首曰："自天子建元之载，臣国时和岁丰，山川之藏，珍宝流溢，草木之无葩花者，皆华而实，异禽和鸣，走兽跄舞。国之黄耇咸曰，中国圣人德化渐暨，斯多嘉应。臣土虽远，实天下之氓，故奋然而来觐也。"朕观其言文貌恭，动不逾则，悦喜礼教，脱略夷习，非超然卓异者不能。稽之载籍，自古邈远之国，奉若天道，仰服声教，身至帝廷者有之。至于举妻子兄弟亲戚陪臣，顿首称臣妾于阶陛之下者，惟浡泥国王一人。西南诸蕃国长，未有如王贤者。王之至诚，贯于金石，达于神明，而令名传之于悠久，可谓有光显矣。

兹特锡封王国中之山，为长宁镇国之山，赐文刻石，以著王休。于昭万年，其永无斁，系之诗曰："炎海之墟，浡泥所处。煦仁渐义，有顺无迁。偻偻贤王，惟化之慕。导以象胥，遹来奔赴。同其妇子、兄弟陪臣，稽颡阙下，有言以陈。谓君犹天，遗以休乐，一视同仁，匪偏厚薄。顾兹鲜德，弗称所云。浪泊风樯，实劳恳勤。稽古远臣，顺来怒赴。以躬或难，刿尔家室。王心亶诚，金石其坚。西南蕃长，畴与王贤。矗矗高山，以镇王国。镌文于石，懋昭王德。王德克昭，王国攸宁。于万斯年，仰我大明。

又说：

八年（公元一四一〇）九月，遣使从谦等入贡谢恩。明年（一四一一）复命谦赐其王锦绮、纱罗、彩绢凡百二十匹，其下皆有赐。十年（一四一二）九月，逻旺偕其母来朝。命礼官宴之会同馆，光禄寺旦暮给酒馔。明日帝飨之奉天门，王母亦有宴。越二日再宴。赐王冠带袭衣，王母、王叔父以下分赐有差。明年（一四一三）二月辞归，赐金百、银五百、钞三千锭、钱千五百缗、锦四、绮帛纱罗八十、金织文绣文绮衣各一，衾裯帏幔，器物咸具。自十三年（一四一五）至洪熙元年（一四二五）四入贡，后贡使渐稀。

嘉靖九年（一五三〇）给事中王希文言："暹罗、占城、琉球、爪哇、浡泥五国来贡，并道东莞。后因私携贾客多，绝其贡。正德间（一五〇六至一五二一）佛郎机（按：指葡萄牙）阑入流毒，概行屏绝。曾未几年，遽尔议复，损威已甚。"章下都察院，请悉遵旧制，毋许混冒。

万历中（一五七三至一六一九），其王卒无嗣，族人争立。国中杀戮几尽，乃立其女为王。漳州人张姓者初为其国那督，华言尊官也，因乱出奔。女主立，迎还之。其女出入王宫，得心疾，妄言父有反谋。女主惧，遣人按问其家，那督自杀。国人为讼冤，女主悔，绞杀其女，授其子官。后虽不复朝贡，而商人往来不绝。

国统十四州，在旧港之西，自占城四十日可至。初属爪哇，后属暹罗（？），改名大泥（？）。华人多流寓其地。嘉靖（一五二二至一五六六）末，闽粤海寇遗孽逋逃至此，积二千余人。万历时（一五七三至一六一九），红毛番（按：指荷兰人）强商其境，筑土库以居。其入彭湖互市者，所携乃大泥国文也。诸风俗物产具详《宋史》。

应该指出，这里所说的大泥，乃是在马来半岛东岸的大泥（Patani），而与浡泥不同。所"后属暹罗"乃指这个大泥，而非浡泥也。明张燮《东西洋考》卷三有"大泥"条，以为大泥即古浡泥，是一个错误。《东西洋考》"大泥"条下有吉兰丹，这个地方也是在马来半岛，但很奇怪的，是在"大泥"条中所记却是浡泥的史事，可能撰《明史》者是抄袭了《东西洋考》，而没有加以区别，所以有此错误。

又《明史》卷三二三《婆罗传》说：

婆罗，又名文莱，东洋尽处，西洋所自起也。唐时有婆罗国，高宗时（公元六五〇至六八三）常入贡。永乐三年（一四〇五）十月，遣使赍玺书彩币，抚谕其王。四年（一四〇六）十二月，其国东西二王并遣使奉朝贡。

明年（一四〇七）又贡。

其地负山面海，崇释教，恶杀嘉施。禁食猪肉，犯者罪死。王薙发，裹金绣巾，佩双剑，出入徒步，从者二百余人。有礼拜寺，每祭用牲。厥贡玳瑁、玛瑙、砗磲珠、白焦布、花焦布、降真香、黄腊、黑蕨。

万历时（一五七三至一六一九），为王者闽人也。或者郑和使婆罗，有闽人从之，因居留其地，其后人竟据其国而王之。邸旁有中国碑。王有金印一，篆文上作兽形，言永乐朝所赐。民间嫁娶必请此印，印背上以为荣。后佛郎机横，举兵来击。王率国人走入山谷中，放药水流出，毒杀其人无算，王得返国。佛郎机遂犯吕宋。

《明史》这段话主要是采自张燮的《东西洋考》，而略有增减而已。又《明史》同处有《文郎马神国传》，文郎马神的对音是 Banjermasin，这个国家也是在婆罗洲上。据该传说：

文郎马神以木为城，其半倚山。酋蓄绣女数百人，出乘象，则绣女执衣履、刀剑及槟榔盘以从。或泛舟，则酋跌坐床上，绣女列坐其下，与相问，或以刺舟，威仪甚都。民多缚木水上，筑室以居，如三佛齐。男女用五色布缠头，腹背多袒，或着小袖衣，蒙头而入，下体围以幔。初用蕉叶为食器，后与华人市，渐用磁器。尤好磁瓮，画龙其外，死则贮瓮中以葬。其俗恶淫，奸者论死。华人与女通，辄削其发，以女配之，永不听归。女苦发短，问华人何以致长，绐之曰："我用华水沐之，故长耳。"其女信之，竞市船中水以沐，华人故靳之，以为笑端。女或悦华人，持香蕉、甘蔗、茉莉相赠遗，多与之调笑，然惮其法严，无敢私通者。

其深山中有村名乌龙里悍，其人尽生尾，见人辄掩面走避。然地饶沙金，商人持货往市者，击小铜鼓为号，置货地上则引退丈许。其人乃前视，当意者置金于旁，主者遥语，欲售则持货去，否则怀金以归，不交言也。所产有犀牛、孔雀、鹦鹉、沙金、鹤顶、降香、蜡、藤、席、䓍藤、荜拨、血竭、肉豆蔻、獐皮诸物。

邻境有买哇柔者，性凶狠，每夜半盗斩人头以去，装之以金。故商人畏之，夜必严更以待。

始，文郎马神有贤德，待商人以恩信。子三十一人，恐扰商舶，不令外出。其妻乃买哇柔酋长之妹，生子袭位，听其母族之言，务为欺诈，多负商人价值，自是赴者亦稀。

明初费信在其《星槎胜览》后集"渤泥国"条说：

龙山磝礴，地宇横广，源田种植，丰登甚利。气候及夏稍寒，冬月极热。俗好奢侈，男女一般椎髻，五彩帛系腰，花布为衫。其国之民崇佛像，好斋沐,凡见唐人到其国,甚为爱敬,有醉者则扶归家寝宿,以礼待之若故旧。煮海为盐,酿秫为酒,酋长之用,不敛民物,生理自如。地产降真、黄腊、玳瑁、片脑,货用白银、赤金、色缎、牙箱、铁器之属。

费信这段话主要是录自汪大渊的《岛夷志略》"浡泥"条,而略有增减。此外,明张燮在其《东西洋考》卷五有"文莱"条,文莱这个地方至今还存在,也是在婆罗洲上,不过其现在所占的地方很小。文莱就是 Brunei 的对音,该书"文莱"条说:

文莱即婆罗国,东洋尽处,西洋所自起也。唐总章二年(公元六六八年)王旃达钵遣使者与环王使者偕朝,自后又绝。永乐四年(一四〇六)遣其臣勿黎哥来朝,并贡方物,赐王及妃文绮。俗传今国王为闽人,随郑和征此,留镇其地,故王府旁旧有中国碑。先年曾为佛郎机所逐,国人走山谷中,放药水流出,毒死佛郎机无数,佛郎机遂奔吕宋。其地固有一石城、一木城,后拆石城于长腰屿,筑岸闭潮,今所遗者,木城耳。

王削发,裹金绣巾,腰佩双剑,出入自步行,从者二百余辈。其亲属称邦奇兰,贵重与王相亚。王有金印一枚,重十六两,印上篆文,作兽形一只,云是永乐间所赐者。夷人婚娶,请印印背上。恐或假宠中国以恫喝其部落,非果铸自上方也。

入礼拜寺,每祭用牺。民间不得食猪肉,食猪肉者论死。此地有毛思番,在处行劫,将得人货,中分与王。

清代谢清高在其《海录》卷中"文莱"条说:

文莱国在细利洼(Celebes)西北,由细利洼东南入小港,向西北行,顺风约五六日可至,由地问(Timor)北行,顺风七八日可至。幅员甚广,中多乱山,绝无居人,奇禽野兽,莫能名状。土番亦无来由种类,喜穿中国布帛。土产燕窝、冰片、沙藤、胡椒。

《海录》卷中载有好几个国家是在婆罗洲上,虽然谢清高附番舶出洋的时候,是在乾隆时代,这就是说这个时候婆罗洲有的地方早已为欧洲殖民主义者所侵入,可是这本书所记载的诸国,很有参考的价值,所以分录于下:

在"吧萨国"条说:

吧萨国一名南吧哇(Nampawah),在咭哒东南,沿海顺风约日余可到。地不产金,中华人居此者,唯以耕种为生。所辖地有名松柏港者,产沙藤极佳,亦有荷兰镇守。

"昆甸国"条说:

昆甸国(Pontianak)在吧萨东南,沿海顺风约日余可到。海口有荷兰番镇守，洋船俱湾泊于此。由此买小舟入内港，行五里许，分为南北二河，国王都其中。由北河东北行，约一日至万喇港口，万喇水自东南来会之。又行一日至东万力，其东北数十里为沙喇蛮，皆华人淘金之所。乾隆有粤人罗方伯者，贸易于此，其人豪侠，善技击，颇得众心。是时常有土番窃发，商贾不安其生，方伯屡率众平之，又鳄鱼暴虐，为害居民，王不能制，方伯为坛于海旁，陈列牺牲，取韩昌黎祭文宣读而焚之，鳄鱼遁去，华夷敬畏，尊为客长，死而祀之，至今血食不衰云。

在"万喇国"条说：

万喇（Melavi）国在昆甸东山中，由昆甸北河入万喇港口，舟行七八日可至。山多钻石，亦有荷兰番镇守。

"戴燕国"条说：

戴燕（Tayan）国在昆甸东南，由昆甸南河向东南溯洄而上，约七八日至双文肚，即戴燕所辖地，又行数日至国都。乾隆末，国王暴乱，粤人吴元盛因民之不悦，刺而杀之，国人奉以为主，华夷皆取决焉。元盛死，子幼，妻袭其位，至今犹存。

又"卸敖国"条说：

卸敖（Sekadau）国，在戴燕东南，由戴燕内河逆流而上，约七八日可至。

"新当国"条说：

新当（Sintang）在卸敖东南，由卸敖至此，亦由内河行，约五六日程，闻由此而上，将至息力山，顶有野人，皆乌首人身云。自戴燕至山顶，皆产金，山愈高金亦愈佳，特道远，至彼者鲜，故其金岁不多得。自咕哒至万喇，连山相属，陆道通行。闽粤到以淘金沙钻石及贸易耕种者，常有数万人，戴燕、卸敖、新当各国，亦有数百人，皆任意往来，不分疆域，唯视本年所居何处，则应纳丁口税饷交该处客长转输喏囒而已。其洋船凳头金亦喏囒征收。本国王只听喏囒给发，不敢私征客商也。华人居此，多娶妻生育，传至数世者。其妇女淫乱，不知廉耻，唯衣服饮食，稍学中国云。土番皆无来由种类，以十二月为一岁，不计闰，每岁将终，国中无贵贱老幼，皆禁烟一月，日中唯闭户安寝，夜静始举火具食，念经彻旦，其声极哀。平时则七日一礼拜，国王亦然。别筑礼拜亭，至期王及酋长有职事者咸集其中。王坐于上，群酋列坐其下，念经终日而后散。

民房多板屋三层，约束女子甚严，七八岁即藏之高阁，学会针黹，十三四岁则赘婿，然必男女自相择配，非其所愿，父母不能强也。合婚之夜，即以居正室为新郎卧房，女父母兄弟俱寝于前室。女若不贞，婿尝立行刺杀，或并杀其父母兄弟而去，无敢相仇者。夫妇居室无被褥，唯以宽幅布丈余，或用丝绸缝两端，同寝其中，作合欢睡，终其身无相背而寝者。其女亦无嫁中华人者，以不食猪肉，恐乱其教也。其男子若出海贸易，必尽载资财而行，妻妾子女在家，止少留粮食而已。船回则使人告其家，必其妻亲到船接引然后回，否则以为妻妾弃之，即复张帆而去，终身不归矣。所穿沙郎（按：指沙龙）水幔，贫者以布，富者则用中国丝绸，织为文彩，以精细单薄为贵。王女不下嫁臣庶，唯兄弟相为婚。

王自称曰阿孤，国王称王曰断孤，王兄弟叔侄亦曰断孤，但连其名而称之。子称父曰伯伯，称母曰妮，弟称兄曰亚王，兄称弟曰亚勒，谓妇人曰补蓝攀，谓女子曰吧喇攀，谓夫曰沥居，谓妇曰米你，自称其子曰亚匿沥居，称其女已嫁者曰亚匿补蓝攀，在室者曰亚匿吧喇攀，称侄及孙俱曰就将，称姊如兄曰亚王，而加补蓝攀吧喇攀，以别出嫁在室者，称妹曰亚勒亦如其弟，其出嫁在室亦加补蓝攀吧喇攀以别之，谓汝曰鲁，自称曰哇，头谓之曰呷哈喇，手谓之打岸，足谓之卡居，眼谓之麻打，耳谓之鼓平，鼻谓之气龙，口谓之靡律。凡称一为沙都，二为路哇，三为低隔，四为庵叭，五为黎么，六为安喃，七为都州，八为乌拉班，九为笔尖阑，十为十蒲卢，百为喇段，千为沙哩无，万为沙沥沙。凡食谓之马干，饭谓之擎叙，酒谓之阿沥，菜谓之洒油，米谓之勿辣，谷谓把哩，豆谓之加将，银谓之杯沥，金谓之亚末，铜谓之打幔呀，铁谓之勿西，锡谓之帝吗，钱谓之昇笔，中国所用番银，则谓之连，无来由各国大致略同也。

其民尚利好杀，虽国王亦尝南塘一出。王薨则以布束其尸棺，择地为陵园，以得水为吉，不封不树。山中獠子极盛，唯各据一方，不敢逾越，稍有迁徙，辄相残灭，故虽强盛而见无来由、啹囒及中华人，皆畏惧不敢与争，恐大兵动，无所逃遁也。中华人初到彼所，娶妻妾皆獠子女，其后生齿日繁，始自相婚配，鲜有以獠女为妻者矣。獠性尤凶暴，喜杀，得人首级则归悬诸门，以多者为能云。各国俱产冰片、燕窝、沙藤、香木、胡椒、椰子、藤席。

"马神"条说：

马神（按：即《明史》中的文郎马神，亦即 Banjermasin）在昆甸南少东，由昆甸沿海顺风东行约二日，经戴燕国境，又行二三日到此。疆域风俗与上略同。土产钻石、金、藤席、香木、豆蔻、冰片、海参、佳纹席、猩猩。藤席既佳，钻石即金刚沙，产此山者多色白，产亚哔哩隔者色具五彩，大者虽黑夜置之密室，光能透彻。诸番皆宝之，一颗有值白金十余万两者。西洋人得极大者，奉为至宝，虽竭资购之不惜也，小者则以为钻，用治玉石、玻璃，坚无不破，独畏羚羊角云。山中有异兽，不知其名，状似猴，见人则自掩其面，或以沙土自壅。

《海录》还有"咕哒"条说："咕哒国疑即古志所称爪哇也。"冯承钧在其《海录注》中卷中"咕哒"条注云，"就其方位言，应在三划（Samba）之西北，龙王居埔头言，应是昆甸，皆在浡泥岛西部"。这种看法似乎是对的。

从上面所抄录的史文来看，在婆罗洲这个岛上，国家的建立，不只时间很早，而且不只一个，我们以为不只是明清时代，这个洲上有了很多的国家，就是在宋以前，以至南北朝的时代，其国家的建立于洲上者，也必不少。婆利可能是其中之一，而较为强盛耳。《明史》卷三二三《婆罗传》说一四〇六年初"其国东西两王，并遣使奉表朝贡"，应该是说东西两个国的国王遣使到中国。婆罗应为 Bornes 的对音，而婆利与浡泥也是 Bornes 的对音，应该是同名异译，是指着全岛而言。现在所称之婆罗洲，应是从《明史》所说的婆罗而来，我们翻译外音 L 音往往与 N 音混用，勃泥的泥是 N 音，而婆利的利或婆罗的罗均为 L 音，所以 Bornes 既可译为婆罗，也可译为婆利。在宋元之前，这个岛上可能也有好多国家，其遣使到中国的，可能也不只是一个国家。我国人可能是把这个全岛的名称而名其不同的国家，所以《明史·婆罗传》说："其国东西二王。"从字上面看，好像是一个国家而有二个王，事实上应该是二个国，《明史》这里所称的"国"应该是说这个岛或这个洲上的二个国王，直到现在，我国人之说到婆罗洲的是采用全岛的普通名称，可是具体的说，可能是到沙朥越（Sarawak），也可能是到文莱（Brunei），或是北婆罗洲（NorthBorne），可能是到印度尼西亚所属的加里曼丹（Kalimantan）的各处。

印度宗教的传入婆罗洲，为时可能很早，其最先传入者可能是婆罗门教，但是像在上面所说，在五六世纪的时代，佛教经已传入，而且两者双双并立。南北朝与唐以后，佛教兴盛，赵汝适《诸蕃志》指出"遇佛节其王亲供花果者三日，国中男女皆至"，说明这一点。连外国船舶之到浡泥者，贸易完毕之后，也"必候六月望日，排办佛节，然后出港，否则有风涛之厄"，说明佛教的影响之大。直到元代汪大渊在其《岛夷志略》中还说："崇奉佛教唯严。"

到了明代，费信在其《星槎胜览》中还说"其国之民崇佛像好斋沐"。但在明代，回教已传入这个岛上，所以《明史》卷三二三《婆罗传》说："崇释教，恶杀喜施，禁食猪肉，犯者论死。"张燮《东西洋考》卷五也指出："入礼拜寺，每祭用牲，民间不得食猪肉，食猪肉者论死。"禁吃猪肉，是回教的禁例，我们推想，明代回教，既已传入，可是佛教，还是流行，佛回两者，又双双并立，说不定婆罗门教在其王室与贵族中，还是存在，所以可能三者都同时存在。这在东南亚一些国家中，是常见的现象，不过其重心是从婆罗门教而趋于佛教，又由佛教逐渐趋于回教。到了清代回教遂盛行，所以谢清高在其《海录》中说："其女子亦无嫁中华人者，以不食猪肉，恐乱其教也。"至于现在，回教在这个岛上，很为流行，是用不着说的。

应该指出，尽管外来的宗教信仰传入婆罗洲的历史很长，可是当地人民的原来信仰，并不因之而消灭，婆罗洲的当地人民与东南亚的其他地方的人民一样，是拜物主义者，他们相信天、地、日、月、星辰、动物，以至植物石头，都有其神灵，直到今天，这种信仰还存在着。

《海录》卷中"新当国"条谓"土番皆无来由种类"，按：无来由，就是末来由、未来游或马来由，是Malayu的对音。应即指出，马来人之到这个地方的，为时较晚，大致上可以说是在明代，而且他们所居的地方多在沿海一带，虽则原始马来人可能很早已到这个岛。现在居在内地或山区者很多为代阿克（Dyak）人，这个名称，普通是应用于非回教的人们，其实这样的看法，是没有什么意义的。在代阿克种族里，最值得人们注意的是开恩（Kayan）人，有人相信这个种族是来自缅甸的伊洛瓦底流域，因为这种人是与缅甸的卡楞（Karen）人相似，他们又以为这种人之到婆罗洲，是在回教之前，然也不见得太早——不会早于宋元之际，这种看法，是否可靠，是一个疑问，虽则我们也得承认，代阿克人之于卡楞人，是有了相像之处。

至于古代，或宋以前的种族，《旧唐书·婆利传》既说其人皆色黑，应像我们上面所说可能是属于我国人所通称的昆仑人。

第十五章　宋元的菲岛

关于菲律宾的历史，一般学者只追溯到宋代的三屿、麻逸（Mait）、加麻延（Calamian）、巴姥酋（Palawan），与巴吉弄（Busuanga），而记载这些地方的最早的著作，是宋赵汝适的《诸蕃志》，这本书是著于宋理宗宝庆元年（一二二五），《诸蕃志》除了"三屿"条外，又有"麻逸"条。

《诸蕃志》还有一条是记载毗舍耶国的，《宋史》卷四百九十一《流求国传》中，也有关于毗舍耶的记载。张星烺在《南洋研究》一卷三期页十七所发表《三百年前斐律宾群岛与中国》一文中，以为毗舍耶就是菲律宾中部的 Uisaya（按：亦作 Visaya 或是 Bisaya）。

这个毗舍耶的国名，使我们联想到《梁书·扶南传》与杜佑《通典》中的毗骞这个国家。毗舍耶与毗骞不只头一个字是相同，而且这两个名词在声音都相似，这就是说舍耶的声音是很近于骞的声音。冯承钧在《中国南洋交通史》（下编第一章页一一九注七）中以为毗骞似在伊洛瓦底（Iraowaddy）江及印度沿岸一带，他是根据伯希和的《扶南考》一文（冯承钧《史地丛考续编·扶南考》）中所说，伯希和不过是在抄录《梁书》的《扶南传》说到毗骞时，他加了一句按语道"此国似在伊洛瓦底江及印度沿岸"，可是伯希和也没有说出其理由，我们以为毗骞是毗舍耶是很可能的，《梁书·扶南传》说：

> 顿逊之外，大海洲中，又有毗骞国，去扶南八千里。传其王身长丈二，头长三尺，自古来不死，莫知其年。王神圣，国中人喜恶及将来事，王皆知之，是知无敢欺者，南方号曰长颈王。国俗有室屋、衣服，啖粳米。其人言语小异扶南，有山出金，金生露生石上，无所限也。国法刑罪人，并于王前啖其肉。国内不受估客，有往者亦杀而啖之，是以商旅不敢至。王常楼居，不血食，不事鬼神，其子孙生死如常人，唯王不死。扶南王数遣使与书相报答。常遗扶南王纯金五十人食器，形如圆盘，又如尾坯，名为多罗，受五升，又如碗者，受一升。王亦能作书，书可三千言，说其宿命所由，与佛经相似，并论善事。

杜佑《通典》卷一八八"毗骞"条所载与《梁书》一样，较为简单，而且没有下半段，可能是从《梁书》节录而来。从《梁书》这段话看起来，我们知道，毗骞是一个印度化或是印度人所建立的国家，因为其王能作天竺书，其语言小异于扶南，其宗教与婆罗门教相似，印度的婆罗门通常是当为预知未来事的人们，毗骞的宗教又似是婆罗门教。然于四五六世纪的时候，在东南亚一带的国家，往往有婆罗门教与佛教两者，一齐介绍入来，扶南就是一个例子。但无论如何，其宗教来自印度，是没有问题的。又扶南言语也是受印度的影响，毗骞王能作天竺书，而其言语又与扶南小异，言语文字之受印度化也是无问题。所以，毗骞的文化是受了印度文化的影响。至说其王身长丈二，头长三尺，是形容其王的高大，也可能这个国王是来自印度的孟加拉（Bengal），其人不只比之东南亚一般人高得多，就是比之好多较高的欧洲人还要高。

《梁书》说从扶南至毗骞有八千里的途程，若从现在的越南南圻直航而到菲律宾的中部，其途程当然比之这个数目为少。不过在当时的海道风浪大船舶小，航海多依海岸而行，可能从扶南经过暹罗湾沿马来半岛转东至婆罗洲，则沿婆罗洲海岸向东北行而到毗骞，这样一来，其途程就长了，所谓八千里的数目，也就接近了。

从婆罗洲东部所发现的遗迹来看，在四五世纪的时候，婆罗洲已有印度人所建立的或印度化的国家，那么在这个时候，在菲律宾的中部，有了这一样的国家，是不足为奇的。

毗骞——这个印度化人或印度人所建立的国家，可能到了六七世纪的时候，就已衰微。杜佑《通典》有了记载，但是杜佑也只说是毗骞国梁时闻焉，也不一定说明在唐代这个国家仍然是印度人式印度化的王朝所统治，可能已为土人或其他外来人所占据。到了宋代我国关于菲律宾的记载较为详细，《宋史》卷四九一《流球传》中说：

> 流求……国，旁有毗舍耶国，语言不通，袒裸盱睢，殆非人类。淳熙间（一一七四至一一八九），国之酋豪，常率数百辈猝至泉（州）之水澳围头等村，肆行杀掠。喜铁器及匙箸，人闭户则免，但刓其门圈而去，掷以匙箸，则颇拾之，见铁骑即争刻其甲，骈首就戮而不知悔。临敌用标枪，系绳十余丈为操纵，盖惜其铁不忍弃也，不驾舟楫，惟缚竹为筏，急则群舁之，泅水而遁。

赵汝适《诸蕃志》也说：

> 毗舍耶语言不通，商贩不及，与澎湖密迩，烟火相望，时至寇掠，其来不测，多罹生啖之害，居民苦之。

《梁书·扶南传》说："国法刑罪人，并于王前啖其肉，国内不受估客，有往者亦杀而啖之。"这与赵汝适所说多罹生啖之害，说明了啖之风到了宋代还没有改变。《诸蕃志》的三屿与麻逸均是指着菲律宾，三屿《岛夷志略》也叫做三岛，摩逸（Mait）应为现在的 Mindors 的旧名。"三屿"条说：

> 三屿乃麻逸之属，曰加麻延（Calamian）、巴姥酋（Palawan）、巴吉弄（Busuanga）等，各有种落，散居岛屿，舶舟至则出而贸易，总谓之三屿。

其风俗大略与麻逸同，每聚落各约千余家。地多崇冈叠嶂，峭拔如壁，凭高倚险，编茅为屋。山无水源，妇女以首累擎二三瓮，取水于溪，登涉如履平地。穷谷别有种落，号海胆（Hita），人形而小，眼圆而黄，虬发露齿，巢于木颠，或三五为群，跧伏榛莽，以暗箭射，人多罹其害，投以瓷椀，则俯拾，忻然跳呼而去。番商每抵一聚落，未敢登岸，先驻舟中流，鸣鼓以招之，蛮贾争桌小舟持吉贝、黄腊、番布、椰心簟等至与贸易。如议之价未决，必贾豪自至说谕，馈以绢、伞、瓷器、藤笼，仍留一二辈为质，然后登岸互市。交易毕，则返其质，停舟不过三四日，又转而之他。诸蛮之居，环绕三屿，不相统属，其山倚东北隅，南风时至，激水衡山，波涛迅驶，不可泊舟，故贩三屿者，率四五月间即理归桌。博易用瓷器、皂、绫、缬、绢、五色烧珠、铅网坠、白锡为货。蒲哩鲁（Polillo）与三屿联属，聚落差盛，人多猛悍，好攻劫，海多卤股之石，槎牙如枯木芒刃，铦于剑戟，舟过其侧，预曲折以避之。产青琅玕、珊瑚树，然绝难得，风俗博易，与三屿同。

又"麻逸国"条说：

麻逸国在渤泥（Bornes）之北，团聚千余家，夹溪而居。土人披布如被，或腰布蔽体。有铜佛像，散布草野，不知所自，盗少，至其境，商舶入港，驻于官场前，官场者，其国阛阓之所也。登舟与之杂处。酋长日用白伞，故商人必赍以为贽。交易之例，蛮贾丛至，随筴篱搬取物货而去，初若不可晓，徐辨认搬货之人，亦无遗失，蛮贾乃以其货转入他岛屿贸易，率至八九月始归，以其所得准偿舶商，亦有过期不归者，故贩麻逸舶回至晚。三屿、白蒲延（Babuyan）、蒲里鲁（Pollillo）、里银、东流新、里汉等，皆其属也。土产黄腊、吉贝、真珠、玳瑁、药槟榔、于达布，商人用瓷器、货金、铁鼎、乌铅、五色琉璃珠、铁针等博易。

赵汝适关于菲律宾的记载，很为正确，就以他所记的海胆人来说尤为逼真。这个种族，可以说是菲律宾岛的最初居民，后来因为马来亚人的移入，他们受了这些新来的人们所压挤而逃入深山穷谷，直到近代，吕宋班奈（Panay）、尼格罗（Negros）、满多罗（Mindoro）、巴拉望（Palawan）以及棉兰荖（Mindanao）的山谷中，还可以找出一些海胆人。不过应该指出，从历史上看起来，他们的种族是愈来愈少，而且从文化方面来看，他们是菲律宾的民族中文化最低的民族。

《元史》卷二一〇《三屿传》说：

三屿国近瑠求，世祖至元三十年（一二九三）命选人招诱之。平章政事伯颜等言："臣等与识者议，此国之民，不及二百户，时有至泉州为商贾者。去年入瑠求，军船遇其国，国人饷以粮食，馆我将校，无它志也，乞不遣使。"帝从之。

应该指出，自隋至元以前，瑠球是指着台湾，所谓三屿近琉球，也就是近于台湾。元汪大渊的《岛夷志略》"三岛"条说：

> 居大奇山之东，屿分鼎峙，有叠山层峦，民傍缘居之。田瘠谷少，俗质朴，气候差温，男女间有白者。男顶拳发，妇女椎髻，俱披单衣。男子常附舶至泉州经纪，罄其资囊，以文其身。既归其国，则国人以尊长之礼待之，延之上座，虽父老亦不得以争焉。习俗以其至唐，故贵之也。民煮海为盐，酿蔗浆为酒。有酋长。地产黄蜡、木棉、花布。贸易之货，铜、珠、青白花碗、小花印布、铁块之属。次曰答陪，曰海赡，曰巴弄吉，曰蒲里睹，曰东流里，无甚异产，故附此耳。

又"麻逸"条说：

> 山势平宽，夹溪聚落，田膏腴，气候稍暖。俗尚节义，男女椎髻，穿青布衣。凡妇丧夫则削其发，绝食七日，与夫同寝，多濒于死，七日之外不死，则亲戚劝以饮食，或可全生，则终身不改其节，甚至丧夫而焚尸，则赴火而死。酋豪之丧，则杀奴婢二三千人以殉葬。民煮海为盐，酿糖水为酒。地产木棉、黄蜡、玳瑁、槟榔、花布。贸易之货，用铜鼎、铁块、五彩红布、红绢、牙锭之属。蛮贾议价，领去博易土货，然后准价舶商，守信，始终不爽约也。

《岛夷志略》还有"苏禄"、"民多朗"与"麻里噜"诸条，苏禄也在菲律宾（Sulu）群岛，在菲律宾的南部，《岛夷志略》"苏禄"条说：

> 其地以石崎山为保障，山畲田瘠，宜种粟麦。民食沙糊、鱼、虾、螺蛤，气候半热，俗鄙薄。男女断发，缠皂缦，系小印花布。煮海为盐，酿蔗浆为酒，织竹布为业。有酋长。地产中等降真条、黄蜡、玳瑁、珍珠。较之沙里八丹（Jurbattan, Cannanore）、第三港处所产，此苏禄之珠，色青白而圆，其价甚昂，中国人首饰用之，其色不退，号为绝品，有径寸者。其出产之地，大者已直七八百余锭，中者二三百锭，小者一二十锭，其余小珠一万上两者，或一千至三四百两重者，出于西洋之第三港，此地无之。贸易之货，赤金、花银、八都剌布、青珠、处器、铁条之属。

又"民多朗"条说：

> 临海要津，溪通海，水不咸，田沃饶，米谷廉，气候热，俗尚俭，男女椎髻，穿短皂衫，下系青布短裙。民凿井而饮，煮海为盐，酿小米为酒。有酋长。禁盗，盗则戮及一家。地产乌梨木、麝檀、木棉花、牛麂皮。货用漆器、铜鼎、阇婆布、红绢、青布、斗锡、酒之属。

麻里噜，据冯承钧的意见，疑是《诸蕃志》的蒲里噜或指吕宋本岛东岸的

(Polillo)，今且列入菲律宾群岛。《岛夷志略》说：

> 小港迢递，入于其地，山隆而水多，卤股石，林少，田高而瘠，民多种薯芋。地气热，俗尚义，若番官没，其妇再不嫁于凡夫，必有他国番官之子孙，阀阅相称者方可择配，否则削发看经，以终其身。男女拳发，穿青布短衫，系红布缦。民煮海为盐，酿蔗浆为酒，编竹片为床，燃生蜡为灯。地产玳瑁、黄腊、降香、竹布、木棉花。贸易之货，用牙锭、青布、磁器盘、处州磁、水坛、大瓮、铁鼎之属。

削发看经，似当为崇奉佛教，假使《岛夷志略》的麻里噜是菲律宾的一部份的话，那么直到十四世纪的中叶，佛教还流传在菲律宾。

第十六章　明代的菲岛

在明代，菲律宾也称为吕宋，吕宋（Luzon）这个名称，最先似乎见于明郑晓所撰的《吾学编》。郑晓指出：

> 吕宋，产黄金，以故亦富厚，人质朴，不喜争讼。

关于吕宋，《明史·吕宋传》说：

> 吕宋居南海中，去漳州甚近。洪武五年（一三七一）正月，遣使偕琐里（Soli）诸国来贡。永乐三年（一四〇五）十月，遣官赍诏抚谕其国。八年（一四一〇），与冯嘉施兰入贡，自后久不至。万历四年（一五七六），官军追海寇林道乾至其国，国人助讨有功，复朝贡。时佛郎机（按：指西班牙）强，与吕宋互市，久之见其国弱可取，乃奉厚贿遗王，乞地如牛皮大，建屋以居。王不虞其诈而许之，其人乃裂牛皮，联属至数千丈，围吕宋地，乞如约。王大骇，然业已许诺，无可奈何，遂听之，而稍征其税如国法。其人既得地，即营室筑城，列火器，设守御具，为窥伺计。已竟承其无备，袭杀其王，逐其人民而据其国，名仍吕宋，实佛郎机也。先是，闽人以其地近，且饶富，商贩至者数万人，往往久居不返，至长子孙。佛郎机既夺其国，其王遣一酋来镇，虑华人为变，多逐之归，留者悉被其侵辱。
>
> 二十一年（一五九三）八月，酋郎雷敝里系胜侵美洛居（Moluccas），役华人二百五十助战。有潘和五者为其哨官。蛮人日酣卧，而令华人操舟，稍怠，辄鞭挞，有至死者。和五曰："叛死棰死，等死耳，否则亦战死。曷若刺杀此酋以救死，胜则扬帆归，不胜而见缚，死未晚也。"众然之，乃夜刺杀其舍，持酋首大呼，诸蛮惊起，不知所为，悉被刃，或落水死。和五等尽收其金宝、甲仗，驾舟以归，失路之安南，为其国人所掠，惟郭惟太等三十二人附他舟获还。时酋子郎雷猫吝驻朔雾，闻之，率众驰至，遣僧陈父冤，乞还其战舰、金宝，戮仇人以偿父命。巡抚许孚远闻于朝，檄两广督抚以礼遣僧，置惟太于理，和五竟留安南不敢返。
>
> 初，酋因之被戮也，其部下居吕宋者，尽逐华人于城外，毁其庐，及猫吝归，令城外筑室以居。会有传日本来寇者，猫吝惧交道为患，复议驱逐。而孚远适遣人招还，蛮乃给行粮遣之。然华商嗜利，趋死不顾，久之复成聚。
>
> 其时矿税使者四出，奸宄蜂起言利。有阎应龙、张嶷者，言吕宋机宜

山，素产金银，采之岁可得金十万两、银三十万两。以三十年（一六〇二）七月诣阙奏闻，帝即纳之。命下，举朝骇异。都御史温纯疏言："近中外诸臣争言矿税之害，天听弥高，今广东李凤至污辱妇女六十六人，私运财贿，至三十五舟，三百大扛，势必见戮于积怒之众。何如及今撤之，犹不失威福操纵之柄。缅酋以宝井故，提兵十万将犯内地，西南之蛮，岌岌可忧。而闽中奸徒，又以机易山事见告。此其妄言，真如戏剧。不意皇上之聪明，而误听之。臣等惊魂摇曳，寝食不宁。异时变兴祸起，费国家之财，不知几百万，倘或剪灭不早，其患又不只费财矣。臣闻海澄市舶高寀已岁征三万金，决不遗余力而让利，即机易越在海外，亦决无偏地金银，任人采取之理，安所得金十万、银三十万？以实其言，不过假借朝命，阑出禁物，勾引诸番，以逞不轨之谋，岂止烦扰公私，贻害海澄一邑而已哉。昔年倭患，正缘奸民下海私通，大姓设计勒价，致倭贼愤恨，称兵犯顺。今以朝命行之，害当弥大，及乎兵连祸结，诸奸且效汪直，曾一本辈故智，负海称王，拥兵列寨，近可以规重利，远不失为尉陀，于诸亡命之计得矣，如国家大患何。乞急置于理，用消祸本。"言官金忠士、曹于汴、朱吾弼等亦连章力争，皆不听。

事下，福建守臣持不欲行，而迫于朝命，乃遣海澄丞王时和、百户干一成，偕嶷往勘。吕宋人闻之大骇，华人流寓者谓之曰："天朝无他意，特是奸徒横生事端。今遣使者按验，俾奸徒自穷，便于还报耳。"其酋意稍解，命诸僧散花道旁，若敬朝使，而盛陈兵卫迓之。时和等入，酋为置宴，问曰："天朝欲遣人开山，山各有主，安得开？譬中华有山，可容我国开耶？"且言："树生金豆，是何树所生？"时和不能对，数视嶷。嶷曰："此地皆金，何必问豆何自？"上下皆大笑，留嶷欲杀之，诸华人共解，乃获释归。时和还任即病悸死，守臣以闻，请治嶷妄言罪。事已止矣，而吕宋人终自疑，谓天朝将袭取其国，诸流寓者为内应，潜谋杀之。

明年声言发兵侵旁国，厚价市铁器。华人贪利，尽鬻之，于是家无寸铁。酋乃下令录华人姓名，分三百人为一院，入即歼之。事稍露，华人群走菜园。酋发兵攻，众无兵仗，死无算，奔大仑山。蛮人复来攻，众殊死斗，蛮兵少挫。酋旋悔，遣使议和，众疑其为假，扑杀之。酋大怒，敛众入城，设伏城旁。众饥甚，悉下山攻城。伏发，众大败，先后死者二万五千人。酋寻出令，诸所掠华人资，悉封识贮库。贻书闽中守臣，言华人将谋乱，不得已先之，请令死者家属往取其孥与币。巡抚徐学聚等亟告变于朝，帝惊悼，下法司议奸徒罪。三十二年（一六〇四）十二月议上，帝曰："嶷等欺诳朝廷，生衅海外，致二万商民，尽膏锋刃，损威辱国，死有余辜，即枭首传示海上。吕宋酋擅杀商民，抚按官议罪以闻。"学聚等乃移檄吕宋，数以擅杀罪，令送死者妻子归，竟不能讨也。其后华人复稍稍往，而蛮人利中国互市亦不拒，久之复成聚。

时佛郎机（按：为葡萄牙）已并满剌加，益以吕宋，势愈强，横行海外，遂据广东香山澳，筑城以居，与民互市，而患复中于粤矣。

张燮在其《东西洋考》卷五中有"吕宋"条，其所记载与《明史》相同，而且《明史》所记可能有一部份是录自《东西洋考》，但是也有不同之处，因录之于下：

吕宋在东海中，初为小国而后浸大。永乐三年（一四〇五），国王遣其臣隔察老来朝，并贡方物。其地去漳为近，故贾舶多往。

有佛郎机者，自称干系腊国，从大西来，亦与吕宋互市。酋私相语曰："彼可取而代也。"因上黄金为吕宋王寿，乞地如牛皮大，盖屋。王信而许之，佛郎机乃取牛皮剪而相续之，以为四围，乞地称是。王难之，然重失信远夷，竟予地，月征税如所部法。佛郎机既得地，筑城营室，列铳置刀盾甚具。久之，围吕宋，杀其王，逐其民入山，而吕宋遂为佛郎机有矣。干系腊国王遣酋来镇，数岁一更易。今华人之贩吕宋者，乃贩佛郎机者也。

华人既多诣吕宋，往往久住不归，名为压冬，聚居涧内为生活，渐至数万，间有削发，长子孙者。万历二十一年（公元一五九三）八月，酋郎雷氏敝里系腊征美洛居，役诸流寓者二百五十人充兵助战。（注引《政和堂集》曰，高肖为把总，魏惟秀、杨安顿、潘和五、洪亨五为哨官，郑振岳为通事，郭惟太等为兵。）夷人偃息卧船上，使华人日夜驾船，稍倦辄棰之或刺杀，苦毒备尝。潘和五等谋曰："叛死、棰死、刺死等耳，不然亦战死，不若杀酋以泄吾忿，胜利则扬帆故乡，即不胜，死未晚也。"议定后，夜半入卧内刺酋，持首大呼。夷人惊起，不知所为，悉被刃或落水死。和五等获金宝兵器，驾其船以归，失路之安南，为交酋所掠，独郭惟太等三十二人走免，附舟返舍。酋既死，子郎雷猫吝拥兵驻朔雾，驰回，代立为酋，遣僧来诉。

明年，闽抚遣贾舶招回久住吕宋华人。酋为给粮以归，致书及辞，重诉父冤。闽抚许学远具疏以闻。檄两广督抚以礼遣僧归国，置惟太等于理。潘和五竟留交夷不敢还。夷人故奴视华人，征赋溢格，稍不得当，呵辱无已，时犯者即严置于法。自兹衅既结，疑贰日深，夷益虎使我矣。

其后又有机易山之事，自采金中贵，蛋尾四出。妄一男子张嶷更为新奇其说，上疏曰："吕宋有机易山，其上金豆自生，遣人采取之，可得巨万无禁。"有诏下闽，廷臣力言其谬，不报。闽当事持之，乃遣澄海丞王时和及百户于一成往勘其地。

夷初闻使至，大骇。诸华人流寓者见酋，言："华无他，特奸人横生事端，今按使者来按兹土，使奸人自穷，便于还报耳。"酋意稍解，令夷僧散花道旁迎使者。诸流寓先结蓬席为厂，如公署状。酋盛陈兵卫邀丞入，亦为丞设食。然气豪甚，问丞曰："汝华言开山，山各有山主，安得开也？且金豆是何树生来？"丞无以对，数目嶷。嶷云："此地皆金，不必问豆所自。"盖嶷欲借朝命临之，袭破其国耳，至此不敢显言，夷人皆大笑。酋留嶷，欲兵之。诸流寓苦解，俾归为戮于司寇，延释令登舟，时三十年（一六〇二）四月也。丞归，病悸死。嶷以奏事不实，坐诛，传首海外。

然夷竟疑中国有启疆意，益暴虐诸流寓。诸流寓无赖者声言："今日之事汝为政，一旦天兵下海门，汝辈宁为石人乎？"语稍稍传布，夷益疑。明年夷遂决计谋杀诸流寓，诡言将征他国，凡华人寸铁辄厚售之，即切肉小刀，价至数钱。华人利其直，辄听鬻之，家家无复寸铁。乃约日勒点名籍，分三百人为一院，入即杀之。事稍露，诸流寓乃纠众走菜园，屯聚为乱。八月朔日，夷兵大起，围攻菜园，死伤无数。次日聚大仑山，揭竿应敌，夷亦少挫。酋旋悔祸，遣人请和，华人虏其诱我，扑杀彼使。夷怒，设伏城旁。初三日，华人在大仑山饥甚，不得食，冒死攻城。夷人伏发，然铜铣击杀华人万余。华人大溃或逃散，饿死山谷间，横尸相枕，计损二万五千人，存者三百口而已。是役仓皇无主盟，又粮与刃俱乏，故搏手困穷，膏涂满屿。华人在大仑时，风雨大作，人立雨中，夜半望见长天有光炯烁，大地震动，每惊突自相触杀。夷乘其毙而屠之。是月，漳亦大水，漂没万家，受祸同时，阳九之均厄也。

后夷酋下令招抚其所掠，华人货悉封识贮库中，移书闽当事，俾诸戚属往领。明年贾舶乃稍稍去，奸商黄某者与酋善，辄冒领他货，称为某子甲姻党，绁载乾没云。三十三年（一六〇五），有诏遣商往谕吕宋，无开事端，至此祸良矣，留者又成聚矣。

佛郎机身长七尺，眼如猫，嘴如鹰，面如白灰，须密卷如乌纱，而发近赤。其僧拥重权，国有大故，则酋就僧为谋，主人论死者，僧诵经劝之，首肯，然后行刑。妇女岁时诣寺忏悔，有阴事辄密向僧自输，僧为说法，鞭之数十，忍痛不敢言。夜留宿寺中，听僧意所指画，唯唯而已。婚姻父母不能定，惟僧所决之。人死贮以布囊，就寺以葬，所畜财产，半入僧室矣。

先是吕宋国王兄弟勇甚，既为佛郎机所戕，辄祟于国。国人每值死日，夷僧为摞牛压之。摞牛者，栅木为场，置牛数十头于中，环射之，牛叫掷死，以此逐鬼云。性婪甚，靡国不至，至则谋袭人。吕宋、满剌加，遂至易社。在吕宋者，初尝攻破婆罗，婆罗放药水毒杀之，故奔吕宋。其在中国香山盘据，为日已久，今则马非马，驴非驴，俨然金城，雄其澳中矣。

上面已经指出《岛夷志略》有"苏禄"条，到明代，这个国家与中国通使。《明史》卷三二五《苏禄传》说：

苏禄（Sulu），地近浡泥、阇婆，洪武（公元一三六八至一三九八）初，发兵侵浡泥，大获，以阇婆兵至，乃还。

永乐十五年（一四一七），其国东王巴都葛叭哈剌，西王麻哈剌叱葛剌麻丁，峒王妻叭都葛巴剌卜，并率其家属头目凡三百四十余人浮海朝贡，进金缕表文，献珍珠宝石、玳瑁诸物。礼之若满剌加，寻并封为国王。赐印诰袭衣、冠带及鞍马、仪仗、器物，其从者亦赐冠带有差。居二十七日，三王辞归，各赐玉带一，黄金百，白金二千，罗锦文绮二百，帛三百，钞万锭，钱二千缗，金绣蟒龙、麒麟衣各一。东王次德州，卒于馆，帝遣官赐祭，命有司营葬，勒碑墓道，谥曰恭定。留妻妾傔从十人守墓，俟毕三年丧遣归。乃遣使赍敕谕其长子都马含曰："尔父知尊中国，躬率家属陪臣，远涉海道，万里来朝。朕眷其诚悃，已锡王封，优加赐赉，遣官护归，舟次德州，遭疾殒殁。朕闻之，深为哀悼，已葬祭如礼。尔以嫡长，为国人所属，宜即继承，用绥藩服，今特封尔为苏禄国东王，尔尚益笃忠贞，敬承天道，以副眷怀，以继尔父之志，钦哉。"

十八年（一四二〇），西王遣使入贡，十九年（一四二一），东王母遣王叔叭都加苏里来朝，贡大珠一，其重七两有奇。二十一年（一四二三），东王妃还国，厚赐遣之。明年（一四二四）入贡，自后不复至。万历（一五七三至一六一九）时，佛郎机（按：为葡萄牙）屡攻之，城据山险，迄不能下。

其国于古无所考，地瘠寡粟麦，民率食鱼虾，煮海为盐，酿蔗为酒，织竹为布。气候常热。有珠池，夜望之，光浮水面。土人以珠与华人市易，大者利数十倍。商舶将返，辄留数人为质，冀其再来。其旁近国名高药，出玳瑁。

《明史·苏禄传》有的地方可能抄自《东西洋考》，惟《东西洋考》卷五"苏禄"条所记载，也有与《明史》稍异，今将《东西洋考》"苏禄"条录之于后：

苏禄在东南海中。永乐十五年（公元一四一七），其国东王巴都葛叭答剌、西王巴都葛叭苏里、峒王巴都葛叭剌卜各率其妻子、酋目来朝，并贡方物，赐王冠服、金、钱、锦币、杂器，子女姻戚侍从赏赉有差。三王者，东王为长，西王亚之，峒王又亚之。空国来归，鳞次阙下，亦向化之笃也。还次德州，东王以疾阻于驿亭，命有司营葬，更为文树碑墓道，留其姬妾内侍十人守坟，满三载，然后还国。遣使册其子都麻合为苏禄国东王。十九年（一四二一）遣使来贡。

今贾舶到者，言其城据巉岩之巅，雅称天险，疑是峒王所都。佛郎机屡拥兵攻之，不能克。聚落不满千家，山涂田瘠，间植粟麦。民食沙糊、鱼虾、螺蛤。气候半热，男女短发，缠皂缦，系小印布。煮海为盐，酿蔗为酒，编竹为布。时从鲛室中探珠满袖，自成生涯云。

苏禄的概况也见于费信的《星槎胜览》，其后集"苏禄"条云：

居东海之洋，石碕保障，山涂田瘠，种植稀薄，民下捕鱼虾生啖，螺蛤煮食。男女断发，头缠皂缦，腰围水印花布。俗尚鄙陋。煮海为盐，酿蔗为酒，织竹布，采真珠，色白绝品。珠有径寸者，已值七八百锭，中者二三百锭。永乐十六年（公元一四一八），其酋长感慕圣恩，乃挈妻携子涉海来朝，进献巨珠一颗，重七两五钱，罕古莫能有也。皇上大悦，加劳厚赐金印冠带归国。地产真珠、降香、黄腊、玳瑁、竹布，货用金银、八都剌布、青珠、磁器、铁铫之属。

费信这段话有的是录自《岛夷志略》"苏禄"条，此外马欢的《瀛涯胜览》也有关于三岛或三屿的记载，然也多采自《岛夷志略》，我们不准备在这里抄录。